組織・心理テスティングの科学

項目反応理論による組織行動の探究

野口裕之・渡辺直登 [編著]

東京　白桃書房　神田

図 11-1 「図形・記号の探索問題」の検査項目例

図 11-2 「図形・記号の異同弁別問題」の検査項目例

図 11-3 「空間図形の推理問題」の検査項目例

図 11-4 「図形・記号系列の作成問題」の検査項目例

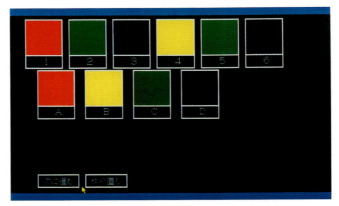

図 11-5 「図形・記号等系列の記憶問題」の検査項目例

緒　　言

　本書は組織，ことに経営組織という文脈の中で働く人々の行動や心理を，項目反応理論（Item Response Theory：IRT）と呼ばれるテスト理論によっていかに精緻かつ適切に測定するかという，試みの書である。

　本書の刊行に先立ち，編者たちは『組織心理測定論－項目反応理論のフロンティア』という書物を1999年に出版している。この書物が出版された当時，わが国においては項目反応理論そのものの認知度が未だ低く，わずかな人数の心理計量学・テスト理論の専門家が，主として理論研究やシミュレーションデータを用いた試行的研究に携わっていたに過ぎなかった。その対象領域も，学校教育という文脈における児童・生徒・学生の学力・スキルなど，いわゆる心理・教育測定（Psych-Educational Measurement）分野における能力（ability）の測定にほとんど限定されていた。

　そんな中，編者たちは，学校教育場面よりもはるかに多様で複雑性の高い経営組織場面で働く人々の心理と行動の測定に，項目反応理論が応用できないかと考えた。その理由は，当時組織心理学の研究が直面していた様々な測定論上の課題を「新しい」テスト理論である項目反応理論を用いれば解決できるのではないかという見通しがあったからである。また項目反応理論を用いた測定を行うことによって，組織心理学の研究が蓄積してきた知見に新たな光を当て，この領域におけるわれわれの知見と知識を，少しでも前進させることができるのではないかという期待もあった。そして，我田引水ではあるが，『組織心理測定論』はその見通しと期待とをある程度満たすことに成功した。この10年余，同書は組織心理学研究における測定論の基本図書の１つとして，研究者・実務家・大学院生の間で幅広く参照されることとなったのである。

　1999年の『組織心理測定論』の発行から，15年が経過しようとしている。その間，世界ならびに日本の経営組織を取り巻く環境は著しい変動を経験し

た。世界的に見れば，1998年のアジア金融危機，2001年の9・11同時多発テロ，2008年のリーマンショック，そして2011年のギリシャなどEU諸国の財政危機，そしてその間における中国をはじめとするBRICs諸国の経済的台頭があった。日本国内に目を転じれば，1992年のバブル崩壊後の「失われた20年」とも呼ばれる経済の低迷，財政改革の試み，政権交代，そして2011年3月11日に起こった東日本大震災と2011年からの超円高現象がある。2013年には「日本再生」を目指してアベノミクスが登場したことも記憶に新しい。

　マクロな経済的・政治的変動から目を転じて，よりミクロな組織心理学や人的資源管理の観点から見ても，この15年は大変な変動の時期であった。組織構造の面では，経営のグローバル化とIT化革命は著しく進み，組織のフラット化，グローバル・ネットワーク化，自立分散化が急速に進んだ。雇用の面では，長期雇用・年功制に代表される「日本的経営」は終焉を迎え，従業員のリストラが日常的に実施されるようになり，非正規のコンティンジェントワーカーが，被雇用者の4割を占めるまでに増加した。人事評価の面では，目標管理やコンピテンシー分析，多面評価による成果主義人事や能力評価が大企業を中心に広がった。人材育成の面でも，少子化による人材枯渇傾向を克服するために，女性人材，グローバル人材の採用・発掘・育成に力を入れる企業が著しく増加した。これらの変動だけが原因ではなかろうが，わが国の年間の自殺者数が3万人の大台を超えたのが1998年であり，以後2011年まで自殺者数は3万人の大台に乗ったままであった。ここ2年ほどは3万人を切っているものの，メンタルヘルスやワークライフバランスの推進が企業の経営課題として重要性を増してきたのもこの10年余のことである。

　このような変動の中，組織心理の研究にはますます科学的な信頼性・妥当性のある測定が求められるようになってきた。その応用分野である人的資源管理においても，公正で公平な測定や評価結果にもとづく，すなわち測定論的証拠にもとづく（evidence-based）プラクティスが近年ますます求められている。項目反応理論はそれらの要望にどう応えられるのか。これが本書刊行のわれわれの主要な意図である。加えて本書では，われわれが経験している著しい変動の中で，組織で働く人々が，何を思い，何を考え，どのように

生きようとしているかを，項目反応理論を用いて正確かつ公正に測定することを目指した。この試みを通じてわれわれは，組織マネジメントの実践に資する知見を提示したいと考えている。

最後に本書の出版にあたって企画段階からお世話になった，白桃書房の平千枝子氏に心からの感謝を申し上げたい。加えて，本書の完成を見ることなく若くして逝った高橋弘司君に本書を捧げる。

本書が組織心理学と心理測定論の新たな架け橋となることを祈念しつつ。

2014年春　イリノイと東京にて　　　　　　　　　　　　　　　　編者

(注) 本書は序章を含めて全部で22章から構成されている。前書『組織心理測定論』の各章のうち，未だ組織心理学の研究として色あせていない章（2章分）はそのまま掲載した。残りの20章のうち，新たに書き下ろした章は11章，前書に加筆・修正を加えたものが9章である。執筆者は前書の8人から13人に増加している。このように本書は前書をベースにはしているものの，前書の改訂版として位置づけるにはあまりにも多くの章の追加，大幅な改訂，執筆者の追加が行われている。そこで，本書の書名を『組織心理測定論（第2版）』とせず，『組織・心理テスティングの科学－項目反応理論による組織行動の探求』とした次第である。

目　次

緒　言

序章 ———————————————————————— 1

　　序.1.　経営組織のもつ二律背反性　1
　　序.2.　組織心理の測定　2
　　序.3.　組織心理学のミクロ組織論への貢献　3
　　序.4.　組織行動測定へのアプローチ　5
　　序.5.　項目反応理論の普及と組織心理の測定　9
　　序.6.　本書の構成　14

第Ⅰ部　理　論　編

第1章　項目反応理論の概要 ———————————————— 23

　　1.1.　正答数得点を超えて　23
　　1.2.　基本モデル　25
　　1.3.　局所独立の仮定　32
　　1.4.　個人の尺度値の推定　33
　　1.5.　情報関数および情報量　34
　　1.6.　項目のパラメタ値　36
　　1.7.　モデルの適用可能性の判定　44
　　1.8.　尺度の等化および垂直尺度化　47
　　1.9.　特異項目機能　55
　　1.10.　項目プールと適応型テスト　63
　　1.11.　項目反応理論と古典的テスト理論　68

   1.12.　その他のモデル　70
   1.13.　項目反応理論のまとめ　82

第2章　項目反応理論による組織心理の測定 ―――83

   2.1.　組織心理の測定が直面する問題　84
   2.2.　項目反応理論の組織心理測定への応用　92

第Ⅱ部　基　礎　編

第3章　職業興味の測定―――117

   3.1.　職業興味に関する理論　117
   3.2.　職業興味モデルの理論的展開　123
   3.3.　日本語版PGIの信頼性・内的妥当性分析　129
   3.4.　日本語版PGIの外的妥当性分析　136
   3.5.　職業興味シリンダー・モデルの提案　140

第4章　職務興味の測定―――143

   4.1.　日本的雇用慣行から見た職業興味研究の問題点　143
   4.2.　新たな職業選択モデル　145
   4.3.　職務興味インデックス（JII）の開発　149
   4.4.　JII開発の総合的評価　158

第5章　職務満足の測定―――162

   5.1.　職務満足とその研究　162
   5.2.　職務満足をもたらす要因　164
   5.3.　職務満足の結果　170
   5.4.　職務満足の測定尺度　171
   5.5.　MSQの特徴　173
   5.6.　JIGの特徴　177

5.7. 考察　181

第6章　組織コミットメントの測定 ────186

6.1. 組織コミットメントとは　186
6.2. 組織コミットメントの先行研究　194
6.3. 3次元組織コミットメント尺度の構造と特徴　196
6.4. 考察　203

第7章　組織的公正の測定 ────212

7.1. 主観的な公正知覚研究　212
7.2. 組織的公正の概念・構成要素　213
7.3. 組織的公正の測定　216
7.4. 項目反応理論による組織的公正尺度の分析　226
7.5. まとめと考察　236

第8章　組織ストレスの測定 ────240

8.1. 組織におけるストレス概念について　240
8.2. 組織ストレス研究の課題　243
8.3. 項目反応理論による心理的ストレス反応尺度の分析　253
8.4. 組織コンテクストを考慮したワークストレス反応尺度の開発　263
8.5. まとめ　269

第9章　中核的自己評価の測定 ────271

9.1. 傾性とは何か　271
9.2. 産業・組織心理学における傾性的アプローチ　272
9.3. 中核的自己評価　275
9.4. ジョブ・パフォーマンス予測への傾性的アプローチ　281

第10章　パーソナリティの測定 ────290

10.1. 働く個人のパーソナリティ　290

10.2. TCI に関する先行研究　294

10.3. TCI と組織社会化尺度の特徴　300

10.4. 考察　306

第Ⅲ部　応　用　編

第11章　CAT 方式による識別性検査 ────── 319

11.1. 識別性検査 A-1001開発の目的　319

11.2. 識別性検査 A-1001の概要　321

11.3. 各問題の概要　322

11.4. 予備テスト　325

11.5. 段階反応モデルによる IRT 尺度化　326

11.6. 2パラメタ・ロジスティック・モデルによる IRT 尺度化　331

11.7. 適応型テストの構成　339

11.8. 適応型テストの効果　343

11.9. 全体のまとめ　353

第12章　多面評価の測定的等価性分析 ────── 355

12.1. 多面評価の問題点　355

12.2. 測定バイアスの評価　356

12.3. 項目反応理論による特異項目機能（DIF）の検出　357

12.4. 多面評価尺度の等価性・妥当性分析　358

12.5. 方法　359

12.6. 分析および結果　363

12.7. 考察　374

第13章　感情査定尺度の翻訳等価性分析 ────── 376

13.1. 翻訳版尺度開発と改訂プロセス　376

13.2. 心理的等価性とは　379

13.3.　特異項目機能による翻訳版尺度の心理的等価性の検証　380
　　　13.4.　日本語版 Multiple Affect Adjective Check List-Revised　384
　　　13.5.　MAACL-R の日米データの比較による特異項目機能の検出　386
　　　13.6.　結果と考察　390
　　　13.7.　まとめ　395

第14章　抑うつ尺度の国際比較 ────── 398

　　　14.1.　はじめに　398
　　　14.2.　方法　401
　　　14.3.　結果　405
　　　14.4.　考察　408

第15章　努力-報酬不均衡尺度の国際比較 ────── 412

　　　15.1.　職業性ストレスモデル　413
　　　15.2.　努力-報酬不均衡モデル：理論と実証研究　413
　　　15.3.　IRT を異文化間比較研究に用いる必然性　415
　　　15.4.　努力-報酬不均衡モデル調査票：国際比較研究における DIF　416
　　　15.5.　考察　422
　　　15.6.　今後の当該研究領域への貢献　424

第16章　組織コミットメントの日米比較 ────── 425

　　　16.1.　経営のグローバル化と心理・人事測定　425
　　　16.2.　国際人事研究における測定論上の課題　427
　　　16.3.　特異項目機能（DIF）の検出　429
　　　16.4.　組織コミットメントの日米比較　431
　　　16.5.　組織コミットメント尺度の DIF 探索の実際例　435
　　　16.6.　おわりに　442

第Ⅳ部　展　開　編

第17章　評定尺度法の検討 ——————————447
- 17.1.　はじめに　447
- 17.2.　IRT 適用の利点　448
- 17.3.　IRT を心理測定尺度に適用する際の問題点　452
- 17.4.　まとめ　453

第18章　アンフォルディングモデルの検討 ——————————455
- 18.1.　利用頻度不均衡の理由　455
- 18.2.　認知型項目と非認知型項目による項目反応の特徴　456
- 18.3.　アンフォルディング IRT モデル　461
- 18.4.　モデル適合性の比較：日本語版 MAACL-R データを用いて　465
- 18.5.　分析結果と考察　468
- 18.6.　まとめ　472

第Ⅴ部　実　践　編

第19章　IBM 版・DOS 版プログラムの使い方 ——————————477
- 19.1.　LOGIST 5（IBM 版）　478
- 19.2.　BILOG（Version 3.7：DOS 版）　481
- 19.3.　XCALIBRE（Version 3.5：DOS 版）　484
- 19.4.　MULTILOG（Version 6：DOS 版）　488
- 19.5.　irtline（S-PLUS/R：Windows 版）　491

第20章　Windows 版プログラムの使い方 ——————————501
- 20.1.　BILOG-MG　501

20.2. PARSCALE　510
20.3. まとめ　516

第21章　項目反応理論分析プログラム EasyEstimation シリーズ ────── 517

21.1. 2値型項目反応モデル分析プログラム「EasyEstimation」　518
21.2. 段階反応モデル分析プログラム「EasyEstGRM」　530
21.3. 名義反応モデル分析プログラム「EasyNominal」　531
21.4. 他のプログラムとの比較　532
21.5. DIF検出プログラム「EasyDIF」　535

参考文献
事項索引
人名索引

序章

序.1. 経営組織のもつ二律背反性

　産業主義の発展した現代社会において，経営組織は人間の行動と心理を支配する大きな社会的装置として機能している。人が生物学的存在であると同時に社会的存在であることは論を俟たないが，高度に発達した産業化社会においては，経営組織という人為的な社会が人と人とを結びつけ，人々の行動を規定し，さらには人々の抱く心理にも深く影響を及ぼしている。ホモ・ファーベルたる人間が行う労働もまた，労働の行われる場所として，また労働の対価としての賃金をそこから受け取るという意味において，経営組織と密接に結びついている。人々は職を組織の中に求め，組織は職を個人に提供する。人類が有史以来行ってきた労働も，今や経営組織という社会的装置の文脈を無視しては語り得なくなっているのである。

　社会的装置としての経営組織は，それを管理する立場と，それとかかわって労働を行う個人の立場から論ずることができる。管理の視点からいえば，経営組織はそれが生み出す財の性質を問わず，投入されるインプットと生み出されるアウトプットとの差異，すなわち生産性を極大化するための装置としてとらえることができる。この社会的装置を巧みに設計し操作することによって，より効率的な財の生産を目指そうというのがいわゆる組織のマネジメントである。

　この視点に立つと，組織を構成する成員は非人格化される傾向にある。組織全体としての効率を高めることがこの観点の基本的な目標であるため，経営組織のそれぞれの部署に配置され，職務を遂行する個人は，「ほかならぬ

彼あるいは彼女」である必要はない。極論すれば，その部署の職務を遂行する能力を有する人であれば誰であろうとかまわない。

　一方，個人の視点から経営組織を見れば，それは自らのキャリアを発達させ，人生の目標を実現する機会を提供してくれる可能性のある社会的装置ととらえることができる。産業化した社会に住む多くの人々は，成人に達すれば経営組織に参入し，そこで提供される職務を遂行し，その報酬として給料や地位を得る。いみじくもS. FreudやK. Marxの指摘した，労働という人の人生で最も大きい意味をもつ営みを，人々は経営組織という環境のもとで行うこととなる。

　この観点からは，経営組織のもつ個人を非人格化する傾向は悪しきものとして否定される。人々は自ら人生を費やして行う労働の中に，意味を見出し，自らの生きた証を希求する。「ほかならぬ私」がその職務を遂行するのであって，人々は自らの行為が誰にでも代替可能であるという事実を認めたがらない。この傾向は，働くことがその人の人生にとって意味をもてばもつほど強くなる。このように見ると，産業化社会における経営組織は本来的に二律背反の特徴を背負った存在であるといえよう。

序.2. 組織心理の測定

　こうした二律背反の布置下にあって，人々はどのような思いをもって経営組織で働いているのか，組織という文脈の中で人々はどのような行動を行うのか，組織の中の労働を通じて人々はどのような態度を形成するのか，個人の適性にあった職務を経営組織はどのように提供できるのか，といった疑問が多くの研究者・実務家の関心を集めてきた。そして，この疑問に答えようとする営為の中から組織心理学や組織行動論という学問分野が形成されてきた。

　組織心理学とは，一般に「人々が組織の中で行う行動や示す態度について，主として心理学的知見と手法に基づいて科学的で系統だった研究を行い，そこから得られた知見を実務への適用を試みる学問」と定義することができる。この定義には，組織という文脈の中での人間の行動と心理の法則性を見

つけ出そうとする行為と，人間と組織とのより望ましい関係を模索する目的性とが含まれている。

この目的を達成するため，組織心理学の分野では伝統的に測定論が重んじられてきた。組織と個人との二律背反の複雑な関係性の中にあって，組織で働く人々の行動や心理を正確かつ客観的に測定することが，まずもって上記の学問的目標に達する方途であると考えたのである。

心理測定の先駆者 E. L. Thorndike の残した有名な言葉に，「この世に存在するものは，いかなるものでも量を有しており，その量は測定され得るものだ」という言葉がある。彼のいう「この世に存在するもの」の中にはわれわれが心や行動の現象を説明するために使用する心理学的構成概念も含まれていることはいうまでもない。

組織心理学はこれまでに数多くの構成概念を創出してきた。創出した構成概念を操作的に定義し，客観的に測定するという行為は，組織心理学が他の組織に関する学問と差別化され得る特徴の1つとなっている。組織心理学の研究者の多くは，強迫的なまでに精緻な測定に拘泥する。実際，組織心理に関する米国の主要学術誌をひも解けば，そこには周到な測定手順を踏んで行われた研究が目白押しに並んでいることからも，このことが見て取れる。

しかしこのような努力にもかかわらず，組織心理の測定は残念ながら自然科学の分野で行われているような測定が到達した高みには達しかねている。人間の心理や行動の測定，しかも組織という状況変数を加味した測定にはまだまだ克服しなければならない困難が多い。組織心理の研究者たちは，自然科学における測定を一種の羨望をもって眺めながら，現象を曖昧にしかとらえられない測定論的脆弱さの中で，日々呻吟しながら研究を進めているのである。

序.3. 組織心理学のミクロ組織論への貢献

組織心理学 (Organizational Psychology) は，経営学の分野では組織論 (Organization Theory) と呼ばれる研究分野に包摂され，その中のミクロ組織論と呼ばれる研究分野を形成している。組織心理学がこれまでミクロ組織論の

発展に寄与してきた貢献は，大きくは以下の3つに分類できよう。

第1の貢献は，基礎的構成概念の提供である。パーソナリティ，動機づけ，自己効力感，職務満足，組織コミットメント，リーダーシップ，など，ミクロ組織論で扱われる主要概念のほとんどは心理学ならびに組織心理学にその起源をもつ。そしてそれらの構成概念は，組織という文脈における個人や集団の心理と行動を「観察し，記述する」上で重要な役割を果たしてきた。

第2の貢献は，人々が組織という文脈で示す行動を「説明する」ための理論を提供してきたことである。パーソナリティの特性論・類型論，動機づけの内容理論・過程理論，自己効力感に関する社会的学習理論，職務満足の二要因理論・傾性論，組織コミットメントの3次元モデル，リーダーシップの特性論・行動論・条件即応理論，などの理論はすべて心理学ならびに組織心理学を起源としている。こうした理論を用いることによって，人々が組織という文脈で示す行動を論理的に「説明する」だけにとどまらず，将来の行動を「予測し」，個人や集団の行動を望ましい方向に「修正する」ことなどの試みも行われてきた。

第3の貢献は，研究方法論の提供である。心理学は方法論の宝庫ともいわれる。「人」の行動や心理を「人」が探求するという難題に挑むため，心理学ではおびただしい数の研究方法論が提唱されてきた。それらは大きくは定性的方法と定量的方法に分類できる。中でも定量的方法では，心理計量学（Psychometrics）やテスト理論（Test Theory）という分野を発達させてきた。その証左として，年に何十冊と刊行される国外・国内のミクロ組織論（組織心理学，組織行動）関係の学術誌を見れば，定量的方法はこの分野の主要な研究方法としてしっかりと根づいているのが分かる。

このように，ミクロ組織論の発展に心理学ならびに組織心理学が果たしてきた功績は大きい。以下では，以上3つの領域のうち，定量的方法論が拓いてきた新たな地平についての論考を試みる。具体的には，古典的テスト理論（Classical Test Theory：CTT）に代わる新たなテスト理論として世界各国で研究され，組織行動の測定理論として急速に普及した項目反応理論（Item Response Theory：IRT）を取り上げ，その現在と未来について論ずる。

序.4. 組織行動測定へのアプローチ

　組織という文脈の中で人々が示す行動や心理を記述し，説明し，予測するために不可欠な仕事として，いかに信頼性，妥当性の高い測定を行うかがある。測定の対象は，教科書的にいえば，個人属性（パーソナリティ，能力，態度，業績，など），集団属性（集団凝集性，リーダーシップ，など），組織属性（組織文化，組織風土，など）に3つのレベルに分類できる（Robbins, 1997）。しかし，どのレベルの属性の測定も，多くの場合は個人レベルの測定に落とし込まれるのが普通である。例えば，組織文化や集団凝集性といった抽象度の高い概念であっても，手続き的にはその組織や集団に属する個人に質問紙調査やテストを行うことによって測定される。その意味で，組織行動の測定は，心理学が伝統的に追求してきた人間の情緒・能力・態度・スキル・パフォーマンスなどの測定方法に負うところが大きい。

(1) 古典的テスト理論の特徴とその問題点

　組織行動における個人属性測定に長年にわたって基礎理論を提供してきたのが，古典的心理測定論（Classical Psychometric Theory）に基づくテスト理論，すなわち古典的テスト理論（Classical Test Theory：CTT）である。古典的テスト理論は，観測値（X）は真の得点（T）と誤差得点（E）から成り立つ（$X=T+E$）という基本式から出発する分かりやすいテスト理論である。しかし，古典的テスト理論には組織行動のような複雑な現象を測定する上で大きな問題がある。

　第1に，古典的テスト理論では通過率（proportion correct）は「その項目に対する正答者数（肯定的反応者数）の全解答（回答）者数に対する比率」として定義される。そのため，解答（回答）者集団によってその値が変動してしまい，その項目固有の困難度（正答もしくは肯定確率）を表わすことができない。つまり，古典的テスト理論ではテストやテストを構成する個別項目の困難度や識別力といった統計量は，ある特定の母集団に対して定義されており，母集団の特徴はその母集団を代表すると考えられる標本の観測デー

タをもとに推測されるから,用いられた標本の統計量がテストあるいはテスト項目の特徴を決定づけてしまう。「テスト統計量が標本に依存して決まる」という古典的テスト理論がもつこの弱点を克服するには,周到な標本抽出を行うしか解決方法がない。ところが組織行動測定の領域には,とてつもなく大きな個人・集団・組織属性の差異が存在する。これらの差異をすべて考慮に入れた標本抽出は,層別多段抽出法など周到な標本抽出法をもって行ったとしても,危ういものにならざるを得ない。

第2の問題点は,各被験者の測定結果を表現するテスト得点は基本的に正答数(肯定数)得点であるため,解答(回答)した項目が異なる被験者間で得点を比較することができないことである。つまり,異なる組織状況に置かれている2群の人々(例えば,管理職と一般従業員)の属性を,異なる項目を有するテストを用いて測定し比較することは,例えそのテストで測定する構成概念が同一であっても基本的にはできない。もしこれを行うとしたら,テストの等化(equating)を行うか,平行テスト(parallel test)を作成するしかないが,古典的テスト理論では等化を行うための有力な方法が確立されていない。また,完全な平行テストというのは作成が極めて難しい。

第3の問題点は,古典的テスト理論では真の得点,誤差得点,信頼性係数などの重要な統計量が,固定されたテスト項目のセットを想定して定義されていることである。このことは,テストの信頼性や妥当性分析の水準が項目セットのレベルにとどまり,個別のテスト項目の特徴を分析するという緻密さに欠けることを意味する。測定の対象となる集団の属性水準に合わせて,適切な項目を選んで測定するというテーラー・メイドな測定は,古典的テスト理論の有する前提のもとでは不可能なのである。

このような問題点はあるものの,古典的テスト理論が組織行動測定に大きな貢献をしてきたことは過去の組織行動研究を見れば明らかである。仕事への動機づけ,職務満足,リーダーシップ行動,組織コミットメント,組織文化,などの組織行動の主要概念は,古典的テスト理論によって測定され,そしてそれぞれの概念を測定するための1セットの項目からなる標準化されたテストが開発されてきた。その結果,MSQ,JDI,OCQ,SDS,など今日の組織行動研究になくてはならない尺度(テスト)が,研究・実務の現場に供

されている。これらの尺度のいずれもが，概念の定義，操作的定義，予備調査，項目修正，本調査，項目分析，信頼性・妥当性の検討，といった一連の煩雑で労力のかかる仕事を通じて標準化されている。

(2) 項目反応理論の特徴

　古典的テスト理論とは全く異なる発想で出来上がっているのが項目反応理論（Item Response Theory : IRT）である。項目反応理論の考え方そのものはそれほど新しいものではない。その源流を遡れば，戦前の心理計量学に行き着く（渡辺，1992b）。ただ，それらを基本的なモデルとしてまとめ，項目パラメタの推定法まで含めて総括的に記述するのはLord（1952）の仕事を俟つことになった。以来，項目反応理論は理論的に様々な方向への展開を見た。しかし，実際の心理測定に用いられるようになったのは，Lord & Novick(1968)が統計数理面から体系立てた専門書を書いたのと，コンピュータが発達した1970年代以降である。項目反応理論のもつ特徴としては以下の3点があげられる。

　第1に，テスト項目の困難度や識別力が被験者集団とは独立に定義される。これは「テストの統計量が標本に依存して決まる」古典的テスト理論と大きく違うところである。このことは，用いられた標本の特徴とは独立な項目・テスト統計量の値を推定することができることを意味する。また同じように，被験者に対する統計量(能力の高さ，態度強度，などの潜在特性)も，テストに含まれる項目の数や項目の正答（肯定）率とは独立に推定される。この「パラメタは標本に対して不変（parameter invariance）」という特徴は，項目反応理論がもつ最大の特徴である（Lord & Novick, 1968）。ここで注意しなければならないのは，パラメタ不変であるからといって異なる標本を用いてパラメタの推定値を求め，その推定値をそのまま単純に比較することはできないことである。現在使われているパラメタ推定値を表現する方法では，標本平均値を原点に，標準偏差を単位としているので，この表現方法では標本のもつ統計量の特徴が尺度に影響している。そこで，推定されたパラメタ値の目盛りあわせ，すなわち尺度の等化（equating）を行うことでこの問題を解決する必要がある。幸い，項目反応理論ではいくつもの尺度等化の

技法が開発されているのでそれを利用することができる(例えば,芝,1978；野口, 1983)。

　第2の特徴は,被験者の特性値(能力・態度・行動,など構成概念の強度)が解答(回答)した項目群とは独立に定義されることである。このことは非平行テストで測定された被験者の特性値を互いに比較することができることを意味する。つまり,古典的テスト理論ではできなかった,異なる項目群への反応から推定された個人の特性値を比較することが可能である。項目反応理論では,測定する構成概念さえ同一であれば,測定の対象となる個人の属性やその置かれた状況に応じてテスト項目を選ぶことができるのである。項目反応理論のもつこの特徴は,状況や個人属性が大きく影響する組織行動の測定にとって大変に有益である。ただし,その場合でも等化の手続きは必要であるから,項目の一部を重複させるか(共通項目の設定),被験者を重複させるか(一部の被験者への再検査の実施)か,既にパラメタの推定が行われたアンカー項目を各テストに入れておく(アンカー・テストの埋め込み)という等化のためのデザインをあらかじめ設定しておく必要はある。

　第3の特徴は,テストの分析が,項目の困難度や識別力といった項目レベルにまで及ぶことである。しかも分析の対象となる統計量がすべて相対的ではなく,絶対的な統計量として表わせる。古典的テスト理論による項目分析でよく用いられる項目－尺度間相関(item-total correlation)分析では,各項目の特徴は尺度の特徴との関係性の中で吟味されるため,厳密にいえば項目レベルの分析にはなっていない。この手法は,あくまでも項目の尺度に対する相対的関係性を扱っているだけである。それに対して項目反応理論では,項目パラメタ値は尺度とは独立に推定されるから,絶対的な項目困難度,項目識別力に関する吟味が可能である。同じことは,特性尺度値にもいえる。古典的テスト理論では能力や態度などの特性値は項目への正答数(肯定数,リッカート尺度の場合は肯定強度)の和からなる個人得点データを,標準得点に換算して用いているため,標本の中での個人の相対的な位置しか分からなかった。一方,項目反応理論では推定された特性値は相対的ではなく,絶対的な強度を表わすという特徴をもっている。

序.5. 項目反応理論の普及と組織心理の測定

　本書では，項目反応理論を古典的テスト理論による組織心理測定の限界を超えうるテスト理論として位置づけ，その可能性について吟味する。その理論的根拠は本書の第1章の中で詳細に述べるのでこれを参照されたい。ここでは項目反応理論の台頭と普及の歴史を，組織心理測定への応用と絡めながら概観してみる。

　項目反応理論は心理測定論の分野では新しいテスト理論として位置づけられているが，先述したようにその歴史は古く，源流は Richardson（1936），Lawley（1943），Tucker（1946），Guttman（1950）などの仕事に求めることができる。しかし，項目反応理論について本格的な基礎研究がなされ，その結果が公表されるまでには，Lord（1952）の仕事を俟つこととなった。F. M. Lord は，1952年に Psychometric Monograph 誌に彼の Ph. D. 論文の骨子をまとめ，2パラメタ・正規累積モデルとそのパラメタ推定法を発表した。しかしその後の約15年間は，項目反応理論が一般の研究者の関心を呼ぶことはなかった。その間，デンマークで数学者の G. Rasch が項目反応理論に関する最初の書物を出版した（Rasch, 1960）。しかしそれは，理論的な側面に関心のある研究者の注意を引くにとどまった。

　項目反応理論が心理測定研究者の注目を本格的に集めるようになったのは1960年代末である。1968年に Lord & Novick（1968）が項目反応理論に関する専門書を書き，Lord たちがパラメタ推定のための LOGIST と呼ばれるコンピュータ・プログラムを公表すると，項目反応理論は急速に心理測定研究者の関心を呼ぶようになった。

　1968年からの約10年間は，心理測定研究者の間で新しいモデルの開発，パラメタ推定法の基礎研究，パラメタ推定のためのコンピュータ・プログラムの開発が精力的に行われた。しかし，この時期にはまだ心理測定を専門とする研究者以外の研究者が，項目反応理論に関心を抱くことはほとんどなかった。その理由は，この時期の項目反応理論研究は基礎研究が主であったことと，その応用も学力テストや知能テストといった能力テストについて行われ

ていたからである。また，この時期に初学者や心理測定を専門としない研究者を啓蒙する入門書が書かれなかったことも，一般への普及を遅らせた原因として考えられる。

この長い潜伏期間を経た後，1979年から1980年にかけては，項目反応理論が一般の心理学研究者に普及する画期的な2年間となった。まず Wright & Stone (1979) が，長年にわたる Rasch モデルに関する理論的研究をもとに，項目反応理論の心理測定への応用可能性に関する教科書を著した。次いで，Lord (1980) が3パラメタ・ロジスティック・モデルの理論と応用に関する分かりやすい書物を出版した。この2つの書物によって，初学者は項目反応理論をわずかな努力で学ぶことができるようになった。

その後急速に，項目反応理論は様々な分野の研究者に古典的テスト理論に替わる，あるいはそれを補完する測定理論として認知されるようになっていった。1980年代には，Hulin, Drasgow, & Parsons (1983)，Hambleton & Swaminathan (1985) などの項目反応理論の応用に重点を置いた書物が相次いで刊行され，初学者であっても多少の数学と統計学の知識があれば苦労せずに項目反応理論の基礎と応用が学べるようになった。わが国においても内田 (1985) によって Rasch の書物が翻訳出版され，日本語でも項目反応理論が学べるようになった。またこの時期，研究目的で開発されたため取り扱いの難しかった LOGIST に代わるパラメタ推定のためのコンピュータ・プログラムとして，BILOG などの今日広く普及しているプログラムが次々と開発され，パーソナル・コンピュータの高性能化と普及の波に乗って専門家でなくても簡単な操作で項目反応理論によるデータの解析ができるようになった。

1990年代に入ると，項目反応理論は様々な研究分野でますます重要な測定理論として位置づけられるようになった。海外では，Baker (1992) が項目反応理論の専門家にも読み応えのある項目パラメタの推定法を中心とした書物を出版する一方，van der Linden & Hambleton (1997) が国際的な研究者ネットワークを駆使して項目反応理論に関するハンドブックを刊行した。そこでは，項目反応理論に含まれる各種のモデルやそのモデルのパラメタ推定法などについてコンパクトな解説が試みられている。そして，世紀の終わり

にはEmbretson & Reise（2000）が，一般の心理学研究者を読者として想定した項目反応理論の入門書を出版している。

　21世紀に入ると，項目反応理論の啓蒙書・専門書の出版ラッシュが続いている。2002年にSijtsma & Molenaar（2002）のノン・パラメトリック項目反応モデルの入門書が出版されたのを皮切りに，Baker & Kim（2004）が1992年の本の改訂版であるパラメタ推定法を取り扱った本を出版し，同じ年にDe Boeck & Wilson（2004）が探索的項目反応モデルに関する書物を出版している。さらにReckase（2009）による多次元項目反応理論，Fox（2010）によるベイジアン項目反応モデリング，Nering & Ostini（2010）の多値型反応モデルと，専門性の高い本の出版が続いている。このように専門性・特殊性の高い項目反応理論関係の本の出版が相継ぐ中で，De Gruijter & Van der Kamp（2008）とde Ayala（2009）が，測定論の専門家ではない一般の行動科学や心理学の研究者を読者にした教科書的な書物を出版したことは特筆に値するであろう。項目反応理論は，今や測定論の専門家のみが関心を示すテスト理論ではなく，それを用いて測定を行おうとする心理学・教育学・行動科学の研究者の手段として急速に定着しつつあるといえよう。

　これらの外国の動きと併行して1990年代にはわが国でも芝（1991），池田（1994），大友（1996）が項目反応理論に関する入門書を刊行し，それに続いて項目反応理論による組織心理の測定に関する専門書（渡辺・野口，1999）が出版された。さらに今世紀に入ると，豊田（2002a，2002b，2005），村木（2011）による項目反応理論の基礎と応用に関するテキストが刊行された。

　個別の領域でいえば，例えばパーソナリティ研究では，奥村・亀山・勝谷・坂本（2008）のわが国の抑うつ研究の方法の展望論文で，患者の重症度に応じた項目を提示する項目反応理論による適応型テストの可能性に触れており，村上・福光（2005）では問題攻撃性尺度に関する研究で，笹川・金井・中村・鈴木・嶋田・坂野（2004）では他者からの否定的評価に対する社会的不安測定尺度（FNE）短縮版作成に関する研究で項目反応理論が実際の適用場面で用いられている。また，医学系のQOL尺度開発に項目反応理論が用いられ，下妻（2004）による『がんとQOL』の展望論文やFayes & Machin（2000）〔福原ほか訳，2005〕による『QOL評価学』の中で項目反応理論が

取り上げられている。

　この他に言語テスト関係では，日本語能力試験などの大規模試験で項目反応理論が適用され，斉田（2011）は大学英語教育学会編の英語教育シリーズの中で項目反応（応答）理論を取り上げている。また，静（2007）がラッシュ・モデルを「項目反応理論とは似て非なるもの」として紹介している（ラッシュ・モデルと項目反応理論との考え方の違いは，例えば，McNamara（1996）などを参照されたい）。また，野口・大隅（2014）は外国語テストへの適用を念頭に置いて「古典的テスト理論」から「項目応答理論」までを解説している。

　本書の第2章でみるように，今日では組織心理学の分野においても多くの測定が項目反応理論を用いて行われるようになっている。1990年に入り項目反応理論は，組織心理学の研究法の一翼を担う有力な測定論として成長・普及してきたとみることができる。その証左として，産業・組織心理学研究の集大成として位置づけられている1976年発行の，Handbook of Industrial and Organizational Psychology の第1版（Dunnette, 1976）には項目反応理論という言葉は索引にさえ現われていないが，1990年発行の同書の第2版（Dunnette & Hough, 1990）では，F. Drasgow が1章を用いて産業・組織心理学の方法論として項目反応理論の解説を行っていることがあげられる。わが国においても，産業・組織心理学ハンドブック（産業・組織心理学会編，2009），経営行動科学ハンドブック（経営行動科学学会編，2011）で野口が心理測定論の一翼を担うテスト理論として項目反応理論を取り上げている。

　学会に目を転じれば，米国心理学会（APA）の下部組織である産業・組織心理学専門部会（SIOP）では，毎年の大会で項目反応理論に関するシンポジウムやワークショップが開かれている。こうした項目反応理論の普及には，大学における測定論の教育も大いに貢献している。米国や欧州の主要大学では，大学院レベル，ときには大学レベルのカリキュラムで，古典的テスト理論と並んで項目反応理論を教える授業や演習が採用されている。授業を履修した学生が，演習の中で縦横に項目反応理論を使ってデータ解析を行い，ターム・ペーパーを書き上げる姿を見ていると，彼の地では項目反応理論は，もはや専門家や研究者だけが関心を寄せる特殊な測定論ではなくなっ

てきている観を一層強くする。

　これに対してわが国では，大学院レベルのカリキュラムで項目反応理論を基礎から積み上げて教える授業や演習は極めて限定された大学院において開講されているだけである。それも統計数理的な理論面を主とするか，プログラムの利用法を主とするか，いずれかに重点をおき，両方をバランスよく教育される例は少ないように思われる。

　これは，わが国の高等教育が大学入学時，あるいは，その前の高等学校段階での学習でいわゆる「文科系」「理科系」に二分され，「文科系」進学者の多くが数学的な基礎を学習しておらず，また大学入学後にそれをフォローする授業科目も開講される例はほとんどないため，項目反応理論に限らず，テスト理論一般や統計分析一般が初学者にとってハードルの高いものになっている。

　この点を補うために学会などでのワークショップが開催されるが，最近は項目反応理論を前面に出したワークショップは必ずしも多くはない。例えば，日本テスト学会では2011年度大会の企画セッションで「テストの等化の理論と実践」が項目反応理論を前提として取り上げられ，行動計量学会では2011年春の合宿セミナーで「項目反応理論を学ぼう」「項目反応理論を使おう」が実施される予定であった（東日本大震災のため中止）。しかしながら，項目反応理論を前提とし，かつ，テスト理論関係ではないワークショップも日本心理学会や日本教育心理学会の大会で実施されている。例えば，日本心理学会では2009年度の大会のワークショップ「パーソナリティを中心とした心理尺度の短縮版作成の方法と課題」は項目反応理論を道具として，パーソナリティ尺度を整備する提案をしている。

　このように項目反応理論が実質的な研究の中に浸透し始めていることは確かであるが，単にプログラムの動かし方を知っていて，データの分析に適用するだけでは，適用の誤り，解釈の誤りが無意識のままに生じてしまうこともあり，適切なスーパーバイザーが必要である。その意味では，大学院教育の中に古典的テスト理論および項目反応理論など測定関係の科目が整備される必要がある。新しい分析方法を積極的に取り入れる試みは大切であるが，少なくともその方法の考え方を理解した上で「活用する」ことが大切で，「濫

用」に陥ってはならない。そうならないために本書がお役に立てば著者一同にとって，この上もない喜びである。

序.6. 本書の構成

　本書の構成について述べる。本書は「理論編」「基礎編」「応用編」「展開編」「実践編」の5部から構成されている。
　第Ⅰ部の「理論編」（第1章～第2章）では，項目反応理論の測定論的基礎の紹介と項目反応理論を用いた組織心理学およびその近接領域の文献のレヴューが行われる。
　第1章では，項目反応理論の概要を紹介する。そこでは主として，計量心理学的モデルの基本的枠組みを紹介するが，ここで述べられる内容は後の章で扱う具体的な研究の中で活かされる。この章は本書の基礎となる部分なので，統計的方法に馴染みの薄い読者も，数式の細部に拘泥せず，全体のロジックの流れや構成に留意し，読了されることをお勧めする。
　第2章では，組織心理の研究・実践が現在直面している測定論上の課題を示す。次いで項目反応理論を用いて行われた組織心理学およびその近接領域における過去の研究をレヴューする。項目反応理論の組織心理学・組織行動研究への応用は1980年代から本格的に行われるようになってきた。心理・教育測定への応用に比べると，質量ともに十分であるとはいえないが，組織心理測定の新しい流れとして世界的な規模で定着しつつあることは確かである。この章を読むことで読者は，項目反応理論が実際の組織心理測定の分野でどのように応用されているか概観できる。
　第Ⅱ部の「基礎編」（第3章～第10章）では，組織心理学の研究史の中でこれまで中核的な役割を担ってきた構成概念を取り上げ，それらの構成概念を測定する尺度を，項目反応理論を用いて開発・分析した研究を紹介する。
　第3章では職業興味を取り上げる。職業興味は過去半世紀以上にわたり職業心理学（Occupational Psychology）の中核的テーマとして研究が蓄積されてきた。本章ではJ. Hollandの職業興味6角形モデル（RIASECモデル）に代わる新しいモデルとして注目されている8角形モデルを取り上げる。具体

的には項目反応理論を用いて日本語版 PGI を開発・分析した例を提示し，しかる後にシリンダー・モデルの提案を行う。この章を通じて読者は，職業興味研究の歴史とその最先端の議論を知ることができる。

　第4章では職務興味に関する研究を提示する。この章でわれわれは，従来の職業興味モデルに代わる「職務興味モデル」を提示し，それを測定するための尺度を項目反応理論を用いて開発した例を示す。この章を読むことで読者は，新しい尺度を開発する際に，テスト開発者自身が定めた目標情報曲線を満たすような項目を追加・削除する実際的手順を学ぶことができる。

　第5章では，職務満足に関する研究を示す。この章でわれわれは，職務満足尺度として世界的に広く用いられている MSQ と，JDI の改訂版として位置づけられる JIG の特徴を明らかにする。項目反応理論を用いて項目パラメタ推定値を得ることにより，従来尺度レベルの分析しかなされてこなかった MSQ に，項目レベルの分析を加えた例を示す。また，テスト情報曲線の算出を行うことによって，被験者ごとの MSQ 尺度の測定精度評価ができることを示す。

　第6章では，組織コミットメントに関する研究を示す。組織コミットメント研究は1970・80年代の OCQ（ポーター・スケール）の時代から急激に変わりつつある。Allen & Meyer が提示した3次元組織コミットメント尺度は開発に際して項目反応理論を用いていなかった。それに対し当該尺度の日本語版作成に際してわれわれは，原著者（John P. Meyer）に項目反応理論によるテスト開発を提案した。読者はこの章を読むことで，開発中の尺度のテスト特性曲線を用いた評価過程を理解することができる。また，3次元組織コミットメント尺度をめぐる現下の議論を概観できる。

　第7章では，組織的公正を取り上げる。組織的公正研究は，伝統的に研究されてきた分配的公正，手続き的公正に加え，最近では対人的公正と情報的公正を組み込んだ4次元尺度が一般的になっている。本章では4次元組織公正尺度の開発と分析例を示す。この章を読むことで読者は，項目反応理論によるテスト開発法を学べるほか，組織公正研究の最前線を理解することができる。

　第8章では，心理的ストレス反応尺度（PSRS）の項目反応理論による分

析を提示した後，PSRS の短所を克服し，組織の文脈で使用することを目的に開発したワークストレス反応尺度（WSRS）の分析結果を提示する。古典的テスト理論を用いて開発されたストレス反応尺度（PSRS）に項目反応理論による解析を加えた結果，PSRS は心理的ストレス反応の比較的強い人を測定するのには有効な道具となることが明らかになった。一方，PSRS を改変した WSRS では，ストレス反応のより低い人を測定するのに適していることを示す。この章を読むことで読者は，項目反応理論による尺度の改変例を学ぶことができる。

第9章では，組織心理学における傾性的アプローチを代表する尺度である中核的自己評価を取り上げる。最初に傾性的アプローチをめぐる議論を整理し，次いで日本語版中核的自己評価尺度の開発過程と分析結果を紹介する。最後に中核的自己評価との個人業績（人事考課）との関連を提示し，傾性的アプローチには一定の妥当性があることを示す。この章を読むことで読者は，傾性的アプローチをめぐる組織心理学領域の議論を理解し，その議論に対する実証データによる検証方法を学ぶことができる。

第10章では，パーソナリティの測定として TCI 気質・性格尺度の再評価を提示する。TCI は精神医学の領域で開発され広く用いられているパーソナリティ・テストであるが，これまで主として臨床診断の文脈で用いられることが多く，測定尺度としての特徴に関しては項目反応理論面から厳密な検討は行われてこなかった。項目反応理論による解析の結果，TCI を構成する項目には特に偏奇したものはなく，TCI は健常者を対象としたパーソナリティの測定にもおおむね適していることが明らかとなった。また，TCI と個人業績（営業成績）との関係を探求した結果を示す。

第III部の「応用編」（第11章～第16章）では，古典的テスト理論では困難であり，項目反応理論によって実現可能となる応用の実際例を示す。読者は以降の2章を読むことにより，項目反応理論のもつ多様な可能性を認識することができる。

第11章では，識別性検査を被験者ごとに最適な項目を項目プール中から逐次選んで実施するという適応型テスト方式の効果を示す。古典的テスト理論では，被験者個人の測定結果を正答数得点で表わすため，実施項目の異なる

被験者の測定結果を相互に比較することができなかったが，ここでは識別性検査を用いて適応型テスト方式の有効性を確認する。

　第12章では，多面評価の測定的等価性分析を取り上げる。360度評価に代表される多面評価はその理念はともかく，手続き的に煩雑な上，バイアスやDIF（特異項目機能）問題を多く含んでいることが知られている。本章では，項目反応理論を用いて多面評価尺度の等価性分析を行った研究例を提示する。読者は本章を読むことで，項目反応理論によるDIF探索の実際を知ることができる。

　第13章では，MAACL-R感情査定尺度の翻訳等価性分析の例を取り上げる。心理測定尺度を用いて国際比較研究を行うときに，必ず遭遇する問題として翻訳等価性の問題がある。本章では，翻訳等価性に関する基本的議論の後，翻訳等価性とDIFとの関連性について述べる。次いで，MAACL-R感情査定尺度の日米データを項目反応理論を用いて分析し，DIFの発見された項目を1つずつ取り上げその原因を日米間の言語・文化的相違の観点から吟味する。本章を通じて読者は，国際比較研究の測定論的基礎について学ぶことができる。

　第14章では，抑うつ尺度の国際比較研究を取り上げる。抑うつ状態を測定する尺度として世界各国で広く使われているCES-D尺度を日米のデータについて，項目反応理論と他の解析方法を組み合わせたDIF分析を行う。その結果ポジティブ項目にDIFのあることが発見された。次いで，この結果の解釈と同尺度を実際に使う際の注意点について議論する。この章を通じて読者は，国際比較研究における丁寧なDIF分析の必要性を学ぶことができる。

　第15章では，職業性ストレスに関する努力－報酬モデル（ERIモデル）で用いられる尺度の等価性分析例を提示する。日本とオランダで集めたデータを，項目反応理論を用いたDIF分析にかけた結果，いくつかの項目でDIFが発見された。「報酬」項目よりも「努力」項目にDIFが多く見られたことから，その原因を社会制度や文化的差異，エミック－エティック・ジレンマの観点から考察する。

　第16章では，DIF検出の実際例を日米の組織コミットメント研究を通じ

て示す。ここでは国際比較研究において避けることのできない，質問項目の翻訳等価性の問題を，項目反応理論を用いていかに行うかについて，日米データの解析を通じて具体的に示している。

　第IV部の「展開編」（第17章～第18章）では，項目反応理論による評定尺度法の吟味とアンフォルディング・モデルへの展開を取り上げる。

　第17章では，質問紙調査でよく用いられる評定尺度法（リッカート法）では，反応尺度上の選択肢は，通常等間隔性を前提としている。しかし実際のデータを用いて項目反応理論を用いて分析すると，等間隔の前提に疑問符がついた。この結果をどう解釈するか，また評定尺度を作成する上でどのような注意が必要かを議論する。

　第18章では，項目反応理論が教育データ（学力など）の解析に用いられる頻度に比べ，心理データ（態度など）の解析に用いられる頻度が低い理由として，心理データの解析にはロジスティック・モデルではなくアンフォルディングモデルが適しているのではないかという議論を展開する。しかる後に，日本語版 MAACL-R 感情査定尺度を用いて，両モデルをモデル－データ適合性の検証を行う。

　第V部の「実践編」（第19章～第21章）では，項目反応理論によるテスト開発，テスト分析を行うために開発された代表的なコンピュータ・ソフトの使用方法について解説する。第V部におけるソフトウェア・プログラムの記述は初版出版時（2015年）のものであり，その後大きく変化している。第21章については，脚注に最新版に関する URL 情報を示したので，当該 URL にアクセスされたい。この「実践編」を読むことで読者は，「涙なしに」項目反応理論の世界に参入することができよう。

　第19章では，IBM 版と DOS 版の代表的プログラムの使用方法を紹介する。次いで，S-PLUS（ウィンドウズ版）を用いた IRT 各種曲線の描き方を例示する。

　第20章では，SSI 社から市販され，世界各国で広く使われているウインドウズ版のソフトについて解説する。ウィンドウズ版といえども DOS ベースのソフトであるので，縦横に使いたい読者は，まずは第19章の DOS 版のソフトから入るのもよい。

第21章では，IRT 分析プログラムとしてわが国で開発され，WEB で公開されているプログラム EasyEstimation について解説する。第19章，第20章で紹介した IBM や SSI 社製のプログラムを使おうとすると，多少の英語能力が求められる。その点，EasyEstimation は英語が不得手な初学者には使い勝手がよい。

　以上のように，本書は項目反応理論の基礎から応用まで，そして組織心理分野における古典的研究から最先端の研究までを網羅している。本書の出版がきっかけとなって，組織心理の研究に，項目反応理論がますます用いられることになれば，それは筆者たちにとって望外の喜びである。

第Ⅰ部
理 論 編

第Ⅰ部　理論編

第1章　項目反応理論の概要

　ここでは，項目反応理論（Item Response Theory：IRT）の概要を簡単に解説する。項目反応理論は，心理測定学研究者のみならず教育関係者の間で最近注目を集めている測定理論で，従来の古典的テスト理論では取り扱えない問題に対して有効な解決法を与えてくれる。

1.1. 正答数得点を超えて

　古典的テスト理論では，受験者のテストによる測定結果が正答数得点を基礎とした得点を用いて表示される。正答数得点とは，受験者が正答した項目の数を数えあげて，得点とする方法で，すべての項目に同じ重みをかけるのではなく，項目の重要度に応じて重みをかけて足し合わせる場合もあり，この場合は，重みつき正答数得点と呼ばれる。

　しかしながら，正答数得点には，ⅰ）同一の受験者でも，問題項目が異なると，得点が変化する，すなわち，同じ能力でもテストの難易度が異なる場合には，得点が異なる，ⅱ）難易度の異なる2つ（以上）のテストの得点を相互に比較しても意味がない，などの問題点がある。

　そこで，標準得点化という操作が施される場合がある。標準得点とは，テスト得点に対して

　　標準得点＝（テスト得点－平均点）／標準偏差

という変換を行ったものであり，テスト得点の平均および標準偏差が受験者集団でどのような値であったとしても，標準得点の平均は常に0.0，標準偏差は常に1.0になる。通常は標準得点をさらに変換したZ得点がよく用いら

れる。すなわち,

    Z 得点＝標準得点×10＋50

で得られ，常に平均は50，標準偏差は10になる。

　このような標準得点化により，受験者集団におけるテスト得点の平均値や標準偏差など分布状況とは無関係に，個々の受験者の当該受験者集団内での相対的位置を表わすことができ，このことから，同一の受験者集団，もしくは，能力水準が等価な2つの受験者集団が難易度の異なる2つのテストを受験した場合に，各テストの結果を標準得点で表示するならば，2つのテストの得点は相互に比較可能になる。

　しかしながら，標準得点化してもまだ残る問題点がある。それは，標準得点化によって異なるテストの結果が相互に比較可能となるのは，ⅰ）同一の受験者集団が複数のテストを受験した場合，ⅱ）能力水準が等価な複数の受験者集団が異なるテストを受験した場合，のいずれかであり，能力水準が等価とは限らない複数の受験者集団がそれぞれ異なるテストを受験しているような場合には，標準得点化しても，テストの結果を相互に比較することができない。異なる複数のテストによる測定結果が相互に比較可能となるためには，異なるテストの結果が「共通の尺度（ものさし）上の値」で表現される必要がある。

　このような条件を満たす測定尺度を項目反応理論（Item Response Theory：IRT）を適用することによって実現することができる。本章では項目反応理論の概要について解説するが，最初に項目反応理論の利点をまとめると，次の4点に集約できる。すなわち,

① 項目の困難度が，受験者集団とは独立に定義される，
② 受験者の特性（能力）尺度値が，解答した項目群とは独立に定義される，
③ 項目の困難度と受験者の特性（能力）尺度値とが同一の尺度上に位置付けて表わされる，
④ 測定精度が特性（能力）尺度値の関数として表わされ，尺度値ごとにきめの細かい測定精度の評価が可能になる。

古典的テスト理論では，項目の困難度は通過率で，受験者の特性（能力）は正答数得点で表示されるため，相互に比較することができなかったが，項目反応理論では，3）により同一尺度上に位置づけて表現されるため，当該受験者を測定するのに最適な困難度の項目を同定したりすることが可能になる，などの古典的テスト理論では扱いにくい問題に対して強力な道具を提供してくれる。

項目反応理論は，Lord (1952) で既にその基礎は確立され，Lord & Novick (1968) で数理的に体系化されており，TOEFL など ETS (Educational Testing Service) で開発実施される試験を中心に米国では既に実用水準で用いられていたが，わが国の公的試験で用いられるようになったのはつい最近のことである。また，米国のみならず，欧州・豪州などでも言語テストや QOL 尺度の開発などで広く用いられている。

1.2. 基本モデル

(1) 項目特性曲線

項目反応理論では，テスト項目の特性はすべて「項目特性曲線 (Item Characteristic Curve : ICC)」と呼ばれる曲線で記述される。この曲線は，潜在特性尺度値とその項目に正答する確率との関係を表わし，潜在特性尺度値の単調増加関数になっている。すなわち，潜在特性尺度値が大きい受験者の方が小さい受験者よりもその項目に正答する確率が高く，逆に，潜在特性尺度値が小さい受験者の方が大きい受験者よりもその項目に正答する確率が低いことを表わす。この項目特性曲線を視覚的に示したのが図1-1である。横軸が潜在特性尺度値，縦軸が正答確率で，左下から右上へ項目特性曲線が伸びている。潜在特性尺度値がそれぞれ θ_A，θ_B （$\theta_A < \theta_B$）である2人の受験者 A, B がこの項目に正答する確率はそれぞれ P_A，P_B （$P_A < P_B$）で与えられる。この場合 A よりも B の方が潜在特性尺度値が大きいので正答確率も大きくなっている。

実際のテストでは，例えば能力テストで「能力」の高い受験者が誤答し，「能力」の低い受験者の方が正答する場合も少なからず見られるが，項目反

応理論では,「正答する」ことが「確率的な現象」であるという仮定を導入してモデル上に表現する。なお,ここでは,特にことわらない限り潜在特性は1次元であることを仮定する。

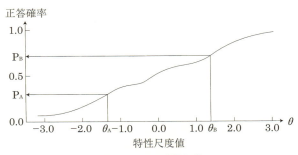

図1-1　項目特性曲線

(2) ロジスティック・モデル

項目特性曲線は単調増加なものであればどのような曲線でも良いが,曲線の形にロジスティック曲線と呼ばれる曲線形を仮定することが多い。これはロジスティック曲線を表わす関数が数学的に取り扱いやすいという理由による。このため,このような曲線を仮定したモデルを特にロジスティック・モデル (logistic model) と呼ぶ。ロジスティック・モデルでは,項目 j の特性は,潜在特性尺度値を θ,正答確率を $P_j(\theta)$ とすると,

$$P_j(\theta) = \{1+\exp[-1.7a_j(\theta-b_j)]\}^{-1} \qquad (1-1)$$

で表わされる。ここで, a_j および b_j は曲線の形状を決定するパラメタ (parameter) で, a_j は曲線の立ち上がりの強さを, b_j は横軸上における曲線の位置を表わす。なお,数学的には b_j はこの曲線の変曲点にあたり,

$$P_j(b_j) = 0.5 \qquad (1-2)$$

であり, a_j は変曲点における微分係数の定数倍になる。

パラメタ a_j および b_j の値によって曲線の形状が完全に決まるということは,このロジスティック・モデルではパラメタ a_j および b_j によって項目 j

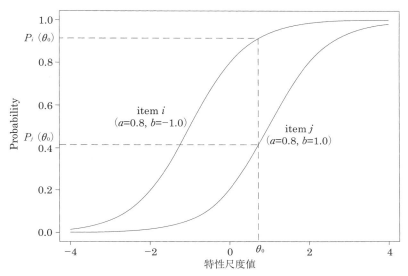

図 1-2 困難度パラメタ値が異なる場合

の特性がすべて記述されるということになる。

パラメタ a_j および b_j の意味を明らかにするために、2つの項目 i, j の特性曲線について、以下の2つの状況を設定する。すなわち、

①パラメタ a_i および a_j は値が等しい（$a_i = a_j$）が、パラメタ b_j の方が b_i よりも値が大きい（$b_i < b_j$）場合（図 1-2）： この場合は項目 j の曲線の方が項目 i の曲線よりも全体として右側に寄っている。このとき、特性尺度値が θ_0 である受験者については、$P_i(\theta_0) > P_j(\theta_0)$ であるから、項目 i の方が項目 j よりも正答する確率が高い。すなわち、項目 j の方が項目 i よりも難しいということになる。つまり、項目特性曲線の位置が右よりにある項目ほど難しく、左よりにある項目ほどやさしいというのである。曲線の位置はパラメタ b で決まるのであるから、パラメタ b_j は困難度パラメタ（difficulty parameter）と呼ばれる。

②パラメタ b_i および b_j は値が等しい（$b_i = b_j$）が、パラメタ a_j の方が a_i よりも値が大きい（$a_i < a_j$）場合（図 1-3）： この場合は項目 j の曲線の方が項目 i の曲線よりも変曲点 b_j（$= b_i$）の前後での傾きが急である。特性尺度値が θ_1（$< b_j$）および θ_2（$> b_j$）である2名の受験者については、項目

第Ⅰ部 理論編

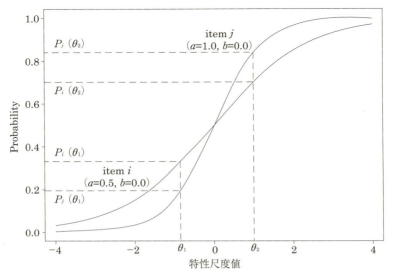

図1-3 識別パラメタ値が異なる場合

j では $P_j(\theta_1)$ が 0 に近い値であるのに対して，$P_j(\theta_2)$ は 1 に近い値である。これに対して，項目 i では $P_i(\theta_1) < P_i(\theta_2)$ ではあるがいずれも相対的に0.5に近い値であり，項目 j ほどの明らかな差は見られない。すなわち，パラメタ a の値が大きい項目は変曲点の前後で特性尺度値の違いを明らかに識別できるのに対して，パラメタ a の値が小さい項目はそれほど明らかに識別することができない。つまり，パラメタ a の値によって特性尺度値を識別する力が決まるのであるから，パラメタ a は識別力パラメタ(discrimination parameter) と呼ばれる。

具体例として，渡辺・野口・高橋（1994）の中で実際に用いられた項目の

表1-1 2パラメタ・ロジスティック・モデルの項目パラメタ値の例

項目番号	識別力	困難度
1	0.629	-1.755
2	1.051	-0.757
3	0.540	-0.212
4	1.470	0.020
5	0.490	0.518

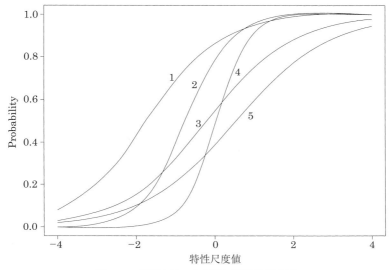

図 1-4 実際のテスト項目の特性曲線の例

一部について，項目パラメタ値を表1-1に，項目特性曲線を図1-4に示した。なお，潜在特性尺度の原点と単位とはそれぞれ，受験者集団の推定尺度値の平均値が0.0，標準偏差が1.0となるように定められている。

なお，ロジスティック・モデルには，識別力および困難度の2つのパラメタをもつ「2パラメタ・ロジスティック・モデル」の他に，識別力パラメタはすべての項目で等しい値をとり（したがって，項目パラメタではなくなる），困難度パラメタの値のみが項目間で異なる「1パラメタ・ロジスティック・モデル」，そして識別力および困難度に加えて多枝選択形式項目で生じやすい「当て推量（guessing）」を表わすパラメタを加えた「3パラメタ・

表 1-2 ラッシュ・モデルの項目パラメタ値の例

項目番号	困難度
1	−2.0
2	−1.0
3	0.0
4	1.0
5	2.0

第Ⅰ部　理論編

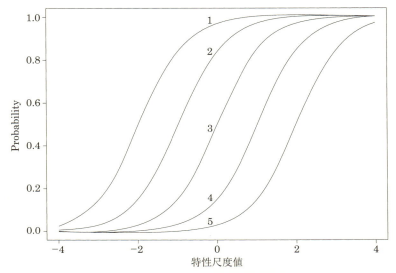

図 1-5　ラッシュ・モデルの項目特性曲線の例

ロジスティック・モデル」がある。

　1パラメタ・ロジスティック・モデルはその提案者の名前をとって「ラッシュ・モデル（Rasch model）」とも呼ばれ，モデルが簡便なため受験者数の比較的少ないテストの分析にも用いられる。項目パラメタ値の例を表1-2に，対応する項目特性曲線を図1-5に示した。

　3パラメタ・ロジスティック・モデルは原理的には多枝選択形式の項目を取り扱うのに優れているが，実際には推定すべきパラメタの数が多くなり，そのため項目パラメタを推定する際に多数の受験者が必要となる。項目パラメタ値の例を表1-3に，対応する項目特性曲線を図1-6に示した。

表 1-3　3パラメタ・ロジスティック・モデルの項目パラメタ値の例

項目番号	識別力	困難度	当て推量
1	1.0	-2.0	0.2
2	0.5	-1.0	0.1
3	1.0	-0.0	0.0
4	0.5	1.0	0.1
5	1.0	2.0	0.2

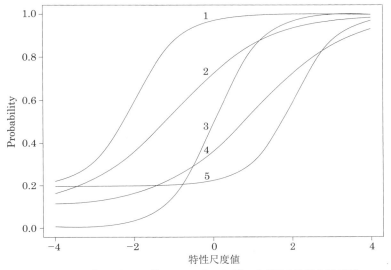

図 1-6　3パラメタ・ロジスティック・モデルの項目の特性曲線の例

(3) 正規累積モデル

項目特性曲線に正規累積型の曲線を仮定するモデルで，項目特性曲線は

$$P_j(\theta) = \frac{1}{\sqrt{2\pi}} \int_{-\infty}^{a_j(\theta - b_j)} \exp\left(-\frac{t^2}{2}\right) dt \qquad (1-3)$$

で表わされる。a_j および b_j はこの曲線のパラメタで，その意味はロジスティック・モデルの項目パラメタと全く同じである。さらに，この正規累積モデルの項目特性曲線とロジスティック・モデルのそれとは項目パラメタの値が等しい場合には，実質的には全く同一の曲線とみなせる。このため，項目パラメタの推定に際しては正規累積モデル（normal ogive model）を仮定するが，その後の分析にはロジスティック・モデルを仮定して進められることがある。

なお，項目反応理論は当初は「潜在特性モデル（latent trait model）」と呼ばれ，項目特性曲線に正規累積曲線を仮定していた（例えば，Lord（1952）など）が，その後，数学的に取り扱いやすいロジスティック曲線を用いて（Birnbaum, 1968）種々の計算を実施したり，理論的な展開が行われるよう

になった。

1.3. 局所独立の仮定

（1-1）式から尺度値がθ_iである受験者iが項目jに正答する確率は$P_j(\theta_i)$であり誤答する確率は$1-P_j(\theta_i)$になるが，次にn項目から構成されるテストで受験者iが特定の項目反応パタン（item response pattern）$u=(u_1, u_2, \cdots, u_n)$を示す確率について考える。

n項目から構成されるテストに対する受験者の反応について，項目反応理論では，「受験者の，ある項目に対する反応は，他のいずれの項目に対する反応とも独立に生ずる」ことを仮定する。これは「局所独立（local independence）の仮定」と呼ばれ，ある受験者について項目jに正答したか誤答したかが，項目kに正答するか誤答するかに全く影響しないという仮定である。この仮定は，項目間に特別な関係，例えば項目jの結果を使って項目kに解答するなど，がない限り成立する現実的な仮定である。数式で表現すると，潜在特性尺度値がθである受験者がテストのn項目に$(u_1, u_2, \cdots, u_n)$という反応（各u_iは正答なら1，誤答なら0）をする確率が，

$$\text{Prob}(u_1, u_2, \cdots, u_n | \theta) = \prod_{j=1}^{n} P_j(\theta)^{u_j} Q_j(\theta)^{1-u_j} \qquad (1-4)$$

で表わされるということである。

例えば，3項目から成るテストで受験者iの結果が（正答，誤答，正答）であったとする。このとき，項目反応パタンは（1, 0, 1）と表わされ，受験者iがこのパタンを示す確率はこのモデルでは，

$$\text{Prob}(1, 0, 1 | \theta_i) = P_1(\theta_i) Q_2(\theta_i) P_3(\theta_i) \qquad (1-5)$$

で与えられる。

局所独立の仮定は，項目反応理論の中で最も基本的かつ重要な仮定の1つである。

1.4. 個人の尺度値の推定

実際のテストでは，受験者の項目反応パタン $(u_1, u_2, \cdots, u_n)$ がテストを採点した結果得られ，これを基に個人の潜在特性尺度値 θ（シータ）を推定する。例えば，その受験者が項目1に正答，項目2に誤答，…，項目 n に正答したならば，項目反応パタンは $(1, 0, \cdots, 1)$ になる。これがその受験者に関して得られたデータのすべてであり，これを基にその受験者の潜在特性尺度値 θ を推定する。実際の推定には，統計学で最尤推定法（maximum likelihood estimation）と呼ばれる方法が用いられることが多い。これは，実際に観測された項目反応パタンが得られる確率が最も大きい θ の値を推定値とする方法で，例えば，反応パタン $(1, 0, \cdots, 1)$ を示した受験者の推定値の候補として $\theta_1, \theta_2, \theta_3$ の3つの値が考えられる時，Prob $(1, 0, \cdots, 1|\theta_1)$, Prob $(1, 0, \cdots, 1|\theta_2)$, Prob $(1, 0, \cdots, 1|\theta_3)$ の値を（1－4）式から計算して，もし2番目の値が最も大きくなったならば，θ_2 をその被験者の推定値とする。実際には連続変数 θ に関する関数の最大値を与える θ の値を求めることになる。すなわち，受験者 i が特定の項目反応パタン $u = (u_1, u_2, \cdots, u_n)$ を示す確率は局所独立の仮定から（1－4）式で与えられるが，既にテストを実施した結果が得られている場合には，$(u_1, u_2, \cdots, u_n)$ はデータとして与えられるから，（1－4）式は受験者の潜在特性尺度値 θ のみが変数となる1変数関数となる。これを受験者の潜在特性尺度値 θ に関する尤度関数（likelihood function）と呼び，

$$L(\boldsymbol{u}|\theta) = \prod_{j=1}^{n} P_j(\theta)^{u_j} Q_j(\theta)^{1-u_j} \qquad (1-6)$$

で表わされる。この尤度関数の最大値を与える θ を求めるのに，計算の便宜上，通常は両辺の対数をとり，対数尤度関数（log-likelihood function）

$$\ln L(\boldsymbol{u}|\theta) = \sum_{j=1}^{n} \{u_j \ln P_j(\theta) + (1-u_j) \ln Q_j(\theta)\} \qquad (1-7)$$

を用いる。

すなわち，（1－7）式を θ について（偏）微分した結果を0と置くと，

尤度方程式 (likelihood equation)

$$\sum_{j=1}^{n} a_j (u_j - P_j(\theta)) = 0 \qquad (1-8)$$

が得られ，これをθについて解いた結果が当該受験者の潜在特性尺度値θの最尤推定値 (maximum likelihood estimate) になる。(1-8)式はn項目すべての項目特性曲線が等しい場合を除いて解析的に解くことは困難であり，コンピュータを用いた数値計算による。

1.5. 情報関数および情報量

(1) テスト情報量（関数）

項目反応理論ではテストの測定精度を表わすのにテスト情報量 (amount of test information) $I(\theta)$を用いる。これは潜在特性尺度値θの関数で表わされ，2パラメタ・ロジスティック・モデルの場合，

$$I(\theta) = D^2 \sum_{j=1}^{n} a_j^2 P_j(\theta) Q_j(\theta) \qquad (1-9)$$

になる。ここでnはテストに含まれる項目数，$P_j(\theta)$は項目特性関数，$Q_j(\theta) = 1 - P_j(\theta)$，そして，$D$は定数でその値は1.7である。

この$I(\theta)$は「推定すべき母数θに対する最尤推定量$\hat{\theta}$の漸近分布が平均θ，分散$1/I(\theta)$の正規分布に従う」という数理統計学で証明されている最尤推定量に関する一般的な性質を，項目反応理論で個人の潜在特性尺度値θを推定する状況に適用したものである。言い換えると，特性尺度値がθである受験者に対してn項目から構成される同じテストを何度も繰り返し実施するという状況を仮に考えたときに，1回実施する度に計算される推定尺度値$\hat{\theta}$について分布が得られるが，$I(\theta)$はその分布の分散（測定の誤差分散）の逆数に相当し，その意味でテストの精度を表わしている。テスト情報量を用いることによって，受験者ごとに測定精度を推定でき，その測定が当該受験者にとって適切であったか否かなど，きめの細かい議論をすることができる。

(2) 項目情報量(関数)

テスト情報量を表わす(1-9)式の右辺について,

$$I_j(\theta) = a_j^2 P_j(\theta) Q_j(\theta) \qquad (1-10)$$

とおくと,テスト情報量は

$$I(\theta) = \sum_{j=1}^{n} I_j(\theta) \qquad (1-11)$$

になる。これは,テスト情報量が各項目ごとに定義される$I_j(\theta)$の総和で得られることを示している。したがって,$I_j(\theta)$はテスト全体のテスト情報量に対して各項目が貢献している分を表わしている。そこで,この$I_j(\theta)$を項目情報量(amount of item information)と呼ぶ。

結局,「テスト情報量は項目情報量の和で表わされる」ことになる。

(3) 得点情報量(関数)

項目反応パタンではなく,従来から個人のテスト結果を表示するのに基本的には正答数得点(number right score)がよく用いられてきた。ここでは,正答数得点から特性尺度値θを推定した場合の推定精度について述べる。

この場合も,受験者の実際に観測された正答数得点がxである時,xが得られる確率が最も大きくなるθの値をもって当該受験者の特性尺度値の推定値とする。すなわち,正答数得点に基づく特性尺度値の最尤推定法である。この場合に尤度関数は,

$$L(x|\theta) = \sum_{x=x(u)} \prod_{j=1}^{n} P_j(\theta)^{u_j} Q_j(\theta)^{1-u_j} \qquad (1-12)$$

で与えられる。$\sum$記号の下の$x=x(\boldsymbol{u})$は正答数得点がxになる項目反応パタン$\boldsymbol{u}$についてすべて加えることを表わしている。そして,この方法で推定尺度値を求めた場合の推定精度は得点情報量(amount of scoring information)$I_X(\theta)$で表わされる。2パラメタ・ロジスティック・モデルの場合は

$$I_X(\theta) = D^2 [\sum_{j=1}^{n} a_j P_j(\theta) Q_j(\theta)]^2 / [\sum_{j=1}^{n} P_j(\theta) Q_j(\theta)] \qquad (1-13)$$

で与えられる。そして特性尺度値θの全範囲で,

$$I_X(\theta) \leq I(\theta) \qquad (1-14)$$

という関係が成り立つことが証明される。すなわち，得点情報量はテスト情報量に等しいかそれよりも小さい値をとるというもので，項目反応パタンを正答数得点化する際にもとの項目反応パタンのもつ情報の一部が失われることによる。

情報量は低くなるが，あらかじめ正答数得点 x と推定特性尺度値 θ との対照表が計算して与えられていれば，テストの採点場面ではコンピュータによる数値計算が不要となるという特徴をもっている。

1.6. 項目のパラメタ値

被験者個人の潜在特性尺度値 θ を推定するためには，その前に各項目の識別力および困難度パラメタの値が分かっていなければならない。通常は，あらかじめ予備テストを実施してその結果得られる項目反応行列データを基にして各項目のパラメタ値を推定する。以下では実際に用いられることの多い項目パラメタ推定法について述べる。

(1) **簡易推定法**
この方法は，項目反応理論で分析しようとするテストが，
① テストが1次元性をもつ
② 各項目の項目特性曲線が正規累積型である
③ テスト項目間で局所独立の仮定が成り立つ
④ 受験者集団で潜在特性尺度値の分布が正規型である

という条件を満たしている場合に，項目反応理論の項目パラメタと従来からテストの分析によく用いられてきた古典的テスト理論の項目統計量との間に，

$$a = \rho / \sqrt{(1-\rho^2)} \qquad (1-15)$$

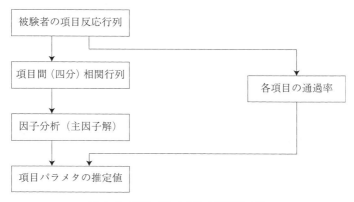

図 1-7　項目パラメタ値の簡易推定法

$$b = -\Phi^{-1}(\pi)/\rho \tag{1-16}$$

という関係が導かれる（Lord & Novick, 1968, p.378）ことを利用する。ここで，a および b はそれぞれ項目反応理論の識別力および困難度パラメタを，ρ は項目得点とテストが測定する潜在特性との双列相関係数（biserial correlation coefficient），π は項目通過率を，さらに，$\Phi^{-1}(\cdot)$ は標準正規分布関数の逆関数をそれぞれ表わす。

　実際の計算手順は図1-7に示したとおりである。すなわち，まず，各受験者の各項目に対する反応（正答または誤答のいずれか）から項目間相関行列を求める。その際，相関係数には四分（テトラコリック）相関係数（tetrachoric correlation coefficient）を用いる。次に，項目間相関行列に対して因子分析（主因子解）を行う。この結果から当該テストのもつ心理的次元の数が推定できるが，項目反応モデルによる分析を進めるためには心理的次元の数が唯ひとつであることが望まれる。そして，因子分析の結果得られた各項目の因子負荷 ρ_j と，既に求められている各項目の通過率 π_j を（1-15）および（1-16）式に代入して項目パラメタの推定値を得る。

　実際のテストを分析する場合に項目パラメタの推定法として簡易推定法が用いられた例は少ない。わが国でも，芝（1978），野口（1992）などがあるが，外国の学術雑誌（*Psychometrika, Applied Psychological Measurement, Journal of Educational Measurement, Journal of Educational and Behavioral Statis-*

tics）を含めても項目反応理論に関する研究の中で用いられた例は極めて少ない。

簡易推定法があまり用いられない理由としては，
① 潜在特性が正規分布するとみなせる受験者集団にのみ適用が可能である
② （1 −15）および（1 −16）式は「標本（sample）」ではなく「母集団（population）」において成立するものである
③ 項目パラメタ推定値の標準誤差が求まらない
④ 統計数理的な性質（例えば，一致性）が十分に確認されていない
⑤ 計量的方法の研究者の関心を引かない
⑥ 容易に利用できるコンピュータ・プログラムがない

などがある。

しかしながら，簡易推定法のプログラムを開発したり，他の推定法との比較を行うなどの研究もいくつか報告されてきた。そして，それらの研究では，項目数および受験者数が多く（例えば，80項目で2000名など），受験者の特性尺度値の分布が正規型とみなせる場合に，簡易推定法は次に述べる同時最尤推定法とほとんど同じ結果を与えるし，しかもコンピュータの計算時間の点でかなり有利になることが示されている（例えば，Swaminathan & Gifford（1983）など）。ただ，現在ではコンピュータの計算時間に関して，特に問題になるようなことはなく，計算の簡便さが特徴と言える。

(2) 最尤推定法

個人の特性尺度値 θ を推定するのに用いた最尤推定法は，項目パラメタ値 a および b を推定する際にも用いることができる。個人の特性尺度値を推定する場合は，当該受験者について観測された項目反応パタンが得られる確率が最大になる θ の値を推定値とするものであったが，項目パラメタ値を推定する場合もほぼ同様である。ただし，1人の受験者の項目反応パタンを用いるのではなく，受験者集団全体の項目反応行列（item response matrix）を用いる点が異なっている。

いま，n 項目で構成されるテストを N 名の受験者に対して実施した結果

第1章 項目反応理論の概要

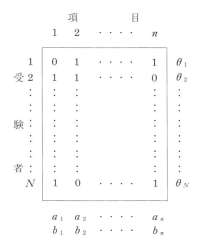

図 1-8 項目パラメタ値推定のためのデータ行列

を，正答ならば 1，誤答ならば 0 で表わすと，図 1-8 のような矩形の項目反応行列が得られる。図 1-8 で右端の列にある $\theta_1, \theta_2, \cdots, \theta_N$ は各受験者の特性尺度値を，下端の 2 行にある $a_1, a_2, \cdots, a_n$，および $b_1, b_2, \cdots, b_n$ は項目パラメタ値を表わしている。そして，この項目反応行列が得られる確率が最大になる $a_1, a_2, \cdots, a_n$，および $b_1, b_2, \cdots, b_n$ の値を項目パラメタの推定値とする。実際のテスト開発場面では，この項目反応行列は予備テストを実施して得ることになるが，その場合には，受験者の特性尺度値 $\theta_1, \theta_2, \cdots, \theta_N$ には関心がなく，項目パラメタ値 $a_1, a_2, \cdots, a_n$，および $b_1, b_2, \cdots, b_n$ が問題にされる。

ここで，受験者 i の項目 j に対する反応を u_{ij} と表わすと，

$$u_{ij} = \begin{cases} 1 & （正答の時） \\ 0 & （誤答の時） \end{cases} \qquad (1-17)$$

となり，受験者 i の n 項目に対する項目反応パタンを

$$\boldsymbol{u}_i = (u_{i1}, u_{i2}, \cdots, u_{in}) \qquad (1-18)$$

とすると，特性尺度値が θ_i である受験者 i がそのような項目反応パタンを

示す確率は局所独立の仮定から，

$$\mathrm{Prob}(\boldsymbol{u}_i \mid \theta_i) = \prod_{j=1}^{n} P_j(\theta)^{u_{ij}} Q_j(\theta)^{1-u_{ij}} \qquad (1-19)$$

と表わされる。

受験者は全部で N 名であり，相互に独立に項目反応が得られるのであるから，項目反応行列（図1-8の中央部）を U とすると，特性尺度値が θ_1, θ_2, …, θ_N である受験者集団から項目反応行列 U が得られる確率は，

$$\mathrm{Prob}(U \mid \theta_1, \theta_2, \cdots, \theta_N) = \prod_{i=1}^{N} \mathrm{Prob}(\boldsymbol{u}_i \mid \theta_i)$$

$$= \prod_{i=1}^{N} \prod_{j=1}^{n} P_j(\theta)^{u_{ij}} Q_j(\theta)^{1-u_{ij}} \qquad (1-20)$$

になる。(1-20) 式は U の $(\theta_1, \theta_2, \cdots, \theta_N)$ による条件付確率を表わしているが，さらにこれは項目パラメタ $\boldsymbol{a} = (a_1, a_2, \cdots, a_n)$ および $\boldsymbol{b} = (b_1, b_2, \cdots, b_n)$ によっても条件づけられている。この点を明示すると，

$$\mathrm{Prob}(U \mid \boldsymbol{a}, \boldsymbol{b}, \theta_1, \theta_2, \cdots, \theta_N) = \prod_{i=1}^{N} \prod_{j=1}^{n} P_j(\theta)^{u_{ij}} Q_j(\theta)^{1-u_{ij}} \qquad (1-21)$$

である。ここで，(1-21) 式は $\boldsymbol{a}, \boldsymbol{b}$ および $\theta_1, \theta_2, \cdots, \theta_N$ が与えられた時に U が得られる確率を表わしているが，実際にデータとして得られるのは U のみであり，$\boldsymbol{a}, \boldsymbol{b}$ および $\theta_1, \theta_2, \cdots, \theta_N$ は未知である。

このような状況で，$\boldsymbol{a}, \boldsymbol{b}$ および $\theta_1, \theta_2, \cdots, \theta_N$ を変数として，観測された項目反応行列 U が確率的に最も生起しやすい値を求めて，項目パラメタおよび受験者の特性尺度値の推定値とする，すなわち尤度関数

$$L(U \mid \boldsymbol{a}, \boldsymbol{b}, \theta_1, \theta_2, \cdots, \theta_N) = \prod_{i=1}^{N} \prod_{j=1}^{n} P_j(\theta_i)^{u_{ij}} Q_j(\theta_i)^{1-u_{ij}} \qquad (1-22)$$

を最大にする $\boldsymbol{a}, \boldsymbol{b}$ および $\theta_1, \theta_2, \cdots, \theta_N$ を求める。得られた $\hat{\boldsymbol{a}} = (\hat{a}_1, \hat{a}_2, \cdots, \hat{a}_n)$ および $\hat{\boldsymbol{b}} = (\hat{b}_1, \hat{b}_2, \cdots, \hat{b}_n)$ が項目パラメタの最尤推定値である。

実際の計算では便宜上 (1-22) 式の対数をとって，対数尤度関数

$$\ln L = \sum_{i=1}^{N} \sum_{j=1}^{n} \{u_{ij} \ln P_j(\theta_i) + (1-u_{ij}) \ln Q_j(\theta_i)\} \qquad (1-23)$$

を最大にする $\boldsymbol{a}, \boldsymbol{b}$ および $\theta_1, \theta_2, \cdots, \theta_N$ を求める。そのためには，(1-23)

式を $a_1, a_2, \cdots, a_n, b_1, b_2, \cdots, b_n$ および $\theta_1, \theta_2, \cdots, \theta_N$ の各々で偏微分して得られる式の右辺を0とおいた連立方程式を解けばよい。ただし，そのままでは，項目パラメタおよび受験者の特性尺度値を表わす尺度の原点と単位とが不定である(1.8. 尺度の等化および垂直尺度化　を参照)ため，例えば，受験者の推定尺度値 $\hat{\theta}_1, \hat{\theta}_2, \cdots, \hat{\theta}_N$ の平均を0，標準偏差を1としたり，項目困難度パラメタの推定値 $\hat{b}_1, \hat{b}_2, \cdots, \hat{b}_n$ の平均を0，標準偏差を1とする等の拘束条件をおいて，全部で $2n+N-2$ 本の連立方程式を解く。この連立方程式は解析的には解けないため，コンピュータの数値計算による。

なお，この推定法は項目パラメタ $a_1, a_2, \cdots, a_n$, および $b_1, b_2, \cdots, b_n$ と受験者の特性尺度値 $\theta_1, \theta_2, \cdots, \theta_N$ の両者を同時に推定するため，特に「同時最尤推定法（joint maximum likelihood estimation）」と呼ばれる。

ところで同時最尤推定法の場合，テスト開発の段階では特に関心のない予備テスト受験者の特性尺度値を計算しているし，さらに推定値が統計数理的に望ましい性質（一致性：consistency）を備えていない，などの問題がある。後者について簡単にいうと，項目数に比べて受験者数がかなり多い場合に精度のよい推定値が得られないということである。そのため，最近は受験者の特性尺度値を推定することなく項目パラメタの推定値が得られる「周辺最尤推定法（marginal maximum likelihood estimation）」が用いられることが多くなっている。

周辺最尤推定法もデータは同時最尤推定法と全く同じ，図1-8に示したものを用いる。異なるのは項目反応パタン別に受験者数をまとめて数え上げる点である。すなわち，n 項目から成るテストでは 2^n 通りの項目反応パタンが原理的には存在しうるが，実際には観測されないパタンもあれば，複数の受験者で観測されるパタンもある。この項目反応パタン別に集計された人数を用いて項目パラメタ値を推定する。

いま，予備テストの受験者の母集団（人数は極めて多く，実質的には無限母集団として取り扱えるものとする）における特性尺度値 θ の分布を $g(\theta)$ とする。さらに内容の異なる項目反応パタンを $u_p (p = 1, \cdots, 2^n)$ とすると，特性尺度値 θ で項目反応パタン $\boldsymbol{u}_p$ が生起する確率は，

第Ⅰ部　理論編

$$\text{Prob}(\boldsymbol{u}_p|\theta) = \prod_{j=1}^{n} P_j(\theta)^{u_{pj}} Q_j(\theta)^{1-u_{pj}} \tag{1-24}$$

で与えられる。さらに，母集団全体で項目反応パタン u_p が生起する確率を $p(\boldsymbol{u}_p)$ とすると，

$$p(\boldsymbol{u}_p) = \int_{-\infty}^{+\infty} g(\theta) \text{Prob}(\boldsymbol{u}_p|\theta) d\theta$$

$$= \int_{-\infty}^{+\infty} g(\theta) \prod_{j=1}^{n} P_j(\theta)^{u_{pj}} Q_j(\theta)^{1-u_{pj}} d\theta \tag{1-25}$$

になる。

ところで，N 名の受験者集団について項目反応パタン $\boldsymbol{u}_p (p=1, \cdots, 2^n)$ 別に受験者の数を集計した結果を $N_p (p=1, \cdots, 2^n)$ とすると，母集団からランダムに選ばれた受験者集団で，項目反応パタン $\boldsymbol{u}_p (p=1, \cdots, 2^n)$ 別の受験者数が $N_p (p=1, \cdots, 2^n)$ になる確率は多項分布で表わされる。すなわち，$m=2^n$ として，

$$\text{Prob}(N_1, N_2, \cdots\cdots, N_m) = \frac{N!}{N_1! N_2! \cdots\cdots N_m!} p(\boldsymbol{u}_1)^{N_1} p(\boldsymbol{u}_2)^{N_2} \cdots\cdots p(\boldsymbol{u}_m)^{N_m}$$

$$= \frac{N!}{\prod_{p=1}^{m} N_p!} \prod_{p=1}^{m} p(\boldsymbol{u}_p)^{N_p} \tag{1-26}$$

と表わされる。ここで，$p(\boldsymbol{u}_p)(p=1, \cdots, 2^n)$ の中に，未知の項目パラメタ $a_1, a_2, \cdots, a_n$，および $b_1, b_2, \cdots, b_n$ が含まれていることに注意が必要である。

周辺最尤推定法では，観測されたデータ $(N_1, N_2, \cdots, N_m)$ が生起する確率，すなわち（1-26）式を最大にする $a_1, a_2, \cdots, a_n$，および $b_1, b_2, \cdots, b_n$ の値をもって項目パラメタの推定値とする。

すなわち，尤度関数，

$$L(N_1, N_2, \cdots, N_m \mid \boldsymbol{a}, \boldsymbol{b}) = \frac{N!}{\prod_{p=1}^{m} N_p!} \prod_{p=1}^{m} p(\boldsymbol{u}_p)^{N_p} \qquad (1-27)$$

を最大にする $a_1, a_2, \cdots, a_n$, および $b_1, b_2, \cdots, b_n$ の値を求める。得られた $\hat{\boldsymbol{a}} = (\hat{a}_1, \hat{a}_2, \cdots, \hat{a}_n)$ および $\hat{\boldsymbol{b}} = (\hat{b}_1, \hat{b}_2, \cdots, \hat{b}_n)$ が項目パラメタの最尤推定値である。実際の計算では同時最尤推定法の場合と同様に，便宜上（1-27）式の対数をとって，対数尤度関数

$$\ln L = \sum_{p=1}^{m} N_p \ln p(\boldsymbol{u}_p) + \text{const.} \qquad (1-28)$$

を最大にする $\boldsymbol{a}, \boldsymbol{b}$ を求める。そのためには，（1-28）式を $a_1, a_2, \cdots, a_n$, $b_1, b_2, \cdots, b_n$ の各々で偏微分して得られる式の右辺を0とおいた連立方程式を解けばよい。

この連立方程式は解析的には解けないため，コンピュータの数値計算によるが，例えば，BILOG-MG（Zimowski, Muraki, Mislevy, & Bock, 2003），XCALIBRE（Assessment Systems Corporation, 1997），EasyEstimation（熊谷, 2009），などのプログラムを用いればよい。BILOG-MG に関しては第20章を EasyEstimation に関しては第21章を参照されたい。

(3) ベイズ推定法

これまでに述べた最尤推定法では，得られたデータを唯一の拠り所として統計モデルのパラメタ値を推定していたが，これに対して，観測（測定）されたデータのみならずそれ以前の情報も利用できる場合には，それを事前分布（prior distribution）と呼ばれる確率分布に定式化して統計的推測の場面に積極的に取り入れるという考え方もありうる。この考え方に基づく推定法はベイズ推定法（Bayesian estimation）と呼ばれ，統計学の中でも，観測データに基づいて客観的な推論を行おうとする従来の統計学（古典的統計学と呼ばれることもある）に対して，確率を「確信の度合い」を表わす「主観的確率」として捉え，研究者あるいは意思決定を行う個人の確信の度合いを事前分布として導入し，観測データと合わせて統計的な推論を行うベイズ統計学（Bayesian Statistics）と呼ばれる大きな流れとなっている。

第Ⅰ部　理論編

ベイズ統計学では，ベイズの定理に基づいて

　　事後分布　∝　事前分布×尤度

によって，事前の情報（事前分布）と観測データ（尤度）とから事後分布（posterior distribution）を得て，例えば事後分布のモード（mode）をもって推定値とする。

IRT の項目パラメタ推定場面では，（1―22）式で与えられる尤度 $L(U|a, b, \theta_1, \theta_2, ..., \theta_n)$ であり，観測データは受験者の項目反応行列 U であるのに対して，推定すべきパラメタ $a, b, \theta_1, \theta_2, ..., \theta_n$ の各々に対して事前分布を定式化する。具体的には，各項目の識別力パラメタに対しては χ 分布が，困難度パラメタには正規分布が，そして各受験者の尺度値 θ_i に対しては正規分布がそれぞれ用いられる。各確率分布の母数は事前の情報に基づいて設定される。

事前分布を用いるため，識別力パラメタの推定値が負になるなど IRT モデルに照らしてあり得ない推定値が得られることがないなどの利点がある反面，歪んだ事前情報を統計的推測の過程に取り込まないように慎重に配慮する必要がある。

ベイズ推定について詳しくは，例えば，Hambleton & Swaminathan（1985）などを参照されたい。

1.7.　モデルの適用可能性の判定

項目反応理論には古典的テスト理論には見られない特徴があるが，それらの利点が実際の測定場面で効果を発揮するためには，当該測定場面で項目反応理論を適用することが適当であるか否かについてあらかじめ十分な検討を行っておく必要がある。項目反応理論が適合しない測定場面で得られたデータに対して項目反応理論による分析を加えても意味のある結果は得られない。ここでは，IRT モデルの適用可能性を判定する方法のいくつかについて述べる。詳しくは，例えば，Hambleton（1989）などを参照されたい。

まず,テストが測定しようとする潜在特性が1次元であるかどうかという,1次元性(unidimensionality)について確認する必要がある。多次元 IRT モデル(multidimensional item response model)を適用する場合を除いて,項目反応理論では潜在特性の1次元性が仮定される。これまで述べた2パラメタ・ロジスティック・モデルでも潜在特性はθで表わされる変数1つであった。1次元性を確認するには,テストに含まれる項目の項目間相関行列を因子分析し,スクリー・テストの結果,因子数が1になればよい。スクリー・テストとは,項目間相関行列(厳密には主対角要素を共通性の推定値で置き換えたもの)の固有値を大きいものから順にプロットしたときに急激に値が小さくなる直前までの固有値の個数をもって因子数とする方法で,1因子性が高い場合には第1固有値のみが際立って大きくなる(図1-9参照)。なお,項目間相関係数にはϕ係数ではなく,テトラコリック(四分)相関係数を

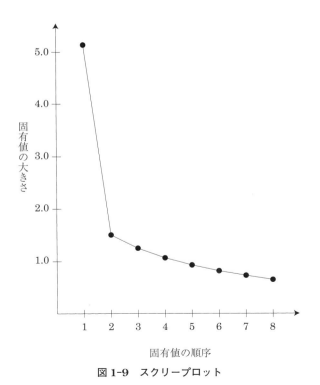

図 1-9　スクリープロット

用いる方が望ましい。

次に，IRT モデルの特徴である「項目パラメタの不変性（invariance of item parameters）」および「能力尺度値の不変性（invariance of ability parameters）」について確認する必要がある。具体的には，前者は既に得られている項目反応データについて，受験者群をランダムに2群に振り分けて，各群ごとに独立に項目パラメタ値の推定を実施し，その結果得られた各項目の対応するパラメタの推定値が標本誤差程度の違いであれば「項目パラメタの不変性」が成り立っているとみなせるし，後者はテストに含まれる項目を折半して，各部分テストごとに独立に受験者の尺度値を推定し，その結果受験者ごとに得られた推定尺度値間の違いが標本誤差程度であれば「能力推定値の不変性」が成り立っているとみなせる。

さらに，各項目の項目特性曲線の適合度について検討する。この場合に統計的検定が用いられる。すなわち，受験者集団を各受験者ごとに得られた推定尺度値をもとにほぼ同数の10グループに分ける。グループ h における受験者数を N_h 名，項目 j に対する正答者数を O_{jh} 名，項目特性曲線から得られる正答者数の理論値を E_{jh} 名とする。ただし，

$$E_{jh} = (1/N_h) \sum_{i \in h} P_j(\theta_i) \qquad (1-29)$$

で，$i \in h$ はグループ h に含まれる受験者すべてについて和をとることを表わす。

このとき，

$$Q_j = \sum_{h=1}^{10} \{N_h (O_{jh} - E_{jh})^2\} / \{E_{jh}(1 - E_{jh})\} \qquad (1-30)$$

が近似的に自由度 $(10-m)$ の χ^2 分布に従うことが示され（Yen, 1981），これを用いて項目特性曲線と実際のデータから計算される正答者数との適合度検定を行うことができる。ここで，m は項目特性曲線のパラメタ数で2パラメタ・ロジスティック・モデルの場合 m の値は2である。

これ以外にも統計的検定が用いられることがあるが，統計的検定はデータ数が大きくなると検定仮説（帰無仮説）を棄却しやすくなるという方法に固有の性質があることに注意する必要がある。精度の良い項目パラメタ推定値

を得るためには，受験者数を多くする必要があるが，そうすると適合度検定では棄却されやすくなる（IRTモデルがデータに適合しない）という二律背反の関係にある。したがって，統計的検定の結果については，データ数が少ないにもかかわらず適合度検定で仮説が棄却された場合は，確信をもってIRTモデルが適合しないと判断し，逆に，受験者数が多いにもかかわらず仮説が採択された場合には，確信をもってIRTモデルが適合しているという判断を下せばよく（Hambleton, 1989），統計的検定はこれらの場合に主として有効であることに注意して利用しなければならない。

1.8. 尺度の等化および垂直尺度化

(1) 等化および垂直尺度化の必要性

各種の能力試験をはじめとして，異なる尺度上で表現されたテスト結果を相互に比較する必要のある場合は実際場面で多く見受けられる。例えば，TOEFLやTOEICなどわが国で広く知られている英語能力に関するテストは年に複数回実施されるが，いずれの時期に受験しても結果は相互に比較可能なように同一の共通尺度上で表示される必要がある。また，大学入試センター試験（2021年からは大学入学共通テスト）では本試験の1週間後に特別な事情がある場合に受験が認められる追試験があるが，この場合にもいずれを受験したのかが志望大学への合否に影響を与えるようなことがあってはならないので，本試験と追試験の結果が同一の共通尺度上で表示されなければならない。さらに一部の法科大学院では入学試験に際して受験者の英語の実力を証明するものとしてTOEFLまたはTOEICの公式得点を提出させているが，このような場合にはTOEFLの得点とTOEICの得点とが比較可能なように，換算表が用意される必要がある。

また，能力試験ばかりではなく，人間の発達的変化の研究を行う場合には個人の発達状況を測定する尺度が広範囲な年齢のいずれにおいても同一の原点と単位とをもつように作成されていなければならない。そうでなければ発達曲線の型に関する議論は全く無意味である。例えば，小学校1年生から6年生までの6年間にわたる言葉の意味理解力の発達的変化について研究しよ

第Ⅰ部　理論編

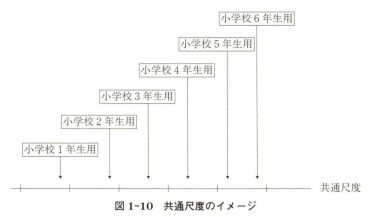

図1-10　共通尺度のイメージ

うとする。通常は各学年を測定対象とした困難度の異なる複数の版からなるテストを用意する。各版に含まれる問題項目は異なっても，各版の測定結果が共通尺度上の値で表示され（図1-10）なければ，発達的変化を捉えることは不可能である。

このように，複数の異なるテスト（尺度）による測定結果を共通に表示できる共通尺度を構成する手続きのことを「テスト（尺度）のリンキング（linking）」という。そして，リンキングの中でTOEFLや大学入試センター試験のようにテスト（尺度）間でテストの仕様や難易度にほとんど違いが見られない場合には「等化（equating）」，言葉の意味理解力の発達的変化を測定する場合のようにテスト（尺度）間で測定する構成概念が極めて類似しているが難易度に実質的な違いがある場合には「垂直尺度化（vertical scaling）」と特に呼ぶ。

(2)　IRT尺度の等化

項目反応理論では項目の識別力・困難度および被験者の特性尺度値を表わす尺度の原点と単位とは線形変換の範囲で任意に定められる。例えば，項目特性曲線が（1－1）式で与えられる2パラメタ・ロジスティック・モデルで仮に，

$$a^* = k^{-1}a \qquad (1-31)$$

$$\theta^* = k\theta + l \tag{1-32}$$

$$b^* = kb + l \tag{1-33}$$

という変換を実施したとする。このとき，

$$a^*(\theta^* - b^*) = (k^{-1}a)\{k\theta + l - (kb + l)\}$$

$$= a(\theta - b) \tag{1-34}$$

であるから，

$$P_j(\theta) = \{1 + \exp[-1.7a_j(\theta - b_j)]\}^{-1}$$

$$= \{1 + \exp[-1.7a_j^*(\theta^* - b_j^*)]\}^{-1} = P_j(\theta^*) \tag{1-35}$$

になる。すなわち，項目パラメタに対して（1-31）から（1-33）の変換を実施しても項目特性曲線には変化がない。言い換えると，項目反応理論の特性尺度は線形変換の範囲で原点と単位とを自由に決められるということである。そこで，多くの場合は既に述べたように，受験者の推定尺度値の平均を0.0，標準偏差を1.0としたり，テストに含まれる項目の困難度推定値の平均を0.0，標準偏差を1.0としたりする。

　受験者の異なる複数の版による測定結果を相互に比較する場合には，各版ごとに項目パラメタが推定され，各版の受験者集団の推定尺度値の平均を0.0，標準偏差を1.0となるように原点と単位の決められている尺度をすべての版に共通な原点と単位をもつ共通尺度に等化する必要がある。いま，尺度θを共通尺度θ^*に変換するという状況について考えると，変換前のθと変換後のθ^*とで各項目の特性曲線は同一の正答確率を示さねばならず，（1-31）から（1-33）式で表わされる変換を実施すればよい。すなわち項目パラメタについては（1-31）および（1-33）式を，受験者の特性尺度値については（1-32）式によって共通尺度上の値に変換すればよい。なお，（1-32）式から変換後の共通尺度上で受験者集団の平均はl，標準偏差はkに

なることが明らかである。

ところで,実際の測定場面では変換式中の k および l の値は未知であるから何らかの情報に基づいて推定しなければならない。したがって,IRT 尺度を等化するという問題は等化のための係数 k および l (以後は等化係数 k, l と呼ぶ) の値を推定するという問題に帰着される。

(3) 等化のデザインと等化法

実際に,等化係数 k, l の値を推定するためには等化すべき 2 つの尺度の両方に共通する情報が必要である。すなわち,「両方の尺度上で特性尺度値が既知である受験者が存在する」か,または,「両方の尺度上で項目パラメタ値が既知である項目が存在する」か,いずれかの条件が満たされなければならない。

いま,具体的に項目反応理論に基づいて作成されたテスト A およびテスト B があり,各テストに含まれる項目のパラメタ値が各テストごとに独立に推定されているときに,テスト A に含まれる項目のパラメタ値をテスト B に含まれる項目のパラメタ値と等化するという状況で考えると,2 つの尺度の両方で尺度値が既知である受験者が存在するというのはテスト A とテスト B の両方を受けた受験者集団が存在するということであり,2 つの尺度の両方で項目パラメタ値が既知である項目が存在するというのはテスト A とテスト B の両方に共通に含まれる項目が存在するということに相当する。

このことに対応して,実際にテスト A とテスト B との等化を行うためには 2 通りのデータ収集デザインがある。1 つは,2 つのテスト間に共通の項目が含まれるようにテストをあらかじめ構成しておく「共通項目デザイン」であり,もう 1 つは,2 つのテストを同一の受験者集団に実施する「共通受験者デザイン」である。

共通項目デザインでは,共通項目の項目パラメタ推定値 $(\hat{a}, \hat{a}^*)$ および $(\hat{b}, \hat{b}^*)$ がすべての項目で誤差を含まないならば(1-31)式および(1-33)式の関係を満たすことを利用する。もし,共通項目のパラメタ推定値が

誤差を含まないならば共通項目が1項目のみであったとしても，その識別力パラメタ値から（1-31）式によりkの値を，そしてこのkの値と困難度パラメタ値とから（1-33）式によりlの値を得ることができる。しかし，実際に項目パラメタ推定値が誤差を含まないことは考えられないため様々な工夫が必要となる。

例えば，テストA（尺度θ）とテストB（尺度θ^*）に共通項目がm項目存在する場合に，各項目のパラメタ推定値は尺度θと尺度θ^*の両方の値で得られるが，両方とも推定の誤差があるため，図1-11に示すように平面上にプロットしても直線上に並ぶことはなく，直線のまわりに散らばっている。このような誤差を含むデータから尺度θと尺度θ^*との関係を表わす方程式の等化係数を推定することになる。

芝（1978）では，最初に原点を通り，$(\hat{a}_j, \hat{a}_j^*)$（$j=1, m$）からの垂直距離の2乗和が最小になる直線を求め，その傾きの逆数をもって等化係数kの推定値とし，次に傾きがkで$(\hat{b}_j, \hat{b}_j^*)$（$j=1, m$）からの垂直距離の2乗和が最小になる直線の$\hat{b}_j^*$切片の値をもって等化係数lの推定値としている。すなわち，

$$\alpha = 2\sum_{j=1}^{m}(\hat{a}_j\hat{a}_j^*) \bigg/ \sum_{j=1}^{m}(\hat{a}_j{}^2 - \hat{a}_j^{*2}) \qquad (1-36)$$

として，

$$\hat{k} = \{-1 + \mathrm{sgn}(\alpha)\sqrt{1+\alpha^2}\}/\alpha, \qquad (1-37)$$

ただし，$\hat{a}_j{}^2 = \hat{a}_j^{*2}$（$j=1, \cdots, m$）の時は，$\hat{k}=1$

$$\hat{l} = m^{-1}\sum_{j=1}^{m}\hat{b}_j - \hat{k}m^{-1}\sum_{j=1}^{m}\hat{b}_j^* \qquad (1-38)$$

で等化係数kおよびlの推定値を得る。

この方法は，Marco（1977），Linn, Levine, Hastings, & Wardrop（1981），Stocking & Lord（1983）が基本的には項目困難度パラメタ推定値の情報のみしか利用しないのに対して，識別力パラメタ推定値の情報も利用している。さらに，Divgi（1980），Haebara（1980），Stocking & Lord（1983）では識別力パラメタ推定値と困難度パラメタ推定値の両方の情報を項目特性曲線

第Ⅰ部　理論編

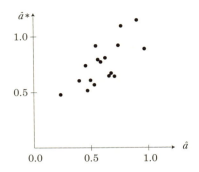

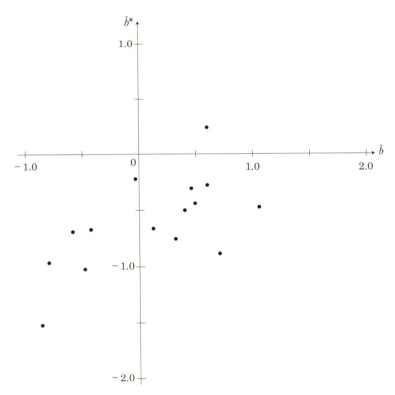

図 1-11　共通項目のパラメタ推定値のプロット

を用いることによって同時に利用している。

共通受験者デザインでは，共通受験者の推定尺度値 $(\hat{\theta}, \hat{\theta}^*)$ が誤差を含まないならば，（1−32）式の関係を満たすことを利用する。もし共通受験者の推定尺度値 $(\hat{\theta}, \hat{\theta}^*)$ が誤差を含まないならば共通受験者が2名存在すれば（1−32）式を利用して k, l に関する2元連立方程式を立て，それを解くことによって等化係数 k および l の値を得ることができる。しかしながら共通項目の場合と同様に，実際に受験者の推定尺度値が誤差を含まないことは考えられないため様々な工夫が必要となる。

例えば，テスト A（尺度 θ）とテスト B（尺度 θ^*）の両方を受験した共通受験者が N 名存在する場合に，各受験者の推定尺度値は尺度 θ と尺度 θ^* の両方の値で得られるが，両方とも推定の誤差があるため，図1−12に示すように平面上にプロットしても直線上に並ぶことはなく，直線のまわりに散らばる。このように誤差を含むデータから尺度 θ と尺度 θ^* との関係を表わす

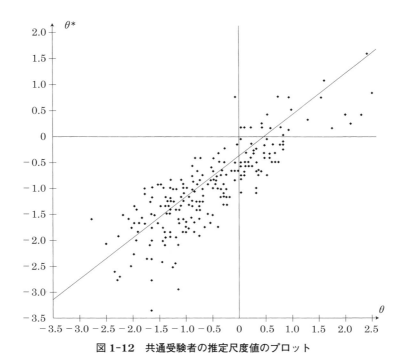

図 1-12　共通受験者の推定尺度値のプロット

方程式の等化係数を推定することになる。

野口（1983）では，ある条件の下で $(\hat{\theta}_i, \hat{\theta}_i^*)$ $(i = 1, N)$ の主成分を表わす直線の係数が，等化係数 k, l の最尤推定値に一致することを示し，

$$\beta = 2S_{\theta\theta}*/(S_\theta{}^2 - S_\theta{}^{*2}) \tag{1-39}$$

として，

$$\hat{k} = \{-1 + \mathrm{sgn}(\beta)\sqrt{1+\beta^2}\}/\beta \quad, \tag{1-40}$$

ただし，$S_\theta{}^2 = S_\theta{}^{*2}$ の時は $\hat{k} = 1$

$$\hat{l} = N^{-1}\sum_{i=1}^{N}\theta_i - \hat{k}N^{-1}\sum_{i=1}^{N}\theta_i^* \tag{1-41}$$

で等化係数 k および l の推定値を得ている。

共通受験者デザインにはこの他に，Marco（1977），Linn, Levine, Hastings, & Wardrop（1981），豊田（1986），野口・熊谷（2011），熊谷・野口（2012）などがあるが，共通受験者デザインでは各受験者に2つのテストを受験させる必要があるため，テストの練習効果や受験者の疲労効果が結果に影響を与える場合があるなど実際的な注意が必要である。

また，複数のテストの受験者集団（もしくは，これらと等価な受験者集団）に対して，等化すべきテストとは別に，各テストと同じ能力を測定し，かつ，問題内容や問題形式などが元のテストを十分に反映する単一の共通のテストを実施して，この共通テストの結果を利用して等化係数の値を推定し，複数のテストの等化を実施する「係留（アンカー）テスト・デザイン」がある。このデザインは，既に完成しているテスト間で等化を行う場合に用いられることが多い。共通項目を加えることができず，また，共通受験者法は受験者にとって負担が大きく現実問題として不可能な場合に用いられる。実際に用いられた例としては，斉田（2003），熊谷・山口・小林・別府・脇田・野口（2007），野口・熊谷・大隅（2007）などを参照されたい。

様々な等化係数の推定法が提案されているが，これらの中から複数の等化法について包括的かつ系統的に比較検討した報告は現在のところみられない。等化法について比較検討することは必要であるが，その場合に各等化法

を一次元上に並べて性能を比較するというのは実用的な観点からみて生産的な結論が得られるわけではない。項目パラメタ推定値や受験者の推定尺度値がどのような推定法を用いて得られたものであるのか，推定誤差に関する情報も利用できるか否か，各等化法が要求している条件がどのような場合に満たされるのか，また，得られる等化係数の推定値にどの程度の精度が要求されるのか，など等化を実際に行う状況と対応づけていずれの等化法を利用するのかを決定しなければならない。

1.9. 特異項目機能

テストに含まれるいくつかの項目が，一部の下位集団で異なる機能を示す場合のあることが経験的に知られている。例えば，あるテストに含まれる項目の一部が特定の下位集団ではその生活環境等で馴染みのない内容を取り上げているために，他の下位集団と比較して正答しにくくなっているなどである。この場合，当該テストが測定目的としている特性の程度が等しい受験者でも属する下位集団が異なると正答率が異なってしまう。このような場合に「DIF（Differential Item Functioning : 特異項目機能）が生じている」という。項目反応理論の文脈では，テスト項目の項目特性曲線が受験者の下位集団間で異なるということに相当し，「項目パラメタの不変性が特定の下位集団で成立していない」場合に，当該項目で DIF が生じていると言う。

本来は，マイノリティグループに対して不当に不利益に働く項目の検出を目的として「項目バイアス（item bias）」と呼ばれていた。しかしながら，例えば国際比較研究などでは質問項目の翻訳等価性だけでは解決できない文化差が被験者の質問項目に対する反応に影響を与える場合があり，交差文化的研究の中でそのような項目を検出する方法として用いられる際には，「ある項目が異なる機能を果たしていることを検出する」ことが重要であり，特にそれを「バイアス」と呼ぶのは適当でないことがある。すなわち，一般の下位集団で項目の機能に違いがあるかないかを問題にする必要がある場合がある。そこで最近はより広い内容を中立的に表現できる「DIF（特異項目機能）」という術語が用いられている。

第Ⅰ部　理論編

　実際にある項目で DIF が存在するとは，同一の特性尺度値 θ について正答確率が下位集団間で異なり，
　① 下位集団 A と B とで，一貫して集団 A の方が正答確率が高い場合（均一 DIF ； uniform DIF）
　② 下位集団 A と B とで，θ 上のある点までは集団 B の方が正答確率が高いが，その点を超えると集団 A の方が正答確率が高くなる場合（不均一 DIF ； nonuniform DIF）

とがある。前者の場合には2つの項目特性曲線が交差することはないが，後者の場合には θ 上のある点で交差する。

　実際のテストで DIF を検出するためには以下の手順で進められる。最初に，下位集団ごとに項目パラメタ値を推定する。次に，下位集団間で潜在特性尺度を共通化するように項目パラメタ値を等化する（ただし，項目パラメタ値を推定する段階で共通尺度上に表現され，特に等化の過程が必要ない場合もある）。そして，DIF を検出するための指標または検定統計量を各項目ごとに計算し，後者の場合それに基づいて統計的検定を行う。指標の値または検定結果と項目の内容的な検討結果とを合わせてその項目に DIF が存在するか否かを判断する。

　DIF を検出する方法は，下位集団ごとに描かれる項目特性曲線を比較する方法と下位集団ごとに得られる項目パラメタ推定値を比較する方法の2つに大別される。

(1) 項目特性曲線を比較する方法

　これは，DIF がないならば，2つの下位集団から得られる項目特性曲線は（標準誤差による変動分を除いて）同一になるはずであるから，同一項目に対する2つの項目特性曲線のズレの大きさを表わす指標を定義して，その値が大きい場合に当該項目に DIF ありと判断するという方法である。

- 項目特性曲線に挟まれた領域の面積を利用する方法
　　2つの下位集団から得られた項目特性曲線（尺度は等化されているも

のとする）に挟まれた領域の面積を計算し，その値の大小が DIF の大きさの指標となる．具体的には，下位集団 A および B の項目特性曲線をそれぞれ $P_{(A)}(\theta)$ および $P_{(B)}(\theta)$ とする（ただし，項目を表わす添字 j は省略）と，

$$\mathrm{DIF}_{\mathrm{SA}} = \int_{\theta \in \Theta} \{P_{(A)}(\theta) - P_{(B)}(\theta)\} d\theta \qquad (1-42)$$

で表わされる．ここで，$\theta \in \Theta$ は θ の値の全範囲にわたって積分することを表わしている．これは，均一 DIF の場合は，符号がいずれの下位集団に有利に機能するかを表わし，絶対値が DIF の大きさを表わすが，不均一 DIF の場合には 2 本の項目特性曲線の上下の逆転が生じるため，DIF の方向が θ 上のある値から逆転し，全体として相殺されてしまい，DIF の大きさを表現できない場合がある．

そこで，DIF の方向性を排除するように，

$$\mathrm{DIF}_{\mathrm{UA}} = \sqrt{\int_{\theta \in \Theta} \{P_{(A)}(\theta) - P_{(B)}(\theta)\}^2 d\theta} \qquad (1-43)$$

が用いられることもある．この場合はいずれの下位集団にとって有利に機能しているかは明示されなくなる．なお，式中の添字 SA は Signed-area の，UA は Unsigned-area の略である．

● 下位集団間の正答確率の差を利用する方法

　実際のテストで DIF を問題にする場合には，関心のある下位集団間で DIF の大きさがどの程度あるかということであるから，単に特性尺度値全体での 2 つの項目特性曲線間の差を問題とするのではなく，下位集団の構成員が存在する特性尺度値付近での項目特性曲線の差を特に問題にすべきとも考えられる．いま，あるテスト項目で下位集団 A に対して下位集団 B と比較して DIF が存在するか否かを問題にするものとする（例えば，下位集団 A がマイノリティグループで，下位集団 B がマジョリティグループ）．この場合には，下位集団 A の各構成員の特性尺度値について 2 つの項目特性曲線の差の大きさが問題になるわけであるから，

第Ⅰ部　理論編

$$\mathrm{DIF}_{\mathrm{SPD}} = \sum_{j \in B} \{P_{(B)}(\theta_j) - P_{(A)}(\theta_j)\} / N_B \qquad (1-44)$$

で DIF の大きさを表わす。ここで，$j \in B$ は下位集団 B の構成員すべてについて和をとることを，そして，N_B は下位集団 B の構成員の総数を表わす。

この指標は，DIF_{SA} と同様に不均一 DIF については十分にその程度を表わすことができない。そこで，

$$\mathrm{DIF}_{\mathrm{UPD}} = \sum_{j \in B} \{P_{(B)}(\theta_j) - P_{(A)}(\theta_j)\}^2 / N_B \qquad (1-45)$$

が用いられることがある。式中の SPD は Signed probability difference の，UPD は Unsigned probability difference を表わす。

これらをはじめ各種の指標が提案されており，それぞれに特徴が見られるが，いずれの場合も指標の値そのものに対する解釈基準が明確ではなく，また各指標の標本変動についても現在までのところ十分に検討されてはいないなどの問題が残されている。

(2) 項目パラメタを比較する方法

これは，DIF がないならば，2つの下位集団から得られる項目パラメタの推定値は（標準誤差による変動分を除いて）同一になるはずであるから，同一項目に対する2組のパラメタ推定値のズレの大きさを表わす指標を定義して，その値が大きい場合に当該項目に DIF ありと判断するという方法である。実際には，何らかの検定統計量を定義して，「2つの下位集団間で項目パラメタ値が等しい」という仮説を検定することになる。

- Lord (1980) の方法

  この方法は項目パラメタ推定値の漸近分布（データ数が十分大きい時の分布）を利用する。

  いま，項目 j のパラメタ推定値について，

  集団 A から得られたものを $(\hat{a}_{j(A)}, \hat{b}_{j(A)})$，

  集団 B から得られたものを $(\hat{a}_{j(B)}, \hat{b}_{j(B)})$，

と表わすと,「項目パラメタ推定に最尤法を用いた場合に推定値の漸近分布が正規分布になる」という性質を基に,統計量 Q

$$Q = (\hat{a}_{j(A)} - \hat{a}_{j(B)}, \hat{b}_{j(A)} - \hat{b}_{j(B)}) \times$$

$$\begin{pmatrix} V(\hat{a}_{j(A)} - \hat{a}_{j(B)}) & \text{COV}(\hat{a}_{j(A)} - \hat{a}_{j(B)}, \hat{b}_{j(A)} - \hat{b}_{j(B)}) \\ \text{COV}(\hat{a}_{j(A)} - \hat{a}_{j(B)}, \hat{b}_{j(A)} - \hat{b}_{j(B)}) & V(\hat{b}_{j(A)} - \hat{b}_{j(B)}) \end{pmatrix}^{-1} \begin{pmatrix} \hat{a}_{j(A)} - \hat{a}_{j(B)} \\ \hat{b}_{j(A)} - \hat{b}_{j(B)} \end{pmatrix}$$

(1−46)

が自由度2の χ^2 分布に従うことを利用して,

仮説: $a_{j(A)} = a_{j(B)}, b_{j(A)} = b_{j(B)}$

を検定する。

ここで,

$$V(\hat{a}_{j(A)} - \hat{a}_{j(B)}) = V(\hat{a}_{j(A)}) + V(\hat{a}_{j(B)}) \tag{1-47}$$

$$V(\hat{b}_{j(A)} - \hat{b}_{j(B)}) = V(\hat{b}_{j(A)}) + V(\hat{b}_{j(B)}) \tag{1-48}$$

$$\text{COV}(\hat{a}_{j(A)} - \hat{a}_{j(B)}, \hat{b}_{j(A)} - \hat{b}_{j(B)}) = \text{COV}(\hat{a}_{j(A)}, \hat{b}_{j(A)}) + \text{COV}(\hat{a}_{j(B)}, \hat{b}_{j(B)}) \tag{1-49}$$

であり,右辺の $V(\hat{a}_{j(A)})$, $V(\hat{b}_{j(A)})$ および COV$(\hat{a}_{j(A)}, \hat{b}_{j(A)})$ は,それぞれ $\hat{a}_{j(A)}$, $\hat{b}_{j(A)}$ の分散および共分散を,$V(\hat{a}_{j(B)})$ $V(\hat{b}_{j(B)})$ COV$(\hat{a}_{j(B)}, \hat{b}_{j(B)})$ は,それぞれ $\hat{a}_{j(B)}$, $\hat{b}_{j(B)}$ の分散および共分散を表わし,これらの値は,例えば LOGIST や BILOG などの項目パラメタ推定プログラムの計算過程で得ることができる。

この方法については,

① 過剰な数の項目について DIF ありと判断してしまう傾向がある

(McLaughlin & Drasgow, 1987)

② 個々の項目パラメタ値については値がかなり異なるにもかかわらず,最終的に描かれる項目特性曲線が非常に類似したものになる場合が稀にある。この場合でも DIF ありと判断してしまうことになる。

などの問題点が知られている。

● 尤度比を利用した方法(Thissen, Steinberg, & Wainer(1993)の方法)

第Ⅰ部　理論編

　　この方法は尤度比検定と呼ばれる統計的検定法を用いるもので，DIFの存在を検討したい項目について，「下位集団間で項目パラメタ値は等しい」というモデルと「下位集団間で項目パラメタ値は異なる」というモデルとを比較する検定統計量を構成し，実際に得られたデータから「下位集団間で項目パラメタ値は等しい」という仮説が棄却された時に当該項目でDIFがあると判断するものである。

　　具体的に，n項目から構成されるテストの項目kについてDIFの存在を検討する場合を考える。受験者集団はN名であるが，下位集団A（N_A名）と下位集団B（N_B名）から構成されるものとする。

　　まず，「下位集団間で項目パラメタ値は等しい」というモデルの下で項目パラメタ値を推定する。すなわち，全受験者集団N名のn項目に対する項目反応行列（$N×n$）をデータとして，例えば1.6節で述べた周辺最尤法を用いて推定する。得られた項目パラメタ推定値の尤度をL（model E）とする。

　　次に，「下位集団間で項目パラメタ値は異なる」というモデルの下で項目パラメタ値を推定する。すなわち，DIFについて検討する項目k以外の項目については得られた項目反応をそのまま利用するが，項目kに対する反応については項目k_1とk_2の2項目を仮想的に作り出す。項目k_1は下位集団Aについては受験者の項目kに対する反応がそのまま用いられるが，下位集団Bについては全員が無答したものとして取り扱う。項目k_2は逆に下位集団Aの受験者は全員が無答したものとして取り扱い，下位集団Bの受験者の項目kに対する反応はそのまま用いる。そして，全体として$N_A+N_B(=N)$名の受験者の$n+1$項目に対する項目反応行列（$N×(n+1)$）をデータとして，同様に周辺最尤法を用いて推定する。このとき，実際には単一の項目kに対して，仮想項目k_1とk_2の2組の項目パラメタ推定値が得られることになる。もし項目kにDIFがなければ仮想項目k_1とk_2の項目パラメタ推定値は推定誤差の範囲で一致するはずである。この時得られた項目パラメタ推定値の尤度をL（model D）とする。

　　さらに，これらの結果から，

$$G^2 = -2\ln L(\text{model E}) + 2\ln L(\text{model D}) \qquad (1-50)$$

を計算する。この G^2 の標本分布は，自由度 m（m は model D と model E との項目パラメタ数の差で 2 パラメタ・モデルの場合は 2）の χ^2 分布に近似的に従うことが理論的に示されるので，ここで得られた G^2 の値をもとに「下位集団間で項目パラメタ値は等しい」という仮説を検定することができる。なお，$-2\ln L(\text{modelE})$ および $-2\ln L(\text{modelD})$ の値は，項目パラメタの推定プログラムに例えば BILOG を用いた場合には，項目パラメタ推定の逐次近似計算が終了した時点で出力される結果をそのまま利用できる。詳しい手順については，Camilli & Shepard（1994）などを参照されたい。

この方法については，
① DIF を検討する項目ごとに項目パラメタ推定の手続きを繰り返す必要がある。
② 安定した結果を得るためにはいずれの下位集団についてもある程度の受験者数が必要になるが，特定の下位集団（例えば，マイノリティグループなど）についてこの条件を満たすことが難しい場合がある。

などの問題点もある。

(3) DIF 検出に伴う問題点

DIF（特異項目機能）を検出する方法について現在多くの研究が実施されている（例えば，Holland & Wainer；1993 参照）がまだ解決すべき問題点が残されている。例えば，
① テストや質問紙に含まれる項目数が多い場合に，すべての項目で本当は DIF がない場合にも，検定の結果いくつかの項目で DIF の存在が示されることがある。
② 下位集団の尺度を等化する際に，等化法の違いや等化法に内在する誤差の影響を受け，それが DIF に関する結果にも影響する。

③ DIF の検討を項目ごとに実施するため，項目パラメタ推定時に既に DIF が存在する他の項目の影響が混入している。

などである。

　現在のところ DIF を検出する方法として決定的とされる方法はなく，各指標および各検定法ごとに異なる特徴をもっている。したがって，実際のテスト項目や質問紙調査項目について DIF の検討を行う場合には複数の指標および検定法を併用することが望ましい。

　しかも，DIF が統計的方法で検出されたとして，さらにその原因を解明することが必要である。例えば，国際比較研究で2つの言語の質問項目（一方はオリジナル，他方は翻訳されたもの）で，DIF が検出されたとしても，翻訳の不完全さによるのか，質問項目自体の意味が文化的な差異をもっているのかについては，さらに別の検討が必要になる。また，項目バイアスについても，集団間での項目困難度の違いがテストの測定目的と関係のない原因で生じていると判断されてはじめて，DIF は項目バイアスと認定される。

　どのような原因で DIF を生じているのかを知ることが実際の心理測定場面では最も重要であるが，いずれの測定項目について検討すべきかの警告を発するという意味で以上で述べた DIF 検出の方法もまた重要な役割を果すと言える。

(4) **ノン・パラメトリック法**

　ここまでは，IRT モデルを適用して，DIF 検出のための統計量を計算する「パラメトリック法」と総称される方法について述べてきたが，DIF 検出のための方法には，特に測定モデルを仮定することなく，正答項目数と項目に対する応答とを用いて DIF 検出のための統計量を計算する「ノン・パラメトリック法」と総称される方法がある。具体的には例えば，Mantel–Haenszel 法，SIBTEST（Simultaneous Item Bias Test）法（Shealy & Stout, 1993），Logistic 回帰による方法，などがある。

　Mantel–Haenszel 法は，受験者集団を正答項目数などを基に K 個の能力段階に分けて，各段階ごとに下位集団×解答（正答－誤答）の 2×2 の分割表を作成し，これら K 個の分割表が全体として同じ傾向を示すか否かを Mantel-Haenszel 統計量を用いて検定する。

　SIBTEST ではテストに含まれる項目の中で DIF がないと確信される項目群のみを用いて個人の得点を計算し，それに基づいて受験者集団を K 段階に分割する。そして各段階について，DIF の存在が疑われる項目の通過率，または，DIF の存在が疑われる項目群の得点の差を求め，すべての段階をとおして β 推定量と呼ばれる統計量を計算して，DIF の判断をする。

　Logistic 回帰による方法では，医学分野でよく用いられる Logistic 回帰分析を利用して DIF の検出を行う。基準変数に正答確率を，予測変数に ⅰ) 得点，ⅱ) 下位集団，ⅲ) 得点と下位集団との交互作用，を投入して分析し，ⅲ) が有意ならば，不均一 DIF，ⅱ) が有意ならば，均一 DIF と判断する。

　いずれの方法も項目応答理論は利用されていない。

1.10.　項目プールと適応型テスト

(1)　項目プール

　項目内容とともに，項目分析の結果得られた各項目の特徴を表わす統計量の値や G‒P 分析の結果が既知である項目が多数貯えられているとき，これらの項目のまとまりを「項目プール (item pool)」と呼ぶ。テストで測定したい内容領域について項目プールを整備しておくことによって，その中から必要な項目を選んで目的に応じたテストを自由に構成でき，測定の文脈や測定対象に適した項目から構成されるテストを容易に作成することができ，テスト作成に関する負担が軽減される。例えば，教師がある単元の指導を終わった時点で生徒の学習状況を確認するためにテストを実施する場合などに，授業の内容や水準に照らして最適な項目を項目プール中から選んでテストを作成すればよい。

　実際に項目プールを整備するには，

① 項目のどのような情報を蓄積するか
② 項目をどのような媒体に記憶・貯蔵するか
③ 項目の検索はどのようにして行うのか

などの問題がある。これらのうち，②③の問題は主としてマルチメディアやコンピュータのハードウェアおよびソフトウェアに関係するが，①については心理測定理論に固有の問題である。項目のどのような情報を蓄積するかについては，項目内容および正解はもちろんのこととして，困難度や識別力などの統計量，作成および改訂年月日，さらに検索の便利のために，項目内容・測定領域・測定対象などをコード化した情報も必要である。困難度や識別力などの統計量は項目反応理論に基づいて，すべての項目について共通の尺度上で表わすことが望ましい。そうしておくことによって，例えば，項目プール中の異なる項目群から構成された2つのテストの測定結果について相互に比較可能になることや，測定対象に応じて項目プール中から適切な項目を逐次的に選び出してテストを実施する「適応型テスト（adaptive test／tailored test）」が実現可能になる。

(2) 適応型テスト

当該テスト中に，困難度のやさしい項目から難しい項目までが一様に含まれている場合には，受験者全体としてならすと精度の高い測定を実施することができるが，受験者一人ひとりについて見ると十分満足できる精度の測定になるとは必ずしも限らない。また逆に，当該テスト中に，困難度が特定の値に近い項目が主として含まれている場合には，一部の受験者に対しては十分に満足できる精度の測定を実施できるが，他の受験者に対しては不十分な精度の測定となってしまう。そこで，受験者個人ごとに最適な困難度等の特性をもつ項目を選択してテストを編集したならば，すべての受験者に対して十分に満足できる精度の測定が可能になる。このように個人ごとに最適な項目を選択・編集して実施するテスト方式を「適応型テスト」方式と呼ぶ。

適応型テストでは，当該受験者の測定に最適な項目を選択するのに，基本的には「直前に実施した項目に対して受験者が正答した場合には，次にはより難しい項目を実施し，逆に受験者が誤答した場合には，次にはよりやさしい項目を実施する」という手続きを逐次繰り返す。

適応型テスト方式の利点には

① すべての受験者に対して高い精度の測定が実施可能である
② 精度を落とすことなく，受験者一人あたりに実施する項目数を減らすことができ，そのためにテストの実施に要する時間を短縮することができる
③ 難しい項目が続いて受験者にフラストレーションや不安を起こさせたり，やさしすぎる項目が続いて飽きさせたりすることがない
④ 受験者のスケジュールに合わせてテストを実施できる

などがある。

　適応型テストでは各個人ごとに実施される項目が異なるし，項目数も異なる。しかしながら，項目反応理論を用いて尺度を構成することによって，各受験者ごとに実施した項目が異なっても測定結果を同一の尺度上に表現できるし，測定の精度を確認することができる。すなわち，適応型テストは項目反応理論を用いることによって初めてその利点を実現することができる。

　実際の測定場面で適応型テストを実施するための具体的な方法については様々な種類のものがこれまでに提案されてきた。
　例えば，項目固定型多段階テストでは，あらかじめ項目がその特性（特に困難度）に基づいてネットワーク状に配列されており，受験者には逐次項目に対する反応に応じてネットワーク上の項目が呈示される。項目ネットワークの配列法によってさらに下位分類することが可能であるが，例えば，多層構造のもの（図1-13）は初めの数項目についてはツリー状のネットワークが組まれており，受験者はその反応に従って枝分かれして進むが，その後は困難度に基づいて分割された複数の層状のネットワークの層の間を受験者は項目に対する反応に基づいて上下して進む。受験者は正答すれば1つ上の，誤答すれば同じ層もしくは1つ下の層の項目に進むが，一番上の層で正答した場合や一番下の層で誤答した場合には引き続き同じ層の項目に進む。この方法はそれほど多くの項目数を必要とすることもなく，テスト過程も管理しやすいため，ペーパーテストでも十分に実施することができる。しかしながら，両端付近の被験者については層の数が制限されているために層を上下す

第Ⅰ部　理論編

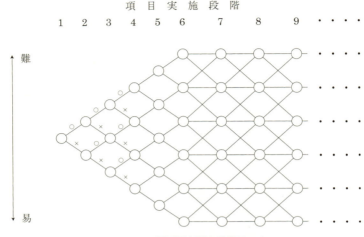

図1-13　項目固定型多段階テスト

ることができず，したがって，必ずしも最適な困難度の項目による測定とはならず測定精度が悪くなってしまうという難点がある。

これに対して，項目可変型多段階テスト（図1-14）ではあらかじめ項目をネットワーク状に配列するのではなく，あらかじめ項目困難度や識別力の値が推定されている等の整備された項目プール中から最適な項目を逐次直接取り出して受験者に呈示する。最適な項目を決定する基準のとり方によって，最大情報量方式とベイズ方式とに分けられる。この方法では，瞬時に次に呈示するのに最適な項目を決定するための数値計算を行い，最適項目を決定し，その内容を呈示する必要があるためにコンピュータの利用が不可欠となる。

適応型テストが実際の測定場面で有効に機能するか否かを確認する研究はこれまでに，実際のテスト項目を用いたもの，仮想テスト項目を用いたもの，実際の受験者に実施したもの，シミュレーションにより受験者の反応を発生させたもの，など様々な状況の下で行われてきた。その結果，ほとんどの研究で適応型テストが有効に機能することが確認されている。

例えば，日本語語彙理解力を測定するのに，最大情報量方式による項目可

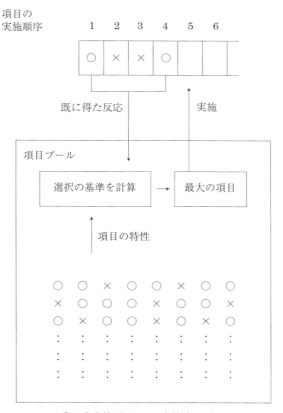

○は未実施項目，×は実施済の項目
図 1-14　項目可変型多段階テスト

変型多段階テスト方式を用いた研究(柴山・野口・芝・鎌原，1987)がある。この場合には，パーソナル・コンピュータを利用してテスト項目の呈示，受験者の反応の記録，テスト過程の制御等を行っている。受験者が解答すべき項目はディスプレイ装置の画面上に呈示され，受験者にはライトペンを用いて各選択枝番号の後の「■」印を押すことによって解答させている。コンピュータは受験者のこの項目に対する反応とそれ以前に実施された項目に対する反応の記録とを利用して受験者の推定尺度値を計算し，それに基づいて最大情報量を示す項目を項目プール中から選び出して画面に呈示している。

項目プールには，既に開発され，公開されている語彙理解尺度（芝，1978；芝・野口，1982）の項目が利用された。この方式によるテストを実際の受験者に実施した結果，この方式による測定の有効性が示されている。

産業・組織心理学的な測定場面における適応型テストの利用例については，第11章を参照されたい。

1.11. 項目反応理論と古典的テスト理論

ここで，テスト開発者をはじめとする心理測定関係の業務に携わる者の間でよく知られている古典的テスト理論（classical test theory）と比較して，項目反応理論をテスト開発に用いる利点についてまとめておく。

古典的テスト理論では，基本的には正答した項目数を個人の得点として，

① 観測得点が，真の得点と誤差の和で表わされる
② 多数回繰り返し測定をした時の，個人の誤差の期待値は0である
③ 1回の測定について，多数の受験者について誤差の平均は0である
④ 1回の測定について，多数の受験者について真の得点と誤差との相関は0である

などの仮定が置かれ，

⑤ 各項目の難易度を，当該受験者集団における通過率（正答者の比率）で表わす
⑥ 各項目の識別力を，当該受験者集団における点双列相関係数（項目得点とテスト得点との相関係数）で表わす
⑦ テストの測定精度を，信頼性係数（当該受験者集団における真の得点の分散と観測得点の分散との比で定義され，実際には推定値が用いられる）で表わす
⑧ テスト得点の解釈規準は，準拠集団（テストが測定対象とする集団と同質の標本集団）におけるテスト得点の分布の中の相対的な位置

に基づいて設定される

などの特徴がある。

　これに対して項目反応理論では，これらと大きく異なる特徴，具体的には例えば以下に示す特徴をもつ。

　すなわち，第1に，項目反応理論では個人の得点として正答項目数を用いるのではなく，潜在特性尺度上の値で表わし，これは当該受験者のテスト項目に対する正誤反応パタンから推定される。したがって，古典的テスト理論のテスト得点が厳密には順序尺度の水準にあるのに対して，項目反応理論の個人の特性尺度値は間隔尺度の水準にあり，統計的分析を加えるのにより妥当性の高いデータが得られる。

　第2に，項目反応理論では各項目の特性（難易度および識別力）が項目特性曲線のパラメタで表わされるため，古典的テスト理論の通過率および点双列相関係数のように指標の値を求める集団が異なった場合に異なる値が得られるようなことがなく，受験者集団によらず「項目パラメタの不変性」が成り立つ。

　第3に，項目反応理論ではテストの測定精度をテスト情報量で表わし，これが特性尺度値 θ の関数として与えられるため，異なる尺度値をもつ個人ごとにそのテストによる測定の精度を評価することができる。古典的テスト理論の信頼性係数の場合は，テスト全体としての精度を表わすため，いわばそのテストの受験者に対する平均的な精度を示し，特定の個人についてそのテストで良い測定が実施されたかどうかを評価できなかった。

　第4に，項目反応理論では，適応型テストのように解答する項目が受験者間で異なる場合でも，同一特性尺度上の値で測定結果を表示することが可能であったが，古典的テスト理論では，正答項目数を個人の得点として用いるため，異なる項目に解答した受験者間の測定結果を比較することが不可能である。

　第5に，項目反応理論では，テストを構成する項目の一部を新しいものと入れ替えても，特性尺度値をもとに解釈基準が設定されるのでテストの標準化をやり直す必要がない。古典的テスト理論の場合には，項目を入れ替える

と基本的には標準化の手続きをやり直す必要がある。標準化を実施するにはかなりの労力を要するため，このことがテスト項目の更新が円滑に進まない理由の1つになるが，項目反応理論の場合はテスト項目の更新と標準化の手続きとが分離されているため，常に最新の項目を用いてテストを構成できる。

これらの特徴により，項目反応理論が実際のテスト開発場面で強力な道具を提供してくれることになる。

1.12. その他のモデル

(1) 多値型反応モデル

項目反応モデルには，これまで述べてきた観測変量が2値型のモデルに加えて，観測変量が多値型のモデルがある。すなわち，受験者の反応が「はい－いいえ」「正答－誤答」などの2値型ではなく，多値型である場合を取り扱うモデルで「多値型反応モデル（polytomous response model）」と呼ぶ。そして，多値型の反応が名義的なカテゴリで与えられている場合に用いられる「名義反応モデル（nominal response model）」と多値型の反応が段階（順序）づけられたカテゴリで与えられる場合に用いられる「段階反応モデル（graded response model）」とに大別される。

(a) 段階反応モデル

受験者の反応が，「非常に賛成－やや賛成－どちらとも言えない－やや反対－非常に反対」「完全な正答－部分的に正答－誤答」などの段階をもった多値型の場合に用いられるモデルで，一般には順序づけられたカテゴリの数に特に制限はないが，ここではカテゴリ数が4の場合を例にして簡単に説明する（詳しくは，例えば，Baker（1992）参照）。

いま，受験者の反応が $\{1, 2, 3, 4\}$ の4段階で得られ，特性（能力）尺度値が大きい受験者ほどカテゴリ4に，小さい受験者ほどカテゴリ1に反応する確率が高くなるものとする。このとき，2パラメタ・ロジスティック・

モデルにおける項目特性曲線と同様に,各項目のカテゴリごとに特性(能力)尺度値と当該カテゴリに反応する確率との関係を表わす項目反応カテゴリ特性曲線(Item Response Category Characteristic Curve : IRCCC)を設定する。

しかしながら,すべてのIRCCCを統一的に表現でき,しかも数学的に取り扱いやすい関数が存在しないため,境界特性曲線(Boundary Characteristic Curve : BCC)を設定し,それにロジスティック曲線を用いる。BCCは,特性(能力)尺度値と当該カテゴリ以上の値をもつカテゴリに反応する確率との関係を表わす。すなわち,特性(能力)尺度値がθで,カテゴリ$\{1,2,3,4\}$に反応する確率を$P^*_0(\theta)$,カテゴリ$\{2,3,4\}$に反応する確率を$P^*_1(\theta)$,カテゴリ$\{3,4\}$に反応する確率を$P^*_2(\theta)$,カテゴリ$\{4\}$に反応する確率を$P^*_3(\theta)$,カテゴリ$\{\cdot\}$に反応する確率を$P^*_4(\theta)$として,$P^*_1(\theta)$,$P^*_2(\theta)$,$P^*_3(\theta)$にロジスティック曲線を仮定する。すなわち,

$$P^*_k(\theta) = [1+\exp\{-Da(\theta-b_k)\}]^{-1} \qquad (1-51)$$
$$k = 1, 2, 3$$

で表わされる。パラメタaは同一項目のBCCでは同じ値をとることがモデル上仮定される。なお,ここでは式が繁雑になるのを避けるため,項目を表わす添字は省略した。$P^*_0(\theta)$は常に1.0,$P^*_4(\theta)$は常に0.0であり,これらはモデル表現上の必要性から設定される(図1-15)。$P^*_1(\theta)$はカテゴリ$\{2,3,4\}$を正答,$P^*_2(\theta)$はカテゴリ$\{3,4\}$を正答,$P^*_3(\theta)$はカテゴリ$\{4\}$を正答として採点した時に得られる項目特性曲線と考えれば,段階反応モデルが2パラメタ・ロジスティック・モデルの自然な拡張モデルであることが明らかになる。

このようにBCCが定義されると,各カテゴリのIRCCCはBCCの差で表わされる。例えば,特性尺度値θでカテゴリ2に反応する確率$P_2(\theta)$は,カテゴリ$\{2,3,4\}$に反応する確率$P^*_1(\theta)$とカテゴリ$\{3,4\}$に反応する確率$P^*_2(\theta)$との差で与えられる。すなわち,

第Ⅰ部　理論編

カテゴリ |1| に反応する確率は,
$$P_1(\theta) = P^*_0(\theta) - P^*_1(\theta), \qquad (1-52)$$
カテゴリ |2| に反応する確率は,
$$P_2(\theta) = P^*_1(\theta) - P^*_2(\theta), \qquad (1-53)$$
カテゴリ |3| に反応する確率は,
$$P_3(\theta) = P^*_2(\theta) - P^*_3(\theta), \qquad (1-54)$$
カテゴリ |4| に反応する確率は,
$$P_4(\theta) = P^*_3(\theta) - P^*_4(\theta), \qquad (1-55)$$

で与えられる。

　したがって，IRCCC の具体的な曲線型は，カテゴリ1が右下がりの単調減少型，カテゴリ2および3が左右対称な単峰型，カテゴリ4が右上がりの単調増加型になる（図1-16）。各カテゴリの位置を表わすのに，カテゴリ1および4については IRCCC の確率0.5に対応する横軸θ上の値を，カテゴリ2および3については IRCCC のピークに対応する横軸θ上の値を用い

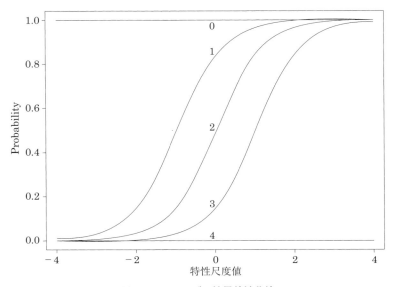

図1-15　カテゴリ境界特性曲線

る。カテゴリ1から4の位置をb_1', b_2', b_3', b_4'とすると，これらはBCCのパラメタを用いて，

$$b_1' = b_1 \tag{1-56}$$
$$b_2' = (b_1 + b_2)/2 \tag{1-57}$$
$$b_3' = (b_2 + b_3)/2 \tag{1-58}$$
$$b_4' = b_3 \tag{1-59}$$

で得られる（Baker, 1992）。

結局，段階反応モデルは，各項目ごとに設定されるパラメタaおよびb_1, b_2, …, b_m（mは，当該項目の段階数-1）を全項目にわたって推定する必要がある。すなわち，n項目から構成され，各項目ごとにm段階で採点される場合には，全部で$n + n(m-1)$個のパラメタ値を推定しなければならない。パラメタ推定プログラムには例えば，MULTILOG（Thissen, 1991），EasyEstGRM（熊谷，2009）が利用できる。ただし，2値型の2パラメタ・

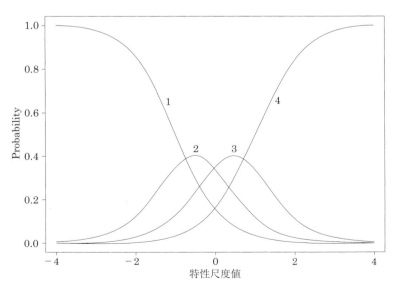

図1-16　項目反応カテゴリ特性曲線

ロジスティック・モデルの場合と比べて1項目あたり推定すべきパラメタ数が4カテゴリの場合でも2個多くなり，一般に精度の良い推定値を得るのに多数の受験者数が必要になる。

受験者個人の特性（能力）尺度値は，当該受験者の項目反応カテゴリ・パタン（item response category pattern）と各反応カテゴリの IRCCC を用いて最尤推定する。この場合も MULTILOG および EasyEstGRM などが利用できる。さらに，項目カテゴリ情報量は，

カテゴリ |1| については，

$$I_1(\theta) = \{[P_1'(\theta)]^2 - P_1(\theta)P_1''(\theta)\} / [P_1(\theta)]^2 \tag{1-60}$$

カテゴリ |2| については，

$$I_2(\theta) = \{[P_2'(\theta)]^2 - P_2(\theta)P_2''(\theta)\} / [P_2(\theta)]^2 \tag{1-61}$$

カテゴリ |3| については，

$$I_3(\theta) = \{[P_3'(\theta)]^2 - P_3(\theta)P_3''(\theta)\} / [P_3(\theta)]^2 \tag{1-62}$$

カテゴリ |4| については，

$$I_4(\theta) = \{[P_4'(\theta)]^2 - P_4(\theta)P_4''(\theta)\} / [P_4(\theta)]^2 \tag{1-63}$$

で与えられ，項目情報量は，これらを項目反応カテゴリ特性関数で重み付けて和をとった，

$$I(\theta) = \sum_{k=1}^{4} P_k(\theta) I_k(\theta) \tag{1-64}$$

で与えられる（項目を表わす添字は省略）。

テスト情報量は2パラメタ・ロジスティック・モデルと同じく，項目情報量の和で与えられる。

段階反応モデルの適用例については，第5章および第11章を参照されたい。

(b) 名義反応モデル

第1章　項目反応理論の概要

　受験者の反応カテゴリが，段階反応モデルとは異なり順序性をもたない多値型の場合に用いられるモデルで，例えば，4枝選択形式のテスト項目で正答選択枝以外は特に順序をつける根拠がないような場合に用いられる。一般にはカテゴリ数に制限はないが，段階反応モデルの場合と同様に，カテゴリ数が4の場合を例にして簡単に説明する（詳しくは，例えば，Baker（1992）参照）。

　いま，受験者の反応が $\{1，2，3，4\}$ の4カテゴリで得られるものとすると，各項目のカテゴリごとに特性（能力）尺度値と当該カテゴリに反応する確率との関係を表わす項目反応カテゴリ特性曲線が設定されるが，項目 j の選択枝 1，2，3，4 に対する IRCCC はそれぞれ，

$$P_{j1}(\theta) = \exp(a_{j1}\theta + c_{j1}) \Big/ \sum_{w=1}^{4} \exp(a_{jw}\theta + c_{jw}) \qquad (1-65)$$

$$P_{j2}(\theta) = \exp(a_{j2}\theta + c_{j2}) \Big/ \sum_{w=1}^{4} \exp(a_{jw}\theta + c_{jw}) \qquad (1-66)$$

$$P_{j3}(\theta) = \exp(a_{j3}\theta + c_{j3}) \Big/ \sum_{w=1}^{4} \exp(a_{jw}\theta + c_{jw}) \qquad (1-67)$$

$$P_{j4}(\theta) = \exp(a_{j4}\theta + c_{j4}) \Big/ \sum_{w=1}^{4} \exp(a_{jw}\theta + c_{jw}) \qquad (1-68)$$

で与えられる。ここで，a_{jw} と c_{jw} は項目 j の選択枝 w の項目選択枝パラメタである。ただし，名義反応モデルでは，これらのパラメタに対して2パラメタ・ロジスティック・モデルにおける識別力および困難度パラメタのように内容的な意味づけを行うことはできない。名義反応モデルは，各項目ごとに設定されるパラメタ a_{jw} および c_{jw}（w は当該項目のカテゴリ数）を全項目にわたって推定する必要がある。すなわち，n 項目から構成され，各項目ごとに m カテゴリで反応する場合には，全部で $n \times 2m$ 個のパラメタ値を推定しなければならない。パラメタ推定プログラムには例えば，段階反応モデルと同じ MULTILOG（Thissen, 1991）および EasyNominal（熊谷，2009）などが利用できる。ただし，2値型の2パラメタ・ロジスティック・モデルの場合と比べて1項目あたり推定すべきパラメタ数が4カテゴリの場合でも6個

多くなり，段階反応モデルと比べても4個多く，一般に精度の良い推定値を得るのにかなり多数の受験者数が必要になる。この点が実際場面へ適用するにあたって大きな困難になっている。

　各受験者の項目反応は反応カテゴリで得られ，n 項目から構成されるテストでは項目反応カテゴリ・ベクトル（$x_1, x_2, \cdots, x_n$）がデータとして得られる。ここで，各 x_j は項目 j における当該受験者の反応カテゴリ値で，すべての項目が4枝選択形式の場合には{1，2，3，4}のいずれかの値になる。

　受験者の特性尺度値の推定には，最尤推定法が用いられ，当該受験者が示した項目カテゴリ反応パタン（$x_1, x_2, \cdots, x_n$）が最も生起しやすい特性尺度値 θ の値をもって推定尺度値とする。この場合も MULTILOG および EasyNomina などが利用できる。

　さらに，選択枝ごとの情報量は，段階反応モデルの（1－60）〜（1－63）式と同じ式で与えられる。ただし，$P_k{}'(\theta)$ および $P_k{}''(\theta)$ は（1－52）〜（1－55）式ではなく，（1－65）〜（1－68）式の1次導関数および2次導関数になる。

　項目情報量は，（1－64）式同様にこれらを項目反応カテゴリ特性関数で重み付けて和をとったもの，テスト情報量も段階反応モデルと同じく，項目情報量の和で与えられる。

　多値型の項目反応に基づいて尺度構成をする際に，常に多値型項目反応モデルが，2値型項目反応モデルに比べて望ましいという訳ではない。多値型項目反応モデルではモデルが複雑になっただけ，推定すべき項目関連のパラメタ値が2値型項目反応モデルに比べて多くなり，そのために予備テストでそれだけ多くの受験者数が必要になる。逆に，少ない受験者数で分析した場合には精度の良い推定値が得られず，結果的にはあまり質の良くない尺度を構成してしまうことにもなる。いずれのモデルを採用するかは，様々な条件を考慮に入れて決定する必要がある。

(2)　**ラッシュ・モデルとその拡張モデル**

　2値型の項目反応モデルについても，これまで述べた2パラメタ・ロジス

ティック・モデル以外に，困難度パラメタのみで項目の特性を表わすより簡便なモデルがある。これはラッシュ・モデル（Rasch model）あるいは 1 パラメタ・ロジスティック・モデルと呼ばれるモデルで，正答数得点が潜在特性尺度値を推定する十分統計量になるという統計数理的に望ましい特徴をもつ。もともとはデンマークの数学者である Rasch, G. によって別の文脈で提案されたモデルであるが，それが結果的には 2 パラメタ・ロジスティック・モデルにおいてすべての項目の識別力パラメタの値が等しい場合に相当することから 1 パラメタ・ロジスティック・モデルとも呼ばれている。さらに，多値型の項目反応データを取り扱えるようにした部分得点モデル（partial credit model）や評定尺度の分析を意図した評定尺度モデル（rating scale model）などの拡張モデルもある。

(a) ラッシュ・モデル

ラッシュ・モデルで項目 j の項目特性曲線は，潜在特性尺度値を θ，正答確率を $P_j(\theta)$ とすると，

$$P_j(\theta) = \frac{\exp(\theta - b_j)}{1 + \exp(\theta - b_j)} \tag{1-69}$$

で表わされる。これは 2 パラメタ・ロジスティック・モデルの項目特性曲線の

$$P_j(\theta) = \frac{1}{1 + \exp\{-Da_j(\theta - b_j)\}} \tag{1-70}$$

$$= \frac{\exp\{Da_j(\theta - b_j)\}}{1 + \exp\{Da_j(\theta - b_j)\}} \tag{1-71}$$

で，識別力パラメタ a_j の値がすべての項目で等しく a である場合に，

$$P_j(\theta) = \frac{\exp\{Da(\theta - b_j)\}}{1 + \exp\{Da(\theta - b_j)\}} \tag{1-72}$$

となるが，さらに，Da がすべての項目に共通な定数となることから，$Da\theta$ を θ，Dab_j を b_j と改めて置き換えることによって得られる。

2 パラメタ・ロジスティック・モデルの特別な場合であり，項目分析の結果から識別力がすべての項目でほぼ等しいことが確認されている場合などに

適用することができる。パラメタ数が少ないため受験者数が比較的少数の場合にも適用できる。詳しくは、例えば Wright & Stone（1979），Masters & Wright（1984）を参照されたい。

(b) 部分得点モデル

Rasch モデルを項目反応が多値型である場合にも取り扱えるように拡張したモデルで，テストを採点する際に「正答－誤答」ではなく「完全な正答－部分的に正答－誤答」などのように部分点を許す場合に適用できる。ここでは説明の便宜上，各項目が $\{0, 1, 2\}$ の3段階で採点される場合を取り上げる。また数式を簡単にするために項目に関する添字 j を省略して表わす。

いま，潜在特性尺度値が θ の受験者が，0点，1点，2点をとる確率をそれぞれ $P_0(\theta)$，$P_1(\theta)$，$P_2(\theta)$ と表わし，さらに，0点か1点をとる場合に状況を限定した時に1点をとる確率を $P_1^*(\theta)$，1点か2点をとる場合に状況を限定した時に2点をとる確率を $P_2^*(\theta)$ とすると、これらは、

$$P_1^*(\theta) = \frac{P_1(\theta)}{P_0(\theta) + P_1(\theta)} \tag{1-73}$$

$$P_2^*(\theta) = \frac{P_2(\theta)}{P_1(\theta) + P_2(\theta)} \tag{1-74}$$

となる。このとき、部分得点モデルではこれらが1パラメタ・ロジスティック曲線で表わされることを仮定する。すなわち、

$$P_1^*(\theta) = \frac{\exp(\theta - b_1)}{1 + \exp(\theta - b_1)} \tag{1-75}$$

$$P_2^*(\theta) = \frac{\exp(\theta - b_2)}{1 + \exp(\theta - b_2)} \tag{1-76}$$

となることを仮定する。

これらは、得点が $\{0, 1\}$ の2値しかとらない場合には

$$P_1^*(\theta) = \frac{P_1(\theta)}{P_0(\theta) + P_1(\theta)} = P_1(\theta) = \frac{\exp(\theta - b_1)}{1 + \exp(\theta - b_1)} \tag{1-77}$$

となり、ラッシュ・モデルの自然な拡張になっていることが容易に理解でき

る。

そして，

$$P_0(\theta) + P_1(\theta) + P_2(\theta) = 1 \tag{1-78}$$

であるから，(1-73) から (1-76) 式から,

$$P_0(\theta) = \frac{1}{1+\exp(\theta-b_1)+\exp\{(\theta-b_1)+(\theta-b_2)\}} \tag{1-79}$$

$$P_1(\theta) = \frac{\exp(\theta-b_1)}{1+\exp(\theta-b_1)+\exp\{(\theta-b_1)+(\theta-b_2)\}} \tag{1-80}$$

$$P_2(\theta) = \frac{\exp\{(\theta-b_1)+(\theta-b_2)\}}{1+\exp(\theta-b_1)+\exp\{(\theta-b_1)+(\theta-b_2)\}} \tag{1-81}$$

が得られる。これらが，得点 |0，1，2| をそれぞれ項目反応カテゴリとした時の項目反応カテゴリ特性曲線（IRCCC）になる。項目について区別する必要がある場合は項目番号を表わす添字 j を添字0，1，2の前にそれぞれ置けばよい。

段階反応モデルでは，例えば $P_1^*(\theta)$ は潜在特性尺度値が θ の受験者が1点または2点をとる確率を表わすのに対して，部分得点モデルでは0点か1点をとる場合に状況を限定したときに1点をとる（条件付）確率を表わしており，両者ともに多値型の項目反応を取り扱うがまったく異なるモデルであることに注意されたい。詳しくは，例えば Masters & Wright（1984）を参照されたい。

(c) 評定尺度モデル

部分得点モデルの場合は，一般に項目 j で m_j+1 段階で採点される場合（得点は，0, 1, 2, …, m_j）に項目 j に関するパラメタは $(b_{j1}, b_{j2}, …, b_{jm_j})$ になり，m_j は項目ごとに異なっても問題はない。これに対して評定尺度では，すべての項目について同じ段階（例えば，5段階や7段階の場合が多い）の尺度が用いられる。したがって，すべての項目でパラメタは $(b_{j1}, b_{j2}, …, b_{jm})$ の m 個として（$m+1$ 段階評定尺度），部分得点モデルを適用することもできるが，さらに，評定尺度の場合には「隣接カテゴリ間の

距離はすべての項目について等しい」ことを仮定してモデルを単純化できる。すなわち，例えば5段階評定尺度の場合に，パラメタ $(b_{j1}, b_{j2}, b_{j3}, b_{j4})$ の各々を，

$$b_{j1} = \beta_j + \tau_1 \qquad (1-82)$$
$$b_{j2} = \beta_j + \tau_2 \qquad (1-83)$$
$$b_{j3} = \beta_j + \tau_3 \qquad (1-84)$$
$$b_{j4} = \beta_j + \tau_4 \qquad (1-85)$$

として，項目の尺度上の位置を表わすパラメタと，評定尺度の評定値に関するパラメタの和で表わされることを仮定する。これを特に評定尺度モデルと呼ぶ。IRCCC は部分得点モデルの式中のパラメタ b_{jk} を β_j と τ_k の和で置き換えたものに等しい。β_j は項目ごとに異なるが，τ_k はすべての項目をとおして等しい。部分得点モデルに比べて推定すべきパラメタ数が少なくなる。詳しくは，例えば Masters & Wright (1984) を参照されたい。

(3) 多次元項目反応モデル

これまでに述べた項目反応モデルはいずれも潜在特性を表わす尺度が θ のみ，すなわち潜在特性に1次元性を仮定していた。そして，実際に実用水準で用いられる場合にもテストを作成する際には1次元性が高くなるように項目が選択され，等質性を表わす α 係数の値が計算されることが多い。しかしながら，項目反応モデルそのものは潜在特性が1次元で表わされる場合に限定されるわけではない。ここでは，受験者の項目反応に複数の潜在特性が関係する場合を取り扱う多次元項目反応モデル（multidimensional item response model）について簡単に述べる。

多次元項目反応モデルでは複数の潜在特性を同時に取り扱い，潜在特性空間が n 次元で構成されることが仮定される場合に受験者の項目 j に対する正答確率が，

$$P_j(\theta_1, \theta_2, \cdots, \theta_n) = \frac{\exp(\sum a_{jk}\theta_k + d_j)}{1 + \exp(\sum a_{jk}\theta_k + d_j)} \quad (1-86)$$

で表わされることを仮定する。ここで，$a_{jk}(k=1, \cdots, n)$ は項目 j の次元 k における識別力パラメタ，そして d_j は困難度に関係するパラメタである。ここで，

$$d_j = -\sum_{k=1}^{n} a_{jk} b_{jk} \quad (1-87)$$

とすると，

$$P_j(\theta_1, \theta_2, \cdots, \theta_n) = \frac{\exp\{\sum a_{jk}(\theta_k - b_{jk})\}}{1 + \exp\{\sum a_{jk}(\theta_k - b_{jk})\}} \quad (1-88)$$

と表わされ，2パラメタ・ロジスティック・モデルの項目特性関数の自然な拡張形になる。ただし，b_{jk} は必ずしも項目 j の潜在特性次元 k における困難度パラメタになるわけではない。

このモデルでは困難度は，例えば潜在特性空間が θ_1 および θ_2 の2次元の場合には，項目特性曲面上で最大の勾配を与える $\theta_1-\theta_2$ 平面上の点の原点からの距離 D_j とその点と原点とを結ぶ直線の座標軸 θ_1, θ_2 となす角度 α_{j1}，α_{j2}（もしくはその cosin）とで表わされる。これは，1次元の2パラメタ・ロジスティック・モデルで項目特性曲線の接線が最大の勾配を示す横軸 θ の点の値を項目困難度とするのと同じである。これらは，

$$D_j = \frac{-d_j}{\sqrt{a_{j1}^2 + a_{j2}^2}} \quad (1-89)$$

$$\cos \alpha_{j1} = \frac{a_{j1}}{\sqrt{a_{j1}^2 + a_{j2}^2}} \quad (1-90)$$

$$\cos \alpha_{j2} = \frac{a_{j2}}{\sqrt{a_{j1}^2 + a_{j2}^2}} \quad (1-91)$$

で与えられる。このような極座標表示を用いることによって，項目ごとにいずれの潜在特性がより反映するのかが明らかになる。詳しくは，Reckase (1985) を参照されたい。

1.13. 項目反応理論のまとめ

　本章で述べてきたように項目反応理論 (IRT) は強力なテスト理論であり，実用的にも優れた特徴をもつが，すべての測定場面やテストに対して適用できるわけではない。例えば，1.2.で述べた「局所独立の仮定」が成り立たない構成になっているなど，モデルの仮定が満たされないテストや，受験者数の少ないテストに対して適用することはできない。

　また，外国語学習に際して最初のクラス分けに利用されるプレイスメント・テストや学校内など限定された集団に対して特別な目的をもって実施されるようなテストなどでは，古典的テスト理論の枠組みで十分有用な情報が得られる場合もある。

　項目反応理論を適用していない試験が直ちに時代遅れの試験であるということにはならない。

　モデルの仮定が満たされない場合や受験者数が少数のテストに対して IRT 分析を実施した場合に，項目パラメタ値やテスト情報量などの数値を計算プログラムを実行することによって得ることは可能であるが，実質的に意味のある結果を引き出すことは不可能である。どんな新しいモデルでも「活用する」ことが大切で，「濫用」に陥ってはむしろテストの質を低くしてしまうということに注意が必要である。

第Ⅰ部　理論編

第2章　項目反応理論による組織心理の測定

　今日，項目反応理論は古典的テスト理論と並んで，テスト理論の双璧をなす理論として広く認知されるに至っている。しかしながら，項目反応理論の組織心理学（Organizational Psychology）や組織行動（Organizational Behavior）研究への応用や展開は，教育測定（Educational Measurement）領域へのそれに比べると未だ低い水準にとどまっていると言わざるを得ない。その理由の1つとして，項目反応理論がもともとは教育測定，ことに学力の測定をいかに精緻に行うかという議論から出発したテスト理論であることに求められよう。学力測定で扱われるデータのほとんどは「正答か，誤答か」の2値型（0－1型）データである。この影響を受けて，項目反応理論の理論研究では歴史的に見て2値型データを想定した論理が先行してきた。

　ひるがえって，態度の測定に代表される組織行動の測定では，多くの場合2値型ではなくリッカート・スケールに代表される多値型データが収集される。これは，人々が示す組織行動は「白か，黒か」という明確な区分の難しい「灰色（中間）」部分を多く含んだ現象であるとの認識から出発している。「今の会社が好きですか」と聞かれて，「はい」と答えるには面映ゆく，「いいえ」と答えると毎日会社に出勤し，少なくとも他人からはいそいそと仕事をしていると思われている自分の行動と矛盾する。そこで，「必ずしも嫌いではない」とか「ある程度は好き」といった中間的回答をしたいと思うのが普通の人であろう。

　こうしたことがあって，項目反応理論の学力測定以外への領域，すなわち多値型データを扱うパーソナリティ，情緒，態度，行動など，組織心理学や組織行動論で頻繁に取り上げられる変数の測定への展開は遅れていた。しかし，米国では1980年代に入ってから，日本では1990年代に入ってから，項目

反応理論を学力測定以外に適用しようとする動きが活発になった。その試みの多くは多値型反応モデルを用いるのではなく，多値型データを2値型に変換して，1，2パラメタ・ロジスティック・モデルに当てはめての解析であった。そのため，当初は「データを無理にモデルに合わせている」，「モデルが現象に適合していない」などの批判があった。しかし次々に研究論文が発表されるようになると，このような批判は急速に影をひそめていった。項目反応理論を学力測定以外の領域に適用してみると，上記の短所を埋めて余りあるほどの豊かな知見と洞察が得られることが明らかになってきたのである (Embretson & Reise, 2000；渡辺・野口，1999)。

　本章では，項目反応理論が組織心理測定に対してどのような貢献ができるのかを示すとともに，これまでに行われてきた研究のレビューを試みる。

2.1. 組織心理の測定が直面する問題

　これまで，組織心理の測定は古典的テスト理論にその多くを依拠してきた。しかし，昨今の経営環境の大きな変化は，古典的テスト理論では対応不可能な組織行動測定上の問題点をわれわれに突きつけている。それらの問題に項目反応理論がいかに応えられるか。その可能性について考察する。

(1) 組織形態の多様化

　産業の近代化の過程で典型的であった階層型組織は，最近の経営のグローバル化とIT化の潮流の中で，その形態を急速に変えつつある。組織のフラット化，ネットワーク化，マトリクス化，チームを基礎とした自律分散化，など，旧来の権限－責任関係と役割分業を基礎とした組織は今急速に，可変的で柔軟性のある形態へと変貌しつつある。

　組織形態がこれほどまでに多様化せず，かつ静的であった時代には人々が働く組織や職場の特徴を測定するのはそれほど困難ではなかった。幾多の組織心理学者によって，組織文化，組織イメージ，組織サポート，職場風土，などの構成概念が次々と考案され，その測定が行われてきたことは周知のとおりである。そこで行われた測定は，①測定対象となる構成概念を定義し，

②構成概念にふさわしい共通の項目セットからなる尺度を作成し，③その尺度を様々な組織に属する個人に施行して，④その結果を比較して組織の特徴をその構成概念の観点から明らかにする，というものであった。そしてその測定に基礎を提供したのは古典的テスト理論であった。

そこでは，様々な組織に共通する1セットの項目群を用意し，その固定した項目群から構成されるテストを施行するという，極めて労力のかかるかつ硬直的な方法が用いられてきた。まず，様々な組織に共通する1セットの項目群を用意するために，多数の組織から大量のデータを収集しなければならない。そうして得られたデータによって一旦テストが標準化されると，後から自由に項目を追加・削除できない。もし追加・削除するとしてももう一度標準化をやり直さなければならない。これは，テストの標準化には多様な属性をもつサンプルが必要で，非平行テスト間の結果の比較はできない，という古典的テスト理論が有する短所を如実に反映した結果である。

最近の組織多様化の動きを見るとき，このような柔軟性の乏しいテスト理論に依拠していては，組織に関するわれわれの知見を積み重ねていくことが困難になると言わざるを得ない。組織の状況に合わせて項目を入れ替えることが可能で，しかも多様な組織から大量のデータを収集せずに尺度が作成でき，そしてその結果を組織間で比較できる測定理論がいま求められているのである。

本書の序章および第1章で述べたように，項目反応理論では，取り扱う構成概念さえしっかりしていれば，測定対象となる組織の状況に合わせて項目の入れ替えは自由に行える（ただし，等化のための事前設計は必要であるが）。また，「パラメタ不変」であるから，どのような組織のサンプルを用いても理論的には項目パラメタの推定値は同一となる。このことは，多様な組織から大量のデータを計画的に集めるという煩雑で労力の要る仕事を研究者に強いることがなくなることを意味する。さらに，潜在特性値（θ）の推定結果を用いれば，受験者集団に依存しない絶対得点で表わすことができる。このことは，集団からの偏りの程度を表わす相対得点を用いてきたがために，鋭い考察や理論構築を行うことを躊躇してきた研究者に，自信と力強さを与えることになる。

(2) 新しい働き方・仕事の生成

　組織の多様化と軌を一にする形で，最近の職場ではこれまでの典型的な経営組織にはあまり見られなかったような新しい働き方や，新しい職務が今生まれている。終身雇用・年功制度が企業の人的資源管理の主流であった時代には，多くの経営組織は多数の基幹社員（正社員）とそれを補佐する，比較的少数の非基幹的な社員（パート，アルバイト，契約社員）で構成されていた。しかし，「日本型」の人的資源管理が徐々に崩れてきた現在，企業は様々な働き方を個人に求め始めた。例えば採用を例に取り上げても，企業は定期の新卒者採用以外に，中途採用，派遣・パート・契約などコンティンジェントな採用，をこれまで以上に行い始めた。日本企業に非正規社員として働く人の割合は35%を超える，という調査結果もあるほどである。また，従業員のキャリア開発にしても，終身的な組織内キャリア発達を強く意識した施策から，個人の自律と自立を強調した施策への転換が行われている。勤務の形態もテレワークや裁量労働制が取り入れられるなどして，決まった時間を決まった職場で過ごすという勤務形態も揺るぎつつある。同じように，会社で行う仕事や職務も様変わりしている。職務記述書できれいに整理できるような仕事は徐々になくなり，職務がバウンダリレス化していっている。

　このような状況下において，組織心理学や組織行動論がその主要な研究対象としてきた，個人の仕事や職務に対する態度を測定する方法が今問われている。個人の職務態度の測定は，組織心理学が最も得意としてきた領域であり，マクロ，ミクロを問わず組織論の発展に多くの貢献を行ってきた。中でも，動機づけ，職務満足，リーダーシップ，組織コミットメント，などミクロな組織心理を測定する尺度に関しては，既に古典的テスト理論によって確立された尺度があり，多くの研究で用いられている。こうした尺度を使っての研究の最も典型的な研究は，職務態度が個人属性や組織状況の影響をどの程度受けるかという，職務態度を従属変数として扱う観点と，職務態度がどのような結果をもたらすかという，職務態度を独立変数として扱う観点に立つ研究である。

　もしこのような枠組みの下で今後も研究を続けていこうとすると，態度尺度にとって避けられない1つの問題が浮上する。それは項目バイアスの問題

である。態度尺度は，構成概念の操作的定義を行う上で極めて微妙なワーディングの技術を要求する。まさに，項目のもつ微妙なニュアンスが態度尺度の生命であるとも言える。しかし，そのニュアンスの繊細さが，被調査者の誤解・曲解・解釈の違い，などの反応バイアスを生み出す。反応バイアスは，被調査者のデモグラフィックな属性(性・年齢・職位・勤続年数，など)や，その人の置かれた状況によって生み出される場合が多い。つまり，質問項目によって与えられる刺激が，異なった属性や状況にある人々に等価な刺激として機能していない場合には，測定された態度強度は，個人差を示しているのではなく，項目に対する個人の反応バイアス（誤解・曲解・解釈の違い，など）を反映しているに過ぎないことを考えなければならない。先に述べた，新しい働き方や，新しい仕事（職務）が次々と生成している現状を考えるとき，古典的テスト理論に依拠して作成された既存の態度尺度が，これらの状況要因の影響を全く受けず，バイアスのない尺度として将来も変わらず使い続けられる可能性は，残念ながら少ないと言わざるを得ない。既存の「世界的に有名な」態度尺度であったとしても，項目バイアスの有無を常に吟味して研究を行わなければならない時代が到来しつつあるのである。

　項目バイアスの有無を吟味し，その問題を解決する上で，項目反応理論は強力な方法を提供する。項目反応理論では，項目バイアスの問題は特異項目機能（Differential Item Functioning : DIF）問題と名前を変えて研究されてきた長い歴史がある。特異項目機能は一般に，「異なった2つの状況に属する同一の態度強度をもつ被調査者に，ある態度強度を測定する同一項目を示し，その項目を肯定する確率が異なる場合に存在する」と定義される概念である（Holland & Wainer, 1993）。先に見たように，項目反応理論には「パラメタ不変」という特徴があった。この特徴を利用すれば，上で述べた特異項目機能は比較的簡単に探索できる。つまり，項目反応理論では異なった状況（異なった組織・働き方・職務・性・職位，など何でもよい）にある，同じ水準の特性尺度値（θ）をもつ人々が，あるテスト項目に対して異なった確率の肯定反応を $P_j(\theta)$ 行えば，それは状況の差ではなく，テスト項目が特異項目機能を有しているがためということができるからである。

　項目反応理論を用いて特異項目機能を探索する方法として，大きくは，①

項目パラメタを比較する方法（Lord, 1980）と，②項目特性曲線に挟まれた領域の面積の大きさを吟味する方法（Raju, 1988）の2つがある。これらの方法を用いて，既存の確立した尺度の特異項目機能探索が世界中で精力的に行われている。この他に，項目反応理論が依拠するパラメトリック・アプローチではなく，Mantel-Haenszel法（Mantel & Haenszel, 1959）に代表される，ノンパラメトリック・アプローチによる特異項目機能探索も広く用いられている。ただし，現在の潮流としては，特異項目機能の探索はただ1つの手法だけに依存するのではなく，複数の手法を組み合わせて多面的に行うべきという見解に傾いている。その中で，項目反応理論による特異項目機能探索は，理論的にも，実際的にも主流をなす手法として認知されている。

(3) 成果主義の時代の人事考課

　ここ20年来，「日本型経営」の骨格を成していた終身雇用や年功制が徐々に崩れ，個人のパフォーマンスを「成果（results）」の視点から測定し，その結果を人事考課に利用することが広く行われるようになってきた。しかし，成果が数字で表わせる職種（プロ野球選手や営業パーソン，など）に就いている人ならともかく，一般的な仕事をしている従業員の「成果」を測定するのは極めて難しい。そこで登場したのが，①目標管理を用いた成果測定，②高業績者の行動を基準とした測定，③360度多面評価，である。

　1番目の，目標管理を用いた成果測定は個人差を考慮に入れた評価方法で，その人のもっている潜在能力をどこまで使い，開花させたかによる成果測定として位置づけられる。第2の，高業績者の行動を基準とした測定は，個人差は考慮せずに普遍的な目標を達成しているか否かによる測定である。この測定は，古くは標準的なワーカーの業績を基準とした科学的管理法が採用した成果測定に，新しくはコンピテンシー項目をよる行動測定に見られるものである。第3の360度多面評価は，達成すべき目標ではなく成果そのものの測定方法に焦点を当てるものである。そこには，複数の評価者が評価に参加することで多面的に個人の成果を観察できるという意図と，多人数で評価を行うことでより精度の高い評価を行うという意図とが並存している。

　上の3つの成果測定に共通して言えることは，どれもが古典的テスト理論

を想定した方法，もしくはテスト理論的には精緻さに欠ける極めて素朴な方法が用いられてきたことである．これらの方法の問題点としては，反応尺度にリッカート・タイプ，バイナリー・タイプ，BARS（Behavior Anchored Rating Scale）タイプの尺度が用いられ，尺度に割り当てられた素点（得点）の合計点（和）をもって成果の指標として数値化していることが指摘できる．この方法で得られた「成果指標」は，厳密に言えば順序尺度の段階にとどまり，間隔尺度としては扱えない．そのため，この「成果指標」を用いて統計的な推測や検定を行うことの妥当性が低くなる．ところが，同じ反応尺度から得られたデータであっても，項目反応理論を適用すれば，個人の「成果得点（θ）」は1次元の潜在特性尺度値上に表わされ，かつその特性尺度値は間隔尺度の水準にあるため，高度な統計的処理に耐えられる性質を有する．

　個人に期待される「成果」は，当該個人の経験・熟練・地位・給与などに応じて異なるのが普通である．例えば，新入社員とベテランの社員に同じ水準の成果を期待することは現実的ではない．同じように，高い地位や高給を得ている社員には，当然のことながらその高い処遇にふさわしい成果が求められる．この現実は，期待される成果の水準に応じて評価の項目を選択し，当該水準にある個人の成果を測定する精度の高い評価項目を準備する必要性を要求する．項目反応理論を用いればこの問題は比較的容易に解決できる．項目反応理論では，項目やテストの測定精度が特性尺度値 θ の関数として表わされるため，人事や上司が期待する成果水準に応じて，個人ごとに評価項目を任意に入れ替えて尺度を作ることができる．また任意に選ばれた項目からなるテストの精度を，情報関数 $I(\theta)$ を用いて表現することもできる．一方，古典的テスト理論で用いられるテストの信頼性係数は，テスト全体としての精度を意味しており，被評価者に対する平均的な精度の指標を提供するに過ぎない．このように，項目反応理論を用いれば，一般社員からトップに至るまでの社員の成果を，その地位や給料水準で期待される水準の項目で推定し，その結果を同一の1次元尺度上に並べて比較することが可能である．ただしこれを行うには，等化の手続きが不可欠であるのと，全社員に求められる「成果の概念」が明確でなければならない．

　360度多面評価において人事部が苦慮するのが，評価結果（評価得点）が

評価者によって大きく異なる場合に，その個人の「真の成果」をどのように定めて，人事的処遇を決定すればよいかという点である。先に述べたように，多面評価がその名のとおり，点や線でなく面という観点から，個人の質的多面性を測定するために用いられているならば，この評価結果の差異は大きな問題ではない。評価結果を1次元の評価得点として表わさなければ，評価項目も評価者の視点に合わせた，質的に異なるものを用いることもできる。

　しかし，多数の評価者から得られた評価結果を，「高－低」，「よい－わるい」の連続体からなる1次元の尺度上で表わそうとすると，複数の評価者による評価結果（評価得点）の相違は，評価の公正性に関わる大きな問題を含んでいる。この評価の公正性の問題を解決するには，評価尺度が評価者にとって等価（equivalent）である必要がある。多面評価で評価者によって評価得点が異なることが，実は純粋に評定者の評価の高低差を反映しているのではなく，評定尺度（評定項目）が各評価者に等価な刺激として機能していないがために起こっている場合には，当該評価方法のもつ公正性を主張できなくなる。後述するように等価性は一般に，概念的等価性，機能的等価性，測定的等価性の3つの観点から論じられる（Peng, Peterson, & Shyi, 1991）が，項目反応理論を用いれば，とりわけ測定的等価性の吟味を行うことが可能である。具体的には，先に述べた特異項目機能検索と同じロジックを用いて行う。すなわち，評価結果データをもとに評価者グループ（上司，同僚，部下，などのグループ）ごとにテスト特性曲線（Test Characteristic Curve : TCC）を比較し，TCCが統計的に許容できる範囲を超えて異なっていれば，その評価尺度は等価ではないと結論づけるのである。等価でない尺度から得られた評価得点を足し合わせたり，平均をとったりして，その個人の「成果指標」とするならば，評価の測定論的公正性は保てなくなる。

(4) 情報化時代の組織心理測定

　最近の情報技術（Information Technology : IT）の発達と普及には瞠目を禁じ得ないものがある。今日，従業員が企業で行う職務のほとんどすべてが，コンピュータ端末に代表されるIT機器の助けなしには行えない仕組みになっている。さらに個々の端末はイントラネットやインターネットによって

ネットワーク化され，個々人が行う仕事に他の仕事と孤立して存在するものはほとんど見当たらない。一方，企業に限らず社会的な文脈でも，個人のもつ携帯電話，スマートフォン，などの情報端末は，個人の行動・思考・態度などに大きな影響を及ぼしている。ことほど左様に世の中の情報化は，われわれがもはや後戻りできないほどにまで進んでおり，それは今後もさらに勢いを増して進展していくであろうことは予想に難くない。

　組織心理の測定も，こうした社会や企業の情報化の進展から逃れ得なくなっている。否，むしろ，情報化によってこれまで行うことが困難であった組織心理の測定インフラが整ったと見る方が正しいであろう。例えば，組織心理学の研究分野では，ペーパー・アンド・ペンシル方式（筆記回答方式）による質問紙調査や集団式テストが，これまで頻繁に用いられてきた。筆記式で質問紙調査や集団式テストを行うには，質問票やテスト・ブックレットを印刷・配布し，回答の後にそれらを送り返してもらい，回答データを入力し，その結果を後日フィードバックする，という数多くの工程を踏まなければならなかった。この煩雑な工程は，最近の情報技術を用いれば極めて簡単なものにできる。被調査者や被験者がアクセス可能なコンピュータ端末に質問項目やテスト問題を送り，端末画面で回答してもらえば，データ入力を経ずして直ちに解析に取り掛かれ，フィードバックも瞬時に行うことができるからである。

　しかし，こうした質問紙調査や集団式テストのコンピュータ化（Computer Based Testing : CBT）は，単に調査やテストの手順を，情報技術の手を借りて簡素化したものであって，テスト理論的には古典的テスト理論に依拠する測定の守備範囲を超えていない。一方，項目反応理論は CBT ではなく，コンピュータ適応型テスティング（Computerized Adaptive Testing : CAT）への展開が可能なテスト理論として，古典的テスト理論よりも情報インフラの利点を活用できる特徴を有している。すなわち CAT では，項目反応理論が有するパラメタ不変（parameter invariance）の特長を活かして被験者（被調査者）に適合した，いささか誇張して言えば「個人に最適なテストアルゴリズム」を提供することができる。つまり，個々人にテーラー・メイドなテストを提供することができるのである。

第Ⅰ部　理論編

　序章ならびに第1章で見たように，古典的テスト理論に基づく測定では，すべての被験者（被調査者）は全く同じ項目から構成されるテストか，あらかじめ同定された平行項目を含む項目によって構成されるテストに回答（解答）することが前提となっている。一方，項目反応理論では，あらかじめパラメタの推定を終えた項目で構成される項目プールを準備しておけば，様々な潜在特性の水準にいる被験者（被調査者）にふさわしい項目を，被験者（被調査者）の反応傾向に合わせながら，項目プールの中から瞬時に選んで呈示することができる。これと同時並行的に，被験者（被調査者）の潜在尺度値（θ）の推定を逐次的に行うこともできる。その結果として，呈示項目数の減少，テスト時間の短縮が図られ，より効率的な測定が可能となる。測定に参加する従業員は，テストによる疲労から逃れられると同時に，生み出された時間を本来の職務の遂行に振り向けることができる。

　先行研究の結果からは，CATは従来型のペーパー・アンド・ペンシル・テストに比べおよそ半分の時間で終了することができると言われている。そこで浮いた時間を用いて，項目プールには無い新規項目を呈示項目の中に入れ，被験者（被調査者）の回答を得ることもできる。そのデータを基に新規項目の項目パラメタ値を推定し，当該項目を項目プールに蓄積したり，既に蓄積している項目と入れ替えたりすれば，項目プールがいつも新鮮で充実したものになり，その結果としてCATシステム自体が進化を遂げてゆくことにもつながろう。

2.2.　項目反応理論の組織心理測定への応用

　序章および第1章で見たように，項目反応理論は古典的テスト理論には見られない優れた特徴を有する。この特徴を活かしてミクロ組織論，すなわち組織心理学（Organizational Psychology）や組織行動（Organizational Behavior）に関する研究を推進しようとする試みが，世界中で精力的に行われてきた。最近の隆盛ぶりを見ると，この研究領域の発展は1980年代の揺籃期，1990年代の成長期を経て，いままさに成熟期を迎えようとしているかのようである。

本章では，過去約30年の間に組織心理学と組織行動論の研究分野に項目反応理論がいかに紹介・導入され，組織心理と組織行動の測定に応用されてきたかを，主要な学術書・学術誌に掲載された文献のレビューを通して振り返る。なお，本文献レビューで参照した学術誌は，産業・組織心理学，組織行動論，およびその周辺領域のものに限られている。項目反応理論による応用研究の成果が著しい教育測定の分野の文献については，煩雑さを避けるためここでは扱わないこととする。

(1) 項目反応理論の紹介

項目反応理論の詳細な紹介が組織心理学・組織行動論の主要学術誌でなされたのは，おそらく Guion & Ironson（1983）が初めてであろう。この論文の中で彼らは，項目反応理論を古典的テスト理論に代わる新しいテスト理論として位置づけ，古典的テスト理論のもつ短所を項目反応理論がいかに補えるかについて討論をしている。また，それまで項目反応理論が主として能力測定の分野だけに応用されてきた傾向から脱し，職務や組織の性質の測定，採用試験における項目バイアスの測定，職務態度の測定，業績の測定など，産業・組織心理学の分野への項目反応理論の応用可能性を指摘している。この論文は数式をほとんど使わず，言葉とグラフだけで，項目反応理論と古典的テスト理論の比較，項目反応理論を用いた適応型テスト，適応型測定，項目バイアス分析，採用テストの逆差別分析（adverse impact analysis），などの解説を行っている。その点で，初学者が項目反応理論の概要とその組織心理測定への応用を知る上で，大変意味のある論文として位置づけられる。

これと時を同じくして産業・組織心理学者の Hulin, Drasgow, & Parsons（1983）が，項目反応理論に関する入門書を著している。この著作は，当時まとまった入門書として評判の高かった Lord（1980）の著作よりもさらに読みやすくなっているのが特徴的である。組織行動を研究するものにとって何よりも有益なのは，この本では，項目反応理論の実際の適用例として職務満足をはじめとする組織心理学分野で馴染みのある鍵概念の測定が取り上げられている点である。

また，Drasgow & Hulin（1990）は産業・組織心理学のハンドブックの中

で，組織行動測定の分野における項目反応理論の最新の研究成果をまとめている。この著作の特徴は，1，2，3パラメタ・ロジスティック・モデルやラッシュ・モデルのほかに，部分得点モデル，名義反応モデル，多次元モデル，などの多値型 IRT モデルの紹介がなされていることと，パラメタの推定法として同時最尤推定法の他に，周辺最尤推定法，ベイズ推定法が紹介されていることにある。また，JDI（Job Descriptive Index）を対象としたテスト開発，項目分析，等化の問題についても詳しく触れられている。さらに，項目反応理論を用いた CAT（computerized adaptive testing）の可能性について述べられているのも特徴的である。

　McKinley（1989）は，カウンセリングとコンサルティングの学術誌に項目反応理論を紹介している。この雑誌は，組織開発コンサルテーションやキャリア・カウンセリングにおける測定に関心をもつ読者の間ではよく知られている雑誌である。紹介の仕方は平板で，項目反応理論の基礎概念と IRT モデルの記述の後，その応用として LOGIST や BILOG などのコンピュータ・プログラムの紹介，テスト設計，テストの施行，等化の方法などを初心者に分かりやすく解説している。当時のこの分野における項目反応理論の応用・展開は，まだ緒についたばかりであるという印象を受ける紹介のされ方である。

　マーケティングの学術誌にも項目反応理論が紹介されている。Balasubramanian & Kamakura（1989）は，従来マーケティングで用いられてきた消費者態度を測定する質問紙では，被調査者の態度レベルに応じて質問項目を変更することができないがために，時間と経費がかかること，そして被調査者に負担をかけることなどが欠点として存在すると指摘し，この問題を解決するため，項目反応理論を用いた適応型測定の可能性についての議論を行っている。また，Singh, Howell, & Rhoads（1990）も同じように，マーケティング研究において項目反応理論を用いた適応型調査デザイン（Adaptive Survey Designs : ASDs）を用いることを提案している。彼らの提案する ASDs とは，項目反応理論に測定論的基礎を置く一種のコンピュータ支援適応型テスト法（Computer Aided Adaptive Testing）である。この方法を用いることによって，これまでのマーケティング調査が直面してきた，項目プールの問

題，項目選択の問題，調査アクセスの問題，潜在特性尺度値推定の問題，調査終了の問題に対処できると彼らは主張している。

このように，1980年代半ばから1990年代初頭にかけては，それまで教育測定の領域で発展・展開を見てきた項目反応理論の，組織心理学や組織行動領域の測定への応用可能性に関する啓蒙的な紹介が主流であった。これとほぼ同時期に，わが国でも渡辺（1987, 1989, 1992）が項目反応理論の紹介とその組織行動測定への応用可能性についての議論を行っている。これらの一連の論文も，文献レビューを中心とした啓蒙的な内容となっている。

世紀の変わり目あたりになると，心理測定論の研究者向けではなく一般の心理学研究者，行動科学研究者を読者として想定した書物が出版されるようになった。Embretson & Reise（2000）は，応用心理学研究における測定論の重要性を強調した上で，一般の心理学研究者が日常のスモールサイズの研究を行う上で知っておくべき最低限の測定論の基礎知識を，古典的テスト理論と項目反応理論を対比しながら提示している。同書の後半以降では，様々な IRT モデルの紹介と項目パラメタの意味，特性尺度値の意味と解釈の仕方，パラメタの推定方法，モデル適合性の問題を，数式をなるべく使わず図や表で表現することを試みている。そして最後のパートでは，項目反応理論を使った特異項目機能の探索，コンピュータ適応型テストへの展開，既存心理尺度の分析を項目反応理論を用いていかに行うかを例示した上で，認知・発達のアセスメント，パーソナリティと態度のアセスメントといった，一般の心理学者の多くがコミットしている研究課題に項目反応理論を用いてどのようにアプローチできるかが記述されている。また BILOG, BILOG–MG, XCALIBRE, MULTILOG, PARSCALE など市販のパラメタ推定ソフトの使い方を丁寧に解説しているのも特徴的である。

この時期にはわが国でも，本書のベースとなった書物（渡辺・野口，1999）が出版された他，野口（2000）が人事アセスメントに関するハンドブックの中で項目反応理論を紹介している。今世紀に入ると渡辺（2003）が組織論関係の学術誌で，今野・外島・坂爪・渡辺（2007）が産業カウンセリング関係の学術誌で，それぞれ項目反応理論の組織心理研究への適用について紹介している。一方，心理計量学が専門の野口（2009, 2011）が産業・組織心理学

および経営行動科学のハンドブックで，古典的テスト理論と対比する形で項目反応理論を用いた組織心理，組織行動測定の可能性に関する議論を行っている。

(2) テストの開発

組織心理学や組織行動論の分野では，これまでに数多くのテストが開発されてきた。しかし，そのほとんどすべてのテストの開発に，古典的テスト理論が用いられてきた。

その意味で，Ironson, Smith, Brannick, Gibson, & Paul (1989) が Job in General Scale (JIG) と呼ばれる新たな職務満足尺度の開発に項目反応理論を用いたのは画期的なこととして位置づけられよう。彼らは，職務満足を測定するテストとしてよく知られている JDI (Job Descriptive Index) と MSQ (Minnesota Satisfaction Questionnaire) の特徴を吟味し，これらに代わるより一般的で総合的な感情を測定する職務満足テストを開発した。彼らの主張は，これまでの職務満足スケールは職務満足を多面的に捉えるあまり，それぞれの面 (facet) を個別に測ることには優れていても，従業員が職務について感じている総合的で一般的なより広い感情を捉えきれていないというものである。こうした職務に対するより一般的な感情は，人々の転職行動や欠勤行動を予測するのに重要である上，組織の有効性を測定する指標としても利用できるとしている。JIG の開発はまず，過去の職務満足尺度を参考に，より概括的，より評価的，より長い時間的展望をもつ42の形容詞を選ぶことから始められた。この形容詞群を1149人の被験者に示し，それぞれが自分の現在の仕事に対する感情を表現しているかどうかを「はい」，「いいえ」，「？」の反応尺度で尋ねた。そこから得られたデータについて点双列相関係数による項目分析と主成分分析による第1主成分の抽出を行った後，さらに4490人のデータを追加して，項目反応理論の2パラメタ・ロジスティック・モデルを用いて項目パラメタの推定を行った。その結果，18個の妥当と思われる形容詞群を選び出した。この18項目からなる JIG は，高い1次元性，信頼性，妥当性を保持していることが明らかにされた。ただし，被験者の潜在特性の推定に関してはあまりよい結果は得られていない。

厳密な意味での新テストの開発ではないが，従来から使われてきたテストに新たな項目を加えてテストを改訂する試みも項目反応理論を用いて行われている。Roznowski（1989）は，開発以来20年以上にわたって改訂が行われてこなかったJDIを，現代の職務や組織状況により適合するよう改訂を試みた。方法は，JDIに含まれる5つの職務満足側面（仕事そのもの，同僚，監督，賃金，昇進の機会）のそれぞれについて新たな項目を6から10個追加した項目群を作成し，項目パラメタの推定結果を参考により適切な項目を選ぶというものである。研究ではIRTモデルには2パラメタ・ロジスティック・モデルが用いられ，項目パラメタの推定には周辺最尤法が適用された。まず，5つの項目群ごとに困難度パラメタと識別力パラメタの推定を行い，その結果を参照して改訂版に残す項目と改訂版から外す項目の候補が選ばれた。次に，すべての項目を対象として因子分析を行い，その因子構造があらかじめ予想していた5つの因子によっておおむね構成されていることが確認された。次に，原版と改訂版の信頼性係数が比較され，項目数が同じものにもかかわらず改訂版の方がα係数が高いことが確認された。次に，尺度のもつ情報量についての比較を原版と改訂版間で行い，改訂版の方が潜在特性尺度上のすべてのレベルにおいて，テスト情報量の大きいことが確認された。最後に，原版と改訂版の等化を行っている。こうした項目反応理論を用いたテストの改訂は，環境変化の影響を受けやすい組織心理測定の分野ではこれからますます求められていくであろう。

同じく，JDIの次元性の分析に項目反応理論が用いられている。Parsons & Hulin（1982）は，多次元を想定して作成されたJDIを1次元として扱うことの意味について指摘をしている。彼らは1349人から得られたJDIに対する反応を，2パラメタ・ロジスティック・モデルと階層的因子分析モデルの両方を使って分析し，両者の比較を行った。その結果，階層的因子分析から得られた一般因子（general factor）の因子負荷量と項目反応理論による識別力パラメタの推定値との間には極めて高い相関のあることが示された。しかし，他の4つのグループ因子（group factor）との間には低い，あるいは負の相関のあることが示され，これらのグループ因子を説明するためにはIRTモデルの多次元化が必要であると議論している。

わが国における項目反応理論を用いた新テストの開発としては，渡辺・野口・高橋（1994），Watanabe（1996）による「職務興味インデックス（JII）」，高橋・野口・安藤・渡辺（1999）による「組織イメージ尺度」，高橋（1994）による「組織社会化尺度」，渡辺・坂爪・西田・Tracey・Rounds（2013）による「PGIplus キャリア発達支援検査」，田中・外島（2005）による「日本版組織機能阻害行動尺度」，田中（2005）による「日本版組織市民行動尺度」の開発」などがある。

(3) 既存テストの IRT 分析

組織心理測定に関連する既存のテストを，項目反応理論を用いて再分析する試みは比較的多く行われている。その目的の主たるものは，①項目および尺度の分析，②反応のスコアリング方法の吟味，である。

(a) 既存テストの再分析

既に実用に供されている様々な組織行動や態度を測定するテストを，項目反応理論を用いて分析し直す試みは，1990年代になって盛んになってきた。これは，項目反応理論の理論と応用が，主として学力や知能などの能力テストのフィールドで発展してきたため，態度測定研究へ適用するための論理の構築が遅れたためと考えられる。周知のように組織心理研究における主要概念の測定は，ほとんどが古典的テスト理論に依拠してきた。既存テストを項目反応理論を用いて再吟味することで，より精緻な組織心理測定が行われるようになり，ひいてはその領域の研究をさらに一歩進めることにつながるであろう。

Harvey, Murry, & Markham（1994）は，米国の産業界で広く用いられているパーソナリティ・テストのマイヤース・ブリッグス性格検査（Myers-Briggs Type Indicator : MBTI）の短縮版を項目反応理論を用いて分析している。彼らは1676人のデータの IRT 分析を通して，短縮版 MBTI のテスト情報量は人事選抜のカットオフ得点周辺で明らかに不十分であり，テスト情報量を増加させるためには彼らの提唱する52項目からなるフル・バージョンが適当であると主張している。また，短縮版とフル・バージョンでは判別力

に大きな相違のあることを指摘している。

　Ferrando (1994) は，性格テストとしてよく知られる EPI (Eysenck Personality Inventory) に含まれる衝動性下位尺度（スペイン語版）の項目分析を1パラメタおよび2パラメタ・ロジスティック・モデルを用いて行っている。被験者は2483人の軍隊入隊者と大学生であった。IRT 分析の結果，1パラメタ・モデルより2パラメタ・モデルの方がデータによく適合しており，かつ，各項目に関する興味深い情報を提供してくれることが示唆された。また，この論文では，EPI の衝動性下位尺度の項目を10項目から6項目に削減することの議論も行われている。

　Kreiner, Simonsen, & Mogensen（1990）は，ヨーロッパでよく用いられている性格テストの1つである MCMI（Millon Clinical Multiaxial Inventory）に含まれる下位尺度であるパラノイア尺度（P-scale）の項目分析をラッシュ・モデルを用いて行っている。その結果，MCMI のパラノイア尺度の項目群には高い同質性が見られることを報告している。また彼らは，項目間の同質性と異質性を弁別する基準値を示し，この基準値が被験者のパラノイア傾向を判別するのに有効であると主張している。

　Hendryx, Haviland, Gibbons, & Clark（1992）は，失感情症の診断に用いられる TAS（Tront Alexithymia Scale）をアルコール依存で入院している男性患者130人に施行し，その項目反応データを用いて IRT 分析している。その結果，TAS に含まれる失感情症の3つの下位次元のうち，失感情得点が低い人は感情識喪失項目に関連する項目に肯定反応を示す傾向があるのに対し，失感情得点の高い人とは外的・操作的認知スタイル項目にのみ肯定的反応を示す傾向のあることが明らかとなった。この結果を踏まえ彼らは，TAS の尺度得点（合計点）は失感情症を適切に測定していないと結論づけている。

　Young, Halper, Clark, & Scheftner（1992）は，広く用いられている割には精緻な心理測定論的評価がなされていなかった BHS（Beck Hopelessness Scale）の IRT 分析を行っている。データは属性がほとんど同一の2グループ（それぞれ，730人と257人）から収集された。その結果，BHS は強い1次元性を保ってはいるが，低いレベルの希望のなさ（hopelessness）を測定するにはやや尺度の感度が乏しいことが明らかとなった。

第Ⅰ部　理論編

　Chernyshenko, Stark, Chan, Drasgow, & Williams（2001）は，1990年代に入って再び盛んになってきた傾性的アプローチの一環として，従業員のパーソナリティを測定する道具として広く使われてきた16PF パーソナリティ質問紙（第5版）と Big Five パーソナリティ尺度（Goldberg の50項目版）をモデル適合（model fit）の観点から IRT 分析を行った。用いた IRT モデルは2，3パラメタ・ロジスティックモデル（2値型に変換したデータを使用），多値型反応モデル（Samejima の Graded Response Model），それにノンパラメトリック IRT モデル（Levine の2値型，多値型データ対応モデル）であった。その結果は予想していたよりも複雑で，①2，3パラメタ・ロジスティックモデル，および多値型反応モデルは16PF と Big Five のどちらのデータに適合しているとは言えないこと，②ノンパラメトリック IRT モデルはどちらのパーソナリティ尺度のデータにも適合していたが，下位尺度ごとに項目反応機能に大きな相違がみられる，というものであった。この結果から彼らは，①パーソナリティ尺度でモデル不適合が起こる原因は何か，②このような不適合が認められるパーソナリティ測定に，IRT を適用した場合にどのような留意すべき点があるか，についての議論を行っている。

　Chan, Drasgow, & Sawin（1999）は，軍隊用職業適性バッテリー（Armed Services Vocational Aptitude Battery：ASVAB）から得られた5時点，16年間のデータを用いて，尺度の測定的安定性を IRT を用いて吟味した。その結果，16年間の間に同尺度の項目200項目中50項目が書き換えられていたにもかかわらず，項目レベルの変更はテスト全体の特徴に大きな影響を及ぼすことはないことが明らかとなった。しかし，意味論的に複雑な項目はより時間の影響を受けやすい傾向があることも明らかになった。この結果を踏まえ彼らは，テスト項目の「賞味期限」に関する議論を提示している。

　わが国における既存テストの再分析例としては，古典的テスト理論を用いて開発された「心理的ストレス反応尺度（PSRS）」の IRT 分析を行った例（矢冨・渡辺，1995），「TCI（Temperament Character Inventory）」の日本語版を IRT 分析した例（木島・野口・渡辺・高橋，1996），「MMPI 新日本語版」の IRT 分析（鋤柄，1998），「企業従業員向けの心理的ストレス反応尺度」の IRT 分析（大塚・小杉，2006），「日本語版16PF パーソナリティ質問

紙（第5版）」のIRT分析（Watanabe, 2012）などがある。

以上見てきたように，既に完成し，実用に供されているテストといえども，項目反応理論による項目分析や尺度分析を行うことによって，様々な修正すべき点，使用にあたって留意すべき点が明らかとなる。

(b) 反応スコアリング方法の吟味

既存のテストの分析を，反応のスコアリング方法に焦点を当てた研究も行われている。これらの研究は，テスト項目そのものの特徴を精査するのではなく，項目にあてがわれている①反応の形式，②反応尺度のワーディング，②項目の呈示順序や方法，などが被験者の反応に及ぼす影響を項目反応理論を用いて吟味するというものである。これまでの質問紙を用いた組織心理測定の研究では，概念を操作化する際，項目の表現内容には大きな注意が払われてきたが，反応尺度の形式や項目の呈示順序については，それほど丁寧な配慮がなされてこなかった。例えば，リッカート・タイプの反応尺度を5点尺度にするか，7点尺度にするか，あるいは，各反応ポイントにどのようなワーディングを行うかという問題は，かなりの部分それぞれの研究者の判断に任されてきた。このような傾向は，調査フィールドの文脈を大切にしながら，環境の統制が不可能な中で研究を行わねばならない組織心理研究の分野では，ある程度は許容されてしかるべきであろう。しかし，項目反応理論を用いれば，この種の煩雑な反応尺度の適切さの吟味も比較的容易に行うことができる。

Bell & Weaver（1987）は，JDIとよく似た特徴をもつWOS（Worker Opinion Survey）と呼ばれる職務満足尺度のスコアリング法についての吟味を行っている。WOSでは6つの職務満足側面について，それぞれ8個，計48の項目を用いて職務満足が尋ねられる。スコアリング・システムは変則的で，正しいか望ましい反応には3点，誤っているか望ましくない反応には0点，無回答の場合は1点が与えられる。解析の対象となったデータには，636人の政府機関で働く人々の反応が用いられた。まず初めにWOSの次元性を確認的因子分析を用いて検討した。その結果，あらかじめ想定していた6つの職務満足次元が確認された。次いで，各下位尺度ごとのスコアリング・シ

ステムの検討が項目反応理論を用いて行われた。IRT モデルにはラッシュ・モデルの拡張モデルが用いられた。このモデルは，一種の段階反応モデルであり，オリジナルの反応に対して0，1，2の得点カテゴリーを割り当て，解析を行った。その結果，このデータに対してこのモデルはあまりよく適合しているとは言えないことが明らかとなった。得点1点を与えた「不明」カテゴリーが，肯定と否定のカテゴリーの中間カテゴリーとしてうまく機能していないことが分かったのである。この研究は，WOS や JDI における「不明」反応の取扱いについて示唆を与えている。

　これを受けて，Hanisch (1992) は JDI の「？」反応をいかにスコアリングするかについての検討を行っている。そこでは JDI の下位尺度である「仕事尺度 (Work Scale)」を548人に施行し，その結果の IRT 分析が行われた。その結果，「？」反応は肯定的反応とするよりは否定的反応としてスコアリングする方が，JDI 尺度全体との整合性が取れるという結論を導き出している。

　Andrich & Van-Schoubroeck (1989) は，一般的なメンタル・ヘルスの状態を測定する道具としてよく用いられている GHQ (General Health Questionnaire) の反応尺度がリッカート・タイプであることに注目し，この反応尺度上の言語的指標（「ときどき」とか「いつも」というように表現されている）に割り当てられた自然数の間隔が心理的に等間隔と考えてよいかどうかを IRT 分析を用いて吟味している。彼らは，30項目版の GHQ を1967人のオーストラリアの教師に施行し，そこから得られたデータについて反応カテゴリごとの困難度パラメタを推定し，その大きさを比較した。その結果，言語的指標の順序については問題のないことが明らかとなったが，スコアリングの間隔については，項目間，項目内ともに差異のあることが判明した。特に，健康状態に関して肯定的意味合いをもつ項目と否定的意味合いをもつ項目間についてはその差異が大きいことから，GHQ に含まれる肯定的項目群と否定的項目群は異なった2つの尺度として取り扱う必要性のあることが明らかとなった。

　Steinberg (1994) は，自答式のパーソナリティ・テストではテストを受けている過程において回答態度が変化するという議論，すなわちテスト項

への反応は呈示される順番に影響されるという仮説を IRT 分析を通じて吟味した。その結果，項目への被験者の反応は呈示順位ばかりではなく項目の内容によっても影響されるということを明らかにし，被験者の反応には，文脈と項目内容という 2 つの条件が複雑に絡み合っているとしている。

　態度尺度の質問項目を，紙ベースで提示するのとコンピュータ画面を通じて提示するのとでは，被験者の反応にどのような違いを生じさせるのかについての検討も，IRT を用いて行われている。Donovan, Drasgow, & Probst (2000) は，職務満足を測定する尺度として広く使われている JDI の「監督者」と「同僚」に関する下位尺度を，紙ベースの質問票で提供したグループ (N＝1777) と，コンピュータを用いた CBT 方式で呈示したグループ (N＝509) に関して，IRT に基づく DIF 分析を行い，両呈示方法の測定的等価性を吟味した。その結果，両者間に DIF と DTF(Differential Test Functioning：特異テスト機能) は認められず，どちらの呈示メディアを用いてもテストの等価性は保持されることが明らかとなった。

　また，Drasgow & Lissak (1983) は，項目反応理論の前提となる 1 次元性の仮定を現実のデータ・セットが満足するか否かを判断する方法を提唱している。彼らはこれを修正された並行分析（modified parallel analysis）と呼んでいる。この方法の妥当性の吟味は，5 種類のモンテカルロ法によるシミュレーション実験によって行われている。

　わが国においても，本書の第17章で見るように，脇田 (2004) が評定尺度法のカテゴリ間の間隔をどのように設定するのが望ましいのかについて，多値型 IRT モデルを用いた検討を行っている。このように，項目反応理論による項目パラメタの推定と分析を通じて，従来より厳密な反応尺度の構築を組織心理測定の分野でも行うことが可能となる。

(4) 特異項目機能（DIF）の検出と測定的等価性の吟味

　組織心理学や組織行動論の研究で，態度尺度を用いて従業員の心理や行動を測定しようとする場合，被験者の職務内容・年齢・性・勤続年数といった属性に応じてテスト得点の分布が異なることはよく知られている。こうした分布の違いは真に被験者個人の当該態度の高低を反映しているのか，あるい

は，様々に異なった属性的背景をもつ個人に一定の尺度をあてがって測定を行うことに無理がある，すなわち項目や尺度それ自体がバイアスのある反応を生み出す性質を有しているがために起こるのか，といった議論がなされてきた。換言すればこの議論は，テスト項目がどのような属性をもつ人に対しても，等価（equivalent）な刺激として機能しているかどうかという問題に帰着できる。

テスト項目の有するバイアスの問題は，従来，項目バイアス（item bias）問題として広く議論されてきた。しかし，最近ではネガティヴな意味を付与するバイアスという用語を極力使わず，特異項目機能（Differential Item Functioning: DIF）という用語を用いるようになってきた。DIF は，「異なった2つのグループに属する同一の態度強度（能力）をもつ被験者に，ある態度強度（能力）を測定する同一項目を呈示し，その項目を肯定（正答）する確率が異なっている場合」と定義される（Angoff, 1993）。

組織心理学や組織行動の研究では，年齢，性，職位，職種，勤続年数，学歴，所属組織，などの属性が極めて多様である人々を対象として測定が行われる。そこでは当然 DIF の問題が議論されなければならない。この問題を項目反応理論を用いて解決しようという試みを紹介してみよう。

Sawyer（1988）は項目反応理論を用いて，態度尺度がもつテスト・バイアスと DIF の有無を調べる試みを行った。対象となった態度尺度は JDI の中の「仕事そのもの（work itself）」尺度と「監督（supervisor）」尺度に数項目を追加したものである。データは521人の病院に勤務する人々から集められた。被験者は専門的な職務レベル（医療ディレクター，登録された看護師，など）にいる250人と，一般的職務レベル（事務員，清掃作業員など）にいる271人の2つのグループに分けられた。用いられた IRT モデルは2パラメタ・ロジスティック・モデルで，それぞれのグループ・サンプルごとに項目パラメタが周辺最尤法によって推定された。それぞれのグループから推定された項目パラメタについてカイ二乗検定を行ったところ，「監督」尺度に含まれる項目についてはすべて有意ではなく，「仕事そのもの」尺度では，項目中6項目が有意であった。この結果から，「仕事そのもの」尺度では6項目で DIF が認められた。これらの DIF の認められた項目を除いて，改め

て16項目からなる「仕事そのもの」尺度を構成し，そのテスト特性曲線を描いたところ，職務レベル・グループ間の差異はほとんど見られなかった。また，原版と改訂版とでは，職務レベルにおける満足度の差異を，改訂版の方がより精度の高い測定を行うことができることが明らかとなった。こうした結果は，前述した職務レベルにおける態度得点の分布の違いを説明する議論を進める上で，大きな貢献を果たしている。

　Drasgow（1987）は ACT（American College Testing Assessment）に含まれる英語テストと数学テストのバイアスについて，大標本を用いて分析を行っている。サンプルは白人，黒人，ヒスパニックの男女グループなどに分類され，それぞれのグループごとに3パラメタ・ロジスティック・モデルを用いて2つのテストに含まれる項目の項目パラメタの推定が行われた。その結果，項目の中にはグループ間で DIF が認められるものもあったが，テスト全体では，測定バイアスは特に見られなかった。これは，各項目の DIF がそれぞれ異なる方向に向かって見られるため，それぞれの項目のもつ DIF が相殺しあってテスト全体としてはバイアスがなくなっていると結論づけている。

　Lim & Drasgow（1990）は，既に標準化されているテストが，黒人や他のマイノリティー・グループにとって不利となる DIF を有しているという法的議論を受けて，項目パラメタのより妥当な推定法を提示し，バイアスの少ないテストの開発法を提唱している。彼らは，これまで項目パラメタの推定によく使われてきた同時最尤法に代わる推定法として，周辺最尤法とベイズ推定法を取り上げ，これらのもつ特徴をモンテカルロ法によるシミュレーションによって比較している。その結果，両者とも同時最尤法より，より正確な項目パラメタの推定が可能なこと，第Ⅰ種の過誤（DIF が存在しないにもかかわらず，DIF ありとする誤り）を犯す危険性の少ないことが示された。また，両推定法はテストが多次元性を示す場合でも，パラメタの推定に関して頑健であり（robust），大標本における項目バイアスの検出により高い精度をもっていることが明らかとなった。また Humphreys（1986）は，マジョリティー・グループとマイノリティー・グループに属する個人の職務遂行を予測する際に観察される，テスト・バイアスと DIF の問題をどう扱

うかという議論を行っている。

　Mackinnon, Jorm, Christensen, Scott, et al. (1995) は，Eysenck Personality Questionnaire-R の中の「外向・神経症尺度」を803人のオーストラリア人の老人（平均年齢76.3歳）に施行し，高年齢群と低年齢群で DIF が認められるかどうかを項目反応理論を用いて検討した。その結果，この尺度には若干の DIF が認められる項目が含まれてはいるものの，全体としては，高齢者のパーソナリティを測定する上で大きな問題のないことが明らかとなった。同じように，Hammond (1995) は抑うつ傾向を診断するのによく用いられる BDI（Beck Depression Inventory）を431人の健康な人と136人のうつ病患者に施行し，両群から得られたデータを基礎に DIF の検出を1パラメタ・ロジスティック・モデルを用いて行った。その結果，多数の項目に DIF のあることが発見され，健常者のうつ傾向を測定するのに，BDI をうつ病患者と同様に使用することには大きな問題のあることが判明した。

　Dean, Holst, Kreiner, Schoenborn, et al. (1994) は，ソーシャル・ネットワークを測定する道具である BSNS（Berkman Social Network Scale）を1775人の20歳から64歳の成人に施行し，そこから得られたデータに基づいて様々な視点から DIF の検出を行った。その結果，下位尺度の中にはすべての項目が DIF を有しているものや，すべてではなくともかなりの数の DIF が発見されたものが見つかった。彼らは，BSNS はソーシャル・ネットワークを測定する道具としては問題が多いと結論づけている。

　このように項目反応理論による DIF の同定が広く行われるに伴って，既に広く実用に供されている既存テストであっても，その使用法と結果の解釈の面で細心の注意を払う必要性のあることが明らかとなってきた。Hambleton, Clauser, Mazor, & Jones (1993) は，マサチューセッツ大学で行われた過去12年間に及ぶ DIF 研究の結果をまとめ，DIF 研究を行う際のガイドラインを提唱している。彼らの DIF 研究は，原則的には項目反応理論による手法と Mantel-Haenszel 法を併用したものであり，テストの性質に応じてこれら2つの手法以外に他の手法も試行されている。ガイドラインでは以下の3点が提案されている。①DIF の存在する項目すべてを完全に検出できる方法はない。②DIF の検出には，何らかの統計的検出法を用いることは

極めて重要である。③テスト開発の際には，Mantel-Haenszel の DIF 同定手法を併用することが望ましい。

このように，1990年代中ごろまでの DIF の同定・検出研究は既存テストの再分析を中心に行われてきた。時代が下って1990年代後半から21世紀に入ると，DIF 検出は，異なる属性をもつ被験者グループから得られた既存テストのデータを IRT 分析や Mantel-Haenszel 法にかけるといった単純なものから，①IRT をベースにした DIF・DTF（Differential Test Functioning：特異テスト機能）検出指標の適用，②360度多面評価における測定的等価性（measurement equivalence）の吟味といった，より応用的な研究へと展開して行っている。

Collins, Raju, & Edwards（2000）は，彼らが独自に開発した DFIT と呼ぶ IRT をベースにした DIF と DTF を検出する指標と，Lord（1980）が提唱するカイ二乗法と Raju（1988）が提唱する面積法を用いた伝統的な DIF 検出法を用いて，人種と性別の異なるグループに施行された職務満足尺度の特異項目機能の検出を行っている。その結果，DFIT 指標は予想通り，カイ二乗法や面積法に劣らない安定したパフォーマンスを示すことが検証された。

Maurer, Raju, & Collins（1998）は，従業員のチーム・ビルディング・スキルに関する同僚と部下からの評価データを，加工を加えずにどの程度直接比較することが可能かを，確認的因子分析と多値型モデルに基づく IRT 分析を用いて吟味した。その結果，どちらの統計的方法を用いた場合でも，チーム・ビルディング・スキル評価項目は，2つのグループ（同僚と部下）間で等価であり，適切に目盛り合わせ（calibrate）がなされていることが明らかとなった。

同じように Facteau & Craig（2001）は，異なる評価者グループによって評価されたパフォーマンス評価結果が，評価者グループをまたいで等価であるかどうかを IRT 分析と確認的因子分析を用いて検証した。評価者グループは被評価者本人，同僚，上司，部下の4グループであった。その結果，確認的因子分析では，因子構造がどのグループにおいても一貫しており，多面評価の結果にグループによる因子構造的な差異が認められないことが明らかになった。一方 IRT 分析では，少ない数の評価項目ではあったが DIF が，

そしてわずかな程度の DTF が検出された。これら 2 つの結果から彼らは，この研究で用いられたパフォーマンス評価ツールはどの評価者グループにおいても安定的に機能していると結論づけている。さらに実務へのインプリケーションとして，パフォーマンス評価に関して言えば，評定者グループ間の結果を直接比較しても問題はないとしている。

わが国の組織心理学および組織行動研究分野での DIF の検出ならびにテストの等価性分析に関しては，本書の第 3 章「職業興味の測定」，第12章「多面評価の測定的等価性分析」のほか，Watanabe (1994, 2001)，坂爪 (2008) などを参照されたい。

以上見てきたように，テストの DIF・DTF 検出と測定的等価性分析は，米国では IRT 研究の主流をなす重要テーマとして継続して研究され続けている。一方，わが国の組織心理学，組織行動研究領域の研究ではその研究数は十分とは言えず，組織心理の研究分野で広く用いられている尺度についての DIF 分析もほとんど進んでいない。今後は，主要な既存テストの DIF 検出を行うとともに，新規テストを開発する場合にはテスト開発の時点から DIF 同定のプロセスを組み込んだ方法を採用すべきであろう。

(5) テストの翻訳と国際比較研究

急速なグローバリゼーションの進行にともない，組織心理学や組織行動論の分野における国際比較研究は，もはや「異文化の問題」に関心をもつ研究者だけが行う特殊なテーマではなくなってきた。どの分野の組織心理研究者も好むと好まざるとにかかわらず国際比較や国際的普遍性を念頭においた研究を行う時代に入ってきたのである。組織心理や組織行動の国際比較を行うときに問題となるのが，質問紙や心理テストなどの測定道具の翻訳である。すなわち，国際比較研究では比較の対象となる国の言語間で共通の測定道具を用いることができるかどうかが大きな問題となっている。そこで1980年代初旬頃から，言語の違いを超えて等価 (equivalent) なテストを，項目反応理論を用いて開発しようとする試みが行われてきた。

Hulin, Drasgow, & Komocar (1982) は，JDI をスペイン語に翻訳し，それとオリジナルの英語版 JDI との等価性を項目反応理論を用いて吟味して

いる。被験者は，ある大きな雑貨販売会社に勤務する英語とスペイン語のバイリンガル従業員203人であった。彼らに，英語版とスペイン語版それぞれに，30日の間隔をあけて答えてもらい，2パラメタ・ロジスティック・モデルを用いて両者に含まれる各項目の項目パラメタを推定した。それぞれの版の対応する項目の項目特性曲線を比較したところ，全72項目中3項目にDIFのあることが明らかとなった。しかし彼らは，テスト全体として，英語版とスペイン語版の等価性はおおむね保持されていると結論づけている。

　Hulin & Mayer (1986) は，同じくJDIをヘブライ語に翻訳する試みを行っている。英語版への回答は500人の米国人被験者，ヘブライ語版への回答は308人のイスラエル人被験者から得られた。IRTモデルとしては，2パラメタ・ロジスティック・モデルが用いられた。項目パラメタの推定には同時最尤法が用いられたが，72項目中6項目の項目パラメタの推定ができなかった。項目バイアス統計量が残り66項目について求められ，検定の結果，そのうち21項目にDIFのあることが判明した。DIFの発見された項目を除いた45項目を用いてそれぞれの職務満足側面に関する尺度を構成し，そのテスト特性曲線を比較したところ，「昇進」，「監督」，「同僚」の各尺度は極めて類似したカーブを描き，等価性の高い翻訳がなされたことが明らかとなった。しかし，「仕事そのもの」と「賃金」各尺度は等価性が低い翻訳しかなされなかったことが判明した。彼らは，項目にバイアスが発見されたことについて，尺度の中に両言語にエミック（emic）な項目とエティック（etic）な項目が混在しているためであると討論している。

　より等価な翻訳尺度を開発するためには，それぞれの文化に特徴的なエミックな項目を除いて尺度を再構成することが手法として考えられるが，これがあまりにも行き過ぎるとそれぞれの文化的文脈を無視した，あまりにも一般的な項目ばかりで尺度が構成されることになる。この問題に対処するためには，文化固有な項目も採用しつつも，テスト全体として等価なものを作るという作業が必要となる。そこでは，比較対象となる文化に対する深い洞察と，項目作成上の熟練が求められる。

　Ellis (1989) は英語版とドイツ語版の知能テストの翻訳上の問題点を，項目反応理論による項目パラメタの比較を通じて行っている。手法としては，

項目特性曲線の形状の比較によって DIF を発見する方法が用いられた。翻訳の対象となったテストは，ドイツ語で書かれた WILDE-intelligenz-Test（WIT）と，英語で書かれた Career Ability Placement Survey（CAPS）であった。被験者は，ドイツ人205人，米国人217人であった。両テストは，米国に住むバイリンガルのドイツ人によって翻訳され，その後バック・トランスレーションの手続きを踏んで調整された。ドイツ人被験者にはドイツ語版の WIT と CAPS を，米国人には英語版の WIT と CAPS がそれぞれ施行された。用いられた IRT モデルは2パラメタ・ロジスティック・モデルで，パラメタの推定には BILOG による周辺最尤法が用いられた。それぞれのテストは Stocking & Lord（1983）の手続きを用いて等化された。結果は，CAPSでは106項目中8項目が，WIT では145項目中2項目で DIF が検出された。さらにこれらバイアスを含んだ10項目について，言語学的な面と文化的な面とから，詳しい内容分析が行われた。

　Ellis & Kimmel（1992）は，メンタル・ヘルスに対する態度を測定する尺度を，米国人，ドイツ人，フランス人の被験者にそれぞれの母語で施行した。被験者は，すべて現役，退職，および研修期間中の教師であった。それぞれの言語グループごとに各項目の項目特性曲線を求め，その形状を比較したところ，言語グループ間でいくつかの項目特性曲線に DIF が検出された。この結果をもとに彼らは，国際比較研究において翻訳された態度尺度を用いることによって生ずる問題を議論するとともに，逆に，項目特性曲線の DIF のパターンを精査することによって，個々の文化の特殊性や差異が浮き彫りにされるという建設的な議論を行っている。

　この議論を受けて，DIF の存在を積極的に評価して各国の企業文化を文化相対主義の立場から検討しようとする試みもなされている。Ryan, Horvath, Ployhart, Schmitt, & Slade（2000）は，仮説検証を目的として，多言語で実施された従業員オピニオンサーベイのデータを多値型 IRT モデル（Samejima の Graded Response Model）を用いて分析している。仮説は，異文化間心理学の分野で頻繁に引用されてきた G.Hofstede が行った世界的に有名な組織文化に関する大規模調査に基づいて設定された。すなわち，組織文化の3つの次元（不確実性の回避，男性性－女性性，権力の格差）のう

ち，G.Hofstede の研究で次元の得点ランキングが「類似しているとされた国どうしのペア」と「類似していないと判断された国どうしのペア」を作り，もしこの国どうしで組織文化に差があるとする仮説が正しければ，前者のペアよりも後者のペアにより大きな DIF が認められるはずであるというものであった。データは，36カ国，合計53,310件のデータ・プールの中から，比較する国ごとにランダムに約500件程度を抽出したものを使用した。項目パラメタの推定には MULTILOG6.0を，等化には EQUATE2.1を用いている。結果は，全6項目のうち3項目で仮説が支持されたが，3項目では仮説が支持されないというものであった。

　この時期，わが国においても Watanabe（1992, 1994），渡辺（1996），渡辺・加藤・藤本（1995）が英語版と日本語版の職務満足尺度（JDI と JIG）と組織コミットメント尺度（OCQ 短縮版）の翻訳等価性の実証研究を行っている。これらの研究の詳細については，本書の第13章を参照されたい。また，Iwata, Roberts, & Kawakami（1995）による「CES-D 抑うつ尺度」の国際比較研究，Tsutsumi, Watanabe, Iwata, & Kawakami（2002）による職業性ストレスに関する「ERI 努力－報酬不均衡モデル」の国際比較研究が行われている。これら2つの研究の詳細については，本書の第14章，第15章を参照されたい。さらに近年，IRT による DIF 分析手法を用いた多国間・多言語間の測定尺度の等価性分析も行われるようになった。Tsutsumi, Iwata, Watanabe, de Jonge, et al.（2009）は日本語版の「ERI 職業性ストレス尺度」をオランダ語版，フランス語版，スイス語版，スペイン語版，中国語版，など5つの版と比較し，その測定的等価性を吟味している。

　Peng, Peterson, & Shyi（1991）は，広範な文献レヴューを通じて，経営の国際比較研究に項目反応理論のような定量的方法（quantitative method）を用いることの限界について論じている。彼らは1981年から1987年までに発行された24の主要な経営学関連の雑誌記事を分析した。その結果，経営現象の国際比較研究の抱える主要な問題の1つに，いかに測定上の交差文化等価性（cross-cultural equivalence）を確保するかということがあるとしている。先述したように交差文化等価性は，ある経営活動や組織行動が文化が異なる状況下でも同じ機能をもつこと（機能的等価性），ある経営活動や組織活動

が異なる状況下でも同じ意味をもつこと（概念的等価性），そして，操作化された概念が文化を異にしても測定論上同じ意味をもつこと（測定的等価性）の3点からとらえることができる。このうち操作化された概念の測定的等価性は，推測統計の様々な手法を用いて吟味することができる。中でも項目反応理論による項目の翻訳等価性に関する吟味手法は他の統計的手段より，よりパワフルな手段として位置づけることができる。しかし注意しなければならないのは，項目反応理論による翻訳項目の測定的等価性確認に先だって，まず質問項目の機能的等価性と概念的等価性とがよく吟味されていなければならないことである。質問項目の翻訳の根本的な問題は，質問項目そのものが異なる文化的文脈で等価な社会的意味をもつかどうかにあるのであって，単にIRT分析の結果得られた項目パラメタが，近似するというだけで文化的に等価な翻訳がなされたと判断するのは危険が大きい。さらに注意しなければならないことは，項目反応理論によってDIFの少ない項目のみを採用しようとするあまり，「エミック」な項目を除き「エティック」な項目だけでテストを構成するという傾向に陥りやすくなることである。そして最後に，比較の対象となる国が2国を超えて数カ国に及ぶとき，項目反応理論を用いた厳密な統計的方法で測定上の多国間の交差文化的等価性を求めることにどれほどの意味があるのかを考えなければならない。むしろこの場合，定性的な方法（qualitative approach）の重要性を検討する必要があろう（Watanabe, 2006）。

　項目反応理論による測定の交差文化的等価性評価とテスト項目の翻訳に関するより深い議論は，異文化心理学（Cross-Cultural Psychology）の学術誌で行われている。例えば，Hui & Triandis（1985）は項目反応理論を含めた様々な測定上の方法論をレヴューし，それらのもつ特徴の比較を行っている。Candell & Hulin（1986）は，JDIのフランス語への翻訳を例にとって，翻訳の等価性の問題について議論を行っている。またHulin（1987）は，JDIの5カ国語への翻訳（日本語は含まれていない）を通じて，エティックな項目をベースにしながら，エミックな概念を含む尺度の文化的等価性を高める手法を提示している。さらに，Reise, Widaman, & Pugh（1993）は，米国人と中国人を対象に行った国際調査から，項目反応理論と確認的因子分析

(comfirmatory factor analysis：CFA）を用いることによって，2つの文化に共通の尺度を作成する可能性について論じている。また，Bontempo(1993)は，国際比較研究でよく用いられる，G. Hofstede の概念に基づく「個人主義－集団主義（individualism-collectivism）」測定尺度のフランス語版と中国語版には，いくつかの項目で DIF のあることを報告している。また，このような交差文化的研究の議論と方法に関する成果をまとめた書物として，van de Vijver & Leung（1997）があげられる。なお，本書の第13章にも，翻訳等価性分析に関する展望がまとめられているので参照されたい。

(6) 適合項目反応指標の検討

例えば従業員を採用する際に，面接に加えて何らかのテストを施行する会社は多い。採用テスト自体に信頼性や妥当性が担保されていたとしても，被験者の疲れ，勘違い，回答箇所の誤り，偽装回答（faking）などによってテスト得点に異常な値が観察される場合がある。項目反応理論を用いてあらかじめテスト項目の項目パラメタ値を求めておけば，回答パターンの異常は比較的容易に検知することができる。過去約25年の間に，様々な適合項目反応指標（appropriateness index）が考案されてきた。

Drasgow & Hulin（1990）はシミュレーションと実際のデータを用いた一連の研究から，以下の3つの適合項目反応指標が異常反応パターンの検出に効果的であると指摘している。第1は，Drasgow, Levine, & Williams（1985）の標準化された lo 指標（standardized lo index）である lz，第2は Wright（1977）の個人適合統計量（person fit statistics）の F，第3は Tatsuoka（1984）の注意指標（caution index），$T4$ である。

Parsons（1983）は lo 指標を幾何平均尤度に変換した適合項目反応指標 GML の異常反応パターン検出度を，シミュレートされた JDI データと実際の JDI に対する反応データを用いて確かめている。その結果，シミュレートされたデータでは，異常反応パターンの検出にこの指標がかなり有効なことが明らかとなった。また実際のデータを用いた検討では，見かけ上高い職務満足を示す被験者（通常ならば低い職務満足を示す被験者）よりも，見かけ上低い職務満足を示す被験者（通常ならば高い職務満足を示す被験者）の

第Ⅰ部 理論編

異常反応の検出にこの指標が有効であることを明らかにしている。

また，Drasgow & Guertler（1987）は，上に述べた，lz，F，$T4$の各適合性指標を用いて，その値の高い被験者の処遇をどうするか，などの何らかの決定を行うときの一般的な論理についての検討を行っている。

Frost & Orban（1990），人事選抜インベントリー（Personnel Selection Inventory）に対する適合項目反応指標とこのインベントリーの妥当性との関係を155人の大学生サンプルから収集された実際のデータを用いて吟味している。方法は，上記の人事選抜インベントリーと4つの外的基準となる尺度を被験者に呈示し，人事選抜インベントリーの適合項目反応指標と外的基準との関係を見るというものであった。その結果，適合項目反応指標の値が低いグループは，その値が高いグループに比べて潜在特性尺度値の推定が正確に行われない傾向があり，また4つの外的基準との相関が低い，すなわち基準連関妥当性が低いということが明らかとなった。

第II部
基　礎　編

第Ⅱ部　基礎編

第3章　職業興味の測定

　人が学業を修えて職業に就くということは，その人の人生にとって極めて大きな意味をもつ。職業に就くことで，経済的な独立，社会的な承認，心理的な自立などが達成されるからである。また，職業に就く時期に人は自らの人生の展望と行く末を鮮明に意識するようにもなる。

　近代化された社会では，職業に就くということは，社会的組織，すなわち会社や機関に参入することとほとんど同義であると考えてよい。われわれの生活する社会では，多くの職業は組織の中にあり，組織が人々に職業を提供する構造となっている。これは，産業革命以来，より効率的な生産を行うために人類が考え出した社会的な仕組みでもある。

　では，この職業を選択するということと，人間の心理や行動とはどのように関係しているのであろうか。本章では，その心理の一端を示す概念である職業興味の問題について取り上げる。そしてこの概念の測定を，項目反応理論によっていかに行うことができるかについて提示する。

3.1.　職業興味に関する理論

　職業興味（vocational interest）という構成概念は，古くは職業心理学（Vocational Psychology）の分野，新しくはキャリア発達論（Career Development）の分野で大きな役割を演じてきた。特に，学業を修えて新しく労働市場に参入する生徒や学生の進路指導を行う際，この概念は大変有効であると考えられてきた。

　その理由は大変直截である。「好きこそ物の上手なれ」という諺があるように，人が興味ある職業なり仕事に就くということは，その仕事を適切に遂

行するに充分な前提を備えていると考えられるからである。また，興味のある仕事に就くということは，その個人本人には満足感や充実感をもたらし，社会や会社には人的資源の有効活用をもたらすとも考えられる。個人は自らの抱く職業興味について深く知った上で職業を求め，社会や企業は個人の興味に合った職業なり職務を提供することができれば，両者の要求の適合と調和が図れ，両者が互いに利益を享受することができるという論理である。

　もちろん人が職業に就くに際して，職業興味だけが重要な要因になるわけではない。適性（aptitude）の問題や，キャリアへの準備状態（career readiness），職業的成熟（vocational maturity）や職業を提供する社会や会社の経済的条件なども影響してくる。しかし，人々の職業選択行動を考えるとき，個人の抱く職業興味が最も重要な概念の1つに違いないことは，これまでの関連する文献の多さからみても疑いのないことである。「興味」は人間の深い感情の層にあって，職業を選ぶ際に人々の判断を左右する大きな力となるのである。

(1) 職業興味に関する2つの主要な視点

　職業興味研究の分野には，これまで2つの主要な視点が存在してきた。1つは，Super（1957）に代表される，人間の発達的観点から職業興味を捉える視点であり，もう1つは Holland（1966）に見られる，個人と職業環境との適合（fit）の観点からこれを捉える視点である。

　第1の Super（1957）の視点は，「職業的成熟（vocational maturity）」と「職業的自己概念（vocational self-concept）」とを中心概念に据え，個人の職業興味を発達的観点から動態的に捉える点に特徴がある。そこでは，職業興味はキャリア発達の初期，とりわけ準備期（preparation period）に漸成的に発達するものと考えられている。職業興味は幼いころは極めて曖昧なものであるが，人が成長する中で徐々に明確なものとなってゆき，最終的には職業的自己概念の形成へとつながってゆくと考える。この職業的自己概念と，職業に就くことの準備状態である職業的成熟が個人の中で形成されることが，人をして職業に就かしめる大きな力となる。そして人は，一定の成熟に達したとき，自らの中に形成してきた職業的自己概念を実現できる場として

職業環境を選択すると考えるのである（Shullman & Carder, 1983）。この視点の範囲は，人々の初職の選択だけに限られているわけではない。青年期から老年期に至るまでのキャリア発達全体を通じても，人間は自らの職業興味に根ざした職業的自己概念と，実際に選択しうる職業環境との統合を職業生活の全期間にわたって目指し続けると想定されている。

　一方，第2の Holland（1966）の視点では，発達的観点はほとんど強調されてはいない。その主張するところは明瞭で，個人は自らのパーソナリティ特性に一致した職業環境を希求するというものである。この視点は，職業選択を静態的な視点から捉える，一種の「個人－環境適合論（Person-Environment Fit Theory）」に基づくものであるということができる。Holland（1966）は，人々のパーソナリティ特性には，現実的（Realistic : R），研究的（Investigative : I），芸術的（Artistic : A），社会的（Social : S），企業的（Enterprising : E），慣習的（Conventional : C）の6種類があり，また職業環境にもこの6つがあることを提唱している。そしてこの6つのパーソナリティ特性と，6つの環境は R-I-A-S-E-C という順番で正6角形を形づくる布置（hexagonal model）の中に位置づけることができるとしている。彼の理論の強みは，そのモデルが簡潔な美しさを備えていることと，それが多くの実証研究によって支持されていることにある。実証の方法も，様々な職業名からなるリストを被験者に提示し，それへの興味の有無を尋ねるという大変簡潔な方法を用いるため，被験者の置かれた状況に左右されない一般性を備えている。

　本章では，この2つの視点のうち，個人－環境適合（person-environment fit）ならびに Holland の理論に焦点を当てる。まず個人－環境適合の基礎研究について提示し，次いで Holland の RIASEC モデルの理論的基礎と研究成果について紹介する。さらに，RIASEC モデル以外の職業興味モデルについて研究史を踏まえながら記述する。章の後半では，Tracey（2002）が提唱する職業興味球形モデルとその一部を構成する8角形モデルと，その測定尺度である PGI（Personal Globe Inventory）の信頼性と妥当性を項目反応理論を用いて吟味する。

(2) 個人-環境適合

　個人-環境適合の考え方の前提には,「個人と環境の特性が適合していることが個人にとっても環境にとっても望ましい結果をもたらす」とする信念がある。心理学では適合(fit)は,個人の欲求や希望,好みと状況や報酬との間の関係性を意味する。実際,Tinsley(2000)は適合を,「個人の欲求と環境からの供給の関係性」と定義している。個人-環境適合という考え方は心理学の分野では古くから存在し,幅広く用いられており,特に職業心理学では今日に至ってもまだ主要な概念の1つであり続けている。個人-環境適合の起源は,Parsons(1909)が職業ガイダンスにおいて提唱した適合(congruence)の考え方であると言われており,かつ個人の行動は個人と環境の関数であるとするLewin(1936)の主張からも影響を受けているといわれている。

　Spokane, Meir, & Goldstein(2000)が行った文献レビューによると,1985年から1999年の間に実施された実証研究の中で,複数の研究で個人-環境適合との関係が支持された変数としては,職務満足や上司からの評価,能力有用性(competency utilization),職務関与(job involvement),キャリアにおける未決定(career indecision),生産性,仕事の質,教育への満足がある。しかしRIASECモデルを用いた先行研究に限定してレビューをしたOsipow & Fitzgerald(1996)は,個人-環境適合と満足度の関係は明確になったとはいえないと結論づけている。

　このように,個人-環境適合と他の変数との関連性は複数の研究において支持されているものの,全体を見わたせばそれほど強固な支持が得られていないのも事実である。支持されない理由としては,例えば,個人は適合以外のその他の要因を動機づけ要因とすることで環境に対処し,結果として適合しないままにその環境にとどまるという場合があるかもしれないといったことが考えられる。Spokane, Meir, & Goldstein(2000)は,「適合は個人にとって十分条件ではあるが,必要条件ではないと思われる」と主張している。

(3) HollandのRIASECモデル

　個人-環境適合という考え方に依拠した職業興味モデルを構築したのが

Hollandである。Hollandが提唱したRIASECモデルは，モデルが提唱された1959年以降半世紀にわたり，職業興味の構造に関する研究の中核を担ってきた。言い換えればRIASECモデルは，個人−環境適合というパースペクティブの妥当性・有効性を検討する際の中核的モデルとなっており，今日まで蓄積されてきた職業選択における個人−環境適合に関するほとんどすべての研究や論考は，RIASECモデルとの関係性の中で行われてきたといっても過言ではない。

先述したとおり，Hollandは人々の職業興味領域には，現実的（Realistic：R），研究的（Investigate：I），芸術的（Artistic：A），社会的（Social：S），企業的（Enterprising：E），慣習的（Conventional：C）という6種類があり，一方の職業環境にもこの6種類があることを提唱している。「現実的」とは機械や物を対象とする具体的で実際的な仕事や活動に対する好みや関心のことである。「研究的」とは，研究や調査などのような研究的，探索的な仕事や活動に対する好み関心のことである。「芸術的」とは音楽，美術，文芸など芸術的領域での仕事や活動に対する好みや関心のことである。「社会的」とは，人に接したり，奉仕したりする仕事や活動に対する好みや関心のことである。「企業的」とは，企画や組織運営，経営などのような仕事や活動に対する好みや関心のことである。最後に「慣習的」とは，定まった方式や規則に従って行動するような仕事や活動に対する好みや関心のことである。Hollandは，これらの6種類の職業興味領域を，R-I-A-S-E-Cという順番で平面上に正6角形の布置（hexagonal model）として位置づけることができるとしている。

Hollandの貢献の最も大きなものは，職業興味の種類を提示した上で，それらを正6角形として布置することにより，職業興味の構造を示したことにある。すなわち，Hollandは，個人の職業興味は前述の6領域に分類することができ，それらは正6角形に布置でき，興味領域間の距離は，各領域の心理的類似性を表わすとした。つまり6角形モデル上の隣接する興味領域の類似性は高く，対角線上に布置される興味領域の類似性は低いことを示す。このことは，単なる興味領域の提示にとどまらず，職業興味の構造を明らかにする上で重要な指摘であった。

RIASECモデル研究は，1980年代になるとこれを用いた実践的介入へと焦点がシフトし，このモデルを用いたカウンセリングやガイダンスが広く行われるようになった。しかし1990年代になると，個人の安定的な特性に基づく適合という捉え方は，個人のダイナミクスを捉えることができない静的なモデルであると批判されるようになった。具体的には，キャリア・カウンセリングなどの動的なプロセスという観点からみて，RIASECモデルはあまりにも静的過ぎて実践の現場では使えないとの批判的な見解も呈されるようになってきたのである。しかしその一方で，個人の職業興味の分散のうち，約30-50％は遺伝子レベルで決定されるという研究など擁護され（例えばBetsworth et al., 1994），RIASECモデルは今日においても依然として中核的な職業興味モデルであり続けている。

個人-環境適合に基づくこのモデルでは，個人と環境の相互作用を通じて個人の行動が予測もしくは説明できると考える。例えば個人が興味を示す職業興味領域と環境のタイプとが適合していると，職務満足やパフォーマンスが高まるといったことが予測される。また，個人の職業興味はパーソナリティと関連しているとする研究結果から（Costa, McCrae, & Holland, 1984），個人が認識する適合度がもはや彼(女)にとって適合していない状態になれば，個人はその職場環境から退出することも考えられる。このように，RIASECモデルに基づいて，個人の職業興味と環境との高い適合度や，低い適合度がもたらす影響に関する研究は非常に多い。高い適合が個人に対しても組織に対して良い結果をもたらすという個人-環境適合論者の主張は，果たして，RIASECモデルにおいてどの程度支持されるのだろうか。Spokane（1996）が行った30年間の研究成果のレビューによると，RIASECモデルはときに相反する結果を示しながらも，個人-環境の適合度と職務満足等との結果変数との間には中程度の相関があるとしている。

現時点でもRIASECモデルに対しては様々な批判がなされている。その中心的な批判の1つが，先述した，モデル自体がダイナミックなものではなく静的な個人-環境適合というパースペクティブに依拠している点である（Ostroff, Shin, & Feinberg, 2002）。したがって今後，職場環境に適合もしくは不適合である個人が，どのように変化し，適合しうるか（もしくはしない

か）といったダイナミックな視点を含んだ研究が求められる（Spokane, Meir, & Goldstein, 2000）。なお，適合が流動的なものであることは，Holland 自身もその著書の中で指摘している（Holland, 1997）。Holland は，環境のパターンと個人のパーソナリティパターンの類似性が高いときに個人は満足し，逆に類似性が低いときには不満足や不快になるとした上で，不適合は個人の行動を変化させ，適合は個人の行動を安定させる働きがあると主張している。

3.2. 職業興味モデルの理論的展開

前節では代表的な職業興味モデルである Holland の RIASEC モデルを取り上げた。ここでは，Holland と同じ流れにある職業興味モデルの理論的展開についてみていこう。

(1) 初期の職業興味モデル

職業興味の構造について早い段階で言及した研究者としては Roe を挙げることができる。Roe（1956）は，必要とされる責任，能力，スキルという観点から，職業を「（独立した責任をもつ）専門ならびにマネジメント1（Professional & managerial 1）」「専門ならびにマネジメント2（Professional & managerial 2）」「半専門ならびに小規模なビジネス（Semiprofessional & small business）」「熟練（Skilled）」「半熟練（Semiskilled）」「非熟練（Unskilled）」という6つのレベルに分類した。同時に職業領域を，サービス（Service），ビジネスコンタクト（Business Contact），組織（Organization），技術（Technology），屋外（Outdoor），科学（Science），文化（General Culture），芸術とエンターテイメント（Art & Entertainment）という8つの領域に集約した。Roe はそれぞれの領域を，仕事上求められる対人関係の性質や強度に基づいて円環上にプロットし，隣接する領域は，隣接しない領域よりも類似性が高いとする職業興味の円環モデルを示唆した。Roe の職業興味モデルと Holland の職業興味モデルは，隣接する領域もしくはタイプでは類似性が高く，距離が離れれば離れるほど類似性が低下するとしている点で共通してい

(2) 職業興味モデルの再検討

　Gati (1991) はそれまでに提唱された Roe (1956) の円環モデルや Holland の6角形モデルについて，いくつかの批判をした上で階層モデルを提唱した。Gati は，円環モデルならびに6角形モデルで提示された職業興味の領域数は構造を確定させるために用いられた分析方法に依存するものであり，職業興味そのもの特性によって規定されているわけではないと批判した。さらに円環モデルならびに6角形モデルで提示された職業興味の領域数が異なることや，興味領域の配置される順番が両モデルで異なることなどについても批判している。その上で，職業興味の各領域の類似性は階層構造で示すのが適当と考え，新たに職業興味階層モデルを提唱した。

　一方，2軸モデルを提唱したのが Prediger (1982) である。Prediger は職業興味や職業環境は両極性をもつ2軸によって説明できるとし，RIASEC モデルの S と R を通る「人（people）－モノ（thing）」という軸と，E と C との中間ならびに A と I との中間を通る「データ（data）－アイディア（idea）」という2つの軸で Holland のモデルで描かれる2次元平面を説明できると提唱した。その後，Prediger & Vansickle (1992) は，2軸モデルの有効性について理論的なまとめを行っている。

　これを受けて，Tracey & Rounds (1993) は職業興味の各領域間の関係性にはどの程度の規則性があるのだろうかという問題意識に基づき，様々な文化における興味領域間の関係の類似性や，職業興味領域の配置，すなわち職業興味の構造の再検討に関するメタ分析を行った。彼らは Holland の6角形モデルと Gati の階層モデルの比較を行い，米国で収集されたサンプルに関しては，いずれの年代もしくは性別においても Holland の6角形モデルの方がすぐれていると結論づけた。しかし，米国以外で収集されたデータでは明らかな結論は得られなかった。その後のいくつかの検証でも，Holland の6角形モデルは米国でのマジョリティーを対象とするサンプルには適合するが，それ以外の対象者（例えば米国でのマイノリティなど）に関しては必ずしも高い適合度を示しておらず Holland の6角形モデルは必ずしも，す

べての文化圏において適合するモデルとは言い難いとしている（Rounds & Tracey, 1996 ; Day & Rounds, 1998）。しかしながら，Rounds & Tracey ならびに，その他の数多くの研究から，職業興味領域は Holland が記述した順番に円環上に布置されることはおおむね支持されている（Hansen, Collins, Swanson, & Fouad, 1993 ; Boyle & Farris, 1992）。

(3) 職業興味モデルの更なる展開

職業興味について研究を進めた Tracey & Rounds は一連の実証研究から職業興味モデルの再検討が必要であると主張した（Tracey & Rounds, 1995, 1996a, b）。彼らは職業興味がもし2次元平面上に円環状に布置されるならば，興味のタイプを6つに分類すべき根拠は薄く，4，8，16，32などの4の倍数で分類されるのが自然であると主張した。また，同時に職業興味の次元についても，Prediger が提唱した2軸でなく3軸で捉えることが望ましいとした。

(a) 8角形モデル

彼らが提唱した8角形モデルは，「支援・援助 (helping)」「芸術 (artistic)」「生命／自然 (life science)」「エンジニアリング (mechanical)」「テクニカル (data processing)」「ビジネス実務 (business detail)」「経営・管理 (managing)」「サービス (social facilitating)」という8領域で構成される（図3-1）。「支援」とは，教育や医療，カウンセラー，ソーシャルワーカーなど人を支援する職業に対する興味のことである。「芸術」とは，作曲家や作家，ヘアスタイリストなど芸術性を重視する職業に対する興味のことであり，「生命・自然」とは生物学者や海洋技術者など生命科学に関する知識を重視する職業に対する興味のことである。「エンジニアリング」とは，航空機，原子力，自動車，鉄道などの開発やメンテナンスなど，理科系の知識や技術を活用する職業に対する興味のことであり，「テクニカル」とはコンピューターや電気電子機械などに関する IT 知識を活用する職業に対する興味のことである。「ビジネス実務」とは，公認会計士やファイナンシャルアナリストなど会計や分析に関連する職業に対する興味のことである。「経営・管理」と

第Ⅱ部　基礎編

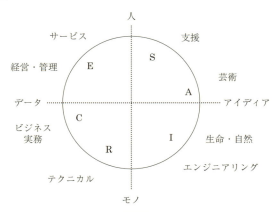

図 3-1　職業興味 8 角形モデル
(出典：Tracey, 2002)

は営業課長や総務部長など会社の経営やマネジメントに関連する職業に対する興味のことである。最後に「サービス」とは，ホテル従業員や受付といった他人に対してサービスを提供する職業に対する興味のことである。なお，図 3-1 に描かれている 2 軸は，Prediger が提唱した，「人（people）－モノ（thing）」という軸，ならびに「データ（data）－アイディア（idea）」という軸である。

　この 8 角形モデルは，職業興味領域の名称が一部重複するなど Roe が提唱した円環モデルと類似性があるものの，各領域の並び順が異なるなど相違点も多い。

(b)　球形モデル

　Tracey & Rounds は職業興味の構造は 3 軸で示すことができると主張した。3 軸のうち，2 軸は Prediger が提唱した「人（people）－モノ（thing）軸」と「データ（data）－思考（idea）軸」であり，これに彼らは新しく「威信（prestige）軸」を加えた 3 次元モデルを提唱した。威信は，地位（status：Holland, 1985），職業レベル（occupation level：Cambell, 1971），困難度や責任のレベル（Roe, 1956）などとして，これまでにも度々アセスメントツールの中で取り上げられている。しかしながら，職業興味モデルを構成する主

要な概念としてこれが取り上げられることはなかった（Tracey & Rounds, 1996a, b）。彼らは，主成分分析を用いて，職業興味の軸としての威信の重要性を検証した上で，それが他の2軸と組み合わされてどのようにモデル化されうるかを検討した。その結果，24領域，3次元で構成される球形モデルを提唱し，大学生や高校生のサンプルを用いてこれを検証し，職業興味の構造が球形として捉えられることを提唱した。

　この職業興味球形モデルは，Tracey（2002）によって Personal Globe Inventory（PGI）として精緻化された。PGIによると，球形の赤道部分には前述した「支援・援助」「芸術」「生命・自然」などの基本となる8角形モデルが布置される。この8角形を赤道部分，すなわち中心として，3軸目となる「威信」の軸が垂直に布置される。「威信」の軸は，赤道を中間点として「高威信（high prestige）」と「低威信（low prestige）」という2つの極に分かれる。「高威信」側（北半球）には「ソーシャル・サイエンス（social science）」「科学（science）」「慣習・ロジック（business system）」「コンサルティング（financial analysis）」「影響（influence）」という5つの職業興味領域が布置される（図3-2）。「ソーシャル・サイエンス」とは，医学的・心理的問題

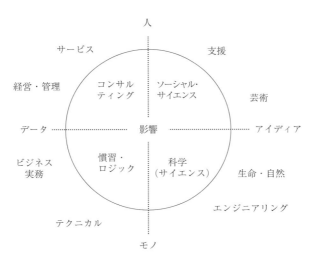

図3-2　球形モデルの高威信側に布置される職業興味
（出典：Tracey, 2002）

を解決することを通じて他者を支援したいとする興味であり，ケースワーカーや心理学者がこれに該当する。「科学」には物理学者や医師，宇宙飛行士などが含まれる。「慣習・ロジック」とは，ビジネスや財務に関連する知識をシステムという形で設計することに対する興味のことであり，システムエンジニアなどがここに含まれる。「コンサルティング」とは，顧客の財務上の問題と直接関わることに対する興味のことであり，コンサルタントやアナリストが含まれる。「影響」とは，ビジネスならびに政治・科学の場面において他者を指揮・指示することに対する興味であり，最も威信が高い職業興味である。

一方「低威信」側（南半球）には「パーソナル・ヘルプ（personal service）」「建設・アウトドア（construction/repair）」「品質コントロール（quality control）」「アメニティ（basic service）」「マニュアル・ワーク（manual work）」という５つの職業興味領域が布置される（図3-3）。「パーソナル・ヘルプ」とは，情報提供や衣食住に関わる物品の提供など他者の日々の生活に関する支援の提供に対する興味である。「建設・アウトドア」とは，屋外で他者と共に構造物の建築や修理に関わることに対する興味である。「品質コントロール」とは，製品やサービスの品質をチェックし，維持することに対する興味

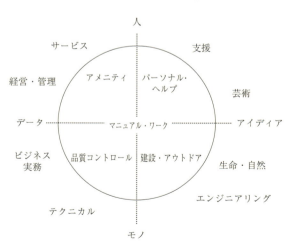

図3-3　球形モデルの低威信側に布置される職業興味
（出典：Tracey, 2002）

である。「アメニティ」とは，製品やサービスの販売，予約業務，清掃などに対する興味のことである。「マニュアル・ワーク」とは，教育訓練をほとんど必要としないような機械の操作やサービスの提供を行うことに対する興味であり，威信が最も低い職業興味とされる。

以下では，この PGI を用いて，日本人を対象として行われた職業興味に関する2つの分析を紹介する。

3.3. 日本語版 PGI の信頼性・内的妥当性分析

(1) 測定尺度 PGI について

日本語版 PGI は，これに先立つ職業興味検査である IOP(Index of Occupational Preference) 日本語版を展開する形で開発された。英語版と日本語版の IOP の構造的妥当性（因子分析とランダマイゼーション・テストで吟味）と信頼性（内的一貫性で吟味）については，既に Tracey, Watanabe, & Schneider (1997) で検証済みである。また，日本語版 PGI の構造的妥当性についても Long, Watanabe, & Tracey (2006) で検証されており，被験者の性差が構造に影響を及ぼすことがないことも確認されている。PGI は，Holland が職業興味を測定するために考案した VPI (Vocational Preference Inventory) や SDS (Self Directed Search) の流れを汲むもので，被験者に代表的な108個の職業名を提示し，その職業に就くことに「興味があるか否か」について7件法で尋ねるものである。その際，「実際に就けるかどうか」については問わない。PGI に含まれる108項目は，理論が提唱する18個の職業興味領域を各6項目で測定するように設計されている。PGI に含まれる職業名のほとんどは IOP に含まれているものと同じであるので，それらについては日本語版 IOP のものをそのまま用いることにした。新たに PGI に加えられた職業名については，できるだけ原意を損なわないように配慮しながら日本語の職業名に翻訳した。

(2) データの収集と解析

データの収集は，2000年秋と2001年春の2回にわたって行われた。東京の

私立大学の主として2年生，3年生に，PGIを含む「PGI-plus キャリア発達支援検査」©を大学の事務局を通じて配布し，第1回目で484件，第2回目で1006件，合計1490件の解析可能なデータを収集した。

データ解析は以下のステップを踏んで行われた。
① 因子構造妥当性を検証するため，探索的因子分析を行う。
② 各尺度の信頼性検証を内的整合性の観点から行う。
③ 円環モデル，球形モデルの適合性検証を多次元尺度法（MDS）を用いて行う。
④ 項目反応理論を用いた特異項目機能（DIF）分析を，性別グループの観点から行う。

(3) 結果と考察
(a) 尺度全体の因子構造と各尺度の信頼性について

まず初めにPGI全108項目について主成分分析を行った。その結果，Kaiser-Guttmanの基準（固有値≧1.00）を満たす16成分が抽出された。しかし，最初の4成分だけで46%の説明力をもち，解釈可能な成分も4つに絞られることが分かった。すなわち，第1成分は「方法的成分」，第2成分は「人-モノ成分」，第3成分は「データ-アイディア成分」，第4成分は「威信成分」である。この結果は，SDSやIOPなど職業名を列挙してその職業に就くことの興味を尋ねる方法では，すべての項目に高い負荷量をもつ「方法的因子」が必ず抽出されるという先行研究の結果と一致するものである。この「方法的因子」を除けば，日本語版PGIは「人-モノ」「データ-アイディア」「威信」の3軸で職業興味空間を表現できるといえよう。

次いで，PGI全108項目について因子分析（主因子法＋エカマックス回転）を行ったところ，比較的明瞭な8因子が抽出された。この8因子は，PGIの赤道部分の興味領域の特徴とほぼ対応していた。これらの結果から，PGIで測定される職業興味は，全体としては8因子の因子構造をもつとするのが妥当と考えられる。

次にPGIがあらかじめ想定している「基本興味領域」「高威信興味領域」「低威信興味領域」に属する項目群について個別に因子分析を行ったところ，

第3章　職業興味の測定

「基本興味領域」で8因子，「高威信興味領域」で5因子，「低威信興味領域」で5因子が抽出された。このことは，尺度全体ではなく興味領域別で見た場合，「赤道領域」には8つの職業群が，「北半球」と「南半球」の領域にはそれぞれ5つの職業群が布置されるという理論どおりの結果が得られたことを意味する。

さらに，想定された18尺度それぞれの信頼性係数（クロンバックのα係数）を求めたところ，18尺度平均で0.821（最低＝0.655，最高＝0.909）の十分に高い信頼性係数が得られた。

(b)　円環モデル・球形モデルの検証

PGIから得られたデータの職業興味円環モデルと球形モデルへの適合度（degree of model fit）を検証するため，多次元尺度法を用いて項目レベル，尺度レベルの解析を行った。

項目レベルの解析では，各項目を2次元平面上に布置させると，おおむね円環状にプロットされることが明らかになった（図3-4参照）。さらに，「基本興味領域」「高威信興味領域」「低威信興味領域」の領域別に多次元尺度法を行ったところ，どの領域でも各項目が2次元平面上に円環状に布置されることが明らかとなった。

尺度レベルの解析でも同様で，「基本興味領域」では各尺度はおおむね理

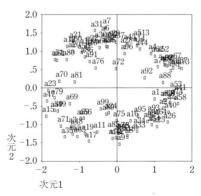

図3-4　PGI全項目の2次元平面上の布置
（多次元尺度法による）

第Ⅱ部　基礎編

表 3-1　18尺度間の相関行列

	サービス	経営・管理	ビジネス実務	テクニカル	エンジニアリング	生命・自然	芸術	支援	ソーシャル・サイエンス	影響	慣習・ロジック	品質コントロール	マニュアル・ワーク	パーソナル・ヘルプ	コンサルティング	科学	建設・アウトドア	アメニティ
サービス	1																	
経営・管理	0.741	1																
ビジネス実務	0.365	0.554	1															
テクニカル	0.021	0.048	0.212	1														
エンジニアリング	0.014	0.002	0.112	0.899	1													
生命・自然	0.172	-0.003	-0.001	0.555	0.627	1												
芸術	0.252	0.039	-0.101	0.138	0.188	0.431	1											
支援	0.597	0.386	0.089	0.054	0.074	0.391	0.451	1										
ソーシャル・サイエンス	0.411	0.289	0.181	0.215	0.239	0.451	0.414	0.681	1									
影響	0.045	-0.028	0.134	0.681	0.698	0.655	0.342	0.195	0.535	1								
慣習・ロジック	0.134	0.191	0.398	0.684	0.593	0.353	0.121	0.122	0.297	0.603	1							
品質コントロール	0.298	0.211	0.173	0.621	0.656	0.566	0.311	0.339	0.371	0.525	0.486	1						
マニュアル・ワーク	0.481	0.422	0.166	0.305	0.361	0.353	0.229	0.453	0.357	0.241	0.221	0.708	1					
パーソナル・ヘルプ	0.653	0.575	0.234	0.063	0.112	0.204	0.282	0.498	0.381	0.105	0.165	0.418	0.664	1				
コンサルティング	0.396	0.547	0.778	0.156	0.066	0.055	0.013	0.169	0.262	0.139	0.443	0.213	0.211	0.372	1			
科学	0.174	0.071	0.154	0.541	0.576	0.741	0.401	0.351	0.553	0.788	0.462	0.557	0.353	0.222	0.228	1		
建設・アウトドア	0.277	0.172	0.074	0.509	0.582	0.524	0.319	0.268	0.287	0.427	0.306	0.835	0.727	0.407	0.148	0.479	1	
アメニティ	0.612	0.576	0.242	0.142	0.174	0.247	0.271	0.528	0.418	0.147	0.182	0.504	0.732	0.729	0.275	0.241	0.501	1

(注)　N=1490.　　　：$r<.20$

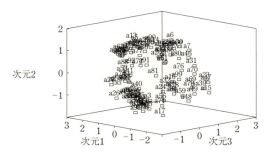

図 3-5　PGI 全項目の3次元空間内の布置
（多次元尺度法による）

論どおり8角形の円環状に布置されるのに対し，「高威信興味領域」と「低威信興味領域」の「北極」と「南極」に位置すべき Health Sciences と Service Provision が，円環の中央に位置せず，他の尺度と同様円環の中に入り込んでいること，またその円環も理論どおりの配列にはなっていないことが明らかとなった。

　全18尺度間の相関行列は表3-1に示すとおりである。表3-1から明らかなとおり，8角形円環モデルで提唱されるように，近接する興味尺度間では比較的高い相関が，離れた興味尺度間では比較的低い相関が認められた。

　次に，同じく多次元尺度法を用いて3次元空間に全項目を布置させたとこ

ろ，おおむね球状の図が描かれ，球形モデルもある程度は支持されることが明らかとなった（図3-5参照）。

(c) 特異項目機能（DIF）分析

職業興味検査への反応は男性と女性とで大きく異なることは，研究史上幾度も指摘されてきた。この差を説明する論理として以下の2つが考えられる。

① 職業名自体は男性・女性どちらにも等価な刺激として働く。したがって男性と女性とでは興味を抱く職業自体に差があって当然である。
② 職業名そのものが男性と女性とでは異なった意味合いをもつ。それが項目に特異項目機能（DIF）を生じさせている。

まず①の前提に立つ解析を行った。全108項目について男性と女性の各群についてのt検定を行ったところ108項目中80項目（74.0％）で男女間で統計的に有意な差があった。18尺度について同様のt検定を行ったところ，8尺度で男性が，別の8尺度で女性が有意に高い興味を示し，残りの2尺度では統計的に有意な差がなかった。この結果から，これまでの職業興味検査と同様，PGIも男女間の反応が著しく異なる性質を有していることが明らかとなった。すなわち，PGIには男性が肯定しがちな男性項目（男性尺度）と，女性が肯定しがちな女性項目（女性尺度）が混在していることになる。

次に②の前提に立つ解析を行った。DIF分析については，IRT（項目反応理論）による方法を採用した。具体的には，7点尺度の得点を0－1型の2値型データに変換（中央の4は1に変換）し，2パラメタ・ロジスティック・モデルを用いて，BILOG-MGによる周辺最尤法で困難度と識別力の項目パラメタの推定を行った。まず，全108項目をひとまとめにして男女別にパラメタの推定を行い，推定されたパラメタの等化を行った後に比較を行ったところ，Thissen, Steinberg, & Wainer（1993）の基準で，108項目中75項目（69.4％）でDIFが検出された。この結果は，IRTによるデータ解析を行う前提である尺度の1次元性（unidimensionality）無視して解析を行ったためとも考えられる。

次に，内的整合性の観点から1次元性が確保されている各18尺度ごとに同

第Ⅱ部　基礎編

表 3-2　PGI の男女間 DIF 分析結果

	尺度名	α係数	番号	職業名	DIF 値	t 値	男性肯定率	女性肯定率	性別傾向
1	サービス		1	福利厚生課長	0.31	−2.56*	0.44	0.46	○
		0.655	9	人事部長	0.50	0.29	0.55	0.56	△
			17	広報部長	−0.14	−6.01*	0.63	0.77	○
			25	医療販売員	−0.20	−8.28*	0.39	0.59	○
			33	旅行斡旋者	−0.14	−9.73*	0.48	0.68	○
			41	エアロビクスインストラクター	−0.32	−9.06*	0.24	0.43	○
2	経営・管理		2	銀行窓口出納員	−0.35	−4.47*	0.30	0.43	○
		0.779	10	総務課長	0.29	−1.04	0.63	0.65	△
			18	百貨店フロアマネジャー	−0.17	−5.16*	0.51	0.67	○
			26	営業マン（ウーマン）	−0.02	−5.82*	0.33	0.43	○
			34	営業担当マネジャー	0.12	−2.91*	0.45	0.53	○
			42	ホテルマネジャー	0.14	−3.81*	0.62	0.69	○
3	ビジネス実務		3	ファイナンシャル・アナリスト	0.36	4.39*	0.72	0.61	■
		0.838	11	銀行調査官	0.00	2.54*	0.63	0.60	△
			19	銀行家	−0.06	1.39	0.67	0.65	△
			27	原価計算係	−0.17	−1.01	0.39	0.40	△
			35	公認会計士	0.04	2.33*	0.74	0.69	■
			43	経理担当者	−0.18	−0.23	0.57	0.58	○
4	テクニカル		4	発電所所長	0.38	8.44*	0.46	0.28	■
		0.909	12	エレクトロニクス技術者	−0.13	9.61*	0.73	0.54	■
			20	マイクロエレクトロニクス技術者	−0.16	9.40*	0.71	0.54	■
			28	電気技師	−0.02	9.42*	0.54	0.33	■
			36	電気エンジニア	−0.01	10.02*	0.61	0.39	■
			44	電子機器組立工	−0.05	8.69*	0.44	0.28	■
5	エンジニアリング		5	航空機整備員	−0.03	5.92*	0.51	0.36	■
		0.898	13	自動車整備員	0.34	10.84*	0.49	0.24	■
			21	航空工学技術者	−0.07	8.49*	0.71	0.53	■
			29	化学エンジニア	−0.10	7.38*	0.54	0.37	■
			37	化学実験室技術者	−0.15	5.41*	0.51	0.37	■
			45	機械操作者	0.02	8.47*	0.51	0.33	■
6	生命・自然		6	生態学者	0.15	3.01*	0.55	0.48	■
		0.869	14	森林監督者	0.00	0.25	0.45	0.45	△
			22	海洋技術者	0.25	6.33*	0.63	0.53	■
			30	動植物研究家	−0.03	0.48	0.57	0.56	△
			38	野生動物保護管理者	−0.03	−0.72	0.57	0.56	△
			46	獣医	−0.34	−3.71*	0.53	0.59	○
7	芸術		7	彫刻家	−0.08	−1.58	0.49	0.53	△
		0.865	15	ミュージシャン	0.02	0.13	0.66	0.68	△
			23	作曲家	0.12	1.55	0.66	0.64	△
			31	詩人	0.07	0.78	0.49	0.47	△
			39	脚本家	−0.05	−1.07	0.62	0.67	△
			47	作家	−0.08	−1.32	0.62	0.68	△
8	支援		8	学校カウンセラー	0.10	−7.44*	0.48	0.65	○
		0.814	16	言語療法士	−0.23	−9.41*	0.46	0.68	○
			24	ソーシャルワーカー	0.24	−5.42*	0.55	0.65	○
			32	保育士	−0.03	−8.7*	0.43	0.62	○
			40	結婚ウンカウンセラー	−0.16	−5.83*	0.31	0.50	○
			48	教育心理学者	0.09	−7.07*	0.64	0.79	○
9	ソーシャル・サイエンス		49	臨床心理学者	−0.02	−0.59	0.69	0.82	△
		0.802	59	心理療法士	−0.17	−7.95*	0.60	0.76	○
			69	小児科医	−0.25	−6.31*	0.55	0.71	○
			79	開業医	0.26	−2.04*	0.67	0.70	○
			89	社会学者	0.16	−1.52	0.54	0.59	△
			99	精神科ケースワーカー	0.02	−4.47*	0.51	0.61	○

第3章　職業興味の測定

尺度名	α係数	番号	職業名	DIF値	t値	男性肯定率	女性肯定率	性別傾向
10 影響		50	科学研究所長	0.24	7.34*	0.67	0.49	■
	0.857	60	科学者	0.15	6.49*	0.69	0.54	■
		70	外科医	−0.35	−2.07*	0.60	0.62	○
		80	遺伝学者	−0.14	1.43	0.68	0.64	△
		90	物理学者	0.25	7.49*	0.54	0.35	■
		100	天文学者	−0.14	1.61	0.60	0.56	△
11 慣習・ロジック		51	コンピュータエンジニア	0.20	9.67*	0.78	0.58	■
	0.873	61	コンピュータプログラマー	−0.05	7.32*	0.73	0.62	■
		71	ビジネスプラン立案者	−0.04	2.60*	0.78	0.73	■
		81	システムアナリスト	0.04	4.91*	0.68	0.56	■
		91	コンピュータ・オペレーター	−0.09	6.30*	0.64	0.54	■
		101	コンピュータ・コンサルタント	−0.06	6.44*	0.68	0.57	■
12 品質コントロール		52	れんが職人	−0.16	1.88	0.35	0.33	△
	0.823	62	合い鍵職人	0.01	3.35*	0.43	0.34	■
		72	建築構造検査者	0.10	2.51*	0.59	0.48	■
		82	配管工	0.27	5.47*	0.27	0.15	■
		92	家屋調査士	−0.20	0.97	0.39	0.37	△
		102	高校技術科教員	−0.03	1.47	0.38	0.32	■
13 マニュアル・ワーク		53	ホテルメイド(ルームサービスマン)	−0.16	−2.24*	0.28	0.36	○
	0.772	63	検査員(ガス・水道など)	0.26	2.82*	0.22	0.19	■
		73	窓拭き職人	0.20	0.82	0.20	0.18	○
		83	添乗員	−0.12	−6.15*	0.32	0.40	○
		93	裁判記録者	−0.77	−9.39*	0.41	0.61	○
		103	バス運転士	0.59	5.86*	0.28	0.17	■
14 パーソナル・ヘルプ		54	旅客機客室乗務員	−0.80	−13.22*	0.39	0.70	○
	0.748	64	観光ガイド	0.03	−8.13*	0.39	0.56	○
		74	ウエイター(ウエイトレス)	−0.39	−5.66*	0.28	0.42	○
		84	バーテンダー	0.29	1.65	0.56	0.58	△
		94	旅行ガイド	−0.08	−9.37*	0.40	0.61	○
		104	ヘッドハンター	0.96	2.95*	0.53	0.46	■
15 コンサルティング		55	財政コンサルタント	0.14	2.63*	0.74	0.67	■
	0.851	65	経営アナリスト	0.02	1.81	0.70	0.65	■
		75	市場調査技術者	−0.07	1.88	0.56	0.55	■
		85	個人投資相談員	0.06	3.30*	0.59	0.52	■
		95	顧客管理部長	−0.39	−3.44*	0.47	0.54	○
		105	株式ブローカー	0.23	4.20*	0.62	0.52	■
16 科学		56	社会科学者	0.07	−0.34	0.67	0.63	△
	0.844	66	生物学者	0.00	2.64*	0.56	0.52	■
		76	文化人類学者	−0.46	−1.90	0.51	0.61	△
		86	地球科学者	0.04	2.25*	0.67	0.64	■
		96	地質学者	0.00	2.76*	0.47	0.41	■
		106	化学者	0.34	4.99*	0.54	0.38	■
17 建設・アウトドア		57	ブルドーザー運転手	0.10	4.81*	0.26	0.16	■
	0.883	67	クレーン運転手	0.14	5.99*	0.28	0.16	■
		77	植木剪定(せんてい)職人	−0.27	−0.99	0.35	0.35	△
		87	建設作業員	0.14	4.44*	0.28	0.18	■
		97	屋根職人	−0.14	2.06*	0.27	0.24	■
		107	土建業者	0.02	3.99*	0.32	0.24	■
18 アメニティ		58	受付係	−0.55	−13.05*	0.18	0.48	○
	0.702	68	ホテル従業員	0.33	−4.99*	0.35	0.42	○
		78	ヘアスタイリスト	−0.69	−6.76*	0.49	0.69	○
		88	郵便局員	0.22	−3.30*	0.35	0.43	○
		98	要人護衛者	1.45	5.33*	0.38	0.26	■
		108	秘書	−0.77	−13.58*	0.49	0.78	○

(注) 1. DIF の値は，識別力パラメタを等化した上での困難度パラメタの男女差（女性−男性）を示す。
2. DIF 値>|0.30|の場合 DIF ありと判定。太字とアンダーラインで表示。
3. 性別傾向は，■は男性が，○は女性が興味を示しがちな職業を示す。△はニュートラル。
4. t 値は男女間の平均値の差の検定結果を示す（7点尺度を用いている）。*$p<.05$

じ手順で DIF 分析を行ったところ，108項目中22項目（20.3％）で DIF が検出されるにとどまった。「基本興味領域」に属する8尺度に関して言えば，48項目中8項目（16.6％）にのみ DIF が検出されるにとどまった。一方「高威信興味領域」と「低威信興味領域」では，23.3％の項目に DIF が認められた（表3-2参照）。

これらの結果から，「基本興味領域」に属する8尺度については，①男女間で DIF を想定する必要性がそれほどないこと，②各尺度は比較的独立しており，尺度を組み合わせて用いることは望ましくない，という結論が得られた。

3.4. 日本語版 PGI の外的妥当性分析

これまでに示したように，日本語版 PGI の信頼性と内的妥当性はかなり高い水準にあることが明らかとなった。以下では，その外的妥当性について検討する。

外的妥当性の基準としたのは大学生の所属学部である。昨今の高校でのキャリア教育の充実もあり，高校生が大学での学部を選択する際の1つの基準として，将来のキャリアに結びつく学部に進学する傾向がますます強くなってきた。また，大学入学後に，講義を受講することを通じて卒業後従事したい職業が明確化されるというプロセスに，所属学部が果たす役割は大きい。これらの前提に基づき，日本語版 PGI への回答と被験者が所属する学部との関係を精査することによって，PGI の外的妥当性を吟味することとした。

(1) **方法**

調査対象は関東圏にある私立大学の2年生である。この大学では，2001年より，毎年4月に2年生を対象として日本語版 PGI を含む「PGI-plus キャリア発達支援検査」©を実施している。「PGI-plus キャリア発達支援検査」©（渡辺・坂爪・西田・Tracey・Rounds, 2013）とは大学生から若年層の就業者までを中核的な対象者として，彼らのキャリア発達支援を目的とする検査

第3章 職業興味の測定

表3-3 回答年度ごと分析対象者の所属学部と性別(人)

	2001年			2002年			2003年			合計
	性別		合計	性別		合計	性別		合計	
	男性	女性		男性	女性		男性	女性		
法学部	180	160	340	122	112	234	126	105	231	805
経済学部	140	50	190	83	38	121	77	30	107	418
商学部	106	69	175	79	38	117	97	55	152	444
理工学部	233	58	291	190	57	247	195	42	237	775
医学部	14	6	20	13	4	17	0	0	0	37
合計	673	343	1016	487	249	736	495	232	727	2479

であり，職業興味，職務興味，キャリア・オリエンテーション，組織選好度という4つの領域で構成される。職務興味とは，会社などの営利組織で一般的に行われている職務(job)に対する興味のことであり，キャリア・オリエンテーション(career orientation)とは「仕事に関連する個人の動機・価値観・ニーズ」のことであり，仕事に関連する意思決定に対して影響を与えるものである。組織選好度とは，個人が好意的な態度をもつ会社組織を組織イメージの観点から捉えたものである。検査結果からは受検者が，キャリア形成上重要となる，どのような組織に勤務し，どのような職業や職務に従事し，どのようなキャリア形成をしたいのか，ということを知ることができる。なお職業興味に関しては，PGIのうち，赤道部分に該当する8角形のみを用いている。

調査対象である私立大学では，毎年4月のオリエンテーション時に，2年生を対象として「PGI-plusキャリア発達支援検査」©を配布し，関心のある学生が任意で回答し，記入後，大学に提出する形で回収している。2年生を対象としたのは，大学生活にも慣れ，かつ就職活動がまだ目前にはせまっておらず，キャリアを模索する時間的余裕もある学年として2年生が最適であると判断したためである。分析対象としたのは，2001年から2003年の回答者2479名である。回答者の所属学部の分布は表3-3のとおりである。なおここで挙げた所属学部は，同大学のすべての学部を網羅しているわけではない。同大学は複数のキャンパスを有するが，2年生が最も多く所属するキャンパスのみで「PGI-plusキャリア発達支援検査」©を実施している。

表 3-4　職業興味領域の学部別平均点と一元配置分散分析の結果

	法学部	経済学部	商学部	理工学部	医学部	全学部	F 値
支援	23.18	20.77	21.13	19.64	23.89	21.32	19.59**
芸術	23.91	22.83	22.00	21.99	23.43	22.78	5.22**
生命・自然	20.86	20.54	19.19	25.28	23.19	21.92	46.61**
エンジニアリング	16.87	18.17	16.80	27.02	20.66	20.37	214.20**
テクニカル	17.26	19.81	17.73	27.58	21.03	21.21	209.30**
ビジネス実務	22.97	27.15	26.83	21.51	18.97	23.98	58.69**
経営・管理	21.76	22.10	23.22	17.97	18.41	20.87	57.11**
サービス	21.81	20.96	22.38	17.72	20.00	20.48	55.88**

(注)　**$p<.01$。

(2) 結果と考察

　回答者の所属学部ごとの職業興味尺度の平均点は表3-4のとおりである。反応尺度は興味の高さに応じて最低点＝1，最高点＝7とし，各尺度6項目で構成される。したがって得点のレンジは6〜42点である。学部による一元配置分析を行ったところ，すべての職業興味領域で1％水準での有意差が認められた。順番にみていこう。なお，学部ごとの比較をする際，医学部は他の学部と比べて受検者数が非常に少ないことから結果の解釈については慎重さが求められる。多重比較の結果から，「支援」は，法学部と医学部の2学部の平均点が高く，逆に理工学部で低い結果となった。「芸術」は，法学部の平均点が商学部・理工学部の2学部よりも有意に高い結果となった。「生命・自然」は，理工学部の平均点が他学部よりも非常に高く，商学部の平均点が低い結果となった。理工学部の平均点が他学部よりも有意に高いという結果は「エンジニアリング」ならびに「テクニカル」でも得られている。「テクニカル」は，「生命・自然」「エンジニアリング」同様，理工学部の平均点が他学部よりも非常に高いという傾向だけでなく，経済学部の平均点が，法学部・商学部よりも有意に高い結果となった。「ビジネス実務」では，経済学部・商学部の平均点が有意に高く，逆に理工学部で有意に低いという結果となった。医学部に関しては有意差は確認できなかったが，理工学部同様低いという結果となった。同様に，「経営・管理」でも経済学部・商学部

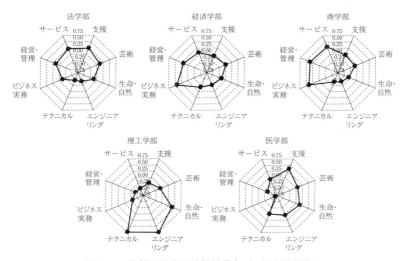

図 3-6 学部別職業興味領域得点（z 得点換算後）

の平均点が有意に高く，逆に理工学部で有意に低いという結果となった。医学部に関しては，有意差は確認できなかったが，理工学部同様低いという結果となった。最後に，「サービス」だが理工学部の平均点が，法学部・経済学部・商学部よりも有意に低い結果となった。

　職業興味の各領域について平均＝0，標準偏差＝1のz得点に変換した上で，学部ごとに表わしたものが図3-6である。

　この図から，その学部に所属する学生の典型的な職業興味のありようを知ることができる。法学部の学生は「支援」「芸術」の得点が高く，文系の他の2学部同様，「生命・自然」「エンジニアリング」「テクニカル」の得点が低いという傾向が認められた。さらに，経済学部・商学部という文系の他の2学部と比較して，「ビジネス実務」「経営・管理」が低いという特徴があった。

　経済学部と商学部の学生の傾向は高い類似性が認められた。法学部同様，「生命・自然」「エンジニアリング」「テクニカル」の得点が低いが，法学部よりも，「ビジネス実務」「経営・管理」の得点が高い傾向にあった。これらの結果から，法学部・経済学部・商学部といった文系学部には，「生命・自

然」「エンジニアリング」「テクニカル」といった職業興味領域に対する興味関心が低いという共通性があるものの,経済学部・商学部の学生は,いわゆる企業に関連する職業に対する興味が高く,一方法学部の学生は経済学部・職学部の学生よりも「ビジネス実務」「経営・管理」に対する興味が低く,代わりに「支援」に関連する職業興味が高いという相違性があることが明らかになった。

　理工学部の学生には,「生命・自然」「エンジニアリング」「テクニカル」の得点が高く,「支援」「サービス」の得点が低いという傾向が認められた。大学受験段階では受験科目の重複も多い,医学部と理工学部の学生の間には,「生命・自然」「エンジニアリング」「テクニカル」の得点が高く,「サービス」「ビジネス実務」「経営・管理」の得点が非常に低いというように数多くの共通性が認められる一方で,「支援」に対する得点には大きな違いが存在する。具体的には医学部の学生の「支援」得点は最も高く,理工学部の学生の「支援」得点の低さが際立っていた。Prediger が提唱した2軸という観点から見ると,理工学部の学生は「人」に対する興味が低く,「モノ」に対する興味が高いと言えるであろう。

　以上の結果から,日本語版 PGI への回答と被験者の所属学部との関係は,常識的に解釈可能な関係性を維持していることが分かった。このことは PGI の外的妥当性（基準関連妥当性）が一定の水準にあることを示唆している。

3.5. 職業興味シリンダー・モデルの提案

　PGI による一連の職業興味の測定成果に基づき,新しい職業興味モデルを提案することでこの章のまとめとしたい。新たな職業興味モデルはシリンダー（円柱）・モデルである。

(1) **シリンダー・モデル提案のエビデンス**
　Tracey (2002) の提唱する球形モデルに基づき開発された日本語版 PGI のデータ解析から以下のことが明らかとなった。
　① PGI の基本成分は,「方法的成分」,「人－モノ成分」,「データ－アイディ

ア成分」,「威信成分」からなるが,「方法的成分」はすべての項目に対して因子負荷量が高いため, これを除いて考えるべきである。
② 残りの3成分のうち,「人－モノ軸」と「データ－アイディア軸」は円環モデルの基本軸（因子）として解釈可能で, さらに,「威信軸」を加えれば球形モデルの妥当性が立証できる。
③ 球形モデルの3興味領域に属する項目群それぞれについて因子分析を行った結果, モデルどおり「赤道領域」には8つの職業群が,「北半球」と「南半球」の領域にはそれぞれ5つの職業群が同定された。
④ 同定された18因子を測定する尺度の信頼性係数は, さらなる解析に耐えられるほどに十分に高かった。
⑤ 球形モデルの各領域に属する尺度について, 多次元尺度法を用いてその布置を調べたところ,「基本興味領域」では各尺度はおおむね理論どおり8角形の円環状に布置されたのに対し,「高威信興味領域」と「低威信興味領域」では「北極」と「南極」に位置すべき尺度も他の尺度と同様円環の中に入り込み, またその円環も理論どおりの配列にはなっていないことが明らかとなった。
⑥ 「高威信興味領域」と「低威信興味領域」に属する尺度のいくつかは,「基本興味領域」に属する尺度との相関が高かった。
⑦ DIF分析の結果, 男女による尺度への反応の違いは特異項目機能が原因ではなく, 純粋に男女の興味の差として差し支えないと考えられる。
⑧ PGIの基準関連妥当性はある程度保証される結果となった。

(2) シリンダー・モデルの構造

職業興味シリンダー・モデルは図3-7に示すとおりである（Watanabe, 2001；渡辺, 2002）。シリンダー・モデルは,「人－モノ軸」,「データ－アイディア軸」,「精神－身体軸」の3次元で表わされる。すなわち「人－モノ軸」と「データ－アイディア軸」で構成される2次元平面に円環状に8つの「基本興味領域」の職業群が布置され, その8角形の円環が「精神－身体軸」に沿って上下に展開し, それぞれ「メンタル志向」と「フィジカル志向」の2つの層を形成する。

第Ⅱ部　基礎編

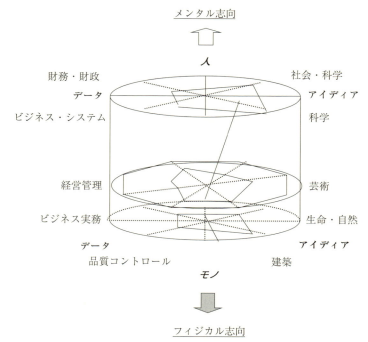

図3-7　職業興味シリンダー・モデル
(出典：*Watande*, 2001；渡辺, 2002)

このモデルの特長は以下のとおりである。
① RIASECモデルで論争のあった「隠された軸」の問題と「興味分類の任意性」の観点が，円柱（シリンダー）の円周囲に沿って表現できる。
② 球形モデルで問題のあった，「北極」と「南極」に位置する尺度が円環に吸収されることを円柱の上底面と下底面とによって表現できる。
③ 「精神－身体軸」という価値中立的な概念を導入することによって，「威信軸」という差別的表現を捨象することができる。
④ 個人の職業興味のパターンを3次元で立体的に表現できる。
⑤ 将来，静的な職業興味研究に発達的観点を導入することも可能である。
とはいえ，職業興味シリンダー・モデルはまだ提案の段階にあって，その妥当性と信頼性の吟味は今後の研究に俟つことになる。

第Ⅱ部 基礎編

第4章 職務興味の測定

　本章では，長年にわたって職業心理学（Vocational Psychology）研究の主要テーマであり続けてきた「学校から仕事への移行（school to work transition）」の問題を，日本的な採用・雇用慣行の視点から再検討し，「職業興味」ではなく「職務興味」を測定する意義と必要性について論ずる。しかる後に，項目反応理論を用いて「職務興味インデックス（JII）」を開発したプロセスと結果について述べる。

4.1. 日本的雇用慣行から見た職業興味研究の問題点

　第3章で見たように，これまで職業興味研究をリードしてきたSuperの「職業的成熟説」と「職業的自己概念説」，そしてHollandの「個人－環境適合説」には共通する2つの前提がある。すなわち，第1に職業興味が個人の発達の早い段階で形成されること，第2に職業選択の時期を迎えたときには，既に職業興味は人々のパーソナリティの一部（または派生要素）として機能していることである。なお，ここでいう職業という概念は，どの組織やどの業種においても普遍的に通用する，個人のもつ知識と能力・技能の専門性と考えられたい。
　この職業興味の早期発達という視点は，確かにこれらの理論が産み出された米国の社会的・経済的状況においては適切であり，様々な文脈や状況において妥当な見方を提示するものであろう。彼の地では，小中学生の段階から，子どもたちに自分の将来の職業について考えさせる土壌がふんだんにある。例えば，公立学校（public school）で採用されているカリキュラムの内容は，J. Deweyに代表される実用主義（プラグマティズム）教育思潮のもと，わ

が国のそれに比べるとはるかに将来の職業に直結したものとなっている。また，ほとんどの学校にスクール・カウンセラーがいて，子どもたちの職業意識を育んでいる。また，学校以外であっても，若者や成人が自由意思に基づいて職業訓練を受けることのできる公的サービス機関がコミュニティの中に数多く存在する。

　こうした環境下にあって個人は，幼少のときから自分が将来従事するであろう職業について考え，その準備を極めて自然に行っていく。その過程で，職業興味が育ち，職業的自己概念も形成されて習熟していくのである。一方，若者を雇い入れる企業の方も，その個人が従事する職務の内容なり，職務タイトルを初めから明示して人員募集を行う。そこでは，個人が育んできた職業興味や職業的自己概念と，現実に従事する仕事との一致が図られているものと見なすことができる。

　ひるがえってわが国の社会的文脈を考えるとき，米国において個人が発達させていくものと同質の「職業興味」を，若者が早期に形成していくことは大変困難であると考えられる。まず小中学校のカリキュラムそのものが，米国ほどプラグマティックな内容とはなっていない。コミュニテイの公的機関が行う職業教育も米国ほどは整っていない。そして何よりも企業側が，職業意識および職務への志向性に目覚めた若者や，高い専門性を得ようとする若者の入社をそれほど期待していないのである。

　よく指摘されることであるが，わが国の雇用の特徴は，長期雇用と新規学卒者の定期採用にある。こうした傾向は，大企業や公的機関に見られるだけで，中小企業には必ずしも当てはまらないという指摘もある。またいわゆるリストラに見られるように，長期雇用の慣行はもはや形骸化してしまっている。しかし，そうした事実を加味したとしても，わが国の企業で新規学卒者の定期採用を行っていない，または行おうとしない企業は稀であり，入社した人との間で，明確な契約ではないにしろ，少なくとも企業が業績悪化や倒産の危機に陥らない限り，長期にわたる雇用を暗黙のうちに約束しない企業もまた数は少ないと考えられる。

　こうした傾向は，就業前の若者に「職業」を選択するのではなく，「企業」を選択するという意識を植えつける。大きな企業か公的機関に入って，そこ

で割り当てられる職務をつつがなく遂行していれば，将来にわたる定年までの長期雇用が高い確率で保証されるからである。彼・彼女らはまずもって企業を選択し，しかる後に企業によって提供される「職務」に従事する以外に選択枝はない。そのような状況では，個人のもつ職業興味や職業的自己概念と現実に従事する仕事との一致は，あまり考慮されないのである。

　また，個人が特定の企業でキャリアの上昇を目指すとき，入社前に強い固定的な職業意識をもつことはかえってマイナスに働く場合が多い。特定の企業でキャリア発達を遂げるためには，企業の内部労働市場の変動に合わせて，自らの職業興味を柔軟に変えられる方が有利に働くからである。

　新規学卒者が，このような状況下で実際に就職をしていくわが国の現状を考えれば，米国で個人が発達させるような職業興味や職業的自己概念は，わが国では極めて専門的な教育を受けた個人にしか育っていかないと想定してもよい（例えば，医師，看護師，パイロット，理科系技術者，など）。このような現状を考えるとき，米国でその発達をみてきた職業興味・職業選択に関する理論とそれを測定する道具を，われわれがただ無批判に受け入れることは避けなければならないであろう。ここに至り，わが国の現状に合わせた職業興味に関する理論と測定方法を，新たにわれわれが作り出していくことが必要であると考えるのである。

4.2. 新たな職業選択モデル

　筆者たちは，先述したようなわが国の若者を取り巻く職業選択状況を考慮に入れ，わが国の新規労働市場参入者に特徴的に見られる選社・就業プロセスに適合する新しいモデルを提案してきた（渡辺・野口・高橋，1994；Watanabe & Takahashi, 1994）。ここではその概略を紹介する。

(1) 「職業－企業選択モデル」と「企業－職務選択モデル」

　米国社会における若者の選職および就業状況は，Super や Holland の理論に見られるように，まずもって若者たちに自らの職業興味に気づき，職業的自己概念を確立することを求める。それらの成熟の後，若者たちは自らの職

業興味と自己概念を充足させることのできる職業環境を選び取る。このプロセスに沿って若者の職業選択行動を考えようとするモデルを称して，「職業－企業選択モデル（Vocation-Company choice model；"V-C" choice model)」と呼ぶことにしたい。

一方，わが国の一般的な新規学卒者を取り巻く状況は，まず第1に自らが所属する企業を選択し，その後にその選択した企業から与えられる具体的な職務に就くことを若者に求める。このプロセスに基づくモデルを，上述のモデルと対比させて，「企業－職務選択モデル（"Company-Job" choice model；C-J choice model)」と呼ぶこととしよう。図4-1-(A)と図4-1-(B)には，上記2つのモデルが図示されている。

図4-1-(A)に見られるように，米国の社会的文脈においては，職業(V)の選択がまず先行し，ついでその職業を具現化してくれる企業（C）が選ばれる。こうして選ばれた会社の中で行う職務（J）は，当然のことながら先に決定した職業に特徴的な，あるいは職業の特徴を大きく反映した仕事であり，自らの職業興味を投影したものとなる。Crites（1969）の指摘にも見られるように，米国の社会的文脈においては，職業（vocation）の選択の課題が時期的に先行し，実際の職業興味を実現する場としての「企業（Company)」の選択は，第二義的な課題とされている。したがってこのモデルで

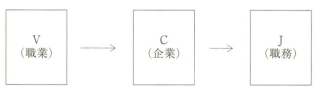

(A)「職業－企業」選択モデル〔"V－C" choice model〕

(B)「企業－職務」選択モデル〔"C－J" choice model〕

図4-1　"V-C"と"C-J"の2つの選択モデル

は，職業（V）に関する個人の興味を測定することが，若者の選職行動を理解する上で最も重要なこととなる。実際これまでに米国で開発された職業興味質問紙の多くは，暗黙のうちにこのモデルを採用している（例えば，CDI, Super, Thompson, Lindeman, Jordaan, & Myers, 1979 ; CMI, Crites, 1965 ; RVP, Gribbons, & Lohnes, 1968 ; VPI, Holland, 1966, 1985a ; SDS, Holland, 1985b）。

図4-1-（B）では，まず自分の生涯を長期にわたって託す候補先としての企業（C）が選択され，その後その企業から具体的な職務（J）が与えられる。自らの職業（V）に対する意識は，特定の企業の中で長期にわたり類似した職務に従事することで徐々に育まれていく。このモデルに特徴的なことは，「職業」に関する興味や自己概念は，企業選択の時点においてはほとんど必要がないことである。選職者にとって最も関心のあることは，どんな産業・業界の，どんな会社に入社するかであって，会社を超えて普遍的に通用するような，職業に対する興味の追求は希薄なままに残される。このモデルの方がより適切にあてはまるわが国の文脈においては，米国で開発された職業興味質問紙を就職を間近に控えた新規学卒予定者に施行することはほとんど無意味と考えられる。むしろ彼・彼女らに対しては，企業・業種興味質問紙，あるいは会社に入った後に従事する具体的な職務に関する興味を測定することを目的とした職務興味質問紙を開発し施行することが望ましい。実際，毎年就職の季節になると，その年の人気企業ランキングがマスコミ媒体やインターネット上で発表される。この現象は，まさにわが国の若者の就職をめぐる社会慣行が，「企業－職務選択モデル」に則しているがためと考えられる。

(2) 2つのモデルの特徴と相違

今少しこの2つのモデルの相違について言及してみよう。注意すべきことは，「職業－企業選択モデル」における企業選択と，「企業－職務選択モデル」における企業選択とでは，同じ企業選択といえども，その意味合いが大きく異なっている点である。前者においては，個人は自らが望む職業を具現化する場として企業を選ぶ。また，企業の方も候補者に会社入社後にどんな職務

に就いてもらうかを明示して採用を行う。そのため，企業選択行動は純粋に職業（興味）を実現させる「場」を選択するための「道具的行動（instrumental behavior）」と言える。ところが，後者においては，多くの新規学卒者は，職業的自己概念の形成を社会的・制度的に迫られることなく（すなわち職業意識が希薄かつ不十分なまま），企業を選択する。実際には，彼・彼女らは入社後に与えられる職務と自分の興味との適合性が高いことを期待しつつ企業を選ぶことしかできない。したがって，この『企業－職務』選択過程においては，企業の選択を通じて道具的に自己の意思を実現するような意識は，個人の中に希薄にしか存在しない。この過程において個人は，職務を通じて（かすかな）職業的自己概念が将来的に達成されるのではないか，という期待をもつことしかできない。ここでは，これを先の「道具的行動」と対比させて「期待的行動（expectative behavior）」と呼ぶこととしよう。この行動には，米国的文脈であればより早期に確立されるべき職業的成熟や自己概念が，職務を通じて達成されるのではないかという期待が反映されている。つまり，そこには，企業によって与えられる職務を忠実に実行することによって，自己の（疑似的な）職業的アイデンティティが確立されるのではないかという楽観的な期待ないしは希望的観測が存在するのである。

　上記の議論を踏まえれば，わが国では，個人が一度入社した企業を退社し，再び新たに他の企業を選び直すということは，疑似的な職業的アイデンティティの中途放棄を意味する。このことは，若者に少なからぬ心理的リスクを与えることとなる。なぜなら，新たな職場に身を転ずることは，初職においてかすかに形成されかけた職業的自己概念とは異なる，また別の企業の状況に特有な自己概念の形成を個人に求めるからである。わが国の文脈において，職業的な自己概念を形成していく1つの有効な方法は，単一の企業の中で（つまり転職することなく）同一の職務を長期にわたって経験することである。そうすることにより，企業内における職業的自己概念が形成されることとなる。これは「職務的自己概念」の形成と呼んでも差しつかえないであろう。例えば，長年にわたって経理を担当してきた従業員が，自らを称して「経理マン」と呼ぶような事象はよく観察されるが，これは同一職務に長期にわたって従事してきた結果，職務的自己概念が形成された例の1つである。

特筆しておかなければならない点は，こうして形成された職務的自己概念は，けっして普遍的または最低でも企業横断的なものではないことである。つまり，ある特定の企業において職務経験を積むことによって形成された職務的自己概念要素の大部分は，他の企業では必ずしも通用しない。これは，成長が見込まれる場合において，わが国の企業の人的資源開発が，無垢の新人を採用し，企業の生え抜きとして戦力に育て上げるという一般的傾向と軌を一にしている。

　こうしたわが国に特徴的な状況下にあっては，会社が新規学卒者に対して入社直後にどのような職務を与えるかが，彼らの後々の職業的自己概念の形成に大きな意味をもつことになる。つまり，わが国の文脈においては，職業的アイデンティティの形成は企業での具体的な職務を通じて達成される傾向が強い。したがって，初めてフルタイム従業員として従事する職務（初職）において，新規学卒者の期待的行動が不完全な結果しかもたらさなかった場合には，職業的自己概念の形成の第1段階で危機に直面すると考えられる。この状態は，職業的アイデンティティの拡散（diffusion）をもたらす可能性をも内包する。その意味において，わが国においては，個人の職業的な成熟ならびに企業内キャリア発達の双方の重要な基底要因となっているのは，初めて参入した企業において最初に与えられる職務であると考えられるのである。

4.3. 職務興味インデックス（JII）の開発

　これまで述べた問題点を整理すると以下のようになる。すなわち，わが国の職業興味研究は，米国の研究をその範としてきた。それらの研究は暗黙のうちに，『職業−企業』選択モデルを採用している。このモデルは，わが国における平均的な選職者や就業者の置かれた職業（選択）環境（『企業−職務』選択モデルで表わされる環境）を反映しているとは言い難い。そこで筆者たちは『職業−企業』選択モデルに代わって『企業−職務』選択モデルを提唱した。

　本節では，『企業−職務』選択モデルに基づき，新規学卒者の選社時や選

職後の職務への志向性や興味を測定することを目的として項目反応理論を用いて開発された,「職務興味インデックス (Job Interest Index : JII)」について詳述しよう。

JII の開発は,まず以下の予備研究を行うことから開始された。

(a) 項目の作成

項目の作成に際しては,経営学の分野で用いられる「ヒト」「モノ」「カネ」「情報」の,4つの経営資源に関する職務を個人が志向するという考え方を基とした。次に,一般的な企業におけるそれらの概念と関係の深い様々な内容の職務を想定し,各職務の遂行にあたって従業員がとる具体的な「行動」を短文形式で表わすこととした。

項目の作成・選定は,心理学・組織心理学・経営組織論・人材開発コンサルティング専門家5名のブレーン・ストーミングによって行われた。その結果,計61項目の短文を質問項目として採用することとした。

各項目への回答方法としては,「その仕事につく可能性や能力があるかではなく,やってみたいかどうかで答えて下さい」という教示を与え,「興味がある」から「興味がない」までの4件法のリッカート・スケールの反応尺度を使用した。

(b) 試行的研究

以上の手続きで作成された61項目が,被験者からおおむね妥当な反応を引き出すことができるか否かを確かめるため,以下の方法で試行的な研究を行った。

① 被験者・調査方法

民間企業に就職内定済みの,N大学経営学部の4年次生120名に,質問紙を郵送し,郵便で回収した。有効回答者数は72名で,60.0%の回収率であった。調査時期は,1992年3月中旬であった。

② 項目分析

回収された回答を用いて,項目分析を行った。手続きとしては,第1に,反応の歪みの有無を調べるため,度数分布表を用いて検討した。次に,項目

間の相関係数をもとに因子分析を行い,合成変量(因子)ごとに複数項目で尺度を構成した。最後に,各尺度の内的整合性を検証するために,信頼性係数(α係数)・項目-尺度間相関係数(item-total correlation)を求めた。

③ 項目の追加

上記の項目分析の結果,特に反応に歪みのある項目は見られなかった。また,因子構造に関しては,6因子が抽出された。各々の尺度の信頼性は,十分に高いものであった。ただし,その中の1尺度を構成する項目数が不十分であったため,新たに6項目を追加作成した。その結果,計67項目を本研究に用いることとした。なお,反応尺度については,予備調査では4件法による尺度を用いたが,本調査では3件法の尺度(「はい」「?」「いいえ」)を用いることとした。

以上の予備研究の結果を踏まえた上で,以下の手続きで本研究を行った。

(1) **手続き**

本研究では,ある大手出版社が展開する就職内定者向けの通信教育教材に質問紙を綴じ込み配布し,郵送で回収した。実施期間は,1992年10月から1993年2月までの5カ月間であった。回答はすべて添付されたマークシートに記載するよう指示がなされた。被験者は,高校生以上の就職内定者1666名であった(回収率90.1%)。

(2) **妥当性検討のためのデータ収集**

JIIの構成概念妥当性を検討するため,N大学に在籍中の学生72名(ただし,予備研究のサンプルとは異なる)に,JIIとVPI職業興味検査日本語版(原版J. L. Holland;雇用職業総合研究所,1985)の双方を実施した。調査時期は1993年5月であった。

(3) **結果**

(a) 因子分析による尺度の1次元性の確認

項目反応理論が前提とする潜在特性θの1次元性を確認するため,項目間相関行列に対して主因子解・バリマックス回転による因子分析を行ったと

ころ，以下の6因子が抽出された。この結果は，予備調査で確認された因子構造と極めて類似していた。それぞれの因子名および因子を構成する項目数は以下に示すとおりとなった。なお，第6因子までの累積寄与率は42.0%であった。

  第1因子： お金に関する仕事 （お金因子）（10項目）
   例：「所属部署の予算案を作成する」
    「会社の利益を計算する」 など
  第2因子： 人に接する仕事 （対人因子）（11項目）
   例：「お客と接する」
    「他社と交渉する」 など
  第3因子： モノを作り・開発する仕事（製造・開発因子）（9項目）
   例：「新製品のアイディアを出す」
    「商品を開発する」 など
  第4因子： モノ作りを助ける仕事 （製造補佐因子）（9項目）
   例：「商品の検査を行う」
    「物を運搬する」 など
  第5因子： 業務をサポートする仕事（業務サポート因子）（10項目）
   例：「コピーをとる」
    「文書を整理する」 など
  第6因子： 人材に関する仕事 （人材因子）（5項目）
   例：「従業員を教育する」
    「人事異動を計画する」 など

(b)　項目反応理論による分析―項目パラメタ値の推定―

　以上の手続きにより抽出された因子ごとに項目群を作成し，各尺度ごとに，項目反応理論に基づき項目パラメタ値および受験者の特性尺度値の推定を行った。項目特性曲線のモデルとしては，2パラメタ・ロジスティック・モデルを採用した。その理由は，本研究のような態度測定を目的とする質問項目では，学力検査などで起こりがちな「当て推量（guessing）」が生起し

にくいうえ，本研究で用いた回答形式自体が被験者の「黙従反応（acquiescence response）」を引き出しにくいようにあらかじめデザインされており（Drasgow & Hulin, 1991 ; Hulin, Drasgow, & Parsons, 1983），3パラメタ・ロジスティック・モデルを採用する必然性に乏しかったためである（渡辺，1989）。なお，パラメタ値推定に際しては，3件法によるデータを2値型（binary data）に改めたものを用いた。すなわち，「はい」を1に，「？」と「いいえ」を0に変換した。この措置は，Roznowski（1989）がJDIに対する反応データを，項目反応理論を用いて分析する際に使用した方法と同じである。また，同方法を用いて行われたわが国での先行研究（Watanabe, 1994）でもその有効性が十分に認められている。

　項目パラメタ値の推定は同時最尤法により，推定プログラムにはLOGIST 5（Wingersky, Barton, & Lord, 1982）を用いた。項目パラメタの推定値は表4-1に示すとおりである。また，各下位尺度ごとのテスト特性曲線（Test Characteristic Curve : TCC）は，図4-2-Aから図4-2-Fに示した。

(c)　テストの目標情報曲線と実際の情報曲線との類似性

　JIIの情報量（information）の特徴を確認するために，Lord（1980）やHulin, Drasgow, & Parsons（1983）にならって，テストの目標情報曲線（Target Information Curve : 図の台形部分）と実際のテスト情報曲線（実際に用いられたテストの情報量）の類似度を比較した。結果は，図4-3-Aから図4-3-Fに示されている。

　これらの図に見られるように，目標情報曲線を満たしている（台形を覆っている）テストと，満たさない（覆っていない）テストがあることが分かる。目標情報を満たさないテストについては，今後，不足している情報量を補うような項目を追加し，テスト情報曲線が目標情報曲線を満たすようテストを改訂していく必要がある。

(4)　下位尺度の信頼性と妥当性

(a)　下位テスト間の相関係数

　各下位テスト（各尺度）間の相関係数とテストの信頼性係数（α係数）は，

表 4-1　各下位尺度の項目パラメタ値の推定結果

「お金」尺度				「製造補佐」尺度			
項目	a	b		項目	a	b	
1	2.481	0.398		1	2.058	-0.345	
2	1.741	0.429		2	1.916	-0.330	
3	1.233	-0.141		3	1.103	0.145	
4	1.171	0.465		4	1.437	0.376	
5	0.803	1.117		5	0.841	-0.371	
6	0.594	0.149		6	0.776	-0.127	
7	0.317	0.919		7	0.427	-0.229	
8	0.176	0.929		8	0.288	1.314	
9	0.982	0.300		9	0.231	2.266	
10	0.705	1.057					

「対人」尺度				「業務サポート」尺度			
項目	a	b		項目	a	b	
1	2.166	-0.148		1	1.615	0.598	
2	1.470	0.020		2	1.262	0.503	
3	0.972	0.024		3	1.079	0.415	
4	1.051	-0.757		4	0.713	0.724	
5	0.946	0.428		5	1.002	0.211	
6	1.308	-0.624		6	0.559	0.966	
7	0.490	0.518		7	0.796	0.461	
8	0.747	0.316		8	0.412	-0.564	
9	0.540	-0.212		9	0.877	0.139	
10	0.629	-1.755		10	0.603	-0.645	
11	0.701	-0.696					

「製造・開発」尺度				「人材」尺度			
項目	a	b		項目	a	b	
1	0.254	0.883		1	3.000	-0.232	
2	1.919	-0.954		2	1.709	-0.466	
3	1.409	-0.769		3	1.094	-0.696	
4	2.213	-0.873		4	0.461	1.093	
5	0.928	-0.536		5	0.084	5.278	
6	0.935	-0.507					
7	0.208	-0.902					
8	0.992	0.381					
9	0.761	-0.086					

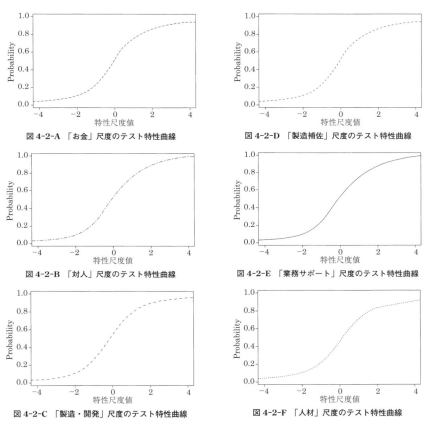

図 4-2-A～F　各下位尺度ごとのテスト特性曲線

表4-2に示すとおりである。各尺度間の相関はごく弱いものであった（最小値は-0.21，最大値は0.35，絶対値平均は0.16）。このことは，各下位尺度は完全に直交はしないものの，高い独立性を保っていることを示している。この下位尺度間相関係数は，Holland（1985b, p.39）に示されたVPI職業興味検査（最小値は-0.02，最大値は0.43，平均は0.21）のそれと比べた場合よりもむしろ低く，JIIがより高い下位尺度間独立性を保持していることを示している。

第Ⅱ部　基礎編

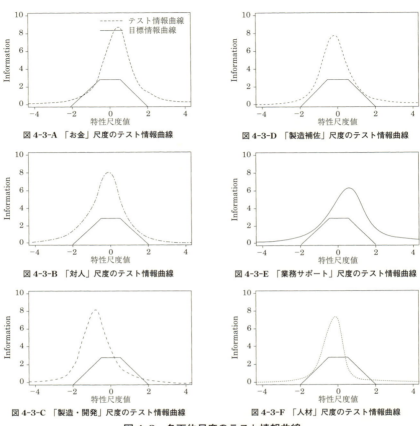

図 4-3　各下位尺度のテスト情報曲線

表 4-2　JⅡ 下位尺度間の相関係数

尺度（α 係数）	1	2	3	4	5	6
1. お　　　　金 (.83)	—					
2. 対　　　　人 (.83)	.24**	—				
3. 製 造・開 発 (.84)	.05*	.35**	—			
4. 製 造 補 佐 (.79)	.15**	−.03	.20**	—		
5. 業務サポート (.84)	.22**	.08**	−.21**	.05	—	
6. 人　　　　材 (.81)	.29**	.32**	.11**	−.00	.16**	—

（注）　N=1666：**$p<.01$, *$p<.05$。

表 4-3 　JII と VPI の下位尺度間の相関係数

尺度（α係数）	現実的	研究的	社会的	慣習的	企業的	芸術的
1. お　　　金 (.83)	.25**	.19	.04	.74**	.38**	-.05
2. 対　　　人 (.83)	.12	.15	.15	.05	.43**	.28*
3. 製造・開発 (.84)	.21	.27*	.21	-.10	.11	.50**
4. 製 造 補 佐 (.79)	.40**	.23*	.10	.32**	.19	-.00
5. 業務サポート (.84)	.10	.01	.25*	.34**	.09	.00
6. 人　　　材 (.81)	.13	.20	.36**	.16	.37**	.10

（注）　N=72：**$p<.01$，*$p<.05$。

(b)　JII の信頼性係数

表 4-2 に示されるとおり，JII の信頼性係数（α係数）は各下位尺度とも十分に高かった（最小値は0.79，最大値は0.84，平均は0.82）。

(c)　JII の妥当性

次に，JII の基準連関妥当性の確認を行った。その具体的な手続きとしては，VPI 職業興味検査日本語版に含まれる各下位尺度との相関係数を求め，その関連性を検討した。その結果は表 4-3 に示したとおりである。ここでは順次その関連性について解釈していく。

「お金」尺度と有意な相関を示したVPIの下位尺度は，現実的・慣習的・企業的尺度であった。比較的身体を使う現実的職業への興味とデスクワークを中心としたお金尺度とが有意な相関をもつことは，従来の常識とは異なった印象を受けるかもしれないが，これは回答者がお金にまつわる具体的職務行動を現実的なものとして認知しているためである（例：集金・督促）。

「対人」尺度と有意なのは，企業的・芸術的尺度であった。社会的尺度と有意な相関がないのがある意味では不自然に思われるが，企業内における対人的行動は，多かれ少なかれ利益追求の有効手段として用いられ，無私の社会的行動とは一線を画しているからであろう（例：利害関係者の接待・苦情処理）。芸術的尺度との相関は，企業内では一般的に対人関係スキルの成熟が求められるためである。

「製造・開発」尺度と有意な相関を示すのは，研究的・芸術的尺度の2つである。その理由は，この尺度を構成する項目が，創造性や独創性を必要と

する職務を多く含んでいるためである（例：製品開発）。

「製造補佐」尺度と有意な相関を示したのは，現実的・研究的・慣習的尺度であった。これは，ロジスティクス（兵站）を担当する部門が，最近では研究的意味合いを含むものと回答者に認知されたためである（例：VA・製造技術）。

「業務サポート」尺度は，社会的・慣習的尺度と有意な相関を示した。この職務は，基本的には反復的作業が多くしかも類型的であり，遂行に際しては，ある一定レベルの組織内の対人関係の良好さが求められるためである（例：文書整理・コピー）。

「人材」尺度は，社会的・企業的尺度と有意な相関を示している。この職務に従事する個人は，会社内の社会的関係に精通し，スタッフとして会社の中枢部に近い位置づけで全社的な意思決定に参画することが求められるためである（例：人事計画・教育訓練）。

以上の議論から，両テストの下位尺度間の相関は，十分に解釈可能な結果を示しており，われわれが開発を試みている職務興味インデックス（JII）は，その構成概念に関して十分な妥当性を有しているものと判断できる。

4.4. JII 開発の総合的評価

(1) テスト情報曲線の特徴について

本章での目標情報曲線は，特性尺度値 θ が-2.0から+2.0の範囲にある被験者をよく識別するように設定された。しかし，下位尺度によっては，この目標基準を満たさないものが若干見られた。これらの下位尺度については，今後，項目の追加を行ったり，項目を削除したりして，情報量を高めていく必要があろう。

古典的テスト理論に基づいてテストの精度を高めようとすると，実質上は類似した項目を追加し信頼性係数を高めるという方法しかなく，いたずらに被験者に類似した項目を提示する結果となりがちである。項目反応理論を用いれば，最小限の項目で精度の高い測定が可能となるため，テストに対する被験者の回答動機づけを低下させたり，被験者に本来無用な疲労を与えたり

することが避けられる。

(2) 項目パラメタ値推定の結果について

項目パラメタ値の推定結果から，組織行動の分野における同種の態度指標に比べ，JII の各項目の識別力パラメタ a の値は高く，それぞれの項目が個人の職務興味を識別するうえで感度のよいことが明らかにされた。また，識別力パラメタ a の値が，LOGIST 5 において注意指標として表示される0.30を下回ったものが，それぞれの尺度を構成した全64項目中わずかに6項目（9.4％）と極めて少なかった。さらに，困難度パラメタ b についても，極端に困難度が高かったり低かったりといった項目はほとんどなく，b の正負の割合もほぼ6対4とバランスがとれており，標準的な職務興味志向性（潜在特性 θ）をもつ個人を測定するのに適しているものと判断できる。

今回のパラメタ値の推定では，LOGIST 5 を用いたため，項目パラメタ a, b の値と個人の特性尺度値パラメタ θ が同時に推定された。しかし今回のようなテスト開発に当たっては，個人の特性尺度値パラメタを必ずしも知る必要はないので，項目パラメタ値の推定に周辺最尤法を用いてもよい。

同時最尤法による推定では，テストの項目数が多く，多数の被験者が存在するときに，正確なパラメタ値の推定が可能となる。一方，周辺最尤法では，上記の条件を満たさない場合でも，極めて正確なパラメタ値の推定が可能である（Mislevy & Stocking, 1989）。今回の下位尺度の中には，比較的短い下位テスト（5項目）も含まれていたので，項目パラメタ値の推定に周辺最尤法を用いることも検討に値する。

(3) IRT モデルの選択について

本章では，2パラメタ・ロジスティック・モデルを用いた。分析結果はこのモデル選択が適切であったことを示している。これは，われわれが項目作成の段階から回答者の当て推量をなるべく小さくするような項目を開発すると同時に，反応尺度についても，2値型データに変換しやすいようなフォーマットをあらかじめ採用したためと思われる。なお，このような結果が得られたことは，米国で行われた類似の先行研究の結果から十分予想されること

であった。その意味で、本章で提示した研究はわが国では萌芽的なものではあったが、主として米国で行われた先行研究の土台の上にあるものと位置づけられるであろう。

ちなみに、データ解析の過程で本研究で採用した2パラメタ・ロジスティック・モデルではなく、3パラメタ・ロジスティック・モデルを用いて同じようにパラメタ値の推定を行ったところ、当て推量パラメタ c は、どの項目においてもほぼ0.00に近い値を示した。このことからも、2パラメタ・ロジスティック・モデルが、この種の組織行動分野における態度指標には適切なモデルであることが示唆される。

(4) JII の信頼性・妥当性について

JII の信頼性については、α 係数によって示される内的整合性 (internal consistency) を用いてその指標とした。これ以外にも再検査法 (test-retest method) などを用いてさらに信頼性の検証・検討を続ける必要がある。

妥当性に関しては、今回の研究では基準連関妥当性を、VPI との相関を見ることによって検証する方法を採った。本来、VPI はわれわれの分類に従えば「職業-企業選択モデル」に立脚したテストであるので、厳密には妥当性の基準とすることが適切であるとは言えない。しかし、現時点において「企業-職務選択モデル」に基づく確固たる基準となるテストが存在しないため、次善の策として VPI を用いた。今後、より広範な妥当性の検証を行うため、縦断的データを用いた予測的妥当性 (predictive validity) などをも検討していく必要があろう。

(5) 今後の JII 研究の方向性

今回の研究において、JII の各尺度は、テスト情報量において目標情報量をほぼ満たすことが明らかとなった。また、テストの信頼性・妥当性ともに十分高いことが確認されたため、今後様々な方面への応用が考えられる。中でも、JII の適応型テスト (adaptive testing) への応用が期待される。そのためには、各尺度次元の項目を追加・取捨選択し、パラメタ値の推定・等化を終えた項目による「項目プール (item pool)」を作成・更新する必要があ

る。この一連の手続きにより，個人の潜在特性値の各水準にふさわしいテストを個別に作成・提供することが可能となる。将来的には，パソコン・ネットワークを用いて，コンピュータによる適応型テスト(computerized adaptive testing : CAT) への展開も十分考えられる。

　また，項目反応理論のもつパラメタの不変性の特徴を活かし，異なる組織に属する被験者の測定結果を比較することで，JII の各項目のもつバイアスの吟味を行うことができよう。これまでの組織行動における測定では，異なる組織・職位・職務などにある個人を比較する場合，測定の項目は各々のサブグループに等価な（equivalent）刺激を与えるものと見なされてきた。しかし，異なる組織・職務文脈にある個人の組織行動を測定するにあたって，無批判に同一の項目を提示することは避けなければならない。今後は項目反応理論を用いた項目等価性の検討を通して，特異項目機能（differential item functioning）の存在の有無を確認していく必要がある。

第Ⅱ部 基礎編

第5章 職務満足の測定

　本章では，働く人々の職務満足の著名な測定尺度について，項目反応理論を用いてその妥当性を評価する試みを行う。まず，職務満足研究についてレビューを行った後，先行研究が扱ってきた職務満足の諸モデルと，そこで想定された形成メカニズムについて検討する。そして職務満足の重要性について認識した上で，従来から多く用いられている尺度および最近開発された尺度に項目反応理論を適用し，尺度に含まれる各項目のパラメタ値を推定する。

5.1. 職務満足とその研究

(1) 職務満足の定義

　個人が組織において割り当てられた各々の職務を遂行することを指して，「仕事」と呼ぶ。個人は仕事を通じて財・サービスの生産を行い，組織はその対価として当該個人に賃金（給与）を支払う。個人と仕事との関係は，経済学的な視点ではこのような物理的交換関係とみなされ，この関係におけるすべての変数は，賃金ないし貨幣的評価という客観的指標を用いて測定することが可能である。

　組織行動論の視点では，この交換関係に心理的要素が介在するとみなす。その心理的要素とは，個人の遂行する職務内容についての心理的評価のみではなく，職務遂行の過程・手続き・結果，職務遂行の場である組織，賃金など，職務内容に付随するあらゆる要素に対する個人の「満足感」である。このような，個人が職務を遂行する上で抱く満足感を総称して「職務満足（job satisfaction）」と呼ぶ。

職務満足は非常に包括的な概念であると言ってよい。後に詳しく見るように，組織行動論や人的資源管理論における様々な変数と何らかの関係をもっていることが多い。職務満足の定義には諸説あるが，現在では「個人の職務ないし職務経験の評価から生ずる，好ましく，肯定的な情動の状態」(Locke, 1976, p. 1300) と定義されるのが一般的である。

(2) 職務満足の原因および心理プロセス

個人はどのような場合に職務満足感を抱くのであろうか。言い換えれば，個人に職務満足感をもたらす原因はどのようなものであり，また，いかなる心理プロセスを通じて職務満足がもたらされるのであろうか。

この疑問に対しては，外部環境からもたらされる「環境的要因 (environmental factor)」ないしは個人の内的・心理的な「傾性的要因 (dispositional factor)」が，個人の心理プロセスに働きかけ，それが充足された場合に職務満足が認知されるという解答が適当である。この「充足状態 (fulfillment)」は，個人の様々な心理的要素におけるニーズが満たされた状態である。この他に，『個人・環境』適合 ("person-environment" fit : Assouline & Meir, 1987 ; Harrison, 1978) に代表される，環境と個人との「適合状態(fit/congruence)」も職務満足をもたらす心理的状態の1つと考えられる。したがって，個人の職務満足は「原因→心理的充足ないし適合→職務満足」という因果関係によってもたらされる。

個人に職務満足をもたらす環境的要因・傾性的要因以外の要因のうち主なものは，デモグラフィック要因・時間 (的経過) といった非心理的・社会学的なものである。時間的な経過を職務満足の原因とする見方は，どちらかと言えばキャリア発達論の領域における問題として扱われた経緯があり，実証研究実施上の困難さもあって，少なくともこれまでにそれほど多くはなされてきていない (e.g., Clarke, Gerrity, Laverdiere, & Johns, 1985 ; Gurin, Veroff, & Feld, 1960 ; Kacmar & Ferris, 1989 ; Kets de Vries & Miller, 1984)。また，非心理的デモグラフィック要因は現在までのところそれほど重視されているとは言えず，これまでに行われた研究でも，性別・年齢別・人種別の職務満足差を検証した研究が見られるのみで，決定的な結論は提示されてお

らず (e.g., Dalton & Marcis, 1987 ; Forgionne & Peeters, 1982 ; Kacmar & Ferris, 1989 ; Konar, 1981 ; Murray & Atkinson, 1981)，非心理的要因のみによって職務満足が決定されると明確に主張したり，その根拠をデータによって明らかにした研究も見られない。むしろ近年では，これら非心理的・社会学的要因が単独では職務満足を説明するうえでの重要な変数とはなりえない，という見解が定着しつつある (Schneider, Gunnarson, & Wheeler, 1989)。

5.2. 職務満足をもたらす要因

(1) 職務満足をもたらす2つの主な要因

ここでは，個人の職務満足の原因について，環境的な原因と個人的な（傾性的な）原因に分けて考えてみよう。第1に，環境的な原因は，それが外部からもたらされるために，個人が職務満足を形成する領域と一致している。職務満足の領域ごとに，個人に対する象徴的な意味内容をもった働きかけ・フィードバックがなされたり，重要な出来事（例：給与の額・仕事の出来具合・望ましい人間関係など）が生じたりして，個人はそれらに対応して，各々の領域に属する満足感（あるいは不満足感）を形成する。すなわち，各領域で行われる働きかけやフィードバックが個人の職務満足をもたらす原因となり，その結果は領域ごとに現われてくる，という連関ないし相互作用関係 (linkage or interaction) が生起する。このような関係は，象徴的相互作用論 (symbolic interactionism) や，職務におけるフィードバック (e.g., Hackman & Oldham, 1975 ; Miller, Galanter, & Pribram, 1960) などの視点からも明らかにされてきている。

職務満足は，「仕事そのもの (work itself)」「昇進 (promotion)」「同僚 (co-worker)」「上司 (supervisor)」「給料 (pay)」「労働条件 (working condition)」など，仕事に関するあらゆる領域に現われてくるものであり，その内容は大きく2通りに分かれる。1つは，すべての側面を「全体的・包括的(overall)」に捉えた場合の満足感であり，もう1つは，「個別領域 (facet)」のそれぞれで独立して捉えた場合の個別の満足感である。一般的に前者は，職務ある

いは職務に関連する事柄についての全体的な満足感が個人の職務満足を表わすとする立場を取り（Scarpello & Campbell, 1983），後者は，職務満足は全体的・包括的な視点からよりも，各領域の個別満足感によって捉えられる方が望ましいとみなしている（Smith, Kendall, & Hulin, 1969）。この相違は，後に見る職務満足の尺度の構成概念に大きな影響を与えている。

　個人が職務満足を感じる個別領域は，表5-1に示されたとおり，多岐にわたっている。小野（1993）が指摘するように，初期の職務満足研究のいくつかは，このような個別領域を設定することを主な目的として行われ（e.g., Hoppock, 1935），またその後も長期にわたり，職務満足の次元性をめぐって様々な考察が重ねられた（Baehr & Renck, 1958）。個別領域の設定はその後の標準化された職務満足測定尺度（e.g., JDI, MSQ）を構成する基本次元となり，いくつかの優れた尺度の発表と普及によって，少なくとも組織文脈・仕事の文脈に関しての個別領域分類はほぼ確定したものと見なしてよい。

　さらに，個別要因は表5-1に示されているように，Herzbergの2要因理論の影響を受け，内在的（動機づけ要因に相当）・外在的（衛生要因に相当）の2次元に大きく分類されることもある（Weiss, Dawis, England, & Lofquist, 1967）。個人の職務満足は，このように多様な職務および職務に関連する領

表5-1　職務満足の個別領域の例

［内在的職務満足領域］
1．仕事そのもの（Smith, Kendall, & Hulin, 1969）
2．達成（Herzberg, Mausner, & Snyderman, 1959）
3．承認（Herzberg et al., 1959）
4．挑戦（Quinn & Steins, 1979）
5．昇進（Smith et al., 1969）
6．創造性（Weiss, Dawis, England, & Lofquist, 1967）

［外在的職務満足領域］
7．賃金（Smith et al., 1969）
8．作業環境（Weiss et al., 1967）
9．企業の経営方針（Weiss et al., 1967）
10．同僚との人間関係（Herzberg et al., 1959）
11．上司との人間関係・監督（Smith et al., 1969）
12．雇用の安定性（Weiss et al., 1967）

域にわたるものであり，個々の領域での働きかけ・フィードバック・出来事が，個人の心理プロセスに何らかの形で働きかけて職務満足を生み出すものとみなされている。

第2に，個人の傾性的な原因は，職務満足に関するごく初期の研究（e.g., Fisher & Hanna, 1931；Hoppock, 1935）からその存在が指摘されており（小野, 1993；Staw, Bell, & Clausen, 1986），その主張の妥当性および根拠については現在に至るまで議論の対象となっている（Judge, Locke, & Durham, 1994；Mitchell, 1979；Weiss & Adler, 1984）。環境決定論の立場から傾性決定論を批判する研究は数多いが（e.g., Dawis-Blake & Pfeffer, 1989；Salancik & Pfeffer, 1978），実際に個人の傾性が職務満足の重要な原因になりうることを実証した研究も示され（e.g., Staw, Bell, & Clausen, 1986；Staw & Ross, 1985），近年ではさらに進んで一卵性双生児のサンプルを用いて，遺伝的要素をも枠組みに含んで個人の傾性の与える影響をさらに厳密に検証しようという試みもなされるようになっている（e.g., Arvey, Bouchard, Segal, & Abraham, 1989）。

このような研究の流れと知見から，職務満足の原因を説明する上で個人の傾性的な要因を全く考慮しないのは適切ではないと思われる。組織心理学における環境決定論者と傾性決定論者の幾多の論争が両者の折衷という方向で一段落したのと同様に，いずれかの要因のみが職務満足をもたらすと断定する研究は現在ほぼ皆無と言ってよい。

ただし，これまでに先行研究に示された職務満足をもたらす個人の傾性的要因は，それほど多様なものではない。Judge, Locke, & Durham（1994）は，有効な傾性的要因として，①自尊心（self-esteem），②一般的自己効力感（general self-efficacy），③ローカス・オブ・コントロール（locus of control），④情動傾性（affective disposition），の4つを挙げている。また Staw, Bell, & Clausen（1986）は，個人の肯定的情動傾性（positive affectivity：Buss & Craik, 1985）が職務満足に与える横断的・縦断的影響について詳細に検討し，職務満足は職務の変更などの環境的要因や年齢などの非心理的要因の影響よりも，むしろ傾性的要因の影響を強く受けて，長期にわたりほぼ一定であることを明らかにした。また，否定的情動傾性（negative affectivity）

が職務満足に有意な負の影響を与えることも示されている（Levin & Stokes, 1989）。そして，Staw & Ross（1985）は，傾性的要因と環境的要因という2種類の変数のいずれもが職務満足を有意に説明することを示した。

このような研究動向を考慮すると，職務満足の決定要因を環境的要因・傾性的要因のいずれかのみとする見方は説得力に欠けると言わざるを得ない。両要因は並立すべきであり，代替的な変数としてより，むしろ補完的なものとみなすべきであろう。

(2) **職務満足をもたらす個人の心理プロセス**

個人の職務満足は，環境的要因および傾性的要因が，各個人の心理プロセスを経て形成されると見てよい。ここでは，職務満足をもたらす個人の心理プロセスについて，どの部分が充足され，または適合することで職務満足がもたらされるのか概観してみよう。充足ないし適合されるべき部分は，期待（expectation）・欲求（need）・認知（cognition）・価値（value）など，多岐にわたっている。

期待は，特に組織への新規参入時に，参入前の期待と参入後の現実との適合度によって測定される。これは「期待の適合性（met expectation：Porter & Steers, 1973）」と一般に呼ばれるものである。Wanous, Poland, Premack, & Davis（1992）は，先行研究のメタ分析を行い，期待の適合性と参入後の職務満足との修正済平均相関係数が比較的高い値となることを示した。またFeldman（1976）は，組織参入時の新入社員の期待の適合性が，後の職務満足水準を決定する重要な原因であることを明らかにした。

しかし，期待の適合が職務満足に結びつくという見方をめぐっては，問題点が多い（Lawler, 1994）。例えば，期待の不適合性が個人が現実を知った上で感じた「驚き（surprise）」に結びつくことはあっても（Louis, 1980），期待の不適合性がそのまま職務不満足に結びつくとは考えにくく，直接的因果関係を想定したモデル化も行われていない。また，現実が期待以上に良好なものであった場合に，それがどのように職務満足をもたらすか，そもそももたらし得るのかについての説明も十分にはなされていない（Barris-Choplin, 1994）。

欲求に関しては，欲求の充足が職務満足に明確に結びつくものとする研究が，かつては支配的であった（e.g., Schaffer, 1953 ; Porter, 1961）。欲求に関するアプローチの代表的なものは，欲求の内容に着目し，どのような欲求を満たすべきか，すなわち"what"を検討する「内容理論（content perspective）」である。例を挙げると，Maslow の「欲求階層理論（need hierarchy theory）」，Herzberg の「動機づけ要因－衛生要因理論（motivator-hygiene factor theory）」がこれに該当する。

これらの理論は，本質的には人間の欲求充足とその結果もたらされる「動機づけ（motivation）」とを扱ったものであり，そのまま職務満足の理論とするには（Herzberg の理論を除いては）必ずしも適切とは言えないという指摘もある。しかしこれまでになされたように動機づけと職務満足とを類似した概念とみなす傾向，すなわち両概念を測定した場合にその相関が比較的強く現われることが多いという古典的な指摘（Guion, 1958）を尊重した場合，動機づけ理論と職務満足の理論の亜種または何らかの関連理論と見なしても大きな問題は生じないと思われる。しかし，欲求充足が職務満足の原因となるという見方には，早くから疑問が投げかけられており，現在に至るまで決定的な論証は示されていない（Guion, 1992）。それに加えて，上記の理論の経験的妥当性を検証した実証研究のうち，理論の妥当性を十分に示し得た研究は見られない。言い換えれば，動機づけと職務満足とを類似した概念と捉えたとしても，十分な説得力をもって職務満足の生成メカニズムを実証した理論は皆無である。

認知に関しては，職務満足を「個人が実際に得た報酬が，認知された公平な報酬水準と一致するか，それ以上である程度」（Porter & Lawler, 1968）と操作的に定義し，個人の認知的側面を重視する立場も見られる。この見方をとる研究者は，職務満足の操作性を高め，職務満足を「正の誘因（positive valence）」（Naylor, Pritchard, & Ilgen, 1980）とみなし，数学的に扱いやすい形にして職務満足の定式化を積極的に行った。Vroom（1964）や Lawler（1971）の提唱した「期待理論（expectancy theory）」，Adams（1963）の「衡平理論（equity theory）」などがその代表的な例である。なお，これらの理論は，動機づけ理論の視点からはいかにして動機づけが得られるか，すなわ

ち"how"を検討する「過程理論（context perspective）」として分類されるのが普通である。

　個人の認知を職務満足の原因と捉える見方については数多くの実証研究が発表され，理論は経験的データの蓄積に伴って修正を迫られ精緻化されていった。ただし，職務満足を認知レベルのモデルで捉えることへの根強い疑問は解消されず，また実証研究の増加に伴って，いったん原点に立ち返って，職務満足そのものを適切に測定することの重要性と方法論が改めて問われるようになった（Vroom, 1964）。

　価値については，いくつかの研究において，個人の価値充足もしくは価値との適合性が職務満足をもたらすと主張している（e.g., Henne & Locke, 1985 ; Locke, 1969, 1976）。また，個人と組織・上司の価値の適合性が職務満足に結びつくことを示した研究も見られる（e.g., Meglino, Ravlin, & Adkins, 1989, 1991）。この視点では，価値は欲求と異なり，より客観的であり安全性が高いものとみなされ，「階層性」「個人別の重要性」「期待と現実との適合性」という特徴をもつものとされている（Locke, 1976）。この見方は現在必ずしも一般的ではないが，これを支持する研究者は，価値については欲求とは異なった特質である「相対的な客観性」が存在することを指摘し，その見解を敷衍すべく，個人 – 環境適合論において価値と環境との適合を概念化しようとする試みも行われている（Dawis, 1992 ; Katzell, 1964）。従来，職務満足理論においては価値と欲求とが混同されることが多かったが，職務満足の原因として両者を明確に区別することは重要である（Locke, 1976）。

　以上のように，職務満足は個人の様々な心理的要素が充足（fulfill）される，ないしは環境と適合（fit）することによって生ずるものと考えてよい。いずれの要素が最もよく職務満足を生成するかといった研究は，現在に至るまで行われていないように見受けられる。おそらく，職務およびそれに関連する領域への満足感は，上記すべての要素からなる複雑な心理的メカニズムによって複合的に形成されるのであろう。各心理的要素における満足感生成のモデルを精緻化する試みを行うことは可能であるが，例えば「期待」と「価値」のいずれがよりよく職務満足を生み出すか，ということを実証するのは大きな困難を伴うものなのかもしれない。

5.3. 職務満足の結果

ここまでの考察では、従属変数としての職務満足が論じられてきた。ここでは、職務満足がどのような結果をもたらすのか、すなわち独立変数としての職務満足について概観することとしよう。

(1) 成果・生産性

職務満足の結果としてこれまで最も多く論じられ、かつ検証されてきたのが「成果・生産性（performance）」である。人間関係論（Human Relations School）に起源をもつ「個人の職務満足の高揚に伴ってその個人の成果・生産性も上昇する（＝幸せな従業員は生産的な従業員である）」という仮説的命題をめぐっては、職務満足研究の中心テーマと呼ぶにふさわしいほど、数多くの実証の試みがなされてきた。ほとんどの研究においては、この命題の妥当性が十分に検証されることがなく（両変数の相関係数の平均はどの時点でもほぼ0.14～0.17の範囲：e.g., Vroom, 1964）、職務満足と成果・生産性との関係を検証しようという試みは、一時下火となった（Staw, 1984）。しかしそれ以降、いくつかの新しい方向性が提示され、職務満足と成果・生産性との関係を検証する試みは再び盛んに行われるようになってきている（e.g., Brown & Peterson, 1994；Kelly, 1992）。なお、成果・生産性という組織の業績指標を従属変数として設定したことによって、かつて「事故（accident）」などの負の生産性指標を従属変数とする研究の必要性（e.g., Stagner, Flebbe, & Wood, 1952）も喚起されたことを忘れてはならないであろう。

(2) 離転職

職務満足が「離転職（turnover/withdrawal）」に与える影響は、職務満足が成果・生産性に及ぼす影響よりも強いとみなされている。実際、これまでの研究では、職務満足水準の低い従業員ないし職務不満足のレベルの高い従業員ほど、後に実際に離転職を行いやすいことが示されてきている（e.g., Ross & Zander, 1957）。このように、両変数間の関連性は比較的明確に示さ

れているが，職務満足研究の視点から「結果としての離転職」を説明しようという試みは，離転職の決定要因を探索しようと試みる離転職研究の視点からは批判を受けている。その1つは，職務満足研究からのアプローチでは個人の代替就業先の有無が変数として含まれていないことが多いために，全体として変数間の関連性が捨象されたり弱まって現われてしまう，というものである（Lawler, 1994）。逆に職務満足概念は，重要な離転職の決定要因として離転職研究に積極的に取り入れられている（e.g., Mobley, 1977）。

(3) （意図的）欠勤

職務満足が「（意図的）欠勤（absenteeism）」に及ぼす影響については，明確な結論はでていない。両変数間の相関は一般には0.40程度とみなされているが（Robbins, 1991），実証研究の中には，両変数間で，有意な負の相関（職務満足が高まるほど欠勤が減少する），有意な正の相関（職務満足が高まるほど欠勤も増加する），無相関，のいずれのパターンも同様に見出される（e.g., Nicholson, 1975）。そのため，欠勤研究者の中には，両変数間の関係は非常に希薄であるか，あるいは見せかけの間接的な関係しか成り立たないという見解をとったり（Nicholson, Brown, & Chadwick-Jones, 1976），両変数間の単純な関係のみを反映したモデルを批判する研究も見られる（Clegg, 1983）。今後は，組織内部の人的資源管理上の制度的変数を，積極的にモデルに導入する試みが必要であろう。

5.4. 職務満足の測定尺度

(1) 職務満足の主な測定尺度

職務満足が極めて大きな研究テーマに発展するにつれて，職務満足という概念を適切に測定する必要性がますます高まっていくことは言うまでもない。また，職務満足の概念を測定する尺度は，妥当性・信頼性共に高く示されるものでなければならない。それが可能となって初めて，新旧様々な方向性に基づいた研究が，科学的に優れたものか否か評価されうるからである。

職務満足の測定尺度を開発する試みは，Hoppock（1935）の「職務満足ブ

ランク (Job Satisfaction Blank)」にまで遡るというのが定説である。その後,「全体的・包括的 (overall)」な職務満足を測定する尺度としては，上記の Hoppock の尺度を含め，Brayfield & Rothe (1951) の尺度，Hackman & Oldham (1975) の General Satisfaction Scale, Ironson, Smith, Brannick, Gibson, & Paul (1989) の JIG (Job in General), Kunin (1955) の Face Scale などが発表された。また，職務満足の「個別領域 (facet)」における職務満足を測定するのに重点を置いた尺度として，前述の JDI (Job Descriptive Index: Smith, Kendall, & Hulin, 1969), Michigan Measure of Facet Satisfaction (Quinn & Staines, 1979), MSQ (Minnesota Satisfaction Questionnaire: Weiss, Dawis, England, & Lofquist, 1967), IOR(Index of Organizational Reactions: Smith, 1976) などが開発された。これらの尺度のうち，先行研究において特によく用いられ，データの蓄積も十分になされ，実証研究を通じて十分な信頼性・妥当性が認められてきたのは，JDI (e.g., Gregson, 1991; Johnson, Smith, & Tucker, 1982)および MSQ(e.g., Dawis & Lofquist, 1984) の2つである。それに加え，先行研究において使用される頻度は低いが(e.g., Hackett, Bycio, & Hausdorf, 1994; Major, Kozlowski, Chao, & Gardner, 1995)，項目反応理論に基づく新たな測定論の観点から開発された重要度の高い尺度として JIG が挙げられる。

(2) 項目反応理論による職務満足尺度分析の意味

　JDI, MSQ, JIG の3つの尺度は，すべて環境非依存型である。すなわち，どのような産業・業種・職務にも普遍的にあてはまる領域・内容によるものであり，どのようなサンプルにおいても内容の修正なしにオリジナル版を使用できるという特徴を有している。この特徴は，環境依存的傾向が強い最近のストレッサー尺度とは対照的である。職務満足尺度は，その環境非依存性ゆえに大規模なサンプルを得やすくなり，かつ様々な統計的分析が可能となったのである。

　上記3尺度のうち，項目反応理論に基づく解析が行われ，古典的テスト理論に基づいた多変量解析法との比較 (Parsons & Hulin, 1982)，項目プールの作成および尺度改訂の試み，反応尺度の検討 (Hanisch, 1992)，翻訳等価

性の検討（Hulin, Drasgow, & Komocar, 1982）などが行われてきたのは，開発に際して項目反応理論を基盤としたJIGを除いては，JDIのみである。JDI・JIGの両尺度とも，各項目の識別力・困難度パラメタ値が既に報告されている。すなわち，各項目がどのような被験者をどのレベルでよく識別するのか，といった項目特性に限らず，尺度全体の特徴も公表されている。それに対して，JDIに次いで多く用いられ，妥当性・信頼性共に高いMSQ（短縮版：20項目）について，一度も項目反応理論を用いた分析がなされてこなかったというのは率直に驚くべきこととも言えよう。そこで本章では翻訳された日本語版MSQのIRT分析を行う。この試みにより，今後，オリジナル版を用いた研究が行われたときに，項目パラメタ値の比較を行い，「翻訳等価性（translation equivalence）」の検討を行うことができる。

5.5. MSQの特徴

(1) 手続きおよび被調査者

ここでは，MSQを実際に用いた調査の結果を提示する。サンプルは，①愛知県下の経営コンサルティング会社と顧問契約を結んでいる企業数社に在籍する社員，②関東地区にある電器系大企業の研究部門に属する社員，③愛知県のアパレル関係の大企業に所属する社員，④私立N大学経営学部卒業生，に依頼し，調査時点において参入後7年目までの若手社員を中心に質問紙400部を配付し，うち293部を回収した（回収率73.3％）。なお，回収された質問紙は1部を除いて有効であったため，これを除いた292部を分析に用いた（有効回答率99.7％）。なお，調査期間は1993年10月下旬から11月下旬までの約1カ月間であった。

(2) 測定道具

ここでは，MSQ短縮版20項目（Weiss et al., 1967）を日本語に翻訳したものを用いた（付録A）。なお，反応尺度としては「満足している」「少し満足している」「あまり満足していない」「満足していない」の4件法のリッカート・スケールを使用した。原版は「どちらでもない」を含む5件法であるが，

反応の中心化傾向を回避し，IRT 分析を容易にするために 4 件法を採用した。

(3) 尺度の次元性の確認

有効回答として得られた292部を用いて，まず MSQ の次元性の確認を行った。MSQ 短縮版は，全項目の得点を加算した総和によって全体的職務満足感が測定できるという前提のもとで開発されているが，その下位次元として「内在的職務満足（intrinsic job satisfaction）」および「外在的職務満足（extrinsic job satisfaction）」の 2 次元が想定されている（表 5-1）。すなわち，MSQ 短縮版は，個別領域における職務満足の総和が，その個人の全体的職務満足を表わすという特徴をもつ尺度である（なお，Ironson et al. (1989) は，これを合成型尺度（composite scale）と称している）。

MSQ 短縮版のような合成型尺度の場合（そして今後は組織行動論の諸分野での既存尺度すべてにわたって問題となってくるものと思われるが），次元の焦点をどのレベルに合わせて項目反応理論に基づいた分析を行うべきかという問題が生じてくる。項目反応理論に基づいた分析を行う場合には，分析に用いる一連の項目群（すなわち尺度）に対して，被調査者の回答の背後に 1 次元の潜在特性を想定する必要がある。MSQ 短縮版については，次元の焦点を最も上位の次元に当てれば全体的満足感の 1 次元となり，下位の次元に当てれば内在的・外在的の 2 次元となる。MSQ 短縮版の場合には後者の 2 次元構造が仮定されているが，IRT 分析を行う前に十分な根拠をもって次元性を確定しておかなければならない。

表 5-2　MSQ：固有値の大きさ

因子	固有値	寄与率（％）	累積寄与率（％）
1	6.845	34.2	34.2
2	1.620	8.1	42.3
3	1.294	6.5	48.8
4	1.222	6.1	54.9
5	1.107	5.5	60.4

（注）　N＝292。

表5-2は，得られたサンプルを用いて，因子数の指定などの基準を置かずに主因子解を用いて探索的因子分析を行った結果（固有値・寄与率）である。ここから，Weiss et al. (1967)の仮定とは異なり，今回の調査ではMSQ短縮版では1次元性が強く示されたことが分かる。

(4) IRT分析

2パラメタ・ロジスティック・モデルに基づき，同時最尤法を用いて，LOGIST 5でMSQ短縮版の項目パラメタ値の推定を行った。2パラメタ・モデルを用いた理由は，MSQが態度を測定する目的で設計されており，能力や学力測定尺度の場合よりも被調査者の「当て推量（guessing）」の可能性が小さいためである。

分析に際しては，項目反応のうち肯定的な2件（「満足している」「少し満足している」）に1を与え，否定的な2件に0を与えるという2値化を行った。

表5-3は，MSQ短縮版の各項目について，2パラメタ・ロジスティック・モデルに基づいてパラメタ値の推定を行った結果である。項目分析を行う際に，Roznowski (1989)の用いた識別力採択の基準である$a>0.50$を満たさなかったのは，20項目中わずか1項目（項目17）のみであった。さらに，Roznowskiの使用した困難度採択の基準（$-4.00<b<+4.00$）については全項目がクリアしているが，困難度の値が0.00を超えている項目は20項目中わずか3項目しかなく，本尺度は被験者にとって全般的に肯定しやすい項目を多く含んでいることが分かる。この結果から，MSQ短縮版は，全体的職務満足を表わす潜在特性レベルが比較的低い個人に対してセンシティヴに反応し，職務満足が低いレベルの個人を識別する力も十分にある優れた尺度と評価することができる。図5-1に示されたMSQ短縮版全体のテスト特性曲線，図5-2に示されたMSQ短縮版全体のテスト情報曲線は，この特徴を裏づける形状を示している。

第Ⅱ部　基礎編

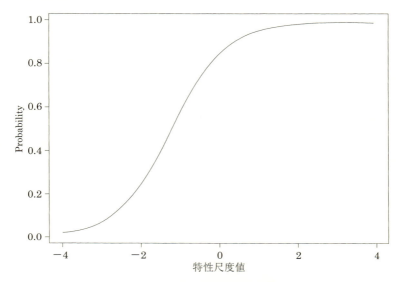

図 5-1　MSQ：テスト特性曲線

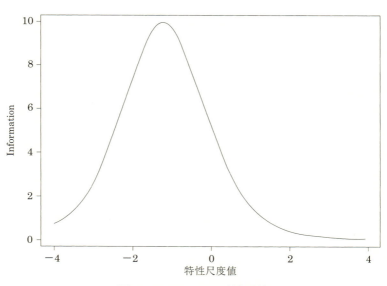

図 5-2　MSQ：テスト情報曲線

第5章 職務満足の測定

5.6. JIGの特徴

(1) 手続きおよび被調査者

ここでは第2研究として，JIGを使用した調査の結果を示す。愛知県下の企業で働く個人を対象に質問紙調査を実施した。800名に対し質問紙を郵送もしくは直接手渡しし，郵送法による回収を行った。回収された655部のうち，ほとんどすべての質問紙が有効回答と認められた（回収率・有効回答率

表5-3 MSQ：2パラメタ・ロジスティック・モデルに基づいた項目パラメタ推定値

項目	識別力パラメタ(a)	困難度パラメタ(b)	通過率(p')
1（I）	.830	−1.186	.776
2（I）	.659	−.893	.690
3（I）	.571	−.805	.657
4（I）	.740	−.278	.563
5（E）	.865	−.081	.516
6（E）	.659	−.460	.599
7（I）	1.219	−.936	.765
8（I）	.852	−.751	.686
9（I）	.751	−.692	.661
10（I）	.664	.873	.311
11（I）	.845	−.359	.588
12（E）	1.125	−.034	.502
13（E）	.682	.950	.292
14（E）	.973	.829	.278
15（I）	.994	−.557	.650
16（I）	.710	−.852	.690
17（X）	.301	−.048	.505
18（X）	.887	−1.650	.863
19（E）	1.809	−.317	.599
20（I）	1.225	−.610	.679
平均値	.868	−.393	

（注） I：内在的職務満足項目。
　　　 E：外在的職務満足項目。
　　　 X：いずれにも分類できる項目。

81.9%)。サンプルの性別の内訳は，男性488名（74.6%）・女性166名（25.3%）・不明1名であった。また，平均年齢は37.1歳，平均勤続年数は14.9年であった。なお，調査期間は1993年10月下旬から11月下旬までの約1カ月間であった。

(2) 測定道具

JIG原版18項目（Ironson et al., 1989）を日本語に翻訳したものを使用した（付録B）。なお，反応尺度には，「あてはまる」「ややあてはまる」「ややあてはまらない」「あてはまらない」の4件法のリッカート・スケールを使用した。なお，JIG原版は「はい」「わからない」「いいえ」からなる3件法であるが，反応の中心化傾向を避けるために4件法を採用している。

(3) 尺度の次元性の確認

まず，JIG日本語版の次元性について検討するため，探索的因子分析を行った。JIG原版は1次元であると想定されており，また実際のデータによっても高い1次元性が検証されている（原版のα係数＝0.91：Ironson et al., 1989）。主因子解による探索的因子分析を行った結果，JIG日本語版は1次元性が極めて高い尺度であることが分かる（表5-4）。さらにα係数は，JIG全体（18項目）で0.93という十分に高い値を示した。

表5-4 JIG：因子分析の固有値および寄与率（回転前）

因子	固有値	寄与率（%）	累積寄与率（%）
1	8.435	46.9	46.9
2	1.488	8.3	55.1
3	1.201	6.7	61.8

(4) IRT分析

項目反応モデルには，2パラメタ・ロジスティック・モデルを採用し，項目パラメタ値の推定には同時最尤法を用いた。具体的にはLOGIST 5によって識別力・困難度の各項目パラメタ値を推定した（表5-5）。なお，項目4は，パラメタ値の推定の結果，異常値（$b=-36.484$）が与えられたので，

第5章　職務満足の測定

表5-5　JIG：2パラメタ・ロジスティック・モデルに基づいた項目パラメタ推定値

項目	識別力パラメタ(a)	困難度パラメタ(b)
1	1.538	-.104
2(R)	1.111	-.593
3	1.403	.485
4(R)*	.019	-36.484
5	.941	.839
6(R)	.842	-1.153
7	.769	-.819
8(R)	.719	-1.192
9	2.434	-.588
10	1.455	-.457
11	1.551	.107
12(R)	.653	-.906
13	2.212	.151
14(R)	1.190	-1.041
15	1.353	.590
16(R)	.904	-2.207
17	1.217	.001
18(R)	.516	-1.995
平均値	1.224	-.522

（注）　＊：項目パラメタ推定値が異常な値を示したため日本語版の項目はその後の分析・考察から除外。

今後の分析から除外した。

　項目パラメタ値の推定を行った結果，JIGは識別力パラメタ値が全体的に高く，1.00を超える項目が17項目中10項目あり（項目1, 2, 3, 9, 10, 11, 13, 14, 15, 17），うち2項目（項目9, 13）は2.00を超えており，平均値は1.224と高い値を示している（最大値：2.434，最小値：0.516）。また，困難度パラメタ値は全体的に低く，17項目中11項目が負の値を示しており（項目1, 2, 6, 7, 8, 9, 10, 12, 14, 16, 18），肯定しやすい項目が多い（平均値：-0.522，最大値：0.839，最小値：-2.207）。この結果から，JIGは職務満足の特性尺

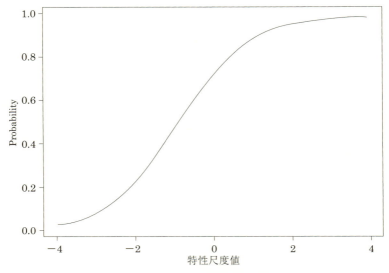

図 5-3　JIG：テスト特性曲線

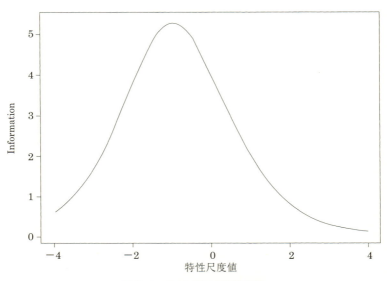

図 5-4　JIG：テスト情報曲線

度値θのレベルが比較的低い個人を，非常にセンシティヴに識別する特徴を有していることが分かる。図5-3・図5-4に描写されたテスト特性曲線・テスト情報曲線の形状は，この特徴を裏づけるものである。

5.7. 考察

(1) 合成型尺度における次元性

本章では第1研究として，MSQ短縮版を日本語に翻訳し，実際に組織で働く人々を対象に調査を行った。MSQに対し，このような分析を行った研究は，他に例がないと思われる。原版のIRT分析はこれまで行われていないために，項目反応理論に基づく日本語版との比較はできなかった。日本語版と原版との間で翻訳が完全に等価であると仮定するならば，MSQは職務満足特性尺度値が比較的低い個人に対してセンシティヴな尺度と評価できる。今後は，原版との項目パラメタ値の比較を通じ，翻訳等価性の検証を行っていく必要がある。

今回われわれが行った調査では，実際のデータによって，MSQ短縮版の1次元性が強く支持された。しかし，米国では，原版を用いた調査研究で，尺度の2次元性を示す結果も得られている。今回の結果が，日米の文化的相違によるものなのか，あるいは翻訳（原版英語から日本語へ）上の何らかのミスによるものなのか，今後の調査で検討していく必要がある。

(2) 「曖昧性を表わすパラメタ」についての仮説的考察

本章における2つの研究は，いずれも職務満足に関する態度尺度を扱ったものであった。そのため，各項目に対する疑似正答の確率が小さいものと想定できたので，2パラメタ・ロジスティック・モデルを用いて各項目パラメタの推定を行った。そもそも疑似正答とは，学力測定テストにおいて項目（問題）の内容が被験者にとって極めて難解であり，そのため選択枝の中から正答を当て推量で選択するという回答パタンを想定し，その確率の推定値をパラメタ化したものである。

職務満足などの態度尺度について，被験者は項目に対して唯一最適な正答

を与える必要がないため,上記のような当て推量を想定する必要はなかった。しかし,態度尺度の項目についても,当て推量に類するような回答パタンを被験者が行う可能性は残されている。それは,本章の MSQ や JIG のように,他国語の原版を翻訳して使用した場合に,「項目内容の曖昧性」によってもたらされる可能性である。すなわち,項目の意味する内容が不明瞭・不明確なために被調査者の回答がバイアスを受けることにまで当て推量の意味を拡張すると,本来は当て推量の可能性を示す項目パラメタ c は,各項目の翻訳された内容の曖昧さを示している可能性を含んでいると考えられ

表 5-6　MSQ：3パラメタ・ロジスティック・モデルに基づいた項目パラメタ推定値

項目	識別力パラメタ(a)	困難度パラメタ(b)	疑似正答水準パラメタ(c)	通過率(p')
1(Ⅰ)	.808	−1.199	.000	.776
2(Ⅰ)	.653	−.888	.000	.690
3(Ⅰ)	.570	−.797	.000	.657
4(Ⅰ)	.736	−.263	.000	.563
5(E)	.858	−.063	.000	.516
6(E)	.640	−.456	.000	.599
7(Ⅰ)	1.762	−.586	.217	.765
8(Ⅰ)	.837	−.744	.000	.686
9(Ⅰ)	.729	−.691	.000	.661
10(Ⅰ)	.672	.875	.000	.311
11(Ⅰ)	1.119	−.042	.158	.588
12(E)	1.345	.094	.066	.502
13(E)	1.172	1.030	.096	.292
14(E)	1.030	.858	.013	.278
15(Ⅰ)	.977	−.543	.000	.650
16(Ⅰ)	.682	−.863	.000	.690
17(X)	.746	1.143	.344	.505
18(X)	.838	−1.712	.000	.863
19(E)	1.791	−.291	.000	.599
20(Ⅰ)	1.213	−.592	.000	.679
平均値	.959	−.287	.045	

(注)　Ⅰ：内在的職務満足項目。
　　　E：外在的職務満足項目。
　　　X：いずれにも分類できる項目。

る。

　表5-6は，MSQ 短縮版（20項目）を1次元と仮定して，3パラメタ・ロジスティック・モデルに基づき，LOGIST5で同時最尤法を用いて項目パラメタ値の推定を行った結果である。ほとんどの項目は，疑似正答水準パラメタ c の値は0.00か，あるいは0.00周辺の極めて低い値を示している。これは，2パラメタ・ロジスティック・モデルを採用した際の前提を，MSQ の各項目が十分に満たしたことによると考えられる。項目パラメタ c の値が比較的大きく推定されたのは，項目7「自分の良心に反しない仕事ができること」（$c=0.217$），項目11「私の能力を活用して，何かをする機会があること」（$c=0.158$），項目17「仕事の環境（光熱・換気など）」（$c=0.344$），の3項目のみであった。

　上記3項目は，いずれも翻訳段階でその内容が問題になった項目である。このうち項目7・項目11は，職務満足を抱く対象（次元）の抽象性が比較的高く，あるいは日本語の範疇では不自然な表現となってしまい，他の項目のような被験者にとっての「身近さ」や「分かりやすさ」を表現するのが困難であった。項目7の原文は，"Being able to do things that don't go against my conscience"であり，これは「道徳的価値」（moral values）の対象をめぐる職務満足を測定するための項目である。また，項目11の原文は，"The chance to do something that makes use of my abilities" であり，これは「能力活用」（ability utilization）に関する職務満足を測定するための項目である。

　項目パラメタ c の値が最も高かった項目17の原文は，"The working conditions"であった。この項目は，MSQ では「仕事（や作業）環境」（working conditions）についての満足度を測定するための項目とみなされている。当初，項目17は単に「仕事の環境」と翻訳された。しかし，日本語においては，仕事という文脈における環境は，原版の意図する「物理的環境」のみを意味するものではないのではないか，という疑問が挙がった。すなわち，単に"condition"を「環境」と訳したのでは，MSQ では別次元として想定されている，人間関係などのいわゆる「対人的環境および要素」「心理的環境」への満足感をも同時に測定される可能性があるという判断から，物理的環境の代表例である「（光熱・換気など）」という例示が項目に追加された。しかし，例示

付録 A　ミネソタ式満足感尺度（MSQ 短縮版）試訳

1. やるべき仕事がいつもあること。
2. ひとりきりで仕事ができる機会があること。
3. その時どきに違った仕事ができること。
4. 会社で，「仕事がよくできる人」「役に立つ人物」として認められること。
5. 私の上司の，部下（私）の扱いかた。
6. 私の上司が，ものごとを判断・決定する能力。
7. 自分の良心に反しない仕事ができること。
8. よい仕事をすれば，クビにならずにずっと勤め続けられること。
9. ほかの人のために，何かしてやれること。
10. ほかの人に何かをするように命令すること。
11. 私の能力を活用して，何かをする機会があること。
12. 会社の方針に従って自分の仕事をすること。
13. 仕事の量に対する給料の額。
14. いまの仕事での，昇進のチャンス。
15. 自分自身で，（仕事上の）判断ができる自由。
16. 仕事をするときに，自分独自のやり方を試してみる機会。
17. 仕事の環境（光熱・換気など）。
18. 私の同僚（仕事仲間）と，おたがいに仲良くやっていくこと。
19. よい仕事をしたときに受ける賞賛。
20. 自分の仕事から得られる達成感。

の不適切さ（異なる2つの対象の並列・「など」の使用）によって環境の指し示す対象内容が分散し，またその内容から心理的環境を完全には排除しそこなった。項目17の c の値が0.344と高いのは，このような原因によるものと思われる。

　ここでの考察は，あくまでも仮説的ないし推論的なものである。しかしながら，翻訳の不適切さによる内容の曖昧さが，項目パラメタによって測定可能であるとするならば，ここでの分析手続きは翻訳等価性の検討や，特異項目機能の検出に役立つであろう。今後の研究が俟たれる。

(3) **本研究の限界**

　最後に，本研究の限界について簡単に述べてみたい。第1に，MSQ を用いた第1研究のサンプル数が，292名と少なかった点である。今回は，同時最尤法を用いてパラメタ推定を行ったが，周辺最尤法を用いてパラメタ推定

付録 B JIG 試訳

「今の私の仕事は…」
1. 楽しい仕事である。
2. おもしろくない仕事である。
3. 理想的な仕事である。
4. 時間を無駄にする仕事である。
5. 申し分ない仕事である。
6. 望ましくない仕事である。
7. 価値のある仕事である。
8. ほかより良くない仕事である。
9. 一応満足できる仕事である。
10. 他より勝っている仕事である。
11. 他より良い仕事である。
12. 性に合わない仕事である。
13. 満足させてくれる仕事である。
14. 不適切な仕事である。
15. 他よりもすぐれた仕事である。
16. だめな仕事である。
17. 楽しめる仕事である。
18. 内容の乏しい仕事である。

を行う方法もあった。安定した項目パラメタ推定のためには，今後さらにサンプル数を増やしていく必要がある。第2に，職務満足両尺度の構成概念妥当性の検討が行われなかった点である。今後の研究では，JDI などの広く使用され，妥当性・信頼性の評価が定まっている尺度と MSQ・JIG とを同時に測定し，妥当性の検証を行うのが望ましい。特に，構成型尺度である MSQ については，非構成型尺度の代表例である JDI と同時に因子分析を実施し，下位尺度の次元性がどのレベルで異なるのかといった弁別的妥当性などを検証する試みも必要である。

第Ⅱ部　基礎編

第6章　組織コミットメントの測定

　本章では，働く個人の態度尺度の代表例であり，かつ最近，組織と個人との心理的契約の視点からも重要性を増してきた組織コミットメントを取り上げる。まず最初にその構成概念ならびに次元性に関する議論について述べ，次いで項目反応理論を用いて，各次元ごとに項目パラメタ値の推定を行い，次元を構成する個々の項目の特徴を示すこととする。

6.1.　組織コミットメントとは

(1)　組織コミットメントの概念

　組織コミットメント（organizational commitment）の定義は多岐にわたっている。その中でも代表的な定義と見なされてきたのは，「ある特定の組織に対する個人の同一化（identification）および関与（involvement）の強さ」（Porter, Steers, Mowday, & Boulian, 1974, p.604）である。この定義から，強い組織コミットメントを有する組織成員は，①当該組織の価値観や目標の強い受容および信念，②自らを組織の代表とみなして行う多大な努力，③当該組織への引き続いての所属を希望する強い意思，の3つを伴うものと主張されている（Mowday, Porter, & Steers, 1982, p.27）。また，この定義に規定された組織コミットメントは，組織に対して個人の抱く，ある種の「心理的愛着」（O'Reilly & Chatman, 1986）と同義のものと見なされている。

　上記の定義は，特に組織行動論・組織心理学の分野において，比較的長期にわたって組織コミットメントの概念を必要十分に表現したものと考えられてきた（O'Reilly & Chatman, 1986）。しかし，主に社会学的視点から，これとは全く別なコミットメント概念を組織コミットメントと捉えるアプローチ

も古くからなされてきている（Becker, 1960）。また後年になると，より発達的・適応的な視点を導入した，もしくはパーソナリティ理論の影響を受けた組織コミットメント概念を提唱する研究なども示されるようになった（e. g., Wiener, 1982）。近年では，3つの次元で組織コミットメントを捉える傾向が特に強くなってきている（e. g., Allen & Meyer, 1990 ; Mathieu & Zajac, 1990）。

　このように，組織コミットメントの定義は様々な学問分野ごとに個別的に行われたという経緯があり，それぞれが並立共存している状況にある。組織コミットメントは必ずしも学際的な単一概念とみなすことはできず（Hulin, 1991），また同じ学問分野内部でも，異なる概念が組織コミットメントという名称で一括されていたり，逆にかなりの程度類似・重複する概念に別の名称が与えられて組織コミットメントとは区別されてしまっている。例えば，Morrow（1983, p. 486）は，組織コミットメントには25個以上の類似概念が存在し，それらが十分に識別されていないことを指摘した。組織コミットメントに関する先行研究の多くは，それぞれの学問分野において旧来から使用されてきた定義を無批判にそのまま受け入れてきたために，組織コミットメントという名称は同一であっても概念は全く異なるという事態が生じ，他分野との意思疎通が困難となっていた。また，同一学問分野（特に組織行動論・組織心理学）内においても類似概念の混同が生じ，共通基盤を欠いた議論や研究が数多くなされてきた。

　したがって，組織コミットメント概念について論ずるに際しては，2つの点を常に念頭に置いておく必要がある。すなわち，「どのような概念をもって組織コミットメントと定義するか」，「組織コミットメントと様々な類似概念とをどのように区別するか」である。先に述べたとおり，近年では組織コミットメントを下位3次元からなる集合的概念として捉える傾向が世界的に定着している（Allen & Meyer, 1990 ; Jaros, Jermier, Koehler, & Sincich, 1991 ; Hackett, Bycio, & Hausdorf, 1994）。その3次元とは，「情動的コミットメント」「継続的コミットメント」「規範的コミットメント」である。なお，このような見方は「統合的定義（integrated definition）」（Dunham, Grube, & Casteñeda, 1994）と呼ばれることもある。

(2) 情動的コミットメント

情動的コミットメント（affective commitment）は，組織行動論・組織心理学の分野において発展してきた概念であり，ときに"the approach"とも称される最も一般的な組織コミットメント概念である（Reichers, 1987）。このコミットメントは，先に示したように，「ある特定の組織に対する個人の同一化および関与の強さ」（Porter et al., 1974）と定義される。また，情動的コミットメントは，職務・役割といった組織内の個別要素に対してではなく，組織全体への情動的な同一化および関与の強さを示している（O'Reilly & Chatman, 1986）。そのため，職務満足などの組織内の（比較的変化しやすい）個別要素に対する個人の態度と比較すると，相対的に長期にわたって保持され，一貫・安定していることが経験的に検証されている。この性質から，情動的コミットメントは，別名「態度的コミットメント（attitudinal commitment）」（Mowday, Steers, & Porter, 1979）と呼ばれている。

組織への情動的コミットメントが，個人の組織に対する心理的愛着（Bowlby, 1982）の一形態であることは既に述べた。組織コミットメントの下位次元である情動的コミットメントを生みだすもととなるのは，心理的愛着を形成する概念のうち，「対象との同一化（identification with object）」（Hall, Schneider, & Nygren, 1970），「対象の内在化（internalization of object）」（Kelman, 1958），さらに「忠誠心（loyalty）」（Buchanan, 1974 ; Kanter, 1968）である。このうち対象との同一化は，愛着をもたらす大きな要因の1つと考えられており，個人が，対象（object）である組織に所属していることに大きな誇りをもち，組織の成員として内部に留まることを意図することによって心理的愛着（＝情動的コミットメント）が生みだされるものとみなされている（Hulin, 1991）。また同様に，内在化を通じて，対象である組織の目標・価値と，個人の目標・価値とが一致した際に，心理的愛着（＝情動的コミットメント）が生じると想定されている（O'Reilly & Chatman, 1986 ; Reichers, 1987）。組織そのものに対する同一化・内在化・忠誠心の形成を行った結果，組織成員は経済的合理性や損得計算から離れ（Buchanan, 1974 ; Stevens, Beyer, & Trice, 1978），必ずしも見返りを求めない，時として非合理的にもなる，感情的なコミットメントを形成するというのである。

ここまでの考察から，先の Porter et al.（1974）および Mowday et al.（1982）の定義には，組織コミットメントの原因まで（さらには結果まで）もが含まれていることが分かる。これに対して，近年の研究は，組織コミットメントの概念そのものを可能な限り純粋に同定・認識したうえで，それを明確に測定するための尺度を開発することを目的とするものが多い（Meyer, Allen, & Gellatly, 1990）。Porter et al.（1974）が開発した組織コミットメント尺度（organizational commitment questionnaire : OCQ）は情動的コミットメント測定用の代表的な尺度と評価されているが（Mathieu & Zajac, 1990），自らの広範な組織コミットメントの定義に基づき，組織コミットメントの原因・結果をも測定項目に含んでいる。それに対し，最近の研究で最も頻繁に使用されている Allen & Meyer（1990）の尺度は，情動的コミットメント概念のみを純粋に測定することを目的として作成されたものである。

(3)　継続的コミットメント

　継続的コミットメント（continuance commitment）は，主に社会学の領域において発展してきた組織コミットメント概念である（Meyer et al., 1989 ; Stevens, Beyer, & Trice, 1978）。継続的コミットメントでは，成員の組織へのコミットメントを，「組織の成員でいることの報酬と費用の関数である。すなわち，組織在籍年数の長期化に伴ってコミットメントは高揚する」（Reichers, 1987, p.486）と捉える。この概念は，「サイド・ベット理論」（side-bet(s) theory）として Becker（1960）が最初に提示したもので，交換理論パラダイムの影響を受けた功利的なコミットメント概念として，現在に至るまで一貫して，情動的なコミットメントとは明確に区別されてきた（Mathieu & Zajac, 1990 ; Mowday et al., 1982）。

　サイド・ベットは，個人の埋没費用（sunk cost）の一種とみなされている。個人は，組織に在籍し続けることによって，一般的に給与の上昇や年功や職位に応じた様々な付加給付を組織から受けることができ（Ritzer & Trice, 1969），また，勤続が長期に及ぶほど，離転職をした際に当該組織と同等の給与や給付を得ることのできる代替職務・代替組織を見つけだすのが困難となる（March & Simon, 1958）。他の組織へと移った際に，個人が失

うこれら一連の給付の総計価値をサイド・ベットという。したがって，サイド・ベットは，成員の組織への在籍年数と正の相関関係を示すものと仮定されている（Grusky, 1966 ; Meyer & Allen, 1984）。

サイド・ベットの増加に伴って，個人が組織を去ることによって回収不能となる投資が増加する（つまり損をする）。個人は合理的に自らのサイド・ベットを認知・評価し，情動的コミットメントのように組織に在籍「したい」からではなく，組織に在籍「する必要がある」ためにコミットメントを形成する。このような性質から，継続的コミットメントは，別称「計算的コミットメント（calculative commitment）」（Etzioni, 1961/1975），あるいは「道具的コミットメント（instrumental commitment）」（Hulin, 1991）とも呼ぶことがある。

このように，継続的コミットメントは，経済的要因についての組織成員個人の合理的行動を基盤とするコミットメント概念である。そして，継続的コミットメントを生みだす源泉となるのはサイド・ベットに代表される組織と個人との間の「交換（exchange）」（Griffin & Bateman, 1986）である。サイド・ベットは，組織が個人に与える報酬の一種であり，個人は組織から退出することで，これまでに将来の回収を見越して支払ってきた費用が回収不能となったり，過去からの積み重ねの結果大きくなった現在・将来の報酬を失うことを恐れ，それらを回避すべく，組織へのコミットメントを高める。

しかし，先行研究が発表してきた継続的コミットメント測定用の尺度（Hrebiniak & Alutto, 1972 ; Ritzer & Trice, 1969）は，いずれも概念操作に問題があり，継続的コミットメントというよりも，むしろ個人の情動的コミットメントを測定している部分が大きいという批判がなされている（Meyer & Allen, 1984）。このような先行測定尺度の不備を是正し，純粋な継続的コミットメントを測定する目的で作成されたのが，Allen & Meyer（1990）の尺度である。

(4) 規範的コミットメント

規範的コミットメント（normative commitment）は，Wiener（1982）によって最初に概念としての重要性が提唱された組織コミットメント概念であ

り，「［組織成員が］自分は組織にとどまり，適応しなければならない，という義務感・規範意識」(Allen & Meyer, 1990) と定義されている。このコミットメント概念は，組織に属する個人の道徳的観念に由来すると考えられていることから，別名「道徳的コミットメント (moral commitment)」とも称される (Randall, Fedor, & Longnecker, 1990)。この概念が組織コミットメントの次元として認識され，それに基づいた測定用の尺度が開発されるようになったのは，先の2つの下位コミットメント概念と比べると時期的に新しい (e.g., Allen & Meyer, 1990)。

しかしながら，規範的コミットメントは，継続的コミットメント概念に次いで古くからその存在を指摘されている (e.g., Etzioni, 1961/1975)。個人のコミットメントの義務感・規範意識の基盤となっているのは，「組織規範の内在化 (internalization of organizational norms)」と「組織内部の権威との同一化 (identification with organizational authority)」の2つである (Etzioni, 1961/1975; Jaros et al., 1991)。規範的コミットメントにおいて内在化・同一化の対象となるのは，情動的コミットメントと異なり，組織そのものではなく組織プロセスの一部である。

Etzioni (1961/1975) は，組織における個人の服従行為・服従構造の形成メカニズムとして，組織内部のプロセス構成要素のうち規範と権威とに着目し，それらが個人に埋め込まれる一連の過程および機序を詳しく説明している。これは，組織内部での社会化 (within-organization socialization) によって個人の規範的組織コミットメントが形成されるプロセスとみなすことができる。しかし，組織内部での社会化は，規範的コミットメントを形成する唯一のプロセスではない。現在では，組織内部での社会化の結果新たに獲得された義務感・規範意識のみに着目するのではなく，個人が組織参入以前から既に有していた義務感や規範意識も規範的コミットメントの範疇に分類される。すなわち，組織参入以前の予期的社会化 (anticipatory socialization : Hackett et al., 1994) プロセスの全般，さらに遡って遺伝や発達初期の影響を強く受けて形成され長期的に安定した個人のパーソナリティなども，規範的コミットメントを形成する要因の1つとして指摘されている。

いずれの要因がどの程度規範的コミットメントをもたらすとしても，規範

的コミットメントを適切に測定するための尺度が一時期ほとんど開発されなかったことは事実である（例外としては Werbel & Gould（1984）の4項目からなる尺度）。このような測定尺度の不備に対し、より純粋に継続的コミットメントを測定する目的で作成されたのが Allen & Meyer（1990）の尺度である。

(5) その他の組織コミットメント

これまでの考察から、組織コミットメントが3つの下位次元から構成されていることが分かった。組織コミットメントの下位次元のそれぞれは、ある特定の組織に対する個人の心理的機序のあり方（愛着・内在化・同一化・交換）によって決定される。さらに、規範などといった組織の下位要素に対しての態度のあり方などによって形成される組織コミットメント（規範的コミットメント）も存在することがうかがわれたが、個人がコミットメントを抱く対象は、あくまでもある特定の所属先組織にとどまっていた。

この見方に対して、コミットメント対象のレベルをより広げ、従来の見解では組織コミットメントの範疇には含まれないコミットメントをも、組織コミットメントの一部として捉えようとする新たな試みが見られる。この試みでは、コミットメント対象が多岐にわたるところから、組織コミットメントという従来からの呼び方ではなく、「多重コミットメント（multiple commitment）」（Reichers, 1985）という呼称が使用される。なお、多重コミットメントにおける「多重」とは、個人がコミットメントを形成する「対象」の多重性のことであり、個人のコミットメント形成における心理的機序の多重性を意味するものではないことに留意すべきである。

多重コミットメントが成立する前提条件としては、コミットメントを構成する対象間に、何らかの明確な関連性（対立・類似など）が存在しなければならない。多重コミットメントにおける関連性には、組織を中核に置いた2通りの捉え方がある。第1に、中核となる組織そのものと関連する対象へのコミットメントを、組織コミットメントの範疇に含める捉え方である。例えば、組織よりも上位の実体として、その組織の所属する地域コミュニティ（Reichers, 1985）、同一レベルの実体として労働組合（Clark, Fullager, Gallagher, & Gordon, 1994 ; Larson & Fukami, 1984), 下位レベルの実体として集団 (Zaccaro & Dubbins, 1989)・顧客 (Reichers, 1985) などが挙げられる。第2に, 中核となる組織において, 個人その人が関係を有する対象へのコミットメントを組織コミットメントの一部として捉える見方である。例えば, 職業 (Meyer, Allen, & Smith, 1993)・専門 (プロフェッション) (Wallace, 1995)・キャリア (Bedeian, Kemery, & Pizzolatto, 1991) などがこの範疇に含まれる。

　上記の2種類の範疇は概念的に対立する場合もあり, 同一カテゴリー内部でも多重コミットメントの構成要素間でのコンフリクトが生ずる場合もある。例を挙げれば, 所属組織へのコミットメントと職業的コミットメントとは, 通常は対立するものの, 概念的には独立のものとみなすことができる。また, 同一カテゴリー内部での構成要素の概念重複も見られる。例えば, 職業・専門・キャリアは重複の度合いが大きい。したがって, ある種の職務満足尺度のように, 単に多重コミットメントの構成要素を足し合わせることによって全体的コミットメントが構成されると仮定するのは妥当ではない (Smith, 1986)。

　Reichers (1985) は, 組織コミットメント研究を職務満足研究になぞらえ, 多くの対象への多重コミットメントを包括的 (全体的コミットメント)・個別的 (特定領域へのコミットメント) の両面で捉えることが重要であると主張している。しかし, 組織コミットメント研究は, 現在ようやく次元性の検証のためのデータが蓄積された段階であり, 各次元を測定する尺度の妥当性・信頼性の検証についてもまだ十分とは言えない。この状況は, 職務満足研究が組織における個人の満足を生みだす対象を同定する試みを活発に行い, 満足感の測定を妥当なものとするために尺度開発を積み重ねてきたのとは事情が異なっている。むしろ, 組織という対象へのコミットメント形成のメカニズムについて十分に検証したうえで, その枠組みを組織周辺のコミットメント対象へ拡張するという慎重なアプローチが必要であろう。

6.2. 組織コミットメントの先行研究

(1) 先行研究の分類

組織コミットメントに関する先行研究は，主として以下の6領域に分類可能である。

(a) 構成概念研究：組織コミットメントに関する理論的・概念的な考察を行うこと，あるいは組織コミットメントの構成概念を他の類似の概念と弁別することを主な目的とする研究（e.g., Becker, 1960；Hulin, 1991；Morrow, 1983；O'Reilly & Chatman, 1986)。

(b) 測定尺度開発研究：組織コミットメントの下位次元を同定し，各次元を測定するための尺度開発を主な目的とする研究（e.g., Allen & Meyer, 1990；Alutto, Hrebiniak, & Aronso, 1973；Cook & Wall, 1980；Hrebiniak & Alutto, 1972；Porter & Smith, 1970；Porter et al., 1974；関本・花田, 1985, 1986, 1987；高尾, 1996；Warr, Cook, & Wall, 1979)。

(c) 先行要因研究：組織コミットメントを個人にもたらす原因となる組織的・集団的・職務的・個人的要因と，そのインパクトの大きさを検証することを主な目的とする研究。静態的要因を重視する研究（e.g., Boxx, Odom, & Dunn, 1991；城戸, 1981；関本・花田, 1985, 1986, 1987；Steers, 1977)と，動態的（発達的）要因を重視する研究（e.g., Buchanan, 1974；Feldman, 1976)とがある。

(d) 結果要因研究：組織コミットメントを個人が有した結果もたらされる組織的・集団的・職務的・個人的現象を検証することを主な目的とする研究。例えば，生産性ないしパフォーマンス（e.g., Meyer, Paunonen, Gellatly, Goffin, & Jackson, 1989；Petty, McGee, & Cavender, 1984)，離転職意思ないし行動（e.g., Cohen, 1993；Porter, Crampon, & Smith, 1976；Tett & Meyer, 1993)，組織市民行動（organizational citizenship behavior：OCB：e.g., O'Reilly & Chatman, 1986)，（意図的）欠勤（e.g., Angle & Perry, 1981；Larson & Fukami, 1984)，など。

(e) メカニズム研究：組織コミットメントの形成および発現機序について

明らかにすることを目的とした研究。例えば，組織内部の権威の内在化についての分析（Etzioni, 1961/1975），新たな規範の受け入れという観点から組織超自我（organizational super-ego）を想定し，その取り入れについての分析（Takahashi & Watanabe, 1996）などがある。

（f） 社会心理学的研究：組織コミットメントを，社会心理学的視点から再構成すること，あるいは，社会心理学におけるコミットメント理論を組織に適用した場合の妥当性を検証することを主な目的とした研究。したがって，日本における組織行動論・組織心理学分野では必ずしも組織コミットメントの範疇には分類されない研究もここには含まれる。例えば，ある行為を行うという意思決定に用いた情報の質とその結果へのコミットメント（Hicks & Klimoski, 1987），ある特定の行動へのコミットメント（Salancik, 1977a, 1977b），自己正当化（self-justification : Bobocel & Meyer, 1994 ; Staw, 1981），帰属理論（attribution theory : Kiesler & Sakumura, 1966 ; Kline & Peters, 1991），組織サポート認知（perceived organizational support : Eisenberger, Huntington, Hutchison, & Sowa, 1986 ; Shore & Tetrick, 1991），など。

(2) OCQ とその問題点

これまでの組織コミットメント研究では，情動的コミットメントに焦点が当てられることが多かった。その理由は，情動的コミットメント測定用の代表的な尺度である OCQ の普及に起因する。先に示したように OCQ とは，Porter et al.（1974）や，Mowday et al.（1982）で提示された15項目からなる態度尺度を示す。この尺度は発表当初からその有効性が認められ，情動的コミットメントの測定を伴う多くの実証研究で用いられてきた（Mathieu & Zajac, 1990）。

しかし今日では，この尺度にもいくつかの大きな問題点があることが指摘されている。第1に，この尺度は情動的コミットメントに該当する概念のみを測定することが指摘されていることを目的に作成されたため，単独で使用する場合には，近年非常に幅広くなってきた多次元組織コミットメント概念を的確に測定できない点である。第2に，この尺度の依拠する組織コミットメントの定義が，本来は組織コミットメントの原因・結果と言うべき概念を

多く含んでおり，純粋な組織コミットメント概念を測定するのには必ずしも適していない点が挙げられる。第3に，この尺度が明らかに研究目的に合わないにもかかわらず，組織コミットメントの測定に際して，その知名度ゆえに OCQ を杓子定規に用いている研究が多いことが繰り返し報告されている（Mathieu & Zajac, 1990；Reichers, 1985）。第4に，OCQ が暗黙裡に米国における組織従業員の組織コミットメント測定を念頭に開発されたものであるため，日本の組織従業員のコミットメントを必ずしも測定しきれないという指摘や，尺度に現われた因子を単純に合計して1次元化してしまう傾向への疑問も呈されている（関本・花田, 1985, 1986, 1987）。

このような問題点に対する批判を背景として，組織コミットメント研究の領域では，OCQ に代わる尺度を開発し，その妥当性・信頼性を検証する試みが盛んになった（e.g., Allen & Meyer, 1990；Hackett et al., 1994；McGee & Ford, 1987；Meyer & Allen, 1984；Meyer, Allen, & Gellatly, 1990；Meyer, Paunonen, Gellatly, Goffin, & Jackson, 1989）。その中でも，特に Allen & Meyer（1990）の開発した3次元組織コミットメント尺度（情動的・継続的・規範的コミットメントを下位次元として想定）は構成概念妥当性を十分に満たし，その有効性が広く認められてきている。本章ではまず，この Allen & Meyer（1990）の尺度について，その次元性の区分が経験的に妥当であるか否かを日本のサンプルを用いて検証し，さらに個々の項目の特性を，項目反応理論を用いて明らかにする。

6.3. 3次元組織コミットメント尺度の構造と特徴

(1) 手続きおよび被調査者

サンプルは，(1)愛知県下にある経営コンサルティング会社と顧問契約を結んでいる企業数社に在籍する社員，(2)関東地区にある電器系大企業の研究部門に属する社員，(3)愛知県内のアパレル関係の大企業に所属する社員，(4)私立 N 大学経営学部卒業生，に回答を依頼し，参入後7年目までの若手社員を中心に質問紙400部を配付し，そのうち293部を回収した（回収率73.3%）。なお，回収された質問紙は1部を除いて有効であったため，これを除外した

292部を分析に使用することとした（有効回答率99.7％）。調査期間は1993年10月下旬から11月下旬までの約1カ月間であった。

(2) **測定道具**

組織コミットメント測定用の尺度としては先に述べた Allen & Meyer (1990) の3次元尺度を用いた。構成は，情動的コミットメント8項目，継続的コミットメント8項目，規範的コミットメント8項目，合計24項目からなっている。日本語への翻訳は筆者たちが行った（原著者 J. P. Meyer 教授から日本語版版権委譲済み）。反応尺度には，「あてはまる」「少しあてはまる」「あまりあてはまらない」「あてはまらない」の，4件法のリッカート・スケールを使用した。

(3) **探索的因子分析**

組織コミットメント尺度の下位次元を同定するために，探索的因子分析を実施した。主因子解を用いて因子分析を行ったところ，表6-1に示されたような固有値ならびに因子寄与率が得られた。この結果に Kaiser-Guttman 基準を当てはめると，因子数は3つとなる。

表6-2は，上記の条件でバリマックス回転を行った結果得られた各項目の因子負荷量および共通性を示したものである。第1因子は情動的コミットメント8項目のうち6項目から成り立っており，これはそのまま情動的コミットメントに対応する因子とみなすことができる。第2因子は規範的コミットメントの4項目，情動的コミットメントと継続的コミットメントそれぞれの1項目ずつから構成されている。情動的コミットメントの項目は「1.私の仕事生活（キャリア）の残りを，いまの会社で過ごせたら，とても幸せだ」，継続的コミットメントの項目は「9.この会社を辞めるなんて，自分には考えられないことだ」であり，両項目はその内容が一部規範的コミットメントと重なる箇所があると判断できる。よって第2因子は規範的コミットメントに対応するものとみなしうる。第3因子は，継続的コミットメント項目のうち4項目のみから成り立っており，これは継続的コミットメントに該当するものと判断できる。すなわち，探索的因子分析を行った結果，ほぼ Allen

& Meyer (1990) の提示した3因子が抽出されたものと考えられる。

この結果に則して尺度構成を行い，組織コミットメントの3つの下位次元それぞれにおいて信頼性係数（α 係数）を算出した。信頼性係数を著しく低下させている項目4（情動的コミットメント）および項目15（継続的コミットメント）を各尺度から除外して算出したところ，情動的コミットメントで

表6-1　因子分析の結果：固有値および寄与率

因子	固有値	寄与率（%）	累積寄与率（%）
1	5.674	23.6	23.6
2	1.750	7.3	30.9
3	1.363	5.7	36.6
4	.928	3.9	40.5
5	.568	2.4	42.9

表6-2　各因子に対する項目負荷量および共通性（回転後）

項目	第1因子	第2因子	第3因子	第4因子	第5因子	共通性 (h^2)
6（A）	.748					.622
2（A）	.682					.547
8（A）	.654					.501
3（A）	.651					.519
5（A）	.651					.611
7（A）	.646					.549
21（N）		.601				.599
17（N）		.587				.433
1（A）	.536	.566				.693
19（N）		.563				.442
23（N）		.500				.286
9（C）		.450				.498
12（C）			.656			.516
11（C）			.650			.532
15（C）			.448			.272
14（C）			.401			.315
10（C）						.240

（注）　A：情動的コミットメント項目　　C：継続的コミットメント項目
　　　　N：規範的コミットメント項目
　　　　因子負荷量降順；0.40以下の値は省略

0.874, 継続的コミットメントで0.680, 規範的コミットメントで0.764となった。ここから, 継続的コミットメント尺度のα係数の値がやや低いものの, Allen & Meyer (1990) の3次元組織コミットメント尺度日本語版は, 十分な内的整合性を示していることがうかがえる。

(4) IRT 分析

各下位次元について, 2パラメタ・ロジスティック・モデルに基づいてIRT分析を行った。分析に際しては, 項目反応のうち肯定的な2件（「あてはまる」「少しあてはまる」）に1を与え, 否定的な2件（「あまりあてはまらない」「あてはまらない」）に0を与える2値化を行った。さらに BILOG 3 (Mislevy & Bock, 1986) を用いて, 各項目の識別力・困難度の2つのパラメタ値を周辺最尤法に従って推定した（表6-3〜表6-5）。

情動的コミットメントについては, 識別力パラメタ値は全体的に高く1.00を超える値を示す項目が2つあり（項目1,2）, 平均値は0.896である（最大値：1.317, 最小値：0.545）。また, 困難度パラメタ値も全体的に高く（平均値：0.525, 最大値1.376, 最小値：-0.696）, 正の値を示す項目が7項目中5つあり（項目1,2,5,6,7）, そのうち3項目が+1.00を超える値を示している。この結果から, 情動的コミットメント項目は全体的に回答者が肯定す

表6-3 項目パラメタ推定値（情動的コミットメント）

項目	識別力 (a)	困難度 (b)	双列相関係数 (r_{bis})	通過率 (p')
1	1.004	1.187	.567	.196
2	1.317	1.162	.727	.175
3	.545	-.412	.324	.577
5	.998	.482	.613	.361
6	.722	1.376	.498	.206
7	.596	.786	.410	.340
8	.825	-.696	.482	.670

（注）項目4は除外。

パラメタ	平均値	標準偏差
識別力	.896	.272
困難度	.525	.759

第Ⅱ部　基礎編

表 6-4　項目パラメタ推定値（継続的コミットメント）

項目	識別力 (a)	困難度 (b)	双列相関係数 (r_{bis})	通過率 (p')
9	.507	−.039	.257	.507
10	.630	.724	.330	.342
11	.547	.660	.273	.370
12	.554	.476	.265	.404
13	.611	.572	.316	.377
14	.631	−.791	.339	.671
16	.485	−.414	.227	.575

（注）　項目15は除外。

パラメタ	平均値	標準偏差
識別力	.576	.061
困難度	.006	.718

表 6-5　項目パラメタ推定値（規範的コミットメント）

項目	識別力 (a)	困難度 (b)	双列相関係数 (r_{bis})	通過率 (p')
17	.493	.567	.261	.397
18	.586	−1.742	.266	.815
19	.518	−.819	.314	.651
20	.828	.016	.478	.493
21	.940	−.755	.577	.699
22	1.198	.740	.669	.281
23	.616	−.556	.383	.616
24	1.274	.241	.692	.418

パラメタ	平均値	標準偏差
識別力	.806	.306
困難度	−.288	.932

るのが困難であること，すなわち組織そのものへの愛着が基になった，必ずしも合理的ではないコミットメントを個人が有するのは比較的困難なことが分かる（図6-1）。また，情動的コミットメント尺度は優れた識別力を有しており，やや高いレベルの情動的コミットメントの特性尺度値を有する個人とそうでない個人とをセンシティヴに識別できることがうかがわれる結果となった（図6-2）。Roznowski（1989）の使用した項目分析の基準（項目パ

ラメタ推定値が $a<.50$ あるいは $4.00<|b|$ のいずれか1つでも満たせば，その項目を尺度から除外する）に従って各項目のパラメタ値を検討すると，この基準に該当する項目は見られない。ここから，情動的コミットメント尺度には，困難度が極端に高い値や低い値を示す項目や，識別力が低い項目は含まれていないと判断できる。

　継続的コミットメントに関しては，項目の識別力パラメタ値は概ね0.50から0.60の周辺に集まっており，平均値は0.576であり，全体的に見て中程度の識別力を示している（最大値：0.631，最小値：0.485）。また，困難度パラメタ値も中程度であり，正負バランスの取れた値を示している（平均値：0.006，最大値：0.724，最小値：-0.791）。ここから，組織との合理的な交換関係に基づく個人の継続的コミットメント尺度については，回答者は各項目の内容を肯定するのがそれほど困難ではないことが示唆される（図6-3・図6-4）。それに加えて，尺度の識別力パラメタ平均値は高くはないが，標準偏差は0.061と極めて小さいことから，尺度の各項目の識別力には大きなばらつきがないことが分かる。Roznowski の基準を用いて項目分析を行ってみると，項目16の識別力パラメタ値が0.485とわずかながら基準から外れるものの，その差は0.015と極めて小さいため，除外することなく尺度に含めた。情動的コミットメント尺度と同様に，継続的コミットメント尺度を構成する項目には，困難度が極端に高い値や低い値を示す項目や，識別力が極めて低い項目は含まれていない。

　規範的コミットメントについては，識別力パラメタ値は全般的に高く，1.00を超える値を示す項目も2つあり（項目22, 24），平均値は0.806と比較的高い値を示した（最大値：1.274，最小値：0.493）。一方，困難度パラメタの値は，比較的高い値と低い値とが混在していてばらつきが大きく（標準偏差：0.932，範囲：-1.742〜0.740），全体としては肯定が容易という尺度特徴を示している（平均値：-0.288）。ここから，個人の組織規範の取り入れの結果として形成される規範的コミットメント尺度は，比較的高いレベルの規範的コミットメント特性尺度値をもった個人とそうでない個人とを敏感に識別することができる（図6-5・図6-6）。さらに，Roznowski の使用した基準に則して項目分析をすると，項目17の識別力パラメタ値が0.493と

第Ⅱ部　基礎編

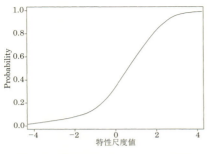

図6-1　情動的コミットメント尺度の
　　　　テスト特性曲線

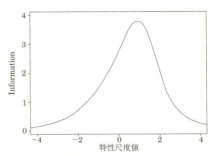

図6-2　情動的コミットメント尺度の
　　　　テスト情報曲線

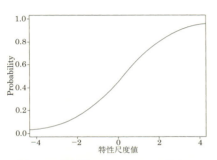

図6-3　継続的コミットメント尺度の
　　　　テスト特性曲線

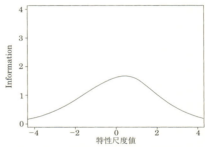

図6-4　継続的コミットメント尺度の
　　　　テスト情報曲線

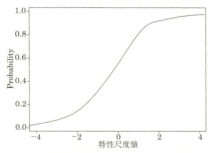

図6-5　規範的コミットメント尺度の
　　　　テスト特性曲線

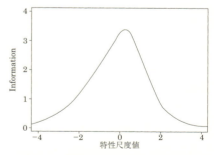

図6-6　規範的コミットメント尺度の
　　　　テスト情報曲線

わずかながら基準から外れるが，その差は0.007と極めて小さいため，除外せず尺度に含めた。ここから，他の2つのコミットメント尺度と同様に，継続的コミットメント尺度には，困難度が極端に高い値や低い値を示す項目や，識別力が極めて低い項目は含まれていないことが示された。

6.4. 考察

(1) Allen & Meyer 尺度の評価

本研究の結果から，Allen & Meyer 尺度の下位次元について，その弁別的妥当性はおおむね検証されたと判断できる。しかし Allen & Meyer (1990) の仮定した下位3次元はほぼ検出されたものの，それぞれの次元を構成する項目は微妙に異なっていた。すなわち，実証研究のデータからは，Allen & Meyer (1990) の仮定した因子構造に類似した構造が抽出されたが，各因子を構成する項目は，数（仮定では各8項目）・概念（仮定では各因子は互いに独立）ともに，完全に仮定通りには検証されるという結果は示されなかった。

尺度の因子構造について，下位次元の弁別的妥当性を検証しようとする研究がこのような結果に終わることは珍しいことではない。その場合には，あらかじめ先行研究を概観し，どの程度の弁別的妥当性が示されてきたかについて検討しておくことが望ましい。

Allen & Meyer 尺度の次元性を経験的データを用いて検証する試みはこれまでにいくつか行われている。先行研究の結果は，次の3点にまとめることができる。第1に，次元性の検証に探索的因子分析を用いた場合には，仮定通りの3次元が検出されることが多い（cf. Allen & Meyer, 1990 ; Dunham & Grube, 1990）。このとき，情動的コミットメントおよび規範的コミットメント因子には，因子負荷量の値が低い項目が1つないし2つ含まれることも多い。

第2に，継続的コミットメント下位尺度の因子構造が必ずしも安定していないという研究結果（McGee & Ford, 1987）から，3次元モデルの因子構造に疑問を投げかける研究も見られる。具体的には，継続的コミットメント

にさらに下位次元が存在するという立場から仮説を設定し，確認的因子分析を用いて実際に下位次元を検出する試みが行われている。これらの研究は，継続的コミットメントが，「高い犠牲（high sacrifice）」（項目10, 13, 14, 15）および「低い代替案（low alternatives）」（項目 9, 11, 12, 16）の 2 つの下位次元から構成されるものと考える（Hackett, Bycio, & Hausdorf, 1994）。すなわち，Allen & Meyer の尺度は 3 次元尺度ではなく下位 4 次元からなる尺度である，というのが彼らの主張である。

前者は，組織成員が組織を去ることによって避けられない形で生ずる個人的犠牲の大きさ（サイド・ベットの回収不能化）を意味し，後者は，成員が組織から退出した後の新たな代替就職先の乏しさを指している。この 2 つの下位尺度の特徴として挙げられるのは，「高い犠牲」が情動的コミットメントと弱い正の相関（$r=0.20$程度）を示し，「低い代替案」が情動的コミットメントとは無相関な点である。両下位尺度はそれぞれ 4 項目から構成されるものの，実際には各々でそのうち（少なくとも） 1 項目は因子負荷量が著しく低い結果になりやすく，実質 3 項目からなる尺度と見なすのが妥当であろう（Hacket, Bycio, & Hausdorf, 1994）。項目数が少ないにもかかわらず，各下位尺度の信頼性係数（Cronbach's α）は，概ね0.70程度の値を示している。この値は，継続的コミットメントを 1 次元と想定した場合の α 係数や，情動的コミットメント・規範的コミットメント尺度の α 係数値（0.80-0.85程度）よりは低いが，尺度としては統計分析に耐えられる値を示していると考えられる。

第 3 に，継続的コミットメントの因子構造に疑問を呈する研究に応じる形で，逆に当該尺度の 1 次元性を確認的因子分析を用いて検証しようとする試みが見られる。中でも，Meyer, Allen, & Smith（1993）は，自らが開発した尺度の長所・短所について綿密に論じ，継続的コミットメントの 1 次元性が高い（であろう）改訂版を作成し，看護師・看護学生（それぞれ603名・366名；$N=969$）を対象とした調査を行い，改訂版が 3 次元であることを検証した。また，Durham, Grube, & Casteñeda（1994）は，多種多様な働く個人（$N=2734$）を対象に， 4 次元が検出されることが多い原版の Allen & Meyer 尺度を用いて調査を実施し，原版でも継続的コミットメントの 1 次元性が十

分認められることを明らかにした。

以上でみたように先行研究における尺度の弁別的妥当性の問題は未解決な状況にある。上記研究のサンプルの多様性から判断すると，尺度の次元性は，サンプルの属性に大きく依存しているものと考えられる。本研究の結果を先行研究に照らしてみると，Allen & Meyer 尺度日本語版の弁別的妥当性は十分に示すことができたものとみなすことができる。今後の研究では，確認的因子分析を含めた，より多面的な妥当性検証を行っていく必要があろう。

(2) 今後の組織コミットメント研究の方向性

組織コミットメントの分野において，重要な構成概念がほぼ固まり，その概念に基づいた多次元尺度が開発され，その妥当性・信頼性が検証され始めたのは最近のことである。Allen & Meyer 尺度の発表・追試・改訂によって，組織コミットメントを単一概念・単一次元で捉える（あるいは単一概念・原因や結果まで含めた多次元で捉える）傾向は，ほぼ終焉を迎えたと言ってよかろう。このような研究動向を反映して，過去の組織コミットメント尺度を用いて測定・検討された他の変数との因果関係や相関関係（職務満足・生産性・離転職など）を再検討する試みも始まっている。このような「尺度開発」「尺度評価」「他変数との因果関係の検証」を軸に，組織コミットメント研究は現在新たな局面を迎えようとしている。

尺度開発については，尺度開発の基本概念となる次元探索と同定の試みが今後も重要である。職務満足測定尺度開発についての研究（Smith, Kendall, & Hulin, 1969; Weiss, Dawis, England, & Lofquist, 1967）や，Reichers (1985) の指摘を参考に，①コミットメント対象の多重性，②コミットメントを産み出す個人の心理メカニズム解明，の双方に研究の方向性を向けることが望ましい。この方向性には，社会心理学におけるコミットメント研究（Yamagishi & Yamagishi, 1994）や，行為論（Bratman, 1987）などの知見も貢献するものと思われる。この方向での試みには，Blau, Paul, & St. John (1993) の研究がある。彼らは組織コミットメントを概念的に広く捉えて「仕事コミットメント（work commitment）」と名付け，その下位次元に「キャリア」「職務」「価値」「組織」を設定して尺度開発を行い，データによって

下位次元の概念的な重複性（redundancy）を検証している。

　尺度評価については，確認的因子分析による分析に加えて，本研究のような IRT 分析の試みを積極的に行っていく必要があろう。今後は，Allen & Meyer の 3 次元尺度の精緻化を行い，各下位尺度ごとに個人をよりセンシティヴに測定できる項目を追加して「項目プール（item pool）」を作成することが急務である。また，尺度の欠点を是正し，より妥当性・信頼性の高い改訂版を作成する試み（Meyer, Allen, & Smith, 1993）も重要である。

　このようにして信頼性・妥当性ともに高い多次元組織コミットメント尺度が開発されて，初めて「他変数との因果関係の検証」が意味をもってくる。OCQ など，情動的コミットメントと他の変数との関係はこれまで数多く検証されてきたが，その他の継続的コミットメント・規範的コミットメントと他変数との関係については，それほど活発な検証はなされてこなかった。今後の実証研究では，離転職・生産性・職務満足など，従来から組織コミットメントとの因果関係が想定されてきた変数との関係を再検討することが重要であろう。

(3)　3 種類のコミットメントのコンバインド効果

　近年，情動的コミットメント，継続的コミットメント，規範的コミットメントの 3 種類のコミットメントを相互に排他的な概念ではなく，互いに関連しあったものとして捉える考え方が提起されている。例えば，情動的コミットメントと規範的コミットメントの両者が高いケースや，継続的コミットメントのみ高いケースなど，様々な心の有りよう（mindset）が考えられる（Meyer & Herscovitch, 2001 ; Gellatly, Meyer, & Luchak, 2006）。この視点から，各コミットメントのもたらす結果に対する主効果だけでなく，3 次元コミットメントが互いに関連しあう効果（コンバインド効果）を検証する必要性が示唆される。

　これまでのところ，3 種類のコミットメントのコンバインド効果を検証した研究は十分ではなく（Somers, 1995 ; Wasti, 2005），これを明らかにするために 2 種類の方法が提起されている（Meyer & Herscovitch, 2001）。第 1 の方法は，プロフィール分析（profile analysis）と呼ばれる手法である。こ

れは，始めに，3種類のコミットメント得点について，これをそれぞれ高群・低群に分割し，これらをすべて組み合わせ，合計8パターンのコミットメント・プロフィールを生成する。次に，パターンごとに行動生起の程度（例えば，組織市民行動）を求め，プロフィール間で比較するという方法である。第2の方法は，情動的コミットメント（AC），継続的コミットメント（CC），規範的コミットメント（NC）の3次元交互作用効果を検証するという方法である。

　Gellatly et al.（2006）の545人の病院職員を対象とした研究では，始めに上記の方法に従って8パターンのコミットメント・プロフィールを作成し，残留意思（離転職意思の対立概念）および組織市民行動に関して，プロフィール間の差異を検討した。結果を要約すると，純粋に情動的コミットメントのみ高い者（High-AC, Low-NC, Low-CC）や規範的コミットメントのみ高い者（Low-AC, High-NC, Low-CC）は，純粋に継続的コミットメントのみ高い者（Low-AC, Low-NC, High-CC）や無関与者（Low-AC, Low-NC, Low-CC）よりも，残留意思の程度や組織市民行動を示す程度が有意に高かった。さらに純粋に継続的コミットメントのみ高い者と無関与者の間に，残留意思や組織市民行動の程度に関して有意な差は見出されなかった。興味深い結果は，情動的コミットメントと規範的コミットメントに一種の加算効果が見出された点である。つまり，情動的コミットメントと規範的コミットメントがともに高い者は，情動的コミットメントのみ高い者や規範的コミットメントのみ高い者より有意に残留意思や組織市民行動の程度が高かった。

　次に，彼らは，重回帰分析を用いて，AC，NC，CC が残留意思や組織市民行動に与える3要因交互作用効果を算出した。階層的重回帰分析の結果は，AC×NC×CC の3要因交互作用項が，残留意思や組織市民行動に影響を及ぼすというものであった。単純傾斜分析の結果を要約すると，第1に情動的コミットメントと組織市民行動の関連は，規範的コミットメントと継続的コミットメントともに高い場合に，最も強いというものであった。第2に規範的コミットメントと組織市民行動の関連は，規範的コミットメントと継続的コミットメントの両者が低い場合に最も強かった。第3に，規範的コミットメントと組織市民行動の関連は，情動的コミットメントが低いと負であっ

た。最後の結果が興味深いが，規範的コミットメントは文脈依存の概念であり，情動的コミットメントが高いと，従来からの定義と一致した道徳的義務感(正しいという信念に基づき，本人の希望に由来する)として体験される。しかし，情動的コミットメントが低いと，規範的コミットメントは恩義による義務感（責務や果たすためや評判を守るために本人がやらなければならないもの）として体験される。このように規範的コミットメントの意味が情動的コミットメントとの関数として変容しているのである。

林・渡辺・西田ほか（2007）は，日本人データを用いて同様の分析を行ったが，Gellatlyたちの結果と必ずしも一致したものではなかった。今後，交差文化的・異文化間比較（cross-cultural comparative）な視点も考慮して，3要因コミットメントのコンバインド効果を検討する必要がある。

(4) 将来の組織コミットメント研究の留意点

今後組織コミットメント研究を行う際に，特に留意すべきことが2点ある。第1に，近年の態度研究の多くで言及されている点であるが，縦断的デザインに基づいた実証研究を行うことが望ましい。態度変容のダイナミズム・経時的安定性を検証するためには，ある程度長期にわたる追跡調査を実施する必要がある（e.g., Meyer, Allen, & Gellatly, 1990）。

態度変容以外の視点からも，縦断的研究デザインを採用することによって，様々に組織コミットメントに接近できる。例えば，本書収録の組織行動論・組織心理学における「傾性的アプローチ（dispositional approach）」（木島・野口・渡辺・高橋, 1996；Kijima, Takahashi, & Watanabe, 1996；Takahashi, Watanabe, & Kijima, 1996；高橋・渡辺・野口・木島, 1996）に基づき，組織コミットメントのいずれの下位次元が個人のパーソナリティによって決定されるのか，あるいはパーソナリティの有する長期安定性という特質のために，組織コミットメントは長期的に安定したものなのか，という議論が可能となる。また，特に個人の組織参入（organizational entry : Wanous & Colella, 1989）から初期キャリア段階にかけての組織コミットメントの推移を検証することにより，組織コミットメントが組織社会化（organizational socialization : 高橋, 1994a, 1994b, 1994c）の結果として形成されるものか，

形成されるとしたらどの下位次元に関連するのかが検証可能となる。

　第2に，将来の組織コミットメント研究では，交差文化的・異文化間比較研究を試みることが重要であろう。組織コミットメントに文化差が存在する可能性は従来から指摘されており，Meyer らの尺度が公刊された英語圏での組織コミットメント概念とは異なる日本的組織コミットメント概念に基づいた尺度開発・実証研究の試みはこれまでにもなされてきている（e.g., 関本・花田, 1985, 1986, 1987）。また，Lincoln & Kalleberg（1985）のように，組織コミットメント得点の日米比較を行い，日米で働く人々の組織コミットメントの高さが実際にどの程度異なるのかを検証しようとする試みもなされている。そして IRT 分析は，異文化間比較研究において多言語に翻訳された尺度間の翻訳等価性を検証するのに極めて有効な方法である（具体的には，特異項目機能（differential item functioning : DIF）の検討を行うことなど）。実際，上記の Lincoln & Kalleberg（1985）の組織コミットメント日米比較研究のデータを IRT で再分析する試みも行われている（渡辺・加藤・藤本, 1995）。その結果，Lincoln & Kalleberg が，米国人の（日本人よりも）高い組織コミットメント得点の根拠とした項目に，ほぼ一様に特異項目機能が検出された。すなわち，同じ（組織コミットメントの）特性尺度値レベルにある個人が同一項目に回答するのであれば，日本語版よりも英語版の方が高い得点を示す傾向にあることが明示された。そのため，Lincoln & Kalleberg が行ったような，日本語版と英語版の得点を単純に比較する手続きは必ずしも適切ではないことが示唆された（第16章参照）。

　このように，本研究で使用された IRT 分析は，異文化間比較研究において特に有効な手法である。今後は，Allen & Meyer 尺度を用いた異文化間比較研究を積極的に実施し，項目反応理論に基づいた翻訳等価性の検証を厳密に実施しながら，3次元コミットメント尺度の異文化間妥当性を追求していくことが望ましい（Meyer, 1998）。

(5) 本研究の限界

　本研究には，主に3つの限界がある。第1に，研究が横断的デザインを採用せざるを得なかった点である。今後の研究では，縦断的に個人の組織コミッ

第Ⅱ部　基礎編

付録　3次元組織コミットメント尺度（Allen & Meyer, 1990）原版　日本語版

（情動的コミットメント）
1. 私の仕事生活（キャリア）の残りを，いまの会社で過ごせたら，とても幸せだ。
2. 私は，会社の外の人に，自分の会社のことを話すのが楽しい。
3. 私は，この会社の問題を，まるで自分自身の問題であるかのように感じている。
4. ほかの会社に替わっても，いまの会社へと同じくらい容易に，その会社に適応できると思う。
5. 私は，会社という「家族」の一員になっているように思う。
6. 私はこの会社に，愛情を感じていると思う。
7. この会社は，私にとって個人的に重要な意味を持っている。
8. 私は，自分の会社の一員なのだ，と強く感じることがある。

（継続的コミットメント）
9. この会社を辞めるなんて，自分には考えられないことだ。
10. たとえ私がこの会社をいますぐに辞めようと思っても，実際に辞めるのはとても難しい。
11. いま会社を辞める決意をしたら，私の人生のきわめて多くが崩れてしまうだろう。
12. いま会社を辞めたら，損をするように思う。
13. いま，この会社に勤めている理由は，勤めたいからではなく，勤める必要があるからだ。
14. 私が会社を辞めたとしたら，代わりの勤め先が見つからずに困るだろう。
15. この会社を辞めたら，ほかに仕事のあてがないかもしれないが，私は別にかまわない。
16. 私がこの会社に勤めている大きな理由は，ほかの会社に入っても，ここでもらっているだけの報酬が得られないからだ。

（規範的コミットメント）
17. 最近の人は，あまりにもひんぱんに転職をしすぎると思う。
18. 私は，「従業員はつねに自分の会社に忠誠心を持たなければならない」と思っている。
19. 会社から会社へと渡り歩くことは，倫理に反すると思う。
20. 私が，この会社で働くことに，道徳的な義務を感じている。
21. 私は，ほかの会社からもっとよい仕事を提示されても，この会社を辞めないだろう。
22. 私は，「自分の会社に忠誠心を持つように」と言われた。
23. ひとつの会社にずっと勤めるほうが，残りの仕事生活（キャリア）を有効に過ごせると思う。
24. 「会社人間」になりたがるのは，賢明なことである。

©John P. Meyer，高橋弘司，渡辺直登．
（注）本表の翻訳・掲載に際しては原著者（Dr. John P. Meyer）の許可を得ている。なお，本尺度の使用に際しては事前に文書で目的・予定サンプル数・研究内容概要などについて書面で使用許可申請を行い，原著者・翻訳者の許可を必ず得られたい。また，尺度に関しての詳細，回答のためのインストラクション等についても原著者・翻訳者に必ずお問い合わせ願いたい。

トメントの変容を測定し，その因果関係についても検証を行うことが必要であろう。第2に，尺度の英語原版を日本語に訳し，その項目を用いて調査を行い，項目パラメタの推定値を提示するにとどまった点である。したがって，Allen & Meyer の組織コミットメント尺度は未だ翻訳等価性の検討が行われていない暫定的なものである。北米では，すでに原版を用いて十分なデータの蓄積がなされているので，それを借用して原版の項目パラメタ推定値と日本語版のそれとの比較，さらに翻訳等価性の検証を行うことが理想であった。このことについても今後可能な限り実施していきたい。第3に，実証研究において解析に使用されたサンプル数が少ない点である（N=292）。項目パラメタの推定値を安定させるためにも，今後はより多くの追加サンプルを得る必要がある。

第Ⅱ部 基礎編

第7章 組織的公正の測定

　バブル経済崩壊後の失われた20年を経て，従業員と組織の関係が大きく変わったと言われている。最も特徴的な変化は，年功制と終身雇用に基づく従来の労務管理から成果主義に基づく管理への移行であろう。このような個人間格差を容認する処遇は，個人の貢献を報酬に反映させることであり，従業員のモチベーションを高めるという効果が期待される。ただし，その効果は，給与の金額そのものが公平，公正であると皆が感じること，あるいは給与額が公正，公平に決められることが前提となる。もし曖昧な基準や評価者の完全な気まぐれによって給与が決められ，それが個人間の処遇に違いを産むのであれば，従業員のモチベーションは著しく損なわれるであろう。しかしながら，誰もが納得する公正処遇を達成することは極めて困難である。なぜなら公正の感じ方は，主観的な側面があり，客観的なあるいは絶対的な公正基準を示すことができないからである。よって組織における公正を明らかにするためには，個人の主観や感覚に焦点を当てる心理学的視点あるいはミクロ組織論の視点が欠かせない。

7.1. 主観的な公正知覚研究

　組織的公正研究とは，上記のような主観的な公平感すなわち個人の公正知覚を扱う研究領域である。組織的公正はその源流を Adams（1965）の衡平理論に求めることができるが，主として手続き的公正が盛んに行われた90年以降に大きく発展した。最近のメタ分析の手法を用いた研究によると，組織的公正がモチベーション，離転職，業績，組織コミットメント，OCB，職務満足感といった組織重要な変数と比較的頑健な相関があることが報告され

ている (Cohen-Charash & Spector, 2001; Colquitt, Conlon, Wesson, Porter, & Ng, 2001)。

このように組織的公正は，実務的にも学術的にも重要な概念であると考えられる。しかしながら Greenberg (1993a) が指摘したように，これを測定する標準的なあるいは頑健 (robust) な道具 (instrumental) が開発されていない。その理由として，①組織的公正がとても複合的な概念であること，②多くの研究者は公正問題が立ち上がる状況や文脈に合致した測定を試みてきたので，アド・ホックな尺度が多いこと，③さらに取り上げられる文脈が多岐にわたることなどが考えられる。

そこで本章は，組織的公正をいかに測定するかという問題に取り組むために，本概念の発展とこれまでの代表的尺度について簡単な展望を行う。最後に筆者らが開発した組織的公正尺度の IRT 分析の結果を報告する。

7.2. 組織的公正の概念・構成要素

ここでは主に組織的公正が様々な次元に区別されていく歴史を Ambrose & Scminke (2001) や林 (2004) の枠組みに従って論ずる (図7-1参照)。

1970年代までの草創期の組織的公正研究は，主として結果の公正 (分配的

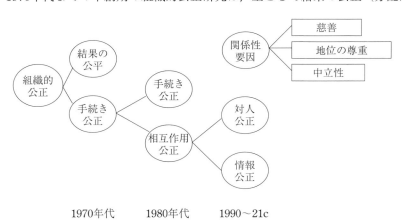

図7-1　組織的公正概念の発展

（注）　Ambrose & Scminke (2001) を参考に筆者が作成。

公正) に焦点を当ててきた。結果の公正とは組織内の資源配分や意思決定の結果が公正であるかどうかを表わす概念であり,相対的剥奪理論や衡平理論を引き継ぐものである。主として報酬や給与の公正に焦点を当ててきた (Adams, 1965 ; Stouffer, Suchman, DeVinney, Star, & Williams, 1949)。さらに1980年代に入ると,組織的公正研究は,手続き的公正を検討する方向に移行していった。手続き的公正とは,報酬配分や意思決定の手続きや過程が公正かどうかを表わす概念である。これらの研究の多くは,Thibaut & Walker (1975) や Thibaut & Walker (1978) のコントロール・モデルと Leventhal (1980) が提起した手続き的公正ルールから発展したものである (Colquitt, 2001)。

　はじめにコントロール・モデルについて述べよう。Thibaut & Walker は,社会心理学的な観点から法的な場面における意思決定の特徴を明らかにしようとした。したがってコントロール・モデルは,2人の当事者がある利害をめぐって対立している状況,典型的には裁判状況を仮定している。裁判は,通常,証拠の選択・提示を行う過程段階と実際に判決が下される決定段階という2つに分けられる。Thibaut & Walker は,当事者が各段階において行使できる影響力の程度を手続き的公正の重要な要因として見なした。彼らはこの影響力行使をコントロールと命名し,各段階に対応して決定コントロール (decision control) と過程コントロール (process control) に分けた。コントロール・モデルの妥当性を検証した多くの研究によれば,個人はコントロールを確保できれば,例え自分にとって不利な結果(敗訴)を与えられた場合でも,最終結果を必ずしも否定的に受け止めないという傾向を明らかにした。さらに,過程コントロールが確保されれば,最小限の決定コントロールしか与えられなくても,個人の最終結果に対する否定的な反応は抑制されることが見出された。これらの研究から,当事者が過程コントロールを判決の有利不利や決定コントロールといった結果要因とは独立に評価することが示唆された。

　こうした過程コントロールの効果は法的場面以外の状況でも妥当であることが実証されたが,その1つが組織場面である。組織研究者は,過程コントロールを発言権 (voice) と呼ぶことが多く,資源配分や意思決定過程にお

いて自分の意見や立場を主張できる程度とより一般的に定義した。さらに不利な決定がフィードバックされたり，決定コントロールが確保されていない場合であっても，自分の意見や気持ちを表明する機会は手続き的公正の知覚を高めることが見出され，この発言権の独自な効果は価値表出効果と呼ばれた（Lind, Kanfer, & Earley, 1990）。

　Thibaut & Walker の先駆的研究は，その後の手続き的公正研究に大きな影響を与えた。しかしながら彼らが指摘した手続き的公正要因はコントロール（あるいは発言権）限定されている。そこで Leventhal（1980）は，手続きの公正さを評価するより広い枠組みを提示した。彼は手続き的公正の要因として6つ（一貫性，偏向の抑制，正確さ，修正可能性，代表性，倫理性）をあげているが，これも手続き的公正研究に先鞭をつけるものであった。

　Thibaut & Walker や Leventhal によるこれらの研究は，意思決定を下す上でのシステムや過程・手続きの構造的特徴に焦点を当てたものであった。例えば，グループの中で新しい商品開発の決定を行うにあたって各人に十分な発言機会が確保されたか（発言権），正確な情報に基づいた決定であるか（正確性）というように，意思決定手続きにおいて発言権や6つのルールがどれくらい担保にされているかを論ずるのである。こうしたフォーマルな手続き構造に焦点を当てた研究は，1980年中頃まで公正研究をリードした。

　ところが Bies & Moag（1986）の研究を嚆矢として，多くの研究者たちが，手続きや規則の執行に影響力をもつ人物（権限者）との対人関係の性質も手続き的公正知覚の要因であると主張した。つまり個人が権限者から受けた処遇の質も手続き的公正を規定する要因であると主張した（Bies & Moag, 1986；Greenberg, 1990；Greenberg, 1993a or b；Tyler & Bies；1990；Tyler & Lind, 1992）。

　さらに Cropanzano & Greenberg（1997）や Folger & Cropanzano（1998）は，手続き的公正を規定する対人的処遇が2つの側面から構成されると主張した。1つは社会的感受性（social sensitivity）である。これは当事者が権限者から受けた配慮あるいは尊重された程度を示す。他方は，情報提示による説明（informational justification）である。これは，当事者が権限者から正確な情報に基づく説明を充分に受けたかを指す。こうした公正の社会的側面

は，相互作用的公正と呼ばれることが多い（Bies, 2001）。

21世紀に入って，Colquitt（2001）やColquitt, Conlon, & Wesson（2001）は，社会的感受性と情報提示による説明を独自の因子と仮定し，積極的に区別する4次元モデルを提起した。確認的因子分析やメタ分析の研究は，4次元モデルが支持する結果であった。しかしながら3次元モデルと4次元モデルのどちらが妥当であるかの結論は，今後の研究知見の蓄積を俟たなければならないと思われる。

また，Lind & Tyler（1988）やTyler & Lind（1992）は，独自な視点から手続き的公正の社会的側面を理論的に見出した。彼らの関係性モデルによれば，集団成員は安定した社会的自己や自尊心を獲得するために集団との長期的関係を重視する。さらに成員の社会的自己や自尊心は，権威者との関係性の影響を受けると指摘した。

Tyler（1989）は，そのような関係性指標として次の3要因を提起した。中立性（neutrality），仁愛（benevolence），地位の尊重（status recognition）である。中立性とは，権威者によって成員が分け隔てなく処遇されたかどうかを表わす。仁愛とは，権威者が，私心のない信頼に足る振る舞いをしたかどうかを表わすものである。地位の尊重とは，権威者が，各構成員の立場を配慮し尊重した処遇を行うかを示す。これらの関係性要因が，成員の手続き的公正知覚を高め，集団の凝集性を強めると考えられている。Tylerたちの関係性要因も，相互作用的公正の一類型と考えられる。

7.3. 組織的公正の測定

組織の公正を測定する尺度を開発する試みは，前述したように充分とは言えない（Lind & Tyler, 1988）。Greenberg（1993a）やColquitt（2001）は，組織的公正研究の発展を阻む要因の1つとして手続き的公正と結果の公正を測定する標準尺度の不足を指摘した。研究者の多くが，単一項目による測定やアドホックな項目による測定を行っているため，手続き的公正と結果の公正の構成概念妥当性を示す証拠が得られていないという批判を行いながら，彼は，これまでの知見を統合した公正知覚の測定道具（instrumental）を開

発するように呼びかけている。

その一方で，Greenberg（1993b）は，標準的公正尺度を開発する難しさも指摘している。組織場面では，給与，昇進といった配分の問題から日常業務の意思決定など，公正の問題は多岐にわたる。それゆえ個別状況を配慮しようとすれば，応用可能性の高い尺度開発は放棄せざるをえない。しかしながら90年代以降，標準的な尺度を開発する試みが始まっている。そうした尺度の一部は，後ほど簡単に紹介される。

(1) 公正尺度を分類するための軸

先に述べたように多くの研究者が，組織的公正を測定するために様々な尺度を開発してきた。この事実は，標準的な尺度の不足している現状を反映している。しかしながらこれまでの尺度の特徴を検討すると，これまでの組織的公正尺度は次の2つの共通の分類軸によって分類できる。

1つは，包括測定（generic measurement）－領域特定の測定（domain specific measurement）という軸である。包括測定とは，「コンテクスト・フリー」な項目によって従業員の公正知覚を測定する方法である。例えば，「あなたが仕事を通して得ている報酬は公正ですか（結果の公正）」や「従業員の報酬を決定する手続きは公正ですか（手続き的公正）」という質問項目が考えられる。一方で，領域特定の測定とは，ある領域やコンテクストに沿って従業員に公正さを尋ねる方法である。例えば，「あなたが得ている給与は，あなたの仕事ぶりから判断して公正ですか（給与というコンテクストにおける結果の公正）」や「人事考課を行う際に，上司はあなたに自分の意見を表明したり，説明する機会を与えてくれましたか（人事考課というコンテクストにおける手続き的公正」といった質問項目が考えられる。

Greenberg（1996）やGilliland & Chan（2001）は，コンテクスト・フリーな方法ではなく，領域を特定した測定方法を支持している。彼らは，コンテクスト・フリーよりも特定領域の方が多くの情報を含み，また実践的であるという理由から前者を支持する見解を示している。しかしながら両者の相対的妥当性が，測定的な見地から証明されたわけではない。したがってどちらかの優劣を論ずるのではなく，調査の性質や目的に照らして適切な測定法は

選択することが望ましいと思われる。

　もう1つは，直接測定(direct measurement) – 間接測定(indirect measurement) という軸である（Lind & Tyler, 1988）。前者は，ある結果や手続きが公正であったかどうかを直接的に尋ねる方法である。後者は，ある結果や手続きが公正であったかどうかを直接的に聞くのではなく，一貫性，発言機会，適切な説明といった個別の公正基準を満たしているかどうかを尋ねる方法である。

　90年代に行われた研究の多くは，間接測定を用いている。間接測定は，回答者に具体的な公正基準を評価させるので，その評価はより多くの情報を含むと考えられている。実際，Colquitt et al.（2001）は，メタ分析の手法を用いて直接測定による公正さおよび間接測定による公正さと職務満足感，組織コミットメント，逃避行動（欠勤，転職意志）の関連を検討した。その結果，直接測定より間接測定された諸研究の方が，上述の結果変数とより強く結びついていることを見出した。

　ここまで組織的公正を分類する2つの軸について論じたが，筆者はこの2軸を組み合わせることによって公正尺度を分類できると考えている（図7-2）。組織的公正を測定する際，図7-2の分類を参考に，適切な質問を選択すれば良い。

(2) 代表的な組織的公正尺度

　一部の研究者は複数の公正要因を理論的に統合し，包括的な尺度の開発に挑戦している。これらの尺度が標準的な測定道具として定着するかどうかは，今後の研究を俟たねばならない。しかしながらこうした包括尺度は従来の公正要因の整理し，統合を試みたうえで構築されているので，理論的な示唆に富んでいる。ここではそうした「代表的」尺度の一部を紹介することとする。

(a) R.H.Moorman（1991）の3次元尺度

　Moorman は，組織市民行動（Organizational Citizenship Behavior : OCB）を取り上げ，これと公正知覚との関連を社会的交換の枠組みから検証した。

第7章　組織的公正の測定

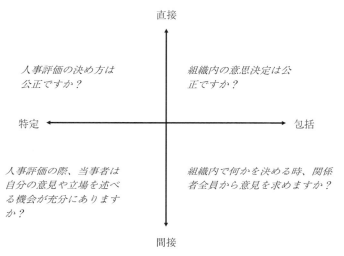

図 7-2　組織的公正を測定するための 2 つの軸

OCB とは，次の 3 特徴を含む職務行動として定義される。①従業員による任意の行動，②公式な報酬体系によって補償されない行動，③組織の機能を高める行動という 3 つの特徴である（Organ, 1988）。

　Moorman は，従業員が組織の公正さを知覚すると，組織との間の交換関係を意識するようになると主張した。さらに従業員は組織を公正と知覚すると，組織との互酬的な交換関係がもたらす長期的利得に注目すると述べた。そこで組織との有益な交換関係を維持しようという動機から，個人は組織に対して報いようという気持ちが強まり，最終的に OCB を示すようになると予想した。こうした予測に基づく因果モデルが提起されたが，構造方程式モデリングの分析は，基本的にこれを支持する結果であった。

　Moorman は，上述の因果モデルを分析するために独自に組織的公正尺度を開発した。彼は公的な手続き（formal procedures），相互作用的公正（interactional justice），結果の公正の 3 次元から測定した。なお公的な手続きと相互作用的公正は手続き的公正要因と仮定されている。

　第 1 に，公的な手続きは，Levethal の公正基準や過程コントロール（発言権）の内容から構成される要因である。例えば，組織内の手続きは，①意思

決定を下すにあたって，当事者の意見を述べる機会を保証しているか，②首尾一貫した決定を下すために必要な基準を提供するものであるか，③意思決定に必要となる情報を集積するようにデザインされているかといった項目などから成る。

　第2に，相互作用的公正は，Bies による一連の研究によって提起された内容から構成される要因である（Bies, 1987；Bies & Moag, 1986；Tyler & Bies, 1990）。Bies たちは，手続き的公正がフォーマルな手続き構造に限定される訳ではなく，手続きや規則の執行され方も重要な手続き的公正要因であると考えた。具体的には手続きに執行に影響を及ぼすことの権限者の対応の仕方やそういった人物に対する評価そのものが想定されている。例えば，上司は，①あなたの視点を大事にしてくれましたか，②決定に際して，適宜，フィードバックやその意味するところを説明してくれましたか，③あなたに対してきちんと丁寧な対応を心がけましたかといった項目などから成る。

　第3に，結果の公正は，本人のインプットに照らしてどれくらい衡平な報酬を得ているかという観点から測定された。すなわち，①仕事の責任から判断して適正か，②仕事に対して投じた努力量から判断して公平か，③仕事のぶりから判断して適正かといった項目などによって測定された。

　Moorman の項目は，先の分類軸に従えば領域を特定しないコンテクスト・フリーな項目であるが，個別の公正基準を取り上げているので間接測定である。図7-2で言えば，第4象限に対応すると考えられる。ところで Moorman の最大の貢献は，組織的公正を測定する包括的な項目を初めて開発したことである。さらに手続き的公正の要因を構造的側面（formal procedure）と社会的側面（interactional justice）に分けて測定することを明確に提起したが，これはその後の公正研究が手続き的公正の社会的側面に多くの関心を向けるきっかけとなった。

(b)　J.Colquitt（2001）の4次元尺度

　Colquitt は，Greenberg（1993b）の4要因モデルに基づいて組織的公正を測定する尺度を開発し，その構造を実証的に明らかにしようとした。Greenberg（1993b）は，従来の結果の公正と手続き的公正（Moorman モデルの

公的な手続きに相当する構造的側面)に加えて，対人的公正と情報的公正という次元を新たに加えた。これは Moorman における手続き的公正の社会的側面(相互作用的公正)をさらに2つに分解した次元とみなすことができる。対人的公正とは，手続きの執行者が示す尊重や配慮といった社会的感受性を強調する次元であり，一方情報的公正とは，執行者が適切な説明を行ったかあるいは重要な情報を伝達してくれたかといった情報に関わる特性を強調した次元である。

　Colquitt は，この Greenberg の提起に従って，組織的公正を分配的公正 (distributive justice)，手続き的公正 (procedural justice)，対人的公正 (interpersonal justice)，情報的公正 (informational justice) の4次元構造であると見なし，これらを測定する尺度を独自に開発した(なお各次元の項目例は，表7-1を参照のこと)。彼は，4因子モデルと1因子モデル，2因子モデル，3因子モデルを比較することによって4次元構造の妥当性を検討した。1因子モデルは，すべての測定項目が組織的公正という言わば一般因子を構成すると仮定するモデルである。2因子モデルは，分配的公正と手続き的公正（手続き的公正＋情報的公正＋対人的公正を包含する因子）から成ると仮定するモデルである。3因子モデルは，分配的公正，手続き的公正，相互作用的公正（情報的公正＋対人的公正を包含する因子）の3因子から構成されると仮定するモデルである。確認的因子分析によって上記の4つのモデルの精度を比較したところ，4因子モデルが観測された分散共分散行列に最も近似できるという結果を得た。よって4因子モデルの妥当性は基本的に支持されたと考えられる。

　さらに Colquitt は，公正変数が影響を与えると理論的に目される代表的な変数との関連性を探索することによって4因子モデルの予測的あるいは基準関連妥当性も確認した。第1の仮説は，道具的観点から自分の報酬を公正と見なす人間ほどその報酬に対する満足感が高いと考え，結果の公正が満足感と関連すると予想した。第2の仮説は，Folger & Konovsky (1989) や Greenberg (1990) の諸研究に従って，手続き的公正はグループに対するコミットメントと結びつくと予想したものである。第3の仮説は，社会的交換理論の観点から，対人的公正と援助行動の間の関連を予想したものである。これま

表 7-1 Colquitt（2001）で用いられた尺度

手続き的公正（Procedural Justice）
あなたは，その決定を行うにあたって自分の立場や主張を表明する（アピールする）ことができましたか
あなたは，その決定に自分の影響力を行使することができましたか
決定の過程や手続きは，関係者全員に一貫性を保って適用されるものでしたか
決定の過程や手続きは，特定の人物に有利になるといった偏りのあるものですか（逆）
決定の過程や手続きは，必要な情報を正確に集めるように機能していましたか
所定の手続きを経て下された決定に対して，抗議することを認めていますか
組織内の手続きは，規範や倫理を遵守していますか

結果の公正（Outcome Justice）
あなたの得た報酬や結果は，あなたの努力に見合う納得できるものでしたか
あなたの得た報酬や結果は，あなたの仕事ぶり応じた適切なものでしたか
あなたの得た報酬や結果は，会社への貢献度に応じた納得のいくものでしたか
あなたの得た報酬や結果は，あなたの達成した業務量から判断して適正なものでしたか

対人的公正（Interpersonal Justice）
その担当者（上司）は丁寧に扱ってくれましたか
その担当者（上司）は，あなたの尊厳を大事にしてくれましたか
その担当者（上司）は，あなたの立場を尊重してくれましたか
その担当者（上司）は，失言や不適切な発言を慎んでいましたか

情報的公正（Informational Justice）
その担当者（上司）は，率直なコミュニケーションを心がけていましたか
その担当者（上司）は，決定の仕方や進め方について，説明責任をしっかりと果たしていましたか
その決定を下すに当たって，その担当者（上司）は，明快な説明を心がけていましたか
その担当者（上司）は，重要な情報を，適宜，フィードバックしてくれましたか
その担当者（上司）は，あなたのニーズに配慮しながら意思疎通を心がけていましたか

での研究によると，上司からの配慮や尊重といった対人的公正を知覚した個人は，それに対する返礼として対人的 OCB に示すと言われている（Konovsky & Organ, 1996 ; Moorman, 1991 ; Moorman, Niehoff, & Organ, 1993）。こうした研究知見に従って，Colquitt は対人的公正と援助行動が関連すると予想した。第 4 の仮説は，関係性モデルの観点から情報的公正と集

団的自尊心の間に関連性を予測したものである。関係性モデルによると，個人は情報的公正を手がかりに自分の社会的同一性や集団や組織における地位を推測すると考えられている。したがって情報的公正は，集団的自尊心と結びつくと予想した。構造方程式モデリングに基づく分析結果は，4つの仮説すべてを支持するものであった。

　Colquitt の項目は，先の分類に従えば領域を特定しないコンテクスト・フリーな項目であるが，個別の公正基準を取り上げているので間接測定である。この点で Moorman と共通している。図7-2で言えば，第4象限に対応すると考えられる。Colquitt & Shaw（2005）は，さらにこの尺度を様々なコンテクストに適用可能（convertibility）であると道具であると強調した。具体的に言えば，回答の前に提示される教示文をコンテクストに沿った表現に修正することによって，多くの場面やコンテクストにわたって使用が可能になると述べている。しかしながらこうした工夫が領域特定とコンテクスト・フリーのジレンマを有効に解決してくれるかどうかは不明であり，さらなる検討が要されよう。

　Colquitt はこれまでの研究者が提起してきた公正要因を統合して4次元に区別した。これによって組織的公正がどのような構成概念であるかが明確になった。よって理論的にも貢献の大きい研究と考えられる。また各次元にて対応して開発された尺度は，これまでのところ最も包括的な尺度であると言って過言ではない。

(c)　Rupp & Cropanzano（2002）の多焦点公正（multifoci justice）モデル

　このモデルは，組織的公正が個人と組織間の社会的交換関係を促すという研究知見から発展したものである（Cropanzano, Prehar, & Chen, 2002；Konovsky & Pugh, 1994；Masterson, Lewis, Goldman, & Taylor, 2000）。さらにこれらの研究によると，個人は組織と上司（組織の代理人）の2種類の交換相手を区別し，それぞれに義務（obligation）の感覚を抱くことが明らかにされている。多焦点とは，組織と上司という複数の交換相手をハイライトするという考え方を表わしている。

　多焦点公正モデルは焦点（組織，上司）とタイプ（手続き的公正，相互作

用的公正）という2つの次元を組み合わせることによって形成される。つまり組織に対する手続き的公正（Organizational Procedural Justice：OPJ），組織に対する相互作用的公正（Organizational Interactional Justice：OIJ），上司に対する手続き的公正（Supervisory Procedural Justice：SPJ），上司に対する相互作用的公正（Supervisory Interactional Justice：SIJ）の4つの因子である（項目例は表7-2参照）。

　Rupp & Cropanzano（2002）は，確認的因子分析の手法を用いて4因子モデルの妥当性を実証した。彼らは，4つの測定モデルを比較した。すなわちすべての公正項目から成る1因子モデル，組織と上司という焦点次元のみを抽出した焦点2因子モデル（つまり手続きと相互作用というタイプを崩したモデル），手続き的公正と相互作用的公正というタイプ次元のみを抽出したタイプ2次元モデル（つまり組織と上司という焦点を崩したモデル），そして焦点とタイプを掛け合わせた4次元モデル（OPJ, OIJ, SPJ, SIJ）である。その結果，4因子モデルが最も高い適合を示すことが明らかにされた。

　さらに社会的交換の相手が，上司と組織の2水準から構成されるという考え方に基づき，彼らは図7-3のような仮説モデルを立てた。この仮説は大きく2つに分けられる。1つは上司などの人に関連する相互作用的公正が上司との交換関係を媒介して，上司に関連するアウトカムに影響すると予想するものである(対人ルート)。別の仮説は，組織に関連する手続き的公正が，組織との交換関係を媒介して，組織に関連するアウトカムに影響すると予想するものである(組織ルート)。構造方程式モデリングによる分析の結果は，基本的に両仮説モデルを支持するものであった。つまり相互作用的公正は，対人ルートの中で個人と組織の交換関係を説明するために有益な変数である。一方で，手続き的公正は，組織ルートの中で個人と組織の交換関係を説明するために有益な変数である。組織的公正が個人と組織の関係に及ぼす影響を考えるに当たって，上司，組織というように焦点を分けて考えることが妥当性あることを示す結果であると考えられる。

　なお彼らの項目は，直接的に「公正ですか」という聞き方をしているので直接測定である（表7-2）。またこれも特定のコンテクストにおける公正問題を取り上げているわけではないので，コンテクスト・フリーな測定である

表 7-2 　Rupp & Cropanzano（2002）で使用された項目

Organizational Procedural Justice

組織内の手続きや指針はとても公平である
組織が意思決定に用いる手続きは公平ではない
私は，組織が公平な政策を信条とする組織であると信頼している
組織の施策はとても公平なものとは言えない

Organizational Interactional Justice

組織は私が必要で価値のある従業員であることを明確に示してくれる
組織からは，なぜそのような事態が起こったかあるいはどのように生じたかについて常に知らされ良い結果であれ，悪い結果であれ，私は組織から常に必要な情報を知らされている思う
組織は私を威厳と尊厳をもって取り扱ってくれる
誰もが常に何が起きているかが分かるように，組織の決定はオープンに行われる
正しくてもあるいは間違っていても，組織は私に対する決定について説明することを怠らない
私は組織から尊重されている気がする
組織は私のやり方に口を出さない

Supervisory Procedural Justice

私の上司は，公平さを信条とする人物であると信じている
私の職場において，上司のやり方や方針はとても公平なものである
上司の方針は，とても公平なものとは言えない
何かの決定を下す際，私の上司が示す手続きは公平ではない

Supervisory Interactional Justice

上司は，なぜそのような事態が生じたかについて常に知らせてくれる
何が起きているのかが容易に把握できるように，私の上司はオープンに物事を決めていく
上司は，私を威厳と尊敬をもって扱ってくれる
良い結果であれ，悪い結果であれ，私は上司から常に必要な情報を知らされていると思う
上司は私の立場を尊重してくれていると感じる
私は必要で価値のある従業員であると明確に説明してくれた
私の上司は私がどのようなやり方をしてもあまり気にかけない

第Ⅱ部　基礎編

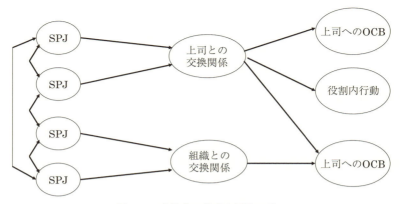

図 7-3　多焦点に基づく仮説モデル

と言えよう。

　Rupp たちは，組織的公正を測定する際，公正のタイプだけでなくその焦点あるいは源泉（後に Liao & Rupp（2005）は，source と言い換えている）にも配慮する必要性を強調したが，今後，研究の進展が期待されるパースペクティブである。

7.4.　項目反応理論による組織的公正尺度の分析

　本節は，筆者らが行った質問紙調査のデータを用いて組織的公正尺度に対する項目反応理論の適用例を示す。

(1)　手続きと参加者

　本研究は，職場における従業員のストレスを診断するために実施された総合調査の一部を分析したものである。組織的公正は，従業員のストレス反応に影響を与える要因の1つとして測定された。データは製造業2社から得られた。調査時期は2004年の6月～9月である。質問紙は，人事部を通して各被験者に配布された。有効回答数は，648人であり，男性が527人，女性が121人である。平均年齢は，36.69歳であり，標準偏差が13.17である。また平均の勤続年数が15.14年であり，標準偏差は12.70である。

(2) 測定道具

われわれは，Colquitt（2001）が提起した公正4次元モデルに基づく独自の尺度を用いて組織的公正を測定した。4次元とは，分配的公正，手続き的公正，対人的公正，情報的公正を示す。

分配的公正とは，自分の得た報酬や結果がどの程度，公平，公正であるかを意味する概念である。手続き的公正は，職場における様々な意思決定の手続きや過程が一貫しているか，偏りがないかどうかを表わす概念である。対人的公正とは，職場の権限者が，何かを決める際に，部下や他の社員に配慮や尊重を示したかどうかを表わす概念である。情報的公正とは，職場の権限者がある決定の理由や根拠をしっかり説明したかどうかを表わす概念である。なお各項目は，「当てはまる」，「やや当てはまる」，「あまり当てはまらない」，「当てはまらない」までの4ポイントのリッカート・スケールで測定された。

本尺度の特徴は，仕事の配分，対立の解決，業績の評価，昇進・昇格など公正問題が立ち上がる文脈を提示して，それぞれの職場における公正さの程度を尋ねた点である。実際に用いられた項目は，後述される。各公正尺度の信頼性係数を Cronbach の α 係数で推定したところ，分配的公正が.80，手続き的公正が.91，情報的公正が.89，対人的公正が.87であった。すべて高い水準であると考えられる。

(3) 結果

IRT における実際の分析手続きは，大きく2つのステップに分かれると考えられる。第1ステップは，テスト（この場合は，組織的公正尺度）が測定しようとしている潜在特性（θ）の1次元（unidimentionality）を確認する手続きである。第2ステップは，1次元性が保証された上で，各尺度項目（個々の項目）の母数（困難度，識別力など）を算出する手続きである。筆者も，この手続きに従って公正4次元の各項目を分析した。次の節からは，実際の分析手続きとその結果を分配的公正，手続き的公正，対人的公正そして情報的公正の各公正タイプに分けて報告する。

(a) 分配的公正尺度の分析

① 1次元性の確認

潜在特性(ここでは分配的公正)の1次元性を確認するために,尺度項目間の相関行列を因子分析し,スクリー・テストを行うこととした。分析手順は以下のとおりである。初めに,「当てはまる」および「やや当てはまる」を1と置き,一方で「あまり当てはまらない」および「当てはまらない」0と置き換えることによって4点法の多値データを2値データに変換した。次に,尺度項目間の相関行列を算出した。ただし2値データであるためにSYSTAT11を用いてテトラコリック相関を算出した。最後に,同様にSYSTAT11を使って主因子法(バリマックス回転)による探索因子分析を行った。

図7-4は,固有値によるスクリー・プロットを描いたものである。図7-4から明らかなように,第2固有値以降の値が急激に落ち込んでいる。第1固有値のみが因子選択の目安とされる1を超えており(4.20),寄与率も46.71%と際立って高い値を示している。この結果を受けて,われわれは分配的公正尺度の1次元性が確認されたと判断した。そこでIRT分析の前提が満たされたと考え,本来の目的である項目母数の算出を行うこととした。

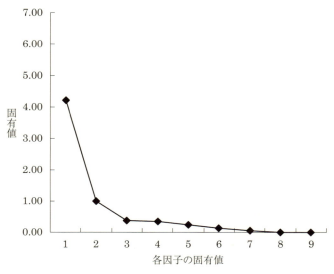

図7-4 分配的公正のスクリー・プロット

表 7-3 分配的公正項目の項目パラメタ

	項　　目	識別力パラメタ(a)	困難度パラメタ(b)	通過率(p)	双列相関係数
1	予定していない急な仕事が入ったとき，皆が平等に負担する	.43	.98	.34	.33
2	休暇の取得など勤務スケジュールを決めるとき，機会は皆に平等に与えられいる	.79	−1.66	.85	.55
3	研修や教育の機会を決めるにあたって，与えられるチャンスは皆に平等である	.67	−1.53	.80	.50
4	プロジェクト・チームの人選にあたって，目的にふさわしい人が選ばれる	.84	−.96	.73	.61
5	職場内で，仕事をめぐって意見の対立がおこったとき，一方の当事者に有利，不利がないように公正に解決される	.84	−.84	.70	.59
6	業績の評価にあたっては，個人の努力や成果を反映したものになっている	1.36	−.50	.65	.70
7	従業員の給与水準は，各人の貢献度や仕事量とつりあっている	1.11	.14	.45	.59
8	昇進・昇格にあたっては，能力や成果のから見て，適格な人物が選ばれる	1.44	−.30	.59	.69
9	転勤・異動にあたっては，それにふさわしい人物が選ばれる	1.12	−.47	.63	.64

② IRT による分析結果

項目反応モデルには，2パラメタ・ロジスティック・モデルを採用し，項目パラメタ（識別力パラメタと困難度パラメタ）の推定にあたって同時最尤推定法を用いた。なお推定値の算出するために，**BILOG-MG for Windows** が用いられた。表7-3に各項目の識別力パラメタと困難度パラメタを示した。

第1に，識別力パラメタを見ると，項目1が.43と目安である.50より小さい値を示した。これは，項目1が被験者の潜在特性を弁別する道具として不適切である可能性を示唆するものであり，その使用に際して注意が必要となる項目である。それ以外は，.50を超えており，おおむね許容できる水準である。第2に，困難度パラメタを確認すると，項目1と項目7を除き，すべての項目が負の値を示した。よって今回の分配的尺度がもつ（テスト）全体

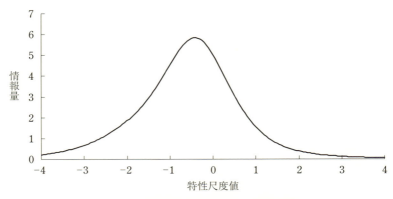

図 7-5　分配的公正尺度のテスト情報曲線

の特徴や有効性を考えた場合，潜在特性レベルが標準よりやや低い個人か平均的な測定する道具として機能的であることが示唆された。実際，図 7-5 のテスト情報曲線を見るとそのピークが-0.4付近にあり，また困難度パラメタの平均が-.57（標準誤差は.82）であった。こうした数値は，われわれの推論を裏づける形状であった。

(b) 手続き的公正尺度の分析
① 1次元性の確認

分析手順は，分配的公正と同様である。潜在特性（ここでは手続き的公正）の1次元性を確認するために，尺度項目間の相関行列を因子分析し，スクリー・テストを行った。4点法の多値データは，2値データに変換され，テトラコリック相関が算出された。次に，この相関行列に基づく主因子法（バリマックス回転）を用いた探索的因子分析を行った。

図 7-6 は，固有値によるスクリー・プロットを描いたものである。図 7-6 から明らかなように，第2固有値以降の値が急激に落ち込んでいる。また，第1固有値のみが因子選択の目安とされる1を超えており（6.48），寄与率も72.02％と高い値を示した。こうした結果は，手続き的公正尺度の1次元性を表わすと考えられる。したがって IRT 分析の前提が満足されたと考え，項目パラメタの推定を行うこととした。

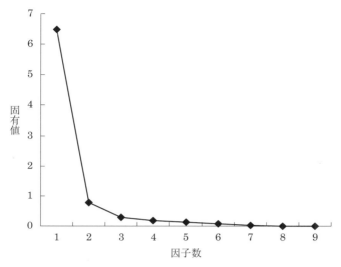

図7-6 手続き的公正のスクリー・プロット

② IRTによる分析結果

項目反応モデルには，2パラメタ・ロジスティック・モデルを採用し，項目パラメタの推定には同時最尤推定法を用いた。算出にあたってはBILOG-MG for Windowsが用いられた。表7-4に各項目の識別力パラメタと困難度パラメタを示した。識別力パラメタを見るとすべて.05を超えており，おおむね許容できる水準にあると解釈できる。一方で，困難度パラメタは，すべて負の値を示した。この事実は，今回の手続き的尺度（テスト）全体としての特徴や有効性を考えた場合，標準より潜在特性レベルのやや低い個人を測定する道具として役立つことを示唆するものである。実際，図7-7のテスト情報曲線を検討すると，そのピークが-0.4付近にあると見出された。また，9項目の困難度パラメタを平均すると-0.07（標準誤差は.31）であった。こうした結果は，われわれの推論を裏づけるものである。

(c) 対人的公正尺度の分析
① 1次元性の確認

これまでの手続きと同様に，テトラコリック相関に基づく探索因子分析（主

表7-4 手続き的公正項目の項目パラメタ

項目No.	項　　目	識別力パラメタ(a)	困難度パラメタ(b)	通過率(p)	双列相関係数
10	予定していない急な仕事が入ったとき，誰に割り当てるかの決め方は公平である	1.48	−.34	.59	.86
11	休暇の取得など勤務スケジュールを決めるとき，決定の方法は公平である	1.23	−.99	.76	.78
12	研修や教育の機会を決めるにあたって，誰を派遣するかの決定過程は公平である	1.54	−.80	.73	.86
13	プロジェクト・チームの人選にあたって，公正な手続きによって人選が進められる	1.51	−.46	.62	.87
14	職場内で，仕事をめぐって意見の対立がおこったとき，解決の方法や過程は，公平である	1.76	−.67	.69	.90
15	業績の評価にあたっては，明確に基準が示され，客観的に行われる	1.77	−.21	.54	.89
16	従業員の給与水準は，明確な基準に従い，客観的に行われる	1.73	−.22	.56	.86
17	昇進・昇格にあたっては，客観的な基準に従って，合理的に行われる	1.59	−.26	.58	.80
18	転勤・異動にあたっては，関係者の希望や適性に応じて決定される	1.40	−.07	.51	.76

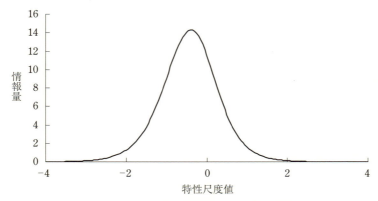

図7-7 手続き的公正尺度のテスト情報曲線

第 7 章 組織的公正の測定

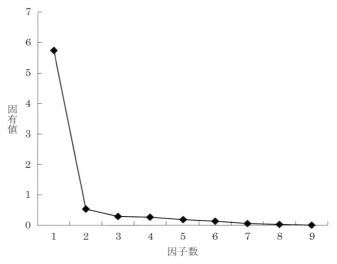

図 7-8 対人的公正のスクリー・プロット

因子法,バリマックス回転)を行った。

　図 7-8 は,固有値によるスクリー・プロットを描いたものであり,図 7-8 から明らかなように,第 2 固有値以降の値が急激に落ち込んでいる。また,第 1 固有値のみが因子選択の目安とされる 1 を超えており (5.75),寄与率も 63.89% と高い値を示した。こうした結果は,対人的公正尺度の高い 1 次元性を表わすものである。よって IRT 分析の前提が満足されたと考え,項目パラメタの推定を行うこととした。

　② IRT による分析結果

　項目反応モデルには,2 パラメタ・ロジスティック・モデルを採用し,項目パラメタの推定には同時最尤推定法を用いた。算出にあたっては BILOG-MG for Windows が用いられた。表 7-5 に各項目の識別力パラメタと困難度パラメタを示した。識別力パラメタを見るとすべて.05 を超えており,おおむね許容できる水準にあると解釈できる。一方で,困難度パラメタは,すべて負の値を示した。よって今回の対人的公正尺度がもつ(テスト)全体として特徴や有効性を考えた場合,潜在特性レベルのやや低い個人を測定する道具として役立つということが示唆された。実際,図 7-9 のテスト情報曲

233

表 7-5 対人的公正項目の項目パラメタ

項目 No.	項　目	識別力パラメタ(a)	困難度パラメタ(b)	通過率(p)	双列相関係数
19	予定していない急な仕事が入ったとき，担当者は丁寧にフォローしてくれる	.97	−.43	.60	.72
20	休暇の取得など勤務スケジュールを決めるとき，上司はメンバーの都合をよく考えてくれる	1.13	−.88	.73	.77
21	研修や教育の機会を決めるにあたって，担当者は，個人のニーズに気を配ってくれる	1.26	−.55	.64	.81
22	プロジェクト・チームの人選にあたって，決定者は，個人の気持ちを考えてくれる	1.38	−.06	.49	.83
23	職場内で，仕事をめぐって意見の対立がおこったとき，上司は，誠実に中立的な立場で対処する	1.19	−.67	.67	.79
24	業績の評価にあたっては，評価者は，個人の考えや発言に親身に耳を傾けてくれる	1.51	−.43	.61	.86
25	従業員の給与水準は，個別に通知され，個人の秘密と権利が守られている	1.08	−1.31	.83	.75
26	昇進・昇格にあたっては，上司や担当者は，個人の意見や主張に耳を傾けてくれる	1.70	−.26	.58	.84
27	転勤・異動にあたっては，上司は個人の事情や希望などに注目し耳を傾ける	1.22	−.18	.55	.74

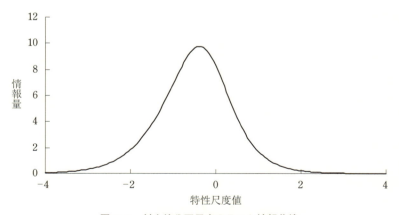

図 7-9 対人的公正尺度のテスト情報曲線

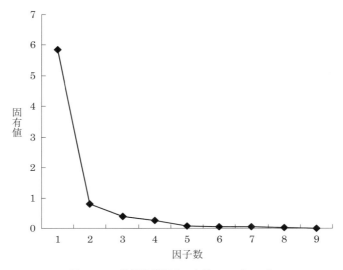

図 7-10　情報的公正のスクリー・プロット

線のピークが-0.4付近にあった。また，9項目の困難度パラメタを平均すると-0.530（標準誤差は，0.386）であった。

(d) 情報的公正尺度の分析
① 1次元性の確認
　これまでの手続きと同様に，テトラコリック相関に基づく探索因子分析（主因子法，バリマックス回転）を行った。
　図7-10は固有値によるスクリー・プロットを描いたものであるが，この図から明らかなように，第2固有値以降の値が急激に落ち込んでいる。また，第1固有値のみが因子選択の目安とされる1を超えており（5.84），寄与率も64.89%と高い値を示した。こうした結果は，対人的公正尺度の高い1次元性を表わすものである。よってIRT分析の前提が満足されたと考え，項目パラメタの推定を行うこととした。
② IRTによる分析結果
　項目反応モデルには，2パラメタ・ロジスティック・モデルを採用し，項目パラメタの推定には同時最尤推定法を用いた。表7-6に各項目の識別力

第Ⅱ部 基礎編

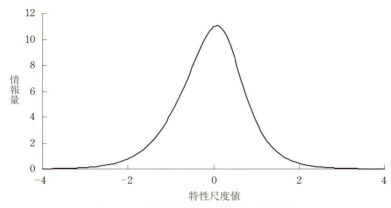

図 7-11 情報的公正尺度のテスト情報曲線

パラメタと困難度パラメタを示した。識別力パラメタを見るとすべて.05を超えており，おおむね許容できる水準にあると解釈できる。一方で，困難度パラメタは，負の値を示す項目が7つあるが，ほとんど0付近である。よって今回の情報的公正尺度がもつ（テスト）全体として特徴や有効性を考えた場合，潜在特性レベルが中程度の個人を測定する道具として役立つということが示唆された。実際，図7-11のテスト情報曲線のピークは，0.1付近にあり，9項目の困難度パラメタを平均すると-0.10（標準誤差は，0.24）であった。こうした結果は，今回の情報的公正尺度の潜在特性レベルが中程度の個人の識別に役立つことを示すものである。

7.5. まとめと考察

本研究は，Colquitt（2001）が示した分配的公正，手続き的公正，対人的公正，情報的公正という4次元モデルに加え，仕事の配分，対立の解決，業績の評価，昇進・昇格など公正問題が立ち上がる文脈を提示して，各公正さの程度を尋ねた。包括的な4次元モデルを仮定する一方で，職場における具体的な文脈を提示した部分が本尺度の特徴である。また，組織的公正尺度をIRTの観点から分析したものは国の内外を問わず，これまで見られなかった

第7章　組織的公正の測定

表 7-6　情報的公正項目の項目パラメタ

項目 No.	項　　目	識別力パラメタ(a)	困難度パラメタ(b)	通過率(p)	双列相関係数
28	予定していない急な仕事が入ったとき，なぜそうなったかについて十分な説明がある	1.06	−.23	.55	.73
29	休暇の取得など勤務スケジュールを決めるとき，最終決定について十分な説明がある	1.05	−.16	.53	.74
30	研修や教育の機会を決めるにあたって，誰を派遣するかについて十分な説明がある	1.04	−.13	.52	.74
31	プロジェクト・チームの人選にあたって，なぜ選ばれたかについて明確な説明がある	1.30	−.03	.49	.82
32	職場内で，仕事をめぐって意見の対立がおこったとき，上司は，提案した解決策の理由や根拠について十分に説明をする	1.18	−.59	.65	.76
33	業績の評価にあたっては，理由や根拠が示され，フィードバックされる	1.20	−.19	.54	.75
34	従業員の給与水準は，充分な根拠や理由が示されて決定される	1.61	.21	.43	.80
35	昇進・昇格にあたっては，決定（人選）の理由や根拠が明確に説明される	1.97	.22	.42	.85
36	転勤・異動にあたっては，その理由や根拠について上司などから十分な説明がある	1.44	−.01	.50	.79

ので，この点は新たな試みである。ここでは本研究の限界を中心に議論したい。

　各尺度の分析結果を見ると，基本的に各尺度が1次元構造であることが確認された。そして分配的公正尺度の一部を除き，識別度や困難度が特に偏った項目は見出されなかった。よって項目レベルから判断する限り，われわれの各項目は，組織的公正を測定する道具として使用可能なものであると考えられる。これとは別に，テスト情報曲線や困難度パラメタの平均値といった尺度レベルから判断すると，われわれの尺度はやや公平という答えやすい個人（つまり比較的容易に公平さと感じやすい個人，逆に言えば不公平感にやや寛容な人物）や平均的な個人（公平さに特徴的に寛容でも厳格でもない人物）を見分けることに適した道具と考えられるかもしれない。

平均的であるという結果は，テスト・バッテリーとしてみれば好ましい性質かもしれないが，組織的公正の理論や実践性を考慮するとやや不満が残る結果である。なぜなら不公正さの弊害を防止するならば，不公正に敏感な人物（つまりなかなか公正と感じない，公正さに厳しい人物）を発見することが重要であるからである。不公正と感じやすい個人を早期に発見する重要性は，公正の社会的性質という観点から理論的に説明することができる。というのも不公正さの感覚は組織的公正の社会的に伝播する性質があると考えられているからである。すなわち一部の不公正に敏感で厳格な人物の知覚した不公正さは，そうでない人たちにも伝染する可能性があるのである。

　Degoey（2000）は，公正さのこうした社会的性質を強調し，伝播的公正（contagious justice）と呼んだ。また，Folger & Skarlicki（1998）は，一部の不公正さが人々に伝播し，それによって組織に対する非生産的な職務行動（counter productive work behavior）が強まるプロセスをポップコーンが次々とはじけていく様子になぞらえ，ポップコーン効果と呼んだ。よって不公正さにもたらされる組織の弊害を管理するならば，不公正に敏感な人物（つまり公正と感じ難い，公正さに厳しい人物）をセンシティブに見分ける項目も必要であったと考えられる。具体的には，困難度パラメタの高い項目も実践的な要請を考えると必要であったと思われる。この点は今後の大きな課題であり，研究の方向性を示すものと考えられる。

　今回の尺度は，公正問題が生起すると考えられるいくつかのトピックに沿って質問をしているので文脈をある程度特定した測定であると言える。一方で，本尺度は，直接的に公正さを問う「組織内の意思決定は公正ですか」と公正に含まれる具体的な基準を尋ねる間接測定（組織内で何かを決める時，関係者全員から意見を求めますか？）の両方を含んでいるのでどちらかに特定できない。しかしながらこうした測定の方法が及ぼす項目パラメタに及ぼす影響なども検討する必要があると思われる。

　最後に，項目パラメタ以外の本研究の限界についても述べなければならない。第1に，われわれの尺度は，新しく開発したものである。よって今回の結果がもつ一般化可能性は，別のサンプルによってさらに検討する余地があると思われる。第2に，本尺度の有効性を議論するのであれば，やはり基準

関連妥当性を検討する必要があると思われる。そこでわれわれも探索的に各公正尺度と職務満足そして組織コミットメントを検討した。

職務満足は，Ironson, Smith, Brannick, Gibson, & Paul（1989）による"Job in General"スケールによって測定された。（第5章参照）また，組織コミットメントは，Meyer, Allen, & Smith（1993）の3要因モデルの中の情動的コミットメントによって測定された変数である（第6章参照）。職務満足と組織コミットメントは，組織的公正と関連の深いものであると理論的にも，経験的にも繰り返し実証されてきた概念である。よってこれらと組織的公正変数との関連を見ることは妥当性判断に適当であると考えられる。表7-7にピアソンの積率相関を示した。全体としてみると，各公正変数と職務満足との相関は，.38～.40であり，情動的コミットメントは.25～.32という関連性が見出された。分配的公正の関連性がやや低かったが，Colquit et al.(2001)のメタ分析によって見出された関連性の程度とほぼ一致するする結果であった。つまりColquittの研究で算出された全体相関の95%信頼区間内に収まるという結果であった。したがって本尺度の妥当性は，基本的に支持されたといえる。

第3に，われわれは，公正4次元を理論的に独立な概念と見なし，個別に項目パラメタを算出した。しかしながら公正の各次元から抽出される高次の組織的公正一般因子（General factor of Organizational Justice）が存在する可能性も否定できない。こうした考えは，組織的公正の潜在特性を個別の因子レベルでなく全般的な因子レベルで考察する方法も示唆していると考えられるが，今後，さらに検討する必要があると思われる。

表7-7 公正変数と職務満足及び組織コミットメントとの関連

	1	2	3	4	5	6
1．分配的公正	1					
2．手続き的公正	0.75	1				
3．対人的公正	0.72	0.86	1			
4．情報的公正	0.75	0.81	0.80	1		
5．職務満足	0.38	0.37	0.39	0.38	1	
6．情動的コミットメント	0.25	0.29	0.30	0.32	0.54	1

第Ⅱ部　基礎編

第8章　組織ストレスの測定

　1990年代初頭に起きたバブル経済崩壊後，組織の中で働く人々のストレスやメンタル・ヘルスの問題は大きな社会的関心を呼ぶようになってきた。「自殺」「過労死」「うつ病」「新型うつ」「リストラ」「中年期危機」「派遣切り」といった概念や用語がマスコミでも頻繁に取り上げられるようになり，現代を称して「ストレス時代」などと表現することすら最近では行われている。

　こうした風潮を見ると，今や，職場のストレスやメンタル・ヘルスについて考えたりその対策を立てたりすることは，企業にとっての1つの責務になった感がする。利潤の追求が企業の第1の使命であることは言うまでもないが，それだけではなく，そこで働く人々の「労働生活の質」の問題について，前にも増して考えなければならない時代が到来したのである。昨今のメンタルヘルス・ブームは，人々が心豊かに働くことを真摯に求め始めたことの現われとして評価できるであろう。

8.1.　組織におけるストレス概念について

　組織の中で働く人々が，日頃多くのストレスを経験していることは論を俟たない。しかし，この組織や職場におけるストレスという概念ほどその定義が曖昧な言葉もない。実際，その名称からして，組織ストレス，職場ストレス，仕事ストレス，職務ストレス，職業性ストレス，ワーク・ストレス，などなど，まちまちに使われている。その意味するところに至っては，この言葉を使う人の数だけあると言っても過言ではない。ここでは，こうした概念と用語についての整理を試みてみよう。

　まずストレス（stress）を，ストレッサー（stressor）とストレイン（strain）

とに分けて考える必要がある。ストレッサーとは，人々に不快や疲労をもたらす原因となる外的要因を示す概念であり，ストレインとはストレッサーにさらされた結果として個人の内部に生じる様々な反応を示す概念である。ストレインはストレス反応（stress response）とも呼ばれている。ストレッサーとストレインとの関係は，行動主義心理学で言う刺激（stimulus）と反応（response）との関係と同義であると考えてさしつかえない。次に，こうしたストレッサーとストレインを組織や職場という社会的文脈と関係しているものか，それとも個人が行っている作業や職務の性質そのものと関係しているものかという基準で区別することができる。すなわち，組織という社会的装置が根源的に人々に強いるストレッサー，およびそれにさらされた結果個人が経験するストレインと，組織という社会的装置とは独立に，人々が従事している労働作業そのものが内包するストレッサーとストレインに分けて考えるのである。表8−1にはこの4者の内容が，これまでの組織におけるストレス研究で扱われてきた変数と関連させて示されている。

　表8−1の内容について少し説明してみよう。まず，組織・職場のもつ社会的文脈と関連したストレッサーは，多かれ少なかれどのような組織もが有する官僚制機能と関連している。職務の細分化と，そこで働く人々の関係を縦に位置づける命令−服従関係は官僚制のもつ基本的な枠組みである。この官僚制の基本構造を維持しようとする以上，組織が人々に強いることが避けられないストレッサーがこれにあたる（渡辺，1993）。これを称して組織ストレッサー（organizational stressor）と呼ぶのが適当であろう。ここに分類されるストレッサーとしては，組織での役割に関するもの，キャリアや人事異動に関するもの，職場の人間関係，組織生活と家庭生活のインターフェイスに関するものなどがあげられよう。

　次に，組織・職場のもつ社会的文脈と関連したストレイン（ストレス反応）がある。これはそれが生ずることによって組織に不利益がもたらされたり，個人が組織の一員であることに対して抱く不快の反応と関連している。このストレインは，組織心理学の分野で伝統的に研究されてきた概念である，職務不満，生産性低下，離転職行動，組織コミットメントや組織市民行動の低下などとの関係でとらえられる。よってこれを称して，組織ストレイン（organizational strain) と呼ぶこととしよう。

次に，個人が従事している具体的な仕事・職務と関連するストレッサーがある。このストレッサーは，職務そのものが有する特徴と深く関連している。いわゆる，きつい，汚い，危険の3Kと呼ばれる仕事や，最近の急速な技術革新に人間の側の対応が遅れがちなIT関連の仕事などから生ずるストレッサーがここに分類される。これは，組織のもつ官僚制の機能とは独立に，その職業や職務そのものが本来的に有するストレッサーとしてとらえられる。したがってこれを，職業性ストレッサー（occupational stressor）と呼ぶことにしよう。

最後に，職務の遂行の過程で個人に引き起こされるストレス反応がある。これは，仕事や職務の特徴と深く関連したストレス反応であるので，職業性ストレイン（occupational strain）と呼ぶこととしたい。このストレインに関しては，作業に関する心理学が長い間研究を積み重ねてきている。伝統的な疲労の研究や安全・注意に関する研究は，主としてこのストレインを従属変数として取り扱っている。

この他に，個人に生じるストレインが皮相な心理的・行動的反応のレベル

表8-1　職場のストレスの分類

	ストレッサー	ストレイン	
組織・職場の社会的文脈と関連しているもの	[組織ストレッサー] 役割葛藤・役割曖昧性 職場の人間関係 昇進・降格・転勤・異動 勤務形態 家庭生活との葛藤 など	[組織ストレイン] 職務不満 生産性低下 離転職行動 組織コミットメント低下 など	[ストレス症状] 神経症 うつ病 心身症 虚血性心疾患 など
従事している仕事・職務の特徴と関連しているもの	[職業性ストレッサー] 過重な仕事 困難な仕事 IT関連の作業 物理的悪環境での作業 など	[職業性ストレイン] 作業性疲労 欠勤 など	

にとどまらず，医学的な症状や症候群となって現われる場合がある。これをストレインと区別して，ストレス症状（stress symptom）と呼ぶことにしよう。ストレス症状は，その反応の水準がより重篤であるということと，それがもたらされる原因として多くの環境的・心理的・生理的要因が考えられるという点で，先に述べたストレインと区別できる。ストレス症状の研究に関しては，産業・組織心理学の他，精神医学や臨床心理学からのアプローチがなされている。

　分類を試みたのは,以下に述べる組織ストレス研究(主として組織ストレッサーと組織ストレインを扱う学問分野）の研究上の閉塞状態に対して，打開策を提案したいと考えたからである。

8.2. 組織ストレス研究の課題

　組織ストレス研究，すなわち組織ストレッサーと組織ストレインを対象とした研究の本格的な始まりは，Kahn, Wolfe, Quinn, Snoek, & Rosenthal（1964）や Levinson, Price, Munden, Mandl, & Solley（1962）の研究にさかのぼることができる。前者は社会心理学の立場から，後者は臨床心理学の立場から，この問題に初めて本格的に取り組んだ仕事である。この新しいと思われてきたテーマもいつの間にか，50年の歴史を有するまでになった。この半世紀の歴史の中で数多くの研究成果が報告されてきたことは周知のとおりである。中でも1970年代後半から1990年代にかけては，まさに組織ストレス研究が質・量ともに大きな進歩をみせた10余年であった。

　現在でも組織ストレス研究は世界の至る所で精力的に行われている。しかし，組織ストレス研究は現在，深刻な閉塞状態に陥っていると筆者たちは考える。その閉塞は，研究モデルと研究方法論の点で特に深刻である。ここではこの閉塞状態の諸層について述べるとともに，その閉塞状態を打ち破るために新たな心理測定理論，すなわち項目反応理論が果たし得る役割について考察することとしよう。

(1) 研究モデルの閉塞

これまでの職場におけるストレス研究をリードしてきたモデルには，以下の4つがある。

第1のモデルは Cooper（1986），Cooper & Marshall（1976），あるいは NIOSH（米国職業安全健康機関）などの提唱する因果関係モデルである。このモデルの特徴は，組織ストレッサー，組織ストレイン，そしてストレス症状の因果関係を基本として，そこに様々な調整変数（moderator）と仲介変数（intervening variable）を組み入れ，原因変数（組織ストレッサー），結果変数（組織ストレインおよびストレス症状），調整変数・仲介変数（個人的，社会的属性の変数）間の関係の全体像を明らかにしたり，個々の変数間の相関関係を吟味していこうとする点にある。

第2のモデルは，French, Rodgers, & Cobb（1974）の提唱した人間－環境フィット（Person-Environment fit, P-E fit）モデルである。このモデルは，職務が個人に要求する仕事の質・量と，個人の有する能力の質・量とを比較し，その相違の程度と個人の経験するストレインの量との関係を見ようとするものである。すなわち，職務が要求する質・量（職業性ストレッサー）が個人の有する職務遂行能力よりも大きいとき，個人はその要求から圧力を受けてストレインを感じるし，逆に個人の能力水準が職務の要求水準よりも高いときにもまた，個人は自らのもつ能力が十全に活用されていないとしてストレインを感じるというものである。したがってこのモデルでは，職務の要求度と個人の能力水準との一致がストレインの水準を押さえる条件として提唱されている。

第3のモデルは，Karasek（1979）によって提唱されたものである。このモデルでは，個人が経験するストレインの量は，職務が個人に遂行を強いる要求度（job demand）と個人が職務遂行上有する裁量の自由度（decision latitude）との関係によって決定されるとされている。すなわち仕事のもつ要求度が高くても，個人が有している自由裁量の程度が高ければストレインは生じず，逆に自由裁量の余地のない状況下で高い要求度をもつ仕事を強いられたとき，個人の示すストレインの水準は最も高くなるというものである。

第4のモデルは，Siegrist（1996）の提唱する努力－報酬不均衡モデル（Effort-Reward Imbalance Model）である。このモデルでは，勤労者が仕事上で行う努力の量と，その結果として得られる報酬とのバランスによって，勤労者の健康が影響を受けると主張する。すなわち，仕事の遂行に関して大きな努力をしているにもかかわらず，報酬が不十分な場合には，人々は情緒的な緊張（不満や怒り）や身体的症状を発しやすくなると考えるのである。努力は外在的なものと内在的なものに分けられ，前者は職務上の外的な要求（仕事の質や量）への対処を，後者は自分が設定した目的や要求水準を満たすことへの対処を意味する。一方，報酬も外在的なもの（金銭や地位など）と内在的なもの（心理的充実感など）に分けられる。

　努力‐報酬不均衡モデルは先に述べた Karasek のモデルと類似しているが，努力‐報酬不均衡モデルは努力と報酬との比率あるいは差を問題にしているのに対し，Karasek のモデルでは要求と裁量の範囲の高低の組み合わせを問題としている点で大きな違いがある。Siegrist の努力‐報酬不均衡モデルの詳しい内容と測定については，第15章を参照されたい。

　これらのモデルの中で，先に述べた組織ストレッサー，組織ストレインと最も密接な関係にあるのが，Cooper たちのモデルに代表される因果関係モデルである。このモデルは，ストレッサーとストレインの性質に限定が加えられていないために，組織ストレスという現象を広範囲にわたって探索できるというメリットをもっている。また，最近では組織ストレスの範囲を越えて，職業性ストレス（すなわち，職業性ストレッサー，職業性ストレイン，ストレス症状を扱う分野）の研究にもこのモデルが用いられるようになってきた。

　French らのモデルおよび Karasek のモデルは，基本的には上述の職場におけるストレス研究の職業性ストレス，すなわち職業性ストレッサーと職業性ストレインを扱う研究に適したものであると判断できる。なぜなら，French らや Karasek のモデルでは扱うストレッサーを，職務そのものが個人に求める困難度あるいは要求度に限定している点，そしてそれへの対処の資源として，個人の有する能力を想定するか，組織から個人に付与されている自由裁量度を想定するかが違うだけで，いずれのモデルも限定された対処資源をモデルの重要な要素として考えているからである。同様に Siegrist の

モデルも努力と報酬という2つの変数に限定して，それらとストレス反応との関係性を考えている。これらのモデルでは，研究上扱うことのできる変数の性質が限定されるがゆえに，職業性ストレスの研究には用いられても，組織ストレスの研究に用いられることは多くはなかった。

かくして，ここ30年来の組織ストレスの研究は，CooperやNIOSHの提唱する因果関係モデルによるものが圧倒的に多いという結果を招いた。それは先に述べたように，このモデルを用いれば，極めて広範囲に及ぶ組織ストレスの研究が可能なためであるからである。しかしこのモデルのもつ適用範囲の広さという長所が逆に，現在の組織ストレス研究を閉塞状態に陥れていることは否めない。

第1に，Cooperのモデルではストレッサー，ストレイン，調整変数，仲介変数にどのような性質の変数をもってきてもよいために，研究の対象がどこまでも拡散してしまう。特にストレッサーに関しては，個人が置かれた組織の状況，従事する職務の特徴，キャリアや家庭とのインターフェイスなどが様々に異なるため，いくらでも新しい変数を作り出すことができる。また，その対象も組織ストレスに限らず，職業性ストレスにまでも容易に拡大できる。そのため，様々な職業固有のストレッサーの変数を次々と作り出すことができる。このモデルでは，個人の置かれた職業的，組織的状況と個人のもつ属性の数だけのストレッサーやモデレータの変数が考えられ，またそれぞれを測定する道具の開発が可能となるのである。

例えば医療関係の職業を例にとれば，医師のストレス，看護師のストレス，パラメディカル・スタッフのストレスとどんどん拡大してゆき，それもさらに細分化して，外科医のストレス，歯科医のストレス，内科医のストレス，麻酔医のストレス，なども研究の対象となっていく。組織ストレスに関しても同じことが言える。一般企業に働く，管理職のストレス，新入社員のストレス，ホワイトカラーのストレス，ブルーカラーのストレス，働く女性のストレス，派遣社員のストレス，などの他，その業種によって，銀行員のストレス，証券ディーラーのストレス，などいくらでも状況特有（situation specific）なストレス研究ができ，またそれぞれの状況を反映する測定道具が開発できるのである。要するにこのモデルにおいては，ストレッサーの変数が

状況特有であることを許すために，研究のフロンティアがどこまでも拡大してしまうのである。

　実際,現在このモデルを用いた研究は,収拾のつかない方向に拡大して行っている。「歯科医の職業性ストレス,生活ストレスとメンタル・ヘルス（DiMatteo, Shugars, & Hays, 1993）」,「都市郊外公共交通機関のバス運転手の職務ストレインと職業性ストレス（Carrere, Evans, Palsane, & Rivas, 1991）」,「看護師とエンジニアにおける仕事－家庭間の葛藤：役割ストレスが燃え尽き傾向と仕事満足感に及ぼす影響への仲介効果について（Bacharach, Bamberger, & Conley, 1991）」などといった論文が,権威ある学術誌にも掲載されているのである。そして，その各々の研究で,「歯科医のストレス尺度」,「バス運転手のストレス尺度」,「看護師のストレス尺度」などが作られているのである。

　このような研究がいくら行われても，組織ストレスあるいは職業性ストレスの普遍的な本質を探ることにはつながっていかない。科学の目的が，現象の背後にある本質をできるだけ単純な命題の形で提示することにあり，その提示された命題がC. Popperのいう反証可能性を有するものでなければならないとするならば，これまでに行われたCooperの因果関係モデルを用いた研究の多くは，科学の精神とは全く逆の方向に向かって放浪しているものと言わざるを得ない。すなわち，状況の特有性を追求するあまり，各状況に普遍的な命題を構築することを忘れており，またそうした研究に用いられた測定道具（主として質問紙）が，状況特有という大義名分のもとで，反証可能性を残していなくてもよいという風潮まで産み出しているのである。

　Cooper（1994）自身も指摘していることではあるが，このモデルを用いた過去の組織ストレス研究の多くは，研究者の業績の積み重ねとキャリアの上昇には貢献しても，人類の叡知の発展やストレインにさいなまれる人々の安寧には，必ずしもつながっていないのである。

　第2の閉塞の原因は，Cooperの因果関係モデルが実は検証の対象たりうる真のモデルではなく，単なる研究パラダイムを提供しているに過ぎない点にある。それは，Cooperのモデルが産み出された経緯を見てみるとよく分かる。彼らのモデルの出発点となった論文（Cooper & Marshall, 1976）を読

めば，当初彼らに確固とした組織ストレス・モデルなり職業性ストレス・モデルを作り出そうという意図があったわけではないことが分かる。彼らはこの論文の中で，単に職場におけるストレイン（mental ill health）と心臓の環状動脈血管系の疾患（Coronary Heart Disease : CHD）との関係性について行われた過去の研究論文のレビューを行ったに過ぎなかった。Cooper たちのくだんの図式は，そこでレビューした論文を系統的に整理し，その整理を視覚的に示すために作られただけなのである。もともとそこには何の論理もなかったのである。

　Cooper のモデルは基本的には，行動主義心理学の S-R 図式または新行動主義心理学の S-O-R 図式に基づくものである（渡辺，1986）。これは，いわば研究上のパラダイムを指し示す図式であって，パラダイムから導き出される，検証の対象たりうる理論なりモデルを指し示したものではない。われわれが必要としているのは，パラダイムから導かれる実証可能で具体的なモデルや理論である。その点で，French のモデルや Karasek のモデルあるいは Siegrist のモデルは扱う変数を限定し，またその変数間の関係性を簡潔に明示しているためにモデルとしてはるかに有効である。われわれがこれから目指すべきことは，これらに続くような簡潔性の高い，検証に耐えうるモデルを開発することにある。

　今後目指すべきもう１つの方向性は，Cooper のパラダイムにこだわらない，新たなパラダイムを提示し，研究上のパラダイム・シフトを起こすことにあろう。具体的には，S-R 図式，S-O-R 図式ではなく，Levinson et al. (1962) の研究に立ち返った，個人の精神内界の力動を考慮にいれた新たなパラダイムを提案してゆくことが考えられる。これについては，本章の目的とは外れるため，これ以上詳しくは述べないこととしたい。

(2) 方法論上の閉塞

　組織ストレス研究のもう１つの閉塞は，その方法論にある。これまでに行われた研究のほとんどは質問紙調査法か面接によってきた。そのどちらも長期にわたって縦断的なデータを収集したものではなく，横断的な一時点での観測に終わっているものが多い。中でも質問紙調査法によるデータの収集に

この傾向が強い。

このようなデータ収集の方法は，FrenchのモデJレ，Karasekのモデル，Siegristのモデルのように変数間に強い因果関係を想定しないモデルを用いる場合には適当ではあっても，Cooperのモデルのようなストレッサーとストレイン間に強い因果関係を想定するモデルに基づく研究には不適当である。こうした欠点を埋めるために，様々な変数間の因果関係を想定したデータ解析技法（重回帰分析，パス解析，構造方程式モデリング，など）が用いられるが，もともと因果関係のはっきりしないデータ間の関係性をいくら高度な統計手法を用いて解析しても無意味であることは明白である。横断的データを用いてストレッサーとストレインの因果関係を吟味する際には，変数間の因果関係を明示できる，よほどの論理を用意しなければならない。組織ストレスの諸側面を測定するのに，今のところ質問紙調査法を用いる以外によい方法が見つからない現状を考えれば，この因果関係の論理を詰めることにはどれだけの労力を費やしても費やし過ぎることはない。

もう1つの方法論上の閉塞は，先の研究モデルの閉塞状況と深く関連している。Cooperのモデルを用いた場合，変数として扱うべき組織ストレッサーの種類は個人の置かれた状況の数だけあると言っても過言ではない。これまでの組織ストレス研究では，その個々の状況を反映した測定が行われ，その結果として，おびただしい数と種類の組織ストレッサー測定質問紙が開発された。これらの質問紙の中には，その妥当性・信頼性がよく吟味されていないものも多くある。

しかしこうした問題は，研究者が丁寧に研究を進めれば解決することであり，大きな問題ではない。もっと大きな問題点は，そうして開発された質問紙が項目反応理論ではなく古典的テスト理論に基づいている点にある。例えば，看護師のストレス研究で用いられた質問紙を，医師のストレス研究には用いられない理由について考えてみよう。その理由は，同じ項目を看護師と医師とに呈示してもその意味が異なるということにある。また，その意味の違いを探索する方法が古典的テスト理論ではあまり発達していない。それでは，医師には医師用の，看護師には看護師用の質問項目を用意し，それらの項目が概念的に同一の特徴を測定するようにすればいいかと言えば，これも

また古典的テスト理論の枠組みのもとではその比較は不可能である。非平行テスト (non-parallel test) 間の厳密な比較は古典的テスト理論がよって立つ前提ではできないからである。

古典的テスト理論は,理解しやすく,単純な仮定から出発する実用的な理論ではあるが,組織ストレスのような複雑な現象を探求しようとする場合,その短所の影響をまともにかぶってしまうことを忘れてはならない(渡辺,1989,1992)。

(3) 項目反応理論の果たす役割

先に述べたように,組織ストレス研究は現在その研究モデル上の閉塞と方法論上の閉塞という2つの問題点を抱えている。研究モデルの閉塞を打開するためには,今後早い段階で Cooper の因果関係モデル(パラダイム)に代わる有効なモデルを提示していく必要があろう。方法論上の閉塞の方は,古典的テスト理論ではなく,項目反応理論を用いることによってかなりの部分が解決できる。また,Cooper のモデルに基づいて行われる研究であっても,その変数の測定に項目反応理論を用いることによって,このモデル自身がもつ欠点をかなり補うことができる。以下では,このことについて論述してみよう。

第1章で見たように,古典的テスト理論が抱える一番大きな問題点は,「テストあるいはテスト項目の困難度や識別力を表わす統計量が,ある特定の母集団に依存して定義されている」ことにあった。実際には,母集団の特徴はその母集団を代表すると考えられる標本のデータを用いて推測されるから,標本のデータから計算された統計量の値でテストあるいはテスト項目の特徴を表現することになる。これに対して項目反応理論では,項目統計量は回答者の所属する母集団とは独立に定義される。したがって,用いられた標本の特徴とは独立な項目統計量の値を推定することができる。また同じように,回答者に関する統計量も,テストに含まれる項目の数や項目の難易度などの特徴とは独立に推定される。すなわち,「パラメタは標本に対して不変 (parameter invariance)」である (Hambleton & Cook, 1977; Lord & Novick, 1968)。ただし,このことは理論的に言えることであって,実際のパラメタ

値の推定においては，用いられた標本による変動が影響してくる。また，パラメタ推定値を表現する尺度が，標本の平均値を原点に，標準偏差を単位とすることが多く，異なるサンプルを用いてパラメタ推定値が得られている場合に推定値をそのまま相互に比較することはできない。そのような場合でも推定されたパラメタ値の目盛り合わせ，すなわち尺度の等化（equating）を行えば，相互に比較可能な推定値を得ることができる。

　第2の問題点は，古典的テスト理論では真の得点，誤差，信頼性係数などの中心概念が，固定されたテスト項目のセットを想定して定義されていることである。これは，各テスト項目個別の特徴を記述する上での障害となっている。一方，項目反応理論で用いられる項目パラメタ値，潜在特性尺度値，テスト情報量といった主要な概念は，項目のセットではなく個別のテスト項目に対する個人の反応確率によって定義されているので，各項目の特徴をテストに含まれる他の項目とは独立に精査できる。この項目反応理論のもつ特徴を用いれば，テスト項目が被験者集団によって異なった働きをするという特異項目機能の現象も比較的容易に調べることができる（Holland & Wainer, 1993）。また，項目情報関数を用いれば潜在特性尺度値の水準ごとに各テスト項目の精度が評価できる。

　古典的テスト理論が抱える第3の問題点は，非平行テストによって測定された2つ以上のグループの人々の特徴を比較することは，例えそれらのテストが概念的に同一の潜在特性を測定していたとしても許されないことにある。すなわち，状況に合わせて異なったテスト項目からなるテストを用いて人々の能力なり態度を測定した結果を比較することは，古典的テスト理論のよって立つ前提のもとでは不可能である。一方項目反応理論では，測定の対象となる個人の属性やその置かれた状況に応じてテスト項目を選ぶことができ，またその結果得られた個人の潜在特性尺度値を，別の項目群によって測定されたグループの人のそれと比較することも可能である。

　では，このような項目反応理論のもつ特徴を用いれば，組織ストレス研究が現在直面している閉塞状態がいかに克服できるかについて考察してみることにしよう。

　第1の問題点は，組織ストレス研究がますます状況特有な研究になってき

たことであった。組織ストレスに関心を寄せる研究者たちは，組織ストレスの本質が何にあるのかを探求するのではなく，個々の状況ごとに思い思いの測定を行っているという現状がある。これは，状況ごとの比較研究を実施するのに，同じ質問項目のセットを用いざるを得ないという古典的テスト理論のもつ限界を反映している。項目反応理論を用いれば，各状況を貫く基本概念さえ明確にしておけば，その測定の対象となる状況に合わせた質問項目を設定することができる。具体的には，どの状況にも共通性の高い項目群をアンカー項目として設けておき，このアンカー項目にその状況特有のストレッサーなりストレインを測定する項目を追加してテストを作成するのである。こうして作成された質問紙には，共通のアンカー項目があるためにテストの等化（equating）を共通項目のパラメタ推定値を用いて行えるという長所がある。このような手続きを踏むことによって，異なったストレス状況にある被験者の共通の潜在特性の水準（ストレッサー，ストレイン，ストレス症状の水準）を，それぞれの状況にふさわしい項目によって推定したり，あるいは各状況下におけるストレス水準の比較を行うことが可能となる。すなわち，組織ストレス研究の抱えるエティック-エミック・ジレンマ（etic-emic dilemma）が解消し，研究が収拾のつかない範囲にまで拡大しつつある現状を打開することにもつながるのである。

　第2の問題点は，Cooperの因果関係モデル（パラダイム）を乗り越えるモデルがなかなか出てこないということであった。その原因の1つは，これまでにわれわれが行ってきた組織ストレスの測定はすべて，相対的なストレッサーなり相対的なストレインの強度を測ってきたことにある。すなわち，測定の結果得られた組織ストレスの強度を示す指標が，測定に用いられたサンプルの性質によって規定されてきたのである。換言すれば，これまでの古典的テスト理論を用いた研究では，個人の経験しているストレッサーやストレインの強度は，個々のサンプルの中での個人の相対的な位置（標準得点）によって示されてきただけで，受験者の母集団の変動を越えて個人が経験する絶対的なストレスの強度を測定してこなかったのである。この特徴は，個々の測定結果を統合して新たなモデルを構築したり，モデルを修正していく力強さを研究者に付与してこなかった。個々の測定は，それ特有の状

況と被験者の特徴によって規定されてきたのであるから，普遍的なモデルを構築するには不十分な根拠しか提供できなかったのである。これに対し項目反応理論を用いれば，標準得点ではなく個人のストレス強度に関する共通尺度（目盛りの合わされた潜在特性尺度値）が得られる。これは複数の研究結果を帰納的に統合して新たなモデルを作り出すわれわれの作業に対し，強力な数学的根拠を与えてくれる。

　第3の問題点は，あるサンプルを用いて開発された「組織ストレス測定尺度」を，異なるグループに施行した場合に起こりうる特異項目機能をどのように吟味するかという点にあった。同じ質問項目を用いてストレッサーなりストレインを測定しても，項目によってはグループによってその意味の解釈が相違している場合がある問題である。例えば，同じ仕事の忙しさを尋ねる質問項目であっても，会社が好況の中にあるグループと不況の中にあるグループとではその受け取り方が異なってくる場合などがこれにあたる。比較の対象となるグループの状況特有性が鮮明であればあるほど，こうした意味の取り違えは起こりうる。こうしたテスト項目のもつ特異項目機能（DIF）を吟味する手法は，古典的テスト理論に基づいた測定でも提言されてはいるが（例えば，Mantel & Haenszel, 1959），項目反応理論を用いればより様々な方法で特異項目機能を検索することができる（Thissen, Steinberg, & Wainer, 1993）。この点に関しても項目反応理論は，組織ストレス研究の直面している状況特有性の問題を解決する糸口となりうるのである。

8.3. 項目反応理論による心理的ストレス反応尺度の分析

　本節では，古典的テスト理論と項目反応理論を併用して，実際にストレイン尺度（心理的ストレス反応尺度，Psychological Stress Response Scale：PSRS）を開発した例を示すこととしよう。

(1) 心理的ストレス反応尺度（PSRS）開発の目的

　質問紙による自己評定法を用いて，人々の示す心理的ストレス反応を測定する道具はこれまでにも数多くのものが開発されてきた。それらの内容を見

第Ⅱ部　基礎編

てみると，抑うつ状態・抑うつ傾向を測定するもの［例えば，Beck Depression Inventory : BDI (Beck, Ward, Mendelson, et al., 1961)，Center for Epidemiologic Studies Depression Scale : CES-D (Radloff, 1977)，Self-rating Depression Scale : SDS (Zung, 1965)］，不安状態・不安傾向を測定するもの［例えば，State-Trait Anxiety Inventory : STAI (Spielberger, Gorsuch, & Lushene, 1970)］，気分や情緒を測定するもの［例えば，Profile of Mood States : PMS (McNair, Lorr, & Droppleman, 1971)，Mood Adjective Checklist : MAC (Nowlis, 1965)，Multiple Affect Adjective Checklist : MAAC (Zuckerman & Lubin, 1965)］，上記の状態や傾向を総合的に測定するもの［例えば，Symptom Checklist-90 : SC-90 (Derogatis, Rickels, & Rock, 1976)，Stress Response Rating Scale : SRRS (Weiss, Horowitz, & Wilner, 1984)］に大別することができる。

　これらの既存のストレス反応測定尺度は，次の2つの特徴をもつ。第1には，項目が主として精神医療現場において患者が示す反応をもとに作成されていることである。すなわち，既に症状として定着したストレス反応，先の分類で言えばストレス症状を示す患者の治療過程から導きだされた知見をもとに項目が作成されている点である。第2の特徴は，古典的テスト理論のみを用いてテストを開発していることである。いずれの尺度も各項目に対する肯定的，否定的反応に一定の得点を与え，その合計点で個人のもつストレス反応の強度を表わしている。また，「病的」と考えられる水準は個人の集団からの逸脱の程度によって定義されている。

　われわれの目的は，既存の尺度のもつ特徴とは異なった方向から，新たなストレス反応尺度を開発することにあった。すなわち，臨床の場において患者が示すストレス症状ではなく，日常生活において普通の人々が示す心理的ストレス反応を測定する尺度を作ることと，それを古典的テスト理論に加えて項目反応理論をも用いて尺度を開発することにあった。

(2)　**研究方法と結果**

　研究は以下の5つの段階を踏んで行われた。各段階の手続きとその結果は以下のとおりである。

[第1段階：項目の作成]

　第1段階の研究の目的は，普通の人がストレスフル・イベントを経験したときに示す心理的ストレス反応を収集し，それを項目として表現することにあった。

　若年群（大学生）111人と中年群（地方公務員とその配偶者）110人の計221人に質問紙を配付し，人がストレスフル・イベントを経験したとき，どのように感じたり，考えたり，行動するか，についての答えを最大8個まで自由記述してもらった。

　その結果，1569個の記述を得た。これらの回答のうち同一の意味内容をもつものを1項目としてまとめる作業を行った結果，全体の回答が121項目に整理された。これに，心理学の領域において心理的ストレッサーの存在する状況下で生じる反応として研究の行われてきた，怒り，フラストレーション，知覚の歪みなどの項目を専門的な知見に基づいて追加し，合計145項目が候補として作成された。これらの項目は，37個の「情動的反応」を表わす項目と，108個の「認知・行動的反応」を示す項目からなっていた。

[第2段階：項目の選択]

　第2段階の研究の目的は，こうして作成された項目が，実際にストレスフル・イベントを経験したときに生じる反応を反映しているかどうかを評価することと，項目群の因子構造を明らかにすることにあった。

　中・高生を子どもにもつ成人718人に質問紙を配布し，500人（男性143人，女性357人）から有効な回答を得た。質問紙の内容は，被験者に過去1年間に経験した最もストレスフルなイベントについて自由に記述してもらい，その時期に先のストレス反応項目に示されていることを経験したかどうかを2件法（はい・いいえ）で評定してもらうというものであった。

　その結果，情動的反応項目の平均反応出現率は49.3%，認知・行動的反応項目の平均反応出現率は25.3%という結果が得られた。このうち反応出現率が10%未満の項目を削除し，36個の情動的反応項目と96個の認知・行動的反応項目，計132項目を選定した。

　この132項目について因子分析を行ったところ，情動的反応と認知・行動

的反応の2因子が抽出され,各項目がいずれか一方の因子に対し高い因子負荷量を示すことが明らかとなった。この結果を受けて,さらに情動的反応項目群と認知・行動的反応項目群についてそれぞれ別個に因子分析を行った。その結果,情動的反応項目群については,「抑うつ気分」「不安」「不機嫌」「怒り」の4因子で全共通分散の41.2%が説明され,認知・行動的反応項目群では,「自信喪失」「不信」「絶望」「心配」「思考力低下」「非現実的願望」「無気力」「引きこもり」「焦燥」の9因子で全共通分散の41.9%が説明されることが明らかとなった。

次に各々の因子を構成する項目を尺度とみなし,項目－尺度間相関係数を算出し,この係数が高い項目をもって各尺度を構成する最終的な項目とする作業を行った。以上の結果,情動的反応に関する4尺度26項目と,認知・行動的反応に関する9尺度27項目,全13尺度53項目を心理的ストレス反応項目として選定した。

こうして選ばれた項目に4段階のリッカート・タイプの反応カテゴリー(全く違う,いくらかそうだ,まあそうだ,そのとおりだ)を適用し,これをもって「心理的ストレス反応尺度」(Psychological Stress Response Scale : PSRS)とすることとした。

[第3段階:信頼性の検討]

PSRSの信頼性の確認は,2種類の調査によって得られたデータを,古典的テスト理論によって分析することによって行われた。

まず,短期大学入学後,学生寮に入った1年生247人と,自宅から通学している1年生162人(全員女性)にPSRSを施行した。全調査対象者409人から得られたデータを用いて,PSRSの各下位尺度ごとにCronbachのα係数を算出して,信頼性係数の推定値とした。その結果,最も高い値を示したのが「抑うつ気分」の0.926で,最も低かったのが「焦燥」の0.653であった。13尺度のα係数の平均は0.773で,態度尺度としては高い信頼性を有していることが確認された。

次に,大学4年生を対象に,前期試験の始まる前の週と,試験後の週にPSRSを施行した。試験前の調査対象者は142人(男性71人,女性71人),試

験後の調査対象者は175人（男性86人，女性89人）で，2回とも PSRS に答えた学生は81人（男性34人，女性47人）であった。試験前の調査と試験後の調査のデータをもとに，別々に α 係数を求めたところ，最大値は0.919，最小値は0.565であった。この値は先の結果よりやや低いものの，まずまず高い信頼性のあることが確認された。

これらの結果から，尺度の内的一貫性を示す信頼性係数に関して言えば，PSRS の各尺度は実用に耐えうる信頼性を有していることが確認された。

[第4段階：妥当性の検討]

PSRS の妥当性の検討は，先に信頼性係数の確認のところで用いたデータをもとに行われた。このデータを用いて妥当性を吟味する論理は，大学入学後学生寮に入った1年生の方が，自宅から通学している1年生より，居住環境の変化に対応しなければならないがゆえに心理的ストレス反応が強く現われるであろうということ，試験前の時期の方が試験後の時期よりも，来たるべき試験への対応から心理的ストレス反応が高くなるであろうというものであった。

寮からの通学者と自宅通学者のデータについては，前者を高ストレス群，後者を低ストレス群として，PSRS の各下位尺度ごとに平均値の差に関する t 検定を行った。その結果13個すべての下位尺度において，高ストレス群は低ストレス群よりも統計的に有意に高い心理的ストレス反応を示していることが明らかとなった。

一方，試験前と試験後のデータについては，2回とも PSRS に回答した81人を対象に繰り返しのある場合の t 検定を行ったところ，「怒り」「絶望」「心配」の各尺度で試験前の方が試験後よりも統計的に有意な高得点を示した。また，試験後の方が試験前よりも有意に高得点となる尺度はなかった。

これらの結果から，PSRS は十分な構成概念妥当性を有しているものと判断できる。なお，ここまでの古典的テスト理論を用いた PSRS の分析結果の詳細については，新名，坂田，矢冨，本間（1990）を参照されたい。

[第5段階：IRT による項目パラメタ値の推定]

　第5段階の研究の目的は，PSRS を学生にではなく実際の企業の現場で働く人々に実施し，そのデータをもとに，PSRS のもつ特徴を項目反応理論を用いて精査することにあった。

　調査は，ある大手コンピュータ・メーカーに勤務する従業員を対象として行われた。この会社の健康管理室と協力して PSRS を含む「ワーク・ストレス」に関する多面的な質問紙を作成し，これをこの会社の1つの工場で働く従業員に配付した。対象はこの工場内のすべての部署に働く人々であった。調査への協力は個人の自由意思にまかされ，回答を寄せた被調査者には，結果のフィードバックを後日行うことを質問紙に明記した。その結果，1410人から有効な回答が寄せられた。

　具体的な質問の仕方は，「以下にあげた項目は，ここ数日中のあなたの感情や気分の状態に当てはまりますか」というもので，この質問に添えて PSRS の53項目が呈示された。なお，この調査では肯定-否定の2件法でデータが収集された。その理由は，この研究では後で述べる，BILOG 3 を用いて2値型データに対して項目反応理論による分析を実施することをあらかじめ想定していたからである。

　収集されたデータはまず，肯定反応には1，否定反応，無反応，重複反応には0を与えて整理を行った。次いで PSRS の「情動的反応項目群」「認知・行動的反応項目群」ごとに，被調査者（N）×項目数（n）の項目反応行列を作成した。IRT のモデルには，2パラメタ・ロジスティック・モデルを採用し，項目パラメタ値の推定には BILOG 3（周辺最尤法）を用いた。その理由は，質問の仕方から考えて，当て推量（guessing）による反応は起こりにくいことと，研究の目的が推定される項目パラメタ値の特徴をもとに PSRS の各項目の特徴を吟味することにあったため，被調査者個人の潜在特性尺度値をあえて推定する必要がなかったからである。

　渡辺・矢冨（1993），矢冨・渡辺（1993）では，「情動的反応項目群」と「認知・行動的反応項目群」を合わせた合計53項目からなる項目反応行列を作り，LOGIST 5 による同時最尤法を用いて項目パラメタ値の推定を行っている。この方法は，両項目群が互いに独立しているという因子分析の結果から

して，潜在特性の1次元性の面で問題がある。しかし，その結果は，後で示すように，本研究で用いた方法と極めて類似したものであった。

(3) 項目パラメタ値の解釈と項目の選択

表8-2と表8-3には，上記の第5段階の結果推定された識別力パラメタ a，困難度パラメタ b の値，および肯定反応の比率 p が示されている。

識別力パラメタについては，その値が広い範囲にわたっていることが分かる。「情動的反応項目群」では最小値は0.563，最大値は2.405，「認知・行動的反応項目群」では最小値は0.725，最大値は1.997であった。項目の中にはパラメタ a の推定値が小さく，低い識別力しか示さないものもあった。どの水準をもって識別力が低いと判断するかについては様々な議論があるが，ここでは Ironson, Smith, Brannick, Gibson, & Paul (1989) の研究を参考に，$a<0.75$ を基準として用いることにした。その結果，「情動的反応項目群」では，「(13) 気分がすぐれず，すっきりしない」「(18) 気持ちが緊張している」，「(19) いらいらする」，「(25) 気持ちをゆったりさせることができない」，の4項目，「認知・行動的反応項目群」では，「(33) 根気がない」「(41) さんいなことでも充実感がほしいと思う」，の2項目，合計6項目がこの基準を満たしていないことが明らかとなった。したがって，これらの項目は尺度から除外することとした。

困難度パラメタに関しては，すべての項目が正の値を示し，PSRS は高い困難度を有する，すなわち肯定的反応を起こしにくい項目群で構成されていることが明らかとなった。「情動的反応項目群」では最小値は0.982，最大値は3.027，「認知・行動的反応項目群」では，最小値は1.438，最大値は2.857であった。このレンジは決して広くはないため，今回の解析では困難度パラメタ値の高低を基準として項目を削除することは行わないこととした。

次に，適合度指標（goodness of fit statistics）を用いてモデルとデータの適合の程度を調べた。その結果，「情動的反応項目群」の「(13) 気分がすぐれず，すっきりしない」と「(23) がっかりする」の2項目が5％の有意水準で2パラメタ・ロジスティック・モデルに適合しないことが明らかとなった。なお，「認知・行動的反応項目群」では，モデルに適合しない反応パター

ンを示す項目は見つからなかった。この結果さらに，上記の項目23を除いて，最終的な尺度とすることにした（項目13は，すでに識別力に問題が発見されたので除いてある）。

この結果，PSRS の下位尺度として，21項目からなる「情動的反応尺度」と25項目からなる「認知・行動的反応尺度」が新たに完成した。表8-2と表8-3には，これらの尺度に含まれる項目がアステリスク（＊）で示され

表 8-2　PSRS「情動的反応尺度」の項目パラメタ値推定結果

番号	項目	a	b	p
*1	不機嫌で，怒りっぽい。	0.776	1.466	0.19
*2	悲しい。	1.683	1.894	0.06
*3	心に不安感がある。	0.996	0.982	0.25
*4	怒りを感じる。	1.021	1.843	0.10
*5	泣きたい気分だ。	1.940	1.883	0.05
*6	気持ちが落ち着かず，じっとしていられない。	0.920	1.840	0.11
*7	感情の起伏が激しい。	0.934	1.595	0.15
*8	さみしい気持ちだ。	1.051	1.727	0.11
*9	重苦しい圧迫感を感じる。	1.337	1.854	0.08
*10	憤まんがつのる。	1.127	2.236	0.05
*11	むなしい感じがする。	0.988	1.412	0.17
*12	不安を感じる。	0.990	1.497	0.15
13	気分がすぐれず，すっきりしない。	0.563	1.585	0.22
*14	心が暗い。	2.009	1.592	0.08
*15	気が動転している。	1.390	2.890	0.01
*16	不愉快な気分だ。	0.896	1.986	0.10
*17	気持ちが落ちこみ，沈む。	1.458	1.542	0.11
18	気持ちが緊張している。	0.589	3.027	0.07
19	いらいらする。	0.735	1.283	0.23
*20	みじめな気持ちだ。	1.860	1.878	0.05
*21	恐怖感を抱く。	2.405	2.315	0.02
*22	残念な気持ちだ。	1.112	2.336	0.05
23	がっかりする。	1.267	2.337	0.04
*24	びくびくする。	1.140	2.561	0.03
25	気持ちをゆったりさせることができない。	0.677	1.611	0.19
*26	くやしい思いがする。	1.201	1.936	0.07

（注）　a：識別力パラメタ。b：困難度パラメタ。p：肯定反応生起率。
　　　アステリスク（*）は，最終的に採用された項目を示す。

表 8-3 PSRS「認知・行動的尺度」の項目パラメタ値推定結果

番号	項目	a	b	p
*27	何事にも自信がない。	1.945	1.602	0.09
*28	人が信じられない。	1.405	2.204	0.04
*29	何もかもいやだと思う。	1.640	1.810	0.07
*30	次々とよくないことを考え，取り越し苦労をする。	1.157	1.742	0.11
*31	話や行動にまとまりがない。	1.271	1.845	0.08
*32	誰かになぐさめてほしい，自分を支えてほしいと思う。	1.013	1.829	0.11
33	根気がない。	0.729	1.812	0.15
*34	自分の殻に閉じこもる。	1.524	1.853	0.07
*35	仕事が手につかない。	1.428	2.028	0.06
*36	自己嫌悪におちいる。	1.607	1.438	0.13
*37	他人に対してやさしい気持ちになれない。	0.947	2.276	0.07
*38	未来に希望が持てない。	1.305	1.823	0.08
*39	あれこれと思い悩む。	1.017	1.500	0.16
*40	複雑な思考や柔軟な思考ができない。	0.931	2.061	0.09
41	ささいなことでも充実感がほしいと思う。	0.725	2.414	0.09
*42	生気がなく，心の張りがでない。	1.730	1.769	0.07
*43	他人に会うのがいやで，わずらわしく感じられる。	1.331	1.914	0.07
*44	行動に落ち着きがない。	1.147	2.416	0.04
*45	今にも自分が駄目になってしまうのではないかと思う。	1.997	1.830	0.06
*46	人の欠点や悪い面ばかりに目がいく。	1.002	2.073	0.08
*47	生きているのがいやだ。	1.591	2.590	0.02
*48	すぐあることが頭にうかんできて，注意が乱される。	1.225	1.890	0.08
*49	頭の回転が鈍く，考えがまとまらない。	0.860	1.641	0.16
*50	どんなことをしてでも事態を変化させ開放されたいと思う。	1.070	2.344	0.05
*51	無気力で，やる気がでない。	1.271	1.721	0.10
*52	話すことがいやで，わずらわしく感じられる。	1.297	1.874	0.08
*53	むやみに動きまわり，じっとしていられない。	0.841	2.857	0.04

(注) a：識別力パラメタ。b：困難度パラメタ。p：肯定反応生起率。
　　アステリスク（*）は，最終的に採用された項目を示す。

ている。また，図 8-1 と図 8-2 にはそれぞれの尺度のテスト情報曲線が描かれている。こうして完成した PSRS の特徴を見ると，PSRS は潜在特性値の高い人，すなわち心理的ストレス反応の比較的強い人を測定するのには有効な道具となるものの，潜在特性値の低い人，すなわち弱い心理的ストレス反応しか示さない人を測る測度としてはあまり有効ではないことが分かる。

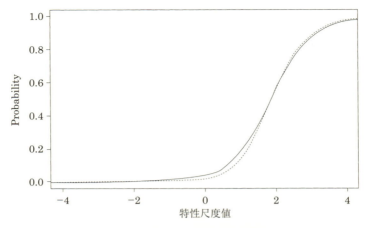

図 8-1　PSRS のテスト特性曲線
(注)　実線は「情動的反応尺度」，点線は「認知・行動的反応尺度」を示す。

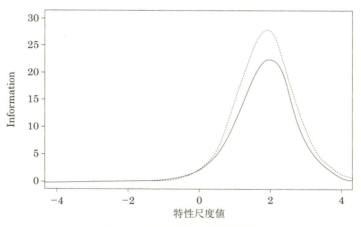

図 8-2　PSRS のテスト情報曲線
(注)　実線は「情動的反応尺度」，点線は「認知・行動的反応尺度」を示す。

今後，多くの人がより日常的に経験する項目（例えば，デイリー・ハッスル項目など）を追加し，項目プールとして充実させていく必要があろう。

このような問題点がまだ残されているとは言え，表 8-2 と表 8-3 に示された PSRS の項目パラメタの推定値は，今後さらに状況特有な項目を付け加える必要に迫られたときの，項目の目盛り合わせの基準となる。また，被験

者の潜在特性の水準に合わせて項目を選択する，適応型測定を行うときの項目選択の基準にもなる。そしてこれらの項目を個人に施行し，適当なパラメタ推定法を用いて潜在特性値の推定を行い，推定された値の目盛り合わせを行えば，それがその個人の心理的ストレス反応の絶対値を表わすことになるのである。このように，項目反応理論を用いたストレスの測定は，その状況特有性という研究上の壁を越える1つの手段となり得るのである。

8.4. 組織コンテクストを考慮したワークストレス反応尺度の開発

前節で見たように PSRS 開発の目的は，臨床の場面において患者が示すストレス反応ではなく，日常生活において普通の人々が示す心理的ストレスを測定する尺度を，項目反応理論を用いて作成することにあった。その結果，識別力パラメタ(a)に関しては，実用に供するに十分な水準の項目を確保できたが，困難度パラメタ(b)に関しては予想していたよりもその値が高くなった。このことは，SPRS は日常生活場面でのストレス反応の測定というよりも，むしろ既存の尺度と同じ臨床場面で使用するのに適当であることを意味する。

そこで，PSRS では達成できなかった日常生活場面でのストレス反応をより明確に測定することを目指して，ワークストレス反応尺度（Work Stress Response Scale：WSRS）を開発することとした。WSRS で取り上げる日常生活とは，会社や公的機関などの組織や職場のコンテクスト（文脈）に沿った日常生活を意味する。

(1) **方法**
測定尺度：心理的ストレス反応尺度（Psychological Stress Response Scale：PSRS）（矢冨・渡辺, 1995）で用いた項目のうち，内容的に組織環境・職場環境のコンテクスト（文脈）を追加することができる項目を対象として合計42項目をから成る尺度を新たに作成した。これをワークストレス反応尺度（Work Stress Response Scale：WSRS）と呼ぶこととした。したがって WSRS の下位尺度には PSRS と同様，情動的反応尺度と認知・行動的反応尺度の2

つがある。組織・職場文脈を追加した項目とは，具体的には，「<u>仕事が忙しすぎて</u>，不機嫌で怒りっぽくなることがある」「<u>職場の人間関係を考えると</u>，泣きたい気分になることがある」などである。（＿＿部分が組織コンテクストにあたる）。反応尺度としては，「あてはまる」「どちらかといえばあてはまる」「どちらかといえばあてはまらない」「あてはまらない」の4件法を用いた。

データ：首都圏にある大手企業2社の人事部の協力を得て，これらの会社に勤務する社員にWSRSが実施された。対象はすべての部署で働く人々であった。その結果，400名から有効な回答が寄せられた。

事前データ解析：まずIRT分析を行う前提条件となる尺度の1次元性の確認を行った。最初に下位尺度の内的整合性としての信頼性の推定を行い，続いて，因子分析による次元性の検討を行った。

内的整合性としての信頼係数には，Cronbach (1951) の α 係数を採用した。その結果，下位尺度の信頼性係数は，情動的反応尺度 (.95)，認知・行動的反応尺度 (.94) ともに極めて高いことが明らかとなった。次に，有効回答として得られた400名分のデータを用いて，主因子解を用いた探索的因子分析を行った。第1因子の累積寄与率は，情動的反応尺度では48.3％，認知・行動的反応尺度では45.4％であった。これらの値は，Reckase (1979) によって示された第1因子が20％以上という基準を十分にクリアした値である。また，各尺度の累積寄与率をスクリープロットした結果，第1因子の以後の因子によって説明される分散の割合が急激に低下していることが分かった。そこで，情動的反応尺度，認知・行動的反応尺度は多次元ではなく1次元であるという結論を得た。

以上の結果から，本研究で使用するどのデータに対してもIRT分析の前提条件の1つである尺度の1次元性の仮定が満たされたことになる。また，尺度を構成するどの項目も他の項目の回答の影響を受けない構造となっていることから，局所独立の仮定も満たされている。

IRTによる項目分析：IRTによる項目パラメタ値の推定を行い項目分析を行った。項目パラメタ値推定の前に，肯定的な2件（あてはまる　どちらかといえばあてはまる）の回答には1を，否定的な2件（あてはまらない　ど

ちらかといえばあてはまらない）の回答には 0 を与え，データの 2 値化を行った。その後に，2 パラメタ・ロジスティック・モデルに基づいて，周辺最尤法を用いて項目パラメタ値を推定した（用いたコンピュータソフトはBILOG-MG）。

表 8-4 と表 8-5 には，情動的反応尺度と，認知・行動的反応尺度ごとに項目パラメタ値の推定を行った結果が示されている。表 8-4 と表 8-5 では，「仕事が忙しすぎて……」「職場の人間関係を考えると……」「仕事上……」といった組織・職場のコンテクストを加えて新しく作成したワークストレス反応尺度（WSRS）と，「不機嫌で怒りっぽい」「泣きたい気分だ」「不愉快な気分だ」「根気がない」など，コンテクストを伴わない形容詞や述語から構成されている心理ストレス反応尺度（PSRS）の項目が左右に対比して示されており，それぞれの識別力パラメタ値 a，困難度パラメタ値 b，肯定反応の比率 p が示されている。

(2) 結果

WSRS の識別力パラメタ値についてみてみると，「情動的反応尺度」では，最小値0.806，最大値2.943，「認知・行動的反応尺度」では，最小値1.196，最大値2.342であり，識別力パラメタ値は全体的に高いことが分かる。「情動的反応尺度」では22項目中21項目で1.00を超え，平均値は1.934であった。一方，「認知・行動的反応尺度」では20項目すべての項目で1.00を超え，平均値は1.726であった。困難度パラメタ値についてみてみると，「情動的反応尺度」では，最小値-0.134，最大値1.591，「認知・行動的反応尺度」では，最小値-0.197，最大値1.640であった。

識別力および困難度パラメタが満たすべき水準については様々な議論があるが，Roznowski（1989）の研究で使用された基準（$a>0.50$），（$-4.00<b<+4.00$）を適用して各項目のパラメタを検討した場合，WSRS では，情動的反応尺度，認知・行動的反応尺度ともにすべての項目でこの基準をクリアしていることが明らかとなった。また，Ironson, Smith, Brannick, Gibson, & Paul（1989）の研究で使用された基準（$a>0.75$）を適用した場合でも，情動的反応尺度，認知・行動的反応尺度ともにすべての項目でこの基準をクリ

表 8-4 情動的反応尺度の項目パラメタ値の比較

番号	WSRS 項目	a	b	p	PSRS 項目	a	b	p
1	仕事が忙しすぎて,不機嫌で怒りっぽくなることがある。	<u>1.519</u>	0.218	<u>0.44</u>	不機嫌で怒りっぽい	0.776	1.466	0.19
2	自分は今の仕事に向いていないのではないかと悲しくなることがある。	1.627	<u>0.405</u>	<u>0.39</u>	悲しい	1.638	1.894	0.06
3	仕事をしていて,心に不安を感じることがある。	<u>2.868</u>	−0.134	<u>0.55</u>	心に不安感がある。	0.996	0.982	0.25
4	仕事上のトラブルや出来事などを思い出すと,怒りがこみ上げてくることがある。	<u>1.769</u>	0.134	<u>0.46</u>	怒りを感じる。	1.021	1.843	0.10
5	職場の人間関係を考えると,泣きたい気分になることがある。	<u>1.594</u>	<u>1.207</u>	<u>0.20</u>	泣きたい気分だ。	1.940	1.883	0.05
6	仕事中や就業時間以外でも,気持ちが落ち着かずじっとしていられないことがある。	<u>2.041</u>	<u>0.741</u>	<u>0.26</u>	気持ちが落ち着かず,じっとしていられない。	0.920	1.840	0.11
7	会議中に意見が対立し,感情の起伏が激しくなるときがある。	0.806	<u>1.581</u>	<u>0.25</u>	感情の起伏が激しい。	0.934	1.595	0.15
8	仕事を終えて,家に帰ると,さみしい気持ちになることがある。	<u>1.176</u>	<u>1.591</u>	<u>0.18</u>	さみしい気分だ。	1.051	1.727	0.11
9	仕事のスケジュールを考えると,重苦しい圧迫感を感じることがある。	<u>2.243</u>	−0.118	<u>0.54</u>	重苦しい圧迫感を感じる。	1.337	1.854	0.08
10	仕事の段取りで,憤まんがつのっていると感じることがある。	<u>2.441</u>	<u>0.337</u>	<u>0.39</u>	憤まんがつのる。	1.127	2.236	0.05
11	平穏な職業生活の中で,むなしい感じがするときがある。	<u>1.337</u>	<u>0.685</u>	<u>0.34</u>	むなしい感じがする。	0.988	1.412	0.17
12	仕事をしていて,なんとなく不安を感じることがある。	<u>2.943</u>	−0.097	<u>0.54</u>	不安を感じる。	0.990	1.497	0.15
13	仕事が忙しく,朝起きても気分がすぐれず,すっきりしないことがある。	<u>2.241</u>	<u>0.347</u>	<u>0.39</u>	気分がすぐれず,すっきりしない。	0.563	1.585	0.22
14	月曜日の朝は,落ち込んで心が暗くなることがある。	1.951	<u>0.391</u>	<u>0.39</u>	心が暗い。	2.009	1.592	0.08
15	仕事上,不愉快な気分にさせられることが多い。	<u>2.279</u>	<u>0.210</u>	<u>0.44</u>	不愉快な気分だ。	0.896	1.986	0.10
16	仕事を終えて,家に帰ると,訳もなく気持ちが落ち込み,沈み込むことがある。	<u>2.679</u>	<u>1.244</u>	<u>0.15</u>	気持ちが落ち込み,沈む。	1.458	1.542	0.11
17	仕事が終わっても,気持ちが緊張していることがある。	<u>1.537</u>	<u>0.791</u>	<u>0.30</u>	気持ちが緊張している。	0.589	3.027	0.07
18	仕事中,イライラしてしまうことがある。	<u>2.253</u>	−0.319	<u>0.60</u>	イライラする。	0.735	1.283	0.23
19	このまま仕事を続けていけるかどうか,恐怖感を抱くことがある。	1.853	<u>0.515</u>	<u>0.35</u>	恐怖感を抱く。	2.405	2..315	0.02
20	何か大きな失敗やミスをするのではないかと,びくびくすることが多い。	1.936	<u>0.661</u>	<u>0.31</u>	びくびくする。	1.140	2.561	0.03
21	就業時間以外の,プライベートな時間でも,気持ちをゆったりさせることができない。	<u>1.744</u>	<u>1.117</u>	<u>0.21</u>	気持ちをゆったりさせることができない。	0.677	1.611	0.19
22	仕事中に,くやしい思いをすることが多い。	<u>1.708</u>	<u>0.323</u>	<u>0.41</u>	くやしい思いがする。	1.201	1.936	0.07

(注) 1. a:識別力パラメタ。b:困難度パラメタ。p:肯定反応生起率。
2. アンダーラインはコンテクスト。

第8章 組織ストレスの測定

表 8-5 認知・行動的反応尺度のパラメタ値の比較

番号	WSRS 項目	a	b	p	PSRS 項目	a	b	p
1	仕事がうまくいっていても、自信がもてないことがある。	1.802	0.588	0.34	自信がもてない。	1.945	1.602	0.09
2	仕事上、人が信じられないと感じることがある。	1.459	0.526	0.37	人が信じられない。	1.405	2.204	0.04
3	会社で嫌なことがあると、何もかも投げ出したいと感じることがある。	2.342	0.421	0.37	何もかも嫌だと思う。	1.640	1.810	0.07
4	仕事をしていて、次々悲観的な考えが浮かんできて、取り越し苦労をすることがある。	2.308	0.407	0.38	次々によくないことを考え、取り越し苦労をする。	1.157	1.742	0.11
5	イライラして、自分の話や行動にまとまりがないと感じるときがある。	2.175	0.389	0.39	話や行動にまとまりがない。	1.271	1.845	0.08
6	責任の重い仕事を担当していて、誰かに慰めてほしい、支えてほしいと思うことがある。	1.511	0.380	0.40	誰かに慰めてほしい、支えてほしいと思う。	1.013	1.829	0.11
7	仕事に疲れていて根気がないと感じることがある	2.220	0.162	0.46	根気がない。	0.729	1.812	0.15
8	家庭や私生活での悩みがあり、仕事が手につかないことがある。	1.301	1.640	0.16	仕事が手につかない。	1.428	2.028	0.06
9	仕事でミスをすると、ひどく自己嫌悪におちいることがある。	1.421	-0.049	0.52	自己嫌悪におちいる。	1.607	1.438	0.13
10	職場の人と接していて、やさしい気持ちになれないときがある。	1.196	0.833	0.32	他人に対してやさしい気持ちになれない。	0.947	2.276	0.07
11	日々の業務に追われて、未来に希望がもてないと感じるときがある。	2.035	0.448	0.37	未来に希望がもてない。	1.305	1.823	0.08
12	仕事を離れると、あれこれと思い悩むことが多い。	1.469	0.872	0.29	あれこれと思い悩む。	1.017	1.500	0.16
13	忙しすぎて、複雑な思考や柔軟な思考ができなくなることがある。	1.871	0.480	0.37	複雑な思考や柔軟な思考ができない。	0.931	2.061	0.09
14	休日は、生気がなく、心に張りが出ないと感じる。	1.839	1.152	0.20	生気がなく、心に張りが出ない。	1.730	1.769	0.07
15	仕事の上で、他人と接するのがわずらわしく感じられる。	1.826	0.756	0.29	他人と接するのがわずらわしく感じられる。	1.331	1.914	0.07
16	仕事をしていて、つい自分の欠点や悪い面ばかりに目がいってしまう。	1.925	0.405	0.39	人の欠点や悪い面ばかりが目にいく。	1.002	2.073	0.07
17	以前に比べて頭の回転が鈍くなり、考えがまとまらないと感じることがある。	1.511	-0.197	0.56	頭の回転が鈍くなり、考えがまとまらない。	0.860	1.641	0.16
18	単調な日常生活の中で、何とか事態を変化させ開放されたいと感じることがある。	1.389	-0.030	0.51	どんなことをしてでも事態を変化させ開放されたいと思う。	1.070	2.344	0.05
19	出勤しても、無気力で、どうしてもやる気がでない日がある。	1.486	0.432	0.39	無気力で、やる気がでない。	1.271	1.721	0.10
20	仕事中、人と話すことが、わずらわしく感じられることがある。	1.541	0.672	0.33	話すことがいやで、わずらわしく感じられる。	1.297	1.874	0.08

(注) 1. a：識別力パラメタ。b：困難度パラメタ。p：肯定反応生起率。
    2. アンダーラインはコンテクスト。

第II部　基礎編

アしていた。

　次に WSRS と PSRS との項目パラメタ値の比較を行った。表8-4，表8-5では，①PSRS に比べて識別力パラメタ値が高くなり，②困難度パラメタ値がより平均的な困難度へと改善された（0.00に近づいた）WSRS 項目のパラメタ値にアンダーラインをつけている。これから分かるように，識別力パラメタ値に関しては，「情動的反応尺度」では22項目中18項目でパラメタ値（a）が高まり，「認知・行動的反応尺度」では20項目中17項目でパラメタ値（a）が上昇した。また，困難度パラメタ値（b）に関しては，「情動的反応尺度」「認知・行動的反応尺度」のすべての項目でより平均的な困難度へと改善されていた。つまり，全体的にみて WSRS は PSRS と比べると，識別力が高まり，困難度も平均的な値へと改善されたことから，通常水準のストレスをもった個人をより敏感に識別することができるといえる。

　図8-3と図8-4には WSRS のテスト情報曲線が示されている。これらの図から明らかなように，WSRS では，テスト情報量がより中央（$b=0.2$ 周辺）で多くなり，特性尺度値が中程度の人や，やや高い人を測定する道具として有効であることが分かる。つまり，「悲しい」「怒りを感じる」「人が信じられない」「根気がない」など，組織や職場のコンテクストを含まない形容詞や述語から構成されている PSRS では測定が困難な普通の人のストレ

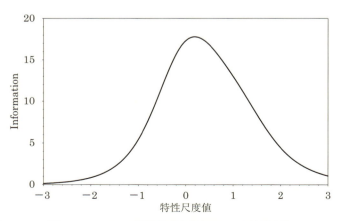

図8-3　WSRS の情動的反応尺度のテスト情報曲線

第8章 組織ストレスの測定

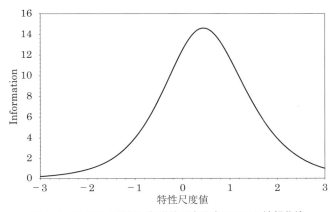

図 8-4 WSRS の認知・行動的反応尺度のテスト情報曲線

ス反応を，WSRS では項目の中に組織の文脈を組み込むことで測定できることが明らかとなった。

(3) **考察**

　以上の結果は，本研究で使用した項目反応理論による項目分析のアプローチがストレス反応尺度の開発や研究を行う上で，また作成された尺度や項目の精度を評価する方法として有効であることを示している。これは，これまで古典的テスト理論に基づいて検討されてきた項目分析の問題点を解決する糸口になることを示唆している。今後は，今回作成した WSRS のより広範な妥当性の検証を行うためにも，異なるサンプルを使用し，再度検討を重ねていく必要がある。

8.5. まとめ

　本章では，組織ストレス研究が現在陥っている閉塞状況を，そのモデルの貧困さと方法論上の問題点の観点から考察するとともに，それに対し項目反応理論が果たしうる役割について論じた。また，実際のデータを用いてストレイン（心理的ストレス反応）を測定する道具の IRT 分析を行った。

本章では，その測定と解析が比較的容易なストレインを取り上げたが，組織ストレス研究が直面する最も大きな問題は，ストレインよりも状況特有性がはるかに顕著な「ストレッサー」をいかに測定するかにある。この問題の解決は，項目反応理論自体の発展もさることながら，われわれが今後いずれの状況にも普遍性のある有効なストレッサー概念（潜在特性）を同定することができるかどうかにかかっていよう。

第Ⅱ部　基礎編

第9章　中核的自己評価の測定

　ヒトが生まれ，成長し，社会生活を行っていく過程において仕事を求めて組織と出会い，そしてそこでの心理的要素が重要なものとされるならば，そのヒトの来し方をできるだけさかのぼり，今現在の心理について説明しようと試みる動きがあってもよい。本章では，このような試みの1つとして，組織に所属する個人の「傾性（disposition）」，とりわけ最近その応用可能性について大きな注目を集め，着実に概念としての有効性・重要性が認められるようになってきた「中核的自己評価（Core Self-Evaluation：CSE）」について論じ，さらにこれまで幾多の研究者・実務家の関心を集めてきたジョブ・パフォーマンスとの関連性について項目反応理論を用いて実証的に検討する。

9.1.　傾性とは何か

　一口に傾性と言っても，その概念は多義にわたり，また類似の表現や用語によって表わされることも多い。傾性と類似した概念として挙げられる代表例として，「パーソナリティ（personality）」と「気質（temperament）」がある。一般にパーソナリティは，①環境への適応機能に関する全体的な特徴をもち，②知能・感情という要素を含み，③通状況的一貫性をもち，④継時的に安定した，個人内の機能的組織体とされる。一方，気質は，①パーソナリティの下位構造であり，②身体的・生理的特徴に由来し，③遺伝によって決定される度合いの強い，情緒反応の個人差，と定義される概念である（渡辺・野口，1999）。「パーソナリティ」概念が，状況と個人との相互作用あるいはフィードバック関係に重きを置くのに対し，「気質」概念は，より個人に固

有性の高い生理的・遺伝的特徴を強調する。すなわち，気質は，個人が置かれた社会的コンテクストよりも，むしろ Cloninger の理論およびモデル（Cloninger, 1987；Cloninger, Svrakic, & Przybeck, 1993）などに見られるように，脳内の神経伝達物質の特質および数を決定する遺伝子と関連させて論じられる概念である（木島・大内・渡辺, 2003）。

このような構成要素の相違点や差異がみられることに加えて，学問領域によっても傾性の概念規定が異なるということがある。傾性は，臨床心理学やパーソナリティ心理学の分野では，より「気質」に近いものと考えられ，身体的・生理的・体質的特性を表わす概念として「素質」と訳されることもある。その一方，社会心理学や産業・組織心理学においては「パーソナリティ」の概念をより広義にしたものとして扱われ，一般に「人種や性別のような，物理的あるいは客観的な個人差ではなく，パーソナリティ，要求状態，態度，パフォーマンス，動機を含む心理学的な個人差」（House, Shane, & Herold, 1996）と定義されている。

9.2. 産業・組織心理学における傾性的アプローチ

傾性的アプローチの発生と発展，衰退と復活

産業・組織心理学における傾性的アプローチ（dispositional approach）には長い歴史がある。しかし，その基本的な考え方は，研究の草創期からほとんど変わっていない。様々な研究がこれまで公刊されてきたが，共通項を要約すると，個人の職務行動や職務態度は，環境要因のみによって決定されるのではなく，（むしろ）かなりの部分が個人のもつパーソナリティ，気質を含む「傾性」によって規定されるというものである。この考え方は，心理学者が産業や経営の問題に関心をもち始めて以来の伝統をもっている。古くは20世紀初頭，ドイツのミュンスターバーグ（Münsterberg）が勤労者の職業生活上の問題を扱う際に（原初的ではあるが）傾性的アプローチ的な前提と方法論を用いたり，英国では1910年代から20年代にかけての王立協会委託調査において，ワイアット（Wyatt）他が勤労者の置かれた職場環境や職務内容によらない作業疲労の原因，すなわち個人の傾性的要因に帰属させること

ができるいくつかの個別要素の存在について含みを残した報告を行い、米国ではFisher & Hanna（1931）やHoppock（1935）のモノグラフ的論考において、職務満足と傾性（的要因）との関係が検討された。日本でも、淡路圓次郎が1920年代に産業心理学の立場から疲労や作業・職業適性の問題について検討する中で、個人のもつ傾性的側面についての言及を行った。

第2次世界大戦終結後には、特に米国において多数の復員兵に就労を保証する必要から、加えてその中から早期に優れたマネジャーを選抜し、キャリア開発を行う重要性について幅広く共通理解が得られたことから、戦時中新兵の適性検査に応用され、急速に発達した心理テストが産業界に普及した。例えば、スタンダード石油において有名なEIMPプロジェクトが6年間を費やして行われ、その人が将来マネジャーとして成功を収めるか否かを、個人差（能力、気質、生育歴）から予測しようという試みがなされた。またほぼ同時期に、AT&T社においても、後にアセスメント・センター（assessment center）方式として定着する管理者選抜のツール開発が端緒につき、その中で個人の傾性的要素が一定の扱いを受けることになった（cf. Bray, Campbell, & Grant, 1979；Goffin, Rothstein, & Johnston, 1996）。これにならって、日本でも、パーソナリティと管理能力との関係について大規模な調査研究が行われた（佐野・槙田・関本, 1970）。

より広くは、リーダーシップへの一連の特性論的アプローチ、McClellandの達成動機づけ研究、Hackman & Oldhamの職務再設計理論における成長欲求概念、Hollandの職業興味6次元モデルなども傾性的アプローチの一部、またはその要素を含むものとしてとらえることもできる。それほどに組織におけるパーソナリティの重要性については見解の一致が得られ、環境や状況を重視する研究者と傾性を重視する研究者との間でも、大きな論争がもちあがるまでには至らなかった。しかし、1960年代から70年代、個人が置かれた組織の状況要因と個人と組織環境との相互作用を重んずる学派（折衷学派とも呼ばれる。cf. Mishel, 1968）の台頭や、社会心理学・社会学的な視点から組織行動にアプローチする研究者によって、傾性的アプローチ自体が厳しい批判を受け、その後論争を重ねる中で次第に下火に向かっていった。

傾性的アプローチが実質上の復活を遂げたのが1980年代中期以降である。

先鞭となったのが Diener（1984）の「主観的な心理的安寧（subjective well-being）」であり，その中での職務満足（job satisfaction）・キャリア満足（career satisfaction）を包括する概念枠の示唆，特に欧州諸国で続いていた「労働生活の質」（Quality of Working Life：QWL）研究や実践運動とも関係する内容などから，その当時閉塞状態にあった米国経済の動向に焦燥感を隠せなかった米国企業・管理職に，新たな視点──実際には再発見だが──を与えるきっかけになった。それまで数多くの人事専門職やコンサルタントが提供していた職務再設計などのリエンジニアリング的手法が期待していたほどには効果がなく，業績がさらに悪化してしまったり，自らを取り巻くマクロ環境要因が年を追うごとに厳しくなり，法令遵守のプレッシャーに翻弄されていた米国企業は，傾性的アプローチの根本である「従業員は人間である。人間には個々に不変の傾性がある」という，分かりやすく，効果こそ未知数だが将来の明るい展望を感じさせる見方に敬意を払うようになっていった。この時期には，Arvey et al.(1989)，Gehart(1987)，Staw, Bell, & Clausen(1986)，Weiss & Adler（1984）などによる研究や著作が数多く公表され，「新傾性派（new dispositionist）」と呼ばれる研究者群が注目を集めるようになった。彼らは，これまであまり使われることがなかった方法論（例：一卵性双生児研究，縦断的デザインによる実証研究）に基づいて，新たな傾性特性を用いて，いかに個人の傾性上の差異が組織場面での個人の態度や行動に影響を及ぼしているかを明らかにし始めた。ここに至り，傾性的アプローチが復活したのである。わが国でもこれに呼応して，橋元・二村・内藤・今城（2002），木島・大内・渡辺（2003）などの研究が公刊され始めている。

　しかし，産業や組織場面での個人の行動や態度を「傾性の個人差」で説明しようとするこのアプローチは，社会学や社会心理学的な観点から組織行動にアプローチする研究者から（やはり）同時期に痛烈な批判を浴びた。中でも，Davis-Blake & Pfeffer（1989）は，新傾性派の行っている一連の研究は「蜃気楼（mirage）」に過ぎないとし，①客観的に観察可能な個人属性や行動（性，年齢，人種，個人業績など）を取り扱わず，心理的な変数のみを取り扱っている，②組織環境が傾性以上に個人の態度・行動に強い影響を及ぼす"strong situation（強力な状況）"であることは幾多の研究で明らかになっ

ていて，個人の傾性の影響力は限られているのにもかかわらず，それを無視している，③傾性的アプローチは個人内部に極めて安定的な特性のあることを想定しているが，個人は新傾性派が考えるよりはるかに組織環境に対して反応的・適応的であり，パーソナリティも個人の置かれた組織状況によって変化するという事実を無視している，と厳しく批判している。

これに対して，House, Shane, & Herold（1996）は，組織行動研究における傾性的アプローチの意義を明らかにし，これまでの批判を整理し，方法論的に厳密に行われた過去の研究をレビューした上で，①傾性的アプローチのもつ妥当性は，無視するにはあまりにも強すぎる，②批判に耐え得るだけの証拠は積み重ねられている，③より精緻な傾性の測定とその結果に焦点を当てた中範囲の理論の構築が必要，と述べ，傾性的アプローチへの極端な傾斜も危険であるが，傾性的アプローチを全く無視することは組織行動の研究と実践によい結果をもたらさないであろう，と結論づけている。

9.3. 中核的自己評価

(1) 中核的自己評価の定義と内容

新傾性派が研究上の従属変数としてきたものの代表格に職務満足（job satisfaction）がある。職務満足をもたらす要因に関する研究については，歴史的に3つのアプローチが試みられてきた。第1は，職務満足は職務そのものの性質や職務条件によってもたらされるとする「状況論的／職務特性論的アプローチ」，第2は，職務そのものの性質や職務条件とは独立に，個人には職務満足に影響を及ぼす比較的安定した特徴があるとする「傾性的アプローチ」，そして第3は，上記2つのアプローチを結合させた「相互作用的アプローチ」である（Judge, Locke, & Durham, 1997）。

Judge, Locke, & Durham（1997）は，職務満足に対して高い説明力をもつ傾性を探索する中で，中核的自己評価（core self-evaluation : CSE）というパーソナリティ特性概念を提唱した。中核的自己評価とは「個人が自分自身を把握し，世の中で機能することに関する基本的前提」を意味する。これは，「自分自身を，他者を，そして世界を把握する仕方に関する最も深層の

仮定」と見なされている (Judge, Locke, Durham, & Kluger, 1998)。

中核的自己評価は，4つの下位特性からなる統合的概念である。4つの下位特性とは，「自尊心 (self-esteem)」「一般的自己効力感 (generalized self-efficacy)」「ローカス・オブ・コントロール (locus of control)」「神経症傾向 (neuroticism)」である。先行研究の結果，これら4つの下位特性間には平均でr＝＋.60程度の強い相関関係があることが示されており (Judge, Erez, & Bono, 1998)，また相関関係の強さから類推すると当然のことではあるが，これら4つの下位特性は1つの共通因子を構成していることも明らかになっている (Judge, Erez, Bono, & Thoresen, 2002)。

(2) これまでの中核的自己評価研究

職務満足と傾性の1つである中核的自己評価との関係を探求する研究は，Timothy A. Judge と Edwin A. Locke を中心とする研究グループによって近年精力的になされている。Judge はもともと産業・組織心理学，中でも職務満足に代表される職務態度 (job attitude)・行動とその原因に興味をもち，その後，状況や環境に依存する可能性がより低い行動原因として傾性を用いるようになり，積極的にリーダーシップ研究・キャリア研究を中心にその知見を応用させてきた (e.g., Ferris et al., 1991 ; Judge, 1992 ; Judge et al., 2006)。Locke は，言わずもがなの職務満足研究の中興の祖であり泰斗，後には目標設定理論 (goal-setting theory) の提唱者の一人として学術界に巨大な足跡を刻んだ第一人者である(e.g., Locke, 1969, 1976 ; Locke & Latham, 1990)。

Locke は，功利主義 (utilitarianism) 哲学に基づく自らの立場を堅持し，また，Ayn Rand (米国に移民したユダヤ系ロシア人哲学者・作家) の著作の影響から，主観的認識論 (subjective epistemology) に依拠した上で，個人の行動の源泉について彼独自の人間観を提示している。Locke (1969, 1976) に散見される個人の最深部における心理的源泉としての価値 (value) を重視する姿勢や，目標設定理論における具体的な内容の目標設定を必須条件とする個人への働きかけとそれに対しての個人のワーク・モチベーションの増大幅に見られる個人差は，いずれも働く個人にとって傾性か

ら生じた肯定的・心理的諸反応を発揮する機会が，組織で働く日常生活のそこここにあふれている現実を強く示唆するものである。生物学的・生理学的な基盤は皆無と言ってもよいが，元来組織における人間行動とその源泉・原因となる個人の態度レベルでの心理に大きな研究上の興味をもっていたJudgeにとっては，Lockeの研究成果がさらに深い水準の人間心理に踏み込んでいくための羅針盤となり，そこから実証的志向性を堅持した共同研究（e. g., Judge, Locke, & Durham, 1997）へとつながっていったことは容易に想像できる。傾性，その中でも中核的自己評価と職務満足との間には，米国サンプルでr＝＋.30程度，米国外サンプル（イスラエル，日本など）ではr＝＋.20程度の弱い正の相関のあることが明らかになっている（大内，1999）。

(3) 中核的自己評価概念の広がりと方法論的限界

　傾性的アプローチの復興もしくは再認識の契機となった中核的自己評価概念であるが，最近では同概念はそもそもの使用目的である職務満足の説明変数（原因）として扱われるだけにとどまらず，様々な領域や幅広い問題設定のもとで用いられるようになってきている。また，従来はJudge自身と共同研究者を中心とした狭い範囲にとどまっていた研究者も，近年ではJudgeグループ以外に米国内外を問わず世界的な広まりを見せている。さらに，従来もっぱら組織心理学・組織行動論の分野に限定されていた使用状況も，最近では看護学（nursing study）とその関連領域，教育心理学の中でも特に学校心理学（school psychology）などにおいて，様々に概念として取り入れられている。このグループを分類すると以下のようになる。

　① 組織心理学・組織行動論：Judgeグループ

　このグループは，中核的自己評価概念の提唱者であるJudgeと彼の同僚および博士論文指導を受けた大学院生（博士号取得後は研究者として協力）からなり，Judgeの個人的影響力が比較的強く現われている。研究者の所在や所属は米国内外を問わないが，ほとんどが米国またはカナダ在住である。

　② 組織心理学・組織行動論：Judge以外の独立研究者グループ

　Judgeグループの研究に影響を受け，主に中核的自己評価尺度の信頼性・妥当性や応用可能性について検証している研究者たちがここに分類される。

世界中に広まりを見せており，例を挙げるとオランダ（Judge, Van Vianen, & De Pater, 2004），ギリシャ（Tsaousis et al., 2007），日本（Piccolo et al., 2003, 2005）などがある。また，Judge 自身が共同研究者として参加することも比較的多い。

③ それ以外：看護学・学校心理学などの他領域研究者グループ

中核的自己評価概念そのものの有効性に着目し，組織心理学・組織行動以外の分野でも応用が進んでいる。特に目につくのは看護学（e.g., Laschinger, Heather, & Finegan, 2008 ; Laschinger, Purdy, & Almost, 2007），学校心理学（e.g., Broucek, 2005 ; Gan et al., 2007）である。ただし，このカテゴリーの研究者は必ずしも Judge ほかが提示した中核的自己評価尺度を忠実にそのままの形で使用するとは限らず，一部をアレンジしたり一部分のみ用いるなどの変更を加えることもある。

このような地理的のみならず領域的な広がりは，今後もさらに進んでいくものと考えられる。わが国においても，本章の執筆者たちによる最初の研究（Piccolo et al., 2005）以降，少しずつではあるが後続の調査研究が発表され（e.g., 西田・渡辺，2007 ; 渡辺・西田，2007），今後は様々な領域や研究関心のもとで応用が期待される。

各グループが積極的に行っている研究は実証的方法に基づいたものが多く，さらにその大部分が，中核的自己評価（を構成する各次元）とその結果もたらされる個人の認知・行動との因果関係の検証を目的としている。しかしながら，調べうる限りにおいて，ほとんどすべての実証研究が横断的デザインに基づく定量的質問紙調査（＝単一時点での質問紙による調査）方式をとっている。今後は，より厳密で因果関係の検証に適した縦断的デザイン（＝2時点以上で同一被験者を対象とした調査）での調査や，あるいは条件を統制した実験的研究を積極的に行っていく必要がある。

以上のような発展経緯があったものの，中核的自己評価は，当初の尺度が信頼性の高いものであったために，自己評価性（self-evaluativeness）・根源性（fundamentality）・範囲（scope）という尺度開発上の3つの要件を満たしており（cf. Allport, 1961 ; Judge, Locke, & Durham, 1997），その後もほとんど変更なく継続して用いられ，それに伴ってデータの蓄積も年を追うご

とに豊富になってきている。このように，信頼性の高い尺度に早々にして恵まれたために，因果関係・相関関係の検証がなされる概念および変数についても順調に広範なものとなっていき，組織心理学・組織行動論に限ってみても，生活満足(life satisfaction：e.g., Judge, Locke, Durham, & Kluger, 1998)，ジョブ・パフォーマンス（job performance：e.g., Judge & Bono, 2001)，さらに目標設定とワーク・モチベーション（goal-setting and work motivation：Erez & Judge, 2001 ; Judge, Erez, & Bono, 1998) の説明変数として幅広く用いられるに至っている。ことここに至れば，まさに中核的自己評価は，新傾性派にとって自らのアプローチの正当性を証拠づける有力な概念となっているとみなしてもよいであろう。

　上記の概念・変数のうち，先行研究が試みてきた中で特に重視する必要があるのは，中核的自己評価とジョブ・パフォーマンス（＝職務業績，成果，パフォーマンス）との関係である (e.g., Bono & Judge, 2003 ; Judge & Bono, 2001 ; Judge, Locke, & Durham, 1997)。直観的にも，組織の従業員個人に対する関心事のうち第1に挙げられるのは，やはり彼・彼女らの示すパフォーマンスの質と量，ならびにその原因，さらにその原因が管理統制可能か，制度や施策などを通じて高揚させることが可能か，についてであろう。傾性のうち，より深部に近いパーソナリティ要素は，原則として16歳以降は不変であるため，組織は十分に妥当性・信頼性が担保された選抜を行って採用したが最後，その時点でのパーソナリティ傾向はあらゆる職務関連行動上，所与条件として扱わざるを得なくなる。未だ一定の結論は示されていないが，パーソナリティ傾向がジョブ・パフォーマンスに対して否定的にはたらく（つまりパフォーマンスをその個人が行っているというただそれだけで低下してしまう）という例はあらゆる組織において観察されていることであろう。肯定的なパーソナリティ，傾性傾向をもつ従業員の方が，自分たちの仕事に対してより強く動機づけられる傾向が認められることから，このような中核的自己評価とジョブ・パフォーマンスとの関係が特に注目されるようになってきたことは自然な成り行きである（Wanberg & Banas, 2000)。

　しかしながら，実際に中核的自己評価とジョブ・パフォーマンスとの関係について詳細に調べた実証研究はまだ十分とはいえない。これまでのところ

第Ⅱ部　基礎編

最も明解な要約を示したものと考えられる研究（Bono & Judge, 2003）においてでさえ，先行研究のうち中核的自己評価の下位構成要素である自尊心，ローカス・オブ・コントロール，および感情的安定性（神経症傾向）の間での真の相関係数推定値（ρ）をメタ分析によって示したのみであり，引き続いてなされた中核的自己評価と職務満足との相関関係については，真の相関係数推定値が＋0.24（感情的安定性−職務満足）から＋0.41（一般的自己効力感−職務満足）と，低から中程度の正の相関というレベルにとどまっている。また，中核的自己評価とジョブ・パフォーマンスの直接的な関係として同様に示された結果からは，＋0.19（感情的安定性−ジョブ・パフォーマンス）から＋0.26（自尊心−ジョブ・パフォーマンス）という真の相関係数推定値になっており，平均は＋0.23であった。これに関しては低い正の相関という解釈しかできない。同時に見出されたのは，個人の職務への動機づけが与えるモデレーター（調整）効果（$\rho = +.39$）であり，単独では中核的自己評価を構成する傾性要素のいかなるものも十分な説明力をもちえないことが示される結果となった。全体的なモデルでの因果関係でも，中核的自己評価全体得点と職務満足の関係は $\rho = +.41$（Judge & Bono, 2001），同様にジョブ・パフォーマンスとの関係も $\rho = +0.23$（Erez & Judge, 2001）にとどまり，中核的自己評価が直接的にパフォーマンスに与える影響自体は小さいものとみなしうる。

　以上のように，最近の傾性的アプローチの復活には目覚しいものがある。さらなる研究の発展のためには，今後以下の試みが必要であろう。

① 客観的な被説明変数を用いること：これまで傾性的アプローチが取り扱ってきた被説明変数は職務満足など，主観的な水準にとどまっている。より客観的なもの（例えば，営業成績，人事考課結果，など）を用いるべきである。

② より本質的な傾性特性の同定：傾性的アプローチが批判される点に，用いられる特性が広範にわたるあまり研究が拡散していることがある。今後，中核的自己評概念に見られるように，「傾性」の「中心的特性」を探ることが必要であろう。

③ 相関研究からの脱皮：かなり改善されてきたとはいえ，傾性的アプロー

チで最も用いられている方法は，質問紙調査データによる相関研究である。今後，縦断的研究，実験的研究が行われるべきであろう。
④ 理論の構築：傾性的アプローチは帰納論的でありすぎるとの批判がある。実証研究によって導き出された知見から論理を創出し，現象の記述だけでなく，説明・予測が可能な理論を構築すべきである。

9.4. ジョブ・パフォーマンス予測への傾性的アプローチ

これまで多くの経営者は，従業員が"積極的である"ということが組織にとって重要なことであり，価値があることと考えてきた。しかし，採用・選抜に関するこれまでの実証研究において，このような従業員の積極性と実際のジョブ・パフォーマンスとの関係はあまり議論されてこなかった。先に簡単に提示したように，近年このような肯定的な自己概念（positive self-concept）は，(1)自尊心（self-esteem），(2)一般的自己効力感（generalized self-efficacy），(3)ローカス・オブ・コントロール（locus of control），(4)神経症傾向（neuroticism）あるいは感情的安定性（emotional stability）という4つの独立した特性から構成されることが明らかとなってきており，これらは特に中核的自己評価（core self-evaluation）と呼ばれている（Judge, Locke, & Durham, 1997）。実際，Judgeらの研究では，12種類のサンプルから得られたデータを分析した結果，中核的自己評価の4つの特性はそれぞれ強い相関関係にあり，共通の因子を含んでいることが明らかとされている（Judge, Erez, & Bono, 1998）。

さらに，肯定的な自己概念を有する従業員の方が自分たちの仕事に対してより強く動機づけられると考えることができることから，このような中核的自己評価とジョブ・パフォーマンスとの関係が注目されるようになってきた（Wanberg & Banas, 2000）。しかし，実際に中核的自己評価とジョブ・パフォーマンスとの関係について詳細に検証した実証研究はまだ十分とはいえない。

そこで本章では，広義のパーソナリティ特性である「中核的自己評価（core self-evaluation）」を，ジョブ・パフォーマンスを説明する上で潜在的に重要

第Ⅱ部　基礎編

なパーソナリティの特性であると考え，両者の関係について詳しく検証することにする。また，両変数の関係性について検討するのに先立って，項目反応理論を用い，中核的自己評価測定尺度開発を行った。以下では，下位尺度ごとの項目分析について詳述する。

(1) 調査方法
(a) 調査手続きおよび回答者の構成

本研究のデータは，首都圏にある大手電機メーカーに所属する従業員256名（男性235名；女性17名；不明4名）から得られたものである。調査方法は，協力企業の社内LANを経由して個人に質問項目が一斉に配信され，その後，返信されてきたものが集計された。調査期間は，2001年1月から2月であった。

(b) 尺度

質問紙の内容は，まずデモグラフィック要因として，従業員の性別，年齢，所属などを尋ね，さらに，以下に示す質問項目を提示した。

① 中核的自己評価：Judge, Locke, Durham, & Kluger（1998）による中核的自己評価測定尺度（CSE）を邦訳し，項目反応理論に基づき項目分析を行った尺度を使用。
② ジョブ・パフォーマンス：ジョブ・パフォーマンスを測るための指標は，個人の1998年度から2000年度までの業績評価を数値化したものとその合計得点である。3年分の業績合計では，6段階の評価段階をそれぞれ，1点，3点，4点，5点，7点，10点と（加重）配点したものを合計して算出した。

(2) 中核的自己評価測定尺度（CSE）のIRT分析
(a) 次元性の確認

中核的自己評価測定尺度（CSE）日本語版のIRT分析を実施する前に，その前提条件となる尺度の1次元性を確認しておく必要がある。

まず，中核的自己評価尺度を構成する4つの下位尺度の内的一貫性として

の信頼性の推定を行い，続いて，因子分析による次元性の検討を4つの下位尺度別に行った。

内的一貫性としての信頼性を検討するために，Cronbach の α 係数を採用した。その結果，下位尺度の信頼性係数は，自尊心(.79)，ローカス・オブ・コントロール（.79），一般的自己効力感（.86），神経症傾向（.84）であり，いずれも尺度の信頼性が十分高いことが明らかとなった。

次に，有効回答として得られた256名分のデータを用いて，主因子解を用いた探索的因子分析を行った。分析の結果，各尺度に多因子性は認められず，1因子であることが確認された。第1因子の累積寄与率は，自尊心では50.83％，ローカス・オブ・コントロールでは32.04％，一般的自己効力感では60.67％，神経症傾向では54.44％であった。これらの値は，Reckase（1979）によって示された第1因子20％以上をもって1次元とみなすという基準よりも高い。また，各尺度の累積寄与率をスクリープロットした結果，第1因子の以後の因子によって説明される分散の割合が急激に低下していることが分かった。そこで，自尊心，ローカス・オブ・コントロール，一般的自己効力感，神経症傾向はそれぞれ多次元ではなく1次元性が高いと判断された。

以上の結果から，本研究で使用するどのデータに対しても IRT 分析の前提条件の1つである尺度の1次元性の仮定が満たされたことになる。また，その他の IRT 分析の前提条件である局所独立に関しても，尺度を構成するどの項目も他の項目への回答の影響を受けない構造となっていることから，満たされているといえよう。

(b) IRT 分析

2パラメタ・ロジスティック・モデルに基づいて，周辺最尤法を用いてBILOG-MG 3 で項目パラメタ値を推定した。分析に際しては項目反応に対して肯定的な3件（どちらかといえばあてはまる，かなりあてはまる，大変よくあてはまる）に1を与え，否定的な3件（どちらかといえばあてはまらない，あまりあてはまらない，全くあてはまらない）に0を与えるといった2値化を行った。また，256名のデータの内，全項目に回答した169名分を分析で使用した。

表 9-1　自尊心：項目パラメタの推定値

項目	識別力パラメタ (a)	困難度パラメタ (b)	通過率 (p)
1	3.134	−1.342	87.6
2	2.989	−1.002	80.5
3	0.992	−2.653	90.5
4	1.192	−2.090	88.2
5	1.326	−0.547	63.3
6	0.787	−0.750	62.7

表 9-2　ローカス・オブ・コントロール：項目パラメタの推定値

項目	識別力パラメタ (a)	困難度パラメタ (b)	通過率 (p)
1	0.535	−3.641	86.4
2	1.335	−0.839	69.8
3*	0.459	−1.423	65.1
4	1.101	−1.704	82.2
5	1.300	−0.479	61.5
6	2.102	−1.181	81.7
7	1.975	−0.515	65.1
8	1.111	−1.610	81.1
9	1.209	0.167	46.2
10	1.322	−0.929	71.6
11*	0.399	−1.685	65.7
12	0.857	−3.729	94.7

（注）　アステリスク(*)は識別力除外基準または困難度除外基準を満たした項目。

表 9-3　一般的自己効力感：項目パラメタの推定値

項目	識別力パラメタ (a)	困難度パラメタ (b)	通過率 (p)
1	3.046	−1.149	84.0
2	3.554	−1.079	83.4
3	1.242	−1.239	76.9
4	2.635	−1.331	86.4
5	1.486	−1.527	84.0
6	1.834	−1.410	84.6

表9-4 神経症傾向：項目パラメタの推定値

項目	識別力パラメタ (a)	困難度パラメタ (b)	通過率 (p)
1	1.491	-0.734	68.6
2	2.825	-0.393	63.3
3	3.103	-0.364	62.7
4	1.160	-0.822	68.0
5	0.997	0.278	44.4
6	1.588	-0.811	71.0

　表9-1から表9-4は，自尊心，ローカス・オブ・コントロール，一般的自己効力感，神経症傾向それぞれの尺度ごとに，2パラメタ・ロジスティック・モデルに基づいて項目パラメタ値の推定を行った結果である。表には識別力パラメタ値 a，困難度パラメタ値 b，肯定反応の比率 p が示されている。識別力および困難度の水準については様々な議論があるが，ここではRoznowski（1989）の研究を参考に，$a>0.50$ないし$-4.00<b<+4.00$を満たすこと基準として用いた。その結果，ローカス・オブ・コントロール下位尺度に含まれる12項目のうち項目3（私は，計画を立てている段階で，確実に達成できると確信している）と，項目11（私には，自分の利益を自分自身で守るだけの能力が備わっている）の2項目がRoznowskiの識別力基準である $a>0.50$ を満たしていないことが明らかとなったので，これらの項目を尺度から除外することにした。また，困難度パラメタに関しては，すべての項目が$-4.00<b<+4.00$という基準を満たしていた。全体としては，多くの項目で困難度パラメタが負の値を示していることから，否定的反応を起こしにくい項目によって構成されていることが明らかとなった。

　この結果，中核的自己評価の下位尺度として6項目からなる自尊心尺度と，10項目からなるローカス・オブ・コントロール尺度と，6項目からなる一般的自己効力感尺度と，6項目からなる神経症傾向尺度が構成された。

(3) 中核的自己評価とジョブ・パフォーマンスとの関係

　次に，項目反応理論に基づき今回作成した中核的自己評価測定尺度（CSE）の基準連関妥当性の確認を行った。つまり，CSE尺度が個人の業績を測定

表 9-5　中核的自己評価，性格5因子，気質の下位尺度と3年間の業績評価との相関

パフォーマンス測定尺度	基準変数			
	1998年度業績	1999年度業績	2000年度業績	3年間の業績
中核的自己評価				
自尊心	.257 **	.179 **	.220 **	.251 **
ローカス・オブ・コントロール	.376 **	.307 **	.288 **	.369 **
一般的自己効力感	.340 **	.285 **	.298 **	.352 **
神経症傾向	−.284 **	−.249 **	−.198 *	−.277 **
性格5大因子				
外向性	.164	.148	.082	.151
知性または開放性	0.50	0.56	0.17	0.47
協調性	−.127	−.135	−.039	−.113
勤勉性	.049	.089	.098	.090
神経症傾向	−.127	−.178 *	−.087	−.145
気質				
Reciprocative（交換）	−.097	−.067	−.121	−.106
Fragile（脆弱）	−.275 **	−.192 *	−.208 **	−.251 **
Vigorous（勢力）	.184 *	.208 **	.185 *	.220 **
Adherent（粘着）	.111	.090	.065	.105

(注)　$*p<.05$，$**p<.01$。

する上で，安定した外的基準になり得るかどうかについて調べた。具体的な手続きとしては，中核的自己評価測定尺度（CSE）の下位尺度である，(1)自尊心，(2)ローカス・オブ・コントロール，(3)一般的自己効力感，(4)神経症傾向と，3年間の業績評価結果との間の相関係数（ピアソンの積率相関係数）を求め，その関連性を検討した。また，比較検討を目的に，性格5因子モデルを測定する日本語版 ACL（Adjective Check List：柏木，1997）の下位尺度および独自に開発した気質検査（CTQ）の下位尺度のそれぞれと，3年間の業績評価との相関係数を算出した（表9-5）。

　この結果から，3年間の業績評価結果と，(1)自尊心（r＝.251, p＜.01），(2)ローカス・オブ・コントロール（r＝.369, p＜.01），(3)一般的自己効力感（r＝.352, p＜.01），(4)神経症傾向（r＝−.277, p＜.01）との間で，すべて1％水準で統計的に有意な相関関係があることが分かった。ちなみに，1998

年から2000年の業績評価との間においても，2000年の神経症傾向（r=−.198, p＜.05）を除き，いずれも1％水準で統計的に有意な相関が見られた（r=.376〜.179）。しかし，その一方で，同時に実施した性格5因子モデル「日本語版 ACL（Adjective Check List）」の下位尺度と業績評価との間には，1999年の神経症傾向との間を除き（r=−.178, p＜.05），統計的に有意な相関関係は見られなかった。また，独自に開発した気質測定尺度と3年間の業績評価結果の総量との間では，Fragile（脆弱）と Vigorous（勢力）においては1％水準で統計的に有意な正の相関が見られたのに対して（r=−.251, p＜.01, r=.220, p＜.01），Reciprocative（交換）および Adherent（粘着）においては統計的に有意な相関関係は見られなかった。全体的な傾向として，中核的自己評価のすべての下位次元および，気質の下位次元の一部が，業績評価の結果と相関関係を有していることが明らかとなった。

中核的自己評価に関してみると，自分自身に関して「一貫性があり，安定的で，明確な自己概念を抱いている人（自尊心−高）」や，「人生を自分自身でコントロールしているとしていると認識している人（ローカス・オブ・コントロール−高）」，「様々な状況下で必要な行動がうまく取れると認識している人（一般的自己効力感が−高）」，「何事にも不安を感じにくい人（神経症傾向−低）」ほど，高い業績を上げる傾向があることが示唆される。

(4) 考察

(a) 項目パラメタ値推定の結果

今回作成した中核的自己評価測定尺度の下位尺度における項目パラメタ値の推定結果から言えることは，各項目の識別力パラメタ a の値は高く，それぞれの項目が個人の中核的自己評価を識別する上で感度のよいことが明らかとなった。また，識別力パラメタ a の値が，Roznowski（1989）の識別力の基準である $a>0.50$ を下回ったものが，中核的自己評価測定尺度（CSE）全30項目中2項目（6％）と極めて少なかった。さらに，困難度パラメタ b についても，極端に困難度が高かったり低かったりといった項目もほとんどなく，標準的な中核的自己評価をもつ個人の測定に十分適していると判断できる。

中核的自己評価項目

 以下の質問は，あなた自身の状態や考え方にどの程度あてはまりますか。「全くあてはまらない」から「大変よくあてはまる」の中からもっともあてはまる回答を1つお選びください。

1．全くあてはまらない　2．あまりあてはまらない　3．どちらかといえばあてはまらない
4．どちらかといえばあてはまる　5．かなりあてはまる　6．大変よくあてはまる

自尊心	1．自分は価値のある人間だと思う。
	2．自分には優れた資質がたくさんあると感じている。
	3．相対的に見て、私は人生の落伍者だと思う。
	4．私は自分の生き方を肯定的に見ている。
	5．全体的に見て、私は自分自身に満足している。
	6．時々、私は自分自身を全くだめな人間だと感じることがある。
ローカス・オブ・コントロール	7．私が人の上に立てるかどうかは、自分の能力次第である。
	8．私の人生における主な出来事は、より権力のある人たちによって決定されていると感じる。
	9．私は、計画を立てている段階で、確実に達成できると確信している。
	10．運が悪い事が起こってしまった場合、それから自分を守る手だてなどほとんどない。
	11．自分が欲しいものを手に入れることができたときは、ほとんどの場合、自分は運が良かったからだと感じる。
	12．私の人生の大部分は、力のある人たちによってコントロールされていると思う。
	13．力のある人たちに逆らってしまうと、自分たちの利益を守ることはとうていできないと思う。
	14．物事は運によって決まるので、あまり遠い将来の事を事前に計画しておくのは賢いことではない。
	15．人生で成功をおさめられるかどうかは、時と状況次第である。
	16．組織の中で上の人に嫌われてしまうと、その他の人たちからも避けられてしまうだろう。
	17．私には、自分の利益を自分自身で守るだけの能力が備わっている。
	18．自分の人生は、自分の行動次第で決まるものだ。
自己効力感	19．私には、人生の苦難に打ち勝っていくだけの力が十分にある。
	20．私は、人生における様々な困難な状況に、うまく対処していくことができる。
	21．"私は、何ひとつとしてうまくできないのではないか"と感じることがよくある。
	22．私には、社会でうまくやっていく力があると感じている。
	23．私は、自分自身を人生における"失敗者"のように感じることがよくある。
	24．私は、誰もが人生で直面するような問題に対して、うまく対処していけるような気がする。
神経症傾向	25．私の感情は傷つきやすい。
	26．私は神経質な方だ。
	27．私は心配性だ。
	28．私は、緊張したり、あがったりしやすい。
	29．私は、よくいらいらする。
	30．私は、責任を感じて悩むことが多い。

(b) 中核的自己評価測定尺度の妥当性について

　妥当性に関しては，3年分の業績評価との相関を見ることで基準連関妥当性を検証した。その結果，中核的自己評価の下位尺度の基準連関妥当性が十分高いことが確認された。今後は，より広範な妥当性の検証を行うべく，縦断的なデータを用いた予測的妥当性（predictive validity）なども検討していく必要があるだろう。

(注)　日本語版「中核的自己評価尺度」の詳細を知りたい方は，渡辺直登・西田豊昭に問い合わせられたい。本章の筆者たちは，原著者の Timothy A. Judge（フロリダ大学）および Edwin A. Locke（メリーランド大学名誉教授）と原尺度の日本語版開発・使用の合意のもと，共同研究を行っている。

第10章 パーソナリティの測定

本章では、パーソナリティの測定尺度として国際的に広く使用されているクロニンジャー（Cloniger, C. R.）が開発した Temperament and Character Inventory（TCI；気質・性格尺度）を用いて、パーソナリティ理論に基づいた傾性的アプローチを試み、予期的社会化と TCI で測定される各パーソナリティ特性との関連性を確認する。さらに項目反応理論を用いて TCI 各下位尺度の項目パラメタ値を推定し、組織社会化尺度との相関関係を検証することとする。

10.1. 働く個人のパーソナリティ

まずは、パーソナリティ、傾性、組織社会化における先行研究の問題点を簡単に概観し、本章における立場を明らかにする。

(1) パーソナリティ・傾性関連用語の定義

パーソナリティ・傾性関連の用語として、様々な類似の用語が用いられているが、必ずしも、研究者間で一致した概念が用いられているわけではない。最も上位概念であると考えられるパーソナリティ（personality）に関しては、Allport（1937）の定義が頻繁に用いられている。すなわちパーソナリティとは、「個人内の機能的組織体であり、その心理・生理的なシステムは、環境へのその個人独自の適応を規定する」となる。Allport の定義は非常に有名で、多くの研究者がこの定義を採用しているが、それでも、完全なコンセンサスを得られている段階にはまだ至っていない。

パーソナリティの定義においてほぼ共通している点は、①環境への適応機

能に関する全体的な特徴,②知能・感情という要素も含む,③通状況的一貫性,④継時的安定性,である。このうち③の通状況的一貫性に関しては,Mishel (1968) が,パーソナリティの一貫性の存在を示す確たる証拠がないことを指摘し,従来の見解を批判した。その後,人間－状況論争が,現在に至るまで続けられている。この論争に関しては,パーソナリティの通状況的一貫性を継時的安定性と混同してしまうというような,議論がかみ合わない混乱があったこともあって長く続いた（渡邊・佐藤, 1993）。しかし,近年に至って,Pervin (1989) が,「大部分のパーソナリティ心理学者は,今では相互作用論者である」と述べているように,この論争は,行動を個人とその個人が直面している状況との多方向的な相互作用あるいはフィードバック過程との関数であるとする相互作用論が提出されるに至って,ようやく終焉を迎えようとしている（詳細は,若林, 1993を参照されたい）。

　パーソナリティと類似した用語としては,気質(temperament),性格(character),素質または傾性（disposition）等が挙げられるが,これらの用語も研究者によって,または研究方法や研究対象の相違によって,異なる定義が採用され,必ずしも一貫していない。気質に関しては,「自律神経系や内分泌系などの生理学的特徴を基盤として現われてくる情緒反応の個人差」と定義されたり（Allport, 1937）,「神経系の興奮性と抑制性にみられる個人差」と定義されたりと一貫性に欠ける（Eysenck, 1967）。気質の定義において共通している点は,①パーソナリティの下位構造である,②身体的,生理的特徴に由来する,③遺伝によって決定される,等が挙げられる。後に述べるように,Cloninger (Cloninger, 1987, 2008 ; Cloninger et al., 1993) の理論を用いた研究によると,気質はある特定の神経伝達物質の特質を決定する遺伝子と関連性があることが検証されている。

　性格という用語は,時にはパーソナリティと同意語として用いられるが,「人格者（a man of character）」という言葉が表わしているように,この用語には,道徳的意味合いが含まれるため,同一の概念を指す場合には,性格という用語を用いず,パーソナリティという語を用いる研究者が多い。

　さらに,disposition という用語は,用いられる学問領域によって大きく概念規定が異なる。伝統的臨床心理学やパーソナリティ心理学では,素質と訳

され，身体的・体質的特性を指している。これに対して，社会心理学や産業・組織心理学では，傾性と訳され，パーソナリティの概念規定よりさらに広く捉えられ，「傾性とは人種や性別のような，物理的あるいは客観的な個人差ではなく，パーソナリティ，要求状態，態度，パフォーマンス，動機を含む心理学的な個人差」と定義されている（House, Shane, & Herold, 1996）。

(2) 産業・組織心理学における傾性的アプローチ

第9章で述べたように産業・組織心理学における傾性的アプローチ（dispositional approach）とは，個人の何らかの職務態度や行動が，環境的要因のみによって決定されるのではなく，かなりの程度各個人に固有なパーソナリティを含む傾性によって決定されるという前提に基づいている。

傾性的アプローチに基づいた研究は，心理学の影響を強く受け，産業・組織心理学の黎明期から既に行われていた（e. g., Fisher & Hanna, 1931）。しかしその後，傾性的アプローチは，特に社会心理学的な視点から批判を受け続け（Davis-Blake & Pfeffer, 1989），アプローチの妥当性について現在に至るまで議論が行われている（Judge, Locke, & Durham, 1997 ; Weiss & Adler, 1984）。

産業・組織心理学における傾性的アプローチは，職務態度とりわけ職務満足（job satisfaction）の領域において行われることが多かった。上記のように，このアプローチについての批判・疑問が多く示されたが，個人のパーソナリティが職務満足の重要な決定要因になることを実証した研究がいくつか示され（e. g., Staw, Bell, & Clausen, 1986），近年ではアプローチそのものの妥当性を認める傾向が強まってきている。最近では，精神医学などの影響を受け，一卵性双生児のサンプルを用いて，個人のパーソナリティが職務態度・行動に与える影響を，遺伝レベルにまで踏み込んで，より厳密に検証しようという試みもなされるようになった（Arvey, Bouchard, Segal, & Abraham, 1989）。

このような進展は見られるものの，産業・組織心理学における傾性的アプローチの多くは，個人の「パーソナリティ」に該当するものを測定しているとは言えない。後に述べるように，継時的安定性と信頼性および妥当性を厳

密に有しているかどうか確認されていない「傾性」に基づいて研究がなされているからである。産業・組織心理学でよく用いられる傾性の例としては，①自尊心（self-esteem），②一般的自己効力感（global self-efficacy），③ローカス・オブ・コントロール（locus of control），④情動傾性（affective disposition），の4つが先行研究において職務満足の決定要因とされてきた（Buss & Craik, 1985；Judge, Locke, & Durham, 1997）。また，近年ではいわゆるNEO（Costa & McCrae, 1992）などの，より継続的に安定しているとされる指標も傾性として産業・組織心理学において用いられるようになってきている。そして，先行研究は，これらの傾性の継時的安定性をおおむね示している。例えば，個人の肯定的情動性向が職務満足に与える横断的・縦断的影響が詳細に検討され，職務満足は職務の変更などの環境的要因や年齢などのデモグラフィック要因の影響よりも，むしろパーソナリティの要因の影響を強く受けて長期にわたってほぼ安定していることが明らかにされ（Staw, Bell, & Clausen, 1986），また，否定的情動傾性が職務満足に負の影響を与えることも示されている（Levin & Stokes, 1989）。継時的安定性や信頼性および妥当性が確認されている尺度を用いることによって，産業・組織心理学関連の変数をパーソナリティの視点によって捉え直す研究は有意義であると考えられる。

(3) パーソナリティ尺度と基準連関妥当性

従来，パーソナリティ尺度の性能について検討する際に，古典的テスト理論における信頼性の概念が用いられることが多かった。そして，信頼性に関しては，多くのパーソナリティ尺度において高い信頼性が確認されている。もう1つの概念として，妥当性が挙げられるが，因子分析を用いた構成概念妥当性や，他の類似尺度との相関を用いた併存的妥当性などが確認されてきた。しかしながら，こうした妥当性の検討は一定の知見が得られるものの，妥当性を検証する方法としては必ずしも充分なものとは言えない（Carlson, 1971）。そこで，より確実な外的な基準を求めて，双生児研究が盛んに行われた。すなわち，ある尺度において一卵性双生児間の方が二卵性双生児間よりも一致度（相関係数）が高ければ，その尺度に関しては，遺伝規定性が高

く，よって，外的基準連関妥当性が高いと考える方法である。これに関しては，Eysenck Personality Questionnaire：EPQ（Eysenck & Eysenck, 1975；Eysenck, Eysenck & Barrett, 1975）の外向性尺度と神経質尺度において，一卵性双生児間の方が二卵性双生児間よりも相関係数が高いという結果が得られている（Heath, Cloninger, & Martin, 1994）。しかしながら，EPQ の外向性尺度と神経質尺度が同一の薬物の投与後に，両方とも影響を受けてしまうという結果も得られていることから，外向性尺度と神経質尺度は，実は1次元で測定できるのではないかとの疑問も投げかけられている（Gray, 1981）。

　このように，パーソナリティ尺度の外的基準連関妥当性が確認できたデータが乏しいことが，パーソナリティ心理学に対する多くの批判を招いてきたことは事実である。しかしながら，パーソナリティ尺度の妥当性を検討するにあたって，従来，生理的な外的基準を用いたくても生理的な外的基準そのものを測定できなかったという事情がある。例えば，パーソナリティの下位概念である気質に関しても，理論では，生理的特徴に由来しており，遺伝によって規定されると想定されていても，その生理的指標や遺伝子そのものを扱うことが，かつては不可能であった。しかし，近年の遺伝子工学の進展に伴って，パーソナリティの外的基準として遺伝子レベルでの考察が可能になってきている。次に紹介する Temperament and Character Inventory（TCI）は，生理心理学，生物学的精神医学，学習心理学，トランスパーソナル心理学の影響を受けて構成されたパーソナリティ理論に基づいて開発された尺度であり，信頼性，継時的安定性，基準連関妥当性のすべてを兼ね備えた優れたパーソナリティ尺度である。

10.2. TCI に関する先行研究

(1) TCI の理論的背景

　Cloninger のパーソナリティ7次元モデルは，パーソナリティの構成概念を気質（temperament）と性格（character）とに大別し，気質4次元と性格3次元を各下位次元として想定している。

Cloningerの理論における気質は遺伝性のものであり，主として幼児期に顕われ，認知記憶や習慣形成の際に前概念的バイアスを伴うものと考えられている。気質の4次元は，①行動の触発（Novelty Seeking：NS；「新奇性追求」），②抑制（Harm Avoidance, HA：「損害回避」），③維持（Reward Dependence：RD；「報酬依存」），④固着（Persistence：P；「固執」），である（鍵括弧内呼称はTCI日本語版下位尺度名）。これらのうち，新奇性追求（NS），損害回避（HA），報酬依存（RD）は，TCIの前のバージョンであるTridimensional Personality Questionnaire：TPQ（Cloninger, 1987）で測定されていたものであり，これらの気質はそれぞれ，中枢神経内の「ドーパミン（dopamine）」「セロトニン（serotonin）」「ノルエピネフリン（norepinephrine）」の神経伝達物質の分泌と代謝に依存しているものと想定されている（Cloninger, Svrakic, & Przybeck, 1993）。

これに対して，Cloningerの理論における性格とは，自己概念について洞察学習することによって成人期に成熟し，自己の有効性，あるいは社会の有効性に影響するものであると想定されている。また自己洞察は，知覚の認知的組織化を伴い，関係性を理解することとも定義できる（Cloninger, Svrakic, & Przybeck, 1993）。Cloningerによると，人は経験を概念的に再組織化し，新しい適応的な反応を学習することによって成長する，と考えられる。それゆえ，性格とは，自己の異なる概念に関連する反応バイアスによって記述できるとしている。人の行動を自動的に触発・抑制・維持・固着する反応は，発達初期には気質によって決定されるが，これらの反応は，自己のアイデンティティの概念の変化によって調節される。気質は自己洞察学習を動機づけ，それによって性格が変容し，そして今度は逆に，性格が気質を調整する。よって，パーソナリティは，気質と性格が相互に影響しあい発達すると仮定されている。

性格の3次元は，自己を同定する程度によって異なる。すなわち，①自律的個人（Self-Directedness：SD；「自己志向」），②人類社会の統合的部分（Cooperativeness：C；「協調」），③全体としての宇宙の統合的部分（Self-Transcendence：ST；「自己超越」），である（鍵括弧内呼称はTCI日本語版下位尺度名）。

性格の3次元のうち,「自己志向」の基本概念は,自己決定と「意志の力(will-power)」である。つまり自己志向とは,各個人が選択した目的や価値観に従って,状況に合う行動を自ら統制し,調整し,調節する能力のことである。自己志向は,次のような発達の過程として規定できる。すなわち,①自己責任(vs. 他人非難),②目的指向性(vs. 目的指向性の欠如),③臨機応変・問題解決におけるスキルや自身の発達,④自己受容,⑤第二の天性を啓発すること,である。「第二の天性」とは「Yoga(ヨーガ)」における用語であり,自らの目標と価値観を明確にすると顕在化する性質である。自らの目標と価値観と一貫した反応を自動的に行うことによって第二の天性を啓発すると,個人が本来もっている性質を超え,抑圧された葛藤を感じることなく自発的に行動できるようになる,と想定されている(Cloninger, Svrakic, & Przybeck, 1993)。

「協調」は,他者の確認と受容に関する個人差を説明するものとして規定できる。協調性のある個人は,寛容で,同情的で,協力的である。このような社会的受容,協力性,他人の権利に対する関心は,自尊心と高い相関を示す。また,協力性や同情性は,しばしば発達心理学において成熟のサインと見なされる。協調は,次のような発達過程として規定できる。すなわち,①社会受容性(vs. 社会不寛容),②共感(vs. 社会的無関心),③協力(vs. 不協力),④同情心(vs. 復讐心),⑤純粋な良心(vs. 利己主義),である(Cloninger, Svrakic, & Przybeck, 1993)。

人は瞑想をしたり,祈ったりすることで,(特に老年期においては)人生の満足感や個人の有効性を高めることができる。しかしながら,これまでのパーソナリティ研究では,こうした現象が見過ごされてきた。「自己超越」は,統一的全体の本質的,必然的部分として考えられるすべてのものの確認として言及できる。自己超越は,すべてのものが1つの全体の一部であるとする「統一意識」の状態を含む。統一意識では,自己と他者とを区別する重要性がないことから,個人的自己というものはない。人は単に,進化する宇宙の統合的部分であると意識するに過ぎない。このような統一的観点は,自然とその資源の受容,確認,または霊的統合として記述できる。自己超越は,次のような発達の過程として規定される。すなわち,①自己忘却(vs. 自己

意識経験),②霊的経験の受容(vs. 合理的物質主義),③超個人的同一化(vs. 自己弁別),である。この尺度によって測定される現象は,特に35歳以上の成人にとって,その人の適応状態と人生の満足度を知る上で重要であるとCloningerらは示唆している (Cloninger, Svrakic, & Przybeck, 1993)。

(2) TCI の信頼性・継時的安定性・妥当性

TCI の信頼性に関しては,α係数の高さ(気質尺度:0.65-0.87,性格尺度:0.84-0.89)からほぼ実用に足る信頼性を有していることが示唆されている (Cloninger, Svrakic, & Przybeck, 1993)。また,継時的安定性に関しては,元々の理論において,気質は遺伝性であるので,比較的安定するが,性格は自己洞察によって成熟もしくは成人後も発達しうることを示唆しているので,TCI の尺度のうち気質の尺度のみに継時的安定性が見られればよいことになる。TCI を用いて,気質尺度の継時的安定性を確認したデータは今のところないが,TPQ の新奇性追求尺度,損害回避尺度,報酬依存尺度においては継時的安定が確認されている (Heath, Cloninger, & Martin, 1994)。

TCI を用いて確認的因子分析を行って,構成概念妥当性を確認した研究は現在までのところない。しかし,Cloninger, Svrakic, & Przybeck (1993) の研究では,探索的因子分析の結果,理論と一致していたことが確認されており,また,TPQ を用いて探索的因子分析を行って構成概念妥当性を確認している研究もある (Parker, Bagby, & Joffe, 1996)。

TCI の気質の尺度に関しては,遺伝子レベルでの基準連関妥当性を確認する研究が多くなされている。きっかけとなったのは,新奇性追及尺度とドーパミン受容関連遺伝子との関連性を報告する Ebstein らの研究である (Ebstein, et al., 1996)。この研究が Nature Genetics という雑誌に投稿された際に査読に関わった研究者が,研究結果の重要性を鑑みて,自らもつ NEO の結果を相関研究の結果に基づいて TCI の値に変換してから,ドーパミン受容遺伝子との関連性を確認し,関連性が確認されたことを報告しているのが Benjamin らの研究である (Benjamin et al., 1996)。これらの研究が報告されて以来,ドーパミンだけでなく,セロトニンやノルアドレナリンとの関連性を探求した研究が急速に且つ大量に報告され,その結果もかなり矛盾した

結果になっていた。多くの研究をレビューしたメタ分析の研究結果でさえ結論が異なっている。セロトニン関連遺伝子多型と損害回避の関連性についてメタ分析を行った2つの研究である（Sen et al., 2004 ; Munafo et al., 2005）。Sen et al.（2004）によると、5-HTTLPR（serotonin transporter promoter polymorphism）と関連性があったのは、NEO で測定される神経症傾向尺度であり、TCI の損害回避尺度とは関連性がなかったと報告している。これに対して、Munafo et al.（2005）によると、5-HTTLPR と関連性があったのは、TCI の損害回避尺度であり、NEO の神経症傾向尺度とは関連性がなかったと報告しているのである。

当初のパーソナリティ尺度の測定値が遺伝子多型と関連性があるという、研究者にとって非常に魅力的な研究については、長い間混沌としていたが、現在、1つの分岐点にきていると言える。最近の研究で、2万人以上の人を対象に120万以上の遺伝子マーカーと TCI の尺度値との関係を検証した精緻で大がかりな研究の結果、遺伝子とパーソナリティ尺度には有意な関連性がないという研究が報告されている（Verweij et al., 2010）。この報告は当時の研究としては最高レベルの研究に基づいたもので、この研究結果から、現状では、パーソナリティテストの測定値と遺伝子多型との関連性の研究は一段落がついたといえる。

しかし、その研究の中で、TCI を用いた行動遺伝学研究では、遺伝の影響度は、気質尺度の平均で34％、性格尺度の平均で38％という結果が報告されている（Ando et al., 2004）ことから、TCI の遺伝情報との関連性がないと考えることも拙速である。実際、2012年9月に ENCODE（The Encyclopedia of DNA Elements）プロジェクトという大規模な遺伝子情報に関するプロジェクトが遺伝子情報について、重要な研究報告をしている。もともと、2003年にすべての遺伝子情報について解読完了が宣言され、身体を作るたんぱく質の設計図である「遺伝子」はそのうち約2％に過ぎず、98％は何の働きもしていないと考えられていたが、全体の80％くらいは遺伝子の働きを調節するなど生命維持に必要な役割を担っていることが分かったという報告である。これまで無駄と思われていた部分も有用であることを示しており、以前の研究で、遺伝子情報とパーソナリティ尺度が無関係であったという報告

は，実際には全遺伝子情報のうち2％しか解析されていなかったということになる。

遺伝子情報とパーソナリティ尺度に関連性が無かったという研究は，遺伝子情報全体の2％との関連性についてしか検証されておらず，今回新たに報告された80％の調節作用をする遺伝子情報との関連性については，今後の研究を俟たなければならない。したがって，パーソナリティ尺度と遺伝子情報との直接的な関連性については，今後の研究が必要になると思われる。

TCIの性格の尺度に関しては，Svrakic et al. (1993) によると，TCIによって測定される低い自己志向と低い協調が，DSM-III-R (American Psychiatric Association, 1987) の人格障害の核をなしていることを報告している。Svrakic et al. (1993) は，TCIの尺度のうち人格障害と最も関与が高いのが協調であり，協調性の低さが人格障害の核をなしていると報告している。さらに，中程度以上の自己志向性をもっていても，協調性が低い場合には人格障害である可能性が増すことを指摘している。このように，性格の各尺度においても，外的基準妥当性が確認されている。

(3) 日本語版 TCI の信頼性および妥当性

木島・野口・渡辺・高橋（1996）によると，日本語版TCIは，高い内的整合性および構成概念妥当性が確認され，軽度精神症状および社会的望ましさ反応バイアスからの影響が低いことが示された。ここから，日本語版TCIの適用可能性が高いことが示唆される。ただし，Kijima et al., (2000) にもあるように，性格尺度の自己志向性と協調性の2つの尺度において日米間でt検定を行った結果，米国のデータの方が，日本のデータよりも有意に平均点が高いことが確認された。後述するが，この原因は翻訳等価性の問題であるかもしれないし，文化差の問題であるかもしれない。今後，項目反応理論を適用することによって，翻訳等価性を高める作業を行って，それでも生じる現象なのか（つまり文化差によるものなのか），消失してしまうものなのか（つまり翻訳によるものなのか）を確認することが必要であろう。

10.3. TCIと組織社会化尺度の特徴

(1) 測定道具

TCI日本語短縮版：

TCI日本語短縮版は，先に示した気質4次元「新奇性追求」「損害回避」「報酬依存」「固執」，および性格3次元「自己志向」「協調」「自己超越」の7つの下位次元から構成されている（木島ほか，1996）。125項目からなり，反応尺度としては，各設問に対する答えが，「はい」「いいえ」のいずれかを選択させる2件法を採用した。なお，各下位次元のα係数は表10-1に示されたとおりである。

(2) 被調査者・調査手続き

教育産業に属する中規模企業が行った新卒者向け就職セミナー（1995年5月）に参加した短大生・大学生に対して上述の尺度を含む質問紙を配布した。質問紙は，セミナー会場にて配布され，その場で回答を一斉に行わせ，その後に一括回収した。有効回答数は395名（男性68名，女性324名）であり，平均年齢は21.3歳（標準偏差：1.66）であった。

(3) IRT分析

TCIのIRT分析に際しては，項目に対する黙従反応の可能性が低いと考えられるので（高橋，1994c；渡辺，1992a；渡辺・野口・高橋，1994），2パラメタ・ロジスティック・モデルを適用して各下位尺度ごとにIRT尺度を構成した。項目パラメタ値の推定に際しては，BILOG 3 (Mislevy & Bock, 1989) を使用し，周辺最尤法（marginal maximum likelihood method）による推定を行った。さらに，各下位尺度ごとに項目パラメタ値の平均値を算出した。

(a) 項目パラメタ値の推定および各下位尺度の特徴

表10-1～表10-7には，各下位尺度を構成する項目の2つのパラメタ推定

第10章 パーソナリティの測定

表10-1　TCI下位尺度の項目パラメタ推定値：新奇性追求

項目	識別力(a)	困難度(b)	識別力除外基準を満たす項目 a	困難度除外基準を満たす項目 b
1(x)	.408	-2.375		
63(x)	.334	.011	*	
105(x)	.377	-2.811	*	
125	.633	-.392		
36(x)	.482	.599		
47	.848	.398		
71	1.203	.471		
103(x)	.328	-2.716	*	
14	.533	.432		
24	.927	3.288		
59	.811	.065		
76	.502	-.637		
106	.776	-.938		
10	.980	.667		
44(x)	.368	-.821	*	
51(x)	.435	.366		
60	.661	.051		
77(x)	.452	.099		
99	.579	2.075		

パラメタ平均値	原版	項目分析後
識別力(a)	.612	.682
困難度(b)	-.114	.278

（注）（x）：逆転項目。

値（識別力・困難度）が示されている。各下位尺度のパラメタ推定値は，識別力に関しては全体的に高い値を示しているものの，困難度については高い値を示す項目が多く含まれている下位尺度と低い値を示す項目が多く含まれている下位尺度とに分かれる傾向があった。

　表10-1〜表10-7より，TCI下位尺度が全般的に高い識別力（下位尺度の識別力 a の平均値：0.759）を有していることが分かる。また，特性尺度値 θ が相対的に低いレベルにおいて個人をセンシティヴに識別する下位尺度が多いこともうかがえる（報酬依存・固執・自己志向・協調の4下位尺度）。

第Ⅱ部 基礎編

表 10-2 TCI 下位尺度の項目パラメタ推定値：損害回避

項目	識別力(a)	困難度(b)	識別力除外基準を満たす項目 a	困難度除外基準を満たす項目 b
2	.669	.524		
46	.806	1.078		
61(x)	.481	.838		
64	.831	−.294		
82	.884	2.079		
9	1.053	.050		
38(x)	.495	−.428		
70	1.311	.422		
104(x)	.319	−4.759	＊	＊
115	1.334	.136		
19	.962	2.610		
30	1.310	.657		
45	.885	.616		
78	.795	.632		
86	.958	.088		
16	1.018	1.998		
62	.808	1.532		
81	.685	.151		
98	.808	1.449		
124	.904	.857		

パラメタ平均値	原版	項目分析後
識別力(a)	.866	.895
困難度(b)	.512	.653

（注）（x）：逆転項目。

(b) 項目分析の結果

　表10-1〜表10-7には，パラメタ推定値が $a<.40$ あるいは $|b|\geq 4.00$ のいずれかに該当した項目を各下位尺度から除外した結果が示されている。これは，識別力の低い項目や回答が「はい」または「いいえ」に集中してしまい，有用な情報が得られない項目を除外したものである。また，各下位尺度のテスト情報量は図10-1から図10-14に示したとおりである。なお，これらの情報量は，項目分析の結果残った項目のみを用いて描いたものである。

第10章　パーソナリティの測定

表 10-3　TCI 下位尺度の項目パラメタ推定値：報酬依存

項目	識別力(a)	困難度(b)	識別力除外基準を満たす項目 a	困難度除外基準を満たす項目 b
20	.862	−2.881		
31	.816	−1.023		
39	.636	−2.588		
54	.751	−1.671		
65	.590	−3.104		
97	.634	.571		
15	.922	−1.375		
79	1.060	−1.396		
96	.766	−.687		
111	1.088	−2.384		
119(x)	.352	−.844	*	
11(x)	.336	−.035	*	
26(x)	.336	−1.676	*	
53(x)	.477	−1.713		
72	.818	−1.983		
85(x)	.448	−2.702		

パラメタ平均値	原版	項目分析後
識別力(a)	.681	.759
困難度(b)	−1.593	−1.764

(注)　(x)：逆転項目。

表 10-4　TCI 下位尺度の項目パラメタ推定値：固執

項目	識別力(a)	困難度(b)	識別力除外基準を満たす項目 a	困難度除外基準を満たす項目 b
8	.613	−2.943		
22	.735	−1.217		
37	1.263	−.925		
55	.792	−1.082		
116(x)	.414	−.154		

パラメタ平均値	原版	項目分析後
識別力(a)	.763	.763
困難度(b)	−1.264	−1.264

(注)　(x)：逆転項目。

第Ⅱ部　基礎編

表 10-5　TCI 下位尺度の項目パラメタ推定値：自己志向

項目	識別力(a)	困難度(b)	識別力除外基準を満たす項目 a	困難度除外基準を満たす項目 b
3	.950	-1.545		
17	.726	-2.528		
34	.970	-1.836		
49(x)	.690	-4.031		*
66	.793	-1.605		
6	1.003	-2.230		
57	1.072	-2.005		
69(x)	.448	-1.688		
87(x)	.400	-.271		
94(x)	.171	1.467	*	
23	1.096	-1.421		
58	1.248	-1.419		
92(x)	.455	-1.473		
109	.598	-1.223		
122(x)	.287	-3.116	*	
21	.777	.199		
25	1.902	-.396		
48	1.046	-.178		
83	1.706	-.314		
120	.947	.006		
56	.749	-1.075		
90	.750	-2.042		
100(x)	.449	2.028		
112(x)	.378	-1.857	*	
117	.834	-1.864		

パラメタ平均値	原版	項目分析後
識別力(a)	.818	.901
困難度(b)	-1.217	-1.283

(注)　(x)：逆転項目。

表 10-6 TCI 下位尺度の項目パラメタ推定値：協調

項目	識別力(a)	困難度(b)	識別力除外基準を満たす項目 a	困難度除外基準を満たす項目 b
4	.998	-2.497		
12	.944	-2.582		
28	.930	-2.605		
93(x)	.368	-1.517	*	
123	.671	-2.601		
18	.849	-1.219		
41(x)	.433	-1.177		
74	.514	-.786		
89(x)	.206	5.512	*	*
101	.865	-2.726		
7	.655	-2.576		
27	.544	-.387		
50	1.135	-1.937		
84	.803	-2.155		
95	.955	-2.563		
5	1.472	-2.063		
33	1.292	-2.183		
67	.658	-.190		
80	1.176	-2.206		
118(x)	.520	-4.067		*
13	1.080	-2.971		
40(x)	.269	-2.263	*	
75	.831	-2.697		
88(x)	.267	-1.375	*	
102	.631	-1.740		

パラメタ平均値	原版	項目分析後
識別力(a)	.763	.872
困難度(b)	-1.743	-1.992

(注) (x)：逆転項目。

第Ⅱ部　基礎編

表 10-7　TCI 下位尺度の項目パラメタ推定値：自己超越

項目	識別力(a)	困難度(b)	識別力除外基準を満たす項目 a	困難度除外基準を満たす項目 b
32	.637	.537		
43	.746	-1.588		
52	1.433	1.772		
107	.922	2.000		
113(x)	.500	.554		
25(x)	.499	-1.341		
42	.908	1.068		
68	.628	.383		
108	.870	1.018		
114	.766	-.628		
29	1.038	.041		
73	.738	-.234		
91	.580	2.515		
110	1.506	1.865		
121(x)	.402	-2.390		

パラメタ平均値	原版	項目分析後
識別力(a)	.812	.812
困難度(b)	.371	.371

(注)　(x)：逆転項目。

10.4.　考察

(1)　TCI の翻訳等価性

　TCI を翻訳するにあたっては，古典的な方法である再翻訳法(back translation) を採用し，TCI の開発者である Cloninger 自身が，再翻訳版の内容が原典版と相違ないものであることを確認している。しかしながら，山岡ほか (1995) も指摘しているように，再翻訳法を採用しても，完成した日本語版が十分に満足できないものであることが多い。再翻訳を行うことによって，翻訳する際の基本的なミスや誤解を避けることはできるが，再翻訳を前提として原文に忠実に和訳を行うため，結果として直訳的表現が多く，ときには

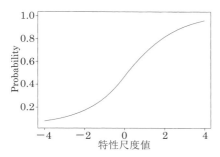

図 10-1　TCI 下位尺度のテスト特性曲線：新寄性追求　　図 10-2　TCI 下位尺度のテスト特性曲線：新寄性追求

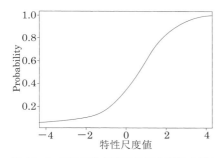
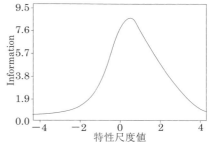

図 10-3　TCI 下位尺度のテスト特性曲線：損害回避　　図 10-4　TCI 下位尺度のテスト特性曲線：損害回避

日本語にない概念を無理に訳すため，その語・文の意味内容が分かりにくい日本語表現となってしまったり，長文で難しい言葉遣いになってしまう場合もある。こうした問題は，TCI の日本語版でも見られる。山岡ほか（1995）は，このような問題を解決するために，林の数量化 III 類（林，1993）を用いて，調査票のもつ構造を保持した上で，簡易な表現による EPQ の日本語訳簡易版を作成している。しかしながら，数量化 III 類を用いると，日本語訳された項目を基準として用いるため，もし，日本語訳そのものに誤まりがある場合には，誤った基準に従って，項目の取捨選択をすることになってしまうおそれがある。これに対し，Watanabe（1992c）は，項目反応理論を適用することによって，翻訳版の翻訳等価性を確認できることを指摘している。項目反応理論を用いる場合，基準となるのは，原版の各項目のパラメタ推定値（識別力・困難度）なので，各項目についての翻訳の適切性を確認す

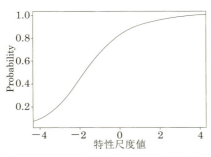

図 10-5　TCI 下位尺度のテスト特性曲線：
報酬依存

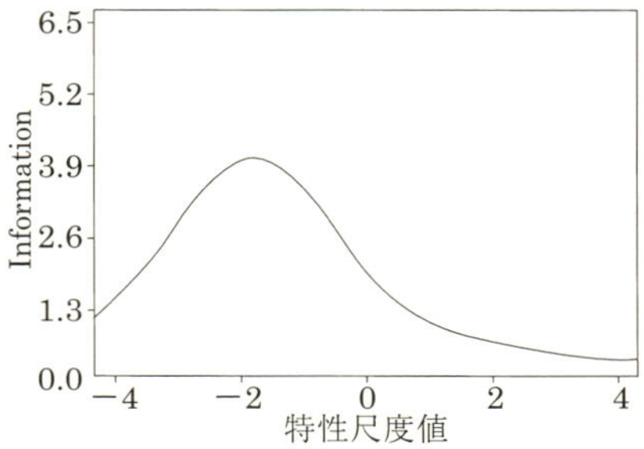

図 10-6　TCI 下位尺度のテスト特性曲線：
報酬依存

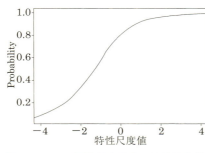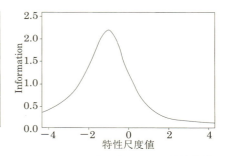

図 10-7　TCI 下位尺度のテスト特性曲線：
固執

図 10-8　TCI 下位尺度のテスト特性曲線：
固執

ることができる。よって，今後，TCI に限らず，既に完成された英語などの言語を用いたテストを訳して，日本語版を開発する際には，再翻訳法だけでなく，項目反応理論を用いて，各項目の特徴を原版と照合することによって確認し，さらに必要な場合には，原版のパラメタ推定値に近づくように，日本語版を簡潔化するという作業が可能になってくるのである。

(2) **産業・組織心理学における TCI の有効性**

　既に述べたように，数多く発表され広範に使用されているパーソナリティ尺度のうち，遺伝子・人格障害といった，本来の意味でのパーソナリティの外的基準との基準連関妥当性が確認されているのは，TCI のみである。TCI の長所は，微妙な変化はあるものの，当該個人の生まれながらの気質，発達途上で顕在化してくる性格，という 2 つの長期的に安定したパーソナリティ

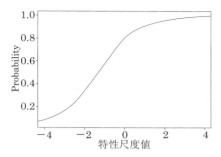

図 10-9　TCI 下位尺度のテスト特性曲線：自己志向 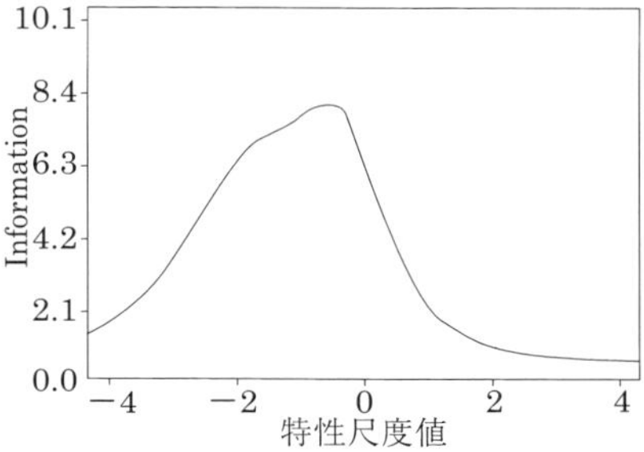
図 10-10　TCI 下位尺度のテスト特性曲線：自己志向

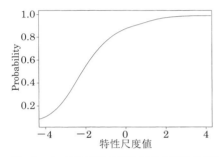
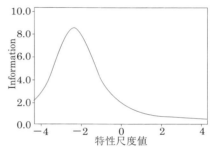

図 10-11　TCI 下位尺度のテスト特性曲線：協調
図 10-12　TCI 下位尺度のテスト特性曲線：協調

要素を極めて妥当に測定することができ，各下位次元の尺度得点は全体的に信頼できるということであった。すなわち，どのように控え目に評価しても，産業・組織心理学での傾性的アプローチにおける従来の「疑似的パーソナリティ変数」よりも，TCI の測定項目は長期的により安定したものであり，より妥当性・信頼性が高いという長所を有しているのである。

　ここで，職務パフォーマンスと TCI との関連性について研究した先行研究の例を紹介したい。大内 (1999)，木島・大内・渡辺 (2002) は，Cloninger の理論を用いて，気質と医薬情報担当者の営業成績との関連性を調べている。医療情報担当者の営業成績のうち，抗生物質と循環器薬の営業成績について検証したが（表10-8），循環器薬については，個人差は検出されなかった。これは，医薬情報担当者の個人の力量というよりも，業務のルーティーンをこなすことによって，一定の営業成績を上げることができるという業務

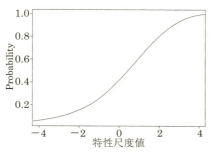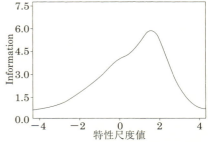

図10-13　TCI下位尺度のテスト特性曲線：　図10-14　TCI下位尺度のテスト特性曲線：
　　　　　自己超越　　　　　　　　　　　　　　　　自己超越

表10-8　営業成績と既存人事資料の相関関係

	1	2	3	4	5	6	7	8	9	10
1. 全製品	1.000									
2. 抗生物質群	.496**	1.000								
3. 循環器薬群	.640**	.335**	1.000							
4. 年齢	.049	.009	.003	1.000						
5. 勤続年数	.033	−.006	.025	.733**	1.000					
6. 出身学部	−.005	−.030	.003	−.173**	−.236**	1.000				
7. 性別	.014	−.139**	.011	−.212**	−.162**	.208**	1.000			
8. GAT (総合)	−.135*	−.033	−.010	−.114*	−.083	.140*	.076	1.000		
9. 社内試験	.075	−.019	.042	.146**	.237**	−.021	−.048	.115*	1.000	
10. 外部試験	.029	−.049	.049	.166**	.172**	−.085	.006	.203**	.479**	1.000

(注)　$*p<.05$, $**p<.01$。

　の性質からくる結果だと考えられる。より個人差が検出されやすい抗生物質の営業成績においても，従来の研究で用いられてきたような変数との相関はほとんど見られず，唯一，性差だけが検出された。
　さらに，TCIの気質尺度を用いて，各下位尺度との相関を求めたところ，固執得点とのみ有意な相関がみられたが，相関係数は大きなものではなかった（表10-9）。そこで，気質の組み合わせによって，8つのタイプに分けたところ，最も成績が高かった「情熱家」タイプ（営業成績の平均達成率111.4％）と最も低かった「激情家」タイプ（営業成績の平均達成率91.5％）の間には5％水準で有意な差が認められた（表10-10）。「情熱家」タイプとは，新奇性追及が高く，損害回避が低く，報酬依存が高い気質の組み合わせ

表 10-9 営業成績とパーソナリティの相関関係

	1	2	3	11	12	13	14
1. 全製品	1.000						
2. 抗生物質群	.485**	1.000					
3. 循環器薬群	.634**	.322**	1.000				
11. 新奇性追求	−.003	.007	.026	1.000			
12. 損害回避	−.033	−.100	−.033	−.258**	1.000		
13. 報酬依存	−.027	−.020	−.018	.077	.064	1.000	
14. 固執	.123*	.075	.061	−.106	−.243**	−.016	1.000

(注) $*p < .05$, $**p < .01$。

表 10-10 各パーソナリティ・タイプごとの抗生物質営業成績

		N	抗生物質営業成績
激情家	(境界性)	31	91.5
慎重	(回避性)	48	98.7
信用できる	(生真面目性)	24	102.6
独立した	(分裂病質)	43	104.3
冒険家	(反社会性)	50	104.6
論理的	(強迫性)	47	107.2
神経質	(自己愛性)	24	109.9
情熱家	(演技性)	50	111.4

である。この気質の組み合わせをもつと，新奇性追及の高さから，より行動が起こりやすく，損害回避の低さから，行動にブレーキがかかりにくく，報酬依存の高さから，他者に対する親和性が高くなる，したがって，営業場面においても，より多くの顧客に何らかの障害があってもひるまずに，自然と積極的に営業活動できるのではないかと推察できる。この研究は，実際に採用され研修も受けている人材においても，気質尺度値のみで，このように有意な結果が出ることを示しているもので，極めて重要な結果であると言える。

　この研究では，特定の特性値と職務パフォーマンスとの単純な関係性においては,従来の研究と同様に,有意ではあっても大きな相関関係はみられず，特定の特性値の組み合わせ，コンステレーション，によってパーソナリティをタイプに分けて，検証しているところが，従来の研究にはなかった点であ

る。したがって，パーソナリティの研究がより進展することによって，より妥当なパーソナリティの分類が抽出され，より明確な関連性と，その対応策が見出されてくるものと考えられる。

さらに，特定の気質は精神疾患とも関連するので，職務パフォーマンスに影響する疾患の発症可能性をも考慮に入れると，気質と関連する遺伝子によって，その影響を計算することが可能な職務パフォーマンスの割合は，さらに増すものと考えられる。

(3) 人的資源管理施策における TCI の重要性および注意事項

TCI のような遺伝子情報と関連すると考えられる測定道具を人的資源管理施策に用いる際には，一定の注意が必要であると考えられる。筆者は，特に人事採用場面において TCI のような遺伝子と関連すると考えられている倫理的諸問題について対策を提起している（木島，2003）。

今後，遺伝子情報に関する科学が進展し，それぞれの気質に影響を与える複数の遺伝子座が明確になった場合，気質についてもある程度の正確さを伴って，蓋然的な予測をすることができるようになると思われる。しかし，そのような研究はすぐには進展しないと考えられている。Plomin et al. (2002) によると，人の心理学的形質，例えば，知的認知能力や気質などに影響を与える遺伝子は，個々には非常に小さな影響しかないと考えられており，複数の遺伝子の相互作用のことも考えると，気質と遺伝子との総合的な関連性については，非常に時間がかかると考えられる。したがって，人事採用場面においては，当面，遺伝子情報を直接扱うのではなく，遺伝子情報と関連性があると考えられる TCI のような測定道具を用いることが考えられる。TCI をはじめとする遺伝子情報と関連性がある測定道具を用いる際に注意しなければならない点があると考える。

実際にパーソナリティ尺度を用いた場合に起こりうる事態を考察してみる。仮に企業が人事採用場面で，パーソナリティ尺度を用いて，その測定値によって，スクリーニングを行おうとしても，実際には人事採用する側の要求を十分には満足させられないことが考えられる。辻岡（1982）は，人事考査に関する評価の一環として，Y-G テストを用いた場合の，測定値の大き

な変動を報告している。すなわち，人事考査の評価の一環として測定された場合，そうでない場合と比較すると，大きく「望ましい」方向に，変動していることが観察されたというものである。したがって，実際の人事採用場面ではパーソナリティの測定を個人の自己評価に頼る限りは，ほとんど有効ではないデータを集めることになると思われる。したがって，仮に人事採用側が，応募者のパーソナリティによって，スクリーニングを行いたいと望むのであれば，自己評価以外の測定方法を用いるべきであろう。

仮に，自己記入式のパーソナリティ尺度を用いるのであれば，採用されるかどうか分からない場面で用いるのではなく，採用後に，自己開発のために用いるなど，得られた情報を自己管理できるという条件の下でしか，その本来の有用性は発揮できないのではないかと考えられる。しかし，採用後の職場での行動評定を上司や同僚などが，特定のパーソナリティ理論に基づいて測定し，それを人事管理に応用することは，有用であると考えられる。面接場面では，猫をかぶることができても，毎日の日常の中で，望ましい行動を長く演じ続けることはできないであろう。パーソナリティ尺度を用いて，上司が行動評定をして，そのパーソナリティ尺度値を基に，人事管理することは可能なのである。したがって，実際には，パーソナリティ尺度を用いたスクリーニングは，人事採用場面ではなく，採用後の人事管理に有用であると言える。仮に，採用後の一定期間は正式採用せず，日頃の行動評定を行うようにすれば，間接的に遺伝子情報で，従業員の処遇を変えることは可能である。

パーソナリティ尺度値と職務パフォーマンスとの関連に関して言えば，特定の気質になりやすい遺伝子を有している個人が，仮に特定の職務に向いていないことが分かったとしても，同時に，何らかの方策によって，そうした遺伝子による不利な影響を払拭しうるような対応方法を模索すべきであろう。筆者は，従来の社内教育や自己開発の手法にはまだ十分に取り入れられていない，個々の特徴に応じた「個別教育プログラム」の有効性について検討することが1つの方法であろうと考えている。

また，人事アセスメントに対する考え方についても，パラダイム・シフトをもたらす可能性もあるであろう。従来は，例えば，昇進・昇格のための人

事評価を行う際には，現状の職務における業績の評価が重視されてきたが，仮に上記のような気質と職務パフォーマンスの関連性がより明確に分かってくれば，得られた業績のデータに対する評価に，気質の側面を考え合わせる必要もでてくると思われる。具体的には，木島・大内・渡辺（2002）の研究では，医薬情報担当者の営業成績に，気質が関連していて，情熱家というタイプの営業成績が良かったことが報告されている。しかし，情熱家タイプの気質は，行動のアクセルがかかりやすく，ブレーキがかかりにくいタイプである。こうした行動特徴は営業には向いているかもしれないが，昇進・昇格後の管理職には必ずしも適した行動特徴とは言えないかもしれない。営業職には適した行動特徴でも，その他の職務には適さない行動特徴もあるであろうし，また逆の関係もあるであろう。業績の評価を経済状況などに外的要因の検討を加えるだけではなく，何らかの業績を出した個人がどのような気質パターンを有していたかという内的要因も検討事項に加える必要があるかもしれない。また，自己評定によるアセスメントだけではなく，行動観察，面接などの多様なアセスメント・ツールを用いて，より妥当性を高める努力も同時に必要であろう。より妥当性の高い気質のアセスメントの開発と，気質と様々な職務との関連性については，今後の研究課題であるとも言える。しかし，より重要な点は，二村（2001）も指摘しているとおり，少なくとも二点ある。一点は，将来にわたっても，科学が組織行動を完全には予見できるものではなく，科学には限界があることを認識することである。例え遺伝子情報を利用したとしても完璧には行動を予測できるはずはなく，仮に予測できたとしても，一部分のみであり，決してすべてを予測できないことを理解しておかなければならない。いま1つは，科学によってもたらされた実証の成果を経営人事に用いる際には，専門性と英知が必要であるということであり，やみくもに結果だけを実践に適応しても，実効は得られないと考えられるのである。

　さらに，個人が自分のキャリアを考えるときにも，気質と職務パフォーマンスの関連は重要な意味を帯びてくるであろう。金井(2002)は，E. H. Scheinの考えを引用して，次の3つの自己イメージについての問いについて内省することがキャリアについて考える基盤を提供する，としている。①能力・オ

能についての自己イメージ。②動機・欲求についての自己イメージ。③意味・価値についての自己イメージ。この中で，第1の，自分の能力・才能について，自分の気質のパターンを自己洞察することによって，より妥当な自己イメージを形成できるようになると思われる。人事採用場面において，採用側が個人の遺伝子情報を利用しようとすれば様々な問題があるが，個人が自分自身の遺伝子情報を利用して，内省に用いることができるのであれば，個人にとっては有益な面もあるであろう。したがって，やはり，個人の遺伝子情報は，個人が管理できるようにしておくべきであると考えられる。しかし，個々人のキャリア発達においても，気質が最も重要というわけではなく，Scheinの第2，第3の問いも重要である。気質を職務パフォーマンスの決定要因として静的で不変のものとして認識するのではなく，多くの要因の1つであり，変容し対応可能な要因であると認識すべきである。この課題に関しては，金井（2002）の指摘するわれわれ専門家の精神性が問われていると考えられるのである。

第 III 部

応 用 編

第III部 応用編

第11章 CAT方式による識別性検査

　本章では,実際の産業場面で用いる適性検査を作成するのに項目反応理論を用いた例について取り上げる。鉄道事業の運転関係従事員に対する職務適性検査で,2パラメタ・ロジスティック・モデルおよび段階反応モデルを用いて下位検査の尺度が構成され,さらに適応型テスト化する試みについて開発研究の一部を紹介する。

　なお,本章で取り上げた研究はパーソナル・コンピュータ関係を中心に現在技術的には実際に用いられることのないものも含まれているが,項目反応理論を適用する考え方,適応型テストの効果を示す事例として,なお意味をもつと考え,本書においても改訂の上で残すことにした。

11.1. 識別性検査A-1001開発の目的

　鉄道事業における最大のサービスは「安全」である。安全は,列車の高速化・高密度運転化を支える技術的発展だけでは達成されず,鉄道運行システムの中で働く「人間」によって支えられる側面が大きい。各種の安全管理システムが開発され,現場で実用化されても,「安全」は,最終的には一人ひとりの判断に委ねられる部分が多い。すなわち,運転関係従事員には,「信号,標識をはじめ各種の運転情報を的確に識別し,情報に対応する適切な反応を行うことが,常に求められている」(小笠原,1991)。そのため,鉄道運転規則(昭和62年3月2日,運輸省令)の中でも「第10条　次に掲げる作業を行う係員については,適性検査を行い,その作業を行うのに必要な知識及び技能を保有することを確かめた後でなければ,作業を行わせてはならない。」と規定している。ここでいう作業には,列車または車両の運転のみな

らず，列車の運行整理や鉄道の信号操作など多様なものが含まれている。

現在までに，昭和24年11月総裁達第433号による日本国有鉄道の「精神機能検査」以来，数多くの運転関係従事員に対する適性検査が開発・実施されてきた（例えば，日本国有鉄道鉄道労働科学研究所心理適性管理室：1983を参照）。各種の適性検査の中で，個人の知的機能の水準を測定する検査は「識別性検査」と呼ばれ，日本国有鉄道の分割・民営化後も，例えば財団法人鉄道総合技術研究所において「鉄道総研式識別性検査 J-1001」などの開発が進められてきた。

従来の識別性検査では，検査問題を印刷した刷子を受験者に配布し，受験者は鉛筆等の筆記用具を用いて解答するという方法で実施されてきたが，社会全体の情報化，そしてニューメディアの発展に伴い，検査の実施方法にも変化が見られるようになってきた。例えば，「鉄道総研式識別性検査 J-1002」では，パーソナルコンピュータを用いて検査を実施する。

一方，検査を支える心理測定理論についても古典的テスト理論から項目反応理論へと新たな発展・展開が最近は著しい。項目反応理論には既に各章で述べてきたように，従来の古典的テスト理論にはない様々な利点がある。その1つとして，項目反応理論を用いることによって，受験者個人に合わせて適切な項目を用いて，しかも測定精度を落とさずに所要時間の短縮を可能にする，「適応型テスト方式」を用いて検査を実施できるようになるということがある。

また，検査項目については，従来の識別性検査ではすべて抽象的な図形・記号等が用いられてきたが，測定対象が鉄道の運転関係従業員に限定されている識別性検査では，必ずしも抽象的な図形・記号等を用いる必要はなく，むしろ馴染みのある鉄道に関係した素材を用いた方が，検査に対する抵抗感も少なくなり，より望ましい状況で検査を実施することができると考えられる。

以上のことから，

① 検査項目に鉄道に関係の深い素材を用いる

② 検査を実施するのにパーソナル・コンピュータを用いる
③ 検査を支えるテスト理論に項目反応理論を用いる
④ 検査の実施は適応型テスト方式を用いる

という条件の下で，新しい識別性検査 A-1001が研究開発された。なお，この識別性検査 A-1001は実際に旧日本国有鉄道や民営化後の JR 各社他の鉄道事業者で実際に用いられたものではなく，テスト理論やテスト実施媒体の変化に対応して，これら4つの条件を満たす識別性検査の将来像を探るための試験研究として位置づけられる。

11.2. 識別性検査A-1001の概要

(1) 検査内容

　識別性検査では，これまでは大きく2つの問題領域を設定し，各領域ごとに2ないし3問題が用意されてきた。例えば，J-1001では，「知覚の速さ・正確さ」の領域と「関係判断力・応用力」の領域が設定され，前者には，「記号と数字の置き換え」「図形の探索」の2問題が，後者には「対称図形」「展開図」の2問題が含まれている。これらの領域は従来開発された識別性検査で継続して用いられてきており，従来の検査との連続性を考慮して，今回新たに開発したA-1001においてもそのまま踏襲した。さらに，適応型テスト方式を用いるため，同一の検査実施時間内にさらに他の心理的特性（能力）について測定することが可能となるため，「記憶」領域も加えた。

　したがって，検査の内容は以下のようになる。すなわち，

Ⅰ　「知覚の速さ・正確さ」領域
　①「図形・記号の探索」問題
　②「図形・記号の異同弁別」問題
Ⅱ　「関係判断力・応用力」領域
　③「空間図形の推理」問題

④「図形・記号系列の作成」問題
Ⅲ 「記憶」領域
⑤「図形・記号系列の順唱・逆唱」問題

の全部で5問題から構成される。

(2) **検査の実施**

検査は個別式とし，実施にはノートタイプのパーソナル・コンピュータにマウスを付けたものをハードウェアとして用いる。オペレーティングシステムには MS-DOS の3.3版以降のものを用いる。本検査実施のためのソフトウェアは3.5インチの2HDタイプのフロッピーディスクで供給されるが，これをハードディスク上に検査用のディレクトリを設け，そこにコピーして実行する。検査開始時と終了時に検査者が一定の処理をする必要があるが，検査実施中は受験者が必要としない限り，検査は自動的に進行する。

(3) **検査のインストラクション**

検査開始時にはマウスの練習など一般的な教示を行うが，検査そのものに対する教示は各問題ごとにパーソナル・コンピュータの画面上に表示する。各受験者は教示画面を順次読み進み（前の画面にもどることも可能），最後にマウスのボタンを押すことによって教示を終了して練習問題に入る。

11.3. 各問題の概要

(1) **図形・記号の探索問題**

本問題では，指定された図形・記号等と同一のものを，選択枝中から見出して解答することが受験者に要求される。本問題の各項目は課題としては非常にやさしいものであるが，受験者の「正誤反応」よりもむしろ「反応の速さ」を測定することを主たる目的としている。図形・記号等には具体的には，機関車の前頭部に着けられるトレインマーク（以下，トレインマークと略す），時刻表で用いられる記号（以下，時刻表記号と略す），JR の文字をデ

ザイン化し色を変化させたもの（以下，JRマークと略す），鉄道車両の正面，の4種類を用いる。各種類ごとに20項目，全部で80項目から構成される。

各受験者ごとに，解答選択枝・正誤および反応時間（0.01秒単位）が記録される。

本問題は，問題に対する解答のやり方の説明，練習問題，検査問題の3つの部分から構成されている。実際の検査画面の中から，実際の検査項目の1つを図11-1（以下，図11-5までは口絵参照）に示しておく。

(2) 図形・記号の異同弁別問題

本問題は，画面中の2つの領域内の各々に呈示された複数の図形・記号について，2つの領域でその内容が同じであるか，異なるかを判断して解答する。図形・記号の種類・個数のみならず配列順序も考慮に入れて判断することが求められる。各項目は課題としてはやさしいが，「図形・記号の探索問題」と同様，受験者の「正誤反応」よりもむしろ「反応の速さ」を測定することを主たる目的としている。図形・記号等には具体的には，トレインマーク，時刻表記号，JRで用いられている警戒警報発令時に掲示される標識（以下，警戒標識図と略す），鉄道車両の正面，の4種類を用いる。本問題では，各領域内に含まれる図形・記号の数を3，4，5，6，8と変えることによって項目の困難度をあらかじめ変化させた。各項目の呈示時間はすべて7秒とした。

各受験者ごとに，正誤および反応時間（0.01秒単位）が記録される。

本問題についても，問題に対する解答のやり方の説明，練習問題，検査問題の3つの部分から構成されている。実際の検査画面の中から，実際の検査項目の1つを図11-2に示しておく。

(3) 空間図形の推理問題

本問題では，鉄道線路に用いられる枕木に似た形状の積み木を並べたり積み上げたものを呈示し，受験者はその中に1つだけ存在する「緑色の積み木に接している積み木の数を解答」する。本検査では「鉄道に関係の深い素材」を用いて問題項目を作成するため，通常の心理テストによく用いられる直方

体の積み木ではなくて PC 枕木のイメージをもつ積み木を用いている。このため，直方体の積み木を用いる場合よりも各項目は課題としては複雑になっている。各項目ごとに，積み木の総数および接する積み木の数が変化する。このことによって，項目困難度を変化させている。項目の中には比較的やさしいものから，かなり難しいものまでが含まれており，受験者は時間をかけて解答する必要がある。本問題は「反応の速さ」ではなく，受験者の「正誤反応」を測定することを目的としている。全部で30項目から構成されるが，各項目に含まれる積み木の総数および接する積み木の数は後出の表11-6に示したとおりである。

各受験者ごとに，解答・正誤および反応時間(0.01秒単位)が記録される。

本問題は，解答のやり方の説明，練習問題，検査問題の3つの部分から構成されている。実際の検査画面の中から，実際の検査項目の1つを図11-3に示しておく。

(4) 図形・記号系列の作成問題

本問題は，ある規則に従って並んだ図形・記号の系列が受験者に呈示され，受験者はその系列の並び方の規則を発見して，呈示された系列の次およびその次に入るべき図形・記号を解答する。本検査では，「鉄道に関係の深い素材」を用いて項目を作成するため，時刻表記号を系列の要素に用いている。系列の要素となる時刻表記号の種類が2，3そして4種類のもの各10項目，全部で30項目から構成される。項目の中には比較的やさしいものから，かなり難しいものまでが含まれており，受験者は時間をかけて解答する必要がある。本問題も「反応の速さ」ではなく，受験者の「正誤反応」を測定することを目的としている。

各受験者ごとに，解答の正誤および反応時間(0.01秒単位)が記録される。

本問題は，解答のやり方の説明，練習問題，検査問題の3つの部分から構成されている。実際の検査画面の中から，実際の検査項目の1つを図11-4に示しておく。

(5) **図形・記号等系列の記憶問題**

　本問題は，受験者の記憶能力を測定する問題であり，順唱課題と逆唱課題の2つの部分から構成される。受験者は，画面中に順次呈示された複数の図形・記号等（いずれも呈示時間は1.0秒）について，その系列を呈示順に記憶し，順唱課題では図形・記号等の系列をそのままの順序で再生し，逆唱課題では図形・記号等の系列を逆順で再生して解答する。従来の識別性検査には含まれていなかった課題であり，パーソナル・コンピュータをテスト過程の制御に用いることによって実施が可能になったものである。

　図形・記号等には具体的には，数字，色，時刻表記号，駅名，列車種別，の5種類を用いる。呈示する図形・記号等の数を，順唱課題では4，5，6，7と，逆唱課題では3，4，5，6と変えることによって項目の困難度をあらかじめ変化させてある。項目数は，順唱課題が20，逆唱課題が20の，全部で40項目から構成される。

　各受験者ごとに，解答・正誤および反応時間(0.01秒単位)が記録される。

　本問題は，解答のやり方の説明，練習問題，検査問題の3つの部分から構成されている。各問題について実際の検査項目画面の1つを図11-5に示しておく。

11.4. 予備テスト

　予備テストを実施した後，項目分析および課題ごとの分析を行った。予備テストに協力を得た人数は，表11-1に示すとおりである。そして，項目通過率，点双列相関係数，正答数得点の分布，項目反応時間，総反応時間の分布はすべての問題について，項目得点間相関行列の因子分析は，「空間図形の推理」「図形・記号系列の作成」「図形・記号系列の順唱・逆唱」の3つの課題に関して実施した。さらに，課題に独自の分析として，「図形・記号の異同弁別」課題では，図形・記号の種類および個数別の分析を，「図形・記号系列の作成」課題では，時刻表記号の種類数別の分析を，「図形・記号等系列の記憶」課題では，図形・記号等および順唱・逆唱別の分析を実施した。

　その結果，「図形・記号の探索」80項目，「図形・記号の異同弁別」64項目，

第Ⅲ部　応用編

表 11-1　予備テストの協力者数

	一般社会人	大学生	合計
図形・記号の探索		240	240
図形・記号の異同弁別	88	338	426
空間図形の推理	88	280	368
図形・記号系列の作成		192	192
図形・記号等系列の記憶		182	192

「空間図形の推理」30項目，「図形・記号系列の作成」30項目，「図形・記号等系列の記憶」40項目を最終的に用いることにした。

11.5.　段階反応モデルによる IRT 尺度化

「知覚の速さ・正確さ」領域に属する，「図形・記号の探索」問題および「図形・記号の異同弁別」問題は，受験者の誰もが時間をかけさえすれば正答を得られるような困難度の低い項目から構成されており，速く正確に解答することが要求される，いわゆる「速度検査」になっている。速度検査課題について通常は一定の時間制限の下での作業量が問題にされる。例えば，「鉄道総研式識別性検査 J-1001」（小笠原，1991）では，「記号と数字の置き換え」と「図形の探索」の2問題が含まれているが，採点にあたっては作業量が問題にされている。

これに対して，「識別性検査 A-1001」は最終的には，項目反応理論に基づいて尺度を構成し，適応型テスト方式で検査を実施するため，受験者ごとに解答する項目および検査所要時間が異なり，したがって作業量をもとに得点化することができない。

一方，「識別性検査 A-1001」はパーソナル・コンピュータを用いて検査を実施するため，各項目ごとに受験者の反応時間を記録することが可能であり，これを直接利用して得点化するという考え方もある。しかしながら，測定された反応時間は，

① 反応時間には，解答の際の動作時間（例えば，マウスの操作に要する

時間）も含まれいて，例えばマウスの操作に慣れていないがために解答に要する時間が長くなるなどは測定目的からすると誤差になる。
② 時間という比尺度が，そのまま直ちに測定しようとする能力の比尺度に対応する保証がない。
③ 正答に対する反応時間と誤答に対する反応時間の取り扱いを分ける必要がある。

などの問題がある。したがって，反応時間を情報として組み込んだ能力尺度構成モデルが必要になる。

そこで，本研究では，受験者の各項目に対する解答時間と解答の正誤とを組み合わせてカテゴリを設定し，「段階反応モデル」に基づいて，時間情報を組み込んだ IRT 尺度を構成することを試みた。パラメタ値の推定には多値型項目反応モデル用の分析プログラム MULTILOG（Thissen, 1991）を利用した。

(1) 図形・記号の探索問題

本研究では，受験者の解答と反応時間とを合わせて4つのカテゴリに割り当てる。すなわち，正答で反応時間の短いものから順にカテゴリ1，2，3，4とし，さらに誤答の場合はカテゴリ4を割り当てる。カテゴリの境界には，すべての受験者の全正答項目の反応時間を大小順に並べ，第1四分位数，中央値，第3四分位数にあたる反応時間を求め，それらの値を丸めてきりのよい数値としたものを用いる。実際には，順に0.90秒，1.10秒，1.40秒をカテゴリ境界値とした。

そして，
① 各受験者ごとに各項目の解答および反応時間から，各項目ごとにカテゴリ値 |1，2，3，4| のいずれかを割り当てる。
② これらのデータをもとに，項目カテゴリ・パラメタの推定値を計算する。
③ 得られた項目カテゴリ・パラメタ推定値に基づいて，テスト情報量を計算する，という手順で分析を進めた。

第Ⅲ部　応用編

表 11-2　「図形・記号の探索」問題各項目の通過率・点双列相関係数および反応時間の平均・標準偏差および項目パラメタの推定値

項目番号	通過率	点双列相関係数	反応時間平均	反応時間標準偏差	総反応時間との相関
1	1.000	—	1.555	.493	499
2	.988	.130	1.691	.578	571
3	.996	.018	1.213	.387	590
4	1.000	—	1.108	.412	457
5	1.000	—	1.145	.425	538
6	.996	.075	1.633	.545	660
7	.996	.018	1.661	.491	594
8	.992	.146	1.602	.643	700
9	.992	.227	1.433	.623	545
10	1.000	—	1.116	.363	685

項目パラメタ推定値			
a	$b(1)$	$b(2)$	$b(3)$
0.65	0.42	2.68	5.20
0.97	1.11	3.36	5.01
0.79	−1.62	0.27	2.45
0.60	−2.86	−1.08	1.04
0.79	−1.85	−0.43	1.02
1.19	0.58	2.64	4.21
0.80	1.21	3.93	7.59
1.55	0.24	1.60	3.10
1.48	−0.36	1.05	2.88
1.49	−1.52	−0.32	0.73

　項目パラメタ a の推定値は，最小値が0.21，最大値が1.56で，80項目中35項目が1.00を超えた。0.50未満の項目も13項目存在するが，全体として十分な識別力を示した。項目カテゴリ・パラメタ b の推定値は，項目カテゴリが全体として正の値を示す項目，負の値を示す項目，カテゴリ間の差の大きい項目，小さい項目が適当に存在しており，全体として偏りがない測定精度をもつ項目配置となっている。10項目を選んで各項目の通過率・項目反応時間の平均および標準偏差・パラメタ推定値を表11-2に示した。

テスト情報量は，表11-3にその一部を示したが，尺度値0.4で最大情報量7.29（標準誤差0.14）を示し，尺度値が-3.2から3.7の範囲で少なくとも4.30（標準誤差0.23）を示している。これは，信頼性係数に直すとおよそ0.95に相当し，80項目すべてを実施した場合にほぼすべての受験者について十分な精度で測定可能であることを示している。

(2) 図形・記号の異同弁別問題

本問題でも「図形・記号の探索問題」と同じ手続きにより，受験者の解答と反応時間とを合わせて4つのカテゴリに割り当てた。実際には，順に2.10秒，2.80秒，3.60秒をカテゴリ境界値とした。

そして，
① 各受験者ごとに各項目の解答および反応時間から，各項目ごとにカテゴリ値 |1，2，3，4| のいずれかを割り当てる。
② これらのデータをもとに，項目カテゴリ・パラメタの推定値を計算する。
③ 得られた項目カテゴリ・パラメタ推定値に基づいて，テスト情報量を計算する，という手順で分析を進めた。

項目パラメタ a の推定値は，最小値が0.12，最大値が1.51で，64項目中26項目が1.00を超えた。0.50未満の項目も21項目存在し，「図形・記号の異同弁別問題」に比べて全体としてやや低い値を示した。項目カテゴリ・パラメタ b の推定値は，項目カテゴリが全体として正の値を示す項目，負の値を示す項目，カテゴリ間の差の大きい項目，小さい項目が適当に存在しており，「図形・記号の異同弁別問題」と同様に全体として偏りがない測定精度

表 11-3 「図形・記号の探索問題」のテスト情報量

尺度値	-3.0	-2.5	-2.0	-1.5	-1.0	-0.5	0.0	0.5	1.0	1.5
情報量	4.67	5.46	6.16	6.62	6.84	7.07	7.24	7.29	7.14	6.80
標準誤差	0.21	0.18	0.16	0.15	0.15	0.14	0.14	0.14	0.14	0.15
尺度値	2.0	2.5	3.0							
情報量	6.36	5.93	5.40							
標準誤差	0.16	0.17	0.19							

第Ⅲ部　応用編

をもつ項目配置となっている。10項目を選んで各項目の通過率・項目反応時間の平均および標準偏差・パラメタ推定値を表11-4に示した。

　テスト情報量は、表11-5にその一部を示したが、尺度値0.6で最大情報量5.67（標準誤差0.18）を示し、尺度値が-2.2から3.4の範囲で少なくとも4.33（標準誤差0.23）を示している。これは、信頼性係数に直すとおよそ0.95に相当し、大部分の受験者に対して十分な精度で測定可能なことを示している。

表11-4　「図形・記号の異同弁別」問題各項目の通過率・点双列相関係数および反応時間の平均・標準偏差および項目パラメタの推定値

項目番号	通過率	点双列相関係数	反応時間平均	反応時間標準偏差	総反応時間との相関
1	.998	.099	2.258	.566	465
2	.952	.192	2.157	.540	423
3	.995	.043	2.097	.639	367
4	.945	.149	1.942	.423	430
5	.929	.232	2.737	.858	488
6	.702	.494	2.862	.965	412
7	.993	.023	2.433	.629	534
8	.959	.246	2.094	.585	395
9	.995	.224	2.892	.709	630
10	.989	.122	2.672	.692	554

項目番号	項目パラメタ			
	a	$b(1)$	$b(2)$	$b(3)$
1	0.89	-4.79	-2.30	0.10
2	0.68	-4.39	-3.06	0.08
3	0.88	-4.74	-3.26	-0.47
4	0.48	-6.10	-5.03	-1.84
5	0.83	-1.84	-0.21	1.78
6	0.23	-1.16	2.91	9.56
7	1.16	-3.04	-1.42	0.67
8	0.47	-6.21	-4.06	-0.34
9	1.37	-1.93	-0.32	2.33
10	1.34	-2.20	-0.72	1.43

表 11-5 「図形・記号の異同弁別問題」のテスト情報量

尺度値	-3.0	-2.5	-2.0	-1.5	-1.0	-0.5	0.0	0.5	1.0	1.5
情報量	3.52	4.08	4.46	4.75	5.07	5.36	5.57	5.67	5.63	5.55
標準誤差	0.28	0.25	0.22	0.21	0.20	0.19	0.18	0.18	0.18	0.18

尺度値	2.0	2.5	3.0
情報量	5.45	5.20	4.75
標準誤差	0.18	0.19	0.21

(3) まとめ

結局,「図形・記号の探索問題」と「図形・記号の異同弁別問題」のいずれについても,ごく一部の項目を除いて極端な項目カテゴリ・パラメタ推定値が得られることもなく,テスト情報量についても実用上満足な精度をもつ尺度が構成された。しかしながら,今後引き続き検討しなければならない問題も多数残されている。

例えば,項目反応時間と項目反応に基づいてカテゴリ化する際に,本研究ではすべての受験者の正答項目の反応時間の第1四分位数,中央値,第3四分位数を分割点としたが,これが最適なカテゴリ化であるかどうかさらに検討しなければならない。

また,誤答の場合の取り扱いについて,例えば独立したカテゴリを設定する可能性についても検討する必要がある。ただし,この場合に検査の特徴から誤答が生起することが極めて少ないため,かなり多数の受験者からデータを得なければならず,現実的には困難が予想される。

そして,従来の作業量に基づく得点化法による結果と比較する必要がある。これによって,本研究で試みた多値型 IRT モデルに基づく尺度の妥当性を検証することができる。

11.6. 2パラメタ・ロジスティック・モデルによる IRT 尺度化

「関係判断力・応用力領域」に属する,「空間図形の推理」問題および「図形・記号系列の作成」問題,「記憶領域」に属する「図形・記号系列の順唱・

逆唱」問題は力量検査になっている。さらに，各問題ともに当て推量により正答が得られる可能性は極めて少ないと考えられるため，受験者の各項目に対する反応（正答または誤答）を基に，2パラメタ・ロジスティック・モデルを適用してIRT尺度を構成する。すなわち，各項目の識別力および困難度パラメタ値を推定する。計算プログラムにはパーソナル・コンピュータ用のBILOG 3を利用する。尺度は，受験者母集団の特性尺度値の分布の平均が0.0，標準偏差が1.0となるように原点と単位とを設定する。

さらに，得られた項目パラメタ推定値に基づいて，テスト情報量を計算する。これによって各問題の測定精度を吟味する。

(1) 空間図形の推理問題

項目パラメタ推定値は表11-6に示したとおりである。また，これらの30項目から得られるテスト情報量は表11-7および図11-6に示したとおりである。

識別力パラメタの推定値は，最小値が項目10の0.18，最大値が項目20の1.45，平均が0.764，標準偏差が0.300であり，30項目中6項目が1.00を超えた。0.50未満の項目が8項目あるが，項目10を除くと極端に低い識別力を示す項目はなく，全体として十分な識別力を示している。項目10については点双列相関係数の値も極端に低く，既に述べたように改めて検討する必要があ

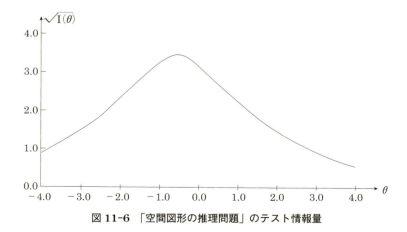

図11-6　「空間図形の推理問題」のテスト情報量

表11-6 「空間図形の推理問題」各項目の項目パラメタ推定値

項目番号	識別力	困難度	積み木の数	接する数
1	.463	−1.080	6	3
2	.375	−.983	6	4
3	.680	.674	9	6
4	.399	−2.996	9	5
5	.883	−2.334	9	6
6	.870	−.756	9	4
7	.352	−1.930	10	6
8	.833	−.208	10	5
9	.487	−.487	8	4
10	.180	.685	8	2
11	.729	−1.907	10	6
12	.898	−.450	10	5
13	.849	−1.204	10	5
14	1.085	−.415	18	8
15	1.247	−.452	18	7
16	1.237	−.634	18	11
17	.941	−.530	20	10
18	.721	−.229	20	11
19	.947	−.057	20	6
20	1.450	−.866	20	7
21	.584	.465	27	10
22	.543	−.324	27	11
23	1.070	.013	27	9
24	.738	.502	27	7
25	.701	−.550	27	6
26	.424	−.477	27	6
27	.766	.964	27	6
28	1.026	−.427	27	8
29	.467	−1.056	27	7
30	.965	−.482	27	6

る。

　困難度パラメタの推定値は，最小値が項目4の-3.00，最大値が項目27の0.96，平均が-0.58，標準偏差が0.88であり，30項目中24項目が負の値を示した。今回分析に用いた受験者集団にとっては比較的解答が容易な項目が多かったと言える。

表11-7 「空間図形の推理」問題のテスト情報量

尺度値	-3.0	-2.5	-2.0	-1.5	-1.0	-0.5	0.0
情報量	1.45	1.80	2.23	2.78	3.33	3.55	3.30
標準誤差	0.69	0.56	0.45	0.36	0.30	0.28	0.30
尺度値	0.5	1.0	1.5	2.0	2.5	3.0	
情報量	2.80	2.26	1.79	1.40	1.09	0.84	
標準誤差	0.36	0.44	0.56	0.71	0.92	1.19	

　テスト情報量については，尺度値が-0.5で最大の情報量3.55（標準誤差0.28）を示し，-1.3から0.3の範囲で少なくとも情報量で3.00（標準誤差0.33）を示し，-1.7から0.7の範囲で少なくとも情報量で2.50（標準誤差0.40）を示している。標準誤差が0.33および0.40というのは，信頼性係数に直すとそれぞれおよそ0.90および0.86になり，測定精度として十分に満足できる値である。

(2) 図形・記号系列の作成問題

　本問題でも「空間図形の推理問題」と同様に，受験者の解答に基づいて2パラメタ・ロジスティック・モデルの項目パラメタ値を推定するが，本問題の場合，各項目の解答時間が20秒を超えた場合には受験者の解答が正しい場合にも誤答として取り扱う点が異なっている。

　項目パラメタ推定値は表11-8に示したとおりである。また，これらの30項目から得られるテスト情報量は表11-9および図11-7に示したとおりである。

　識別力パラメタの推定値は，最小値が項目16の0.35，最大値が項目1の1.24，平均が0.680，標準偏差が0.217である。全体として識別力パラメタの値が均質になっており，十分な識別力を示している。

　困難度パラメタの推定値は，最小値が項目16の-5.07，最大値が項目29の3.00，平均が-1.12，標準偏差が2.16であり，30項目中20項目が負の値を示した。今回分析に用いた受験者集団にとっては比較的解答が容易な項目が多かったが，パラメタ値が2.00を超える項目も3項目あり，困難度に広がりをもつ問題になっている。

テスト情報量については，ピークが2ヵ所に見られるが，通常の受験者が存在する範囲では尺度値が0.1で最大の情報量2.19（標準誤差0.46）を示し，−3.8から0.9の範囲で少なくとも情報量で2.00（標準誤差0.50）を示している。標準誤差が0.50というのは，信頼性係数に直すと0.80になり，測定精度

表11-8 「図形・記号系列の作成」問題の項目パラメタ推定値

項目番号	識別力	困難度
1	1.237	−2.795
2	.694	−3.630
3	.935	−3.095
4	.844	−2.040
5	.652	−4.091
6	.396	−2.261
7	.407	−2.062
8	.657	−.155
9	.838	−.040
10	.996	.380
11	.660	−2.147
12	.951	−3.320
13	.734	−2.995
14	.658	−3.412
15	.498	−2.389
16	.349	−5.066
17	.545	.657
18	.751	−.245
19	.373	.251
20	.665	2.595
21	.446	−2.751
22	.468	.235
23	.670	−.559
24	.438	2.889
25	.820	−2.880
26	.951	.892
27	.918	−.111
28	.519	.351
29	.751	3.001
30	.579	1.282

表 11-9 「図形・記号系列の作成」問題のテスト情報量

尺度値	-3.0	-2.5	-2.0	-1.5	-1.0	-0.5	0.0
情報量	2.36	2.33	2.17	2.05	2.04	2.12	2.18
標準誤差	0.42	0.43	0.46	0.49	0.49	0.47	0.46
尺度値	0.5	1.0	1.5	2.0	2.5	3.0	
情報量	2.14	1.98	1.75	1.54	1.37	1.23	
標準誤差	0.47	0.51	0.57	0.65	0.73	0.81	

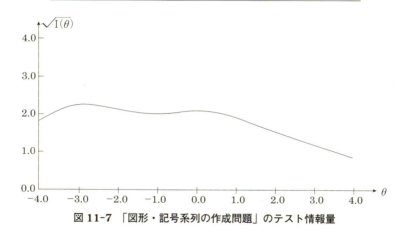

図 11-7 「図形・記号系列の作成問題」のテスト情報量

としては必ずしも十分に満足できる値となっていないが,尺度値の広い範囲でこのような情報量を示すことが特徴的である。

(3) 図形・記号等系列の記憶問題

項目パラメタ推定値は表11-10に示したとおりである。また,これらの40項目から得られるテスト情報量は表11-11および図11-8に示したとおりである。

識別力パラメタの推定値は,最小値が項目6の0.43,最大値が項目2の1.27,平均が0.70,標準偏差が0.22である。全体として識別力パラメタの値が均質になっており,十分な識別力を示している。

困難度パラメタの推定値は,最小値が項目1の-3.47,最大値が項目12の1.73,平均が-0.93,標準偏差が1.43であり,40項目中27項目が負の値を示

表 11-10 「図形・記号等系列の記憶」問題の項目パラメタ推定値

項目番号	識別力	困難度
1	.517	−3.471
2	1.265	−1.722
3	.591	−1.336
4	.724	−1.125
5	.476	−1.263
6	.426	−.625
7	.594	.737
8	1.075	1.612
9	.599	−.191
10	.490	.030
11	.428	.477
12	.854	1.725
13	.551	−3.092
14	.480	−1.392
15	.513	.572
16	.692	1.381
17	.585	−3.133
18	.954	−.794
19	.666	−.606
20	.492	.196
21	1.040	−2.939
22	.872	−2.258
23	.539	−2.895
24	.928	−.914
25	.437	−2.966
26	.991	−.548
27	.809	−.218
28	.733	.055
29	.567	−1.068
30	.640	−.696
31	.970	.075
32	.680	.432
33	.552	−2.622
34	.686	−1.717
35	.627	.134
36	.981	.752
37	1.084	−1.818
38	.577	−2.891
39	.496	−2.729
40	.662	−.224

第Ⅲ部　応用編

表11-11　「図形・記号等系列の記憶」問題のテスト情報量

尺度値	-3.0	-2.5	-2.0	-1.5	-1.0	-0.5	0.0
情報量	2.25	2.55	2.83	2.98	3.02	2.99	2.91
標準誤差	0.44	0.39	0.35	0.34	0.33	0.33	0.34
尺度値	0.5	1.0	1.5	2.0	2.5	3.0	
情報量	2.71	2.50	2.25	1.93	1.57	1.22	
標準誤差	0.37	0.40	0.44	0.52	0.64	0.82	

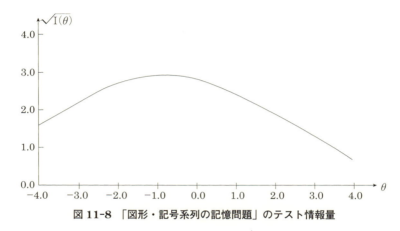

図11-8　「図形・記号系列の記憶問題」のテスト情報量

した。今回分析に用いた受験者集団にとっては比較的解答が容易な項目が多かったと言える。

　テスト情報量については，尺度値が-1.0で最大の情報量3.02（標準誤差0.33）を示し，-1.4から-0.6の範囲で少なくとも情報量で3.00（標準誤差0.33）を示し，-2.5から1.0の範囲で少なくとも情報量で2.50（標準誤差0.40）を示している。標準誤差が0.33および0.40というのは，信頼性係数に直すとそれぞれおよそ0.90および0.86になり，測定精度として十分に満足できる値である。

(4)　まとめ

　結局，「空間図形の推理問題」「図形・記号等の系列作成問題」および「図形・記号等系列も記憶問題」のいずれの項目についてもパラメタ推定値が特

に極端な値を示すこともなく，テスト情報量の観点からも実用化に向けて今後の作業を進める方向性が示された。

しかしながら，ここでも今後引き続き検討しなければならない問題も残されている。

例えば，項目パラメタ値の推定に用いた受験者数である。本研究では，「空間図形の推理問題」から順に378名，192名，192名であった。Hulin, Lissak, & Drasgow (1982) では2パラメタ・ロジスティック・モデルの場合に項目数が30で受験者数は500程度は必要であるとしている。もちろん，受験者集団の性質によりパラメタ値の推定に必要な受験者数は変動するであろうが，特に「図形・記号等の系列作成問題」および「図形・記号等系列も記憶問題」の192名は，さらに受験者数を増やして再尺度化する必要がある。

11.7. 適応型テストの構成

識別性検査 A-1001 では最終的には，これまで述べてきた手順で作成された項目を各問題ごとの項目プールとして，各受験者に対して適応型テスト方式により検査を実施する。適応型テストには第1章で述べたように，項目固定型多段階テスト方式や項目可変型多段階テスト方式などをはじめ具体的な実施方式には種々のものがある。本検査では，「図形・記号の探索問題」「図形・記号の異同弁別問題」「図形・記号系列の記憶問題」で項目固定型多段階テスト方式を，「空間図形の推理問題」「図形・記号系列の作成問題」で項目可変型多段階テスト方式を用いて検査を実施している。ここでは，前者については「図形・記号系列の記憶問題」を，後者については「空間図形の推理問題」を例として取り上げる。

(1) 項目固定型多段階テスト方式による検査の実施

項目固定型多段階テスト方式では既に第1章で述べたように，あらかじめ項目が困難度に基づいてネットワーク状に配列されていて，受験者は呈示された項目に対する反応に応じて逐次ネットワーク上の項目に解答する。すなわち，問題項目のネットワークがあらかじめ作成されている必要がある。

「図形・記号等系列の記憶問題」ではその中でも、「多層適応型テスト」の手順を基本的に採用している。すなわち、困難度に基づいてあらかじめ項目を層状に配列しておき、受験者は逐次項目に対する反応に従って層状のネットワークを上下しながら項目に解答し、検査を進める。

テスト開始前にデータセットには、各項目（全部で40）の内容および各項目の項目パラメタ推定値（識別力、困難度）が用意される。また、項目の層状ネットワークは1系列あたりに含まれる図形・記号等の数および図形・記号等の種類に基づいて、表11-12のような層状ネットワークを設定する。表中の数字は項目番号を表わし、水準は下の層が易しく、上の層が難しくなるように配置されている。

受験者に対しては以下のような手順で検査が進行する。すなわち、

① 順唱課題について、「数字」の4項目を下から順に実施する。
② 次に、「色」に移るが、この時、まず「数字」で正答した項目の中で一番上の水準のものと同じ水準にある項目を実施する。この項目に正答ならば1つ上の水準の、誤答ならば1つ下の水準の項目を次に実施する。さらに次の項目についても、基本的にはこの手順を繰り返すが、1つ上（あるいは下）の項目が既に実施済の場合が出てくる。その場合は、「色」項目を終了して「時刻表」項目に移る。また、一番上の水準で正答、または、一番下の水準で誤答の場合も、「色」項目を終了して「時刻表」項目に移る。
③ 「時刻表」項目は、「色」項目の最後の項目が、正答ならばそれより1つ上の水準の、誤答ならばそれより1つ下の水準の項目から実施する。その後の手順は②の「色」項目と同様にする。
④ さらに、「駅名」「列車種別」項目も同様に実施する。「列車種別」項目で、1つ上（あるいは下）の項目が既に実施済の場合や、一番上の水準で正答、または、一番下の水準で誤答の場合には、順唱課題を終了する。
⑤ 逆唱課題についても、「数字」の4項目を下から順に実施する。そして、以下②から④の手順を繰り返す。

⑥ 必要な情報を記録して，本検査を終了する。

テスト実施中には，実施した項目の番号，受験者の解答の正誤，反応時間が逐次記録され，最終項目実施後には，実施項目数を順唱課題・逆唱課題別およびそれらの合計，推定尺度値$\hat{\theta}$，テスト情報量$I(\hat{\theta})$が計算され記録される。なお，推定尺度値は最尤推定法を用い，テスト情報量とともに順唱課題・逆唱課題の全体を通して計算される。

表 11-12 「図形・記号等系列の記憶問題」の項目ネットワーク

■順唱課題

		記号数	数字	色	時刻表	駅名	列車種別
水	4	7	504	508	512	516	520
	3	6	503	507	511	515	519
準	2	5	502	506	510	514	518
	1	4	501	505	509	513	517

■逆唱課題

		記号数	数字	色	時刻表	駅名	列車種別
水	4	6	524	528	532	536	540
	3	5	523	527	531	535	539
準	2	4	522	526	530	534	538
	1	3	521	525	529	533	537

(2) **項目可変型多段階テスト方式による検査の実施**

項目可変型多段階テスト方式では既に述べたように，あらかじめ項目をネットワーク状に配列するのではなく項目困難度および識別力パラメタ値が推定されている項目プールの中から最適な項目を逐次取り出して受験者に呈示する。すなわち，問題項目のネットワークをあらかじめ作成しておく必要がない。

「空間図形の推理問題」ではその中でも，「最大情報量方式」を採用する。これは，その時点までの当該受験者の項目反応（各項目に正答したか誤答したか）に基づいて推定尺度値を計算し，さらに項目プール中の未実施項目の中からその推定尺度値で最大の項目情報量を示す項目を選んで次に受験者に

呈示する，という手順を逐次繰り返す。

テスト開始前にデータセットには，各項目（全部で30）の内容および各項目の項目パラメタ推定値（識別力，困難度）が用意される。

受験者には以下のような手順で検査が進行する。すなわち，

① あらかじめ指定した5項目を実施する。
　これらの項目は項目困難度が低いものから高いものまで適当な間隔をもつように指定するが，これにより受験者の大雑把な能力推定値を得る。

最初の5項目実施後には受験者の解答，解答の正誤，反応時間が記録される。

② 上記の5項目に対する受験者の正誤反応パタンから，推定尺度値$\hat{\theta}$を計算する。さらに，残り25項目の推定尺度値θにおける項目情報量を計算する。すべての項目に正答（または誤答）の受験者については，推定尺度値$\hat{\theta}$にあらかじめ指定した値を割り当てる。その場合，次に実施する項目の番号もあらかじめ指定する。
③ 項目情報量の最も大きい項目を，次に実施する。
④ 以前の項目に対する正誤反応パタンに③で実施した項目の正誤反応を加えて改めて推定尺度値$\hat{\theta}$を計算する。そして，この時点までに実施した項目群のテスト情報量を計算する。すべての項目に正答（または誤答）の受験者については，推定尺度値$\hat{\theta}$にあらかじめ指定した値を割り当てて，さらに次に実施する項目の番号をあらかじめ指定する。
⑤ あらかじめ定められた打ち切り基準を満たしたならば，⑥へ進む。そうでなければ，③へもどる。打ち切り基準には，あらかじめ実施項目数を定めておいてテストを終了させることもできるし，推定尺度値の精度があらかじめ定めた値を超えた時点でテストを終了させることができるように選択可能になっている。
⑥ 必要な情報を記録して，本検査を終了する。

テスト実施中には，実施した項目の番号，項目情報量，受験者の解答，解答の正誤，反応時間（これはテスト過程の制御には用いない），各項目実施後の推定尺度値，その時点までに実施した項目によるテスト情報量が記録される。

また，テスト終了時点では，実施項目数，最終的な推定尺度値および実施した項目に基づくテスト情報量が記録される。

11.8. 適応型テストの効果

前節で述べたような適応型テスト方式を用いることによって得られる測定上の効果について実際のデータを基に述べる。ただし，識別性検査 A-1001 では適応型テスト方式で実施した結果を基にその効果について検討するのに十分な数のデータが現在のところ得られていないため，項目パラメタの推定値を得るのに用いた受験者の項目反応を利用する。すなわち，各問題ごとに各受験者の全項目に対する解答および反応時間が既に得られているが，各項目に対する解答および反応時間をそのまま用いて，適応型テストを受験した状況をシミュレートする。本来は全受験者に対して項目の呈示順序が同一であった場合に得られたデータであるため，項目の解答順序が検査結果に影響を与える可能性がある場合にはこのような方法を用いることは適当ではないが，本検査の場合には各項目の独立性が高く，解答方法に慣れるのに数項目を要する可能性もないため特に問題はない。

(1) 項目固定型多段階テスト方式の場合

「図形・記号等系列の記憶問題」を適応型テスト方式により実施した場合のシミュレーション結果は表11-13に示したとおりである。受験者の項目反応データは，1996年6月にある大学のクラスで「識別性検査 A-1001」としてすべての課題および項目を実施した28名分のものを用いた。

例えば，#13の受験者は図11-9に示すように，順唱課題の「数字」4項目に解答し，それらすべてに正答したため，次の「色」で最も難しい水準4の項目に進むが，これに誤答し，1つ下の水準3の項目に正答し，「時刻表

第III部　応用編

記号」で最も難しい水準4の項目に進むが誤答，1つ下の水準3の項目に正答し，「駅名」の水準4の項目に進むが誤答，1つ下の水準3の項目に正答し，「列車種別」の水準4の項目に進み正答，逆唱課題に進み，「数字」の4項目中，水準1，2，3，4の4項目に正答し，「色」の水準4の項目に進み正答，「時刻表記号」の水準4の項目に進み誤答，水準3，2の項目に連続して誤答，水準1の項目に正答して，「駅名」の水準2の項目に進み正答，水準3の項目に正答，水準4の項目に誤答，「列車種別」の水準3の項目に進み正答，水準4の項目に誤答してテストが終了した。最終的に25項目に解答して，17項目に正答，推定尺度値は0.30，テスト情報量は2.30，そして総解答時間は319.20秒であった。この受験者に対してすべての項目を順に実施した場合の結果は，推定尺度値が0.28，テスト情報量が2.79で総解答時間が449.02秒であった。全項目テストと比べると，項目数比が0.63，推定尺度値の差の絶対値が0.02，テスト情報量の比が0.82，総解答時間比が0.71であった。

　すべての受験者について各受験者ごとに，すべての項目を順に実施した場合（全項目テストと表示）の正答項目数，推定尺度値，テスト情報量，総解答時間と適応型テスト方式をシミュレートした場合の実施項目数，正答項目数，推定尺度値，テスト情報量，総解答時間，そして，両テスト間の実施項目数比（適応型／全項目，以下同じ），推定尺度値の差の絶対値（適応型テスト－全項目テスト），テスト情報量比，総解答時間比について示した。ここ

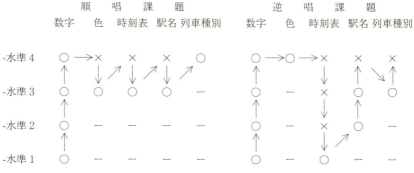

図 11-9　受験者＃13の適応型テスト進行状況

第11章 CAT方式による識別性検査

表11-13 「図形・記号等系列の記憶問題」の適応型テスト化の効果

番号	記憶問題：全項目テスト					記憶問題：適応型テスト					適応型テストの効果			
	項目数	正答数	推定値	情報量	総解答時間	項目数	正答数	推定値	情報量	総解答時間	項目数比	|推定誤差|	情報量比	解答時間比
1	40	28	0.13	2.84	391.89	24	18	0.72	2.11	224.67	0.60	0.59	0.74	0.57
2	40	31	0.65	2.65	411.59	23	16	0.28	2.13	244.33	0.57	0.37	0.80	0.59
3	40	33	0.89	2.55	415.91	21	16	0.94	2.13	241.90	0.52	0.05	0.84	0.58
4	40	28	0.20	2.82	402.11	25	17	0.17	2.28	273.84	0.63	0.03	0.81	0.68
5	40	34	1.27	2.37	367.00	23	17	0.75	2.04	247.72	0.57	0.52	0.86	0.67
6	40	25	-0.13	2.92	503.34	22	14	0.02	2.20	332.03	0.55	0.15	0.75	0.66
7	40	23	-0.37	2.97	400.27	25	16	-0.08	2.33	265.97	0.63	0.29	0.78	0.66
8	40	23	-0.38	2.97	354.72	24	12	-1.00	2.46	243.18	0.60	0.62	0.83	0.69
9	40	17	-1.38	3.00	631.73	28	14	-1.38	2.57	460.77	0.70	0.00	0.86	0.73
10	40	27	0.12	2.84	628.90	31	20	0.04	2.66	500.22	0.77	0.08	0.94	0.80
11	40	33	1.12	2.44	310.34	22	17	1.06	2.03	190.56	0.55	0.06	0.83	0.61
12	40	18	-1.21	3.01	411.21	29	16	-1.01	2.69	291.81	0.72	0.20	0.89	0.71
13	40	29	0.28	2.79	449.02	25	17	0.30	2.30	319.20	0.63	0.02	0.82	0.71
14	40	25	-0.23	2.94	529.64	26	16	-0.38	2.42	354.25	0.65	0.15	0.82	0.67
15	40	30	0.45	2.73	372.38	24	17	0.85	2.13	245.02	0.60	0.40	0.78	0.66
16	40	26	0.08	2.86	447.19	23	15	0.46	2.27	293.57	0.57	0.38	0.79	0.66
17	40	26	0.13	2.84	493.96	26	16	-0.13	2.34	353.42	0.65	0.26	0.82	0.72
18	40	27	0.16	2.83	483.15	26	16	0.09	2.40	366.59	0.65	0.07	0.85	0.76
19	40	30	0.65	2.65	446.85	23	18	1.04	1.96	279.46	0.57	0.39	0.74	0.63
20	40	26	0.18	2.83	445.95	26	18	0.58	2.36	333.56	0.65	0.40	0.83	0.75
21	40	32	1.16	2.42	320.44	19	15	1.21	1.73	160.96	0.47	0.05	0.71	0.50
22	40	21	-0.66	3.01	429.20	30	16	-0.88	2.71	304.53	0.75	0.22	0.90	0.71
23	40	17	-1.32	3.01	322.56	27	15	-1.12	2.57	206.50	0.67	0.20	0.85	0.64
24	40	37	2.41	1.63	357.51	16	15	2.72	1.12	169.16	0.40	0.31	0.69	0.47
25	40	23	-0.67	3.01	390.22	26	13	-1.04	2.61	248.86	0.65	0.37	0.87	0.64
26	40	29	0.29	2.79	443.63	26	18	0.30	2.39	325.73	0.65	0.01	0.86	0.73
27	40	23	-0.42	2.97	404.14	27	15	-0.93	2.50	268.71	0.67	0.51	0.84	0.66
28	40	14	-1.65	2.95	440.67	25	11	-1.56	2.68	308.40	0.63	0.09	0.91	0.70

で，テスト情報量は当該受験者の推定尺度値でそのテストが示す情報量を，総解答時間は各項目に対する解答時間の総和を表わしている。また，表11-13の結果を要約したものが表11-14である。

　実施項目数については，全項目テストでは当然のことながら全受験者が40項目であるのに対して，適応型テストでは，平均24.7，標準偏差3.15である。受験者個人ごとに求めた実施項目数比については，平均0.62，標準偏差0.08である。いずれの受験者についてもおよそ60％程度の項目を適応型テストで

表 11-14 「図形・記号等系列の記憶問題」の適応型テスト化の効果（要約）

	全項目		適応型テスト	
	平均	標準偏差	平均	標準偏差
項目数	40.0	0.00	24.7	3.15
正答数	26.2	5.54	15.9	1.92
推定尺度値	0.06	0.89	0.07	0.96
テスト情報量	2.77	0.29	2.29	0.34
総解答時間（秒）	428.77	78.47	287.68	76.85

	平均	標準偏差
項目数比	0.62	0.08
｜推定尺度値差｜	0.24	0.19
テスト情報量比	0.82	0.06
総解答時間比	0.66	0.07
平均2乗誤差	0.093	

実施しており，実施項目数は40％減らすことができた。

　正答項目数については，全項目テストでは平均26.2，標準偏差5.54であるのに対して，適応型テストでは，平均15.9，標準偏差1.92である。実施項目数が両テスト間で異なるので直接比較することはできないが，各テストの実施項目数を考慮しても適応型テストの正答項目数の標準偏差が全項目テストに比べて小さくなっている。このことは，受験者の能力水準の違いにもかかわらず受験者間で正答した項目数に大きな違いのないことを示しており，言い換えると，受験者間で解答した項目の困難度水準が異なるにもかかわらず正答項目数に違いがないということで，適応型テスト方式による受験者への項目の割り当てが適切に行えたことを示している。

　推定尺度値については，全項目テストでは平均0.06，標準偏差0.89であるのに対して，適応型テストでは平均0.07，標準偏差0.96であり，両テストの推定尺度値間の相関は0.947であった。推定尺度値の差の絶対値については，平均0.24，標準偏差0.19であり，最大値が0.62，最小値が0.00，そして，差の絶対値が0.1以下の受験者が28名中10名であった。また平均2乗誤差は0.093である。基準が各受験者の推定尺度値であり，真の尺度値ではないと

いう限界はあるが，真の尺度値が平均0.0，標準偏差1.0の分布を示す集団で推定尺度値の標準偏差が0.3（分散に直すと，0.09）である場合に，そのテストの信頼性係数がおよそ0.9になることに照らして評価すると，受験者全体として実施項目数の減少が尺度値の推定に特に望ましくない影響を与えているとは考えられない。

テスト情報量については，全項目テストでは平均2.77，標準偏差0.29であるのに対して，適応型テストでは平均2.29，標準偏差0.34であった。受験者個人ごとに求めたテスト情報量比については，平均0.82，標準偏差0.06である。適応型テスト化によるテスト情報量の減少は避けられないが，それでも全項目テストのおよそ80％の水準を保ち，しかも，受験者ごとに実施項目が異なるにもかかわらずテスト情報量比の標準偏差が極めて小さく，適応型テスト化することによって特に測定精度の面から不利益を被る受験者はいないことが示されている。

総解答時間(秒)については，全項目テストでは平均428.77，標準偏差78.47であるのに対して，適応型テストでは平均287.68，標準偏差76.85であった。受験者個人ごとに求めた総解答時間比については，平均0.66，標準偏差0.07である。総解答時間の減少効果に受験者間の違いはほとんど見られず，およそ70％弱に短縮している。

この適応型テスト方式は全項目テストに比べて，実施項目数が60％程度に押さえられ，総解答時間がおよそ70％弱に短縮できるにもかかわらず，テスト情報量が80％程度の水準を保ち，推定尺度値にも特に望ましくない影響が出ている様子の見られないことから，実用水準で十分に機能するものと思われる。

(2) 項目可変型多段階テスト方式の場合

項目可変型多段階テスト方式の場合にはあらかじめ項目のネットワークが構成されていないため，テストをどの時点で打ち切るかが問題になる。テストの打ち切り基準については，①実施する項目数をあらかじめ決めておく，②テスト情報量が設定した値を超えた時点でテストを終了する，③テスト実施時間をあらかじめ決めておく，④最新の推定値と直前の推定値との差が設

第Ⅲ部　応用編

定した値以下になった時点で打ち切る，などがある。これらの中からいずれの基準を採用し具体的な値を設定するのかにより測定効果の評価が変わってくる。本検査の「空間図形の推理問題」の場合，現在のところ基準を唯一に定めるのに十分な情報が得られていない。そこで今回は，「実施項目数」について，10, 15, 20項目の3条件，「テスト情報量」について，2.00, 2.38, 3.00の3条件，「テスト実施時間」について，300, 450, 600秒の3条件，「推定値の差」について，0.05, 0.01の2条件を設定し各打ち切り条件間で比較した。なお，テスト情報量の各条件は，仮に潜在特性尺度の全範囲でテスト情報量が一定であるとした場合に，対応する信頼性係数が0.80, 0.85, 0.90になるような値にそれぞれ設定したものである。

　受験者の項目反応データとして，「図形・記号等系列の記憶問題」で用いた受験者と同じ28名の「空間図形の推理問題」に対する解答を利用する。適応型テスト方式のシミュレーション結果については，表11-15に＃7の受験者のテスト進行過程を，表11-16に各種打ち切り基準を採用した場合の最終結果を，そして，表11-17に全受験者28名分の結果を要約したものを示した。

　受験者＃7は，すべての受験者に対して共通に実施される初期5項目について，2項目について正答し，推定値が-0.61，テスト情報量が1.744になっている。そして適応型テストの部分に入り，最初に項目番号316が呈示され，これに誤答し，推定値が-0.87，テスト情報量が2.015，次に項目番号315に誤答し，推定値が-1.00，テスト情報量が2.161，さらに項目番号314に誤答し，推定値が-1.09，テスト情報量が2.229となり，以下，表11-15に示すように進行した。各種打ち切り基準を設定した場合の最終結果は表11-16のとおりであるが，個々の結果を評価するための指標として，30項目すべてを用いて測定した場合，すなわち全項目テストの結果を基準にして，実施項目数の30項目に対する比（項目数比），全項目テストによる推定値との差の絶対値（推定値差），全項目テストの情報量に対する比（情報量比），全項目テストの総解答時間に対する比（テスト時間比）を合わせて示した。この受験者の場合，

① 実施項目数基準については，10項目条件から20項目条件にかけて，推定

表 11-15 「空間図形の推理問題」の適応型テスト実施過程

受験者番号 ＃7

実施順	項目番号	難易順	正誤	推定値	テスト情報量	累積解答時間(秒)
1	311	4	0			3.1
2	319	24	1			20.0
3	320	9	1			34.8
4	324	27	0			60.3
5	330	15	0	−0.61	1.744	74.2
6	316	11	0	−0.87	2.015	95.3
7	315	17	0	−1.00	2.161	106.6
8	314	20	0	−1.09	2.229	117.6
9	328	19	0	−1.17	2.271	137.2
10	313	5	1	−1.05	2.493	156.5
11	317	13	0	−1.12	2.529	171.9
12	306	10	1	−0.99	2.743	176.3
13	312	18	0	−1.05	2.781	188.8
14	323	25	0	−1.08	2.818	207.7
15	308	23	1	−0.96	2.999	215.4
16	325	12	1	−0.88	3.115	227.4
17	318	22	0	−0.92	3.137	240.3
18	305	2	1	−0.90	3.182	247.1
19	322	21	1	−0.93	3.190	260.2
20	309	14	1	−0.88	3.250	270.6
21	303	29	1	−0.79	3.330	276.6
22	321	26	1	−0.73	3.386	303.5
23	329	7	1	−0.70	3.421	320.1
24	327	30	0	−0.71	3.439	335.1
25	301	6	1	−0.68	3.471	341.9
26	326	16	0	−0.71	3.480	360.4
27	302	8	1	−0.69	3.502	366.3
28	307	3	1	−0.67	3.518	375.7
29	304	1	1	−0.66	3.529	383.1
30	310	29	1	−0.65	3.536	387.7

値差が順に0.40, 0.31, 0.23と減少し, 情報量比が0.705, 0.848, 0.919と増加している. 項目数15, すなわち半分の項目数で, テスト情報量が全項目テストの80％を超えた.

表 11-16 「空間図形の推理問題」の適応型テスト化の効果

受験者番号 ＃7

	項目数	正答数	推定値	テスト情報量	テスト時間	項目数比	推定値差	情報量比	テスト時間比
全項目テスト	30	16	−0.65	3.536	387.70	—	—	—	—
実施項目数									
10	10	3	−1.05	2.493	156.47	0.33	0.40	0.705	0.40
15	15	5	−0.96	2.999	215.40	0.50	0.31	0.848	0.56
20	20	8	−0.88	3.250	270.57	0.67	0.23	0.919	0.70
テスト情報量									
2.00	6	2	−0.87	2.015	95.26	0.20	0.22	0.570	0.25
2.38	10	3	−1.05	2.493	156.47	0.33	0.40	0.705	0.40
3.00	16	6	−0.88	3.115	227.37	0.53	0.23	0.881	0.59
テスト時間									
300秒	21	9	−0.79	3.330	276.57	0.70	0.14	0.942	0.71
450秒	30	16	−0.65	3.536	387.70	1.00	0.0	1.000	1.00
600秒	30	16	−0.65	3.536	387.70	1.00	0.0	1.000	1.00
推定値の差									
.05	14	4	−1.08	2.818	207.71	0.47	0.43	0.797	0.54
.01	24	11	−0.71	3.439	335.10	0.80	0.06	0.973	0.86

② テスト情報量基準については，条件順に項目数比が0.20，0.33，0.53，情報量比が0.570，0.705，0.881，テスト時間比が0.25，0.40，0.59となる。約60％の時間，項目数がおよそ半数で，テスト情報量が80％を超えている。

③ テスト時間基準については，300秒の時点で21項目に対して解答し，推定値差が0.14，情報量比が0.942を示しており，解答時間を300秒に設定しても全項目テストとほとんど変わりのない結果が得られている。

④ 直前の推定値との差を基準とした場合については，基準値が0.05の場合に全項目テストで得られる推定値との差が0.43とやや大きいが，基準値を0.01に採ると推定値差は0.06と小さくなり，情報量比が0.973，テスト時間比が0.86となっている。この場合は，項目数比が0.80であり，実施項目数を20％減らしても測定の正確さにはほとんど影響がない。

などの結果が得られた。

第11章 CAT方式による識別性検査

表 11-17 「空間図形の推理問題」の適応型テスト化の効果（要約）

全受験者28名の平均および標準偏差

	項目数	正答数	推定値	テスト情報量	テスト時間	項目数比	推定値差	情報量比	テスト時間比
全項目テスト	30	18.2	−0.09	2.73	469.1	—	—	—	—
	—	7.3	1.21	0.67	167.0	—	—	—	—
実施項目数									
10	10	5.9	−0.10	1.95	180.1	0.33	0.41	0.71	0.38
	—	2.5	1.56	0.62	76.3	—	0.55	0.15	0.04
15	15	8.9	−0.11	2.27	265.6	0.50	0.27	0.82	0.56
	—	3.9	1.52	0.73	104.9	—	0.39	0.13	0.04
20	20	11.4	−0.17	2.54	345.0	0.67	0.17	0.92	0.73
	—	5.0	1.36	0.72	132.4	—	0.20	0.09	0.04
テスト情報量									
2.00	14.1	9.0	−0.09	2.04	256.5	0.47	0.18	0.78	0.51
	8.3	8.0	1.17	0.20	215.6	0.28	0.20	0.16	0.28
2.38	18.1	11.5	−0.10	2.29	316.1	0.60	0.12	0.87	0.64
	8.9	9.2	1.20	0.31	215.0	0.30	0.15	0.12	0.28
3.00	24.2	15.0	−0.10	2.59	402.9	0.81	0.05	0.96	0.83
	7.0	9.1	1.21	0.53	208.6	0.24	0.08	0.06	0.21
テスト時間									
300秒	18.8	10.0	−0.11	2.44	286.0	0.63	0.17	0.88	0.68
	6.6	5.0	1.31	0.83	15.0	0.22	0.27	0.16	0.20
450秒	26.3	15.3	−0.07	2.64	395.7	0.88	0.07	0.96	0.90
	6.0	6.8	1.25	0.76	61.1	0.20	0.14	0.11	0.17
600秒	28.4	16.9	−0.07	2.69	437.1	0.95	0.02	0.98	0.96
	16.9	6.6	1.23	0.72	104.9	0.13	0.05	0.06	0.10
推定値の差									
.05	14.0	8.2	−0.10	2.22	247.0	0.47	0.33	0.80	0.53
	2.6	3.9	1.62	0.80	102.1	0.09	0.59	0.18	0.10
.01	24.1	14.6	−0.04	2.60	396.8	0.80	0.17	0.94	0.85
	5.6	7.0	1.49	0.84	156.2	0.19	0.56	0.19	0.19

全受験者を通して最終結果を見ると，

① 実施項目数基準については，10項目条件から20項目条件にかけて，推定値差が順に平均が0.41, 0.27, 0.17と減少し，標準偏差も0.55, 0.39, 0.20と減少し，情報量比が平均で0.71, 0.82, 0.92と増加し，標準偏差も

0.15，0.13，0.09と減少している。受験者全体の場合も受験者#7と同様に項目数15，すなわち半分の項目数で，テスト情報量が全項目テストの80%を超えている。

② テスト情報量基準については，条件順に項目数比の平均が0.47，0.60，0.81，情報量比の平均が0.78，0.87，0.96，テスト時間比の平均が0.51，0.64，0.83となる。約60%の時間で項目数もおよそ60%で，テスト情報量が90%に近い値を示している。全体の平均と比較すると，#7の受験者は適応型化によりかなり効率の良い測定を受けたことがうかがわれる。また，推定値差については，平均が順に0.18，0.12，0.05，標準偏差が順に0.20，0.15，0.08と減少している。3.00条件の場合はほとんどの受験者が0.1程度の差にとどまっている。

③ テスト時間基準については，条件順に項目数比の平均が0.63，0.88，0.95，情報量比の平均が0.88，0.96，0.98，テスト時間比の平均が0.68，0.90，0.96となる。300秒の時点で平均18.8項目に対して解答し，推定値差が平均0.17，情報量比が0.88を示しており，全項目テストにかなり近い結果が得られている。ただし，この時点では受験者間の差が大きく，例えば推定値差については，標準偏差が0.27あり，受験者によってはいま少し解答時間が必要なケースが存在する。

④ 直前の推定値との差を基準とした場合については，基準値が0.05の場合に全項目テストで得られる推定値との差が平均で0.33，標準偏差で0.59と大きな値を示すが，基準値を0.01に採ると推定値差が平均0.17，標準偏差が0.56となり，平均的にはある程度満足できる値になる。しかしながら標準偏差の値が依然として大きく，中には全項目テストによる推定値とはかなり隔たった推定値でテストが終了するケースもあることを示している。基準値0.01の条件では実施項目数の平均が24.1であるが，これがほぼ同じであるテスト情報量基準の3.00条件では，推定値差の平均が0.05，標準偏差が0.08であることから，直前の推定値との差を打ち切り基準に用いることにはより慎重な検討が必要である。

などの結果が得られた。

全体として見ると，既に述べた理由から，直前の推定値との差をテスト打ち切り基準とすることには問題がありそうであるが，その他3つの打ち切り基準については，いずれの場合についても適応型テスト化の効果が確認された。それらの中でも，テスト情報量の標準偏差が全体として最も小さい，すなわち，受験者間での測定精度のバラツキが最も小さいテスト情報量基準が実際のテスト場面でも有効に機能する可能性が高いと言える。

11.9. 全体のまとめ

本章で既に述べたように，適応型テスト方式による測定はその効率から考えて実用場面で用いるのに十分可能性があると言える。さらに，コンピュータ化テストはテストそのものに大きな変革をもたらす可能性を有している。例えば，3次元画像や動きも入れたより現実場面に近い画面を項目として用い，単に項目の素材について馴染みのあるものを用いるだけでなく，全体の状況についてもよりリアリティの高い検査を構成することも可能である。ただし，この場合にリアリティを追求しすぎると，逆に項目の反応に関係する心理特性が複雑化しすぎる可能性もあり，検査の性能をかえって下げる結果に陥ることもあり得る。このためテスト開発者にはメディアに振り回されないように適切なバランス感覚が必要となる。

適応型テスト方式によるコンピュータ化テストは決して実験段階のものではなく，既にTOEFL(外国語としての英語能力検査)では，従来のペーパー・ペンシルテスト版(TOEFL–PBT)とコンピュータ化テスト版(TOEFL–CBT)が併用された時期がある (1998–2006年)。このTOEFL–CBTは適応型テスト方式を採用していた。さらにインターネットをベースにしてTOEFL–iBTが現在ではTOEFL–CBTに替わって実施されている。受験者は各地に設置されているテスト・センターに出向いて受験することになるが一斉テスト方式に比べて検査の実施スケジュールについてかなり柔軟な対応が可能になる。

本章で取り上げた識別性検査A-1001の場合には，ノート・タイプのパー

第Ⅲ部　応用編

ソナル・コンピュータを用いて実施するため，テスト・センターを特に設置する必要はなく，受験者のいる各事業所へのもち運びが可能であり，受験者に合わせてさらに柔軟な検査実施計画をたてることが可能である。

　今回開発されている A-1001は，実験的要素の強い試行版であるが，既に述べた分析結果でも分かるように，今後さらにコンピュータ制御の適応型テスト方式を用いた検査を開発する利点が示されたと言える。

第Ⅲ部　応用編

第12章　多面評価の測定的等価性分析

　成果主義人事の進展に伴い，近年，人事評価の1つのアプローチとして，多面評価（360度フィードバック法）を用いた従業員のパフォーマンス評価への関心が高まってきている。従業員のパフォーマンスの評定は，長年にわたり，主に直属の上司によって行われてきたが，最近ではその他の情報源として，同僚，部下，顧客，本人などによる評定も一般的に行われるようになってきた（Casio, 1991；Cleveland, Murphy, & Williams, 1989）。本章では，多面評価が抱える測定論上の問題点の克服に項目反応理論がいかに応えられるかについて考察する。

12.1.　多面評価の問題点

　多面評価法では，自己評価と他者評価における食い違いなど，異なる評価者グループ間での評価結果の差が問題となっている。一般的には，自己評価の方が他者評価に比べて甘くなりがちで，その信頼性は低いという研究結果も数多く報告されている（Ashford, 1989；Bass, 1990；Landy & Farr, 1980）。このような「食い違い」が問題視されるのは，多面評価で用いられる心理学的評価尺度は，どの評価者にとっても等価刺激（equivalent stimulus）となっているという前提があるからである。

　しかし，今日多くの人事の現場で用いられている多面評価は，同一の尺度を用いて，異なる評価者（上司・同僚・部下・本人・顧客など）が，特定個人のパフォーマンスを査定するという方法を用いている。そして，そこで用いられるパフォーマンスを評価する測定尺度は，どのグループの評価者にとっても等価（equivalence）であるという大前提のもとに使用されてきた。

第Ⅲ部　応用編

しかし，実際には，多面評価法で用いられる評価尺度の等価性に関する研究は，未だ不十分であるといわざるを得ない。すなわち，尺度の等価性の吟味がなされないままに人事考課の実務が進行するという事態が進行しているのである。

もしも，評価尺度が不適切な構造のまま，誤った使い方をされた場合，その評価結果は人的資源管理に関連する意思決定や，その後の人材開発に大きな影響を及ぼすことになる（Ledvinka & Scarpello, 1992 ; Maurer, Raju, & Collins, 1998）。また，評価尺度が不等価な状態のままパフォーマンス評価において使用された場合，評価結果における歪みが増幅し，不公平で差別的な状態にもつながりかねない。Ledvinka & Scarpello (1992) は，「もし，パフォーマンス評価の測定的等価性が損なわれることで評定者の主観が増幅されるとしたら，従業員たちは評定者の個人的要求や，先入観にさらされてしまうことになる」と指摘している。

したがって，より優れたパフォーマンス評価システムを開発するためには，その構造を確認する手続きとして，使用される尺度の測定的等価性を調べることが必要不可欠ということになる（Drasgow & Kanfer, 1985）。

12.2.　測定バイアスの評価

多面評価ツールの「結果がばらばら」である原因が，評価尺度による刺激が各評価者にとって等価な刺激となっていないためであるとするならば，評価における測定バイアスを詳細に吟味することが必要である。

(Drasgow, 1982, 1987) は，測定バイアスを検討するうえで，以下の2種類のバイアスを識別する必要があると主張している。まず第1に，テスト得点がテストとは独立した変数との間で異なる相関を示す場合に，2つの（複数の）被験者集団間に「外在的バイアス（external bias）」が発生していると考える。つまり，その場合，測定尺度の外的妥当性は低いということになる。外的妥当性の低さは，そのテストが使用された状況や環境により影響を受ける可能性が高い。

2番目のバイアスは，テスト項目の内在的な関係（例；項目間の共分散）

が2つの被験者グループ間で異なる場合に起こる。これは，「測定バイアス（measurement bias）」と呼ばれるものである。このような測定バイアスが生じている場合，測定尺度は各集団間において不等価なものとなってしまう。

測定バイアスの検出法については，伝統的にχ^2分布を用いる Mantel–Haenszel 法に多くを依存してきた。しかし最近では，これと並んで項目反応理論を用いることが提唱されている（Collins, Raju, & Edwards, 1997；Flanagan, 1997；Mulqueen, Stahl, & Gershon, 1996；Maurer, Raju, & Collins, 1998）。すなわち第1章，第2章で見た，項目反応理論が有するパラメタ不変（parameter invariance）という特長を活かして，測定バイアス（より詳細には項目バイアス）の検出を試みるというわけである。

12.3. 項目反応理論による特異項目機能（DIF）の検出

項目反応理論の文献の中では，「項目バイアス」という言葉は「特異項目機能（differential item functioning：DIF）」という用語で表現されている。一般に DIF とは，「比較することができる被験者集団間におけるテスト項目に対する反応パタンの相違」と定義される概念である（Angoff, 1993）。つまり，テスト項目が2つ以上の被験者集団間において同じ潜在変数間の関係を共有していない場合に DIF が生じているとされる。操作的には，項目特性曲線（ICC）がグループ間で異なっている場合，すなわち項目パラメタがグループ間で異なっている場合，当該項目は DIF を有しているということになる。

DIF の検出にあたっては，「参照グループ（reference group）」と「対象グループ（focal group）」と呼ばれる2種類の異なる性質をもった被験者グループを想定する。注意しなければならないのは，潜在変数における平均値や標準偏差の違いが，そのまま DIF の兆候を示すものではないという点である。項目反応理論の枠組みの中では，参照グループと対象グループの項目特性曲線が同じではない場合，そのテスト項目は DIF を示していると定義される。もし，ある項目が DIF を有している場合には，たとえ潜在特性値が同じ値を示す参照グループと対象グループの被験者であっても，その項目

に関しては同じ正答確率（肯定確率）を有していないということになる。

多面評価の文脈でいえば，ある潜在特性値をもつ被評価者に対し，立場の異なる評価者（上司，同僚，部下，顧客など）グループが，ある評価項目に対して異なる確率の反応を示せば，それは，評価者の属性の差ではなく，その評価項目に DIF が含まれているとみなすことができる。そのような DIF を有していると判定された評価項目を取り除けば，多面評価尺度の等価性が担保できることになる。

12.4. 多面評価尺度の等価性・妥当性分析

(1) 背景

これまでのパフォーマンス評価に関する研究では，評価の正確性に影響を及ぼす様々なバイアスやその他の要因が何度も指摘されてきた（Borman, 1979；Berk, 1982；Saal, Downey, & Lahey, 1980；Cooper, 1981）。しかしそれらの多くは，具体的な実証研究に裏打ちされたものではなく，一般的な議論にとどまっている。

そのような中で，Maurer, Raju, & Collins（1998）は比較的大きなサンプルを用いて，同僚と部下の評価者グループによるマネジャーのパフォーマンス評価の測定的等価性を調べている。彼らの研究は，7項目から構成される評定尺度を用いて，マネジャーの「チームビルディング・スキル」に関する同僚と部下の評価データから DIF の有無を調べるというものであった。結果としては7項目中1項目について DIF が検出された。その DIF が検出された1項目を取り除けば，当該尺度は，多面評価法において同僚や部下という異なる評価者が使用しても等価性の面で問題はないと結論づけている。

(2) 目的

本研究では，本書の他の章で取り上げる文化的な相違を対象とした DIF 検出のアプローチを企業や職場といった場面に応用し，多面評価法（360度）の測定的等価性と外的妥当性（基準連関妥当性）を実際の人事評価データを用いて検証する。リサーチ・クエスチョンは以下のとおりである。

第12章 多面評価の測定的等価性分析

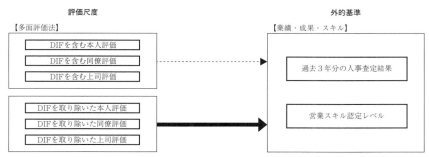

図 12-1　本研究における多面評価の等価性と妥当性に関する研究モデル

　第1のリサーチ・クエスチョンは，多面評価尺度にグループ間で等価性があるかどうかというものである。具体的には，異なる評価グループ間（上司，同僚，本人）において，評価項目が真に等価な概念として機能しているかどうかを，項目反応理論によるDIF検出の方法を用いて確かめる。

　第2のリサーチ・クエスチョンは，等価性の高い多面評価尺度は，より妥当性が高い尺度であるかどうかを確認することである。確認の仕方は，実際の人事評価と多面評価の結果の相関を見ることで，当該尺度の外的妥当性（基準関連妥当性）を見る。

　後述するように本研究では，インタビューに基づいて独自に作成した評価項目から，パフォーマンス測定尺度を構成した。当該尺度を多面評価（360度フィードバック法）の尺度として用いる上で，十分な等価性と妥当性を有しているか否かを吟味することが本研究の目的である（図12-1参照）。

12.5.　方法

(1)　**サンプル**

　本研究では，ある大手総合電気メーカーA社に所属する256名の営業担当者とその周囲の人々（上司，同僚）から収集した多面評価データを使用した。多面評価の評価者グループとしては，上司，同僚，本人の3種類の情報源が含まれており，それぞれから収集したデータをDIFアナリシスの対象とした。今回の多面評価の前提条件として，あくまでも個人へのフィードバック

を目的としており，実際の個人の査定を意図したものではなかった。データ収集の期間は2000年12月から2001年1月までの2カ月間であった。評価シートは直接各評価者に配布または郵送され，記入後直接本人から回収された。したがって，各被評価者は，同じ時間的枠組みの中で，各評価者に評価されたことになる。また，今回，各被評価者は，同じパフォーマンス評価項目に関して，上司，同僚，自己（本人）という3種類の異なる立場の評価者から評価を受けたことになる。

(2) 測定尺度

本研究では，多面評価で使用する測定尺度として，ある大手電機メーカーにおいて，営業職に従事するホワイトカラーの従業員を対象に，インタビューを実施し，その結果をもとに，実際の職務における行動例を尺度のアンカーとして使用したパフォーマンス測定尺度を作成した。また，その尺度を使って実施した多面評価の妥当性（基準連関妥当性）を調べるための基準値として，個人の過去3年間の人事査定結果を採用した。また，もう1つの基準値として，社内の営業担当者向けに実施されているスキル認定制度における個人の現在の格付けレベルを採用した。それでは，次に，それぞれの尺度および基準値について詳しく説明する。

(a) パフォーマンス測定尺度

今回，Smith & Kendall（1963）の手続きに従い，実際の職務における行動例を尺度のアンカーとして使用したBARS（behaviorally anchored rating scales）形式の評定フォーマットを作成した。このフォーマットは，パフォーマンス評定尺度におけるレベルの違いをはっきりと確定させることができる方法として高い評価を得ている。また，今回，項目の作成にあたっては，実際の仕事に従事している営業担当者の中から数名の高業績者と低業績者を対象にインタビューを実施し，具体的な仕事における事例を通じて両者の行動・思考における決定的な違いを探り出すというクリティカル・インシデント・メソッド（臨界事件法）による項目選定の手続きが採用された。さらに，インタビューで抽出された行動例を分類整理する方法として，職務に精通し

た専門家，現場経験者を交えたブレイン・ストーミングが採用された。その結果，30項目のパフォーマンス測定尺度が採用された。これは，個人のパフォーマンスレベルを具体的な職務遂行行動を記述した5件法のリッカート・スケールを使って測定するものであり，評価する各項目にはパフォーマンスのレベルが徐々に難しくなっていくように設計された5つの行動例（アンカー）がつけられた。結果的に，Smith, Kendall, & Hulin (1969) の，行動記述評定尺度（BARS）に類似するものとなった。

(b) 過去3年間の人事査定結果

本研究では作成したパフォーマンス測定尺度，および，多面評価法の基準連関妥当性を調べるための基準値として過去3年間の人事査定結果を採用した。その理由としては，個人が担当する市場の規模や地域性に格差があり，単純な売上金額では正しい成績の判断が行えないと考えたからである。それに対して，今回採用した人事査定[1]は，社内では昇給査定，あるいは，成果加算査定とも呼ばれ，年に1回実施されている。この名称からも分かるように，その内容は，一般的な人事考課に含まれる情意（意欲・態度）考課とは異なり，実際の売上高や，目標達成率といった客観的・数量的な結果を，市場や過去の実績，効率性，目標の質，量，難易度などを勘案し，調整した上で決定しており，そのため，情意考課を含む人事考課と比べて，より客観性・公平性が高い指標であると考えられる。なお，査定を行う管理者に対しては，年功的な要素はいっさい加味しないように徹底した指導が行われている。したがって，この人事査定結果が，今回入手可能な指標の中で最も業績・成果に近い指標であると考えた。

本研究では1998年度から2000年度までの3年間の人事査定結果に関するデータの提供を受けたので，これを基準値として採用した。

(c) 営業スキル認定レベル

本研究では，もう1つの基準値として，社内の営業担当者向けに実施され

---

1) A社では人事査定は事業部レベルで行われており，これとは別に，本社の人事部が中心となって，情意考課を含めた一般的な人事考課も全社統一で行われている。

ているスキル認定制度における現在の格付けレベルを採用した。その理由としては，複数の基準値を採用することで，本研究の結果に対する信頼性が高まると考えたからである。

　営業スキル認定制度は，営業担当者の育成，強化を目的とし，年次別に定義された「スキル要件定義表」に基づき，個人別に現状のスキル・レベルを評価していく仕組みである。事業部内には，スキル認定委員会が設置されており，スキル認定のための合否判定基準[2]に基づき，厳正な審査が行われ，最終的には実技試験（プレゼンテーション試験）の結果と合わせて個人が保有するスキル・レベルが判定される。認定資格は3段階であるが，認定試験の受験機会は1人2回までと厳しいものであり，年功的運用は禁止されている。したがって，本研究において，この営業スキル認定レベルが多面評価の基準連関妥当性の中でも併存的妥当性を検討する上での基準値となるのではないかと考えた。また，今回，企業側から快く被評価者の現在の営業スキル認定レベルに関するデータ提供を受けたこともあり，これを基準値として採用した。

(3) 手続き

　評価の手続きとしては，上記の項目作成の手続きに従って作成された行動レベルのパフォーマンス評価シートを，営業職に従事する被験者（256名）とその上司，同僚に直接配布または郵送し，記入後返送してもらった。使用された尺度は，営業能力を測定するものであった。評価者は，すべて匿名で行われ，被評価者との関係のみが記入された。また，評価に際しては，各評価者に対して評価の仕方や，記入方法に関する注意事項が与えられた。

　上司，同僚，本人による多面評価といった，複数の異なる評価者グループから得られたデータを使用してDIF分析を実施する上で，最も重要なポイントは，完全な評価がどの程度得られるか，また，母集団の数をどの程度確保できるかという点である。今回，768名分の評価記録のうち，まず，30項目すべてに回答しているものだけを抽出し，次に，データを，3種類の評価

2） スキル要件項目に対して，5段階の評価基準に基づき評価が行われ，同時に，レポート試験，実技試験が行われ，その合計により合否が判定される。

者グループ（上司，同僚，本人）すべてから評価を受けた対象者のデータに絞った。その結果，130名の対象者に対する390名分の評価に減少した。そして，この結果を，今回の評価データとした。

本研究においては，多面評価で収集されたサンプル数が，多値型反応モデル（polytomous response model）を適用するには少なすぎたため，もともと5段階からなるパフォーマンス測定尺度を1か0かという形のデータに変換して分析を行った。このようにデータを1 0データに変換した上で、
　　　　　　　　　　　　　　　　　　　イチゼロ
BILOG-MG を用いて，各項目のパラメタ値を推定し，推定されたパラメタ値を等化した上で項目バイアスの分析を行った。なお，DIF 分析以外では，すべて5点尺度のまま分析している。

12.6. 分析および結果

(1) 第1段階：IRT の前提条件の確認

まず初めに，本研究で使用するデータに関して，IRT 分析の前提条件となる尺度の1次元性を確認する必要がある。そこで，まず，尺度の内的一貫性としての信頼性の推定を行い，続いて，因子分析による次元性の検討を行った。

内的一貫性としての信頼性には，Cronbach の α 係数を採用した。その結果，評価者グループごとの尺度の信頼性係数は，上司評価（.98），同僚評価（.98），自己評価（.97），であり，いずれのグループも尺度の信頼性が十分高いことが明らかとなった。

次に，今回作成した30項目から成るパフォーマンス測定尺度の次元の検討を行うために，各評価者の母集団ごと（上司，同僚，本人）に主因子法に基づく因子分析を行った。そして，30項目から成るパフォーマンス測定尺度が多因子で構成されているか否かを検討した。もし多因子ならば，各因子ごとに1次元性が高いかどうかを確認する必要がある。つまり，DIF 分析の前に，IRT の前提条件となる1次元性が高い項目群で尺度を構成しておく必要があるからである。1次元性の証拠としては，まず第1に，各評価者グループについて，Reckase（1979）が推奨している，第1因子の寄与率が全体の

分散の20％以上を説明しているかどうかという基準と，第2に，スクリープロットが採用された。後者に関しては，固有値のスクリープロットを行い，もし，スクリープロット（scree plot）が第1固有値後急激に落ち込んでいたら，第1因子によって説明される分散の割合が大きいという2つの基準を採用した。

分析の結果，評価者グループごとに多因子は認められず，30項目で1因子ということが確認された。第1因子の累積寄与率は，上司評価では65.5％，同僚評価では65.3％，自己評価では53.2％であった。これらの値は，Reckase（1979）によって示された20％という基準よりも十分高い値である。また，評価者グループごとの累積寄与率をスクリープロットした結果，第1因子の以後の因子によって説明される分散の割合が急激に低下していることを示している。つまり，今回使用した30項目から成るパフォーマンス評価は多次元ではなく1次元であるという結論に至り，この30項目を分析用の尺度として採用することにした。以上の結果から，本研究で使用するどのデータに対してもIRT分析の前提条件の1つである尺度の1次元性の仮定が満たされたことになる。また，その他のIRT分析の前提条件である局所独立の仮定に関しても，尺度を構成するどの項目も他の項目への回答の影響を受けない構造となっていることから，局所独立の仮定も満たされているといえよう。

(2) **第2段階：DIF分析による項目分析**

先の第1段階の分析では，IRT分析の前提条件について触れ，その結果，尺度の1次元性が確認された。それでは，次に，本研究の主要な課題の1つである項目レベル，あるいは，グループレベルの測定的等価性の診断について議論を進めていく。

(a) 分析方法

本研究のIRTモデルでは，2パラメタ・ロジスティック・モデルを採用している。そして，DIFを検出するための方法としては，BILOG-MGプログラム（Zimowski, Muraki, Mislevy, & Bock, 1996）を使用した。このプログラムは，複数のグループにおけるIRTモデルを分析するために設計され

表 12-1　BILOG-MG による DIF 検定の手順

段階	手　　順
第1ステップ	各項目の識別力パラメタが各グループ間で等価になるように固定し，その上で各グループの項目パラメタ値を推定
第2ステップ	参照グループと対象グループの項目困難度パラメタの平均値を計算し，その差を算出する。さらに，対象グループの項目困難度パラメタから，算出した項目困難度パラメタの平均値の差を差し引くことで，対象グループの項目困難度パラメタを求める
第3ステップ	参照グループの項目困難度パラメタと調整後の対象グループの項目困難度パラメタの差を求め，検定を行う

たものである[3]。BILOG-MG プログラムでは，本来，グループの違いによって説明することができないとされている項目困難度パラメタの差を求めることで DIF の検定を行う。また，このように，データが複数の異なるグループから収集される場合，一方を参照グループ（reference group），もう一方を対象グループ（focal group）と呼ぶ。伝統的に，上司による評価が，その他の評価者グループによる評価と比較する場合の基準として使われることが多く，本研究においても，上司の評価者グループを"参照グループ"とし，同僚や本人を"対象グループ"とした。このような条件のもとで，BILOG-MG における DIF 検出のプロセスは以下の3つのステップに従って実施される（表12-1）。

まず第1に，各項目の識別力パラメタが各グループ間で等価になるように固定し，その上で，各グループの項目パラメタ値を推定する。

第2に，参照グループと対象グループの項目困難度パラメタの平均値がそれぞれ計算され，さらに，その差が計算される。次に，対象グループの項目

3）　今回使用した BILOG-MG は DOS ベースのプログラムであり，複数の被験者グループを同時に使用できる以外は，そのほとんどが BILOG と共通性が高い。ここでいう「複数のグループ」とは，性別，人種が異なるグループだけではなく，同じテストを受けた同一サンプル，わずかに異なるテストを受けた異なるサンプルまで幅広い意味をもつ。特に BILOG-MG プログラムは，①グループ間のテスト得点の等化，②垂直的等化，③DIF（バイアス）の検出，③総合的なサンプルにおける能力分布の推定などに関する研究を促進することが可能である。以上のような特徴は，学校や企業などの大規模なテストに対して有効であるだけでなく，より身近に行われる心理テストなどにも適用可能である。

表12-2 グループ別パラメタの平均と標準偏差

パラメタ	平均	SD
識別力パラメタ (a)	3.118	0.696
LOG（SLOPE）	1.113	0.222
（GROUP：1　項目数：30）		
困難度パラメタ (β)	0.378	0.312
（GROUP：2　項目数：30）		
困難度パラメタ (β)	0.035	0.201
（GROUP：3　項目数：30）		
困難度パラメタ (β)	0.281	0.275

（注）　GROUP1＝上司，2＝同僚，3＝本人。

表12-3　調整後の困難度パラメタ平均値

評価者グループ	調整済み困難度パラメタ平均値
1	0.000
2	−0.344
3	−0.097

（注）　1＝上司，2＝同僚，3＝本人。

困難度パラメタから，先に計算された項目困難度パラメタの平均値の差を差し引くことで，対象グループの項目困難度パラメタは調整済み項目困難度パラメタとなる。

最後に，参照グループの項目困難度パラメタと調整後の対象グループにおける項目困難度パラメタの差を求め，比較を行う。もし，その値が大きければ大きいほど[4]（.30以上），DIF が存在していることを示している。つまり，このような差が確認された項目に関しては，グループ間の差の平均を考慮に入れた後も，特定のグループに対してはより困難，あるいは，易しいということになる。

(b)　分析結果

表12-2はグループごとに BILOG-MG によって推定された各パラメタの

4）　Thissen, Steinberg, & Wainer（1988）の基準では，困難度パラメタ推定値の差が.30以上あれば，DIF があるとみなす。

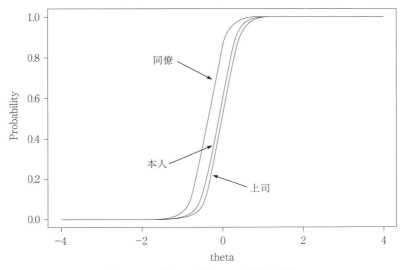

図 12-2 グループ間の DIF 分析の結果

平均と標準偏差を表わしている。次の表12-3の中で特に注意すべき値は，グループ2とグループ3の調整後の困難度パラメタの平均値である。この値は，参照グループの困難度パラメタ値の平均を0にした場合の，対象グループの困難度パラメタの平均値であり，グループ間におけるDIFの大きさを示している（図12-2）。Thissen, Steinberg, & Wainer（1988）が使用した項目分析基準（困難度パラメタ推定値の差が.30以上）に従って各グループ間のパラメタ値の差を見てみると，表12-3を見ると，グループ1（上司）とグループ2（同僚）の間で，特に困難度パラメタの平均値の差が.30以上であることから，上司よりも，同僚の方が評価を甘くつける傾向があると考えられる。

次に，上記の調整後の困難度パラメタの平均値を，それぞれのグループの各項目困難度パラメタから差し引くことにより，項目レベルで項目困難度パラメタが比較可能となる。表12-4はその結果を示しており，右側の2列が各グループ間における各項目レベルの差を示している。ここでも，Thissen, Steinberg, & Wainer（1988）が使用した項目分析基準（困難度パラメタ推定値の差が.30以上）に従い各項目の差を検定してみると，グループ1（上司）

表 12-4　DIF 分析の結果：調整済み困難度パラメタ値

（　）内は標準誤差：STANDARD ERROR

	ITEM	GROUP 1	GROUP 2	GROUP 3	2−1	3−1
	項目01	−0.011 (0.074)	0.168 (0.069)	0.073 (0.070)	0.179 (0.101)	0.084 (0.102)
*	項目02	0.040 (0.097)	0.389 (0.111)	0.082 (0.092)	0.349 (0.147)	0.042 (0.134)
	項目03	0.140 (0.081)	0.124 (0.089)	0.200 (0.064)	−0.016 (0.120)	0.060 (0.103)
	項目04	0.525 (0.118)	0.510 (0.101)	0.557 (0.106)	−0.015 (0.156)	0.031 (0.159)
	項目05	0.262 (0.100)	0.234 (0.078)	0.050 (0.083)	−0.028 (0.127)	−0.213 (0.130)
*	項目06	−0.133 (0.117)	0.213 (0.113)	0.058 (0.105)	0.346 (0.163)	0.191 (0.157)
	項目07	0.277 (0.089)	0.218 (0.080)	0.395 (0.085)	−0.059 (0.119)	0.118 (0.123)
	項目08	0.136 (0.100)	0.342 (0.099)	0.377 (0.099)	0.206 (0.141)	0.241 (0.141)
	項目09	0.448 (0.104)	0.387 (0.103)	0.252 (0.087)	−0.060 (0.146)	−0.195 (0.136)
*	項目10	0.040 (0.095)	0.226 (0.106)	0.357 (0.096)	0.186 (0.142)	0.317 (0.135)
	項目11	0.366 (0.078)	0.319 (0.086)	0.483 (0.082)	−0.047 (0.116)	0.117 (0.113)
	項目12	0.181 (0.087)	0.241 (0.068)	0.198 (0.068)	0.060 (0.111)	0.017 (0.111)
	項目13	0.663 (0.097)	0.605 (0.094)	0.569 (0.096)	−0.058 (0.135)	−0.094 (0.137)
	項目14	0.177 (0.078)	0.244 (0.059)	−0.012 (0.061)	0.067 (0.098)	−0.189 (0.099)
	項目15	0.189 (0.083)	0.381 (0.086)	0.309 (0.080)	0.192 (0.120)	0.120 (0.115)
	項目16	0.693 (0.104)	0.606 (0.097)	0.551 (0.088)	−0.087 (0.142)	−0.143 (0.136)
	項目17	0.725 (0.114)	0.485 (0.079)	0.719 (0.090)	−0.240 (0.139)	−0.006 (0.145)
	項目18	0.821 (0.101)	0.584 (0.083)	1.001 (0.106)	−0.237 (0.131)	0.180 (0.147)
	項目19	0.425 (0.097)	0.319 (0.084)	0.369 (0.081)	−0.106 (0.128)	−0.056 (0.126)
	項目20	0.590 (0.095)	0.571 (0.082)	0.570 (0.088)	−0.019 (0.125)	−0.020 (0.129)
	項目21	0.908 (0.123)	0.825 (0.098)	0.925 (0.103)	−0.083 (0.158)	0.017 (0.161)
	項目22	0.309 (0.078)	0.298 (0.071)	0.407 (0.069)	−0.011 (0.105)	0.097 (0.104)
	項目23	0.080 (0.094)	0.107 (0.092)	0.014 (0.076)	0.028 (0.132)	−0.065 (0.121)
	項目24	0.470 (0.090)	0.533 (0.077)	0.599 (0.079)	0.063 (0.118)	0.129 (0.120)
	項目25	0.726 (0.073)	0.715 (0.092)	0.563 (0.078)	−0.012 (0.118)	−0.163 (0.107)
	項目26	0.517 (0.072)	0.403 (0.059)	0.584 (0.078)	−0.114 (0.093)	0.067 (0.106)
*	項目27	1.171 (0.139)	0.759 (0.122)	0.739 (0.111)	−0.412 (0.184)	−0.432 (0.178)
	項目28	−0.054 (0.086)	0.042 (0.079)	−0.028 (0.068)	0.095 (0.117)	0.025 (0.110)
	項目29	0.422 (0.096)	0.299 (0.087)	0.224 (0.073)	−0.123 (0.130)	−0.198 (0.121)
	項目30	0.247 (−0.081)	0.204 (0.075)	0.167 (0.067)	−0.043 (0.111)	−0.080 (0.106)

(注)　グループ 1 ＝上司，グループ 2 ＝同僚，グループ 3 ＝本人。

とグループ2（同僚）の間には，項目2，項目6，項目27の3項目で統計的に有意なDIFが存在し，また，グループ1（上司）とグループ3（本人）との間には，項目10，項目27の2項目において統計的に有意なDIFがあることが明らかとなった。つまり，上司と同僚のデータでは，30項目中3項目で，また，上司と本人のデータでは30項目中2項目でDIFが検出されたということである。

　さらに，DIFが確認された項目の内容についても詳しく確認しておくことにする。Thissen, Steinberg, & Wainer（1988）の困難度パラメタ推定値の差が.30以上という基準にあてはまった項目は，グループ1（上司）とグループ2（同僚）の間では，項目2「義理作り」と項目6「礼儀・作法」，項目27「コーチング」の3項目であった。これら3項目に共通することは，いずれも対人関係に関連した項目であるという点である。例えば，項目2の例としては，「相手が困っているときに，親身になって手助けをすることで，個人的な信頼感を得ている」，項目6の例としては，「相手にどう思われるか事前に察知し，失礼のない行動がとれる」とったアンカー項目が含まれていた。一方，グループ1（上司）とグループ3（本人）との間では，項目10「迅速な対応」，項目27「コーチング」の2項目でDIFが確認された。項目10の例としては，「顧客からの引き合い・問い合わせなどに，すばやく対応できるように，事前に準備や独自の工夫をしている」とったアンカー項目が含まれていた。さらに，上司−同僚間，上司−本人間の両方でバイアスが認められた項目27には，「新人や後輩に対して，仕事に関係する知識やノウハウを的確に指導している」といったアンカー項目が含まれていた。以上の結果から，同じ評価項目から構成される尺度を使用した場合でも，評価者グループの違いにより，DIFが生じる項目には微妙な違いがあるということが明らかとなった。また，DIFが生じやすい項目の中には，捉え方（認識）に個人差が生じやすい微妙な表現や曖昧な表現が含まれているのではないかと考えられる。今後，さらに多くのデータを蓄積し，より詳細な分析を実施していくことにより，評価項目を作成し使用する場合，高い確率でDIFが生じやすい評価項目の表現や記述，あるいは概念の傾向をつかむことができると考えられる。

(3) 第3段階：古典的テスト理論に基づく項目分析

第2段階の DIF 分析の結果，30項目中4項目（項目2，項目6，項目10，項目27）で DIF が確認された。次に，古典的テスト理論（Classical Test Theory：CTT）」に依拠した「肯定された評価項目の数に基づいた得点（number-right score）」を使って，評価者グループ間の違いによる評価結果の違いを比較するために，3グループ間における一元配置の分散分析，および，Scheffe 法による多重比較を行った（表12-5）。その結果，30項目中4項目（項目3，項目17，項目18，項目26）で統計的な有意差が確認された。多重比較の結果，上司と同僚との間には，項目3，項目17，項目18，項目26の4項目で有意差が確認されたが，同僚と本人，および，本人と上司との間には，項目17と項目26の2項目で有意差が確認された。

この結果は，第2段階の DIF 分析の結果と明らかに異なる結果である。すなわち，古典的テスト理論に依拠した「肯定された評価項目の数に基づいた得点（number-right score）」では，DIF を含む項目をほとんど検出できないということになる。これは，素点に基づいて計算される古典的テスト理

表12-5 評価者グループ間の評価結果に関する一元配置の分散分析および Scheffe 法による多重比較の結果

項目	GROUP		N	平均値	標準偏差	GROUP		
						1	2	3
項目03	1	上司	130	2.27	0.82		*	
	2	同僚	130	2.61	0.93	*		
	3	本人	130	2.38	0.78			
項目17	1	上司	130	1.77	1.08		*	
	2	同僚	129	2.35	1.11	*		*
	3	本人	130	1.86	1.09		*	
項目18	1	上司	130	1.97	0.86		*	
	2	同僚	129	2.34	1.03	*		
	3	本人	130	2.04	0.76			
項目26	1	上司	130	2.04	0.94		*	
	2	同僚	130	2.40	0.99	*		*
	3	本人	130	1.97	0.93		*	

論の限界であり，このような結果に基づいて安易に項目を入れ替えたりすると，かえって評価結果を歪めてしまう可能性がある。つまり，多面評価などで，測定尺度が不等価な状態のまま平均点が加算されたり，素点を比較することは非常に危険であり，かえって評価結果における歪みが増幅し，不公平で差別的な評価結果を招く恐れがあるということである。

(4) 第4段階：多面評価の妥当性検証

次に，本研究で作成したジョブ・パフォーマンス測定尺度を使用して実施した多面評価法自体の妥当性について分析を行った。多面評価法の妥当性の検討は，過去3年間の人事査定結果，および，営業スキル認定レベルが，現在の職務行動とどの程度関連しているかという観点に基づいて行われた。なお，本研究で扱うデータは，ある一時点のデータであるため，厳密には，多面評価法の予測的妥当性は明らかとはならないが，現在の職務遂行行動の程度が，個人の過去3年間の人事査定結果の総量や，個人の営業スキル認定レベルをどの程度説明できるかという意味では，その基準連関妥当性を検証することは可能であるといえよう。

相関分析

そこで，まず，A社で働く人々の多面評価データをもとに，今回開発したパフォーマンス測定尺度が，人々の業績，または，職務遂行能力を測定する上で，安定した外的基準になり得るかどうかについて調べることとしたい。まず，上司評価，同僚評価，本人評価，それぞれの評点の合計と，過去3年間の人事査定結果，および，個人の営業スキル認定レベルとの間の相関係数（ピアソンの積率相関係数）を求めた。表12-6はその結果を示している。この結果をみると，個人の過去3年間の人事査定結果の総量と，同僚評価および本人評価との間には統計的に有意な相関関係のないことが判明した。ただし，上司評価との間には1％水準で統計的に有意な正の相関が見られた（$r=.284$, $p<.01$）。同様に，個人の営業スキル認定レベルと，各評価者グループによる評価結果との間の相関関係を見ると，上司評価との間には1％水準で統計的に有意な正の相関が見られた（$r=.392$, $p<.01$）。しかし，同僚評

表 12-6 改訂前（30項目）の各変数間の相関係数

	1.上司評価(30項目)	2.同僚評価(30項目)	3.自己評価(30項目)	4.上司,同僚,自己評価合計	5.過去3年間の人事査定結果	6.営業スキル認定レベル	7.学歴	8.性別
1.上司評価(30項目)	1.000							
2.同僚評価(30項目)	0.441**	1.000						
3.自己評価(30項目)	0.442**	0.271**	1.000					
4.上司,同僚,自己評価合計	0.829**	0.768**	0.713**	1.000				
5.過去3年間の人事査定結果	0.284**	0.175	0.175	0.288**	1.000			
6.営業スキル認定レベル	0.392**	0.170	0.138	0.318**	0.335**	1.000		
7.学歴	0.071	0.067	0.119	0.105	0.044	0.020	1.000	
8.性別	-0.097	-0.150	-0.133	-0.167	-0.042	-0.118	0.072	1.000

(注) 1. $N=130$；$*p<.05$, $**p<.01$。
2. 性別：男性＝0，女性＝1。
3. 最終学歴：中卒＝1，高卒＝2，短大・高専・専門学校＝3，大学＝4，修士＝5。

価,および,本人評価との間には統計的に有意な相関関係は見られなかった。つまり，当初予想していた，仮説1：「異なる評価者グループにより実施される多面評価の結果と人事査定結果との間には正の相関関係があるであろう」という関係と，仮説2：「異なる評価者グループにより実施される多面評価の結果と個人のスキル・レベルとの間には正の相関関係があるであろう」という関係は，単純な素点による集計では見出されなかった。つまり，今回作成したオリジナル測定尺度の素点を用いる方法では，多面評価の，基準連関妥当性はあまり高くないということを示すものである。

そこで，項目レベルのDIFを取り除くことでパフォーマンス測定尺度の妥当性が改善されるのではないかという観点から，第2段階の調査で得られた各項目レベルのDIF分析の結果を参考に，DIFがあると確認された4項目を除外してみることにした。まず，4項目を除外した26項目から成る尺度の内的一貫性としての信頼性を確認するため，Cronbachのα係数を求めたところ，各評価者グループの尺度の信頼性は，上司評価で（.98），同僚評価（.98），自己評価（.97）と，いずれも，4項目を取り除く前と変化がなく，

表12-7 「上司評価」「同僚評価」「本人評価」と「過去3年間の人事査定結果」および「営業スキル認定レベル」との相関

パフォーマンス測定尺度		基準変数	
		過去3年間の人事査定結果	営業スキル認定レベル
改訂前（30項目）	上司評価	.284**	.392**
	同僚評価	.175	.170
	自己評価	.175	.138
改訂後（26項目）	上司評価	.288**	.379**
	同僚評価	.196**	.184*
	自己評価	.184*	.141

（注） N＝130：$*p<.05$, $**p<.01$。

内的一貫性としての信頼性は十分高い水準にあることが明らかとなった。そこで，この26項目を使用し，各グループの評価結果と，過去3年間の人事査定結果，および，個人の営業スキル認定レベルとの間の相関係数を再度計算した。表12-7は改訂前と改訂後の各変数間の関係を，評価者グループごとにまとめたものである。表12-7の下段に示すように，全体的に，各評価者グループによる評価結果と，過去3年間の人事査定結果，および，営業スキル認定レベルとの間の相関係数は若干ではあるが高まった。特に，職務業績と同僚評価，本人評価との相関関係や，営業スキル認定レベルと本人評価との相関関係に関しては，DIFがあると確認された項目を取り除く前には統計的に有意な正の相関関係は見られなかったのに対し，DIFがある項目を取り除いた後は，統計的に有意な正の相関関係が確認された。つまり，DIF分析の結果に基づいた項目分析により，過去3年間の人事査定結果，および，現在の営業スキル認定レベルを説明するという意味において，本研究で用いたパフォーマンス測定尺度，および，多面評価の妥当性が改善されたといえよう。また，このことは，IRTに基づくDIF検出アプローチが項目分析において，有効であるということを示す証拠でもある。

以上，相関分析の結果から，本研究で作成したパフォーマンス測定尺度による多面評価の結果と，基準変数である過去3年間の人事査定結果，および，現在の営業スキル認定レベルとの関連性が明らかとなった。

12.7. 考察

これら一連の分析結果と妥当性の検討から，本研究の主要な目的であった，IRT に基づく DIF 検出アプローチの手法の人事測定分野への応用可能性を探るという目的は，この手法が，項目レベル，および，評価者レベルでのバイアス（測定的不等価）を診断する手法をして有効であるという結論に至り，達成されたことになる。

以上，本研究の結果を要約すると以下のようになる。

① インタビューに基づいて作成したパフォーマンス測定尺度に関して，大手総合電機メーカーにおける多面評価データを用いて，異なる評価者グループ間の DIF を調べた結果，グループ間では上司と同僚間で測定的不等価が生じていることが明らかとなり，一方，項目レベルの DIF に関しては30項目中4項目で DIF が検出された。

② DIF 分析では，項目2，項目6，項目10，項目27の4項目で DIF が検出されたのに対して，一元配置の分散分析では項目3，項目17，項目18，項目26の4項目で統計的な有意差が確認された。2つの分析は明らかに異なる結果を示しており，この結果から，古典的テスト理論に依拠した「肯定された評価項目の数に基づいた得点（number-right score）」では，DIF を含む項目をほとんど検出できないということが明らかになった。

③ DIF が認められた4項目を取り除き，残りの26項目で評価結果を再検討した結果，DIF のある項目を取り除く前に比べて，各評価者グループの評価結果と，「過去3年間の人事査定結果」および「営業スキル認定レベル」といった基準変数との間の相関が高まることが明らかとなった。つまり，DIF が検出された項目を取り除くことにより，本研究で用いたパフォーマンス測定尺度，および，多面評価の基準連関妥当性が改善された。

この結果は，本研究で使用した項目反応理論による DIF 検出のアプローチが人事測定の領域で有効であるということを示しているだけではなく，こ

れまで古典的テスト理論に従い素点に基づく集計や結果の比較を行ってきたすべての研究，人事測定，人事考課，人事テストの結果に対して再検討の必要性を示唆するものであり，特に複数の異なる評価者グループによる評価結果の比較は，より慎重に行うべきであるということを示す結果となった。つまり，これまで実施されてきた，多面評価法などの複数の評価者による評価結果の比較においては，その大半が素点による集計・計算を基に，評価結果の高低や評価者間のギャップなどの比較・検討を行ってきたが，その中で使用されてきた評価項目や測定尺度の中には測定的等価性が保たれていない項目が含まれていたために生じた差もかなり多く含まれていたのではないかと考えられる。

　今後は，本研究でその有効性が証明されたIRTに基づくDIF検出のアプローチが，他のサンプルや，現在使用されている様々な人事測定ツール，人事テストなどにも適用され，測定的等価性の視点を考慮に入れた研究が増えることを期待したい。

第Ⅲ部　応用編

第13章　感情査定尺度の翻訳等価性分析

　心理特性の文化差についての研究は，異文化間心理学（cross-cultural psychology）の領域で盛んに行われている。例えば，特性感情の文化差の研究では，人々の感情面の経験を測定する項目（e.g., 幸福感，悲しみ，怒り，楽しみ）がそれぞれの文化ごとに作成され，回答頻度や回答パターンが比較される。これらの項目には，双方の文化に共通する概念についての項目もあれば，各文化に固有なものもある。それぞれの文化における感情の類似性や相違性を確かめることは，ある固有の文化に存在する感情の概念や構造を他の文化に当てはめて考えるわけではないので，文化間の独自性が保たれ，バイアスを最小限に抑えることができる。しかし，この方法では使用される尺度や項目は同一ではないため，両文化の違いを厳密に査定することは無理である。本章では文化をまたいだ測定に必須な，テストの翻訳問題について取り上げる。

13.1.　翻訳版尺度開発と改訂プロセス

(1)　翻訳版尺度開発の意義

　異文化間の差異を実証的に査定するにあたって，最も頻繁に用いられるのが翻訳版の尺度である。Hambleton & Kanjee（1995）は，教育領域におけるテストの翻訳の効用として，受験者が得意な言語を選択しテストを受けられることを挙げている。これは，多文化・多言語が混在する米国社会では，特に重要である。例えば，英語を母語としない人々が数学のテストを受ける場合，英語以外の母語で受験が可能であれば，言語能力の差によるハンディを負うことはない。したがって，本来テストされるべき概念（e.g., 数学能

力）が，それ以外の概念（e.g., 英語能力）の影響を受けずに済む。よって，テスト結果についての公平性が保たれることになる。

　公平性以外の面において翻訳版尺度を使用する効用には，異文化レベルの比較研究が可能になること，発展途上国での研究等において新たなテストを作成する手間とコストが省けること，などが挙げられる（e.g., Hambleton & Kanjee, 1995）。この2点に関しては，教育テストだけでなく，心理テストや心理尺度を用いた研究についても当てはまると言える。今後より一層グローバル化する日本社会では，多文化への理解は欠かせない。したがって，翻訳版尺度を用いた定量的な比較研究の必要性が，組織心理学を含むあらゆる心理学の研究・実践領域で高くなると考えられる。

(2) 言語的等価性とバック・トランスレーション法

　翻訳版の尺度を作成するにあたっては，まず，各項目の「言語的等価性（linguistic equivalence）」が検討される。Werner & Campbell（1970）は，人間は各文化に特有の現実世界に住んでいて，この現実世界には異文化間の差が存在しているため，人々の認識や感覚を媒介する言語の役割が非常に大きいことを指摘している。文化の固有性や特有性が，言語というフィルターを通じて，人々の様々な経験を形作る訳である。これはエミック（emic）な視点によるものであり，固有性・特殊性を重要視し，現実世界が他の文化や文脈において共有されない，という前提に基づくものである。もしこのエミックの前提に基づくならば，尺度の翻訳版を使用した研究はおろか，異文化間の比較研究も意味をなさない。

　しかし異文化間心理学における研究は，それぞれの文化に共通した査定の枠組みが存在すれば，可能であるともされる。これは，文化間の共通性を基本とするエティック（etic）な視点である。エティックな視点では，共通した査定の枠組みを設定することがまず必要である。そこで，心理テストや尺度を正確に翻訳し，言語的等価性を確立することが重要となってくる。

　言語的等価性を確立するために最も多く用いられるのが，バック・トランスレーション（逆翻訳）法である（e.g., Brislin, 1970 ; Werner & Campbell, 1970）。バック・トランスレーション法では，まず，原語（e.g., 英語）の項

目が翻訳語（e.g., 日本語）の項目に翻訳され，再度，原語に翻訳し直される。ここでは，少なくとも2人のバイリンガルの翻訳者が必要である。

　このプロセスによって，原版と逆翻訳版の項目の2種類が用意される。これらの項目が正確に一致するのが理想ではあるが，むしろそのような場合は少ない。そこで"ディセンタリング（de-centering）"と呼ばれる改訂作業が行われる（Werner & Campbell, 1970）。ディセンタリングでは，母語（e.g., 英語）のみを話すモノリンガルが2種類の項目を審査する。モノリンガルが審査を行うのは，翻訳語（e.g., 日本語）の知識がない状態で項目内容の判断を行う必要があるからである。このディセンタリングの過程を経て，翻訳版尺度が完成することになる。

(3) 言語的等価性の査定

　バック・トランスレーション法を用いた言語等価性の査定は，通常，翻訳された項目の内容や言語表現に問題がないかどうかを確認するにとどまることが多い。つまりこれは，バック・トランスレーション法により言語的等価性が保証された，と仮定する場合である。しかし，より厳密な言語等価性の査定を行うためには，以下の3つのデザインを用いる必要が出てくる（Hambleton & Kanjee, 1995）。

　(a) バイリンガル査定者デザイン

　バイリンガル査定者デザインでは，バイリンガルの査定者が原版と翻訳版の尺度に回答し，双方の得点が比較される。このデザインの特徴は，原版と翻訳版の両方の回答が，同一の査定者から得られるところである。つまり，原版と翻訳版のテストに別々の査定者を用いている訳ではないので，原版と翻訳版への回答についての回答者の特性レベルがデザイン上コントロールされることになる（Hambleton & Kanjee, 1995）。したがって，回答者の特性レベルを統計上コントロールする必要はない。しかし，バイリンガルの言語認知はモノリンガルと著しく異なることも事実である。よってこのデザインにおける査定結果は，そもそも翻訳版尺度がターゲットとしている母集団に一般化できるとは言えない（e.g., Hulin, 1987）。

　(b) モノリンガル査定者デザイン

次に，母語のみを話す査定者が原版と逆翻訳版の尺度に回答し，得点比較を行うのが，モノリンガル査定者デザインである。このデザインでは，同じ査定者の得点が比較されるため，バイリンガル査定者デザインと同様，対象となる特性レベルが自動的にコントロールできる。しかし，査定者が回答したのは逆翻訳版であり，翻訳版の尺度への回答は得られない。したがって，原版と翻訳版の言語的等価性を直接的に査定するのには，あまり適していないとも考えられる。翻訳言語の査定なしでは，査定結果が対象となる母集団に一般化可能であるかは当然定かではない。

(c) 原語翻訳言語モノリンガル査定者デザイン

最後に，原語翻訳言語モノリンガル査定者デザインでは，モノリンガルの査定者がそれぞれの母語で原版と翻訳版の尺度に回答し，双方の得点が比較される。ここでは，原版および翻訳版の言語の査定を行っているため，両方の母集団への一般化可能性が高いと考えられる。しかし一方で，両査定者あるいは査定グループの特性レベルは，前出の2つのデザインのように，自動的にはコントロールされない。したがって，査定者の年齢，教育レベルなどの属性等を統制要因として，回答者の特性レベルを統計的にコントロールする必要が出てくる（e.g., Hambleton & Kanjee, 1995；Hambleton, 1994）。

13.2. 心理的等価性とは

(1) 心理的等価性

そもそも翻訳版尺度は，対象としている心理特性に関する異文化間の比較を可能にするという目的で作成される（Hulin, 1987）。そのため，ある特性や概念がそれぞれの言語によって適切に表現されていることの証しである言語的等価性は，翻訳尺度の異文化間妥当性（cross-cultural validity）の一側面にしかすぎない。つまり，言語的等価性の他にも，「心理的等価性（psychometric equivalence）」と呼ばれる別の等価性の査定が必要となってくる。質の高いバック・トランスレーションは，心理的等価性を保証するものではない（Hulin, 1987）。翻訳された項目の"心理的な意味あい"（psychological meaning）の等価性を検証するには，心理測定によるデータ検証が行われる必要

第Ⅲ部　応用編

がある。Van de Vijver & Poortinga（1997）が指摘するように，心理的等価性はただの前提とみなすのではなく，実証することが大切なのである。

(2)　心理的等価性検証の枠組み

　例えば，異文化間比較の研究において，ある尺度とその翻訳版尺度の平均値に差があったとする。この差が，本当に異文化間における心理特性の違いを示すものと結論づけるためには，心理的等価性を仮定しなければならない。もし逆に，この心理的等価性が確立されていなければ，平均値の違いが何を意味するのかは不明となる（e.g., Thissen, Steinberg, & Gerrard, 1986）。

　これは，観測平均値（observed mean score）の差には，真の平均値（true mean score）の差から生じるものの他に，それぞれのグループにおける潜在特性（latent trait）と観測値（observed score）との関係性・相関性の違いが含まれているからである（e.g., Drasgow & Kanfer, 1985；Raju et al., 2002）。異文化間における翻訳版尺度開発の研究では，それぞれの文化で尺度が同様に機能しているか否かを確かめるため，尺度の因子構造の一致度を検証したり，信頼性係数の比較を行ったりする。もし，文化間で抽出される因子数が一致し，内的整合性や再テスト信頼性の値も類似していれば，文化間の回答は比較可能とみなされる。また，因子構造，因子負荷，測定誤差等を測定不変の枠組みで分析することも可能である（e.g., Yasuda, Lawrenz, Whitlock, Lubin, & Lei, 2004）。しかし，これらの平均値や因子分析による構造的な研究は，あくまで"尺度レベル"の査定である。さらに進めて"項目レベル"の査定を行えば，より精密な心理的等価性の検証が行えることになる。

13.3.　特異項目機能による翻訳版尺度の心理的等価性の検証

(1)　特異項目機能

　特異項目機能（differential item functioning：DIF）は，その名のとおり，項目レベルの分析手法である（第1章参照）。原版と翻訳版尺度の項目ごとの分析を行う際にも，このDIF分析の手法を用いることができる。そこで

は，原版と翻訳版の項目反応が同一か否かを，それぞれの文化の回答者の心理特性のレベルを統計的にコントロールした上で，査定することになる。もし項目反応の確率が異なれば特異項目機能と判断されるし，逆に項目反応確率が同一であれば心理的等価性が確立されたと判断できる。

教育テストや心理テストの主な目的は，測定される構成概念（e.g., 計算能力や自己尊重）によって回答者を識別することにある。"よいテスト"とは，対象となる構成概念（e.g., 数字の能力）のみによって，的確に回答者を識別できるテストである。一方で，回答者が定められた構成概念以外の次元（e.g., 性別）によって識別されてしまうテストは，よいテストとは言えなくなってくる。

特に，翻訳版の尺度では，各項目の内容や表現に対象となる構成概念以外の文化的なバイアスがかかってはならない。DIF分析を行うと，バイアスの疑いがある項目をスクリーニングできる。あるいは，特異項目機能の原因が文化間の差異ではなく，項目の翻訳ミスや回答者の不適切な解釈や原版との内容のくい違いからくるケースも考えられる。いずれにせよ，DIF分析の結果，原版と翻訳版の間で特異項目機能が存在したと判断された項目については，それぞれで心理的な意味あいが異なるため，心理等価性が確立していないと判断される。心理尺度を利用した実証的な異文化間の比較研究，つまりエティックな視点からの比較研究を行う場合には，このような特異項目機能が存在しない尺度を利用する必要がある。

(2) 特異項目機能の要因としての文化固有性と翻訳エラー

特異項目機能には2つの種類があり，これらは不均一DIF（non-uniform DIF）と均一DIF（uniform DIF）と呼ばれている（第1章参照）。不均一DIFは，それぞれの項目反応が心理特性レベルに対し項目反応の確率の差が一定でない場合に起こる。均一DIFは，項目反応が一定確率で違う場合に起こる。原版と翻訳版の尺度項目のDIF分析を行い，心理的等価性が保たれていない理由を検討するにあたっては，この2種類の特異項目機能の特徴を参考にすることが肝要である。

一般に，不均一DIFは識別力パラメタの違いによって検出される。異文

化間における不均一 DIF は,それぞれの文化に固有な現象が原因で生じるとされている(e.g., Van de Vijver & Poortinga, 1997)。識別力パラメタの違いがあるということは,対象となる項目と心理特性との間の相関がそれぞれの文化によって違うことを意味している(Hulin, 1987)。

これを「甘え」という概念の測定を例にとって考えてみる。日本文化において,甘えは人が心理的にも社会的にも健全に育っていくために必要な概念とされている(e.g., Doi, 1978)。そのため,日本文化における甘えは,ポジティブな感情との関連性が高いと予想できる。つまり,甘えのレベルが高い人ほど肯定感情のレベルがより高く,逆に,甘えのレベルが低い人ほど肯定感情のレベルがより低い,と想定することができる。これは,日本人サンプルの「甘え」を示す(単一)項目における識別力パラメタの値が高いことを意味する。

一方で,個人主義がより顕著な米国文化においては,「甘え」は「自立」や「独立」と対照的な概念である。したがって,ポジティブな感情との関係は低い,あるいは負の関係が成り立っていると考えることができる。この場合には,識別力パラメタの値は日本人サンプルとは異なり,低くなるかマイナスとなる。このような識別力パラメタの違いによって検出される不均一 DIF は,文化固有性によるものと解釈することができる。特に,Hulin (1987) はこのような文化固有性を示す項目を,エミック項目(emic item)と呼んでいる。

一方の均一 DIF は,「翻訳エラー(translation error)」が原因となって起こるものとされている(Hulin, 1987)。翻訳エラーとは,翻訳者またはバック・トランスレーター(逆翻訳者)による翻訳ミスのことであり,このようなエラーは 3 種類あるとされている(Brislin, 1970)。第 1 の翻訳エラーは,言語表現に関する共通仮定によるものである。例えば,英語の "friend" とスペイン語の "amigo" は,時と場合によってその使い方がまちまちで,必ずしも意味が一致するわけではない。しかし,"friend" がスペイン語の翻訳者によって翻訳される場合には,文脈を考慮することなく,"amigo" と翻訳される場合が非常に多い。そして今度は "amigo" が逆翻訳者によって英語にバック・トランスレーションされる場合には,やはり "friend" と訳される場

合が多い。もし"friend"と"amigo"が使用される文脈が適切であった場合には，翻訳ミスは起こらない。しかし，両単語が用いられる文脈が異なっていたにもかかわらず，翻訳者と逆翻訳者がそれぞれの単語を"friend"あるいは"amigo"と訳すべきである，とした場合には，翻訳ミスが起きてしまう（Brislin, 1970）。

あるいは，"bad"という英単語は"悪い""不正な""劣った"など様々な日本語に翻訳することが可能である。これらの日本語は使い様によって，その意味やニュアンスが微妙に異なってくる。しかし，これらの日本語はすべて"bad"という英単語に逆翻訳される可能性があるため，時と場合によっては翻訳ミスとなりうる（e.g., Hulin, 1987）。

第2の翻訳エラーは，原語からの翻訳の質が低いものであっても，逆翻訳者の洞察力によって，質の高い逆翻訳版が出来上がる場合である。つまり，原版（e.g., 英語）と逆翻訳版（e.g., 英語）を比べた結果をもとに，実際の翻訳版（e.g., 日本語）は質が低いにもかかわらず，正確な翻訳が行われたと判断されてしまう場合である（Brislin, 1970）。

第3の翻訳エラーは，原語の文法ルールや表現法のルールが必ずしも翻訳語に適応されない場合である。その場合には，翻訳された文章は意味をなさなくなってしまう（Brislin, 1970）。翻訳を行うにあたって重要なのは文法のルールではなく言語の意味である。行き過ぎた意訳は問題であるが，極端に表現が翻訳調であったりする場合は，翻訳される言語の文脈にあった形に修正される必要がある。

以上の3種類の翻訳エラーは回答者に一様に影響を及ぼすため，原版の回答者との間にある一定の違いをもたらす。つまり翻訳エラーが起こっている項目に関しては，それぞれの回答者グループの心理特性レベルとは無関係に，項目反応の確率にある一定の差が生じることになる。この一定の差は，困難度パラメタの違いに現われてくるため，項目特性曲線は平行となる。このようなロジックに従って，翻訳エラーは均一DIFとして検出されることになる（Hulin, 1987）。

第Ⅲ部　応用編

13.4. 日本語版 Multiple Affect Adjective Check List-Revised

(1) Multiple Affect Adjective Check List-Revised

次に実際の実例として，英語版と日本語版 Multiple Affect Adjective Check List-Revised : MAACL-R（Lubin & Zuckerman, 1999）のデータを用いた比較により均一 DIF と不均一 DIF の分類を行い，それぞれの特異項目機能の特徴について検討する（Yasuda, Lei, & Suen, 2007）。分析を進めていく前に，まず，日本語版 MAACL-R（e.g., Yasuda, Lubin, & Whitlock, 2000 ; Yasuda et al., 2003）の開発プロセスと信頼性・妥当性についてみてみる。

MAACL-R（Lubin & Zuckerman, 1999）は，広範囲の感情の査定をする自己記入式の形容詞のチェックリストであり，米国を中心に，臨床心理学における研究や実践に頻繁に用いられている。MAACL-R の項目は肯定的側面と否定的側面の感情に大別され，①肯定感情（Positive Affect），②刺激欲求（Sensation Seeking），③不安（Anxiety），④抑うつ（Depression），⑤敵意（Hostility）という合計5つの尺度から構成される。また肯定感情と刺激欲求の合計点はポジティブな感情を示す PASS 尺度で，不安，抑うつ，敵意の合計点はネガティブな感情を示す Dysphoria 尺度である。

MAACL-R は132項目の形容詞からなっている。被験者が普段どのように感じているか（"How You Generally Feel"）を査定する特性バージョン（trait version）と，今日どのように感じているか（"How You Feel Today"）を査定する状態バージョン（state version）の2種類があり，それぞれ教示が違うが，同じ項目が用いられる。被験者は当てはまる項目のみにチェックを入れ，チェックされた項目の合計点が尺度得点となる。132項目のうち半分の66項目は採点されないバッファー項目であるが，これらのバッファー項目を含まない，計66項目のみの短縮版もある。オリジナルと短縮版との比較の結果，双方の結果の一致性が確認された（Lubin, Whitlock, Reddy, & Petren, 2001）。

MAACL-R は Multiple Affect Adjective Check List : MAACL（Zuckerman & Lubin, 1965）の改訂版である。もともと MAACL の項目は否定的側面の

感情（i.e., 不安，抑うつ，敵意）のみに限定されていたが，MAACL-Rには肯定的側面の感情の尺度が加えられた。これまでMAACLおよびMAACL-Rは，心理臨床場面におけるプロセスやアウトカムの査定はもとより，パーソナリティ特性に関する研究（e.g., Fiske & Pearson, 1970；Costa & McCrae, 1995），ソーシャルサポート（e.g., Sarason, Sarason, Shearin, & Pierce, 1987），不安と抑うつ（e.g., Beck, Epstein, Brown, & Steer, 1988；Marsella, Sanborn, Kameoka, Shizuru, & Brennan, 1975）に関する研究など，様々な実証研究に用いられてきた。MAACLが開発されてから40年以上が経つが，MAACLあるいはMAACL-Rを使用した研究論文は1900以上あり（Lubin, Swearngin, & Zuckerman, 1998），現在も様々な研究や実践領域に用いられている（e.g., Craig, 2005）。

(2) 翻訳プロセスと言語的等価性の検証

日本語版MAACL-R（Yasuda, Lubin, Kim, & Whitlock, 2003）は短縮版のMAACL-Rを和訳したものである。日本語版の開発にあたっては，計3名の日本語を母語とする翻訳者が1項目につき2つの形容語句に和訳し，その後，翻訳者間の一致度が一番高かった語句を和訳語として選び，英語を母語とする別の3名がそれぞれバック・トランスレーションを行った。バック・トランスレーションでは，和訳したときと同様に，1項目につき3つの英訳が用意された。その結果，和訳の段階では95％の項目（63項目），バック・トランスレーションでは84％の項目（53項目）において，少なくとも2名の翻訳者の訳語が一致した。一致しなかった3項目（i.e., joyful, mad, & whole）の日本語訳および13項目の英訳に対しては，それぞれの翻訳者の間の話し合いを通じて，合意が得られた。

(3) 日本語版MAACL-R：信頼性と妥当性

日本語版MAAC-Rの信頼性と妥当性の検証に関しては，Yasuda, Lubin, & Whitlock（2000）およびYasuda et al.（2003）に詳しいので，ここでは簡潔に説明する。サンプルは，日本人の中学生，高校生，大学生である。まず信頼性であるが，内的整合性（Cronbach's α）は.70台から.90台と全般的に

高い (Appendix 1 参照)。また項目数が多い肯定感情 (PA) では.89から.92と高い一方で,不安 (A) では.71から.74,刺激欲求 (SS) では.61から.75と比較的低かった。また,大学生サンプルの刺激欲求スケールの内的整合性(.75)は,高校生サンプルの値(.61)よりも高めであった。再テスト信頼性は.58から.76と全般的に高く,特に,中高生サンプルにおいて肯定感情 (SS) の値が不安 (A),抑うつ (D),敵意 (H) と比べると高めであったのに対して,大学生サンプルではこのような傾向はみられなかった。

妥当性に関しては,不安 (A),抑うつ (D),敵意 (H) とそれぞれに対応する尺度 (i.e., T–Dep, T–Anx, T–Ang, CES–D, STAI) とにおおよそ.30台から.50台の相関,肯定感情 (PA) と刺激欲求 (SS) もほぼ同様の相関が認められた (Appendix 2 参照)。一方で,スケール間の識別性は高くなく,例えば,不安 (A) と抑うつ (D) の間には (e.g., D と T–Anx; A と CES–D) それぞれの対応するスケール (e.g., D と T–Dep; A と STAI) と同程度の相関も認められた。不安と抑うつの間の高い相関性についてはかねてから研究されており,日本語版 MAACL–R においては,これら2つの概念の識別には,肯定的感情を表わす PASS 得点の高低がかかわっていることが実証されている (Yasuda et al., 2003)。

また探索的因子分析を行ったところ (Yasuda et al., 2000; 2003),本来の5因子モデルに基づいた MAACL–R の因子構造ではなく,2因子モデルによる因子構造 (e.g., Goltib & Meyer, 1986) が抽出された。一方で,Yasuda et al. (2003) では,確証的因子分析を行った結果,5因子モデルを構築し,高いモデル適合性が示されてもいる。

日本語版 MAACL–R データの記述統計および信頼性を Appendix 1 に,大学生サンプルの相関係数を Appendix 2 に,それぞれ示した。

13.5. MAACL–R の日米データの比較による特異項目機能の検出

(1) 多次元項目インパクト

教育テストにおける特異項目機能の検出では,数学などのテスト得点が推定値として用いられることが多い。ここでは,数学能力の潜在特性が一次元

の推定値としてモデルによって統制され，特異項目機能の分析が行われる。しかし，心理特性の査定に用いられる尺度の多くは，多次元から構成されているため，統制基準が複数必要となる。

例えば MAACL-R は，合計5つの尺度からなっていて，各尺度の相関も高い（Appendix 2 参照）。そのため，効果的に特異項目機能を検出するためには，これらのすべての尺度を一度に統制するのが理想的である。複数の統制基準で統制された上で検出された特異項目機能は，「多次元項目インパクト（multidimensional item impact）」と呼ばれるが，ここでは，複数の統制基準のうちの少なくとも1つに原因があるとされる（Mazor, Kanjee, & Clauser, 1995）。

(2) ロジスティック回帰モデル

一般に DIF 分析では，項目反応理論（IRT）が用いられる。しかし，IRT には一次元性（unidimensionality）の仮定が存在するため，多次元項目インパクトの検出には用いることができない。多次元項目反応理論モデル（multidimensional IRT model）は存在するが（e.g., Bock & Aitkin, 1981 ; Shealy & Stout, 1993），実際の特異項目機能の検出等への応用は限られてくる（Roussos & Stout, 1996）。また Mantel-Haenszel procedure における交互作用の分析による特異項目機能の検出は，グループを分類する際の特性レベルの決定が曖昧である（Mazor et al., 1995）。

一方で，ロジスティック回帰（logistic regression : LR）モデルによる DIF 分析では（e.g., Clauser, Nungester, Mazor, & Ripkey, 1996 ; Mazor et al., 1995 ; Swaminathan & Rogers, 1990），複数の特性そして交互作用もモデルに組み込むことができて，均一 DIF を主効果で，不均一 DIF を交互作用によって検出することが可能である。例えば，MAACL-R のオリジナル版と翻訳版の特異項目機能の検出に関する LR モデルは，以下のように示される：

$$P(u=1)=\frac{e^z}{1+e^z} \quad , \tag{13-1}$$

$$z = \beta_0 + \beta_1 G + \beta_2 G X_1 + \beta_3 X_1 + \beta_4 X_2 + \beta_5 X_3 + \beta_6 X_4 + \beta_7 X_5 \quad , \tag{13-2}$$

ここで，u は項目反応スコア，G は日米のグループ（日本人サンプル＝1，米国人サンプル＝0），X_1 は DIF 分析の対象となる項目が属する MAACL-R スケール（e.g., A），X_2 から X_5 までのその他のスケール（e.g., D, H, PA, SS），パラメタ β_0 は切片，β_1 はグループ，β_2 はグループと DIF 分析対象項目を含むスケールの交互作用，β_3 から β_7 は他の MAACL-R スケールの対数オッズ比を示している。

LR モデルによる均一 DIF および不均一 DIF の分析にあたっては，まず，すべての MAACL-R スケール（i.e., X_2-X_5）を投入したモデル（M1）を設定した。次に，グループ（i.e., G）を加えたモデル（M2），グループと分析対象項目を含むスケールの交互作用（i.e., GX_1）を加えたモデル（M3）を設定した（Zumbo, 1999）。M2 と M1 におけるカイ二乗の差に統計的有意差が認められた場合には均一 DIF，M3 と M2 の間に有意差が認めれた場合には不均一 DIF とした（Swaminathan & Rogers, 1990；Zumbo, 1999）。また DIF の効果量の分類にあたっては，モデル間の決定係数の差（Δ rescaled -R^2）をもとに，低効果量（0.035未満），中効果量（0.070未満），高効果量（0.070以上）とした（Jodoin & Gierl, 2001）。

(3) 多母集団確証的因子分析モデル

LR モデルは複数の心理特性の推定値をコントロールするのには有効である反面，これらの推定値は尺度の観測得点（observed score）であるため，測定誤差が含まれているという限界点がある。そこで，潜在得点（latent score）に基づく他母集団確証的因子分析（multi-group confirmatory factor analysis：MGCFA）モデルの枠組みによる DIF 分析も合わせて行い，ロジスティック回帰モデルの結果との比較を行った。

MGCFA モデルによる分析では，分析上の効率を考慮し，閾（しきい）値（threshold），因子負荷量（factor loading）あるいは閾値と因子負荷量の両方をグループ間で固定しない一般多因子モデルをベースモデルとし，これら2つのパラメタを固定した制限モデルとの比較を行った。ここでの閾値と因子負荷量は，それぞれ，項目反応理論モデルの困難度パラメタと識別力パラメタに対応していて，閾値の差が均一 DIF，因子負荷量の差が不均一 DIF

とされる。ベースモデルと制限モデルに統計的有意差が認められた場合には，日本人サンプルと米国人サンプルにおける項目の不変性が成立していないため，特異項目機能と判断することができる（Glöckner-Rist & Hoijtink, 2003）。MGCFAモデルによるDIF分析はMplusプログラム（Muthén & Muthén, 2004）を用い，*robust weighted least square*（WLSMV）によってパラメタ推定を行い，DIFFTESTオプションによるカイ二乗テストを行った。また有意差があった項目のうちで，サンプル間における閾値および因子負荷量の差が2以上を示していたものを，特異項目機能と判断した。

　一方，MGCFAモデルを用いるには，本モデルの大きさ（i.e., 推定パラメタの多さ）を考慮すると，本サンプル数（N＝299）では十分とは言えず，分析結果の安定性は保たれているとは限らない。したがって本分析では，LRモデルによる分析でDIF検出を行い，このうちMGCFAモデルによってもDIFとして検出されたものを，最終的にDIFと判断した（Yasuda et al., 2007）。

(4) **データ**

　使用データは，日米の大学生，日本のデータは299名（男性169名；女性130名），米国のデータは287名（男性89名；女性198名）であり，それぞれ日本語版MAACL-R（Yasuda et al., 2003）とオリジナルのMAACL-R（Lubin & Zuckerman, 1999）への回答である。日本のデータは東京都と熊本県の2大学から収集され，米国データはペンシルバニア州の大学から収集された。

　<u>サンプル1</u>：日本語版MAACL-Rの妥当性の検証には，東京近郊および熊本県の中学校（1校；N＝114），高校（2校；N＝202），大学（3校；N＝299）の計7校から収集されたサンプルが用いられた（Yasuda, Lubin, & Whitlock, 2000）。中学生サンプルの平均年齢は13.4歳（SD＝2.64）で，男性52名，女性62名であった。高校生サンプルの平均年齢は15.4歳（SD＝0.58）で男性83名，女性119名であり，大学生サンプルは平均年齢19.9歳（SD＝2.06），男性170名，女性129名であった。

　<u>サンプル2</u>：データは東京近郊および熊本県で収集され，中学生サンプル（1校；N＝139；平均年齢14.2歳；SD＝0.38；男性71名；女性68名），高校

生サンプル（1校；$N=155$；平均年齢15.1歳；$SD=0.99$；男性62名；女性93名），大学生サンプル（2校；$N=213$；平均年齢19.6歳；$SD=0.99$；男性127名；女性86名）であった。

各サンプルによるデータの収束的妥当性（convergent validity）と弁別的妥当性（construct validity）の情報を Appendix 3 に示した。

13.6. 結果と考察

(1) MAACL-R の因子構造の検証

前述のように Yasuda et al.（2003）による日本語版 MAACL-R の確証的因子分析（Confirmatory Factor Analysis）では，肯定感情，刺激欲求，不安，抑うつ，敵意の合計5因子が確認され，これをもとに Yasuda（2005）では LR モデルによる DIF 分析を行った。しかし，探索的因子分析（Exploratory Factor Analysis）では肯定的感情と否定的感情という2因子のみが抽出されていることを踏まえると（Yasuda et al., 2003），日本語版 MAACL-R の因子構造は十分に検証されているとは言えない。そこで本 DIF 分析を行う前に，日本語版およびオリジナル版の MAACL-R の探索的因子分析を行った。

Mplus プログラム（Muthén & Muthén, 2004）による2値データの探索的因子分析の結果，日本人サンプルおよび米国人サンプルの両データから，ポジティブな感情（日本人サンプル固有地＝20.05；米国人サンプル固有地＝22.85）とネガティブな感情（日本人サンプル固有地＝11.94；米国人サンプル固有地＝9.67）という2因子が抽出された。この2因子の説明率は30.98%（日本人サンプル）と34.62%（米国人サンプル），肯定的感情の因子負荷量は0.44から0.88（日本人サンプル）と0.27-0.83（米国人サンプル），否定的感情の因子負荷量は0.47から0.88（日本人サンプル）と0.23から0.93（米国人サンプル）であった。

以上の結果，LR モデルによる DIF 分析では，本来の MAACL-R の因子構造である5因子ではなく2因子（i.e., ポジティブな感情とネガティブな感情）を投入したモデル，つまり，前出の（13-2）および以下の（13-3）に示されたモデルによって分析を行う。同様に，MGCFA モデルでは2因子構

第13章 感情査定尺度の翻訳等価性分析

表 13-1　LR モデルと MGCFA モデルによる特異項目機能の数

DIF 検出モデル	LR モデル		
	均一 DIF	不均一 DIF	Non-DIF
MGCFA モデル			
均一 DIF	6	0	0
不均一 DIF	16	1	8
Non-DIF	10	3	22

造を用い DIF 分析を行った。

$$z = \beta_0 + \beta_1 G + \beta_2 GX_1 + \beta_3 X_1 + \beta_4 X_2 \quad , \tag{13-3}$$

(2) DIF 分析

　まず LR モデルによる DIF 分析では，2項目が不均一 DIF, 27項目が均一 DIF という結果が得られた。これら27項目を除いた上での DIF 分析（i.e., purification）では，新たに4項目の特異項目機能が検出された。これらを4項目を除き再度分析を行ったところ，新たに3項目の特異項目機能が検出された。この3項目を除くと，特異項目機能は検出されなかった。したがって，LR モデルでは合計36項目の特異項目機能が検出されたことになる。

　一方の MGCFA モデルでは，25項目の不均一 DIF と6項目の均一 DIF が検出された。両モデルによる特異項目機能は表13-1に示されるとおりである：

　本分析では，LR モデルによって特異項目機能と判断されたもののうち，さらに MGCFA モデルにおいても特異項目機能として検出されたもののみを，最終的な特異項目機能と判断した。このような項目は合計7項目あり，そのうち1項目が不均一 DIF, 6項目が均一 DIF であった（表13-2参照）。均一 DIF のうち2項目（i.e., 愛情深い，臆病な）は，変数の統制後において，米国人サンプルによる項目反応確率が高かった。その他の4項目の均一 DIF（i.e., 心細い，敵対心のある，意地悪な，苦悩した）では，日本人サンプルによる項目反応確率が高かった。

表 13-2 最終的に DIF と判断された項目の LR モデル分析による結果

MAACL-R 項目	スケール	平均値 米国	平均値 日本	$-2LL$	β_0	β_1	β_2	β_3	β_4	ΔR^2
不均一 DIF										
1. 熱狂的な	PASS	.72	.17	432.85	-4.32 (.59)	.40 (.67)	$\underline{-.15}$ (.05)	.31 (.04)	.07 (.02)	.078 (C)
均一 DIF										
1. 愛情深い	PASS	.84	.36	482.88	-1.36 (.48)	$\underline{-1.96}$ (.55)	.06 (.04)	.60 (.02)	.18 (.03)	.037 (B)
2. 心細い	Dysphoria	.03	.28	330.34	-5.04 (.88)	$\underline{2.96}$ (.85)	$-.01$ (.06)	$-.03$ (.02)	.21 (.05)	.129 (C)
3. 敵対心のある	Dysphoria	.03	.15	236.385	-6.81 (1.08)	$\underline{3.21}$ (1.03)	$-.07$ (.06)	.03 (.02)	.25 (.05)	.091 (C)
4. 意地悪な	Dysphoria	.07	.14	391.436	-6.56 (.80)	$\underline{2.49}$ (0.74)	$-.11$ (.05)	.07 (.02)	.28 (.04)	.030 (A)
5. 臆病な	Dysphoria	.31	.20	560.43	-1.45 (.37)	$\underline{-1.02}$ (.38)	.01 (.04)	$-.02$ (.02)	.15 (.03)	.033 (A)
6. 苦悩した	Dysphoria	.03	.18	245.23	-7.21 (1.08)	$\underline{3.48}$ (1.04)	$-.08$ (.06)	.05 (.02)	.28 (.06)	.095 (C)

(注) $-2LL$：-2 Loglikelihood ($df=4$)。カッコ内は標準誤差。下線部分は ps<.01。ΔR^2：Δ rescaled-R^2。A：低効果量（<.035）。B：中効果量（.035≤$R^2\Delta$<.070）。C：高効果量（≥.070）。

(3) 不均一 DIF

〈熱狂的な（enthusiastic）〉

この項目は，翻訳者および逆翻訳者（バック・トランスレーター）における訳語の一致が認められている。したがって，各翻訳者とも "enthusiastic" を「熱狂的な」と和訳し，逆翻訳者は「熱狂的な」は "enthusiastic" と英訳している。また，この不均一 DIF は交差型，つまり心理特性（肯定的感情）のレベルが高い領域では日本人サンプルの項目反応確率が高く，中間あるいは低い領域では米国人サンプルの項目反応確率が高い，という形をとっていた。

「熱狂的な」は，受けとりようによっては，「熱烈な」あるいは「猛烈な」といった強い意味あいを含む形容語句である。これが英語の "enthusiastic" と同義に用いられるかどうかは疑問である。「熱狂的な」は，例えば，「熱心

な」といった語句と比べると，そのインパクトは強いと言えなくもない。このような場合には，この項目と肯定的感情の特性レベルとの間の識別力は，日本人サンプルと米国人サンプルの間で違ってくることが予想できる。もしこの仮定が正しいとすると，特性レベルが高いところでは日本人サンプルの反応確率が高く，中間あるいは低い領域においてでは米国人サンプルの反応確率が高いということも理解できる。

　前述のように，不均一 DIF の主な原因は文化固有性であるとされている一方で（Hulin, 1987），この項目に関しては文化の固有性が原因とするには，説明材料が不足している。"enthusiastic" と「熱狂的な」における言語的等価性は確立されているのには変わりはないが，これが「熱心な」という形容語句に和訳されていたら，心理的等価性の確立の可能性もあったかもしれない。これらはあくまで仮定であるため，実際のデータによっての検証が必要となってくる。

(4) 均一 DIF

〈愛情深い（affectionate）〉

　この項目への反応確率は，特性レベルの高低にかかわらず，日本人サンプルの方が低かった。翻訳・逆翻訳によって一致性が認められているため，言語的等価性は確立していると言える。つまり，この均一 DIF の原因としての翻訳エラーの可能性は低いと考えられる。

　その他の可能性として，サンプリングエラーが挙げられよう。具体的には，日本人サンプルの肯定的感情の観測得点（i.e., PASS 得点）は9.39（$SD = 6.72$）だったが，これは米国人サンプルの観測得点は17.57（$SD = 6.36$）と比べると極端に低い値になっている。一方の否定的感情の観測得点（i.e., Dysphoria 得点）は，日本人サンプルが6.32（$SD = 6.69$），米国人サンプルが5.47（$SD = 5.56$）とその差はあまりない。したがって，肯定的感情の観測得点が正確にそれぞれのサンプルの心理特性レベルを反映していると仮定すると，日米間のサンプルは同等であるとは言えなくなってくる。もしこのような特性レベルの差がもともと存在している場合の DIF 分析には，タイプ I の過誤が多く存在する（e.g., Lei, Chen, & Yu, 2006；Narayanan & Swaminathan, 1996)。したがって，本項目の均一 DIF はタイプ I の過誤という可能性も否定できない。

〈心細い (forlorn)〉

次に「心細い」では，日本人サンプルの項目反応確率が米国人サンプルよりも定常的に高かった。この項目に関しては，"alone" "helpless" "powerless" といった形容語句に逆翻訳（和訳）されていた (e.g., Yasuda et al., 2003)。日本語版 MAACL-R の翻訳プロセスにおいてはすでに述べたが，同意が得られなかった項目に関しては，翻訳者どうしの話し合いによって訳語に関する合意形成を行った。そのため，暫定的ではあるが，言語的等価性が確立されていると考えてよい。しかし，日本において「心細い」が使用されるケースに比べると，"forlorn" という語句が米国の日常生活に用いられるケースは，比較的少ない。したがって，日本人サンプルの項目反応確率が高い結果になったとも考えられる。

〈敵対心のある (hostile)〉

「敵対心のある」と "hostile" における翻訳・逆翻訳の結果は一致していた。また，「意地悪な」および「臆病な」についても同様であった。「敵対心のある」と「意地悪な」については日本人サンプルの項目反応確率が高く，「臆病な」については米国人の項目反応確率が高いという結果が得られた。いずれにせよ，これらの項目に関する不均一 DIF の原因は，翻訳エラーによるものではないと解釈できる。特に，同じ否定的感情のレベル (i.e., Dysphoria) に対して日本人サンプルの「敵対心のある」および「意地悪な」の 2 項目に対する項目反応確率の高さは，日米の社会的文脈あるいは人間関係等の質の違いから生じるものとも考えられる。

〈苦悩した (tormented)〉

この項目については，英語から日本語への翻訳の一致がみられたものの，逆翻訳の段階では全一致はみられず，「苦悩した」は "distressed" や "despair" にも逆翻訳された。これらの英単語の解釈の違いは，認知的または感情的な症状・状況からくるものと捉えることもできよう。つまり，"tormented" に対しては思考や思慮などの認知的側面，"distressed" に関しては気持ちなどの感情的側面，"despair" に関しては認知的・感情的な両側面から生じる違

いと考えることもできるであろう。このように微妙なニュアンスの差が翻訳エラーとなり，結果として均一 DIF として現われてきたとも考えられる。

13.7. まとめ

　定量的な異文化間心理学研究において，翻訳版尺度の利用価値は高い。翻訳版尺度の開発にあたっては通常バック・トランスレーション法が用いられ，言語的等価性が査定・確立される。しかしバック・トランスレーション法は，あくまで言語等価性の確立が中心であり，厳密な意味での等価性を保証するものではない。本章では，翻訳項目の心理的な意味合いの等価性を表わす心理的等価性について検討し，心理測定論における特異項目機能の視点からのレビューを行った。特に，心理的等価性への影響要因として文化固有性と翻訳エラーがあるが，これらの要因を定量的に測定・評価していくことが，尺度利用における異文化間妥当性を高めることにつながっていくと考えられる。

　またこのような測定・評価の実践例として，日本語版 MAACL-R のデータを用いた DIF 分析を行った。解析モデルとして，ロジスティック回帰モデルと他母集団確証的因子分析モデルを用いた結果，合計 7 項目が特異項目機能と判断された。日本語版 MAACL-R は，本来，心理臨床場面におけるスクリーニング尺度として開発されたが，このような手法を用いてオリジナル版との心理的等価性を確立することは，"輸入尺度"による異文化での心理査定のエビデンスを高めることにつながっていくであろう。

Appendix 1: 日本語版 MAACL-R の記述統計と信頼性（サンプル 1）

MAACL-R	項目数	中学生サンプル			高校生サンプル			大学生サンプル		
		M(SD)	alpha	retest	M(SD)	alpha	retest	M(SD)	alpha	retest
Anxiety	10	2.4(2.3)	.71	.60	2.0(2.2)	.74	.68	2.3(2.3)	.73	.69
Depression	12	1.9(2.5)	.83	.58	2.2(2.6)	.82	.60	2.2(2.6)	.85	.68
Hostility	15	3.6(3.3)	.81	.63	2.8(3.2)	84	.73	2.6(3.0)	.84	.68
Positive Affect	21	7.2(5.3)	.92	.72	7.2(5.6)	.90	.76	7.1(5.1)	.89	.67
Sensation Seeking	8	2.3(2.0)	.70	.61	2.1(1.8)	.61	.70	2.0(1.9)	.75	.71
Dysphoria	37	7.8(7.0)	.90	.71	7.0(6.9)	.91	.73	6.3(6.7)	.91	.74
PASS	29	10.4(7.4)	.92	.72	9.4(6.8)	.90	.77	9.4(6.7)	.90	.70

（注） Alpha：Cronbach's alpha 係数。retest：再テスト信頼性（4-week）。$p.<.01$。

Appendix 2：大学生（サンプル 1）の日本語版 MAACL-R の相関係数

	A	D	H	SS	PA	Dys	PASS
Anxiety							
Depression	.73**						
Hostility	.64**	.64**					
Sensation Seeking	.11	.11	.25**				
Positive Affect	.19**	.10	.15**	.51**			
Dysphoria	.88**	.89**	.88**	.19**	.17**		
PASS	.19**	.12*	.20**	.71**	.97**	.19**	

（注） **$p<.01$, *$p<.05$。

Appendix 3：日本語版 MAACL-R と他尺度との相関係数

STPI	MAACL-R						
	D	A	H	PA	SS	Dysphoria	PASS
大学生サンプル							
T-Dep	.44***	.42***	.32***	-.29***	-.16**	.45***	-.28***
T-Anx	.37***	.44***	.24***	-.21***	-.20**	.39***	-.23***
T-Ang	.24***	.22***	.41***	.04	.18**	.34***	.09
CESD	.44***	.34***	.26***	-.21**	-.13*	.38***	-.21**
STAI	.39***	.38***	.22***	-.20**	-.10*	.36***	-.18**
SWBS	-.28***	-.21**	-.14*	.28***	.11	-.23**	.25***
SSS	-.01	-.01	.07	.25***	.39***	.02	.30***
高校生サンプル							
T-Dep	.34***	.32***	.27***	-.31***	-.07	.35***	-.28***
T-Anx	.41***	.41***	.25***	-.17*	.01	.40***	-.14
T-Ang	.24**	.27***	.45***	-.09	.20**	.38***	-.02
CESD	.42***	.45***	.38***	-.31***	-.07	.47***	-.27***
STAI	.40***	.51***	.40***	-.31***	-.15	.49***	-.29***
SWBS	-.19**	-.08	-.19*	.39***	.16	-.18***	.35***
SSS	.08	.04	.05	.34***	.44***	.06	.39***
中学生サンプル							
T-Dep	.44***	.39***	.30**	-.40***	-.26**	.42***	-.40***
T-Anx	.53***	.45***	.36***	-.34***	-.21*	.50***	-.34***
T-Ang	.22*	.27**	.34***	-.11	.08	.32**	-.07
CESD	.41***	.39***	.35**	-.32***	-.12**	.44***	-.29***
STAI	.46***	.43***	.41***	-.39***	-.17	.49***	-.35***
SWBS	-.33***	-.16	-.14	.42***	.23**	-.23**	.40***
SSS	.08	.15	.18*	.46***	.55***	.16	.52***

(注) 1. T-Dep：STPI Depression. T-Anx：STPI Anxiety. T-Ang：STPI Anger. CES-D：Center for Epidemiologic Studies Depression Scale. STAI：State Trait Anxiety Inventory. SWBS： subjective well-being scale. SSS：Sensation Seeking. $^*p<.05$, $^{**}p<.01$, $^{***}p<.01$。

2. T-Dep, T-Anx, T-Ang における相関係数はサンプル1，CESD, STAI, SWBS, SSS における相関係数はサンプル2によって算出されたものである。

第Ⅲ部　応用編

第14章　抑うつ尺度の国際比較

　うつ病は先進国において，最もよく見られる疾病の1つで，2020年には全世界的に，疾病負担第2位の疾病になると推定されている(Murray & Lopez, 1996)。したがって，うつ病の効率的で精度の高い早期発見方法の開発は，予防法および治療法とともに，保健医療領域の課題として今後ますます重要になるものと考えられる。本章ではうつ病の高リスク群を弁別するために世界各国で広く用いられている CES-D の言語的，文化的等価性について，項目反応理論を用いてアプローチする。

14.1.　はじめに

　現在，多くの先進国において人種・民族の多様化が進んでおり，globalization の潮流の中，企業の多国籍化や企業組織内労働力における人種・民族の多様性も増加の一途を辿っている。産業現場のストレスやメンタルヘルス問題を考える場合にも，労働力の文化的多様性への考慮が必要となってきた。このような時代を迎え，世界保健機関による提言(World Mental Health 2000 Initiative；例えば，Kessler & Ustun, 2004)にもあるように，異文化間で等価な精神健康状態評価法の重要性および必要性が広く認識されつつある。

(1)　**精神症状の評価法**
　精神症状評価法の使用目的は，重症度評価・スクリーニング・診断・症状プロフィールに分類される（北村, 1988）。このうち，労働者を含む一般人口集団に適用されるのは，スクリーニングないし診断のために開発された自己記入式質問紙調査票および面接基準である。例えば，統合国際診断面接

CIDI（Composite International Diagnostic Interview）(Robins, Wing, Witt-chen, Helzer, Babor, Burke, Farner, Jablenski, Pickens, Regier, Sartorius, & Towle, 1988）のような面接法は，明確な疾患診断が得られることや，時間的に遡って，最も重症だったときの状態をその持続期間・合併症状・医療機関受診などを含めて総合的に捉えられることなど，対象者の状況に応じた正確な評価が可能な方法としての利点は多い。スキップ構造の導入により，症状をほとんどもたない多くの対象者の面接時間の短縮化も可能となっている。しかし，それでも，面接者の確保や訓練等のデータの精度管理や十分なサンプルサイズを得るためには，かなりの労力を要する。

それに対し，同時に多くの対象者を測定できることや評価基準を均一に保てること，データ収集の簡便性・経済性など，自己記入式質問紙調査法の利点は多い（岩田，1992）。ただ，質問票は回答時の状態に影響されやすく，また過去に起きた症状の有無やその持続期間・合併症状などを捉えることは不可能である（北村，1988）。すなわち，現在症としての軽症精神障害を把握する以外に適用できる場面は少ない。このように，両方法ともそれぞれ長所・短所を有するが，現実的には人的・経済的・時間的資源が節約できる質問紙法を用いる場合が多い。

(2) CES-D について

精神健康状態評価に適用されてきた代表的な質問票には，General Health Questionnaire（GHQ）(Goldberg, 1972）や Center for Epidemiologic Studies-Depression Scale（CES-D）(Radloff, 1977), Self-rating Depression Scale（SDS）(Zung, 1965）などがある。これらのうち，現在最も汎用されている自己記入式質問紙尺度は CES-D である。

CES-D は，その名前のとおり米国国立精神保健研究所の疫学研究センター Center for Epidemiologic Studies のスタッフにより開発された，地域調査においてうつの「高リスク群」を特定するための自記式尺度である（Radloff, 1977）。CES-D は現在，多くの言語版に翻訳され，数多くの国々で用いられており，異文化間研究での使用例もある。Iwata, Okuyama, Kawakami, & Saito (1989）は，日米労働者の CES-D 尺度の平均得点を比較し，少なくとも CES-

表 14-1　労働者の CES-D 平均得点の日米比較

人種／民族	（報告）	男性	女性
日本人	（Iwata ら，1989）	10.5	11.1
米国人			
欧州系	（Aneshensel ら，1981）	4.3	5.6
メキシコ系	（Vega ら，1987； Mendes de Leon & Markides, 1988）	7.4〜8.1*	

（注）　＊：男女込みの平均。

D に基づくと日本人の抑うつレベルは米国人よりもかなり高いことを報告した（表14-1）。そして，この大きな相違は真の相違を表わすというより，むしろこの尺度に含まれるポジティブ表現項目に対する回答傾向の違いによる見かけ上の相違ではないかと推察した（Iwata ら, 1989）。

CES-D のような汎用性の高い質問紙尺度は，理想的には，人種／民族間，異文化間，地域間で等価であるべきである（Flaherty, Gaviria, Pathak, Mitchell, Wintrob, Richman, & Birz, 1988）。すなわち，そのような尺度項目は，ある外生変数，例えば性・人種／民族・文化などによる項目レベル，または尺度レベルでのバイアスがないことが望ましい。

CES-D 項目の人種／民族による回答パターンについては，いくつかの先行研究がある（例えば，Golding, Aneshensel, & Hough, 1991；Iwata, Saito, & Roberts, 1994；Iwata, Roberts, & Kawakami, 1995）。Iwata et al. (1994, 1995) は，「日本人はポジティブ感情を抑制する傾向がある」という仮説（Iwata et al., 1989）を検討するために，日本人と欧州系米国人の CES-D 項目の人種／民族による回答パターンを比較した。その結果，ネガティブ表現項目に対しては日米で同様の回答傾向にあるものの，ポジティブ表現で測定されるポジティブ感情に対しては，日本人の方が有意に，その表出を抑制する傾向があることを見出している。

(3) **DIF をめぐって**

これまでの当該領域の国際比較等の先行研究は，すべて古典的テスト理論に基づく解析，例えば，平均回答分布や t 検定・分散分析に基づくものであ

る。しかし，これら解析技法は，代表性のない標本データを用いて回答傾向の違いを検討する方法としては，必ずしも適切とはいえない。より正確に検討するためには，特異項目機能 differential item functioning（以下，DIF）(Holland & Thayer, 1988) の検出を行うことが望ましい。

DIF とは，ある外生変数（例，人種／民族）が異なる回答者間で，検討しているある潜在特性（例，抑うつ症状）を統制しても，項目の該当回答頻度／率に相違が見られるような状況のことを指す（Clauser & Mazor, 1998）。先の章でも紹介されているように，いくつかの DIF 検出方法がある中で，項目反応理論（IRT）に基づく方法は，推定値が標本に依存しないなどの特性から，最も妥当な方法であるといえる。

以下では，IRT を用いた DIF 検出法に基づいて，CES–D の項目レベルのバイアスを検討する。特に，ポジティブ感情の表出ないし抑制に関する異文化間比較として，日米労働者間のポジティブおよびネガティブ項目に対する該当表出の相違に注目する。

14.2. 方法

(1) 対象者

Iwata et al.（1995）の研究で用いた，デモグラフィック変数（性・年齢・学歴・婚姻形態・職種）をマッチングした日本人および欧州系米国人のホワイトカラー労働者（各 $N=368$）の CES–D 項目への回答データを解析に用いた（表14-2）。これらの日米データは，次のような各標本集団のデータから抽出した。

日本人データは，北海道某公的機関29支所の1986年度健康診断調査の受診者（$N=2016$）の中から抽出した。この受診者は年齢19歳から63歳のフルタイム従業員で，少なくとも高卒以上の学歴を有している（Iwata et al., 1989）。島ら（1985）により開発および妥当化検討がなされた日本語版 CES–D を定期健康診断用問診票に含め，データを収集した。

欧州系米国人のデータは，1974–75年米国健康と栄養調査第一波（National Health and Nutrition Examination Survey I : NHANES–IA），25歳から74歳ま

表14-2 日米比較用労働者の属性

属性	日本人	欧州系米国人
性別	男性	男性
人数	368人	368人
学歴	高卒以上	高卒以上
職種	ホワイトカラー	ホワイトカラー
年齢階級：		
25−34歳	126(34.2%)	126(34.2%)
35−44歳	98(26.6%)	98(26.6%)
45−54歳	93(25.3%)	93(25.3%)
55−63歳	51(13.9%)	51(13.9%)
婚姻形態：		
既婚	324(88.1%)	314(85.3%)
その他	44(11.9%)	54(14.7%)

での米国人（$N=3059$）を対象にした全米の健康調査から抽出した（Iwata et al., 1995）。調査の詳細や対象者の特徴などについては，例えば Eaton & Kessler（1981）などを参照されたい。

(2) 測定尺度およびスコアリング法

　CES–D は20項目よりなる自己記入式質問紙尺度で，過去1週間に経験した抑うつ症状の頻度を評価するものである（Radloff, 1977）。20項目のうち16項目はネガティブ項目（例えば，「憂うつだと感じる」）で，残りの4項目はポジティブ項目（例えば，「毎日が楽しい」）である。回答選択枝は4つあり，「ほとんどまたは全くない（過去1週間で1日未満）」，「いくらかまたは少しある（1−2日）」，「ときどきまたはかなりある（3−4日）」，「たいていまたはいつもある（5−7日）」の中から，1つ選んで回答するものである。通常はこれらを順に0〜3と得点化する。ポジティブ項目は配点を逆転させ，高得点がポジティブ感情の欠如を反映するようにする（表14−3）。ここでは，この0−1−2−3という配点を0−1−1−1と2値（0／1）化し，2値型 IRT 分析に用いた。したがって，ネガティブ項目では，ほんの少しでも各症状がある場合に1（該当）となり，ポジティブ項目では，ほんの少しでも各ポジティブ感情がない場合に1（該当）となる（表14−3）。

第14章 抑うつ尺度の国際比較

表14-3 CES-D の測定期間・回答選択枝（配点）

症状の測定期間：過去1週間

回答選択枝：症状の経験頻度			
めったにまたは全くない（1日未満）	いくらかまたは少しはある（1～2日）	ときどきまたはかなりある（3～4日）	たいていまたはいつもある（5～7日）
ネガティブ症状項目（通常の配点）			
0	1	2	3
＊本研究での2値化			
0	1	1	1
ポジティブ感情項目（通常の逆転配点）			
3	2	1	0
＊本研究での2値化			
1	1	1	0

(3) 解析方法

2値化した回答データを，2パラメタ・ロジスティック・モデルの IRT 分析（2 PL-IRT）により分析した。本研究では，IRT 分析の尤度比に基づいた特異項目機能検出法（IRT likelihood ratio DIF detection）を行った。まず，非 DIF 項目群より構成される等価項目（アンカー項目）セット（purified anchor subset）を図14-1に示すような手続きで抽出した。すなわち，①Mantel-Haenszel（MH）法により等価項目の候補を選抜する（Holland & Thayer, 1988）。②それらから数項目を選び，そのまま（何の制約も施さず，自由に推定する）2 PL-IRT 分析を行う。③情報量，−2 対数尤度比（−2 log-likelihood ratio：G^2free）を得る。④傾き（あるいは識別力）パラメタ（図14-1中表記の a）および位置（あるいは閾値・困難度）パラメタ（同 b）を日米2群間で同一であるという制約条件を加え，情報量（G^2constrained）を求める。⑤この自由推定モデルと制約モデルの両方の情報量が有意差を示さなければ，参照アンカー項目セットの構成を完了する。

次いで，このアンカー項目セットを用いて，IRT 尤度比 DIF 検出法を行った。図14-2にその詳細を示す。まず，①アンカー項目セットに検討項目1つを追加したデータセットを作る。②傾きパラメタ（a）を2群で同じと制約したモデル（制約モデル）と制約せずに推定したモデル（自由推定モデル）

第Ⅲ部　応用編

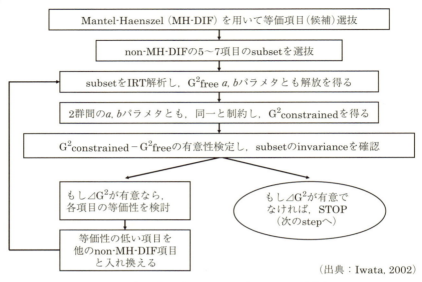

(出典：Iwata, 2002)

図 14-1　等価項目（アンカー項目）セットの選抜方法

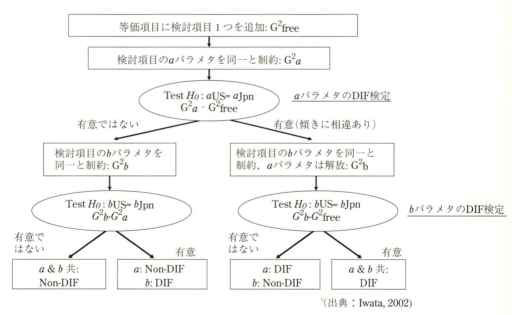

(出典：Iwata, 2002)

図 14-2　等価項目（アンカー項目）セットを用いた IRT-DIF 検出法

との情報量の差異を検定する（$\varDelta G^2$ は χ^2 分布をする：自由度1）。この際，アンカー項目セットの各項目の2つのパラメタ（a および b）は2群間で同一と制約する。③次のステップでは，さらに検討項目の位置パラメタ（b）を2群間で同一であると制約し，④情報量（G^2）の相違を検定する。これらのステップを経て，検討項目が傾きパラメタの DIF を示すのか，位置パラメタの DIF を示すのか，あるいは両方をもつのかを検討する。なお，傾きパラメタは DIF を示さず，位置パラメタのみが DIF を示す場合には uniform DIF，傾きパラメタも DIF を示す場合には non-uniform DIF と呼ぶ場合もある。

14.3. 結果

(1) CES-D 各項目の特異項目機能（DIF）検出

　反復推定を経て，アンカー項目セットを構築した。このセットに該当した項目は，項目17「急に泣き出したくなる」，項目7「何をするのも面倒だ」，項目13「普段より口数が少ない」，項目15「皆がよそよそしい」の4項目であった。これら以外の16項目のそれぞれを図14-2の手順にそって，DIF 検出分析にかけた。表14-4 に，CES-D 各項目の日米両群の傾きパラメタ値，位置パラメタ値，ならびにそれぞれの DIF 検定結果を示す。なお，項目は従来の4因子構造，すなわち『抑うつ気分』『身体症状』『対人関係』『ポジティブ感情（の欠如）』の順に並べてある。

　傾きパラメタが DIF を示したのは3項目であった。項目6「憂（ゆう）うつだ」や項目10「何か恐ろしい」は日本人の方が高く，ポジティブ項目12「（逆転）不満ない」は米国人の方が高かった。例えば項目6「憂（ゆう）うつだ」の場合，日本人の傾きパラメタ値は4.62と非常に高い識別力が確認されている。実際に図示してみると，まるでガットマンスケールのような項目特性曲線となる。これは，位置パラメタの前後での潜在特性 θ 値レベル（ここではうつ症状レベル）の少しの相違でも，推定該当回答確率が大きく異なることを示しており，その DIF とは，日本人での識別力が米国人の場合よりも有意に高いということを示している。

表 14-4　日米労働者における CES-D 項目ごとのパラメタ推定値の比較

下位尺度／項目	日本人労働者 傾き(a)	日本人労働者 位置(b)	米国人労働者 傾き(a)	米国人労働者 位置(b)	DIF 傾き(a)	DIF 位置(b)
『抑うつ気分』						
3　気分が晴れない	2.04	1.22	2.45	1.44	ns	ns
6　憂（ゆう）うつだ	4.62	0.52	1.84	0.92	*	***
9　くよくよ考える	1.88	0.07	2.43	1.61	ns	***
10　何か恐ろしい	3.94	1.85	1.54	1.44	*	ns
14　一人ぼっちで寂しい	1.65	1.58	1.56	1.43	ns	ns
17　急に泣き出したくなる	1.33	3.84	2.72	2.01	purified	
18　悲しいと感じる	2.16	1.46	3.61	0.74	ns	***
『身体症状』						
1　わずらわしい	2.05	0.57	1.48	1.13	ns	***
2　食欲が落ちた	0.89	1.59	0.49	4.57	ns	***
5　集中できない	2.64	0.32	2.14	0.51	ns	ns
7　何をするのも面倒だ	1.71	0.66	1.47	0.13	purified	
11　なかなか眠れない	1.37	1.37	1.43	0.25	ns	***
13　普段より口数が少ない	2.02	0.56	1.34	0.23	purified	
20　仕事が手につかない	2.57	1.29	2.11	0.47	ns	***
『対人関係』						
15　皆がよそよそしい	3.25	1.41	1.62	1.27	purified	
19　皆が自分を嫌っている	2.12	1.52	2.27	1.63	ns	ns
『ポジティブ感情（の欠如）』						
4　（逆転）能力がある	0.22	-2.70	0.43	1.79	ns	***
8　（逆転）積極的	0.63	-2.77	0.75	0.90	ns	***
12　（逆転）不満ない	0.63	-2.19	1.21	0.86	*	***
16　（逆転）毎日が楽しい	1.00	-2.00	1.20	1.39	ns	***

(注)　*, ***：2 群間の有意差，順に $p<.05$, $p<.001$。ns : not significant.
　　　purified：等価項目として使用。（逆転）：逆転項目を表わす。

　一方，位置パラメタの DIF は，ネガティブ16項目のうちの7項目，およびポジティブ4項目のすべてで認められた。『抑うつ気分』のうち，項目6「憂（ゆう）うつだ」や項目9「過去のことについてくよくよ考える」は，日本人の方が低い位置パラメタとなっており，米国人よりも低い θ 値レベルで推定該当確率が50％に達していることを示している。これはすなわち，日本人の方が同じ潜在特性レベルでも，当該症状に該当回答をしやすい，いわば表出しやすい項目であることを示している。逆に項目18「悲しいと感じ

る」は，米国人の方が表出しやすい項目となっている。

『身体症状』では，項目1「普段は何でもないことがわずらわしい」や項目2「食欲が落ちた」は日本人が表出しやすい項目となっているが，項目11「なかなか眠れない」や項目20「仕事が手につかない」は逆に米国人が表出しやすい。『対人関係』2項目ではDIFは認められなかった。『ポジティブ感情（の欠如）』の4項目は，すべて一貫して，日本人の方が顕著に表出しやすい項目となっていた。

(2) 下位尺度ごとの平均的項目特性曲線

各項目の項目特性曲線の全体的傾向を明らかにするために，下位尺度単位で項目パラメタ値を平均し，平均的な項目特性曲線を描いてみた（図14-3）。図の横軸は抑うつ症状の潜在特性値（θ）を表わし，縦軸は推定該当回答確率を表わしている。実線は日本人，点線は米国人の項目特性曲線を示している。項目反応理論では，各潜在特性値ごとに該当回答確率が推定される。したがって，全体の該当比率の相違は項目特性曲線には影響しないという特徴

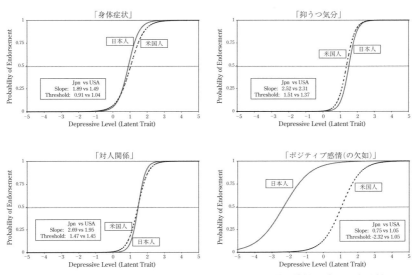

図14-3　2 PL-IRTに基づく各下位尺度ごとの平均的項目特性曲線―日米比較―

がある。

　上記のごとく，いくつかのネガティブ項目で DIF が認められているが，日本人の方が高い項目と米国人の方が高い項目がほぼ同数程度であったために，平均化した項目特性曲線で見ると，『抑うつ気分』も『身体症状』も，ともに日米間でほぼ類似した曲線となっていた。項目レベルで DIF が認められなかった『対人関係』では，日米の平均的曲線も当然類似しているが，それらと比較してみても，『抑うつ気分』『身体症状』の日米間の相違は些少であった。

　一方，『ポジティブ感情（の欠如）』は日米間で著しい相違を示した。曲線を詳細に観察すると，図中の最も低い抑うつ症状の潜在特性値（θ）であっても，日本人は既に『ポジティブ感情（の欠如）』が表出され始め，50%該当回答率の推定 θ レベルを表わす位置パラメタの平均値は-2.32と，他のどの下位尺度と比べても，著しく低い値となっている。米国人では1.05で，他の下位尺度の平均位置パラメタ（1.04〜1.45）と同様であるのに比べ，著しい相違となっている。図14-3の右下の図を見ると，米国人が該当回答をし始める $\theta=-1.5$ あたりでは，既に74%の日本人が該当回答を表出しており，$\theta=0.0$ あたりでは95%と，著しい表出確率を示している。これらより，米国人に比べ，日本人はすべての潜在特性値において，ポジティブ感情の欠如をより表出していることが明らかになった。

14.4.　考察

　項目反応理論は，標本集団に依存しない（sample-independent）パラメタの推定が可能であるという特徴がある。したがって，本研究の結果は Iwata の仮説（Iwata et al., 1989）「日本人はポジティブ感情を抑制する傾向がある」に対する頑健な証拠を提出するものである。臨床患者を対象とした先行研究（Iwata et al., 1998）に準拠すれば，この結果は，日本人はポジティブ感情をもたないのではなく，むしろその表出自体を抑圧している傾向があることを示唆している。いずれにしても，この抑制回答傾向により，逆転項目のスコアは米国のスコアよりも著しく高値となり，CES-D のように例え数項目で

表 14-5 『ポジティブ感情(の欠如)』項目に対する該当回答率の患者—対照比較

項目	健常者 (n=528)		うつ患者 (n=85)	
	中等度	持続症状	中等度	持続症状
ポジティブ表現項目（オリジナル）				
4　能力がある	58	22	58 ns	23 ns
8　積極的に考えられる	53	14	51 ns	24 *
12　不満ない	61	22	64 ns	21 ns
16　毎日が楽しい	51	15	62 ns	31 **
ネガティブ表現改訂項目				
R4　能力がない	9	2	43 ***	29 ***
R8　積極的に考えられない	10	3	44 ***	21 ***
R12　不満ある	13	3	38 ***	17 ***
R16　毎日が楽しくない	10	2	46 ***	28 ***

(注) デモグラフィック要因をマッチングさせたデータ (Iwata et al., 1998)。表中の数字は該当回答率を示す。
中等度:「ときどきまたはかなりある（3〜4日）」および「たいていまたはいつもある（5〜7日）」の該当回答。
持続症状:「たいていまたはいつもある（5〜7日）」の該当回答。
ns: not significant (対応する健常者の該当回答率との比較).
*$p<.05$, **$p<.01$, ***$p<.001$ (いずれも対応する健常者の該当回答率との比較)。

あっても，ポジティブ項目を含むメンタルヘルス尺度に対する日本人の平均得点は，欧米(西欧)文化圏のそれに比べて，見かけ上高くなってしまう(Iwata et al., 1989, 1994, 1995; Iwata & Higuchi, 2000など) ことが IRT の適用によりさらに明確になった。

　この回答バイアスは，日米比較のような国際比較場面でのみ問題となるのであろうか。すなわち，日本人だけを対象にした場合には，何の問題や不都合も生じないのであろうか？　この点については，この回答傾向が質問紙尺度の他の心理特性法的特性にも好ましくない影響を及ぼすことが既に報告されている (Iwata & Roberts, 1996; Iwata et al., 1998, 2000など)。例えば，Iwata et al. (1998) は，CES-D 尺度をうつ症状を主訴とする精神科外来患者とデモグラフィック要因をマッチングした健常者との間で比較し，ポジティブ項目が患者と健常者を峻別できないことを明らかにしている（表14-5上）。さらに，その解決策として，各ポジティブ項目をネガティブな表現に変えることによって，峻別力を向上できることを明らかにしている（表14

表14-6 大学生集団における CES-D 高得点者比率（％）の人種・国間比較

尺度 (区分点)	欧州系米国人	米インディアン	アルゼンチン人	日本人
CES-D	33.0	54.2**	31.1	52.2**
(15/16)	(27.7-38.9)	(48.7-59.6)	(22.9-40.6)	(46.5-57.8)
ネガティブ項目	33.8	49.1**	28.3	39.3
のみ(12/13)	(28.4-39.7)	(43.7-54.6)	(20.5-37.7)	(33.3-45.0)

(注) **：$p<.001$（欧州系米国人との比較）。表中の数値は，性・年齢調整済の高得点者比率を表わす。カッコ内は95％信頼区間。
(出典：Iwata & Buka, 2002)

-5下)。

　なぜ，日本人にはこのような回答傾向があるのだろうか？　この問いに対する回答となるような学術的なエビデンスは，必ずしもまだ得られてはいない（私案としては，Iwata et al., 1994；Iwata & Buka, 2002などがある）。Iwata & Buka（2002）は米国人は南米大陸の人々（アルゼンチン人）に比べ，ポジティブ感情をより表出する傾向にあることを報告している（表14-6）。自身に関する効力感，幸福感，生活をエンジョイするというようなポジティブな感情は，米国文化圏で生きていくためには非常に重要な要素である。それゆえ，米国人にとっては，日常生活の中でそのようなポジティブな感情をもち，その感情を躊躇なく表出することが，ある種の社会規範のようなものであるのである（Iwata et al., 1994；Kitayama, Markus, Matsumoto, & Norasakkunkit, 1997）。他方，少なくとも，かつての日本では，これとは逆の集団圧力がかかっていることが多く，帰属する集団・コミュニティの中であまり突出せず人並み程度でいるというバランス感覚が重要視されていた（Iwata et al., 1994）。

　ちなみに，Iwata, Turner, & Lloyd（2002）は，北米文化圏ではポジティブな感情を過剰に表出している可能性があるという分析結果を提示している。国際比較の際，米国人は参照群に用いられることが多いが，ポジティブ項目に対する回答バイアスという点では，実は日本人等のアジア人とは対極の回答歪みの傾向があると警鐘を鳴らしている。すなわち，ポジティブ項目に関しては，米国人のデータも，必ずしも適切な参照群とはなり得ないので

ある。

　古典的テスト理論に基づく分析による，東アジア／アジアの米国移民の先行研究の結果を詳細に吟味してみると，「ポジティブ感情表出の抑制傾向」という視点や明確な記述は見られないものの，類似の傾向を見て取ることができる。そのことから，少なくとも東アジア出身の人々に共通する回答傾向が，項目の表現形式によって存在していることがうかがわれる。すなわち，ポジティブ（表現）項目は様々な民族文化圏集団で，その測定特性・機能が異なりやすいようであり，ポジティブな質問形式は，米国人の回答も（日本人とは逆向きに）歪んでいることから，異文化間比較においては特に留意が必要であることが示唆された。

　IRT の特徴として，サンプルに依存しない，すなわち標本集団によらない推定が可能であるという特徴がある。しかしながら，本研究で用いた両国の労働者は，必ずしもそれぞれの国の労働者の代表性を保持するものではなく，またサンプルサイズも十分に大きいとはいえない。それゆえ，本研究はこの回答傾向に関する予備的検討の域を出ないものであることを最後に記して稿を閉じる。

第Ⅲ部　応用編

第15章　努力‐報酬不均衡尺度の国際比較

　職業性ストレスが就業者の健康やパフォーマンスに与える影響についてのエビデンスが蓄積し，ストレスマネジメントは経営管理の中で大きな比重を占めるようになってきている。加えて経済のグローバライゼーションは，異なる文化的背景をもつ就業者が同一組織内でともに働く状況をつくりだし，職業性ストレスは異文化間の文脈で対処すべき問題となってきている。

　それゆえ異文化間で測定されるストレスの比較可能性の確認は重要な課題といえる。ところが，性別，年齢，勤続年数など多くの属性が多様な割合で混在する集団間では，おのおのの属性がストレスレベルに影響を与える可能性があるため，測定値を比較・評価することは容易ではない。ここに古典的テスト理論（Classical Test Theory: CTT）の限界があるが，国際的に利用されている代表的な職業性ストレス尺度でさえ，異文化間での比較検討は，基本的な統計指標や内部一貫性に基づく信頼性，および確認的因子分析などによる因子構造類似性の検討の域を出ていない。項目反応理論（Item Response Theory: IRT）は，この CTT の限界を超え，異なる集団間での比較研究を行うにあたって強力なツールとなる（Peng, Peterson, & Shyi, 1991）。

　異なる集団に属する同一の態度強度（能力）をもつ被験者に，ある態度強度（能力）を測定する同一項目を提示し，その項目を肯定（正答）する確率が異なっている場合，当該項目には特異項目機能（Differential Item Functioning: DIF）が存在するという（Angoff, 1993）。多数の DIF の存在は尺度得点の比較可能性に疑問を呈することになる。IRT では，尺度項目の特性を決定する項目パラメタの推定値が2群間で有意に異なることをもって DIF が存在すると判定する。本理論で求められる項目パラメタは用いられた標本の分布とは独立に定義されるため，標本が無作為に抽出されている必要はな

く，異文化間比較研究における標本抽出の問題を克服する有力な手段となる。

本章では，近年注目を浴びている新しい職業性ストレスモデル尺度を題材として，IRT を用いた国際比較検討の例を示す。

15.1. 職業性ストレスモデル

職業性ストレスの理論モデルは職業性ストレス研究に多大な貢献をしてきた。職業性ストレスモデルは，健康障害を引き起こす頻回で持続するストレスフルな仕事の特徴を同定することを目的としている（McEwen, 1998）。モデルを用いることにより，現実社会の複雑な現象をいくつかの少数の要素として抽出し，多様な職種に適用可能とする。また，モデルは疫学的のみならず実験的研究にも応用可能であり，理論に基づいた介入にも応用される。反面，この抽象性のため，職業・職種に特異的なストレッサーは測定できない限界がある。

Caplan らによる「人－環境適合モデル」（Caplan, Cobb, French, Harrison, & Pinneau, 1975 ; Harrison, 1978），Karasek および Theorell らによる「仕事の要求度－コントロールモデル」，もしくは，「仕事の要求度－コントロール－社会的支援モデル」（Karasek & Theorell, 1990），「米国国立職業安全保健研究所（NIOSH）ストレスモデル」（Hurrell & McLaney, 1988）は，世界的に最も使用されている職業性ストレスモデルである。1990年代に入り，ドイツの社会学者 Siegrist らにより，「努力－報酬不均衡モデル」が提唱され，健康問題に対するその高い予測妥当性により注目を集めている（Siegrist, 1996）。

15.2. 努力－報酬不均衡モデル：理論と実証研究

努力－報酬不均衡モデルは行動経済学とストレス理論とを組み合わせることにより導かれた(Siegrist, Siegrist, & Weber, 1986 ; Siegrist & Matschinger, 1989)。Siegrist らは，個人の価値観の中でも社会的な役割を遂行し維持す

ることを重要視し，特に仕事の役割を社会生活上の重要な報酬源であり個人の願望を充足させる基本的な手段と位置づけた。労働者は報酬と引き換えに各人の労働力を提供するのであるが，費やされた努力と得られた報酬のバランスの欠如は情緒的な苦痛状態を引き起こし，交感神経系の緊張状態を導く（Henry & Stephens, 1977；Karasek, Russell, & Theorell, 1982）。すなわち，職業生活における「努力しているのにもかかわらず報われない」という状態が持続的なストレインを形成するとし，努力と報酬の2つの軸によって慢性的な職業性ストレスを把握しようとしている。

努力－報酬不均衡モデルにおいて，仕事から得られる「報酬」は，経済的な報酬（金銭），心理的な報酬（自尊心），キャリア（仕事の安定や昇進）からなる3つの経路により分配される。中でも，不安定な仕事，強制的な職業上の変化や降格，昇進の見込みのなさなどといったキャリアに関する低報酬は，現代の就業環境を反映するものとして重視されている。職を失うということは労働者としての基本的な社会経済的役割の喪失を意味し，個人の力ではどうすることもできない著しく適応が困難な状態である。

職業上の地位を脅かされるような状況下では，不利な条件でも多大な努力を傾けざるを得ず（Siegrist, 1987），労働者の生活や健康にまでも強く影響が及ぶことが示されてきた（Moser, Goldblatt, Fox, & Jones, 1987）。他方，仕事上の義務，増大する責任や残業など精神的肉体的な仕事の負担が「努力」を測定する構成概念となっている。この構成概念は仕事の要求度として，伝統的に測定されてきている項目群からなっている。

本モデルの尺度は，わが国においても多くの就業者に対して適用され，少なくともCTTに基づく検討ではほぼ十分な信頼性と妥当性が確認されている（Tsutsumi, Ishitake, Peter, Siegrist, & Matoba, 2001）。7001人の多様な就業者集団に適用した結果からは，各ストレス指標の平均値（標準偏差）は，努力6.8-7.9（1.5-2.0），報酬20.3-21.3（1.4-2.6），と調査対象を通じて類似しており，内部一貫法による信頼性係数は努力.82-.88，報酬.80-.91と良好であった。因子分析結果も概ね理論構造との一致をみた（堤，2000；Tsutsumi, Ishitake, Peter, Siegrist, & Matoba, 2001）。経済的困難によるリストラクチャリングを経験した企業の従業員に対する縦断調査では，努力－報酬不

均衡状態の割合が8.5%から12.1%へと悪化を認め，尺度の良好な反応性が示された（Tsutsumi, Nagami, Morimoto, & Matoba, 2002）。さらに，努力－報酬不均衡状態にある就業者では，筋骨格系症状，うつ状態を含む気分障害や精神的不健康，タバコ依存，バーンアウトの頻度が有意に高いことが実証されている（Tsutsumi, Kayaba, Nagami, Miki, Kawano, Ohya, Odagiri, & Shimomitsu, 2002）。IRTに基づく基礎的な検討では，尺度は総じて識別度と困難度が高い項目から構成されており，ストレスレベルの高い集団においてセンシティブであることが分かっている（Tsutsumi, Watanabe, Iwata, & Kawakami, 2002）。

15.3. IRTを異文化間比較研究に用いる必然性

Berry & Dasen（1974）は，尺度の交差文化等価性を機能（functional），概念（conceptual），および測定（metric）の3点からとらえた。機能的，概念的等価性は，異なる状況下での経営活動や組織行動の機能と意味に焦点を当て質的に検討されるが，操作化された概念の異同の測定論上の評価は，推測統計の手法を用いて吟味することができる。中でもIRTによる項目の翻訳等価性に関する吟味手法は有力な統計学的手段として位置づけられている（Holland & Wainer, 1993；Peng, Peterson, & Shyi, 1991）。

CTTでは，尺度項目に関する統計量は分析に用いられた標本の分布の特徴に大きく依存するので，異文化比較研究を行うには比較する対照として同質の標本を収集する必要性がある。すなわち，母集団の代表性を保証する無作為抽出を行うか，測定対象集団の背景となる産業，経営組織，職務などを統制した標本抽出を行わなければならない。しかし現実には，異文化間で，それぞれの標的集団を代表するサンプルに，同一の尺度を適用することは，大変困難である。また，同一職種でも異文化間においてはその職務が大きく異なることは稀でなく，状況要因の統制に関してもおのずと限界が生じる。IRTでは，尺度項目の特性を決定する項目パラメタの推定値が，用いられた標本の分布とは独立に定義される（項目パラメタの不変性 parameter invariance：Hambleton & Cook, 1977；Lord & Novick, 1968）ので，少なくとも

項目パラメタの推定段階では，標本が無作為に抽出される必要はなく，異文化比較研究におけるサンプリングの問題を克服する有力な手段となる。

　IRTにおけるこのパラメタ不変の特徴は，異文化比較研究におけるDIFの検討に大きく寄与する。異文化に所属している同じ水準の潜在特性値をもつ集団が，ある尺度項目に対し異なった確率の反応を行えば，それは集団の属性の差ではなく，尺度項目がDIFを有しているとみなすことができる。IRTの文脈では，パラメタ等化後の2つの集団間で標本変動を超えた異なる項目特性曲線（Item Characteristics Curve：ICC）が描かれるということと同値であり，ICCを規定する項目パラメタの推定値を2群間で比較することによりDIFの存在を判定できることになる。

　IRTを用いた解析によるもう1つの利点は，エミック－エティック・ジレンマの解消にアプローチできる可能性である。翻訳等価を目的とした検討におけるDIF検出後の常套作業の1つは，DIFが存在する項目の削除である。しかし比較可能性を追求するあまり文化特異的な項目を排除すると一般的な項目ばかりが残りかえって尺度の妥当性を損ねてしまう（エミック－エティック・ジレンマ：Peng, Peterson, & Shyi, 1991）。IRT解析の過程で等化（equating）を行えば，その測定対象にあわせた項目を比較的容易に設定することができる。すなわち，どの状況にも共通性の高いエティックな項目群をアンカー項目として設け，これを利用した尺度の等化を行う。このアンカー項目にその文化特有のストレッサーを測定するエミックな項目を追加して尺度を作成することによって，異なる状況下にある被験者のストレッサーの水準を，それぞれの状況にふさわしい項目によって推定したり，あるいは各状況下におけるストレッサー水準を比較したりすることが可能となる。

15.4.　努力－報酬不均衡モデル調査票：国際比較研究におけるDIF

　堤・岩田・渡辺・川上（2002）は，努力－報酬不均衡モデル調査票の国際比較妥当性を高めていくその第一歩として，尺度項目に異文化間でDIFが認められるのかIRTを用いて検討した。

第15章　努力-報酬不均衡尺度の国際比較

表 15-1　対象の属性

国	職　業	n	女性（%）	年齢（M, range）
日　本	歯科技工士	105	0	41, 22-67
	製造業	190	47	37, 20-59
	製造業	712	21	39, 19-63
	製造業	2164	12	43, 20-60
	製造業	441	23	41, 19-68
	私立大学病院	868	98	28, 20-63
	看護師	1959	99	31, 20-59
オランダ	6ナーシング・ホーム	479	84	41, 19-69
	6ナーシング・ホーム	405	91	39, 16-62
	ナース／ナース・エイド	593	89	38, 15-63

(1)　**対象と方法**

解析に用いた対象者のデータソースとその属性の概略を表15-1に示す。日本人就業者からは，個人事業主から中小〜大企業まで多様な職域をカバーする計6439人のデータが得られ，本解析におけるレファレンス・グループとした。製造業は男性優位であるが，看護職（比較的若年）を加えて女性が53%を占める集団である。オランダからナーシング・ホーム職員および看護職からなる1477人のデータが得られた。年齢構成は日本のデータとほぼ変わらず，女性が88%を占める。

(2)　**努力-報酬不均衡モデル尺度**

表15-2に，日本語版努力-報酬不均衡モデル尺度の質問項目とコーディング方法を示す。尺度は各国でバック・トランスレーションのプロセスを経て開発されている。尺度は仕事の要求度，責任，負担感などを尋ねる「努力」に関する6項目と，仕事から得られる，もしくは期待される経済的な報酬（金銭），心理的な報酬（自尊心），キャリアに関する報酬（仕事の安定性や昇進）11項目から構成されている。各項目で，職業上のストレスフルな状況の有無を尋ねた後，その状況にどの程度悩んでいるか評定させる。尺度を構成するどの項目も，他の項目への回答の影響を受けないような構造になっており，局所独立の仮定を満たしている。ストレスフルな状況の有無，およびそれに

表15-2　努力－報酬不均衡モデル調査票質問項目

努力項目
1　仕事の負担が重く，常に時間に追われている
2　邪魔が入って中断させられることの多い仕事だ
3　責任の重い仕事だ
4　しばしば，残業をせまられる
5　肉体的にきつい仕事だ
6　過去数年，だんだん仕事の負担が増えてきた

報酬項目
1　上司からふさわしい評価を受けている
2　同僚からふさわしい評価を受けている
3　困難な状況に直面すれば同僚から充分な支援が受けられる
4　職場で公平に扱われていない
5　職場で,好ましくない変化を経験している。もしくは今後そういう状況が起こりうる。
6　昇進の見込みは少ない
7　失職の恐れがある
8　現在の職は，自分が受けた教育やトレーニングの程度を充分反映している
9　自分の努力と成果をすべて考えあわせると，私は仕事上ふさわしい評価と人望を受けている
10　自分の努力と成果をすべて考えあわせると，私の仕事の将来の見通しは適当だ
11　自分の努力と成果をすべて考えあわせると，私のサラリー／収入は適当だ

〈コーディング〉
努力項目
例）責任の重い仕事だ
　　　　あてはまらない　　　　　　　　　　　　　　　⇒　0
　　　　あてはまる　　⇒　1．全く悩んでいない　　⇒　0
　　　　　　　　　　　　　2．いくらか悩んでいる　⇒　0
　　　　　　　　　　　　　3．かなり悩んでいる　　⇒　1
　　　　　　　　　　　　　4．非常に悩んでいる　　⇒　1

報酬項目
例）失職の恐れがある
　　　　あてはまらない　　　　　　　　　　　　　　　⇒　0
　　　　あてはまる　　⇒　1．全く悩んでいない　　⇒　0
　　　　　　　　　　　　　2．いくらか悩んでいる　⇒　0
　　　　　　　　　　　　　3．かなり悩んでいる　　⇒　1
　　　　　　　　　　　　　4．非常に悩んでいる　　⇒　1

表 15-3 因子分析結果（主成分分析），第 2 主成分までの固有値および因子寄与率

	日本		オランダ	
	第1主成分	第2主成分	第1主成分	第2主成分
努力尺度				
固有値	3.59	0.64	2.66	1.12
寄与率(%)	59.9	10.6	44.3	18.6
報酬尺度				
固有値	6.36	0.76	4.22	1.13
寄与率(%)	57.8	6.9	38.4	10.3

よる悩みの程度を1〜5の得点に換算して努力，報酬尺度ごとに合計し，この得点比に項目数を補正した値が一定以上のグループを曝露群「努力－報酬不均衡状態」として定義している（堤，2004）。今回の解析では，国際間で使用されていたオリジナルのスコアリング方法に従って各項目スコアを2分した2値型データに基づき DIF の検出を行った。ストレスフルと評価されるもの（肯定的反応＝1）とそれ以外（否定的反応＝0）の1-0型データに変換した。2値型データを使用した理由は，標準的なスコアリング方法であったこと，かつ，回答に推量を伴うような項目がないことによる。

(3) 統計解析

DIF の検出に先立ち各国のデータそれぞれについて努力，報酬尺度ごとに主成分分析を行い尺度の1次元性を検証した。オランダにおいて，第2主成分の寄与がやや認められたが，両尺度は1次元の尺度として受容可能と思われた（表15-3）。努力尺度の Cronbach's α は，日本において0.86，オランダにおいて0.74であった。同様に報酬尺度では，日本で0.92，オランダで0.82であった。

各項目の通過率を算出し，2国間で χ^2 検定を用いて比較した。DIF の検出には，BILOG-MG ソフトウェアの DIF コマンドを用いた。項目パラメタは2パラメタ・ロジスティック・モデルを適用し周辺最尤法により推定した（Bock & Aitkin, 1981）。2群間での0.3以上の困難度パラメタの差をもって DIF が存在すると判定した（Thissen, Steinberg, & Wainer, 1988）。

第Ⅲ部　応用編

表 15-4　各項目の通過率と日本を基準とした通過率の比較（χ^2検定）

	日本	オランダ
努力項目 1	16.9	40.7***
努力項目 2	10.7	24.4***
努力項目 3	24.5	14.9***
努力項目 4	14.5	4.3***
努力項目 5	17.0	33.3***
努力項目 6	17.9	28.1***
報酬項目 1	10.2	8.6
報酬項目 2	7.3	3.1***
報酬項目 3	6.9	8.6*
報酬項目 4	9.0	3.0***
報酬項目 5	14.1	12.6
報酬項目 6	7.7	19.2***
報酬項目 7	9.4	3.9***
報酬項目 8	10.4	5.4***
報酬項目 9	9.0	11.9**
報酬項目10	11.6	10.7
報酬項目11	17.4	25.3***

（注）　*；$p<.05$，**；$p<.01$，***；$p<.001$。

(4) 結果

2国間における各項目の通過率の比較を表15-4に示す。オランダと日本の間には「努力」に関する項目すべてにおいて統計学的に有意な通過率の差が見られた。オランダにおける2項目「責任が重い」「残業をせまられる」は低い通過率を示し，他は高い通過率を示していた。「報酬」尺度では11項目中8項目に通過率の差が認められた。オランダでは，サラリーに対する悩みと同僚からの支援についての項目の通過率が高く，他は日本より低率であった。

DIF の存在を想定したモデルと，存在を想定しないモデルにおける周辺対数尤度値とその差を表15-5に示す。モデルの当てはまりは，努力項目，報酬項目ともに DIF の存在を想定した方が統計学的に有意に良好であった。

第15章　努力-報酬不均衡尺度の国際比較

表15-5　DIF および non-DIF モデルのあてはまりに関する対数尤度値（- 2 log likeli-hood）の比較

	DIF	Non-DIF	差	自由度	p
努力項目群	35655.1	36941.6	1286.6	5	<.01
報酬項目群	40489.4	41152.2	662.8	10	<.01

表15-6　推定閾値差

項目	オランダ	日本
	差	SE
努力項目1	−0.475	0.031#
努力項目2	−0.444	0.049#
努力項目3	0.600	0.048#
努力項目4	0.770	0.076#
努力項目5	−0.321	0.035#
努力項目6	−0.131	0.033
報酬項目1	0.009	0.035
報酬項目2	0.171	0.050
報酬項目3	−0.194	0.045
報酬項目4	0.279	0.047
報酬項目5	0.078	0.048
報酬項目6	−0.509	0.034#
報酬項目7	0.367	0.074#
報酬項目8	0.254	0.059
報酬項目9	−0.179	0.030
報酬項目10	0.012	0.042
報酬項目11	−0.287	0.056

（注）　#：DIF suspected.

　推定された困難度パラメタの差を表15-6に示す。「努力」項目に5項目のDIF を認めた。一方，「報酬」項目では，通過率の差は8項目に認められたにもかかわらず，DIF は2項目のみに認められた。
　オランダでは，「仕事上の責任」と「残業をせまられること」について困難度が高いほかは，いずれの努力項目も日本より困難度が低かった。「報酬」項目の「昇進の見込み（のなさ）」についての困難度は低かったが，「失職の

恐れ」については高い困難度を示していた。

15.5. 考察

オランダと日本人就業者に，それぞれの国でオリジナルの調査票からバック・トランスレーションを経て標準化された努力－報酬不均衡モデル尺度を適用した。2国間において，ストレスフルな状況に肯定する通過率は，すべての「努力」尺度項目と11項目中8項目の「報酬」尺度項目に統計学的有意差を認めた。通過率は各集団の背景要因が関連している表現形（インパクト）であり，単純な比較は不可能である。IRT解析では，各集団間でストレッサーの水準が調整された（等化）うえでの項目パラメタの差異を検討しようとする。解析の結果，「報酬」尺度には11項目中2項目のみにDIFの存在を認めた。しかし，「努力」尺度のうち6項目中5項目にDIFが認められ，少なくとも本調査票の「努力」尺度で測定された値を日本とオランダ間で比較する際にはその解釈に慎重を要することが示された。

DIFを確認することは，職業性ストレス研究の究極の目的ではない（Ørhede & Kreiner, 2000）。DIFの検出は尺度の標準化のワンステップに過ぎず，DIFの原因を探索し，より洗練された尺度に形成していくことに意義がある。

(1) DIF存在の理由

DIFが認められる理由として，翻訳の誤り，項目自体のもつ意味や背後にある概念の意味を含めた文化的背景や社会制度の差異など，複数の要因が考えられる。

職業性ストレス研究において，仕事の要求度としてその構成概念の洗練が図られてきた「努力」尺度項目においてDIFが多く存在していたことは興味深い。「仕事の責任」と「残業をせまられる」ことに対してはオランダで困難度が高く，その他の「努力」項目では困難度が低かった（complaintsが多かった）。特に残業に関しては，労働時間が短く余暇の時間を大切にするヨーロッパ，特にワークシェアリングが進むオランダと日本の間では，その

受け止め方に大きな差があることが推測される。実際，残業に関する1項目を除くことによりDIFを示す項目数が5項目中1項目にまで著減することが確認されている(Tsutsumi, Iwata, Watanabe, de Jonge, Pikhart, Fernandez-Lopez, Xu, Peter, Knutsson, Niedhammer, Kawakami, & Siegrist, 2009)。

近年の職業性ストレス研究では，仕事の要求度に関する尺度の予測妥当性が研究間で一定しないことが示され，要求度という構成概念の見直しが議論されている。関連したIRTに基づく職種差を検討した研究において，要求度を測定する尺度の心理特性が特定の項目の選択によって敏感に左右される可能性が示されており (Kristensen, Bjorner, Christensen, & Borg, 2004)，われわれの所見と符合している。

「報酬」尺度中「昇進の見込みのなさ」項目の困難度がオランダにおいて低い (complaintsが多い) 方向にDIFが存在した。雇用形態が急激に変容しているとはいえ,日本の年功序列制が影響しているのかもしれない。逆に，オランダにおいてはヘルスケア部門における有資格者の人材不足のため，この部門の職の安定性は比較的高いことが知られており (Pool & Van Dijk, 1999)，両国間の「失職の恐れ」について困難度の差異を説明する可能性がある。

以上のように，DIFの存在を確認し社会制度や文化的差異を考察していく過程は，異文化間の尺度の比較妥当性の向上のみならず尺度の洗練化に有用なヒントを与えてくれる。

(2) エミック-エティック議論

DIFを有する項目を除いて尺度を再構成すれば，異文化間での尺度の比較可能性を高めることができる。一方で，それぞれの文化的文脈を無視した一般的な項目で構成される尺度では，その感受性は損なわれる可能性がある (エミック-エティック・ジレンマ：Peng, Peterson, & Shyi, 1991)。本研究でいえば，「努力」尺度における「残業」に関する項目がディスカッションの対象となる。本邦の職業性ストレスを評価する際，「残業」に関する項目は重要で落とすことのできない項目と思われる。このような問題に対処するために，エティックな項目をベースにしながら，エミックな（文化固有な）

項目を含む尺度の文化的等価性を高めることが試みられている（Hulin, 1987）。

(3) 方法論上の問題

今回の検討では，DIF 検出の基準を能力テスト項目の DIF 検出に用いられる困難度差0.3とした（Thissen, Steinberg, & Wainer, 1988）。この基準は DIF の検出力が高く，多くの項目で DIF の存在がうかがわれた。認知されるストレスや態度の評価に能力テスト項目に用いられる基準を適用することの妥当性に関しては，今後検討の余地があると思われる。

15.6　今後の当該研究領域への貢献

種々の限界を有する不十分な解析であるが，努力 - 報酬不均衡モデル尺度を国際間で適用する場合，その測定値の単純な比較には慎重を要すること，制度や文化的差異を考慮に入れた翻訳等価への作業の必要性があることを示した。

本研究の成果は文化的背景の異なる集団に CTT が適用される保証がない現状を打破し，職業性ストレス尺度の有用性を大きく広げるものと考えられる。すなわち，国内外において尺度の標準化を進め，異文化比較可能性を高めることにより，ストレス尺度の実用上の応用性が広がっていく。さらに，尺度得点の比較可能性は異文化間のデータを統合したメタ分析の妥当性を高め，集積されたデータの利便性を高められる。

また，IRT–DIF 解析は，抽象度が高く適用範囲が広い反面，職種別に特有で具体的な項目を十分にカバーできないという職業性ストレスモデル尺度が抱える矛盾にもアプローチ可能な手法を提供する。IRT–DIF 解析を応用した尺度の等化を行うことにより，エティックな項目をベースにして構成概念の等価性を保ちつつ，職種別にエミックな項目を選択することにより，それぞれに妥当性の高い，具体的な介入目標を探ることが可能な尺度の開発が期待できる。

第Ⅲ部 応用編

第16章 組織コミットメントの日米比較

　21世紀に入り，人的資源管理（Human Resources Management : HRM）のグローバル化は急速な勢いで進展している。この影響を受けて組織心理学の分野でも，国籍・民族・言語を異にする勤労者の組織や職務に対する態度について，精度の高い測定を行うことが求められるようになってきた。しかし，質問紙法を用いて言語や文化の異なる人々の態度を測定するという試みには，常に測定バイアスの生ずることが指摘されている。実際，これまでの国際比較研究において，どのように考えても解釈に窮する，測定バイアスに起因すると推測できる研究結果にわれわれは直面してきた。

　本章では，項目反応理論を利用して測定バイアスの問題を解決する論理と実際について論じる。すなわち，項目反応理論による特異項目機能（Differential Item Functioning : DIF）の検出の論理を述べるとともに，日米の勤労者の組織コミットメントに関する実際のデータを用いて，DIF 検出の実例を示すこととしよう。

16.1.　経営のグローバル化と心理・人事測定

　最近の企業を取り巻くグローバル化は，製品・技術・資本の移動や交流の段階を既に越え，今や本格的に企業の人的資源管理（HRM）の分野にも及んできた。グローバル化のもとでおのずから生じる，言語的，文化的背景の異なる従業員の採用，配置，教育・訓練，人事考課，などの HRM のプラクティスをどのように行うのかは，企業にとって避けては通れない問題となっている。HRM の具体的なプラクティスの方策にまで至らなくても，異なる言語や勤労習慣をもつ従業員を日常的にどのようにリードし，仕事への動機

第Ⅲ部　応用編

づけやモラールを高めていくかということが，現場を運営する管理者にとって切実な問題となっている。

　教科書的に言えば，グローバル化の時代を迎えた HRM には，言語や文化の異なる従業員の価値，習慣，欲求，さらには勤労意欲，組織や職務に対する態度等をよく理解し，個々人の属性・性質にふさわしい仕事の与え方や報酬を考えることが重要であると言うことになろう。この考え方を実際の HRM の方策に結びつけるために，これまでに数多くの心理学的な基礎研究が行われてきた。これらの研究は，グローバル化の深化の程度と問題のとらえ方の観点から，以下の3つのカテゴリーに分類できよう。

　第1の研究カテゴリーは，いわゆる国際比較研究である。この研究の特徴は，研究の対象となる国の勤労者の態度や価値の差異を明らかにすることにある。つまり，互いの共通性を明らかにするのではなく，互いの違いを精査して，言語や文化の異なる国の勤労者の態度や価値を理解しようとするという特徴をもっている。具体的な比較の方法としては，比較の対象となる国の勤労者が有していると考えられる共通の価値なり態度なりの構成概念を想定し，それを測る尺度を用いて比較の対象となるグループに属する個人を測定し，その反応の強度や多寡を比較するという方法が取られることが多い。そこから得られた知見は，企業が海外に事務所や工場を設けて現地の従業員を雇用する際の指針としてまとめられたりしている。

　第2の研究カテゴリーは，勤労者の異文化接触に関する研究である。グローバル化がさらに進むと，言語的，文化的背景の異なる従業員がともに同じ職場で働くという事態が生起する。この段階では，文化の差異の問題を超えて，異なる文化的背景をもつ従業員が共通の職場の中で接触し，相互に影響を及ぼし合うという現象が生じる。その相互作用の諸相を明らかにするというのがこの研究の眼目となる。研究方法としては，具体的に相互作用の起きている現場を観察したり，当事者に面接したり，質問紙を配布したりするという方法が取られる。特に，質問紙による調査は，異文化接触の問題に定量的にアプローチする方法としてよく用いられている。こうした基礎的知見に基づいて，言語的，文化的背景の異なる従業員同士がいかにお互いが理解し合い，いかに協働するかといった日常的な HRM の方策も提唱されている。

第3の研究カテゴリーとして，グローバル化がさらに進展し，多国籍，多言語からなる従業員のトータルな HRM をどのように考えるかという視点に立つ研究がある。この研究視点は，グローバル化した経営組織における HRM の制度的プラクティスと密接な関係をもつ。つまり，言語や文化が異なったり，あるいは地理的に離れた場所にいる従業員の，採用，配置，教育・訓練，人事考課，キャリア・ディベロップメント・プログラム，などをどう考えて実行してゆけばよいかといった実際的な問題を解決する研究がこれにあたる。より詳細に見ればそこには，言語的，文化的背景の異なる人々に対する採用試験，資格試験や人事考課をどのように行うかといった人事測定の問題が存在している。すなわち，従業員の態度や能力の測定を公正に行うことが求められているのである。

16.2. 国際人事研究における測定論上の課題

　こうした国際人事研究に共通に見られる課題として，研究の対象となる勤労者の価値，態度，能力などをいかに正確かつ的確に測定するかということがある。周知のように，これまでにおびただしい数の組織行動と人事管理に関する国際比較研究が行われてきた。その成果には目覚ましいものがある。しかし，その一方で，それらの比較の結果を導きだした前提として，測定が正確に行われたかどうかは常に議論の対象となってきた。このことは，国際比較研究に限らず，異文化接触研究やグローバル化企業における HRM 制度の研究においてもしかりである。また今後，経営のグローバル化が進めば進むほど，同じ企業で働く母語が異なる人々や，背景となる「文化」の異なる人々の能力や態度などを測定するより精緻な方法が求められるようになってくることは予想に難くない。

　この点に関して，これまでに提示されてきた主要な測定上の議論は，以下の3つにまとめることができよう。

(1) 概念の共通性の問題

　まず第1に，研究が比較の対象となる2つ（またはそれ以上）の国やグルー

プや測定の対象となる個々人にとって，真に等価（equivalent）な概念を取り上げているかという問題がある。比較する複数の被調査者グループの背景にある「文化」が異質であるために，取り上げる概念そのもののもつ意味が異なるにもかかわらず，無理やりそれを測定しようとしているのではないかということである。例えば，職務（job）という概念は，米国の企業のような職務記述書がしっかりと用意され，個々人の会社の中で行う仕事がはっきりと定義されている国と，わが国のように自分のする仕事と同僚のする仕事との境界（boundary）がはっきりしない国とでは，概念そのものに比較を可能ならしめる共通性が乏しいと言われている。それにもかかわらず，職務満足，職務関与，職務設計といった概念は，日米の組織やそこで働く勤労者を比較する主要な変数となってきた。

(2) 概念の操作化の問題

上記の問題を克服し，異なる言語や文化をもったグループに共通のしっかりとした概念を同定したとしても，その概念を操作化し，両グループに等価な測定の尺度なり観察のチェックリストを作成するということは，研究上大きな問題として存在する。その主要な課題は測定項目の翻訳にある。翻訳がうまく行われないと，概念の共通性にも深刻な影響を及ぼしかねない。ある国の言語で書かれた質問項目を他の言語に置き換え，そこに等価性を求める試みはこれまでにも数多くなされてきた。例えば再翻訳法（back translation）の手法は，項目の翻訳等価性を高める手法として定着している。しかし，再翻訳法のみで，十分な翻訳等価性が確保されるとは考えにくい。

(3) サンプリングの問題

最後の問題は，研究が比較の対象となる2つ（またはそれ以上）の母集団を真に代表するサンプルを用いているかという問題である。国際比較研究では，国内での研究以上にサンプリングが難しい。政府機関が行うような大規模な周到に準備された調査でも，サンプリングに全く問題がないわけではない。ましてや，個人の研究者が細々と行うような研究では，たまたまもっていた個人的な伝手を利用しての比較になりやすいために，サンプリングにつ

いて十分な要求ができないのが現状である。

　では，国際人事研究におけるこのような問題点をどのように克服してゆけばよいのであろうか。「概念の共通性の問題」に関しては，比較の対象となるグループに普遍的な現象をよく観察し，それに定義を与えて概念化するという質的なアプローチが求められる。これは研究者が問題の本質をどこまで深く探求しているかという問題に帰することができよう。

　「概念の操作化の問題」に関しては，再翻訳の精緻化などの質的な方法の確立もさることながら，項目反応理論など，最近の心理測定理論の目覚ましい成果を利用することができる。ある言語から他の言語に翻訳された質問項目が，真に等価な刺激として，それぞれの言語を母語とするグループの被調査者に機能しているかどうかは，項目バイアス（item bias）問題として古くから議論されてきた。最近ではバイアスという言葉のもつネガティブな意味を敬遠して，一般に特異項目機能（differential item functioning：DIF）という用語が用いられている。このDIFの問題を，心理測定論的に解決する試みは，研究上の大きなトピックともなっている。

　「サンプリングの問題」に関しては，質の高いサンプルを，なるべく数多く集めることに尽きるが，項目反応理論を用いれば，少なくとも尺度を構成する項目パラメタ値の推定段階では，推定法によっては標本が無作為に抽出されている必要はない。それゆえ，この問題はそれほど大きな問題とはならなくなってきている。以降では，項目反応理論によるDIFの問題へのアプローチを紹介し，上記の国際比較研究における「概念の操作化の問題」と「サンプリングの問題」に対処する理論と手法について述べてみよう。

16.3. 特異項目機能（DIF）の検出

　DIFは一般に，「比較可能な2つのグループ間の，テスト項目に対する反応の様相の相違」と定義できる。より厳密に言えば，「異なった2つのグループに属する同じ能力（態度強度）をもつ個人に，ある能力（態度）を測定する同一項目を呈示し，その項目を正答（肯定）する確率が異なっている場合に，当該項目にはDIFが認められる」と言える（Angoff, 1993）。

第Ⅲ部　応用編

　DIF の問題は，そもそも1950年代の米国における能力テストのもつ文化的バイアス論議から始まった。すなわち，米国の社会でよく用いられている学力を測定する各種のテスト（SAT など）が，マイノリティ・グループの生徒にとっては，自分たちの文化や日常生活に馴染みの薄い，学ぶ機会の少ない内容となっており，彼らの進路選択に不利に働いているという議論である。その後，公民権法や雇用機会均等法が制定されると，学力テストのみならず各種の能力テストが，性差別，雇用差別，社会的再生産，などに貢献しているという方向に議論が拡大した。米国の企業が採用予定者をスクリーニングするためによく用いる，GATB（General Aptitude Test Battery）なども，その下位テストの中にはマイノリティ・グループにとって不利な項目が数多く見られるとして批判を受けたりしている。

　1960年代に入ると，社会問題化した DIF 論議に対応するため，統計的な手法を用いた DIF 検出の方法が次々と考案された（Cardall & Coffman, 1964など）。第1章で述べたように，項目反応理論では同じ能力（態度強度）水準にある人々の，当該項目への正答（肯定）確率を項目特性曲線（ICC）として表わす。そのため，同一項目群に対する異なるグループの反応データをもとに項目パラメタ値を推定して ICC を描き，その形状を比較したり，項目パラメタ値の比較を行えば DIF が簡単に検出できる。既に，項目反応理論を用いた DIF 検出の方法は多数提案されており，実用的なプログラムも提供されている（Thissen, Steinberg, & Wainer, 1993）。

　古典的テスト理論では，テスト項目に関する統計量（平均，分散，など）は分析に用いられたサンプルの分布の特徴に大きく依存する。先に述べた国際比較研究における同質のサンプル収集の必要性は，この古典的テスト理論のもつ特徴を反映している。しかし，項目反応理論では ICC の形状を決定する項目パラメタの推定値は，理論的には用いられたサンプルの分布とは独立に定義される。すなわち，項目パラメタは不変（parameter invariance）である（Hambleton & Cook, 1977；Lord & Novick, 1968）。これは項目反応理論のもつ最も重要な特徴であり，先述した国際比較研究における「サンプリングの問題」を克服する有力な手段ともなる。

　項目反応理論のもつこのパラメタ不変（parameter invariance）という特

徴を利用すれば，国際比較研究における DIF の問題，すなわち翻訳の問題を含む「概念の操作化の問題」をかなり解決することができる。なぜなら，パラメタが不変という前提に立てば，言語の異なったグループに所属している同じ水準の潜在特性値をもつ人々が，あるテスト項目に対し異なった確率の反応を行えば，それはグループの属性の差ではなく，テスト項目が DIF を有しているとみなすことができるためである。つまり，パラメタ等化後の2つのグループの ICC を比較し，2つの ICC に標本変動を超えた違いがあれば，その項目に DIF が認められると判断するのである。

項目反応理論による DIF 検出についての論理と方法は，第1章に詳しく述べた。そこでも述べたとおり DIF の検出は，以下の段階を踏んで行われるのが普通である。

① 言語の異なるグループごとの項目パラメタ値の推定
② 項目パラメタ値の等化
③ 等化された項目パラメタ値による ICC の図示
④ ICC の形状の統計的方法による比較

しかし注意しなければならないのは，このような手順を経て翻訳されたテスト項目に DIF が発見されたとしても，それが翻訳の誤りが原因となっているのか，項目自体のもつ意味や，その背後にある概念そのものの意味が2つの言語グループで異なっているという，本質的な問題を含んでいるのかは依然として不明のまま残るということである。このことは，項目反応理論を用いれば DIF の問題がすべて解決するというわけではないことを意味している。先述した，両言語グループにとって妥当な「概念の共通性」をあらかじめ質的に深く探求する姿勢により，項目反論理論による分析はより有効な手段となるのである。

16.4. 組織コミットメントの日米比較

本節ではこれまでの議論を踏まえ，実際に項目反応理論を用いて DIF の探索を行った例を提示することとしよう。ここでは，組織コミットメントに関する日米比較の例を取り上げてみる。

(1) 日本人の低い組織コミットメント

1970から1980年代にかけて「日本的経営」が世界の注目を集めていた頃，わが国の勤労者と諸外国の勤労者との職務態度の国際比較が盛んに行われた。特に職務や職場に対する満足感（職務満足）や，会社への忠誠心や一体感（組織コミットメント）の国際比較調査は，政府機関が行った大がかりなものから，個人の研究者が行った小さなものまでを含めるとかなりの数にのぼった。その結果明らかになったことは，わが国の勤労者の職務満足や組織コミットメントは先進国（特に米国）と比べても，発展途上国と比べても，相当に低い傾向があるということであった。

例えば，Cole（1979）の行った横浜とデトロイトの勤労者を対象に行った日米比較では，「周囲から求められている以上に働く頻度」，「自分の時間を忘れて仕事に打ち込む頻度」，「仕事のことを考えている頻度」を尋ねるいずれの問いに対しても，日本人の方が米国人よりも統計的に有意に低い頻度の回答を寄せていた。

また，同じく Lincoln & Kalleberg（1990）の，日本の厚木と米国のインディアナポリスの勤労者を対象にした大がかりな国際比較調査でも，日本人の方が米国人よりも組織コミットメントが低いという結果が出ている。彼らの行った研究は，周到に準備された方法を駆使して行われたため，組織コミットメントに関する日米比較の決定版として，その後様々な文献で引用されている。

こうした大規模な調査ではないにしろ，比較の前提となる職場・職種の条件を揃えて行われた調査でも，同じ職場で働く日本人の方が米国人の従業員よりも組織への一体感が低いという結果が得られている（渡辺, 1989）。

しかし，日本人勤労者の方が米国人勤労者より組織コミットメントが高いという結果を導き出した研究もある。Takezawa & Whitehill（1981）による2度にわたる日米比較調査（1960, 1976）は，わずかに1項目による測定であったが，その結果は，日本人勤労者の方が米国人勤労者よりも，組織コミットメントが高いという結果を示した。ところが，この「常識的」な結果は，その後に行われた多くの比較研究の結果と相容れないものであったので，むしろ「特異な」結果として扱われる傾向にあった。

(2) 結果についての解釈

　こうした組織コミットメントに関する国際比較の結果は，実務家や研究者を当惑させた。当時のまさに過剰なまでの「日本的経営」の礼賛と，日本経済の輝かしい成長を知る者にとっては，日本の勤労者が示すあまりにも低い組織コミットメントは大変理解し難いものであった。「各国に比べ低い欠勤率，転職率を誇る国の勤労者の組織へのコミットメントがどうして低いのか」，「終身雇用・年功制が労務管理の基本となっている国の勤労者にどうして組織コミットメントが低いと出るのか」，などなど，どれをとっても「常識」が裏切られる結果であった。

　この結果を説明しようと，若林・城戸（1986）をはじめとして，次のような様々な理由が提出された。

① 日本の低い失業率の影響：比較された国の人々は，日本より失業率の高い国の勤労者であったので，その人たちは職があるだけでも満足し，組織にコミットしている。

② 日本人の職業選択意識の希薄さ：日本人の勤労者は職業を自ら選択するというより，熟慮することなく周囲の状況に合わせて会社を選ぶ傾向が強いので，もともと職務や会社へのコミットメントが低い。

③ 日本人の感情表現の特異性：日本人は，自分の信念や会社生活での充実感を，例え質問紙調査を通じてでも他人に打ち明けることに，一種の気恥ずかしさを感じる傾向がある。

④ 日本人の生活満足感の貧困さ：日本の勤労者の生活満足感，特に住環境に対する満足感は低いので，その傾向が生活を保障してくれる会社に対するコミットメントの低さとなって現われている。

⑤ 日本人の要求水準の高さ：日本人はもともと仕事に生きがいを感じたい，組織に自分を関与させたいという要求水準が高く，その理想と現実との間に大きなギャップがある。

⑥ 測定上のバイアス：質問項目の翻訳そのものにバイアスがあり，各国語に翻訳された質問項目そのもののもつ意味が国ごとに異なっている。

　しかしこれら①から⑤の理由をもってしても，その現象を十分論理的に説

明できるまでには至らなかった。また、⑥の測定上のバイアス点に関しても、当時心理測定理論に詳しい組織心理学研究者の数は少なく、Mantel-Haenszel法を除いて項目バイアスを吟味する具体的で有力な方法についての知見を持ち合わせていなかった。加えて、時間をかけてこの問題に取り組もうとする研究者も少なかった。そして、この奇妙な結果は文字どおり奇妙なままに終わろうとしていた。

(3) 新たな解釈と項目バイアス検出方法の発達

しかし1990年代に入って、こうした結果を奇妙なものとはとらえず、結果を再吟味し、それに納得のいく新たな解釈を加える試みがなされるようになってきた。

Besser（1993）は、組織コミットメントを行動的なものと態度的なものに分離して考える必要があると主張している。日米の労働市場の構造の相違を考えた場合、米国人は態度的側面（忠誠心など）で日本人よりコミットメントが強く、日本人は米国人よりも行動的側面（欠勤率・転職率の低さ）でコミットメントが高くなることが予想され、質問紙調査法を用いて組織コミットメントを測定する場合、態度的側面について尋ねるのが常套なため、米国人の方が日本人よりその値が高くなって当然であるというのである。

また、Cole, Kalleberg, & Lincoln（1993）も、コミットメントの次元を同一視（identification）とアタッチメント（attachment）という2つの次元に分けることを提唱し、これらの概念によって上記の現象を説明しようとしている。

こうした流れとは別に、項目反応理論を用いて測定尺度を構成する項目のバイアス、すなわちDIFを検出しようとする試みが最近多く行われるようになってきた（第2章参照）。項目反応理論をテスト開発にのみ用いるのではなく、広く心理測定上の問題を解決するために応用していこうとする新しい動きである。以下では、その実際例を示すこととしよう。

16.5. 組織コミットメント尺度の DIF 探索の実際例

　日米の勤労者の組織コミットメントを比較した研究として，ほぼ決定版として認知を受けている研究に Lincoln & Kalleberg（1990）の研究がある。この研究では，日本の厚木と米国のインディアナポリスの勤労者を層別多段抽出し，英語版と日本語版による質問紙を用いて大量データが収集された。測定に用いられた質問項目群は，組織コミットメントを測定する道具としてよく用いられているポーター・スケール（Organizational Commitment Questionnaire：OCQ）のうちの5項目と，彼らが独自に追加した1項目を含む，計6項目で構成されていた。データ解析の結果，6項目中3項目で，米国人の方が日本人よりも組織コミットメントが高いという結果を得，また，6項目の反応の総和で求めた尺度値に関しても，米国人の方が日本人よりも統計的に有意に高い組織コミットメントを示すという結果を得た。

　この結果は，他の数多くの先行研究の結果，すなわち「日本人の組織コミットメントは米国人よりも低い」という結果と一致している。Lincoln たちはさらに確認的因子分析（confirmatory factor analysis）を行い，因子負荷量行列についてモデルとの適合関係を検索した結果，英語版の尺度と日本語版の尺度との間に文化的な差異（cultural difference）はないと結論づけている。確かに確認的因子分析の手法は，質問項目の文化的差異を検出する有力な1つの方法ではある。しかし，1次元尺度の確認的因子分析を行うには，彼らが行ったように，少なくともあと1つの基準となる尺度が必要となり（彼らは職務満足尺度を用いている），その基準が真に妥当なものであるという論理を事前に詰めておく必要がある。さらに言えば，確認的因子分析は因子軸の抽出を中心としているため，尺度（ここでは因子）を構成する各々の項目の特徴を詳細にとらえるには十分ではない。また，日米のデータから明らかにされた因子構造に一致性が高かったとしても，その因子軸が日米のサンプルで同じ次元から生じてきたという保証はない。

　そこで筆者たちは，渡辺・加藤・藤本（1995）において，Lincoln & Kalleberg の研究で実際に用いられたデータと，独自に集めた日本国内のデータ

をもとに項目反応理論による組織コミットメント項目のDIFの検出を試みた。

(1) DIF検出の方法

データ：本研究では，Lincoln & Kalleberg (1990) が日本の厚木（厚木データ）と米国のインディアナポリスの勤労者から収集したデータ（インディアナ・データ）の他に，筆者たちが愛知県の勤労者から収集したデータ（愛知データ）の3種類をDIFの分析の対象とした。愛知データを追加した理由は，愛知データと厚木データとを比較することによって，もし日米の間で翻訳された項目にDIFが発見された場合，それが翻訳上の差異（言語の差異）の要因を除いた，文化の差異（意味の差異）をどの程度反映しているかを調べるためであった。DIF検出の対象となった項目は，インディアナ・データと厚木データとの比較では6項目，厚木データと愛知データとの比較では5項目であった。

被調査者の人数は，インディアナ・データが4238人，厚木データが3579人，愛知データが1025人であった。

DIF探索のためのデータ解析方法：

DIF探索のためのデータ解析は，項目反応理論を用い以下の手順で行った。

【第1段階：IRT分析の前提条件の確認】
① 因子分析による1次元性の検討
② 3種類のデータごとの尺度の信頼性の検討

【第2段階：厚木データとインディアナ・データとの比較】
③ 古典的テスト理論による平均値の差の検定
④ 項目反応理論による項目パラメタ値の推定
⑤ 項目反応理論による潜在特性尺度値の推定
⑥ 推定された潜在特性尺度値の平均値の差の検定
⑦ 項目パラメタ値の等化
⑧ 等化された項目パラメタ値によるICCの図示
⑨ カイ二乗検定によるDIFの吟味

⑩ DIF のある項目を除いた後の平均値の差の検定

【第3段階:厚木データと愛知データとの比較】

第2段階に示した ④ ⑦ ⑧ ⑨ の解析手順に同じ。

なお,IRT 分析のための項目反応行列には,各項目に対する肯定的回答(逆転項目に対しては否定的回答)に1,否定的回答(逆転項目に対しては肯定的回答)には0を与えたものを用いた。項目パラメタ値,潜在特性尺度値は,LOGIST 5 により同時に推定された。

(2) DIF 検出の結果

① 第1段階の解析結果

インディアナ・データ,厚木データ,愛知データのそれぞれについて因子分析を行った結果,いずれのデータも第2因子の固有値が1.0未満を示し,これらの尺度が Kaiser–Guttman の基準による1次元性を保っていることが判明した。また,尺度の信頼性の下限を表わす Cronbach の α 係数も各尺度とも高く,本研究で用いるどのデータにも IRT 分析の前提条件の1つである尺度の1次元性が確認できた。さらに,尺度を構成するどの項目も,他の項目への回答の影響を受けないような構造になっていることから,局所独立の仮定も満たされている。

② 第2段階の解析結果

厚木とインディアナのデータの項目ごとの平均値の差の検定の結果は,Lincoln たちの解析結果と同じく,6項目中3項目でインディアナ・データの方が厚木データより統計的に高得点であるという結果が得られた(表16-1参照)。また,6項目の合計得点で表わされた尺度得点の平均値でも,同様の結果が得られた。すなわち,米国人の方が日本人よりも組織コミットメントが高いという結果がここでも再確認されたのである。なお,ここで求められた平均値,標準偏差とも,Lincoln & Kalleberg(1990, p.75)の結果と全く差異がなかった。このことは,本研究で用いられたデータが,彼らの用いたオリジナルのものと同一であることを示している。

同時最尤法で求められた潜在特性尺度値について,インディアナと厚木間でその平均値の差の検定を行ったところ,インディアナの方が厚木よりも有

表 16-1 厚木・インディアナ・データによる各項目ごとの平均値の差の検定結果

項目1(*)(#)	I am willing to work harder than I have to in order to help this organization be successful.		3.91(.895)
	この会社を成功させるためであれば普通以上に努力することをいとわない.		3.44(.983)
項目2(#)	I would take any job in order to continue working for this company.		3.12(1.14)
	この会社で働き続けるためであれば，どのような仕事でも引き受ける.		3.07(1.13)
項目3(*)(#)	My values and the values of this company are quite similar.		3.45(1.06)
	この会社の組織風土や社風は私個人の価値観にピッタリ合っている.		2.68(.949)
項目4(*)(#)	I am proud to work for this company.		3.70(.943)
	この会社の一員であるということに誇りをもっている.		3.51(1.02)
項目5	I would turn another job for more pay in order to stay with this company.		2.71(1.17)
	この会社に残るためであれば，他の会社からより高い給与をだされても，それをことわる.		2.68(1.08)
項目6	I feel very little loyalty to this company.		3.45(1.13)
	この会社に対して忠誠心といったものはもちあわせていない.		3.40(1.03)

(注) (*) $p<.05$。数字は平均と標準偏差（かっこ内）を表わす。(#) は DIF の検出された項目を示す.

意に高い得点をもつことが明らかとなった。このことは，項目ごとの得点の和で求められる尺度得点ではなく潜在特性尺度値で日米を比較しても，米国の勤労者の方が日本の勤労者よりも高い組織コミットメントを有しているという，従来の結論を支持することを意味している。

次に，推定された項目パラメタ値を Crocker & Algina (1986) の方法で等化し，項目バイアスの分析を行った。カイ二乗検定に用いた分割表は，特性値パラメタの値を－4から＋4の範囲で41に等間隔で分割し，各々の特性値得点における ICC の高さ（肯定反応の確率）を英語と日本語の項目でそれぞれ求めた，2×41の分割表であった。表16-2には，推定された項目パラメタ値と等化後のパラメタ値，およびカイ二乗検定の結果が示されている。表16-2から分かるように，厚木とインディアナのデータでは6項目中

第16章　組織コミットメントの日米比較

表 16-2　インディアナ・厚木データの項目パラメタ値およびカイ二乗検定結果

項目	インディアナ		厚木		χ^2
	b	a	b	a	
1	−1.775	0.526	−0.583	1.476	
			−1.020	**1.306**	252.4*
2	0.539	0.587	0.187	0.553	
			−0.148	**0.489**	55.9*
3	0.343	1.740	1.553	0.676	
			1.394	**0.598**	106.7*
4	−0.558	2.906	−0.694	1.640	
			−1.146	**1.451**	186.7*
5	1.550	0.575	1.499	0.668	
			1.333	**0.591**	1.0
6	−0.617	0.429	−0.503	0.625	
			−0.930	**0.553**	6.4

(注)　下段，太字の数字は等化後の項目パラメタ値を示す。*df=40，$p<.05$。

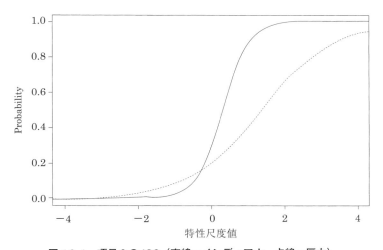

図 16-1　項目 3 の ICC（実線＝インディアナ，点線＝厚木）

4項目に DIF のあることが統計的に明らかとなった。

図16-1，図16-2には，DIF が検出された項目（項目3）と DIF が検出されなかった項目（項目5）の ICC が図示されている。2つの図より，DIF の発見されなかった項目の ICC では，その曲線の類似性がはるかに高いの

第Ⅲ部 応用編

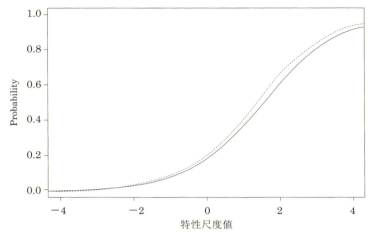

図 16-2　項目 5 の ICC（実線＝インディアナ，点線＝厚木）

表 16-3　厚木・愛知データの項目パラメタ値およびカイ二乗検定結果

項目	厚木		愛知		χ^2
	b	a	b	a	
1	−0.554	1.443	−0.227	0.788	
	−0.417	**1.244**			29.6
2	0.347	0.499	−0.904	0.738	
	0.629	**0.430**			50.3
3	3.303	0.323	3.876	0.189	
	4.058	**0.278**			35.1
4	−0.673	1.675	−0.268	1.384	
	−0.555	**1.444**			17.1
6	−0.438	0.602	0.997	0.887	
	−0.283	**0.519**			264.9*

（注）下段，太字の数字は等化後の項目パラメタ値を示す。*df=40, $p<.05$。

が見て取れる。

　次に，DIF の発見されなかった項目 2 項目について，先に行った日米のグループの平均値の差の検定結果に対照したところ，これら 2 つの項目については，日米間で統計的に有意な差がないことが判明した。すなわち，Lincolnたちの行った研究で，日米間で差がないという結果の得られた 3 項目のうち

2項目がこのDIFの認められない項目であったのである。このことは,「日本人より米国人の方が,組織コミットメントが高い」という従来の「奇妙な」研究結果に疑問を投げかける根拠を得たことを意味する。

第3段階の解析結果:

次に,日本国内で収集されたデータである,厚木データと愛知データの比較を行った。第2段階と解析同様,項目パラメタ値の推定を行った後,等化を行い,その値をもってICCの形状の比較を行った。表16-3には,推定された項目パラメタ値と等化後のパラメタ値,およびカイ二乗検定の結果が示されている。表16-3から明らかなように,厚木と愛知のデータからは,項目6の1項目のみでDIFが検出された。

(3) 結果の考察

本研究の結果を要約すると以下のようになる.

① 日本語版と英語版の組織コミットメント尺度について,インディアナ・データと厚木データを用いてDIFの吟味を行ったところ,6項目中4項目にDIFのあることが判明した。

② DIFの認められなかった2項目で日米比較を行うと,日米の勤労者の組織コミットメントの平均値に統計的に有意な差は認められなかった。

③ 翻訳の等価性を吟味するため,厚木データと愛知データについて(1)と同様の方法で項目バイアスの分析を行ったところ,対象となった5項目中,1項目でDIFが検出された。

この結果は,多くの先行研究が示してきた「米国人の方が日本人より組織コミットメントが高い」,という結果を安易に受け入れることには慎重である必要があるということを示している。すなわち,先行研究の示す「奇妙な」結果は,国際比較を行う上で用いられた調査項目に翻訳上の等価性がなかったために生じたものとも考えられるからである。

しかし,この研究結果にも疑問点が残されている。もし,日米比較で用いられた項目の翻訳等価性だけが問題であるとするならば,第3段階のデータ解析の結果明らかとなった,国内の下位母集団間で項目が異なって機能する現象をどう説明すればよいのであろうか。Hulin (1987) は,翻訳された項

目で DIF が検出された場合，困難度パラメタ b の相違は翻訳上の問題と関係が深く，識別力パラメタ a の相違は，文化的な差異（すなわち，項目の表わす意味の違い）を反映しているという仮説を提唱している。この仮説に従えば，国内比較に用いられた項目6の困難度パラメタ b の値はもっと接近し，識別力パラメタ a の値にはもっと差異があってしかるべきである。項目によっては，国内の2つのグループ間に DIF が発見されたことは，両グループに属する被調査者の属性の違い等を考慮に入れたさらなる探索を行うことが，その意味を真に理解することにつながろう。

16.6. おわりに

本章で示したように，項目反応理論を用いた DIF の検出では各項目の困難度と識別力をグループごとに視覚的に呈示できるので，読者が理解に至りやすいというメリットをもつ。その一方で，統計的に洗練されたテクニックを用いるため，テクニックに走り過ぎるあまり，DIF の検出を行う前提となるグループ間の「概念の共通性の問題」の探求を研究者がおろそかにするというデメリットを被りやすい。

ことに国際比較研究の場合，DIF の検出には言葉の問題（翻訳の等価性の問題）と，文化の問題（意味の相違の問題）が折り重なって存在する。それゆえ DIF の検出を行う前に測定しようとする概念の吟味を，研究者の深い知恵と経験を駆使して厳密に行う必要があろう。例えば，先の例で DIF 検出を行った組織コミットメント概念は，Porter の OCQ において操作化されたものであり，本書の第6章で見たように最近の研究では OCQ は組織コミットメントの中でも情動的なものしか扱っていないという批判がある。したがって，この結果は，日米の勤労者の組織コミットメントの一部を比較したことにしかならない。また，第5章で DIF 検出の実際例として取り上げた JIG の場合でも，米国で用いられている職務（job）という概念が果たしてわが国の企業組織やそこで働く勤労者にとっても同じ概念的普遍性を有しているかという問題が指摘できよう。

こうした，研究に対する質的な批判を無視して，いたずらに知的好奇心の

みから高度な統計的テクニックを用いることは慎みたいものである。国際比較研究における DIF の検出は，言わば通常の測定において尺度の信頼性を確認する程度のことと位置づけ，それ以上のこと（例えば，「研究の意味」に関することなど）を DIF 検出の結果だけをもとに云々することは避けるべきであろう。

第 IV 部
展 開 編

第IV部　展開編

第17章　評定尺度法の検討

17.1. はじめに

　現在の心理学研究等における心理測定場面では，質問紙法の回答形式の1つであるリッカート法（Likert 法）が頻繁に用いられている。Likert 尺度の形式は，第8章のストレス尺度，第10章のパーソナリティ尺度のように多種多様である。

　Likert 法では，回答者に複数の質問項目を提示し，それに対して「1.あてはまらない」「2.あまりあてはまらない」「3.どちらもといえない」「4.ややあてはまる」「5.あてはまる」というような選択枝を与え，回答者の反応を得る形式が一般に用いられる（以後「あてはまる」などの表現を評定尺度表現，選択枝をカテゴリとする）。そして，分析段階では各カテゴリに一定の数値を割り当て，得られた回答データを得点化する。心理学で用いられる尺度は，5項目から10項目程度の複数の項目で構成されており，各項目の得点の和をとったものをその回答者の特性値とみている。

　Likert 法はすでに広く使用されているため，その方法の妥当性に関してはそれほど議論がなされていない。しかし，利便性や簡便性といったメリットの反面，様々なデメリットも存在する。例えば，各選択枝にどのような配点をするかという得点化の問題（(3)評定尺度の等間隔性を参照のこと），逆転項目処理の妥当性，回答者が故意に回答を歪める反応歪曲，回答の中心化傾向，社会的望ましさの影響など挙げればきりがない。これらの問題の中で最も素朴であり基本，かつ重要な問題点は，各選択枝にどのような配点を与えるべきかであり，Likert 尺度の「等間隔性の問題」として知られている。こ

の点に関してはIRT尺度化を行うことで大部分を解決することが可能である。本章ではこの点に焦点を当て，心理測定尺度にIRTを適用するメリット・デメリットに言及する。

17.2. IRT 適用の利点

心理測定尺度に対してIRT尺度化を行うことで，IRTのメリットである測定尺度の等化やテスト情報量によるきめの細かい測定精度の評価以外にも様々な利点があると考えられる。ここでは，心理測定尺度にIRTを適用することによるメリットを考えてみる。

(1) 欠測値の扱い

評定尺度法では，欠測値がある場合，回答者の特性値である合計得点を算出する際に問題が生じる。通常，全項目に回答した人の合計得点と，欠測値がある人の合計得点を純粋に比較することができない。したがって，この場合，各回答者の平均点を比較することがある。この方法の問題は，q1からq5までの5項目に答えた人の平均点と，q1からq3までの3項目に答えた人の平均点を同様に扱うことが妥当であるのかという点が挙げられる。例えば，q4，q5が非常に難しい項目であった場合，明らかに後者の人の方が有利であるといえる。

一方，IRTでは何らかの理由で欠測値が生じたとしても，測定精度は落ちるものの共通尺度上での潜在特性尺度値を推定することが可能である。

さらに積極的にこの利点を活用しようとした場合，次のような尺度を作成することも可能である。例えば，20項目の尺度で，15項目が男女共通の項目，5項目が性別に特別な項目を備えた尺度を作成することもできる。この場合，20項目の合計得点を算出したとしても，男女で回答している項目が異なるため男女間で得点を比較することは

図17-1　評定尺度利用の場合
応用例：属性等により呈示する項目を変える場合

第17章 評定尺度法の検討

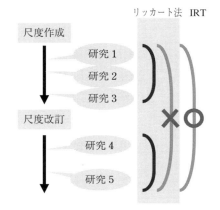

図17-2 標準化（項目の入れ替え）のイメージ

できない。しかし，IRT尺度化がなされている場合は潜在特性尺度値の推定が可能であり，比較が可能となる。

(2) 標準化（項目の入れ替え）

図17-2に示したように，Likert法に基づく尺度の場合，一旦尺度が構成されたら，項目を入れ替えるなどの改訂をした場合に，改訂前と改訂後で得点の比較等をすることができない。つまり，研究1～研究3の間，研究4と研究5の間の比較は可能であるが，研究3と研究4の比較は不可能である。それに対し，IRT尺度化がなされている場合には，部分的な項目の入れ替え等があったとしても理論上，改訂前と改訂後での得点の比較が可能である。

例えば，インターネットに対する親和性の尺度が作成されたとする。そして，尺度作成時点においては多くの人がインターネットを利用したことがない状態であったとしよう。「インターネットを利用したことがある」という項目が存在した場合，この項目に「あてはまる」と回答することはインターネットに対する親和性が高いことを示すと考えられる。しかし，現在この項目に対して「あてはまる」と答えることが，親和性が高いことを意味するとは考えにくい。つまり，項目の性質（内容）が時間とともに変化したといえよう。そこで，この項目を「インターネットを毎日利用する」という項目に

置き換えたとしても，最初の尺度で得られた得点と，置き換え後の尺度で得られた得点を比較することができなくなってしまう。つまり従来の方法では項目を簡単に入れ替えることができないのである。これは，縦断研究を行う際にも問題になることである。上述したように，IRT 尺度化を行うことでこのような問題を解決することができる。尺度の妥当性の検討が継続的になされるべきであることを考えた際にも，これは非常に強力な利点の1つであると考えられる。

(3) 評定尺度の等間隔性

最後に，IRT 分析を行うことで得られる知見として評定尺度の等間隔性について取り上げる。通常，評定尺度法では図17-3のような選択枝が与えられる。(1)においても言及したとおり，一般に評定尺度法により得られるデータは順序尺度水準である。しかし，Likert 法においては，これらを間隔尺度として扱い尺度得点を算出している。つまり，「まったくあてはまらない」と「あまりあてはまらない」，「あまりあてはまらない」と「どちらともいえない」の間隔は等しいというように，各選択枝間の心理的な距離が等しいことが仮定されている。これが評定尺度の等間隔性の問題である。

この問題の具体例として各カテゴリにどのような配点をするかにより，同一の回答パタンであってもそこから導かれる結果が異なるという点が挙げられる。

	まったくあてはまらない	あまりあてはまらない	どちらともいえない	ややあてはまる	とてもあてはまる
	1	2	3	4	5
得点化 I	1	2	3	4	5
得点化 II	1	1.5	2.4	3.5	5

図 17-3 Likert 法による得点化の例

第17章 評定尺度法の検討

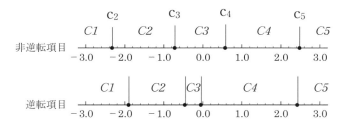

C1「まったくあてはまらない」, C2「あまりあてはまらない」,
C3「どちらでもない」, C4「ややあてはまる」, C5「とてもあてはまる」

図17-4 Rosenbergの自尊心尺度分析結果（脇田，2004）をWakita et al.（2012）の方法により再分析

　評定尺度が与えられ，回答者A，Bの2名が2項目に対して5件法で回答した場合を想定する。ここで，各カテゴリに対して1点，2点，3点，4点，5点という従来用いられている等間隔の配点をした場合（得点化Ⅰ）と，仮に1点，1.5点，2.4点，3.5点，5点という等間隔ではない配点の場合（得点化Ⅱ）を比較する。そして，Aが2項目に対して「あまりあてはまらない」「どちらともいえない」に，Bがそれぞれ「あてはまらない」「ややあてはまる」と回答したとする。得点化Ⅰの場合，Aは2点+3点=5点，Bは1点+4点=5点となりA，Bともに同じ得点となる。一方，得点化Ⅱの場合，Aは1.5点+2.4点=3.9点，Bは1点+3.5点=4.5点となり両者に得点差が生じてしまう。これは得点化方法の違いにより異なる結論が得られる可能性を示している。通常，Likert法の場合には得点化Ⅰが用いられるが，その根拠が十分であるとはいえない。この問題は，特に導かれた結果が個人の処遇に影響する場合，各個人に対して何らかのフィードバックを行う際，また縦断研究等で個人の得点の変化を捉える際にも問題になると考えられる。

　この点に関しては従来から多くの議論がなされており，"カテゴリ幅は経験的にはほぼ等しいことが多く，もともと序数尺度ではあるが，距離尺度として用いても大過はないことが多い"という議論もある。しかし厳密には，評定尺度法により得られたデータを間隔尺度として扱うためには，各選択枝間の間隔が等間隔であるという仮定を満たす必要がある。ただし，この仮定

が完全に満たされているという確証はなく，実際に得られたデータを間隔尺度として扱うことが許容されうるのかという疑問が生じる。したがって，本来ならば，この点に関する検証を行うことが必要である。

そこで，その検証方法の1つとして，IRTの多値型モデルの1つであるGeneralized Partial Credit Modelを用いて評定尺度の間隔を求める方法を紹介する。

Wakita, Ueshima, & Noguchi(2012)で提案した方法は，Generalized Partial Credit Modelを利用したものである。この方法は，いくつかの仮定を置くことにより，GPCMのcパラメタが各カテゴリの間隔を表わすことを示したものである。ここで，Rosembergの自尊心尺度を図17-4に挙げる（詳細は脇田，2004；Wakita et al., 2012を参照のこと）。

図17-4をみると逆転項目では「どちらでもない」「ややあてはまる」が左に寄っており，ポジティブな内容の項目（非逆転項目）とネガティブな内容の項目（逆転項目）では，同一の評定尺度表現を用いていても，間隔が異なることが分かる。

なお，結果を解釈する際にcパラメタから計算された値をプロットした図を用いたように，客観的な指標は存在せず，その評価は視覚的なものに頼らざるをえない。したがって，どの程度等しければ等間隔性を満たしていると結論づけることができるのか，そして従来の方法に従っても許容されるかについては吟味する必要がある。

このように，Likert法により得られたデータに対してIRT分析を適用することで，これまで示すことができなかった尺度の性質について明らかにし，尺度に関する詳細な検討が可能となる。そして，心理尺度による測定の妥当性を検討する上でも，その応用範囲は広いと考えられる。

17.3. IRTを心理測定尺度に適用する際の問題点

これまでIRTの利点を列挙してきたが当然難点も存在する。心理測定尺度をIRT尺度化・IRT分析する際に，(1)尺度に含まれる項目数，(2)尺度の一次元性，(3)必要なデータ数という現実的な問題がある。

(1) 尺度に含まれる項目数に関して

潜在特性尺度値の推定を目的とした場合，利用目的にもよるが一定の精度を保つために最低10項目程度は必要であると考えられる。現在開発されている心理測定尺度でこの基準を満たしているものは少ない。ただし，これは通常の分析をする際にも同様のことが言える。評定尺度法で合計得点を算出した場合には測定値の誤差等が明示されず，尺度を通して信頼性係数が示される程度である。尺度から得られる情報の精度を考慮すればIRT尺度化の場合と同様の項目数が必要と考えられる。

(2) 尺度の1次元性

(1)の項目数とも関連する問題である。心理測定尺度の場合，明確な1次元尺度という場合が少ない。またスクリープロットによる判断だけで十分であるのかという問題もある。常に確認を行うことが重要である。また，1次元性のみが原因ではないが，PARSCALE等の分析ソフトでは計算が収束しないこともある。

(3) データ数

多値型IRTを用いる際には，一般的には1000名を超えるデータ数が望ましいと考えられる。ただし，経験的には500名程度あれば実用的な精度での項目パラメタの推定が可能であると考えられる。しかし，これはあくまで目安であるため，尺度の性質によっても大きく左右されると考えられる。

17.4. まとめ

本章では心理測定尺度にIRTを適用することのメリットと問題点を概説した。ここで触れたのは，一例ではあるがIRTには様々な可能性がある。しかし，すべての心理測定尺度に適用できるものではないというのも事実である。本章では3節において問題点として紹介したが，これは問題点というよりはIRTを適用するときに必要な最低限のものということもできる。IRTのメリットと限界をふまえた上で様々な研究に適用していくことが望まれ

第Ⅳ部　展開編

る。

第IV部　展開編

第18章　アンフォルディングモデルの検討

　項目反応理論（Item Response Theory : IRT）は，教育データの解析を中心に，これまで幅広く応用されてきた。その一方で，心理データの解析に IRT が用いられるケースは比較的限定されていて，その数も少ない。これは，米国におけるパーソナリティ心理学や臨床心理学のアセスメントの研究領域の出版論文数に顕著に現われている。

　例えば，心理査定を専門的に扱ったジャーナルに *Psychological Assessment* があるが，このジャーナルに2000年から2001年の間に掲載された合計122の論文のうち IRT を用いた研究は，わずか2論文（0.2%）にとどまっていたという興味深い報告がある（Reise & Henson, 2003）。また同報告では，パーソナリティの査定などを広く扱った *Journal of Personality Assessment* に同時期に掲載された論文は合計106であったが，そのうち IRT を用いた研究は6論文（0.6%）にとどまっていたとされている。

　一方，教育測定に関するジャーナルである *Journal of Educational Measurement* と教育領域への心理測定の応用研究を主に扱った *Applied Psychological Measurement* についての同時期の2000年から2001年の間の論文掲載の状況では，前者では合計39の掲載論文のうちの20論文（51.3%），後者では合計52のうちの32本（61.5%）が IRT に関する研究であった（Reise & Henson, 2003）。本章では，この「不均衡」を克服する手段として，アンフォルディング IRT モデルのもつ可能性について論ずる。

18.1.　利用頻度不均衡の理由

　なぜ領域ごとに IRT モデルの利用頻度が異なるか，という点についての

見解は様々である。例えば，教育テスト領域ではIRTの測定理論の研究やモデル開発の方法論に関するものが多いが，心理テスト領域では尺度開発への応用研究などに比較的限定されている（Embretson & Reise, 2000）。また，教育テスト領域で多く用いられるコンピュータ適応型テスト（computerized adaptive test）のデータ解析にはIRTモデルは欠かせないし，SATやTOEFLのような全国的な学力テストなどのハイステーク・テスティング（high-stake testing）では，テストの結果に関する社会的な注目度や社会的帰結の程度も高くなってくる。そのため，分析に使用される測定モデルは科学的根拠に特に優れたものであることはもとより，使用するモデルの法的根拠までも検討済みでなければならない（Reise & Henson, 2003）。このような意味においてもIRTモデルは優れているとの認識があり，そこに教育領域におけるIRTモデルの利用頻度の多さの理由を見出すことも可能である。

しかしその一方で，テストへの項目反応の違いという基本的かつ本質的な違いから生じる利用頻度の違いも考慮すべき重要な点である。教育テストと心理テストという2つの質の違うテストでは，テストを受ける側の項目反応も違ったものになる。もし仮に，教育テスト領域で盛んに用いられているIRTモデルが，心理テストへの項目反応がもつ特徴に沿わないものであるなら，これをデータ分析に応用する意義は当然低くなる。逆に，教育テストの解析に用いられるIRTモデルが，心理テストへの項目反応の特徴をうまく捉えられるのであるならば，その応用の正当性および可能性がより広がることになる。このような点を踏まえ本章では，教育テストと心理テストとの相違点，特に項目反応の違いに着目し，それぞれ質の違った項目におけるIRTモデルの分析のあり方を検討していく。

18.2. 認知型項目と非認知型項目による項目反応の特徴

教育テストと心理テストを構成する項目には，それぞれ特殊な名称が付けられている。まず，教育テストを構成する項目は「認知型項目（cognitive item）」と呼ばれ，習熟度を測る学力テストなどの項目がそれにあたる。一方で，心理テストで用いられる項目は「非認知型項目（non-cognitive item）」

と呼ばれ，心理調査などで測定される人の態度や行動あるいは性格や感情に関する項目のことを指す。認知型項目と非認知型項目では，解答者／回答者のパフォーマンスに関する定義づけがそもそも異なる。以下では，これらの異なるパフォーマンスについて検討してみる。

(1) 最大パフォーマンスと典型パフォーマンス

Cronbach（1984）は，学力テストなどの教育領域のテストへの回答は「最大パフォーマンス（maximum performance）」によるものとしている。テストにおけるパフォーマンスを最大化させるということからこの名が付いたが，具体的には，解答者が最善をつくして多くのテスト問題に答え，高得点を得ようとする行為を意味している。したがって，テストの得点が高ければ高いほどよいということになる。また，解答者はこのことを当然自覚していなければならないし，テストの実施側も解答者の最大パフォーマンスを引き出せるような項目を作成しなければならない（Cronbach, 1984）。教育テストを構成する認知型項目の項目反応は，このような最大パフォーマンスの前提に基づいている。

一方の非認知型項目は，自己記入式の質問紙調査や心理テスト等に用いられる。これは，教育テストの認知型項目への反応の仕方とは異なっている。非認知型項目で問われる内容は，被験者が"何をしているか""何をしたか"または"何をするつもりか"についてである。したがって，回答者は普段の典型的な行動や態度・信念や習慣に基づいて回答を行う。この回答パターンは，認知型項目のような"どの問題が解けてどの問題が解けないのか"，つまり何ができて何ができないのかを問う認知型項目とは明らかに異なっている。Cronbach（1984）はこの相違点に着目し，心理テスト等における被験者の回答パターンを「典型パフォーマンス（typical performance）」とした。

例えば，シャイ（恥ずかしがり屋）であること，芸術への興味関心，意見対立の際やストレス状況下に生じる否定的感情，などの非認知型項目への解答内容の良し悪しは，一義的に定まらない（Cronbach, 1984）。つまり，典型パフォーマンスには，回答の良し悪しはない。ましてや数学や英語のテストなどと違い，正解があるわけでもない。シャイであることが悪いわけでは

ないし，ストレス状況下においていかなる感情をもつのが正しいという訳でもないであろう。あるいは，芸術への興味関心の高低に良し悪しがあるわけでも当然ない。

(2) 教育テストと心理テストにおける項目反応プロセス

以上のような最大パフォーマンスと典型パフォーマンスの違いは，両テストにおける項目反応プロセスの違いとしても捉えられる。前述のように，教育テストにおける項目反応では，最大パフォーマンスが仮定される。ここでの「解答者」と「テスト項目」との関係は，高跳び競技における「競技者」と「ハードル」との関係に似ている。

例えば，高跳びの競技者の実力が，ある高さに設定されたハードルよりも高い場合について考えてみよう。ここでは，競技者の実力はハードルの設定位置よりも高いため，それを越えることができる。これを教育テストに置き換えた場合，解答者がある難易度のテスト項目よりも高い実力があれば，正答できることになる。もし逆に，競技者の実力がハードルよりも低い場合には，ハードルは越えられないことになる (e.g., Cliff & Keats, 2003)。これは，解答者の実力が質問項目の困難度よりも低いケースに相当する。

さらに，競技者がある高さのハードルを越えることができるということは，それより低いハードルはすべて越えられるということも意味している。教育テストにおいては，難しい問題が解ける人は簡単な問題も解けるという訳である。以上を踏まえると，高跳びにおいて競技者は，跳び越えることができる最大のハードルとそれ以下のハードルを"支配し（dominate）"，そのハードルよりも優位な立場に立っていると捉えることができる。教育テストの解答者の場合，自分の能力と同等かそれ以下の難易度の項目を支配し，その項目よりも優位な立場に立っているということになる。したがって，このような項目反応は「優位反応プロセス（dominance response process）」と呼ばれている。この優位反応プロセスは，最大パフォーマンスのメカニズムを説明するものであり，以下のように示すことができる（Andrich, 1988；Guttman, 1950）：

$$X_{ai} = 1 \text{ if } (\theta_a - b_i) \geq 0 \quad, \tag{18-1}$$

$$X_{ai} = 0 \text{ if } (\theta_a - b_i) < 0 \quad, \tag{18-2}$$

ここで，X_{ai} は解答者 a ($a=1$, 2, …, N) の項目 i ($i=1$, 2, …, n) への反応，θ_a は解答者 a の能力，b_i は項目の困難度を表わしている。もし解答者の能力 (θ_a) が項目の困難度 (b_i) よりも高かった場合には，解答者はこの問題を解くことができる。つまり，$X_{ai}=1$ となる。

逆に，項目の困難度の方が解答者の能力よりも高かった場合，つまり $\theta_a < b_i$ である場合は不正解となり，$X_{ai}=0$ となる（Hoijtink, 1991；1997）。このような項目と解答者との間の関係性をもとに，項目間および解答者間の順位づけが定まっていく。

それでは，心理テストにおける項目反応プロセスはどうであろうか。心理テストの項目，つまり非認知型項目では，先ほどの"越えられる最大のハードル"とは違い，回答者が考える"理想のハードル"が存在する。

この理想のハードルが，心理テストにおける「理想点（ideal-point）」である（Coombs, 1964）。回答者は，この理想点に沿った項目およびこの項目に似通った困難度の項目にのみ回答し，逆に理想に沿わない項目，つまり困難度が異なる項目には回答しないことになる。これが典型パフォーマンスの前提である。したがって，対象となる項目の難易度が高かろうが低かろうが（i.e., ハードルが高かろうが低かろうが），回答者の理想点に近接した項目のみに回答することになる。このような項目反応は，「近接反応プロセス（proximity-based response process）」と呼ばれる（e.g., Coombs, 1964）。

もし仮に，教育テストの解答者がこの近接反応プロセスによる解答を行った場合には，能力が高い解答者は難しい問題にのみ解答し，簡単な問題には解答しない，という奇妙なことが起こる。これでは，テストの合計点が解答者の能力を反映したものにはならないことは明らかである。一般に，近接反応プロセスは以下のように示される（Hoijtink, 1991；1997）：

$$X_{ai} = 1 \text{ if } |\theta_a - b_i| \leq \tau \quad, \tag{18-3}$$

$$X_{ai} = 0 \text{ if } |\theta_a - b_i| > \tau , \qquad (18-4)$$

ここで，τ は $X_{ai}=1$ となる θ_a と b_i の距離の最大値を示す閾（しきい）値（threshold）である。近接反応プロセスでは，解答者と項目の距離によって項目の得点が決められる。これは解答者と項目の位置関係，つまり支配あるいは優位関係によってスコアが決まる優位反応プロセスとは大きく違っている。これは，Thurstone（1928）による態度尺度の測定の枠組みとも関係してくるが，簡潔に述べると，項目と回答者の位置（i.e., *J* scale）は回答者の項目の順位づけ（i.e., *I* scale）を"アンフォルディング，"つまり展開して決定されるということになる。

(3) データ構造

教育テストと心理テストの項目反応プロセスの違いは，データ構造上の違いにより明確に現われてくる。表18-1は「累積データ（cumulative data）」であり，認知型項目の解析に適応される理論的なデータ構造を表わしている。これは Guttman スケールによる反応パターンと一致する。

例えば，解答者7は困難度が一番高い項目 F を正答していて，一番能力が高いと判断できる。また，困難度が項目 F より低いものすべてに正答している。一方，解答者1は困難度が一番低い項目 A を含むすべての項目に正解できていないため，能力が一番低いと判断される。解答者2は項目 A にのみ正答しているので，その次に能力が高い判断できる。このような順で解答者の順位づけがされていく。高得点であればあるほどその人の評価は高くなり，低得点であれば評価は低くなる。

一方で，非認知型項目への反応に関するデータ構造は *k/n* 選択型データ（'*pick k/n*' data）と呼ばれる（Coombs, 1964）。ここで回答者は，*n* 個からなる項目（刺激）から理想点に近接した *k* 個の項目を選ぶことになる。例えば，表18-2は2／6選択型データの構造を示している。このデータ構造で特徴的なのは，表18-1と違い，左下半分の反応がゼロであるという点である。

例えば，回答者5は困難度が高い項目 E や F を選んでいる反面で，困難

第18章　アンフォルディングモデルの検討

表 18-1　累積データの構造

回答者	項目（困難度順）					
	A	B	C	D	E	F
1	0	0	0	0	0	0
2	1	0	0	0	0	0
3	1	1	0	0	0	0
4	1	1	1	0	0	0
5	1	1	1	1	0	0
6	1	1	1	1	1	0
7	1	1	1	1	1	1

表 18-2　2/6選択型アンフォルディングデータの構造

回答者	項目（困難度順）					
	A	B	C	D	E	F
1	1	1	0	0	0	0
2	0	1	1	0	0	0
3	0	0	1	1	0	0
4	0	0	0	1	1	0
5	0	0	0	0	1	1

度が低い項目 A から項目 D までは選んでいないことが分かる。他の回答者の項目反応を見ても，それぞれの能力（i.e., 特性）の理想点に近接したもののみ回答した形をとっている。これがアンフォルディングデータ（unfolding data）であり（e.g., Coombs, 1964），前出の（18-3）や（18-4）によって示されるように，回答者と項目の順位関係ではなく距離関係がデータ構造の形成に影響してくる。

18.3.　アンフォルディング IRT モデル

(1)　項目特性曲線

これまで見てきたように，教育テストと心理テスト，より具体的には認知型項目と非認知型項目への回答の違いは，それぞれのパフォーマンス，項目反応プロセス，データ構造上の違いによって説明できる。以下ではその違い

図18-1　項目特性曲線

を,ロジスティック IRT モデルとアンフォルディング IRT モデルにおける項目特性曲線の違いという観点から考察してみる。

　まず,ロジスティック IRT モデルについては,第1章に述べられているので詳細は割愛するが,このモデルは累積型データに基づいており,項目特性曲線は図18-1(左)のように示される。特性尺度値(trait level)が低ければ低いほど正答確率(probability)が下がる。逆に,特性尺度値が高ければそれに応じて正答率も上がる。したがって,単調増加している。

　一方の図18-1(右)で示されたアンフォルディング IRT モデルの項目特性曲線は,単調増加ではなく,頂点を境に正答率の高低が入れかわっている。この頂点が理想点(ideal-point)である。つまり,アンフォルディング IRT モデルの項目特性曲線では,この理想点を境に,特性尺度値が近接すればするほど正答確率が高くなり,逆に,遠ざかれば遠ざかるほど,方向性(プラスマイナス)の如何にかかわらず,正答確率が下がっていくことになる。

(2)　測定モデル

　アンフォルディング IRT モデルは,Andrich(1988),Andrich & Luo(1993),DeSarbo & Hoffman(1986),Hoijtink(1997),Roberts(1995),Takane(1997)などによって開発されている。しかし,Andrich(1988)の Squared Logistic モデルおよび Hoijtink(1991)の PARELLA モデルにおける理想点の正答確率は,それぞれ,0.5と1.0とあらかじめ制限されている。一方,Andrich & Luo(1993)が開発した Hyperbolic Cosine(HC)モデルにはこのような制限がなく,また本章のモデル応用の例として使用する2件法の心理

第18章　アンフォルディングモデルの検討

チェックリストのデータ分析にも応用が可能である。以下では，このHCモデルの測定モデルについて詳しくみていく。

　通常，2件法への回答は「はい」「いいえ」などによって行われ，「はい」に対する得点を1点，「いいえ」が0点，というように得点化される。HCモデルは，「いいえ」にあたる回答の理由が2つあると仮定しているところに特徴がある。つまり，ある項目に対する「いいえ」の回答のうち，本来の意味の「いいえ」，つまり回答者にとってその項目の困難度が高すぎたゆえの「いいえ」がその1つである。もう1つの「いいえ」は，それとは逆に，項目の困難度が低すぎた場合の「いいえ」である。

　例えば，極端な抑うつを経験している回答者がいたとしよう。この回答者は，抑うつという特性レベルが高すぎるがゆえに，「私は心細いと感じることが多い」といった困難度が低いと予想される項目には「はい」ではなく「いいえ」と答えるかもしれない。あるいは，極端に高い心理的幸福感を味わっている回答者がいたとする。この回答者は，その心理的幸福感の特性レベルの高さゆえに，「私は何不自由のない，普通の生活を送っている」といった困難度が低いと予想される項目には，「いいえ」という回答を出すかもしれない。このように，"普通の生活を送れていない"という意味での「いいえ」と"（心理的幸福度が高すぎて）普通の生活を送っているとは言えない"という意味での「いいえ」の合計2つが，新たなカテゴリとしての「いいえ」となるわけである。

　HCモデルでは，3カテゴリのRaschモデルに修正を加えることにより，このアンフォルディング型の測定モデルを実現している。まず，Raschモデルのカテゴリ反応曲線は図18-2のように表わされるが，ここで注目したいのは，中心にある曲線が先ほどの図18-1（右図）によるものと類似しているという点である。HCモデルでは，これを「はい」のカテゴリとして扱い，それ以外の2つのカテゴリ，つまり「いいえ」の反応への2つの理由を集約し新しい「いいえ」のカテゴリとして扱うところに特徴がある。このようにすると，Raschモデルで示すところの3カテゴリが，HCモデルでは2カテゴリとして定義される。このHCモデルをデータ解析に用いることによって，心理テスト本来の近接反応プロセスと測定モデルとの整合性が保たれる

463

第Ⅳ部　展開編

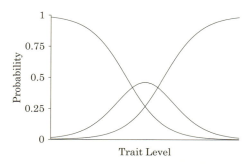

図 18-2　Rasch モデルのカテゴリ反応曲線
（3 カテゴリ）

ことになる。

　以上の 3 カテゴリの Rasch モデルから HC モデルへの変換は，以下のように示される。まず 3 カテゴリの Rasch モデルは：

$$P\{x_{ni}=0\} = \frac{1}{1+\exp(\lambda+\theta_n-b_i)+\exp\{2(\theta_n-b_i)\}} \quad , \quad (18-5)$$

$$P\{x_{ni}=1\} = \frac{\exp(\lambda+\theta_n-b_i)}{1+\exp(\lambda+\theta_n-b_i)+\exp\{2(\theta_n-b_i)\}} \quad , \quad (18-6)$$

$$P\{x_{ni}=2\} = \frac{\exp\{2(\theta_n-b_i)\}}{1+\exp(\lambda+\theta_n-b_i)+\exp\{2(\theta_n-b_i)\}} \quad , \quad (18-7)$$

と表わせる。ここで，(18-5) と (18-7) が「いいえ」の新しいカテゴリとして集約されるために，これらの確率をプールすると，新しいカテゴリは以下のように統合される：

$$P\{y_{ni}=0\} = 1-P\{y_{ni}=1\} = \frac{1+\exp\{2(\theta_n-b_i)\}}{1+\exp(\lambda+\theta_n-b_i)+\exp\{2(\theta_n-b_i)\}} \quad ,$$

$$(18-8)$$

　さらに Andrich & Luo (1993) によると，(18-6) および (18-8) は $\cosh(a) = \frac{1}{2}\{\exp(-a)+\exp(a)\}$ と定義される双曲線余弦関数 (hyperbolic cosine) を用いると以下のように示すことが可能であるとし，これを HC モデルの測定モデルとした：

$$P\{y_{ni}=0\}=\frac{2\cosh(\theta_n-b_i)}{\exp(\lambda)+2\cosh(\theta_n-b_i)} \quad , \qquad (18-9)$$

$$P\{y_{ni}=1\}=\frac{\exp(\lambda)}{\exp(\lambda)+2\cosh(\theta_n-b_i)} \quad , \qquad (18-10)$$

18.4. モデル適合性の比較：日本語版 MAACL-R データを用いて

　以上，アンフォルディング IRT モデルの性質をロジスティック IRT モデルとの比較により検討してきた。次に，両モデルの比較を日本語版 Multiple Affect Adjective Check List-Revised（MAACL-R）のデータを用いて行ってみる。具体的には，前述のアンフォルディング IRT モデルによる推定を行う HC モデルのモデルとデータとの適合性を，Rasch モデル，2 PL（パラメタ・ロジスティック）モデル，3 PL（パラメタ・ロジスティック）モデルの３つのロジスティック IRT モデルの適合性と比較する。通常，3 PL モデルは教育データの解析にのみ用いられるが，パーソナリティ測定等のための心理チェックリストのデータ解析にもその有用性が確認されている（例：Reise & Wailer, 1990）。

　日本語版 MAACL-R の開発プロセスや妥当性検証については，第13章で述べているのでここでは割愛し，以下では MAACL-R のデータ構造およびサンプル，データとモデルの適合性の評価基準，２つの IRT モデルの分析に使用したプログラムについてみていく。

(1) 日本語版 MAACL-R のデータ構造

　日本語版 MAACL-R（Yasuda et al., 2003）は66項目からなる形容語句チェックリストである。回答者（被験者）は，「普段，どのような感情をもっているか」という教示に対し当てはまる項目すべてにチェックする形式をとっている。特に，MAACL-R のようなチェックリストのデータは，n 個の中から当てはまるものをいくつでも（i.e., *any*）選べるようにできているため，*any/n* 選択型データと類型される（Coombs, 1964）。MAACL-R は66項目からなるため，*any*／66選択型データとなる。また，MAACL-R は非認知

表18-3　any/6選択型アンフォルディングデータの構造

回答者	項目					
	A	B	C	D	E	F
1	1	1	0	0	0	0
2	1	1	1	0	0	0
3	0	1	1	0	0	0
4	0	1	1	1	1	0
5	0	0	1	0	0	0
6	0	1	1	1	0	0
7	0	0	1	1	1	0
8	0	0	0	1	1	0
9	0	0	0	1	1	1

型項目であり，近接反応プロセスによる回答となることが仮定できるため，アンフォルディングデータが理論上のデータ構造となる。

　例えば，any/6選択型データは表18-3のようになる。先ほどの2/6選択型データ（表18-2）と比べると，それぞれの回答者の理想点である対角線上の数値の並び方にばらつきが見られることが分かる。これは，選択回答の数に制限を加えてないために（i.e., いくつでも選択可）生じるばらつきである。したがって，any/n 選択型のデータマトリックスを構築するにあたっては，データの対角線上に存在する理想点を軸として，行あるいは列のギャップを最小限にするようにデータが構築されていく。しかし一方で，このようなデータの内部構造の信頼性を評価するための基準は存在しないため，IRTモデルに基づいた評価が必要となってくる（Coombs, 1964）。

(2) 分析に使用する尺度構成

　日本語版 MAACL-R は，「不安（Anxiety：10項目）」「抑うつ（Depression：12項目）」「敵意（Hostility：15項目）」「肯定感情（Positive Affect：21項目）」「刺激欲求（Sensation Seeking：8項目）」の下位尺度からなっている。そのうち本分析では，①「肯定感情」と②不安，抑うつ，敵意の計37項目の合計点から算出される「否定感情」を用いる。以下，便宜上，肯定感情の尺度得点を PA 得点，否定感情の尺度得点を NA 得点とする。

(3) サンプル

本分析に用いたデータは，中学生サンプル（$N=253$），高校生サンプル（$N=357$），大学生サンプル（$N=512$）である（第13章「データ」参照）。

(4) モデル適合性の評価基準

モデル適合性の評価は，項目ごとの項目特性曲線とデータの適合性（i.e., 項目ベースの適合性）とモデルによる推定およびデータマトリックスとの適合性（i.e., 回答者ベースの適合性）の2種類の評価基準を用いて行った。

まず項目ベースの適合性の評価には，項目反応に関する期待値と観測値の違いを示した *root-mean-square residuals*（RMSRs）用いた：

$$RMSR_j = \sqrt{\frac{\sum_{i=1}^{I}[x_{ij}-P_{ij}(\hat{\theta}_i)]^2}{I}}, \quad (18-11)$$

ここで，j は項目，i は回答者を示していて，項目反応の観測値と予測値の2乗差の合計が，項目ごとに算出される。便宜上，$RMSR_j$ の値が0.65以上のものを不適合項目とした。

次に，回答者ベースの適合性の評価においては，項目反応の観測値と予測値の2乗差の合計を，回答者ごとに算出する以下の $RMSR_i$ を用い評価した：

$$RMSR_i = \sqrt{\frac{\sum_{j=1}^{J}[x_{ij}-P_{ij}(\hat{\theta}_i)]^2}{J}}, \quad (18-12)$$

(5) 使用プログラム

まず，前述の双曲線余弦関数によって表わされたアンフォルディングIRTモデルのパラメタ推定には，RUMMFOLDプログラム（Andrich & Luo, 1996）を使用した。次に，Raschモデルのパラメタ推定にはWINSTEPSプログラム（Linacre, 2002）を，2PLモデルと3PLモデルにはMULTILOGプログラム（Thissen, 1991）を用いた。

第IV部　展開編

18.5. 分析結果と考察

(1) 項目ベースの適合性評価

(a) HC (hyperbolic cosine) モデル

表18-4は，HCモデルによる肯定感情（PA）のパラメタ推定とRMSR$_j$を示したものである。ここでは，bは困難度パラメタで，λは項目特性曲線のユニット（高さ）を示すパラメタである。

RMSR$_j$値が0.65以上であった項目に下線を引いたが，それらは5項目（中

表18-4　HCモデルのパラメタ推定（PA得点）

日本語版 MAACL-R	中学生サンプル			高校生サンプル			大学生サンプル		
	b	λ	RMSR$_j$	b	λ	RMSR$_j$	b	λ	RMSR$_j$
愛情深い	1.05	1.87	0.57	0.68	2.38	0.64	0.56	2.61	<u>0.66</u>
自由な	−0.93	3.63	0.56	−0.85	3.30	0.59	−1.30	3.65	0.55
友好的な	0.69	3.31	0.62	0.01	3.11	0.62	0.15	3.33	0.63
うれしい	−0.80	2.53	0.64	−0.90	2.61	0.64	−0.29	2.49	<u>0.66</u>
よい	−0.77	2.61	0.64	−0.62	2.06	<u>0.65</u>	−0.66	1.52	0.62
ひとのよい	0.77	2.06	0.62	1.42	1.96	0.53	1.01	2.51	0.64
ハッピーな	−0.81	2.60	0.63	−0.90	2.52	0.64	−0.40	2.04	<u>0.66</u>
興味のある	−1.07	3.15	0.60	−0.31	3.28	0.61	−0.35	3.27	0.62
喜びに満ちた	−0.33	1.79	<u>0.65</u>	−0.17	1.24	0.60	−0.00	1.29	0.61
愛情のこもった	0.43	1.18	0.56	0.50	1.49	0.59	0.26	1.64	0.63
平和な	−0.39	3.30	0.60	−0.82	3.19	0.60	−0.95	3.21	0.60
快適な	−0.45	2.46	<u>0.65</u>	−0.75	1.89	0.64	−0.85	2.12	<u>0.65</u>
喜んで	−0.46	1.89	<u>0.65</u>	−0.43	1.89	<u>0.65</u>	−0.23	1.47	0.63
礼儀正しい	1.18	1.90	0.56	1.28	1.96	0.55	1.01	2.44	0.63
満足した	−0.13	1.70	0.64	−0.56	1.45	0.62	−0.55	1.35	0.61
安定した	−0.22	2.33	<u>0.66</u>	−0.54	1.82	0.64	−0.25	1.88	<u>0.66</u>
しっかりした	0.88	1.30	0.52	0.46	0.84	0.51	0.84	1.57	0.57
親切な	1.31	2.30	0.58	1.12	2.29	0.60	0.82	2.48	<u>0.65</u>
理解のある	−0.04	1.50	0.63	0.71	1.06	0.51	0.47	1.41	0.59
暖かい	0.09	1.83	<u>0.65</u>	0.14	1.81	0.64	0.05	2.04	<u>0.67</u>
完全な	0.02	0.90	0.55	0.54	−0.12	0.34	0.64	0.74	0.47
Mean	0.00	2.19	0.61	0.00	2.00	0.59	0.00	2.14	0.62
SD	0.73	0.73	0.04	0.75	0.86	0.07	0.67	0.77	0.05

学生サンプル），2項目（高校生サンプル），7項目（大学生サンプル）存在した。また中学生サンプル（$M=0.61$；$SD=0.04$），高校生サンプル（$M=0.59$；$SD=0.07$），大学生サンプル（$M=0.62$；$SD=0.05$）ともに，RMSR$_j$値の平均値が高くなっていた。

同様に，NAスケールについても分析を行った結果，RMSR$_j$値が0.65以上であった項目は，0項目（中学生），7項目（高校生），11項目（大学生）であり，平均値についても，中学生（$M=0.53$；$SD=0.09$），高校生（$M=0.52$；$SD=0.14$），大学生（$M=0.57$；$SD=0.11$）というように，比較的高めであった。

次に，項目特性曲線とデータとの関係をグラフで示したフィットプロット（fitplot）を作成し，適合度が高かったものの例を図18-3，適合度が低かったものの例を図18-4に示した。

(b) Raschモデル

次にRaschモデルによるPAの分析を行ったところ，表18-5のような困難度を示す，ロケーションパラメタおよびRMSR$_j$の数値が得られた（表18-5）。表18-5によると，RMSR$_j$値は中学生サンプル（$M=0.41$；$SD=0.11$），高校生サンプル（$M=0.44$；$SD=0.14$），大学生サンプル（$M=0.40$；$SD=0.11$）ともに比較的低い結果となっていて，0.65以上のものも高校生サンプルの1項目（「愛情深い」）のみとなっている。よって，項目特性曲線

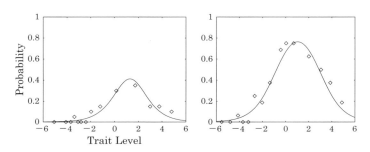

図18-3 HCモデルのフィットプロットの例

(注) 左が項目12の「残酷な」[RMSR$_j$=0.31，高校生サンプル]，右が項目3の「愛情深い」[RMSR$_j$=0.57，中学生サンプル]。

とデータの適合性は非常に高いと言える。

一方，NA 尺度については，$RMSR_i$ 値の平均が中学生サンプル（$M=0.44$；$SD=0.16$），高校生サンプル（$M=0.50$；$SD=0.20$），大学生サンプル（$M=0.46$；$SD=0.19$）ともに低めであったが，0.65 以上のものが，7 項目（中学生），10 項目（高校生），10 項目（大学生）という結果となっていた。図18-5は，適合度が高いフィットプロット（左図）と適合性が低いフィットプロット（右図）の例である。

(c) 2 PL モデルと 3 PL モデル

2 PL モデルと 3 PL モデルによる分析を行ったところ，$RMSR_i$ 値が 0.65 以上の項目はなく，さらに適合度がよいことが分かった。2 PL モデルの

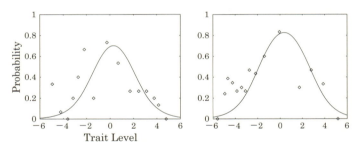

図 18-4　HC モデルのフィットプロットの例

（注）　左が項目45の「パニックした」[$RMSR_i=0.64$，中学生サンプル]，右が項目10の「批判的な」[$RMSR_i=0.69$，大学生サンプル]。

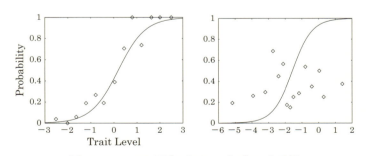

図 18-5　Rasch モデルのフィットプロットの例

（注）　左が項目48の「喜んで」[$RMSR_i=0.36$，中学生サンプル]，右が項目44の「緊張した」[$RMSR_i=0.73$，高校生サンプル]。

第18章　アンフォルディングモデルの検討

表 18-5　Rasch モデルのパラメタ推定（PA 得点）

Items	中学生サンプル		高校生サンプル		大学生サンプル	
	b	$RMSR_i$	b	$RMSR_i$	b	$RMSR_i$
愛情深い	0.56	0.29	−0.30	0.77	−0.33	0.49
自由な	−1.64	0.55	−1.44	0.58	−1.83	0.47
友好的な	−0.95	0.56	−1.13	0.59	−1.16	0.59
うれしい	−0.55	0.52	−0.79	0.57	−0.46	0.52
よい	−0.62	0.53	−0.19	0.46	0.45	0.31
ひとのよい	0.30	0.33	0.22	0.36	−0.11	0.44
ハッピーな	−0.62	0.53	−0.70	0.56	−0.03	0.42
興味のある	−1.20	0.57	−1.35	0.59	−1.26	0.59
喜びに満ちた	0.33	0.33	0.75	0.27	0.91	0.27
愛情のこもった	1.17	0.29	0.60	0.29	0.59	0.29
平和な	−1.22	0.57	−1.33	0.59	−1.35	0.59
快適な	−0.39	0.49	−0.05	0.44	−0.25	0.48
喜んで	0.19	0.36	0.01	0.41	0.63	0.28
礼儀正しい	0.56	0.29	0.20	0.36	−0.04	0.42
満足した	0.47	0.30	0.45	0.31	0.68	0.28
安定した	−0.21	0.45	0.07	0.39	0.18	0.37
しっかりした	1.14	0.29	1.31	0.28	0.81	0.27
親切な	0.19	0.36	−0.14	0.45	−0.13	0.45
理解のある	0.71	0.28	1.10	0.27	0.89	0.27
暖かい	0.38	0.32	0.20	0.36	0.10	0.39
完全な	1.39	0.30	2.50	0.27	1.71	0.29
Mean	0.00	0.41	0.00	0.44	0.00	0.40
SD	0.84	0.11	0.96	0.14	0.87	0.11

　$RMSR_i$ 値の平均は，PA 尺度が中学生サンプル（$M=0.27$；$SD=0.11$），高校生サンプル（$M=0.26$；$SD=0.10$），大学生サンプル（$M=0.24$；$SD=0.10$）であり，NA 尺度が中学生（$M=0.22$；$SD=0.05$），高校生（$M=0.21$；$SD=0.07$），大学生（$M=0.20$；$SD=0.05$）となっていた。NA 尺度の結果に関しては，中学生（$M=0.22$；$SD=0.05$），高校生（$M=0.21$；$SD=0.07$），大学生（$M=0.20$；$SD=0.05$）という $RMSR_i$ 平均値となっていた。

　3 PL モデルの $RMSR_i$ 平均値は，PA 尺度で中学生（$M=0.31$；$SD=0.07$），高校生（$M=0.30$；$SD=0.07$），大学生（$M=0.29$；$SD=0.08$），NA 尺度で中学生（$M=0.24$；$SD=0.06$），高校生（$M=0.23$；$SD=0.06$），

大学生（$M=0.23$; $SD=0.06$）という結果になった。

(2) 回答者ベースの適合性評価

前述の項目ベースの適合性評価は，推定されたパラメタによる項目特性曲線が実際のデータにどの程度当てはまっていたか，という点についての評価であった。一方，回答者ベースの適合性評価では，それぞれのIRTモデルで推定されたパラメタ(e.g., 困難度パラメタ)によるモデル(model–implied)マトリックスと観測データマトリックスとの当てはまりの良さという点についての評価である。例えば，HCモデルによって分析されたNA尺度（大学生サンプル）の困難度パラメタと観測データとの関係は，表18-5のように示される。

次に，それぞれのIRTモデルにおける$RMSR_i$を算出し，その値を観測得点（observed score）の順にプロットしたところ，例えば，大学生サンプルについては，図18-6（PA尺度）および図18-7（NA尺度）のような分布となっていた。中高生サンプルについても，若干の違いはあったものの，ほぼ類似した分布となっていた。

18.6. まとめ

本章では，教育テストと心理テストとの違いを，それぞれのテストへの回答者の項目反応プロセス，データ構造，測定モデル，といった側面の相違点から検討してきた。また，any/n 選択型データによって構成される心理チェックリストへの回答データを，アンフォールディング IRT モデルとロジスティック IRT モデルの両方で分析し，そのパフォーマンスを比較した。

その結果，教育テストのデータ解析に適しているロジスティック IRT モデル（i.e., Rasch モデル，2 PL モデル，3 PL モデル）の方が，心理チェックリストのデータ解析に理論上より適していると考えられるアンフォールディング IRT モデルよりも，高いモデル適合性を示していた。特に，2 PL モデルと 3 PL モデルにおいては，項目ベースおよび回答者ベースともに非常に高い適合性を示していた。その一方で，HC モデルの適合性は他のモデルと

第18章　アンフォルディングモデルの検討

表 18-6　NA 尺度の回答者×項目のデータマトリックス
（大学生サンプル）

困難度パラメタ	観測データのサンプル	頻度
-5.59	001000000000000000000000000000000000	4
-4.83	000010001000000000000000000000000000	3
-4.36	001000101000000000000000000000000000	2
-3.71	000111001000000000100000000000000000	1
-3.03	001110100000100010000000100001000000	1
-2.50	011111011000100000100001010000000000	1
-2.00	110101111000000001100000001001010010	1
-1.52	111111111110001010100000100010000101	1
-1.01	011110101100011100110001101100001010	1
-0.49	111110101111111101101011010010110100	1
0.05	111111111101111111111111111111111101	1
0.44	101010101111101010110111110001110111	1
1.12	101000101001110110110100001001111011	1
2.50	101001100001000000110101101101101010	1
2.07	001000000010000100110101100010011010	1
2.54	001110100000000000010010000000011011	1
3.07	000000100000000010110000001010000010	1
3.83	000000000010000000000010000001100000	1
4.66	000000001000000000000000000000000001	3
5.44	000000000000000000000000000000000100	2

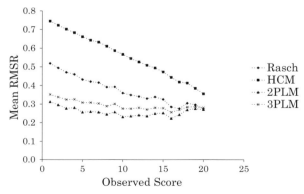

図 18-6　Rasch モデル，HC モデル，2 PL モデル，3 PL モデルにおける観測得点に対する $RMSR_j$ の平均値の例

（注）　PA 尺度［大学生サンプル］。

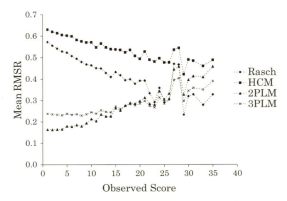

図 18-7 Rasch モデル，HC モデル，2 PL モデル，3 PL モデルにおける観測得点に対する $RMSR_j$ の平均値の例

（注） NA 尺度［大学生サンプル］。

比べると高くないため，心理チェックリストのデータ解析への応用には，推定法の改善等，いくつかの課題が存在すると考えられる。実際のところ，*any /n* 選択型データにおける理想点は，インシデンタル・パラメータ（incidental parameters）となり，推定上の問題となることが知られている（Takane, 1997）。

また，アンフォルディング IRT モデルに関する研究は，これまで主に，態度尺度の解析モデルの開発と応用として行われてきたため（例：Roberts, 1995），パーソナリティや感情心理学の領域への応用は発展段階である（例：Stark, Chernyshenko, Drasgow, & Williams, 2006）。被験者の価値感に大きく左右される社会的態度（例：堕胎，死刑制度，捕鯨など）ではなく，よりプリミティブな感情を測定する項目・尺度の場合には，通常のロジスティック IRT モデルの適用が妥当であるとも考えられるが，ノンパラメトリック IRT モデルなどとの比較も併せて，今後の検討が必要であろう。

第 V 部
実 践 編

第Ⅴ部　実践編

第19章　IBM版・DOS版プログラムの使い方

　本章では，これまで世界中で広く利用されてきたIRT分析用プログラムの中でも特に代表的なIBM版とDOS版のプログラム（LOGIST 5, BILOG, XCALIBRE, MULTILOG）についてその利用方法と実行例を示し，それらによって推定された項目パラメタ値から特性曲線・情報曲線等を描く方法について解説する。

　本章で取り上げるソフトウェアについて簡単な概要を示す。

- LOGIST 5は同時最尤推定法によって1パラメタから3パラメタまでのIRTモデルの項目パラメタ値（識別力，困難度，当て推量）と受験者の特性尺度値を推定するソフトウェアである。パラメタ値の推定は4段階に分かれ，定められた収束精度を満足するごとに次の段階へ進められる。
- BILOGは1パラメタから3パラメタまでのIRTモデルをもとに，周辺最尤推定法で項目パラメタ値を推定するソフトウェアである。項目パラメタ推定値はEMアルゴリズムとNewton–Gauss法を用いて計算され，特性値の推定には最尤推定法（ML），期待事後推定法（EAP）と最大事後推定法（MAP）が選択できる。
- XCALIBREは2パラメタ，3パラメタIRTモデルをもとに，周辺最尤推定法で項目パラメタ値の推定を行うソフトウェアである。具体的な数値計算にはEMアルゴリズムが用いられる。特性尺度値の推定は最尤法（ML），MAPとEAPの中から選択できる。
- MULTILOGは多肢選択形式の項目についてIRTによる分析と受験者個人の特性尺度値を推定するソフトウェアである。モデルとしては1，2，3パラメタ・ロジスティック・モデル，段階反応モデル，名義

第Ⅴ部　実践編

表19-1　本章で取り上げるソフトウェアの概要

IRT モデル	ソフトウェア			
	LOGIST 5	BILOG	XCALIBRE	MULTILOG
IRT モデル	1 PL 2 PL 3 PL	1 PL 2 PL 3 PL	2 PL 3 PL	1 PL 2 PL 3 PL 段階反応モデル 名義反応モデル 部分得点モデル
項目パラメタ値推定	同時最尤推定法	周辺最尤推定法	周辺最尤推定法	周辺最尤推定法
特性尺度値推定	同時最尤推定法	ML, MAP	ML, MAP, EAP	ML, MAP, EAP
使用された章番号	3，4	5，6，7，9		8

反応モデルと部分得点モデルが使用でき，周辺最尤推定法によって項目パラメタ値を推定する。特性値の推定には最尤推定法（ML）と最大事後推定法（MAP）のいずれかが選択できる。

19.1.　LOGIST 5（IBM 版）

　LOGIST 5 は同時最尤推定法によって1パラメタから3パラメタまでのロジスティック・モデルの項目パラメタ値（識別力，困難度，当て推量）と特性尺度値を推定するソフトウェアである。パラメタ値推定は4段階に分かれ，定められた収束精度を満足するごとに次の段階へ進んで行く。なお，すべての項目に正答・肯定(1)または誤答・否定(0)した受験者の特性尺度値は推定できないため削除される。

(1)　プログラムファイル・データファイル

　LOGIST 5 では，パラメタ推定に必要となるコマンドを記したプログラムファイルと0，1の2値型に変換されたデータファイルを用いる。
　プログラムファイル（TEST. LOGIST[1]）は表19-2のようにコマンド名と

---

1)　IBM では RUNNING モードで f を入力するとファイルリストが表示され，そこから

第19章　IBM版・DOS版プログラムの使い方

表 19-2　TEAT. LOGIST

```
     TEST      LOGIST    A1   V  80  TRUNC=80 SIZE=8 LINE=0 COL=1 ALT=0
====>
          |...+....1....+....2....+....3....+....4....+....5....+....
===== * * * TOP OF FILE * * *
===== TITLE      CPI REANALYSIS (JINZ) 94/02/21
===== ITEMS            5
===== COMC1            0
===== CHOICES1         2
===== CINIT1           0
===== SKIP             2
===== ITERTHET      6006
===== READC            2
===== PARMCODE         2
===== LIMTHETA         3
===== AMAX             3
===== MAXTHETA        4.
===== MINTHETA       -4.
===== * * * END OF FILE * * *
```

引数を記入する。引数は20カラム目までに記入しなければならない約60個のコマンドが用意されているが，目的のパラメタ推定にとって必要なコマンドのみ指定すればよい。表19-3に主なコマンドを示す。

(2) **実行**

前節で紹介したプログラムファイル（ex. TEST. LOGIST）とデータファイル（ex. TEST. DATA）が用意されているとする。LOGIST 5 の実行は IBM のファイルリスト(f)から次のようにして実行する。

```
TEST    DATA     A1                         V    7    835     5 2/21/94 10:41
TEST    LOGIST   A1 logist /n test data     V   80     13     1 2/21/94 10:50
                 -------------------
```

実行が正常終了すると次のファイルが生成される。

```
TEST    LISTING  A1                         F  133    383    50 2/21/94 11:02
TEST    RUNLIST  A1                         V  133   1504   129 2/21/94 11:02
```

ファイルの中身を確認（ESC－2）したり，ファイルの内容を変更する（ESC－4または X）ことができる。

第Ⅴ部　実践編

表 19-3　おもなコマンド

コマンド	引数	内　　容
TITLE		研究タイトル名（66カラム目まで）
ITEMS	n	項目数（ex. アンケートの質問項目数）
ITEMNUM	0*	すべての項目を使用する
	1	選択した項目を使用する
CHOICES1	n	項目の選択枝数
SKIP	1*	標本抽出間隔
ITERTHET	6006*	推定の繰り返しの数
READC	0*	当て推量パラメタ(c)の初期値（1/CHOICES1 −0.05）
	2	初期値を CINIT1 とする
CINIT1	0*	当て推量パラメタ (c) の初期値を指定できる（READ＝2 の時のみ）
PARMCODE	3*	推定する項目パラメタ値の指定（0:none 1:b 2:a,b 3:a,b,c 4:b,c 5:a 6:a,c 7:c）
AMAX	2*	識別力の上限
MAXTHETA	4*	特性尺度値の上限
MINTHETA	−7*	特性尺度値の下限

＊はデフォルト値

(3)　実行結果

推定結果は TEST. LISTING ファイルに出力される。ここにはコマンドの設定値一覧，各推定段階（4段階）の結果と最終的な項目パラメタ値，特性値の結果が出力されている。

項目パラメタ値（A：識別力，B：困難度，C：当て推量）

```
NOTE: PARAMETER ESTIMATES PRODUCED BY LOGIST ARE APPROXIMATIONS OF THE MAXIMUM LIKELI
 0   ITEM    A         A          B         B          C         C         P
      NO   STATUS    STD ERR    STATUS   STD ERR    STATUS   STD ERR

      1  1          3.00000 ( 0.311)    -0.23242 ( 0.036)   FIX     0.00000 ( 0.003)
      2  2          1.70913 ( 0.195)    -0.46556 ( 0.063)   FIX     0.00000 ( 0.030)
      3  3          1.09429 ( 0.173)    -0.69574 ( 0.181)   FIX     0.00000 ( 0.114)
      4  4          0.46087 ( 0.155)     1.09331 ( 0.373)   FIX     0.00000 ( 0.129)
      5  5   <.3    0.08368 ( 0.023)     5.27819 ( 8.648)   FIX     0.00000 ( 0.447)
```

特性尺度値

```
1FINAL THETAS               THETAS FOR REMOVED EXAMINEES, THETAS .LE. -10, AND THET
                                WILL BE PRINTED AS ASTERISKS
     1   1.91-0.42*****-0.14 0.24 2.15 1.91-0.98-1.20-0.92 1.91************** 0.50*****
    26 ***** 2.15*****-0.42*************** 2.15 0.50 0.50 0.82***** 2.15-0.54 0.82
    51 -0.01-0.54 2.15***** 0.50-1.20-0.54***** 1.91 2.15 1.91 0.50 2.15-0.38-0.92-0.94
    76 -0.94 2.15 0.50 0.82***** 0.50 2.15*****-0.15-1.80 0.50-0.54***** 2.15 0.09-0.38
```

19.2. BILOG（Version 3.7：DOS 版）

BILOG は1パラメタから3パラメタまでのロジスティック・モデルをもとに，周辺最尤推定法で項目パラメタ値を推定するソフトウェアである。項目パラメタ値は EM アルゴリズムと Newton–Gauss 法によって推定され，特性尺度値の推定には最尤推定法（ML），期待事後推定法（EAP）と最大事後推定法（MAP）の中から選択できる。

(1) プログラムファイル・データファイル

BILOG では 0，1 の 2 値型に変換されたデータファイルと，プログラムファイルの2つを使用する。

プログラムファイルは表19-4のように書かれたもので，ファイルの拡張子は必ず．BLG でなければならない。

表 19-4　A & M COM1. BLG

```
TITLE   A&M 3 dimensional commitment SCALE A&MCOM1.DAT (24-8 items) IRT ANALYSIS
>COMMENT 2PL LOGISTIC MODEL;
>GLOBAL DFN='A&MCOM1.DAT',NTEST=1,NID=4,NPARM=2;
>LENGTH NITE=(8);
>INPUT NTO=8;
(A4,16X,8A1)
>TEST TNAME='SAMPLE',ITEM=(1,2,3,4,5,6,7,8);
>CALIB CYC=1,NEW=5,CRI=.001;
>SCORE METHOD=1,IDIST=3,INF=1,STATS;
```

プログラムはコマンドとオプションによって構成されている。TITLE 以外のコマンドは行の始めに大なり記号（＞）を付け，行の最後にセミコロン（；）を付けなければならない。1行は80字以内でそれを越える場合は改行

表 19-5 主なコマンドとオプション

コマンド	オプション	内容
TITLE		出力結果のタイトル，80字まで
COMMENT		コメント文，1行は80字まで
GLOBAL	DFName NTEst NIDch NPArm	データファイル名 TEST コマンドの実行数 データの前に付いている ID 番号の桁数 ロジスティックモデルの指定（1，2，3パラメタ）
LENGTH	NITems	TEST コマンドで使用する項目数
INPUT	NTOtal (4A, 16X, 8A1)	データファイルにある項目の総数 データファイルの定義 この例では（ID 番号（1-4 カラム），削除（5-20）， データ（21-28））となる
TEST	TNAme ITEms	実行名（8文字以内） 使用する項目の番号
CALIB	CYCles NEWton CRIt	EM アルゴリズムの反復回数 Newton-Gauss 法の反復回数 収束判定基準
SCORE	METhod IDIst INFo	特性尺度値の推定方法（1:ML, 2:EAP, 3:MAP） 特性尺度値の分布 テスト情報曲線の表示有無

する。ただしその場合は行の先頭に大なり記号（＞）を付ける必要はない。

主なコマンドとオプションを表19-5に示す。コマンドおよびオプションは4文字目以降については省略可能である。

(2) **実行**

BILOG が C：＼BILOG にインストールされているものとする。さらに前節で紹介したようなプログラムファイル（A&MCOM1.BLG）とデータファイル（A&MCOM1.DAT）が用意されているものとする。

表 19-6　A&MCOM1．DAT

```
00011101111101011011011111
00021101101101110001001111001
00030011011100000101100100000
```

BILOG の起動は BILOG にプログラムファイル名を付けて実行する。ただし拡張子は付けない。

```
C:\BILOG> BILOG A&MCOM1
```

(3) 実行結果

実行が終了すると起動したプログラムファイル名に拡張子．Ph 1,．Ph 2,．Ph 3 が付いたファイルがプログラムの指定に基づいて生成される。それぞれは次のような結果を含む。

・Phase 1 （.Ph 1 ）：プログラムの初期設定値，各受験者の古典的テスト理論における統計量

```
CLASSICAL ITEM STATISTICS FOR SUBTEST SAMPLE

              NUMBER  NUMBER                    ITEM*TEST CORRELATION
ITEM   NAME   TRIED   RIGHT   PERCENT LOGIT/1.7  PEARSON  BISERIAL
-------------------------------------------------------------------
  1    0001   292.0    77.0    .264    -.60       .303     .409
  2    0002   292.0   119.0    .408    -.22       .402     .509
  3    0003   292.0   199.0    .682     .45       .316     .413
  4    0004   292.0   109.0    .373    -.30       .367     .468
  5    0005   292.0    65.0    .223    -.74       .451     .630
  6    0006   292.0   148.0    .507     .02       .154     .193
  7    0007   292.0    58.0    .199    -.82       .325     .466
  8    0008   292.0   120.0    .411    -.21       .405     .512
-------------------------------------------------------------------
```

各項目の正答数（肯定数），項目-テスト間相関係数，双列相関係数が出力される。

・Phase 2 (.Ph 2):項目パラメタ値の推定結果

```
SUBTEST SAMPLE :   ITEM PARAMETERS AFTER CYCLE    6

ITEM   INTERCEPT    SLOPE     THRESHOLD   DISPERSN    ASYMPTOTE  RT MEAN SQUARE STD
         S.E.       S.E.         S.E.       S.E.        S.E.     POSTERIOR RESIDUAL
---------------------------------------------------------------------------------
0001 |   -.759  |   .691  |    1.099  |   1.448  |    .000  |     .723
     |   .116* |   .141* |     .217* |    .295* |    .000* |
0002 |   -.307  |   .884  |     .347  |   1.132  |    .000  |    1.304
     |   .105* |   .167* |     .126* |    .213* |    .000* |
0003 |    .569  |   .713  |    -.798  |   1.402  |    .000  |     .450
     |   .102* |   .136* |     .168* |    .268* |    .000* |
0004 |   -.401  |   .763  |     .525  |   1.311  |    .000  |     .386
     |   .101* |   .147* |     .147* |    .253* |    .000* |
0005 |  -1.150  |  1.134  |    1.014  |    .882  |    .000  |     .566
     |   .169* |   .210* |     .145* |    .163* |    .000* |
```

識別力 (SLOPE), 困難度 (THRESHOLD), 当て推量 (ASYMPTOTE) パラメタの推定値および標準偏差 (S.E.) がそれぞれ出力される。

・Phase 3 (.Ph 3):最尤法 (ML) によって推定された特性尺度値と情報曲線

```
SUBJECT IDENTIFICATION
WEIGHT   SUBTEST   TRIED  RIGHT  PERCENT     ABILITY     S.E.
-------------------------------------------------------------
0001                              |                    |
 1.00    SAMPLE      8      6     .7500 |    1.5728   1.1133 |
0002                              |                    |
 1.00    SAMPLE      8      5     .6250 |    1.2608   1.0360 |
```

各受験者ごとに解答項目数(TRIED), 正答数(RIGHT), 特性尺度値(ABILITY) および標準誤差 (S.E.) が表示される。

19.3. XCALIBRE (Version 3.5:DOS 版)

XCALIBRE は2パラメタ, 3パラメタ・ロジスティック・モデルをもとに, 周辺最尤推定法で項目パラメタ値の推定を行うソフトウェアである。項目パラメタ値は EM アルゴリズムによって計算され, 特性尺度値の推定は最尤法 (ML), MAP および EAP の中から選択できる。

(1) データファイル

XCALIBRE で用いるデータファイルは，項目数，欠測値の定義や選択枝数といったデータ定義に関連する部分と標本データの2部構成になっている。

```
....+....1....+....2....+....3....+....4....+....5....+....6....+....7
 30 C N  5
143534243521132435241342351423     KEY
5555555555555555555555555555       NO. ALTERNATIVES
YYYYYYYYYYYYYYYYYYYYYYYYYYYY       ITEMS TO INCLUDE
EX00154354214355432154234513433241 3  EXAMINEE #1
EX00214353424452213 3CC254253134251N  EXAMINEE #2
EX00314353422352113243524434235123 3  EXAMINEE #3
EX00414353424352113243524134235 2NNN  EXAMINEE #4
```

データ定義は初めの4行で行われ，5行目以降が標本データとなる。

・1行目：データ制御

カラム	内容
1-3	項目数（最大125項目）
4	空白（Blank）
5	削除される反応を表わす文字（英数字）
6	空白（Blank）
7	欠損値を表わす文字（英数字）
8	空白（Blank）
9-10	反応データ以外の部分（受験者番号：EX001）

・2行目：各項目の正反応を示す選択枝番号。それ以外の番号は負反応として処理される。

・3行目：各項目の選択枝数。

・4行目：項目選択。使用する場合は Y，使用しない場合は N。

コメント文はデータ入力直後から80カラム目までならば記述可能である。

(2) 実行

XCALIBRE が C：＼XCALIBRE にインストールされているものとする。XCALIBRE は英語モードで起動するため日本語モードの場合はあらかじめ変更しておく必要がある（C：＼XCALIBRE>us）。ここでは EX1.DAT という名のデータファイルがあり，そこには以下のように記述されているものと

する。

```
 10 . X  5
1111111111
4444444444
YYYYYYYYYY
    1 1111111100
    2 1101001000
            -- 以下省略 --
```

XCALIBRE の起動方法は Interactive Mode と Batch Mode の2種類あるが，ここでは前者の方法について述べる。

はじめに XCALIBRE と入力する。

```
C:\XCALIBRE> XCALIBRE
```

起動後，タイトル画面，ファイル名の入力画面へと移る。入力画面では
 ・データファイル名（.DAT）
 ・実行結果を保存するファイル名（.OUT）
 ・特性尺度値を保存するファイル名（.SCR）
 ・項目名を指定するファイル名（.NAM）
 ・項目パラメタ値を保存するファイル名（.STT）
をそれぞれ入力する（カッコ内は拡張子）。ファイルの拡張子はそれぞれ決まっているので，ファイル名のみ入力すれば自動的に拡張子が付けられる。

```
Enter the name of the input    file :  C:\XCALIBRE\EX1.DAT
Enter the name of the output file :  C:\XCALIBRE\EX1.OUT
Enter the name of the score   file :  C:\XCALIBRE\EX1.SCR
Enter the Item Name file name :      C:\XCALIBRE\EX1.NAM
Enter the Ext Statistics file name : C:\XCALIBRE\EX1.STT
```

次に項目パラメタ推定における初期値，反復回数やIRTモデル（2パラメタか3パラメタ）を設定する画面が現われる。変更は矢印キーでカーソルを動かしスペースキーで確定するか，マウスを使用して行う。

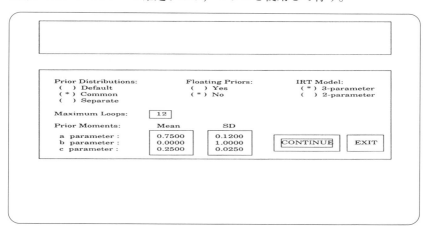

この初期設定はXCALIBRE. CFGファイルに書かれているので，事前に変更しておくこともできる。

最後に特性値を保存するファイルを指定した場合のみ，その推定方法を

1．Maximum likelihood（最尤推定法）
2．Maximum a posteriori（最大事後推定法：MAP）
3．Expected a posteriori（期待事後推定法：EAP）

から選ぶ画面が現われる。[CONTINUE]を選択するとパラメタ推定が始まる。

(3) **実行結果**

実行結果は実行時に指定したファイル名に出力される。実行終了後の状態でF.2（ファンクションキー）を押すことによって，実行結果を確認することもできる。

以下は推定された項目パラメタ値である。

```
FINAL ITEM PARAMETER ESTIMATES
Item Lnk Flg    a     b     c    Resid   PC   PBs   PBt    N     Item name
---- --- ---  ----- ----- -----  -----  ----- ----- -----  ----  ---------
  1           0.67 -2.14  0.25   0.46   0.90  0.37  0.43   1000  Item 1
  2           0.65 -1.49  0.25   0.43   0.83  0.44  0.48   1000  Item 2
  3           0.64 -0.53  0.25   0.39   0.70  0.50  0.52   1000  Item 3
  4           0.71  0.14  0.24   0.30   0.60  0.53  0.54   1000  Item 4
  5           0.70  0.35  0.24   0.28   0.56  0.55  0.53   1000  Item 5
  6           0.76  0.85  0.23   0.32   0.47  0.53  0.51   1000  Item 6
  7           0.86  1.15  0.21   0.57   0.40  0.56  0.54   1000  Item 7
  8           0.80  1.93  0.21   0.58   0.30  0.47  0.39   1000  Item 8
  9           0.91  2.75  0.14   1.55   0.15  0.41  0.34   1000  Item 9
 10       P   0.93  3.00  0.13   1.82   0.11  0.37  0.29   1000  Item 10
```

各項目の分析結果や,テスト情報曲線,テスト特性曲線の図も出力される.

19.4. MULTILOG（Version 6：DOS 版）

MULTILOG は多枝選択形式の項目について IRT によるテスト分析と受験者個人の特性尺度値を推定するソフトウェアである。モデルとしては 1, 2, 3 パラメタ・ロジスティック・モデル,段階反応モデル,名義反応モデルと部分得点モデルが使用でき,周辺最尤推定法によって項目パラメタ値を推定する。特性尺度値の推定には最尤推定法（ML）と最大事後推定法（MAP）のいずれかが選択できる。

(1) プログラムファイル・データファイル

MULTILOG で使用するプログラムファイルは INFORLOG.EXE を用いて生成する。

```
C:\MULTILOG> INFORLOG  filename
```

プログラム名とデータファイル名は等しくしなければならないので,データファイル名に合わせるとよい。

例えば TEST1.DAT というデータファイルがあれば,C：\MULTILOG>INFORLOG TEST1　と起動する。拡張子は入力しないこと。

INFORLOG を起動すると,はじめに TITLE を入力するよう指示される。

適当な TITLE を入力し Enter キーを押すと，使用可能なコマンド名が表示され，入力待ち状態になる。ここから項目パラメタ値および受験者特性値の推定に必要なコマンド・オプションを指定する。主なコマンドとオプションを表19-7に示す。コマンド名は4文字目（オプションは3文字目）以降から省略可能である。

なお，プログラムは必ず"PRoblem"コマンドから始まり，"END"コマンドの入力で終わるようにしなければならない。そして必ずコマンド名の前に">"を付け，行の終わりにはセミコロン（；）を付けなければならない。

表 19-7　おもなコマンドとオプション

コマンド	オプション	内　　　容
PRoblem	RAndom	MML による項目パラメタ推定
	FIxed	θ を固定したもとでパラメタ値の推定を行う
	SCore	MLE または MAP の計算
	PAtterns	反応パタンを集計したデータを用いる場合
	INdividual	各受験者の項目反応パタンをデータとして用いる場合
	TAble	表として集計されたデータを用いる場合
	NItems=n	項目数（最大200）
	NGroups=n	グループの数
	NExaminees=n	受験者数
	NPatterns=n	反応パタンの数
	NChars=n	データファイル内の ID にあたる文字数
	CRiterion	FIxed, SCore を指定した時
	NOpop	SCore を指定した時，MAP 推定に母集団分布を仮定しない場合に入れる
	OLd	既に実行した設定を再び用いる場合
TESt	ALl	すべての項目を用いる
	ITems=(list)	項目を抽出する
	L1	1パラメタ・ロジスティック・モデル
	L2	2パラメタ・ロジスティック・モデル
	L3	3パラメタ・ロジスティック・モデル
	GR	段階反応モデル
	NO	名義反応モデル
	BS	修正名義反応モデル

	NC=(list) HI=(list)	各項目のカテゴリの数 各項目の最大カテゴリ番号
LABels	ITems=(list)	ラベル付けをする項目を選択する（ALl はすべて）
	NAmes 　=('lab1',…)	項目に付けるラベルを指定
END		終了

"END"コマンドを入力すると，次にデータに関する設定（データとカテゴリコードの対応付けなど）が求められる。これはデータ入力形式（PAtterns, INdividual または TAble）によって設定は異なる。入力後，データフォーマット（FORTRAN と同じ）を指定すると，プログラムファイルが自動的に生成される。

(2) 実行

プログラムファイル（TEST1.TEN）が次のようにして生成されたとする。これは反応パタンデータをもとに段階反応モデルの項目パラメタ値の推定を行う場合の例である。

```
ENTER TITLE LINE
MML, ESTIMATION, SAMEJIMA'S GRADED MODEL, FOR THE SECOND-YEAR HAPPINESS DATA

ENTER >PROBLEM (WITH OR WITHOUT ARGUMENTS), FOLLOWED BY >TEST
LINE(S), FOLLOWED BY ANY OTHER COMMAND LINES (>ESTIMATE, >FIX, >EQUAL,
>START, >SAVE, >LABELS, >TGROUPS, >PRIOR, >TMATRIX); >END TO FINISH.

>PRO RA PA NI=2 NG=1 NP=9;
>TEST ALL GR NC=(3,3);
>LABELS IT=(1,2) NA=('PRE','POST');
>EQUAL ALL AJ;
>END;

HOW MANY RESPONSE CODES IN RAW DATA?
?
3
ENTER CODES 3A1
123
ENTER VECTOR OF CATEGORIES FOR CODE=1
33
ENTER VECTOR OF CATEGORIES FOR CODE=2
22
ENTER VECTOR OF CATEGORIES FOR CODE=3
11
ENTER FORMAT FOR DATA
(2A1,F1.0,F3.0)
```

MULTILOG の実行は次のように MULTILOG　ファイル名で行う。

```
C:\MULTILOG> MULTILOG TEST1
```

(3) **実行結果**

実行結果は起動したファイル名に拡張子（．LIS）が付いたファイルに保存される。各項目パラメタ値（識別力と境界特性値）と受験者特性尺度値（EAP）が出力される。

```
【TEST1.LIS】
ITEM   1  PRE  3 GRADED CATEGORIES

A     = P( 1) =  1.832
              ( 0.195)
B( 1) = P( 2) = -1.650
              ( 0.202)
B( 2) = P( 3) =  0.324
              ( 0.123)
```

19.5. irtline（S-PLUS/R：Windows 版）

　irtline[2]は項目特性・情報曲線（ICC, IIC），テスト特性・情報曲線（TCC, TIC）や段階反応モデルにおける項目反応カテゴリ特性関数（IRCCC）等の図を描くものであり，S-PLUS[3]や R[4]上で起動することによって作図が行える。S-PLUS は AT & T ベル研究所で開発された，オブジェクト指向の対話型データ解析言語「S」を基本に，統計解析機能，グラフィックス機能を強化したソフトウェアである。本書で取り上げた図は主にこの irtline によって作成した。作図に必要なデータは項目パラメタ値だけである。irtline では項目パラメタ値の推定は行わないので，前述の LOGIST 5，BILOG，MULTI-

---

2) 作図プログラム。irtline の入手を希望する読者は，以下に連絡されたい。
〒275-0016　千葉工業大学社会システム科学部金融・経営リスク科学科　安藤雅和．
masakazu.ando@chibakoudai.jp　(Tel) 047-478-4314
3) 入手先は(株)NTT データ数理システム〒160-0016 東京都新宿区信濃町35信濃町煉瓦館1階 http://www.msi.co.jp/ (Tel) 03-3358-6681　(Fax) 03-3358-1727
4) フリーソフト R は http://www.r-project.org により入手可能．

第Ⅴ部　実践編

LOG 等によってあらかじめ推定しておく必要がある。

(1) irtline 関数

irtline は項目パラメタ値と以下に示す引数を指定することによって作図を行うものである。S-PLUS の操作に関する詳しい説明は省略する。

```
【irtline】
irtline(a.para, b.para, c.para=NULL, Label=NULL, Plot=T, Run="icc", Select=NULL, Stop=F,
        Target=NULL, Text=T, Interval=40, Range=NULL, ...)
```

引数	内　容	入力値	内　容
a. para	識別力パラメタ	x[,1]	識別力パラメタ値を指定する（必要）
b. para	困難度パラメタ	x[,2]	困難度パラメタ値を指定する（必要）
c. para	当て推量パラメタ	x[,3] NULL	3パラメタとして計算する場合に指定する 2パラメタとして計算される
Label	項目のラベル付け	c("A","B","C") NULL	Select を指定する場合はその項目のみでもよい 項目の入力順に番号がラベル付けされる
Plot	図の出力の有無	T F	図を出力する 図は描かれず数値結果を返す
Run	曲線の種類の選択	"icc" "iic" "tcc" "tic" "bcc" "irccc" "ici" "ircic" "tcic"	項目特性曲線 項目情報曲線 テスト特性曲線 テスト情報曲線 カテゴリ境界特性曲線 項目反応カテゴリ特性曲線 項目反応カテゴリ情報量 項目反応カテゴリ情報曲線 テスト情報曲線
Select	項目の抽出 項目の削除	c(1,2) -c(2,4) NULL	入力順となる項目番号で指定する 項目番号にマイナスを付けると，その項目は削除される すべての項目を使用
Stop	図の重ね描きの有無	T F	個々に描き，Return(Enter)キーで更新される 重ねて描く

Target	目標情報曲線の表示	A	目標情報曲線の端点を指定する(Aは行列,ベクトル等)
Text	項目のラベル付けの有無	T F	項目にラベルを付ける 項目にラベルを付けない
Interval	区間の数	40	作図に使用する点の数
Range	特性値の範囲	NULL	−4から4の範囲で描かれる
...	plotのオプション	c(a,b) xlab="x"	aからbの範囲に変わる(a,bは実数) plotのオプションを指定する

(2) **実行例**

ここでは以下の項目パラメタ値を使って，irtlineの実行例を示す。

項目番号	識別力	困難度	当て推量
1	2	−2	0.1
2	2	−1	0.2
3	2	0	0.3
4	2	1	0.4
5	2	2	0.5

項目パラメタ値を入力する。

```
―【項目パラメタ値】―
> a.para <- c(2,2,2,2,2)
> b.para <- c(-2,-1,0,1,2)
> c.para <- c(0.1,0.2,0.3,0.4,0.5)
```

　すべての項目の識別力（a.para）と困難度（b.para）データを用いて，項目特性曲線（2パラメタ）（Run="icc"）を重ねて描く。

```
―【実行1】―
> irtline(a.para,b.para)
```

第Ⅴ部　実践編

【出力結果1】

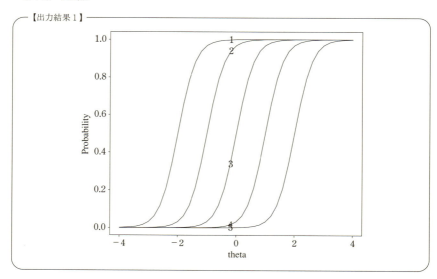

すべての項目の識別力・困難度データを用いて，項目特性曲線（2パラメタ）の数値結果（Plot=F）を出力する。

【実行2】
```
> irtline(a.para,b.para,Plot=F)
```

出力内容は以下に示すものである。表の＄information は項目情報曲線（Run ="iic"）のときに出力され，その場合＄p は出力されない。

index	出力内容
$select	Select で指定した項目番号
$label	Label で指定した項目ラベル
$parameter	入力した項目パラメタ
$item	計算の対象となった項目数
$x	特性値の刻み
$p	$x における確率
$information	$x における情報量

【出力結果2】

```
$select :
[1] 1 2 3 4 5
$label :
[1] 1 2 3 4 5
$parameter :
     a.para  b.para  c.para
[1,]      2      -2       0
[2,]      2      -1       0
[3,]      2       0       0
[4,]      2       1       0
[5,]      2       2       0
$item :
[1] 5
          :
```

項目1，2，3について，当て推量（c.para）を含めた項目パラメタ値をもとに項目情報曲線（3パラメタ）(Run="iic")を描く。

【実行3】
```
> irtline(a.para, b.para, c.para, Run="iic", Select=c(1,2,3))
```

【出力結果3】

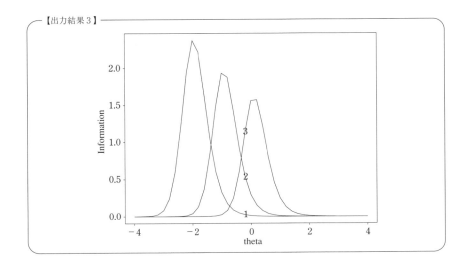

すべての項目を用いて，テスト特性曲線（2パラメタ）(Run="tcc")を描く。

第Ⅴ部　実践編

【実行4】
```
> irtline(a.para, b.para, Run="tcc")
```

【出力結果4】

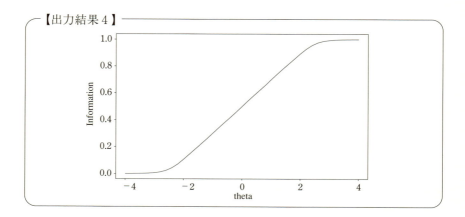

すべての項目を用いてテスト情報曲線（Run="tic"）と目標情報曲線（Target=A）を重ねて描く。

【実行5】
```
> A <- c(c(-3,-0.4),c(-2,2.5),c(2,2.5),c(3,-0.4))
> irtline(x[,1],x[,2],Run="tic",Target=A)
```

【出力結果５】

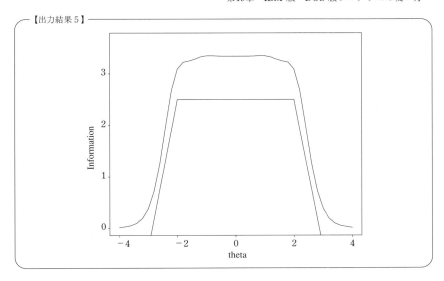

目標情報曲線の座標は，左下，左上，右上，右下の順にc（x座標，y座標）を指定する。またTarget=locator(4)としてグラフィックス・ウィンドウ上で任意に場所を指定することもできる。

ここからは段階反応モデルにおける特性・情報関数の実行例を示す。項目パラメタ値として以下のものを使用する。選択枝数は４つとする。

項目番号	識別力	困難度		
	a	b1	b2	b3
1	2	−1.0	0.0	1.0
2	1.5	−2.0	−1.5	0.0
3	1	−1.5	0.0	2.0
4	2	0.0	1.0	1.5

【項目パラメタ値２】
```
> a.para <- c(2,1.5,1,2)
> b 1.para <- c(-1.0,-2.0,-1.5,0.0)
> b 2.para <- c(0.0,-1.5,0.0,1.0)
> b 3.para <- c(1.0,0.0,2.0,1.5)
> b.para <- cbind(b 1.para, b 2.para, b 3.para)
```

項目1について，境界特性曲線（Run="bcc"）を描く。

【実行6】
```
> irtline(a.para[1],b.para[1,],Run="bcc")
```

P0=F を指定すると$P_0^*(\theta)$と$P_4^*(\theta)$を省略できる。

【出力結果6】

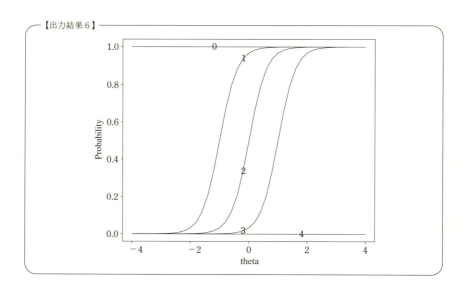

項目1について，項目反応カテゴリ特性曲線（Run="irccc"）を描く。

【実行7】
```
> irtline(a.para[1],b.para[1,],Run="irccc")
```

【出力結果7】

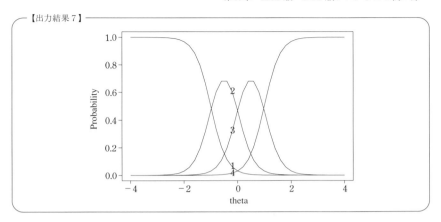

すべての項目について，項目反応カテゴリ情報曲線（Run="ircic"）を描く。

【実行8】
```
> irtline(a.para,b.para,Run="ircic")
```

【出力結果8】

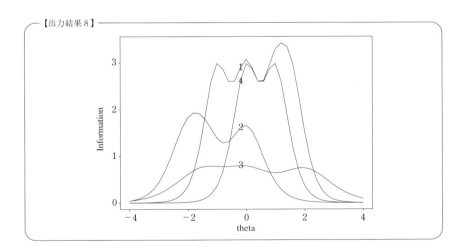

すべての項目を用いてテスト－カテゴリ特性曲線（Run="tcic"）を描く。

【実行9】
```
> irtline(a.para,b.para,Run="tcic")
```

【出力結果9】

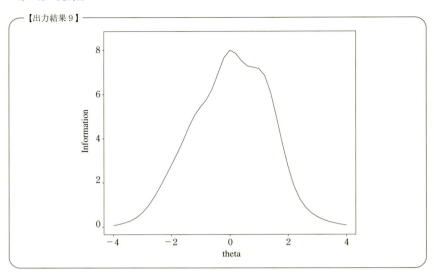

第Ⅴ部　実践編

第20章　Windows 版プログラムの使い方

　IRT 分析を行うための Windows 版プログラムとしては，BILOG–MG, MULTILOG, PARSCALE, IRTPRO などがある。これらはすべて SSI（Scientific Software International）により市販されている。

　本章では，2値型モデルを扱うことができる BILOG–MG3.0（Zimowski, Muraki, Mislevy, &, Bock, 2003），および多値型モデルを扱うことができる PARSCALE4.1（Muraki & Bock, 2003）の紹介を行う。両者にはプログラムの記述など共通する部分も多い。

　実際に使用する際には試行錯誤も必要となるが，ここではその一例を示す。

20.1.　BILOG–MG

(1) **分析可能モデル**
　BILOG–MG で扱うことができるモデルは，1パラメタ・ロジスティック・モデル，2パラメタ・ロジスティック・モデル，3パラメタ・ロジスティック・モデルである。

(2) **プログラムの概観**
　BILOG–MG は GUI によりプログラムを生成することもできるが，ここではプログラムを記述する方法で説明をする。
　まず，BILOG–MG を起動すると図20–1のような画面が出てくる。そして，File→New とすると，プログラムファイルを保存するフォルダとファイル名を尋ねてくる。ここでは例として E:¥bilog に test というファイル名の

プログラムを作成する。図20-2のように入力し，開くをクリックするとプログラムの新規作成画面となる。E：¥bilog を確認すると，test.BLM というファイルができている。BILOG-MG ではプログラムファイルの拡張子はBLM となっており，これ以外では動作しない。

図 20-1　BILOG-MG の起動画面

図 20-2　新規作成画面

プログラムの詳細は後述するとして，プログラムが完成したら　メニューから Run→Stats, Calibration and Scoring を選択することで，計算が始まる。

計算が終了する（収束する）と，プログラムファイルのあるフォルダに，いくつかのファイルが作成される。どのようなファイルが作成されるかはオプションの指定によるが，基本は test.PH 1，test.PH 2，test.PH 3 の3種類の出力および bmgicc_file, bmginfo_file, bmgscore_file, bmgtotinfo_file である。第 nPhase の出力ファイル名は，プログラムファイル名．PHn という形になる。それぞれのファイルはテキストファイルでありメモ帳やテキストエディタでも開くことができる。また後者の4つのファイルは項目特性曲線やテスト情報量を描く際に必要なファイルとなる。

BILOG-MG は計算の際に Phase 1，Phase 2，Phase 3 という段階を踏む。

第20章 Windows版プログラムの使い方

図 20-3　計算の実行

各段階は以下のとおりである。

Phase 1：IRT の計算を行う前段階となる記述統計量等を求める段階
Phase 2：IRT の項目パラメタを推定する段階
Phase 3：解（回）答者の潜在特性値を算出する段階

無事に計算が終了していれば，Run→Plot（図20-3）とすることで，項目特性曲線や項目情報量，テスト情報曲線等を描くことができる。

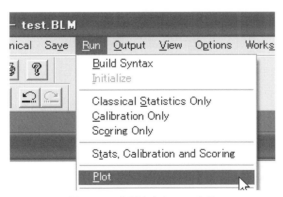

図 20-4　各種出力の GUI 表示

(3) プログラム

　BILOG-MG のプログラムは独自の特徴をもち，使いこなすには慣れが必要である。ここではプログラム例を挙げ，それぞれのコマンド，オプションの解説を行う。図20-6にプログラム全体を示す。これは最もシンプルな場合である。

503

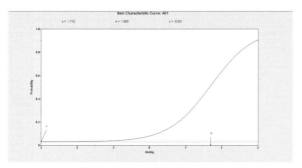

図 20-5　項目特性曲線の表示

```
Sample
3Parameter Logistic Model
>COMment;

>GLObal DFName='data.dat',NPARM=3,NTEST=1,SAVE,LOGistic;
>SAVE PARM='para.txt', SCORE='score.txt';
>LENGTH NITEMS=30;
>INPUT NTOTAL=30,NIDCHAR=4;
>ITEMS INAMES=(A01(1)A30);
>TEST1 TNAME=Test1,INAME=(A01(1)A30);
(4A1,1X,30A1)
>CALIB CYCLES=200, NEWTON=5,CRIT=0.001;
>SCORE METHOD=1;
```

図 20-6　プログラム例

　BILOG–MG ではコマンドとオプションという区別があり，コマンドには＞を付ける。そしてコマンドの中に各種のオプションがあり，それらは「，」カンマで区切られる。そしてコマンドの最後は「；」セミコロンを付ける必要がある。

(a)　最初の2行

　プログラムの最初には必ず2行が必要である（実際のプログラムは3行目から始まる）。その計算内容を同定するものでもよいし，何を記述しても実行に差し支えない。2行空行を入れるだけでもよい。

(b)　COMMENT コマンド

　COMMENT コマンドは，自由に記述ができる部分である。計算の詳細，データの詳細などを記述しておくとよい。プログラム例のようにもちろん空白でもかまわない。

(c) GLOBAL コマンド

GLOBAL コマンドでは，データが保持されているファイル名や使用するモデルなど分析の基本的な部分を指定する。

- ○DFName＝'データファイル名' によりデータファイルを指定する。拡張子は.dat でなくても.txt でもかまわない。
- ○NPARM　使用するモデルを指定する。NPARM＝1であれば1パラメタ・ロジスティック・モデル，NPARM＝2であれば2パラメタ・ロジスティック・モデル，NPARM＝3であれば3パラメタ・ロジスティック・モデルとなる。
- ○NTEST　テストの数を指定する。複数のテストを一度に分析してもよいが，プログラムや出力が複雑になるためテストごとにプログラムを作成することを推奨する。
- ○SAVE　ここで SAVE を記述することにより，後に SAVE コマンドを用いることができる。
- ○LOGistic　これを記述すると，ロジスティック・モデル（係数1.7）により計算を行う。何も記述しない場合は正規累積モデルとなる。

(d) SAVE コマンド

SAVE コマンドにより，計算の結果を別のファイルに出力することができる。

PARM＝'ファイル名'で項目パラメタを，SCORE＝'ファイル名'で各解（回）答者の潜在特性値を指定したファイル名で出力する。

(e) LENGTH コマンド

ここでは，分析対象となる項目数を指定する。

NITEMS＝項目数　となる。

(f) INPUT コマンド

ここでは，データファイルに関する情報を指定する。

NTOTAL はデータファイルに含まれる項目数（読み込む項目数）となる。
NIDCHAR はデータファイルにおける ID が何桁であるかを指定する。

(g)　ITEMS コマンド

項目名を付けることができる。

INAMES＝（a1, a2, a3, …）という形が考えられる。ここで指定した名前が出力の際に使われる。ここで指定する数は LENGTH の NITEMS で指定した項目数と同数になる。

なお，（A01（1）A20）となっているが，間の（1）は順に1ずつ増やしていくということを表わしている。つまり，これは（A01, A02, A03, A04, …, A19, A20）と記述することと同じである。

(h)　TEST コマンド

その尺度（テスト）の名前を付けることができる。特に必要はないが，出力を見る際に便利である。

INAMES により，その尺度に含まれる項目を指定する。ITEMS コマンドで指定した名前で指定することができる。ここで指定する数は LENGTH の NITEMS で指定した項目数と同数になる。

(i)　データの読み込み

図20-6のデータは，ID が4桁，その後にカンマ，そして30項目分のデータにより構成されている。これを読み込む場合には，（4A1,1X,30A1）となる。

```
0001,000001000000010000000000100000
0002,000010000000001001000000000000
0003,000100011100011100100000110001
0004,000001000000000000100000000000
0005,000111000000000000101001000000
```

図 20-7　読み込むデータの作成

最初の4A1は ID の部分であり，A の前の数は NIDCHAR で指定した数と同数である必要がある。そして，その次のカンマは読み込む必要がないた

め1Xで飛ばすという指定を行う。Xが飛ばすことを表わし,その前の1は1カラムを意味している。そしてその後30項目を読み込むという指示である30A1を記述する。これは1カラムを30個分読み込むという指示である。

以下にいくつか例を示す。線で囲った部分を読み込みたい場合の記述である。

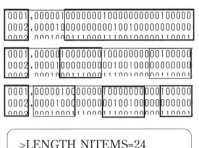

図20-8 データ読み込み例

となる。いずれの場合もGROBALのNITEMS＝30である。

(j) CALIB コマンド

CALIB コマンドでは推定の際に必要な情報を指定する。

CYCLES は逐次近似計算を収束させるために最大何回繰り返すか，NEWTON では NEWTON 法による計算を最大何回繰り返すか，収束したと判断するための基準を CRIT で指定する。

なお収束していない場合も，ここで指定した回数になるとエラー表示を出すことなく計算が終了してしまうので繰り返し数は大きな値にしておく方がよい。また収束基準は0.001が適切であると考えられる。

(k) SCORE コマンド

ここでは，解(回)答者の潜在特性値を推定する方法に関して指定を行う。最も重要なのは METHOD で，METHOD＝1 であれば Maximum likelihood (ML)，METHOD＝2 であれば Expected a posteriori (EAP)，METHOD＝3 であれば Maximum a posteriori (MAP) となる。

注：なお，プログラムのヘルプでは ML が 0，EAP が 1，MAP が 2 となっているが誤りである。

(1) 補足

プログラムに関する基本を概説したが，その他の各種オプションに関してはヘルプの Syntax を参照のこと。プログラムが途中で止まってしまう場合は出力ファイルをみてどこで計算がストップしているのか見当をつける必要がある。

(4) 出力例

(a) PHASE 1

Phase 1 では，プログラムを適切に読み込んでいるかを確認することができるため，上から順に確認することが必要である。一通りプログラムの読み込みに関する出力が終わった後，1人目と2人目のデータが例示される。ここでも読み込みが正しく行われているかをチェックする必要がある。

続いて，各項目の記述統計量が出力される。

(b) PHASE 2

Phase 2 では，項目パラメタの推定を行う。はじめに Phase 1 と同様にプログラムを読み込んだ結果が出力されている。その後 E-M サイクルに入る。注目するのは LARGEST CHANGE である。Step が進むごとに LARGEST CHANGE が小さくなっていき，最終的に 0.001 (CRIT で指定) を下回ったところで E-M サイクルが終了する。収束の悪い尺度の場合この値が増減しいつまでたっても小さくならない。次いで NEWTON 法による推定が行われる。

その後，各項目の項目パラメタ推定値およびモデルのデータへの適合度検定の結果が表示される。

(c) PHASE 3
各解（回）答者の推定された潜在特性値および標準誤差が表示される。

(5) BILOG-MG による DIF 分析

BILOG-MG で分析を行う際には，上記のプログラムに変更を加えれば良い。なお，BILOG-MG の DIF コマンドでは均一 DIF にしか対応していない。

(a) プログラムの記述
DIF 分析を行うには，以下のプログラムを追加すればよい。
>INPUT コマンドにオプションとして，グループが2つであれば NGROUPS ＝ 2，そして DIF を記述する。

NGROUPS で指定した数だけ，GROUP コマンドを記述する。これは1つのグループに対して1つ必要である。したがって，2グループであれば，以下のようになる。

```
>GROUP 1 GNAme='GROUP 001',LENgth=20,INUmbers=(1(1)20) ;
>GROUP 2 GNAme='GROUP 002',LENgth=20,INUmbers=(1(1)20) ;
```

GNAme はグループ名，LENgth はそのグループが回答した項目数，INUmbers で，回答した項目を指定する。

このように INPUT コマンドと，GROUP コマンドを追加すれば基本的な DIF 分析は可能である。グループごとに解（回）答している項目が違う場合などその他の詳細についてはプログラムのヘルプを参照のこと。

(b) DIF 分析の出力
DIF 分析の出力は，通常の出力とほぼ同様である。DIF に関する結果は PHASE 2 に出力されている。

まず，各グループのパラメタ推定値が順に出力される。その後，グループ間の違いを困難度パラメタで比較した出力と χ^2 統計量とが示される。

20.2. PARSCALE

(1) 分析可能モデル

PARSCALE で扱うことができるモデルは，Graded Response Model, Modified Graded Response Model, Partial Credit Model, Generalized Partial Credit Model の多値型モデルである。

(2) プログラムの概観

PARSCALE はプログラムをエディタ等で記述する方法でのみ使用が可能である。

まず，PARSCALE を起動すると図20-9のような画面が出てくる。そして，File→New とすると，プログラムファイルを保存するフォルダとファイル名を尋ねてくる。このあたりは BILOG-MG と同様である。BILOG-MG のプログラムファイルの拡張子は BLM であったが，PARSCALE では psl になっており，これ以外では動作しない。

図20-9　PARSCALE 起動画面

プログラムが完成したら　メニューから　Run→Run All を選択することで，計算が始まる。

計算が終了する（収束する）と，プログラムファイルのあるフォルダに，

いくつかのファイルが作成される。どのようなファイルが作成されるかはオプションの指定によるが，基本は exam.PH 0, exam.PH 1, exam.PH 2, exam.PH 3 の 4 段階の出力，pscalicc_file, pascalinfo_file, pascalscore_file, pscaltotinfo_file である。第 nPhase の出力ファイル名は，プログラムファイル名.PHn という形になる。それぞれのファイルはテキストファイルでありメモ帳やテキストエディタでも開くことができる。また後者の 4 つのファイルは項目特性曲線やテスト情報量を描く際に必要なファイルとなる。

PARSCALE では計算の際に Phase 0, Phase 1, Phase 2, Phase 3 という段階を踏む。各段階は以下のとおりである。

Phase 0：プログラムの読み込み，データの読み込み

Phase 1：IRT の計算を行う前段階となる記述統計量等を求める段階

Phase 2：IRT の項目パラメタを推定する段階

Phase 3：解（回）答者の潜在特性値を算出する段階

無事に計算が終了していれば，BILOG-MG と同様に項目特性曲線や項目情報量，テスト情報量等を描くことができる。

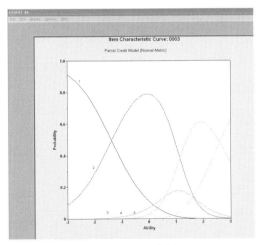

図 20-10　出力例

第V部　実践編

(3) プログラム

PARSCALE のプログラムは BILOG–MG との共通点も多い。ここではプログラム例を挙げ，それぞれのコマンド，オプションの解説を行う。図20-11にプログラム全体を示す。これは最もシンプルな場合である。

(a) 最初の2行と COMMENT コマンド

BILOG–MG と同様である。

図 20-11　PARSCALE プログラム例

(b) FILES コマンド

FILES コマンドでは，データのファイル名や使用するモデルなど分析の基本的な部分を指定する。

　○DFName＝'データファイル名'によりデータファイルを指定する。拡張子は.dat でなくても.txt でもかまわない。
　○OFName　'データファイル名'によりデータファイルを指定する。データファイルにおいて，欠測値として扱うコードが"P"だった場合，P を項目数分羅列したファイルをプログラムファイルと同一のフォルダ内に作成しておく。
　○NFName　'データファイル名'によりデータファイルを指定する。データファイルにおいて，提示されなかった項目として扱うコードが"N"だった場合，N を項目数分羅列したファイルをプログラムファイルと同一のフォルダ内に作成しておく。

○SAVE　　　ここで SAVE を記述することにより，後に SAVE コマンドを用いることができる。

(c)　SAVE コマンド

SAVE コマンドにより，計算の結果を別のファイルに出力することができる。

PARM＝'ファイル名'で項目パラメタを，SCORE＝'ファイル名'で各解（回）答者の潜在特性値を指定したファイル名で出力する。

(d)　INPUT コマンド

ここでは，データファイルに関する情報を指定する。

NTEST はテストの数，LENGTH は項目数，NIDCH はデータファイルにおける ID が何桁であるか，NTOTAL は読み込む項目数である。なお，例えば NTEST＝3 の場合は，LENGTH＝（k, l, m）と記述すればよい（k, l, m は各テストの項目数）。

(e)　データの読み込み

読み込みの形式は BILOG-MG と同様であるため省略する。

(f)　TEST コマンド

TNAME でその尺度（テスト）の名前を付けることができる。特に必要はないが，出力を見る際に便利である。NBLOCK はそのテスト内に含まれる BLOCK の数を指定する。そして ITEMS で，そのテストに含まれる項目を指定することができる。BLOCK に関しては次項を参照。

(g)　BLOCK コマンド

BLOCK コマンドは TEST コマンドで指定した BLOCK の数だけ必要となる。PARSCALE における BLOCK の概念を理解することが必要であるため，はじめに BLOCK の説明を行う。図20-12に示したように，多値型モデルでは各選択枝の潜在特性次元上における位置を，項目の位置を表わす b パラ

第Ⅴ部　実践編

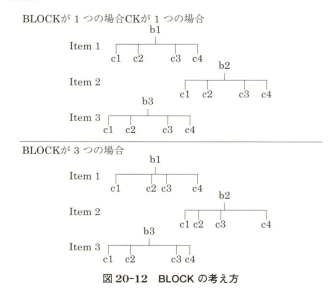

図20-12　BLOCKの考え方

メタと，カテゴリのパラメタであるcパラメタで表わす。その際に，何組のカテゴリパラメタを求めるかをBLOCKで指定する。上段では1組のカテゴリパラメタが求められ（項目間で共通），下段では3組のカテゴリパラメタが求められている（項目間で異なる）。

　BLOCKにもBNAMEで名前を付けることができる。NITEMSは，当該BLOCKに含まれる項目数，NCATは選択枝数，ORIGINALはデータにおけるコードであり，MODIFIEDは実際にプログラム内で処理する場合のコードである。逆転項目の場合は，ここでORIGINAL＝(1, 2, 3, 4, 5)，MODIFIED＝(5, 4, 3, 2, 1)とすればよい。なお，段階数を減らす場合もORIGINAL＝(1, 2, 3, 4, 5)，MODIFIED＝(1, 1, 2, 3, 3)のようにすれば元のデータファイルで変換しておく必要はない。

　REP＝はそのBLOCKコマンドを繰り返す回数である。図20-11のプログラムでは，5項目のパラメタ推定を，各項目でカテゴリパラメタが異なることを仮定している。BLOCKコマンドを5つ記述しても同様であるが，簡略化するためのコマンドである。

　なお，この場合，項目間で共通のカテゴリパラメタを推定するときには，

514

```
>BLOCK BNAME=block 1,NITEMS=5,NCAT=5,ORIGINAL=(1,2,3,4,5),
    MODIFIED=(1,2,3,4,5);
```

と記述し，TEST コマンドの NBLOCK を1とすればよい．

(h) CALIB コマンド

CALIB コマンドでは推定の際に必要な情報を指定する．
- PAR は Generalized Patial Credit Model を示している．Modified Graded Response Model を使用するときは GRA とすればよい．
- LOGISTIC と SCALE は通常このようにしておけばよい．
- CYCLES は収束回数を指定している．これも通常このくらいでよい．詳細はヘルプを参照のこと．
- NEWTON では NEWTON 法による逐次近似計算を最大何回行うかを指定する．
- CRIT では収束したと判断するための基準を指定する．

BILOG-MG と同様に，収束していない場合も，ここで指定した回数になるとエラー表示を出すことなく計算が終了してしまうので大きな値にしておく方がよい．また収束基準は0.001が適切であると考えられる．

(i) SCORE コマンド

ここでは，解（回）答者の潜在特性値を推定する際の方法に関して指定を行う．Maximum likelihood であれば MLE,Expected a posteriori であれば EAP,Warms's weighted maximum likelihood estimation であれば，WML と指定する．何も指定しなければ EAP となる．

(j) 補足

プログラムに関する基本を概説したが，その他の各種オプションに関してはヘルプの Syntax を参照のこと．プログラムが途中で止まってしまう場合は出力ファイルをみてどこで計算がストップしているのか見当をつけた上でコマンドの記述等を適切に変更する必要がある．

(4) 出力例

(a) PHASE 0

プログラムとデータの読み込み結果が記されている。

(b) PHASE 1

Phase 1 では，各項目の記述統計量が出力される。

(c) PHASE 2

Phase 2 では，項目パラメタの推定を行ったプロセスが出力されている。このあたりは BILOG–MG と同様である。

収束終了後，カテゴリパラメタ，項目パラメタの順で出力される。

(d) PHASE 3

各解（回）答者の推定された潜在特性値および標準誤差が表示される。

20.3. まとめ

BILOG–MG と PARSCALE のプログラムの基本を概説したが，オプションも非常に多く，分析のバリエーションも多いためさらに詳しい情報はヘルプを参照することが必要である。プログラムがうまく動かない場合に，どこに原因があるのかを知るにはある程度経験が必要であり，試行錯誤が不可欠である。詳細なエラーメッセージが出力される訳ではないため，原因がプログラムにあるのか，データにあるのかさえ明示されないので時間をかけて検討していく必要がある。

第Ⅴ部　実践編

第21章 項目反応理論分析プログラム EasyEstimation シリーズ

　項目パラメタの推定をはじめとする項目反応理論の分析計算には，専用のプログラムが必須である。現在，項目反応理論の分析計算プログラムとしては，Scientific Software International 社の BILOG–MG（Zimowski, Muraki, Mislevy, & Bock, 2003）や PARSCALE（Muraki & Bock, 2003）などが広く使用されている。BILOG–MG は，計算のための設定値を詳細に変更できるなど優れた特徴をもっているが，それゆえに設定しなければいけない項目も多く，必ずしもそれが初学者にとって簡便に使用できるわけではない。そのような点の改善を目的として，項目反応理論の計算プログラムが熊谷（2009）（ホームページ：http://irtanalysis.main.jp）により公開されている。原稿執筆時点（2011年）では，熊谷（2009）において開発されたいくつかのプログラム群が「EasyEstimation」として1つのプログラムに統合されたほか，段階反応モデル（Samejima, 1969）の分析を行う「EasyEstGRM」，名義反応モデル（Bock, 1972）の分析を行う「EasyNominal」，DIF（特異項目機能）の分析を行う「EasyDIF」などが公開されている。本章では，これらのプログラムの概要・特徴について述べる。なお，ここで取り上げるプログラムはすべて Windows プログラムであり，実行には「.NET Framework2.0以上」が必要である。

本章の原稿は2011年時点のものであり，ソフトウェアの仕様がその後変更された部分があります。ソフトウェアの利用にあたっては，必ず EasyEstimation のホームページ（http://irtanalysis.mam.jp）を参照ください。

21.1. 2値型項目反応モデル分析プログラム「EasyEstimation」

EasyEstimation は,正答・誤答のような2値型項目の IRT モデル(1-,2-,3-パラメタ・ロジスティック・モデル)の分析を行うことができるプログラムである。EasyEstimation は,大きく以下の4つの機能をもつ(図21-1)。

(1) 1次元性の仮定の確認
(2) 項目パラメタの推定
(3) 受験者特性値(θ)の推定
(4) 項目特性曲線,テスト情報量曲線の表示

各機能の説明を以下に述べる。

(1) 1次元性の仮定の確認

図21-1の機能選択画面において「一次元性確認」ボタンをクリックすることで,基礎統計量の算出とスクリープロット(項目間テトラコリック相関係数行列からの固有値のプロット図)の描画を行い,テストデータにおいて1次元性の仮定が満たされているかを検討することができる。なお,テトラコリック相関係数の計算には Olson (1979) による最尤推定法が用いられている。

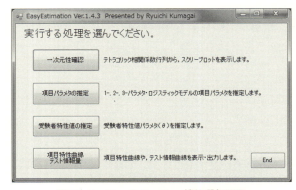

図 21-1　EasyEstimation 機能選択画面

第21章　項目反応理論分析プログラム EasyEstimation シリーズ

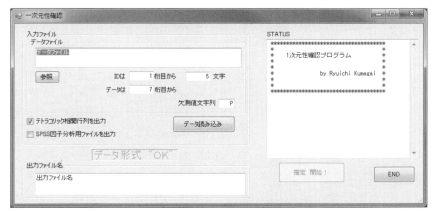

図 21-2　データファイル例

図 21-3　1次元性確認起動画面

使用データ：使用できるデータは，0－1でコーディングされた2値型データである。ファイルは受験者 ID および実際の反応データ部分からなるテキスト形式となる（図21-2参照）。図21-2では ID が5桁，データ部分が20桁であり，その間に「，（カンマ）」を付している。ID とデータ部分の間の「，」は必ずしも必要ではなく，他の記号，英数字でもかまわない。また，欠測値についても取り扱うことができ，0と1以外の任意の英数字，記号で表現する。

計算方法：図21-1の機能選択画面で「1次元性確認」ボタンをクリックすると，図21-3のような画面が表示される。計算手続きとしては，はじめに「データファイル」と記されたテキストボックスにデータファイルのアイコンをドラッグ＆ドロップする。そうするとテキストボックス内にデータファ

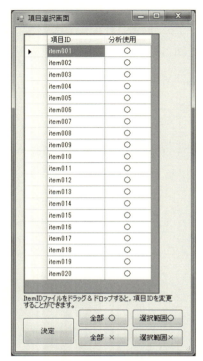

図 21-4　項目選択画面

イルのフルパス名が表示される。これでデータファイルを指定したことになる。なお，テキストボックス下にある「参照」ボタンを押下することでもデータファイルを指定することができる。データファイルが指定されると「出力ファイル名」と記されたテキストボックスに自動的に出力ファイル名が記入される。出力ファイル名は「データファイル名」に「OneF」の文字が付加された csv ファイル名である（data.dat というデータファイル名であれば出力ファイル名は dataOneF.csv となる）。出力ファイル名は手入力により変更してもかまわない。

次に，データファイルの内容を記述する。「データファイル」テキストボックスの右下に，データファイルに含まれている ID が何桁目から始まり何文字であるのか，および反応データが何桁目から始まるのかを数字で入力する。また，欠測値がどの英数字・記号で表現されているのかも入力する。

データファイルの内容を記述した後，「データ読み込み」ボタンをクリックすると項目選択画面が表示される（図21-4）。この画面の「分析使用」と書かれた列をクリックすることで，分析に使用する項目を指定することができる。また，「項目 ID」と書かれた列をダブルクリックすることで，各項目の名称（ラベル）を変更することができる。しかし，この方法では項目数が多い場合に非常に手続きが煩雑になるため，「ItemID」ファイルによる一括変更機能が備わっている。「ItemID」ファイルは1行に1つの項目名称が記載されたテキストファイルであり（EasyEstimation に添付されている「ItemID.dat」を参照されたい），このファイルを「項目 ID」列にドラッグ

第21章　項目反応理論分析プログラム EasyEstimation シリーズ

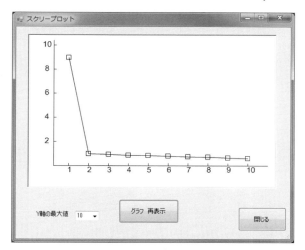

図 21-5　スクリープロット出力画面

&ドロップすることで，項目名称を一括変更することができる。

　項目選択画面で「決定」ボタンをクリックした後，図21-3の右下にある「推定　開始！」と書かれたボタンをクリックすることで計算が開始される。なお，出力にテトラコリック相関係数行列を含めたい場合には「テトラコリック相関行列を出力」というチェックボックスにチェックをする。同様に，そのテトラコリック相関係数行列を SPSS による因子分析に用いるための専用出力ファイルを出力するためには，「SPSS 因子分析用ファイルを出力」にチェックする。

計算結果：計算が終了すると，はじめにスクリープロット出力画面が表示される（図21-5）。この出力により，テストの1次元性の確認を行うことができる。この画面では，縦軸（固有値）の最大値を変更することが可能である。

　さらに，先に出力ファイル名で指定したファイルに，計算結果が出力される。出力結果は図21-6のように，各項目の基礎統計量（正答率と点双列相関係数），テスト得点の平均・標準偏差・信頼性係数（KR20），および固有値がテキストファイルで保存される。また，「テトラコリック相関行列を出力」にチェックしていた場合には，その値も出力される。「SPSS 因子分析

第Ⅴ部　実践編

```
基礎統計量

項目番号,           正答率,    点双列相関
  item001,         0.57800,    0.48927
  item002,         0.78100,    0.47749
     （途中省略）
  item019,         0.45100,    0.57237
  item020,         0.58100,    0.62721

テスト得点の平均,   11.80700
テスト得点の SD ,    4.34347
KR20           ,     0.84870

固有値
因子番号,      固有値
Eigen00001,    8.97878
Eigen00002,    0.98783
     （途中省略）
Eigen00019,    0.25772
Eigen00020,    0.13947

テトラコリック相関行列
         ,    item001,   item002,   item003,   item004,   item005,
  item001,    1.00000,   0.32324,   0.39551,   0.33691,   0.36426,
  item002,    0.32324,   1.00000,   0.42676,   0.49707,   0.30957,
  item003,    0.39551,   0.42676,   1.00000,   0.52832,   0.47754,
     （途中省略）
```

図21-6　1次元性確認出力ファイル

用ファイルを出力」にチェックをしていた場合には，この出力ファイルとは別に，「出力ファイル名＋SPSS.csv」というファイル名で，このテトラコリック相関係数行列を SPSS で因子分析するために必要な情報を加えたファイルを出力する。このファイルを用いて SPSS で因子分析を行う場合には，SPSS シンタックスにより計算を行う。なお，この手続きについては本論の目的から外れるため省略する。

(2)　**項目パラメタの推定**

　図21-1の機能選択画面で「項目パラメタの推定」ボタンをクリックする

```
00001, 1, 11100110011111110101
00002, 2, 11100010011110011110
00003, 2, 01100111011111110101
00004, 1, 11100010011111111101
00005, 1, 00000010010110011000
                ⋮
```

図 21-7　EasyEstimation データファイル例

ことで，項目反応理論の1－，2－，3－パラメタ・ロジスティック・モデルにおける項目パラメタを計算することができる。EasyEstimation では，識別力パラメタを slope パラメタ，困難度パラメタを location パラメタ，当て推量パラメタを asymptote パラメタとして表わす。EasyEstimation では，多母集団モデルに基づいた分析（下位集団ごとに，潜在特性尺度値の母集団分布を推定する分析）を行うことも可能である。項目パラメタの推定に際しては，周辺最尤推定法を使用し，数値計算には EM アルゴリズムを採用している。周辺最尤推定法による項目パラメタ推定の原理については第2章を，EM アルゴリズムを含めた具体的な計算手順については Bock & Aitkin (1981) を参照されたい。

使用データ：「項目パラメタの推定」で使用するデータは，「1次元性確認」で使用したものと同じ形式である。ただし，多母集団モデルを用いる場合には，下位集団を示す数字（1から始める）をデータファイル内に記述する（図21-7の7桁目参照）。

計算方法：図21-1の機能選択画面で「項目パラメタの推定」ボタンをクリックすると図21-8のような画面となる。データファイルの指定など原則は「1次元性確認」の場合とほぼ同様である。「項目パラメタの推定」では，ID 桁数の指定がない代わりに，下位集団情報をグループ変数として指定する。また，「モデル選択 BOX」により，1－，2－，3－パラメタ・ロジスティック・モデルの選択ができる。データファイルの情報を入力した後に，「データ読み込み」ボタンをクリックすることで，使用項目決定画面に遷移する。

第Ⅴ部　実践編

図 21-8　「項目パラメタの推定」起動画面

ここでも「1次元性確認」と同様に，分析に使用する項目の決定や，項目名称の変更を行うことができる。また，項目 ID, slope, location, asymptote パラメタがカンマ区切りで記録されたパラメタファイル（EasyEstimation に添付の ItemFIX.dat を参照されたい）をドラッグ＆ドロップすることで，既に項目パラメタが既知となっている項目を指定して，残りの項目のパラメタを推定することが可能となる（図21-9）。この機能により，既知項目を利用した「等化」を行うことができる。

使用項目を決定すると，図21-8 の「推定開始」ボタンが押下可能になり，ボタンクリックをすることで，推定計算が開始される。項目パラメタの推定には繰り返し計算が必要であるため，その計算過程が画面右上のステータスボックスに表示される。データ状態などにより，計算が収束に向かわない場合もあるが，そのような状態をこのステータスボックスにて確認することができる。

なお，起動画面左下の「パラメタファイル出力」にチェックをすると，「受験者特性値の推定」や「項目特性曲線・テスト情報量」で使用するための項目パラメタファイルが出力される。同じく「計算ログを出力する」にチェックをすると，繰り返し計算の過程が，出力ファイル内に記述される。

第21章　項目反応理論分析プログラム EasyEstimation シリーズ

図 21-9　既知項目情報の指定

計算結果：計算が終了すると，「出力ファイル名」で指定されたファイル名で，計算結果が出力される。出力ファイル内には，【項目パラメタ】，【(潜在特性尺度値の) 事後分布】，【(項目の) 基礎統計量】，【計算ログ】(出力するように指定した場合) が記述される (図21-10参照)。

(3)　受験者特性値 (θ) の推定

図21-1 の機能選択画面で「受験者特性値の推定」ボタンをクリックすることで，テスト受験者の潜在特性尺度値を計算することができる。潜在特性尺度値の推定方法は，MLE (最尤推定法：maximum likelihood estimation)，MAP (maximum a posteriori)，EAP (expected a posteriori) が利用できる。MLE 法は，全項目に誤答もしくは正答した受験者の潜在特性尺度値は，尤度関数が単調増加または単調減少になり推定できない (3パラメタ・ロジス

itemID,	slope,	slopeSE,	location,	locationSE,	asymptote,	asymSEI
tem001,	0.61801,	0.05039,	−0.36379,	0.07072,	0.00000,	0.00000
Item002,	0.74631,	0.06216,	−1.29263,	0.09517,	0.00000,	0.00000
（途中省略）						
Item019,	0.90370,	0.06234,	0.18806,	0.04981,	0.00000,	0.00000
Item020,	1.10727,	0.07245,	−0.26859,	0.04374,	0.00000,	0.00000

【事後分布】
Group1
　θ値,　　　確率
　-3.97462, 0.0000453642
　-3.70925, 0.0001137232
　　　（途中省略）
　3.71116, 0.0001057596
　3.97653, 0.0000425579

Group1Mean＝0.00000
Group1SD＝1.00000

【基礎統計量】
P.BISの計算において,合計得点に当該項目は含まれません.
(Ver0.4以降からの変更)

項目統計量
itemID,	人数,	通過率,	P.BIS,	BIS
Item001,	1000,	0.57800,	0.39551,	0.49921
Item002,	1000,	0.78100,	0.39896,	0.55870
Item020,	1000,	0.58100,	0.55052,	0.69524

テスト統計量
Test Mean＝11.80700
Test SD＝4.34347
KR20＝0.84870

【計算ログ】
全データ読み込み

データファイル＝C：¥Sampledata.dat
被験者数1000でした.

事前分布読み込み

事前分布ファイル＝NDIST.dat
分割数は31でした.

推定開始

パラメタ初期値

初期値計算終了

1回目 E-step 終了
1回目 M-step 終了
1回目－2LogLikelihood＝16650.3259301242
パラメタの最大変化　0.254044432466427　　　　項目6

図21-10 「項目パラメタの推定」出力ファイル

ティック・モデルにおいては，それ以外の反応パタンにおいても，推定できないこともある）が，EasyEstimationでは，もっともslopeパラメタが小さい項目について0.5点正答とした処理を行うことで，そのような場合にも潜在特性尺度値が推定できるオプションが用意されている。ベイズ推定方法を利用したMAP法やEAP法では，事前分布の情報を利用することで，全項目正答（誤答）のパタンに対する推定値を得ることができる（厳密には，MAP法において事前分布の形状や反応パタンによっては推定できないこともある）。しかしながら，EAP法やMAP法では，事前分布の平均値方向に対して推定値に偏りが生じることが知られており，特に垂直等化などを行ったテストの場合には，この事前分布のバイアスの影響について，十分な注意が必要となる。

またEasyEstimationでは，Drasgow, Levine, & Williamas（1985）およびDrasgow, Levine, & McLaughlin（1987）によるZ_L統計量を算出することもできる。Z_L統計量は，推定された潜在特性尺度値のモデルへの当てはまりを示す指標（受験者適合度指標）であり，この値が負で大きいほどモデルへの当てはまりが悪いことになる。具体的には，location（困難度）パラメタが高い項目ばかりに正答し，locationパラメタが低い項目には誤答しているような反応パタンにおいて，Z_L統計量は負の値を示すことになる。EasyEstimationにおける「受験者特性値の推定」のもう1つの機能として，「母集団分布の推定」がある。これは，各個人の受験者特性値を推定するのではなく，受験者集団の母集団分布そのものを推定する機能である。

使用データ：「受験者特性値の推定」では，反応データおよび項目パラメタの2つの情報が必要となる。反応データに関しては，「1次元性確認」で使用したデータと全く同様である。項目パラメタに関しては，項目ID, slopeパラメタ, locationパラメタ, asymptoteパラメタの順に並べられたcsvファイルを使用する（図21-11）。「項目パラメタの推定」において，「パラメタファイル出力」にチェックをしていた場合，このファイルが自動的に出力される。2パラメタ・ロジスティック・モデルの場合は，asymptoteパラメタの列に0を指定し，1パラメタ・ロジスティック・モデルの場合はslopeパラメタ

第Ⅴ部　実践編

```
Item001,    0.61801,    -0.36379,    0.00000
Item002,    0.74631,    -1.29263,    0.00000
Item003,    1.08217,     0.26018,    0.00000
Item004,    0.00000,     0.00000,    0.00000
Item005,    0.98753,     1.16258,    0.00000
                    ⋮
```

図 21-11　受験者特性値推定用項目パラメタファイル

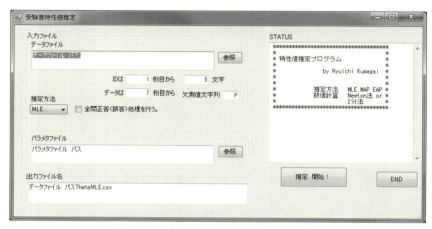

図 21-12　「受験者特性値の推定」起動画面

が項目間で同一値を指定する。また，計算に使用しない項目がある場合には，各パラメタにすべて0を指定することで計算から除外することができる（図21-11のItem004）。

計算方法：図21-1の機能選択画面で「受験者特性値の推定」ボタンをクリックすると図21-12の画面になる。画面構成や必要情報の入力は，これまでの機能と全く同じである。「受験者特性値の推定」では，項目パラメタファイルの指定を行うが，それに関しても「パラメタファイル　パス」と書かれたテキストボックスに，データファイルと同様にドラッグ＆ドロップするだけでよい。また，「推定方法」と書かれた選択BOXから，MLE，MAP，EAPおよび母集団分布推定の各オプションを選択することができる。

　すべての情報を入力した後，「推定　開始！」ボタンをクリックすること

```
" ID", "RawScore", "THETA", "SE, "PerFit"
00001,      12,   0.06727,  0.37448,  -0.70948
00002,       9,  -0.57447,  0.35071,   1.32393
00003,      11,  -0.27064,  0.35677,   0.99852
00004,      12,  -0.10811,  0.36408,  -1.55511
00005,       3,  -2.30852,  0.53848,   0.20869
```

図 21-13 「受験者特性値の推定」出力結果

で，これまでと同様に分析に使用する項目の選択画面が表示された後，計算が開始される。

計算結果：計算が終了すると，「出力ファイル名」で指定されたファイル名で，計算結果が出力される。出力ファイル内には，受験者 ID，素点，潜在特性尺度値の推定値，推定誤差，Z_L 統計量（受験者適合度指標）が記述される（図21-13参照）。

(4) 項目特性曲線，テスト情報量曲線の表示

図21-1の機能選択画面で「項目特性曲線・テスト情報量」ボタンをクリックすることにより，前項でも利用した項目パラメタファイルを利用して，項目特性曲線やテスト情報量を表示することができる。

はじめに，「項目特性曲線・テスト情報量」ボタンをクリックすると，図21-14のような画面が現われる。ここで「パラメタファイル」と記されたテキストボックスに，前項でも利用した項目パラメタファイルをドラッグ＆ド

図 21-14 項目パラメタファイル設定画面

第Ⅴ部　実践編

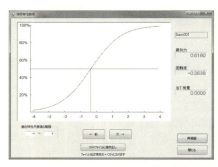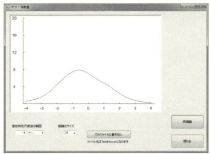

図 21-15　項目特性曲線，テスト情報量曲線表示画面

ロップすると，項目パラメタがセットされる。

項目パラメタファイルがセットされた後，「項目特性曲線表示」，「テスト情報量表示」ボタンをクリックすることで，それぞれの機能が実行される（図21-15）。また，各グラフの数値データを CSV ファイルとして出力することにより，容易にその他の統計処理プログラムなどで，計算・グラフ描画のために利用することができる機能も実装されている。

21.2.　段階反応モデル分析プログラム「EasyEstGRM」

EasyEstGRM は，段階反応モデル（graded response model）の分析を行うことができるプログラムである。EasyEstGRM は，EasyEstimation とほぼ同一の実行画面となっており，操作方法も同様である（項目パラメタ推定における既知項目の固定や，受験者特性値推定における母集団分布推定など，いくつかの機能は EasyEstGRM では未実装である）。

EasyEstGRM で扱うことができるデータは，{0, 1, 2, 3, …} もしくは {1, 2, 3, 4, …} とコード化されたものであり（データが「0」で始まるか「1」で始まるかは，プログラム内で指定できる），特性尺度値が高い受験者ほど数字が大きいカテゴリに反応する確率が高くなるという順序性をもった多値型データであることが仮定される。

第21章 項目反応理論分析プログラム EasyEstimation シリーズ

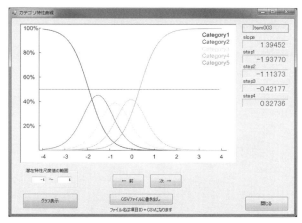

図 21-16　EasyEstGRM によるカテゴリ特性曲線の表示

21.3.　名義反応モデル分析プログラム「EasyNominal」

　EasyNominal は，名義反応モデル（nominal response model）の分析を行うことができるプログラムである。EasyEstGRM と同様，EasyNominal も操作方法は EasyEstimation とほぼ同様である（ただし，EasyNominal には「1次元性の確認」機能は存在しない）。

　EasyNominal で扱うことができるデータも，EasyEstGRM と同様の「0」もしくは「1」から始まる多値型データであるが，あくまで名義尺度であるため，「0＜1＜2＜3」のような順序性は仮定されない。このことから，EasyNominal では項目パラメタ推定時に「潜在特性尺度の方向」を決定する必要がある（図21-17）。すなわち，どのカテゴリに反応した場合に潜在特性尺度が高い（大きい）とするのかについて，項目カテゴリ特性曲線を見ながら決定するのである。また図21-17からも分かるとおり，名義反応モデルは非常に特徴的な項目カテゴリ特性曲線を描くことが見てとれる。

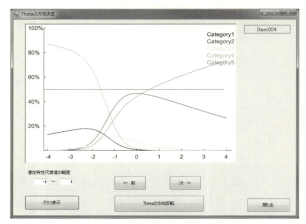

図 21-17 潜在特性尺度の方向決定画面

21.4. 他のプログラムとの比較

EasyEstimation, EasyEstGRM および EasyNominal を用いることで，項目反応理論による分析を一通り行うことが可能となる。これらのプログラムの出力が妥当であるかを確認するために，既製ソフトウェアである SSI 社製の TESTFACT および BILOG-MG との比較を行った。

使用データ：項目数20のテストに対し1000名の受験者が反応したデータをシミュレーションにより作成した（このデータは EasyEstimation に添付されている Sampledata.dat と同一である）。以下の比較分析にはすべてこのデータを使用した。

(1) 「1次元性の確認」における **TESTFACT** との比較

「1次元性の確認」ではテトラコリック相関係数行列からスクリープロットを計算する。ここでは，上述のシミュレーションデータからテトラコリック相関係数行列を EasyEstimation および TESTFACT で計算し，両者の比較を行った。

表 21-1 EasyEstimation と TESTFACT によるテトラコリック相関係数行列

EasyEstimation

	item001	item002	item003	item004	item005	item006	item007	item008	item009	item010
item001	1.000									
item002	0.323	1.000								
item003	0.396	0.427	1.000							
item004	0.336	0.497	0.529	1.000						
item005	0.364	0.309	0.477	0.516	1.000					
item006	0.381	0.353	0.391	0.456	0.365	1.000				
item007	0.225	0.283	0.353	0.334	0.316	0.272	1.000			
item008	0.294	0.307	0.411	0.446	0.387	0.287	0.291	1.000		
item009	0.398	0.313	0.496	0.477	0.367	0.378	0.391	0.377	1.000	
item010	0.430	0.469	0.509	0.462	0.586	0.316	0.326	0.407	0.451	1.000

TESTFACT

	item001	item002	item003	item004	item005	item006	item007	item008	item009	item010
item001	1.000									
item002	0.323	1.000								
item003	0.396	0.427	1.000							
item004	0.336	0.497	0.529	1.000						
item005	0.364	0.309	0.477	0.516	1.000					
item006	0.381	0.353	0.391	0.456	0.365	1.000				
item007	0.225	0.283	0.353	0.334	0.316	0.272	1.000			
item008	0.295	0.307	0.411	0.446	0.387	0.286	0.291	1.000		
item009	0.398	0.313	0.496	0.477	0.367	0.377	0.391	0.377	1.000	
item010	0.430	0.469	0.509	0.462	0.586	0.316	0.326	0.407	0.451	1.000

表21-1は，シミュレーションデータから計算されたテトラコリック相関係数行列（20項目×20項目）から10項目分を抜き出したものである。この表からも分かるとおり，2つのプログラム間におけるテトラコリック相関にはほとんど違いがない。20項目×20項目の組み合わせの中で，2つのプログラム間で最も差が大きかったものでも0.007の差異であり，実用上は両者に全く違いがないといってよい。

(2) 「項目パラメタの推定」における BILOG-MG との比較

前節での比較分析と同様に，上述のシミュレーションデータを EasyEsti-

表21-2 EasyEstimation と BILOG-MG による項目パラメタ推定値

	EasyEstimation		BILOG-MG		両者の差	
	slope	location	slope	location	slope	location
Item001	0.61801	−0.36379	0.61649	−0.36542	0.00152	0.00073
Item002	0.74631	−1.29263	0.74471	−1.29657	0.00161	0.00394
Item003	1.08217	0.26018	1.08046	0.26153	0.00171	−0.00135
Item004	1.20555	1.22252	1.20403	1.22689	0.00152	−0.00437
Item005	0.98753	1.16258	0.98553	1.16708	0.00200	−0.00450
Item006	0.74959	1.89139	0.74795	1.89859	0.00164	−0.00720
Item007	0.61302	−2.15052	0.61147	−2.15806	0.00155	0.00754
Item008	0.65673	−0.30767	0.65535	−0.30824	0.00138	0.00057
Item009	0.80997	1.20493	0.80817	1.20973	0.00180	−0.00480
Item010	1.10538	−1.08806	1.10320	−1.09126	0.00218	0.00320
Item011	1.27900	−0.73470	1.27705	−0.73651	0.00195	0.00181
Item012	1.27156	−1.62422	1.26931	−1.62907	0.00225	0.00485
Item013	1.01762	−1.68016	1.01531	−1.68559	0.00231	0.00543
Item014	0.69243	−0.90900	0.69097	−0.91136	0.00146	0.00236
Item015	0.45419	−0.82674	0.45323	−0.82899	0.00096	0.00225
Item016	0.61820	−2.61033	0.61655	−2.61986	0.00165	0.00953
Item017	0.93062	−0.59926	0.92942	−0.60030	0.00120	0.00104
Item018	1.25084	−0.39489	1.24906	−0.39558	0.00178	0.00069
Item019	0.90370	0.18806	0.90214	0.18922	0.00156	−0.00116
Item020	1.10727	−0.26859	1.10548	−0.26894	0.00179	0.00035

mation と BILOG-MG とで分析し，項目パラメタの比較を行った。使用した項目反応モデルは2パラメタ・ロジスティック・モデルである。なお BILOG-MG での計算に際しては，「>CALIB NQPT＝31, CYCLES＝20, NEWTON＝20, NOSPRIOR；」のオプションを指定した。

表21-2は，シミュレーションデータ20項目における項目パラメタ（slope パラメタと location パラメタ）を EasyEstimation と BILOG-MG において推定したもの，および両者の差である。差を見ると最も差異が大きいものでも，Item016の location パラメタで0.0095程度であり，実用上は両者で全く違いがないといってよい。

なお，http://irtanalysis.main.jp/ において，EasyEstGRM と PARSCALE

との比較や，EasyNominal と MULTILOG との比較なども掲載されているので参照されたい。

21.5. DIF 検出プログラム「EasyDIF」

EasyDIF は特異項目機能（Differential Item Functioning：DIF）の分析を行うプログラムである。EasyDIF は以下のような特徴をもっている。

① EasyEstimation とほぼ同様の GUI をもち，簡便な操作で分析を行うことができる。
② 分析対象集団が3以上の多母集団を同時に分析することができる。
③ カテゴリ数が3以上の多値型データに対応している。
④ DIF の大きさを示す指標として「指標 K」（熊谷，2012）を利用する。

はじめに，EasyDIF で採用している「指標 K」について説明する。指標 K は以下の手続きにより算出される。

(1) データ行列の分割

受験者数 N，項目数 n のデータ行列，また受験者は下位集団 A と下位集団 B から構成されているとする。このとき，データ行列の項目 k について，DIF が存在するかどうかを検討する状況を考える（EasyDIF ではこのように DIF の存在を検討する項目を「study 項目」とし，残りの項目を「NonDIF 項目」と表現する）。まず，この項目 k について，項目 k_A と項目 k_B という2つの項目に分割する。項目 k_A は下位集団 A の項目反応はそのまま用いるが，下位集団 B の項目反応部分を欠測値とする。同様に項目 k_B については，下位集団 B の項目反応はそのまま用い，下位集団 A の項目反応部分を欠測値とする。この手続きは，第2章で触れた Thissen, Steinberg, & Wainer (1993) による尤度比を利用した方法と同様である。

(2) 項目パラメタの推定

(1)で得られた作成した $N×(n+1)$ のデータ行列について，項目パラメ

タの推定を行う。EasyDIF では，段階反応モデルを採用している。また，項目パラメタ推定において多母集団モデルを適用し，下位集団 A および B の母集団分布の推定も行う。

(3) 項目期待カテゴリ特性関数の算出

(2)により項目 k_A, k_B の項目パラメタが推定されたので，それぞれの項目について，

$$E(\theta) = \sum_{c=1}^{C} p_c(\theta) \cdot c$$

により，項目期待カテゴリ特性関数を算出する。ここで C は項目 k のカテゴリ数，$p_c(\theta)$ はカテゴリ c に対する項目反応カテゴリ特性関数である。これは，ある潜在特性尺度値 θ をもつ受験者が反応するカテゴリの期待値を示す関数となる。

(4) 指標 K の算出

以下の式で指標 K を算出する。

ここで，$E_A(\theta)$，$E_B(\theta)$ はそれぞれ項目 k_A, k_B の項目期待カテゴリ特性関数である。また $g_r(\theta)$ は下位集団 A および B の推定された母集団分布について，A と B の比率を乗じて足しあわせた混合母集団分布である。EasyDIF では，この積分計算については，離散近似による数値計算を採用している。

EasyDIF では，指標 K について「(カテゴリ数－1)×0.1」（2 値型の場合は0.1，5 段階反応の場合は0.4となる）を，DIF の影響が大きいとする閾値としている。これは Mantel-Haenszel 統計量との比較研究などから設定された値である。3 母集団以上の計算など，指標 K の詳細については熊谷（2012）を参照されたい。

実際の EasyDIF を用いた分析は以下のように行われる。EasyDIF を起動すると図21-18の起動画面が現われる。これは EasyEstimation もしくは EasyEstGRM における「項目パラメタの推定」画面とほぼ同様であり，各

第21章 項目反応理論分析プログラム EasyEstimation シリーズ

図 21-18　EasyDIF 起動画面

設定方法などもほぼ同一である。

　データファイルの設定を終え，「データ読み込みボタン」を押すと，図21-19の項目選択画面が表示される。ここでは，DIFを検討する項目（Study項目）とDIFが存在しないと分かっている項目（NonDIF項目）の指定などを行う。なお，事前情報などがなくすべての項目についてDIFを検討する（すべての項目がStudy項目となる）場合には，「Study項目をNonDIF項目に含める」にチェックをしておく必要がある。

　項目選択の後，「推定開始」ボタンをクリックすることで，指標Kの計算が始まる。計算が終了すると，図21-20のようなグラフ画面が表示される。

　図21-20の左図は，下位集団ごとの項目反応カテゴリ特性曲線を表わし，右図は項目期待カテゴリ特性曲線を表わしている。項目期待カテゴリ特性曲線が離れるほど，指標Kの値は大きくなる。EasyDIFでは，指標Kの数値によりDIFの有無を検討するだけではなく，図21-20のように項目特徴を示すグラフを見ながら，詳細にDIF

図 21-19　EasyDIF 項目選択画面

537

第Ⅴ部　実践編

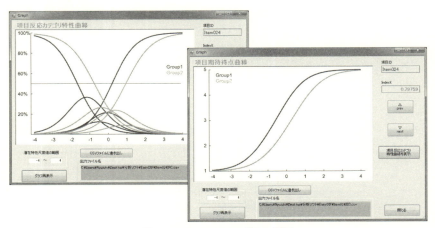

図21-20　EasyDIF グラフ画面

の状況を検討することが可能となる。

参考文献

Adams. J. S.(1963). Toward an understanding of inequity. *Journal of Abnormal and Social Psychology*, 67. 422–436.

Adams, J. S. (1965). "Inequity in social exchange." In L. Berkwitz (Ed.), *Advances in Experimental Social Psychology*. (Vol.2. pp. 267–299). New York, NY: Academic Press.

Allen, N. J., & Meyer, J. P. (1990). "The measurement and antecedents of affective, continuance, and normative commitment to the organization." *Journal of Occupational Psychology*, 63, 1–18.

Allport, G. W. (1937). *Personality: A psychological interpretation*. New York, NY: Holt.

Allport, G. W. (1961). *Pattern and growth in personality*. New York, NY: Holt, Rinehart, and Winston.

Alutto, J. A., Hrebiniak, G., & Aronso, R. C. (1973). "On operationalizing the concept of commitment." *Social Forces*, 51, 448–454.

Ambrose, M. L., & Schminke, M. (2001). "Are flexible organizations the death knell for the future of procedural justice?" In R. Cropanzano (Ed.), *Justice in the workplace: From the theory to the practice*. (Vol.2. pp. 229–244). Mahwah, NJ: Lawrence Erlbaum. Associates.

American Psychiatric Association (1987). *Diagnostic and statistical manual of mental disorders* (3rd ed., Rev.: DSM–III–R). Washington, D.C.: Author.

安藤雅和・清水俊紀・木村美善(1995).「項目反応理論による多肢選択問題の分析」『南山経営研究』9, 753-780.

Andrich, D. (1978a). "Scaling attitude items constructed and scored in the Likert tradition." *Educational and Psychological Measurement*, 38, 665–680.

Andrich, D. (1978b). "Relationships between the Thurstone and Rasch approaches to item scaling." *Applied Psychological Measurement*, 2, 451–462.

Andrich, D. (1988). "The application of an unfolding model of the PIRT type to the measurement of attitude." *Applied Psychological Measurement*, 12, 33–51.

Andrich, D., & Luo, G.(1993). "A hyperbolic cosine latent trait model for unfolding dichotomous single-stimulus responses." *Applied Psychological Measurement*, 17, 253–276.

Andrich, D., & Luo, G. (1996). RUMMFOLD: A Windows program for analysing single stimulus responses of persons to items according to the hyperbolic cosine unfolding model. Perth, Australia : Murdoch University.

Andrich, D., & Van-Schoubroeck, L. (1989). "The General Health Questionnaire: A psychometric analysis using latent trait theory." *Psychological Medicine*, 19, 469–485.

Ando, J., Suzuki, A., Yamagata, S., Kijima, N., Maekawa, H., Ono, Y., & Jang, K. L. (2004). Genetic and environmental structure of Cloninger's temperament and character dimensions. Journal of personality disorders, 18(4), 379–393.

Aneshensel, C., Frerichs, R., & Clark, V. (1981). "Family roles and sex differences in depression." Journal of Health and Social Behavior, 22, 379–393

Angle, H. L., & Perry, J. L. (1981). "An empirical assessment of organizational commitment and organizational effectiveness." *Administrative Science Quarterly*, 26, 1–14.

Angoff, W. H. (1993). "Perspectives on differential item functioning methodology." In P. W. Holland & H. Wainer (Eds.), *Differential item functioning* (pp. 3–23). Hillsdale, NJ: Lawrence Erlbaum.

Arvey, R. D., Bouchard, T. J., Segal, N. L., & Abraham, L. M. (1989). "Job satisfaction: Environmental and genetic components." *Journal of Applied Psychology*, 74, 187–192.

Ashford, S. J. (1989). "Self-assessment in organizations: A literature review and integrative model." In L. L. Cummings & B. M. Staw (Eds.), *Research in organizational behavior. Vol. 11* (pp. 113–174). Greenwich, CT: JAI Press.

Assessment Systems Corporation (1995). *User's manual for the XCALIBRE marginal maximum-likelihood estimation program (Version 1.0)* [Computer Program]. St. Paul, MN: Assessment Systems Corporation.

Assessment Systems Corporation (1997). *User's manual for XCALIBRE for Windows: Marginal maximum-likelihood estimation program.* St.Paul, MN: Author.

Assouline, M., & Meir, E. I. (1987). "Meta-analysis of the relationship between congruence and well-being measures." *Journal of Vocational Behavior*, 31, 319–332.

Baba, V. V., & Knoop, R. (1987). "Organizational commitment and independence among Canadian managers." *Relations Industrielles*, 42, 325–344.

Bacharach, S. B., Bamberger, P., & Conley, S. (1991). "Work-home conflict among nurses and engineers: Mediating the impact of role stress on burnout and satisfaction at work." *Journal of Organizational Behavior*, 12, 39–53.

Baehr, M. E., & Renck, R. (1958). "The definition and measurement of employee morale." *Administrative Science Quarterly*, 3, 157–184.

Baker, F. B. (1992). *Item response theory: Parameter estimation technique.* New York, NY: Marcel Dekker.

Baker, F. B. & Kim, S. H. (2004). *Item Response Theory: Parameter Estimation Techniques* (2^{nd}ed.), NY: Marcel Dekker.

Baker, H. E., III, & Feldman, D. C. (1990). "Strategies of organizational socialization and their impact on newcomer adjustment." *Journal of Management Issues*, 2, 198–212.

Balasubramanian, S. K. & Kamakura, W. (1989). "Measuring consumer attitudes toward the marketplace with tailored interviews." *Journal of Marketing Research*, 26, 311-326.

Barris-Choplin, J. (1994, Aug.). Pleasant surprise: The brighter side of newcomer socialization. *Paper Presented at 54th Annual Meeting of Academy of Management, Dallas, TX, U.S.A.*

Bass, B. M. (1990). *Bass and Stogdill's handbook of leadership*. New York, NY: Free Press.

Beck, A. T., Epstein, N., Brown, G., & Steer, R. A. (1988). "An inventory for measuring clinical anxiety: Psychometric properties." *Journal of Consulting and Clinical Psychology*, 56, 893-897.

Beck, A. T., Ward, C. H., Mendelson, M., Mock, J., & Erbaugh, J. (1961). "An inventory for measuring depression." *Archives of General Psychiatry*, 4, 561-571.

Becker, H. S. (1960). "Notes on the concept of commitment." *American Journal of Sociology*, 66, 32-42.

Becker, R. A., Chambers, J. M., & Wilks, A. R. (1988). *The new S Language*. Pacific Grove, CA: Wadsworth. 渋谷政昭・柴田里程 (訳) (1991).『S 言語 I , II』共立出版.

Bedeian, A. G., Kemery, E. R., & Pizzolatto, A. B. (1991). "Career commitment and expected utility of present job as predictors of turnover intentions and turnover behavior." *Journal of Vocational Behavior*, 39, 331-343.

Bell, R. C. & Weaver, J. R. (1987). "The dimensionality and scaling of job satisfaction: An internal validation of the worker opinion survey." *Journal of Occupational Psychology*, 60, 147-155.

Benjamin, J., Li, L., Patterson, C., Greenberg, B. D., Murphy, D. L., & Hamer, D. H. (1996). "Population and familial association between the D 4 dopamine receptor gene and measures of Novelty Seeking." *Nature Genetics*, 12, 81-84.

Benjamin, J., Ebstein, R. P., & Belmaker, R. H. (1997). "Personality genetics." *Israel Journal of Psychiatry and Related Sciences*, 34, 270-280.

Bernberg, R. E. (1952). "Socio-psychological factors in industrial morale: I. The prediction of specific indicators." *Journal of Social Psychology*, 36, 73-82.

Berk, R. A. (Ed.). (1982). *Handbook of methods for detecting test bias*. Baltimore: Johns Hopkins University Press.

Berry, J. M., & Dasen, P. (Eds.). (1974). *Introduction to culture and cognition*. London: Methuen.

Betsworth, D. J., Bouchard, T. J., Cooper, R. C., Grotevant, H. D., Hansen, J. I. C., Scarr, S., & Weinberg, R. A. (1994). "Genetic and environment influences on vocational interests assessed using adoptive and biological families and twins reared apart and together." *Journal of Vocational Behavior*, 44, 263-278.

Bies, R. J., & Moag, J. S. (1986). "Interactional justice: Communication criteria for justice." In R. J. Lewicki, B. H. Sheppard, & M. H. Bazerman (Eds.), *Research on negotiation in organizations* (pp. 43–55). Greenwich, CT: JAI Press.

Bies, R. J. (1987). "The predicament of injustice: The management of moral outrage." In L. L. Cummings & B. M. Staw (Eds.), *Research in Organizational Behavior*, 9, 289–319.

Bies, R. J. (2001). "Interactional (in) justice: The sacred and the profane." In J. Greenberg & R. Cropanzano (Eds.), *Advances in organizational justice* (pp. 89–118). Stanford, CA: Stanford University Press.

Besser, T. L. (1993). "The commitment of Japanese workers and U. S. workers: A reassessment of the literature." *American Sociological Review*, 58, 873–881.

Birnbaum, A. (1968). "Some latent models and their use in inferring an examinee's ability." In F. M. Lord & M. R. Novick (Eds.), *Statistical theories of mental test scores* (Part 5. pp. 379–429). Reading, MA: Addison-Wesley.

Blau, G., Paul, A., St. John, N. (1993). "On developing a general index of work commitment." *Journal of Vocational Behavior*, 42, 298–314.

Blau, P. (1964). *Exchange and power in social life*. New York, NY: Wiley.

Bock, R. D. (1972). "Estimating item parameters and latent ability when responses are scored in two or more nominal categories." *Psychometrika*, 37, 29–51.

Bock, R. D., & Aitkin, M. (1981). "Marginal maximum likelihood estimation of item parameters: An application of an EM algorithm." *Pshychometrika*, 46, 443–459.

Blood, M. R. (1969). "Work values and job satisfaction." *Journal of Applied Psychology*, 53, 456–459.

Bobocel, D. R., & Meyer, J. P. (1994). "Escalating commitment to a failing course of action: Separating the roles of choice and justification." *Journal of Applied Psychology*, 79, 360–363.

Bono, J. E., & Judge, T. A. (2003). "Core self-evaluations: A review of the trait and its role in job satisfaction and job performance." *European Journal of Personality*, 17 (Supplement), S 5 –18.

Bontempo, R. (1993). "Translation fidelity of psychological scales: An item response theory analysis of an individualism-collectivism scale." *Journal of Cross-Cultural Psychology*, 24, 149–166.

Borman, W. C. (1979). "Format and training effects on rating accuracy and rating errors." *Journal of Applied Psychology*, 64, 410–421.

Bowlby, J. (1982). *Attachment*. New York, NY: Basic Books.

Boxx, W. R., Odom, R. Y., & Dunn, M. G. (1991). "Organizational value and value congruency and their impact on satisfaction, commitment, and cohesion." *Public Personnel*

Management, 20, 195-205.

Boyle, G. J., & Farris, S. (1992). "LISREL analysis of the REASEC model: Confirmatory and congeneric factor analyses of Holland's Self-Directed Search." *Personality and Individual Differences*, 13(10), 1077-1084.

Bratman, M. E. (1987). *Intention, plans, and practical reasons*. Cambridge, MA: Harvard University Press. 門脇俊介・高橋久一郎（訳）（1994）.『意図と行為―合理性，計画，実践的推論―』産業図書.

Bray, D. W., Campbell, R. J., & Grant, D. L. (1979). *Formative years in business*. Huntington: Robert E. Krieger.

Brayfield, A. H., & Crockett, W. H. (1955). "Employee attitudes and employee performance." *Psychological Bulletin*, 52, 396-424.

Brayfield, A. H., & Rothe, H. F. (1951). "An index of job satisfaction." *Journal of Applied Psychology*, 35, 307-311.

Brief, A. P., & Motowildo, S. J. (1986). "Prosocial organizational behaviors." *Academy of Management Review*, 11, 710-725.

Brislin, R. W. (1970). "Back-translation for cross-cultural research." *Journal of Cross-Cultural Psychology*, 1, 185-216.

Broucek, W. G. (2005). "An examination of core self evaluations (CSE) in an academic setting: Does CSE generalize to students ?" *Journal of College Teaching & Learning*, 2 (2), 59-62.

Brown, S. P., & Peterson, R. A. (1994). "The effect of effort on sales performance and job satisfaction." *Journal of Marketing*, 58, 70-80.

Buchanan, B., II. (1974). "Building organizational commitment: The socialization of managers in work organizations." *Administrative Science Quarterly*, 19, 533-546.

Burtt, H. E. (1931). *Psychology and industrial efficiency*. New York, NY: Appleton.

Buss, D. M., & Craik, K. H. (1985). "Why not measure that trait ?: Alternative criteria for identifying important dispositions." *Journal of Personality and Social Psychology*, 48, 934-946.

Cambel, D. P. (1971). *Handbook for the strong vocational interest blank*. Stanford, CA: Stanford University Press.

Camilli, G., & Shepard, L. A. (1994). *Methods for identifying biased test items*. Thousand Oaks, CA: SAGE Publications.

Candell, G. L. & Hulin, C. L. (1986). "Cross-language and cross-cultural comparisons in scale translations." *Journal of Cross-cultural Psychology*, 17, 417-440.

Caplan, R. D., Cobb, S., French, J. R. P., Jr., Harrison, R. V., & Pinneau, S. R. (1975). *Job demands and worker health: Main effects and occupational differences*. Washington, D.

C.: U. S. Department of Health, Education, and Welfare.

Cardall, C., & Coffman, W. E. (1964). "A method for comparing the performance of different groups on the same items of a test." *Research and Development Reports*, 9, 64–65. Princeton, NJ: Educational Testing Service.

Carlson, R. (1971). "Where is the person in personality research ?" *Psychological Bulletin*, 75, 203–219.

Carrere, S., Evans, G. W., Palsane, M. N., & Rivas, M. (1991). "Job strain and occupational stress among urban public transit operators." *Journal of Occupational Psychology*, 64, 305–316.

Cascio, W. F. (1991). *Applied psychology in personnel management* (4th ed.). Englewood Cliffs, NJ: Prentice Hall.

Chan, K. Y., Drasgow, F., & Sawin, L. (1999). "What is the shelf life of a test ? The effect of time on the psychometrics of cognitive ability test battery." *Journal of Applied Psychology*, 84, 610–619.

Chernyshenko, O. S., Stark, S. Chan, K. Y., Drasgow, F., & Williams, B. (2001). "Fitting item response theory models to two personality inventories: Issues and insights." *Multivariate Behavioral Research*, 36(4), 523–562.

Clark, P. F., Fullager, C. J. A., Gallagher, D. G., & Gordon, M. E. (1994, Jan.). New member socialization programs: The impact of union commitment and participation. *Paper Presented at the Annual Meeting of the Industrial Relations Research Association, Boston, MA, U.S.A.*

Clarke, R., Gerrity, T., Laverdiere, R., & Johns, B. (1985). "Age as a factor in teacher job satisfaction." *Psychology: A Quarterly Journal of Human Behavior*, 22, 19–23.

Clauser, B. E., & Mazor, K. M. (1998). "Using statistical procedures to identify differential item functioning test items." *Educational Measurement: Issues and Practice*, 17, 31–44.

Clauser, B. E., Nungester, R. J., Mazor, K., & Ripkey, D. (1996). "A comparison of alternative matching strategies for DIF detection in tests that are multidimensional." *Journal of Educational Measurement*, 33, 202–214.

Clegg, C. W. (1983). "Psychology of employee lateness, absence, and turnover: A methodological critique and an empirical study." *Journal of Applied Psychology*, 68, 88–101.

Cleveland, J. N., Murphy, K. R. & Williams, R. E. (1989). "Multiple uses of performance appraisal: Prevalence and correlates." *Journal of Applied Psychology*, 74, 130–135.

Cliff, N., & Keats, J. A. (2003). *Ordinal measurement in the behavioral sciences*. Mahwah, NJ: Lawrence Erlbaum Associates.

Cloninger, C. R. (1987). "A systematic method for clinical description and classification of personality variants: A proposal." *Archives of General Psychiatry*, 44, 573–88.

Cloninger, C. R., Adolfsson, R., & Svrakic, N. M. (1996). "Mapping genes for human personality." *Nature Genetics*, 12, 3–4.

Cloninger, C. R., Svrakic, D. M., & Przybeck, T. R. (1993). "A psychobiological model of temperament and character." *Archives of General Psychiatry*, 50, 975–990.

Cogswell, B. E. (1968). "Some structural properties influencing socialization." *Administrative Science Quarterly*, 13, 417–440.

Cloninger, C. R. (1987). A systematic method for clinical description and classification of personality variants. A proposal. *Archives of General Psychiatry*, 44(6), 573–588.

Cloninger, C.R., Svrakic, DM, & Przybeck, T.R. (1993). A psychobiological model of temperament and character. *Archives of General Psychiatry*, 50, 975–990.

Cloninger, C. R. (2000). A practical way to diagnosis personality disorder: a proposal. *Journal of Personality Disorders*, 14(2), 99–108.

Cloninger, C. R. (2008). The psychobiological theory of temperament and character: Comment on Farmer and Goldberg, *Psychological Assessment*, 20(3), 292–299.

Cohen, A. (1993). "Organizational commitment and turnover: A meta-analysis." *Academy of Management Journal*, 36, 1140–1157.

Cohen-Charash, Y., & Specter, P. E. (2001). "The role of justice in organizations: A meta-analysis." *Organizational Behavior and Human Decision Process*, 86, 278–321.

Cole, R. E. (1979). *Work, mobility, and participation: A comparative study of American and Japanese industry*. Los Angeles, CA: University of California Press.

Cole, R. E., Kalleberg, A. L., & Lincoln, J. R. (1993). "Assessing commitment in the United States and Japan: A comment on Besser." *American Sociological Review*, 58, 882–885.

Collins, W. C., Raju, N. S. & Edwards, I. E. (1997, April). Assessing DIF in a polytomously-scored satisfaction scale. *Symposium paper presented at the 1997 SIOP annual convention in St. Louis, MO*.

Collins, W. C., Raju, N. S. & Edwards, J. E. (2000). "Assessing differential functioning in a satisfaction scale." *Journal of Applied Psychology*, 85(3), 451–461.

Colquitt, J. A. (2001). "On the dimensionality of organizational justice: A construct validation of a measure." *Journal of Applied Psychology*, 86, 386–400.

Colquitt, J. A., Conlon, D. E., Wesson, M. J., Porter, C. O. L. H., & Ng, K. Y. (2001). "Justice at the millennium: A meta-analytic review of 25 years of organizational justice research." *Journal of Applied Psychology*, 86, 425–445.

Colquitt. J. A. & Shaw, J. C. (2005). How should organizational justice be measured? In J. Greenbergs, J. A. Colquitt (Eds.) *The Handbook of Organizational Justice*, NJ: Lawrence Erlbaum.

Comings, D. E., Gonzales, N., Saucier, G., Johnson, J. P., & MacMurray, J. P. (2000). "The

DRD 4 gene and the spiritual transcendence scale of the character temperament index." *Psychiatric Genetics*, 10, 185–189.

Cook, J., & Wall, T. D. (1980). "New work attitude measures of trust, organizational commitment and personal need non-fulfillment." *Journal of Occupational Psychology*, 53, 39–52.

Coombs, C. (1964). *A theory of data*. New York, NY: John Wiley & Sons.

Cooper, C. L. (1986). "Job distress: Recent research and the emerging role of the clinical occupational psychologists." *Bulletin of the British Psychological Society*, 39, 325–331.

Cooper, C. L. (1994, Jul.). Prevention or treatment in dealing with organizational stress. *Material presented at 23rd International Congress of Applied Psychology, Madrid, Spain*.

Cooper, C. L., & Marshall, J. (1976). "Occupational sources of stress: A review of the literature relating to coronary heart disease and mental ill health." *Journal of Occupational Psychology*, 49, 11–29.

Cooper, W. H. (1981). "Ubiquitous halo." *Psychological Bulletin*, 90, 218–244.

Costa, P. T., Jr., & McCrae, R. R. (1988). "Personality in adulthood: A six-year longitudinal study of self-reports and spouse ratings on the NEO personality inventory." *Journal of Personality and Social Psychology*, 54, 853–863.

Costa, P. J., Jr., McCrae, R. R., & Holland, J. I. (1984). "Personality and vocational interests in adulthood." *Journal of Applied Psychology*, 69, 390–400.

Costa, P. T., Jr., & McCrae, R. R. (1992). "Four ways five factors are basic." *Personality and Individual Differences*, 13, 653–665.

Costa, P. T. Jr., & McCrae, R. R. (1992). *Revised NEO Personality Inventory (NEO–PI–R) and NEO Five–Factor Inventory (NEOFFI) Professional Manual*. FL: Psychological Assessment Resources.

Costa, P. T., & McCrae, R. R. (1995). "Domains and facets: Hierarchical personality assessment using the revised NEO Personality Inventory." *Journal of Personality Assessment*, 64, 21–50.

Craig, R. J. (2005). "Assessing personality and mood with adjective check list methodology: A review." *International Journal of Testing*, 5, 177–196.

Crites, J. O. (1965). "Measurement of vocational maturity in adolescence: I. Attitude test of the vocational development inventory." *Psychological Monographs*, 79 (2, Whole No. 595).

Crites, J. O. (1969). *Vocational psychology: The study of vocational behavior and development*. New York: McGraw-Hill.

Crocker, L., & Algina, J. (1986). *Introduction to classical and modern test theory*. Orlando, FL: Holt, Reinhart and Winston.

Cronbach, L. J. (1951). "Cofficient alpha and the internal structure of tests." *Psychometrika*, 16, 297–334.

Cronbach, L. J. (1984). *Essentials of Psychological Testing* (4th ed.). New York, NY: Harper and Row.

Cropanzano, R., & Greenberg, J. (1997). "Progress in organizational justice: Tunneling through the maze." In C. L. Cooper & I. T. Robertson (Eds.), *International review of industrial and organizational psychology.Vol.12* (pp. 317–372). New York: John Wiley.

Cropanzano, R., Prehar, C. A., & Chen, P. Y. (2002). "Using social exchange theory to distinguish procedural from interactional justice." *Group & Organization Management*, 27, 324–351.

Cytrynbaum, S., & Crites, J. O. (1989). "The utility of adult development theory in understanding career adjustment process." In M. B. Arthur, D. T. Hall, & B. S. Lawrence (Eds.), *Handbook of career theory* (Chap. 4: pp. 66–88). Cambridge, U.K.: Cambridge University Press.

Dalton, A. H., & Marcis, J. G. (1987). "Gender differences in job satisfaction among young adults." *Journal of Behavioral Economics*, 16, 21–32.

Davis–Blake, A., & Pfeffer, J. (1989). "Just a mirage: The search for dispositional effects in organizational research." *Academy of Management Review*, 14, 385–400.

Dawis, R. V. (1992). "Person–environment fit and job satisfaction." In C. J. Cranny, P. C. Smith, & E. F. Stone (Eds.), *Job satisfaction: how people feel about their jobs and how it affects their performance* (Chap. 4: pp. 69–88). New York, NY: Lexington.

Dawis, R. V., & Lofquist, L. H. (1984). *A psychological theory of work adjustment*. Minneapolis, MN: University of Minnesota Press.

Day, S. X., & Rounds, J. (1998). "Universality of vocational interest structure among racial and ethnic minorities." *American Psychologist*, 53, 728–736.

de Ayala, R. J. (2009). *The theory and practice of item response theory.* NY: Guilford.

De Boeck, P. & Wilson, M. (2004). *Exploratory item response models: A generalized linear and nonlinear approach.* NY: Springer.

De Gruijter, D. N. M. & Van der Kamp, L. J. T. (2008). *Statistical test theory for the behavioral science.* FL: Taylor and Francis.

Dean, K., Holst, E., Kreiner, S., Schoenborn, C., & Wilson, R. (1994). "Measurement issues in research on social support and health." *Journal of Epidemiology and Community Health*, 48, 201–206.

Degoey, P. (2000). "Contagious justice: Exploring the social construction of justice in organizations." *Research in Organizational Behavior*, 22, 51–102.

Denollet, J. (1993). "Emotional distress and fatigue in coronary heart disease: The Global

Mood Scale (GMS)." *Psychological Medicine*, 23, 111-121.

Derogatis, L. R., Rickels, K., & Rock, A. F. (1976). "The SCL-90 and the MMPI: A step in the validation of a new self-report scale." *British Journal of Psychiatry*, 128, 280-289.

DeSarbo, W. S., & Hoffman, D. L. (1986). "Simple and weighted unfolding threshold models for the spatial representation of binary choice data." *Applied Psychological Measurement*, 10, 247-264.

Diener, E. (1984). "Subjective well-being." *Psychological Bulletin*, 95, 542-575.

DiMatteo, M. R., Shugars, D. A., & Hays, R. D. (1993). "Occupational stress, life stress and mental health among dentists." *Journal of Occupational and Organizational Psychology*, 66, 153-162.

Divgi, D. R. (1980). Evaluation of scales for multilevel test batteries. *Paper presented at annual meeting of AERA, Boston, U. S. A.*

Doi, T. (1978). *The Anatomy of Dependence*. New York, NY: Kodansha America.

Donovan, M., Drasgow, F. & Probst, T. (2000). "Does computerizing paper-and-pencil job attitude scale mae difference? New IRT analyses offer insight." *Journal of Applied Psychology*, 85(2), 305-313.

Drasgow, F. (1982). "Biased test items and differential validity." *Psychological Bulletin*, 92, 526-531.

Drasgow, F. (1987). "Study of the measurement bias of two standardized psychological tests." *Journal of Applied Psychology*, 72, 19-29.

Drasgow, F. & Guertler, E. (1987). "A decision-theoretic approach to the use of appropriateness measurement for detecting invalid test and scale scores." *Journal of Applied Psychology*, 72, 10-18.

Drasgow, F. & Hulin, C. H. (1990). "Item response theory." In M. D. Dunnette & Hough, L. M. (Eds.), *Handbook of industrial and organizational psychology* (2nd ed.) (Vol.1). Palo Alto, CA: Consulting Psychologists Press.

Drasgow, F. & Hulin, C. L. (1991). "Item Response Theory." In M. D. Dunnette & L. M. Hough (Eds.), *Handbook of industrial and organizational psychology* (2nd ed.) (Vol. 2. pp. 577-636). Palo Alto, CA: Consulting Psychologists Press.

Drasgow, F., & Kanfer, R. (1985). "Equivalence of psychological measurement in heterogeneous populations." *Journal of Applied Psychology*, 70, 662-680.

Drasgow, F., Levine, M. V., & McLaughlin, M. E. (1987). "Detecting inappropriate test scores with optimal and practical appropriateness indices." *Applied Psychological Measurement*, 11, 59-79.

Drasgow, F., Levine, M. V. & Williams, E. (1985). "Appropriateness measurement with polychotomous item response models and standardized indices." *British Journal of*

Mathematical and Statistical Psychology, 38, 67–86.

Drasgow, F. & Lissak, R. I. (1983). "Modified parallel analysis: A procedure for examining the latent dimensionality of dichotomously scored item responses." *Journal of Applied Psychology*, 68, 363–373.

du Toit, M. (Ed.). (2003). *IRT from SSI: BILOG-MG, MULTILOG, PARSCALE, and TESTFACT*. Chicago, Ill: Scientific Software.

DuVall-Early, K., & Benedict, J. O. (1992). "The relationships between privacy and different components of job satisfaction." *Environment & Behavior*, 24, 670–679.

Dubin, R. (1955). "Industrial worker's world: A study of the 'central life interest' of industrial workers." *Social Problems*, 3, 131–142.

Dunham, R. B., & Grube, J. A. (1990, Aug.). Organizational commitment: The construct and its measurement. *Paper Presented at 40th Annual Meetings of Academy of Management, San Francisco, CA, U.S.A.*

Dunham, R. B., Grube, J. A., & Casteñeda, M. B. (1994). "Organizational commitment: The utility of integrative definition." *Journal of Applied Psychology*, 79, 370–380.

Dunnette, M. D. (1976). *Handbook of industrial and organizational psychology*. Chicago, Ill: Rand McNally.

Dunnette, M. D., & Hough, L. M. (1990). *Handbook of industrial and organizational psychology* (2nd ed.). Palo Alto, CA: Consulting Psychologists Press.

Eaton, W. W., & Kessler, L. G. (1981). "Rates of symptoms of depression in a national sample." *American Journal of Epidemiology*, 114, 528–538.

Ebstein, R. P., Novick, O., Umansky, R., Priel, B., Osher, Y., Blaine, D., Bennett, E. R., Nemanov, L., Kats, M., & Belmaker, R. H. (1996). "Dopamine D4 receptor (D4DR) exon III polymorphism associated with the human personality trait of Novelty Seeking." *Nature Genetics*, 12, 78–80.

Ebstein, R. P., Segman, R., Benjamin, J., Osher, Y., Nemanov, L., & Belmaker, R. H. (1997). "5-HT2c (HTR2C) serotonin receptor gene polymorphism associated with the human personality trait of reward dependence: Interaction with dopamine D4 receptor (D4 DR) and dopamine D3 receptor (D3DR) polymorphisms." *American Journal of Medical Genetics*, 74, 65–72.

Eisenberger, R., Fasolo, P., & Davis-LaMastro, V. (1990). "Perceived organizational support and employee diligence, commitment, and innovation." *Journal of Applied Psychology*, 75, 51–59.

Eisenberger, R., Huntington, R., Hutchinson, S., & Sowa, D. (1986). "Perceived organizational support." *Journal of Applied Psychology*, 71, 500–507.

Ellis, B. B. (1989). "Differential item functioning: Implications for test translations." *Journal of Applied Psychology, 74, 912-921.

Ellis, B. B. & Kimmel, H. D. (1992). "Identification of unique cultural response patterns by means of item response theory." *Journal of Applied Psychology*, 77, 177-184.

Embretson, S. E., & Reise, S. P. (2000). *Item response theory for psychologists*. Mahwah, NJ: Lawrence Erlbaum Associates.

Embretson, S. E. & Reise, S. P. (2000). *Item response theory for psychologists*, Hillsdale, NJ: Lawrence Erlbaum.

ENCODE Project Consortium. (2012). An integrated encyclopedia of DNA elements in the human genome. *Nature*. 489, 57-74.

Engelhard, C., & Wilson, M. (Eds.). (1996). *Objective measurement III: Theory into practice*. Norwood, NJ: Ablex.

Erez, A., & Judge, T. A. (2001). "Relationship of core self-evaluations to goal setting, motivation, and performance." *Journal of Applied Psychology*, 86, 1270-1279.

Etzioni, A. (1961/1975). *A comparative analysis of complex organizations*. New York, NY: Free Press.

Eysenck, H. J. (1963). "The biological basis of personality." *Nature,* 199, 1031-1034.

Eysenck, H. J. (1967). *The biological basis of personality.* Springfield, IL: C.C.Thomas.

Eysenck, H. J., & Eysenck, S. B. G. (1975). *Manual of the Eysenck personality questionnaire.* London: Hodder & Stoughton.

Eysenck, H. J., Eysenck, S. B. G., & Barrett, P. (1975). A revised version of the Psychoticism scale. *Personality and Individual Differences,* 6, 21-29.

Facteau, J. D., & Craig, S. (2001). "Are performance appraisal ratings from different rating sources comparable?" *Journal of Applied Psychology*, 86(2), 215-227.

Fayers, P. M., & Machin, D. (2000). Quality of Life: Design, Analysis and Interpretation. Chichester, UK: John Wiley & Sons. 福原俊一・数間恵子（監訳）(2005).『QOL 評価学―測定・解析のすべて―』中山書店.

Feldman, D. C. (1976). "A contingency theory of socialization." *Administrative Science Quarterly*, 21, 433-452.

Feldman, D. C. (1981). "The multiple socialization of organizational members." *Academy of Management Review*, 6, 309-318.

Ferrando, P. J. (1994). "Fitting item response models to the EPI-A Impulsivity subscale." *Educational and Psychological Measurement*, 54, 118-127.

Ferris, G. R., King, T. R., Judge, T. A., & Kacmar, K. M. (1991). "The management of shared meaning in organizations: Opportunism in the reflection of attitudes, beliefs, and values." In R. A. Giacalone & P. Rosenfeld (Eds.), *Applying impression management: How image making affects organizations* (pp. 41-64). Newbury Park, CA: Sage.

Fisher, C. D. (1986). "Organizational socialization: An integrative review." In K. M. Rowland & G. R. Ferris (Eds.), *Research in personnel and human resource management* (Vol. 4. pp. 101-146). Greenwich, CT: JAI Press.

Fisher, V. E., & Hanna, J. V. (1931). *The dissatisfied worker*. New York, NY: MacMillan.

Fiske, D. W., & Pearson, P. H. (1970). "Theory and techniques of personality measurement." *Annual Review of Psychology*, 21, 49-86.

Flaherty, J. A., Gaviria, F. M., Pathak, D., Mitchell, T., Wintrob, R., Richman, J. A., & Birz, S. (1988). "Developing instruments for cross-cultural psychiatric research." *Journal of Nervous & Mental Diseases*, 176, 257-263.

Flanagan, W. J. (1997). "Measurement equivalence between high and average impression management groups: An IRT analysis of personality factors." Unpublished doctoral dissertation, Georgia Institute of Technology, Atlanta, GA.

Folger, R., & Cropanzano, R. (1998). *Organizational justice and human resource management*. Thousand Oaks, CA: Sage Publications.

Folger, R., & Konovsky, M. A. (1989). "Effects of procedural and distributive justice on reaction to pay raise decisions." *Academy of Management Journal*, 32, 115-130.

Folger, R., & Skarlicki, D. P. (1998). "A popcorn metaphor for employee aggression." In R. W. Griffin & A. O'Leary-Kelly et al. (Eds.), *Dysfunctional behavior in organizations: Violent and deviant behavior. Monographs in organizational behavior and industrial relations* (Vol.23. pp. 43-81). JAI Press.

Forgionne, G. A., & Peeters, V. E. (1982). "The influence of sex on managers in the service sector." *California Management Review*, 25, 72-83.

Fox, J. P. (2010). *Bayesian item response modeling : Theory and applications*. NY : Springer.

French, J. R. P., Jr., Rodgers, W., & Cobb, S. (1974). "Adjustment as person-environment fit." In G. V. Coelho, D. A. Hamburg, & J. E. Adams (Eds.), *Coping and adaptation*, New York, NY: Basic Books.

Fried, Y. (1991). "Meta-analytic comparison of the Job Diagnostic Survey and Job Characteristic Inventory as correlates of work satisfaction and performance." *Journal of Applied Psychology*, 76, 690-697.

Frost, A. G. & Orban, J.A. (1990). "An examination of an appropriateness index and its effect on validity coefficients." *Journal of Business and Psychology*, 5, 23-36.

Fryer, D. (1926). "Industrial dissatisfaction." *Industrial Psychology*, 1, 25-29.

Gan, Y., Xi, Z., Hu, Y., & Zhang, Y. (2007). "A new component of core self-evaluation in predicting burnout: Collective self-esteem." *Acta Scientiarum Naturalium Universitatis Pekinesis*, 43, 709-715.

Gati, I. (1991). "The structure of vocational interests." *Psychological Bulletin*, 191, 309-24.

Gellatly, I. R., Meyer, J. P., & Luchak, A. A. (2006). "Combined effect of the three commitment components on focal and discretionary behaviors: A test of Meyer and Herscovitch's propositions." *Journal of Vocational Behavior*, 69, 331-345.

Gerhart, B. (1987). "How important are dispositional factors as determinants of job satisfaction ?: Implications for job design and other personal programs." *Journal of Applied Psychology*, 72, 366-373.

Gilliland, S. W., & Chan, D. (2001). "Justice in organizations: Theory, methods, and applications." In N. Anderson & S. O. Deniz (Eds.), *Work and organizational psychology: Handbook of industrial, work and organizational psychology* (Vol.2. pp. 143-165). Thousand Oaks, CA: Sage Publications.

Glöckner-Rist, A., & Hoijtink, H. (2003). "The best of both worlds: Factor analysis of dichotomous data using item response theory and structural equation modeling." *Structural Equation Modeling*, 10, 544-565.

Goffin, R. D., Rothstein, M. G., & Johnston, N. G. (1996). "Personality testing and the assessment center: Incremental validity for managerial selection." *Journal of Applied Psychology*, 81, 746-756.

Goldberg, D. P. (1972). "The Detection of psychiatric illness by questionnaire." *Maudsley Monograph No.21*, London: Oxford University Press. 中川泰彬（訳者編）. (1982).『質問紙法による精神・神経症状の把握の理論と臨床応用』国立精神衛生研究所.

Golding, J. M., Aneshensel, C. S., & Hough, R. L. (1991). "Responses to depression scale items among Mexican-Americans and non-Hispanic whites." *Journal of Clinical Psychology*, 47, 61-75.

Goltib, I., & Meyer, J. (1986). "Factor analysis of the multiple affect adjective check list: A separation of positive and negative affect." *Journal of Personality and Social Psychology*, 50, 1161-1165.

Gould, S. (1979). "An equity-exchange model of organizational involvement." *Academy of Management Review*, 4, 53-62.

Gray, J. A. (1970). "The psychophysiological basis of introversion-extraversion." *Behavioral Research and Therapy*, 8 , 249-66.

Gray, J. A. (1981). A critique of Eysenck's theory of personality. In Eysenck (Ed.), *A Model for Personality*, Berlin : Springer

Gray, J. A. (1982). *The neuropsychology of anxiety*. New York, NY: Oxford University Press.

Gray, J. A. (1983). "Anxiety, personality and the brain." In A. Gale & J. A. Edwards (Eds.), *Psychological correlates of human behavior: III . Individual Differences and psychopathology* (pp. 31-43). Orlando, FL : Academic Press.

Greenberg, J. (1990). "Organizational justice: Yesterday, today, and tomorrow." *Journal of

Management, 16, 399-432.

Greenberg, J. (1993a). "The social side of fairness: Interpersonal and informational classes of organizational justice." In R. Cropanzano (Ed.), *Justice in the workplace: Approaching fairness in human resource management* (pp. 79-103). Hillsdale, MI: Lawrence Erlbaum Associates.

Greenberg, J. (1993b). "The intellectual adolescence of organizational justice: You've come a long way, maybe." *Social Justice Research*, 6, 135-148.

Greenberg, J. (1996). *The quest for justice on the job: Essays and experiments*. Thousand Oaks, CA: Sage.

Gregson, T. (1991). "The separate constructs of communication satisfaction and job satisfaction." *Educational & Psychological Measurement*, 51, 39-48.

Gribbons, W. D., & Lohnes, P. R. (1968). *Emerging careers*. New York, NY: Teachers College Bureau of Publications.

Griffin, R. W., & Bateman, T. S. (1986). "Job satisfaction and organizational commitment." In C. L. Cooper & T. Robertson (Eds.), *International review of industrial and organizational psychology* (pp. 157-188). New York, NY: John Wiley.

Grusky, O. (1966). "Career mobility and organizational commitment." *Administrative Science Quarterly*, 10, 488-503.

Guion, R. M. (1958). "Some definitions of morale." *Personnel Psychology*, 11, 59-61.

Guion, R. M. (1992). "Agenda for research and action." In C. J. Cranny, P. C. Smith, & E. F. Stone (Eds.), *Job satisfaction: How people feel about their jobs and how it affects their performance* (Chap. 11: pp. 257-281). New York, NY: Lexington.

Guion, R. M. & Ironson, G. H. (1983). "Latent trait theory for organizational research." *Organizational Behavior and Human Performance*, 31, 54-87.

Gurin, G., Veroff, J., & Feld, S. (1960). *Americans view their mental health*. New York, NY: Basic Books.

Guttman, L. (1950). "The basis for scalogram analysis." In S. A. Stouffer et al. (Eds.), *Measurement and prediction* (pp. 60-90). Princeton, NJ: Princeton University Press.

Hackett, R. D., Bycio, P., & Hausdorf, P. A. (1992). "Further assessment of a three-component model of organizational commitment." *Proceedings of 42nd Annual Meetings of Academy of Management*, 212-216.

Hackett, R. D., Bycio, P., & Hausdorf, P. A. (1994). "Further assessment of Meyer and Allen's (1991) model of organizational commitment." *Journal of Applied Psychology*, 79, 15-23.

Hackman, J. R., & Oldham, G. R. (1975). "Development of the job diagnostic survey." *Journal of Applied Psychology*, 60, 159-170.

Hackman, J. R., Pearce, J. L., & Wolfe, J. C. (1978). "Effects of changes in job characteristics on work attitudes and behaviors: A naturally occurring quasi-experiment." *Organizational Behavior and Human Performance*, 21, 289–304.

Haebara, T. (1980). "Equating logistic ability Scales by weighted least squares method." *Japanese Psychological Research*, 22, 144–149.

Hall, D. T., Schneider, B., & Nygren, H. T. (1970). "Personal factors in organizational identification." *Administrative Science Quarterly*, 15, 176–189.

Ham, B. J., Choi, M. J., Lee, H. J., Kang, R. H., & Lee, M. S. (2005). "Reward dependence is related to norepinephrine transporter T-182C gene polymorphism in a Korean population." *Psychiatric Genetics*, 15, 145–147.

Hambleton, R. K. (1989). "Principles and selected applications of item response theory." In R. L. Linn (Ed.), *Educational measurement* (3rd ed.). New York, NY: Macmillan. 野口裕之（訳）(1993).「項目応答理論の基礎と応用」池田央・藤田恵璽・柳井晴夫・繁桝算男（監訳）『教育測定学（上・下）』(pp. 211-282) みくに出版.

Hambleton, R. K. (1994). "Guidelines for adapting educational and psychological tests: A progress report." *European Journal of Psychological Assessment*, 10, 229–244.

Hambleton, R. K., Clauser, B. E., Mazor, K. M. & Jones, R. W. (1993). "Advances in the detection of differentially functioning test items." *European Journal of Psychological Assessment*, 9, 1–18.

Hambleton, R. K., & Cook, L. L. (1977). "Latent trait models and their use in the analysis of educational test data." *Journal of Educational Measurement*, 14, 75–96.

Hambleton, R. K., & Kanjee, A. (1995). "Increasing the validity of cross-cultural assessments: Use of improved methods for test adaptations." *European Journal of Psychological Assessment*, 11, 147–157.

Hambleton, R. K., & Swaminathan, H. (1985). *Item response theory: Principles and applications*. Boston, MA: Kluwer-Nijhoff.

Hammond, S. M. (1995). "An IRT investigation of the validity of non-patient analogue research using the Beck Depression Inventory." *European Journal of Psychological Assessment*, 11, 14–20.

Hanisch, K. A. (1992). "The job descriptive index revisited: Questions about question mark." *Journal of Applied Psychology*, 77, 377–382.

Hansen, J. I., Collins, R., Swanson, J., & Fouad, N. (1993). "Gender differences in the structure of interests." *Journal of Vocational Behavior*, 42, 200–211.

Harrison, R. V. (1978). "Person-environment fit and job stress." In C. L. Cooper & R. Payne (Eds.), *Stress at work* (pp. 175–205). New York, NY: Wiley.

Hartman, H. (1950). "Comments on the psychoanalytic theory of the ego." *Psycho-analytic*

Study of the Child, 5, 74-96.

Harvey, R. J., Murry, W. D. & Markham, S. E. (1994). "Evaluation of three short-form versions of Meyers-Briggs Type Indicator." *Journal of Personality Assessment*, 63, 181-184.

橋元展子・二村英幸・内藤淳・今城志保 (2002).「職務満足の予測変数としての性格特性および指向―職務適合度」経営行動科学学会第5回大会発表論文集, 89-94.

林知己夫 (1993).『数量化―理論と方法―』朝倉書店.

林洋一郎 (2004).「個人と組織の絆：組織における公正の構造と機能」大渕憲一（編著）『日本人の公正観』(pp. 301-327) 現代図書.

林洋一郎・渡辺直登・西田豊昭・佐野達 (2007).「3次元組織コミットメントのコンバインド・エフェクト：Meyer & Herscoritch (2001) 説の日本における再検証」経営行動科学会第10回大会発表論文集, 7-10.

Heath, A. C., Cloninger, C. R., & Martin, N. G. (1994). "Testing a model for the genetic structure of personality: A comparison of the personality systems of Cloninger and Eysenck." *Journal of Personality and Social Psychology*, 66, 762-75.

Heath, A. C., Cloninger, C. R., & Martin, N. G. (1994). Testing a model for the genetic structure of personality: a comparison of the personality systems of Cloninger and Eysenck. *Journal of Personality and Social Psychology,* 66, 762-775.

Hendryx, M. S., Haviland, M. G. Gibbons, R. D. & Clark, D. C. (1992). "An application of item response theory to alexithymia assessment among abstinent alcoholics." *Journal of Personality Assessment*, 58, 506-515.

Henne, D. L., & Locke, E. A. (1985). "Job dissatisfaction: What are the consequences?" *International Journal of Psychology*, 20, 221-240.

Henry, J. P., & Stephens, P. (1977). *Stress, health and the social environment*. New York, NY: Springer.

Herzberg, F., Mausner, B., Peterson, R.O., & Capwell, D. F. (1957). *Job attitudes: Review of research and opinion*. Pittsburgh, PA: Psychological Service of Pittsburgh.

Herzberg, F., Mausner, B., & Snyderman, B. B. (1959). *The motivation to work* (2nd ed.). New York, NY: Wiley.

Hicks, W. D., & Klimoski, R. J. (1987). "Entry into training programs and its effects on training outcomes: A field experiment." *Academy of Management Journal*, 30, 542-552.

Hoijtink, H. (1991). "The measurement of latent traits by proximity items." *Applied Psychological Measurement*, 15, 153-169.

Hoijtink, H. (1997). "PARELLA: An IRT model for parallelogram analysis." In W. J. van der Linden & R. K. Hambleton (Eds.), *Handbook of modern item response theory* (pp. 415-429). New York, NY: Springer.

Holland, J. L. (1966). *The psychology of vocational choice*. Waltham, MA: Blaisdell.

Holland, J. L. (1985a). *Making vocational choices: A theory of vocational personalities and work environments* (2nd ed.). Englewood Cliffs, NJ: Prentice-Hall.

Holland, J. L. (1985b). *The self-directed search: Professional manual* (1985 ed.). Odessa, FL: Psychological Assessment Resources.

Holland, J. L. (1997). *Making vocational choices: A theory of vocational personalities and work environments* (3rd ed.). Odessa: Psychological Assessment Resources.

Holland, P. W., & Thayer, D. T. (1988). "Differential item performance and the Mantel-Haenszel procedure." In H. Wainer & H. I. Baun (Eds.), *Test validity* (pp. 129–145). Hillsdale, NJ: Lawrence Erlbaum Associates.

Holland, P. W. & Wainer, H. (1993). *Differential item functioning*. Hillsdale, NJ: Lawrence Erlbaum Associates.

Hoppock, R. (1935/1977). *Job satisfaction*. New York, NY: Harper. (Reprinted in 1977, Armo Press, New York).

House, R. J., Shane, S. A., & Herold, D. M. (1996). "Rumors of the death of dispositional research are vastly exaggerated." *Academy of Management Review*, 21, 203–224.

Hrebiniak, L. C., & Alutto, J. A. (1972). "Personal and role-related factors in the development of organizational commitment." *Administrative Science Quarterly*, 18, 555–572.

Hui, C. H., & Triandis, H. C. (1985). "Measurement in cross-cultural psychology." *Journal of Cross-cultural Psychology*, 16, 131–152.

Hulin, C. L. (1987). "A psychometric theory of evaluations of item and scale translations." *Journal of Cross-cultural Psychology*, 18(2), 115–142.

Hulin, C. L. (1991). Adaptation, Persistence, and commitment in organizations. In M. D. Dunnete & L. M. Hough (Eds.), *Handbook of Industrial and Organizational Psychology* (Vol. 2). CA: Consulting Psychologists Press.

Hulin, C. L., Drasgow, F. & Komocar, J. (1982). "Application of item response theory to analysis of attitude scale translations." *Journal of Applied Psychology*, 67, 818–825.

Hulin, C. L., Drasgow, F. & Parsons, C. K. (1983). *Item response theory: Application to psychological measurement*. Homewood, IL: Dow Jones-Irwin.

Hulin, C. L., Lissak, R. I., & Drasgow, F. (1982). "Recovery of two- and three-parameter logistic item characteristic curves: A Monte Carlo study." *Applied Psychological Measurement*, 6, 249–260.

Hulin, C. L. & Mayer, L. J. (1986). "Psychometric equivalence of a translation of the job descriptive index into Hebrew." *Journal of Applied Psychology*, 71, 83–94.

Humphreys, L. G. (1986). "An analysis and evaluation of test and item bias in the prediction context." *Journal of Applied Psychology*, 71, 327–333.

Hurrell, J. J., & McLaney, M. (1988). "Exposure to job stress: A new psychometric instrument." *Scandinavian Journal of Work, Environment & Health*, 14 (Supple 1), 27-28.

Iaffaldano, M. T., & Muchinsky, P. M. (1985). "Job satisfaction and job performance: A meta-analysis." *Psychological Bulletin*, 92, 251-273.

池田央 (1994).『現代テスト理論』朝倉書店.

Ironson, G. H., & Smith, P. C. (1981). "Anchors away: The stability of meaning when their location is changed." *Personnel Psychology*, 34, 249-262.

Ironson, G. H., Smith, P. C., Brannick, M. T., Gibson, W. M. & Paul, K. B. (1989). "Construction of a job in general scale: A comparison of global, composite, and specific measures." *Journal of Applied Psychology*, 74, 193-200.

Iwata, N., & Buka, S. (2002). "Race/ethnicity and depressive symptoms: A cross-cultural/ethnic comparison among university students in East Asia, North and South America." *Social Science & Medicine*, 55, 2243-2252.

Iwata, N., & Higuchi H. R. (2000). "Responses of Japanese and American university students to the STAI items that assess the presence or absence of anxiety." *Journal of Personality Assessment*, 74, 48-62.

Iwata, N., & Roberts, R. E. (1996). "Age differences among Japanese on the center for epidemio-logic studies depression scale: An ethnocultural perspective on somatization." *Social Science & Medicine*, 43, 967-974.

Iwata, N., Mishima N., Okabe K., Kobayashi N., Hashiguchi E., & Egashira, K. (2000). "Psychometric properties of the State-Trait Anxiety Inventory among Japanese clinical out-patients." *Journal of Clinical Psychology*, 56, 793-806.

岩田昇 (1992).「軽症精神障害における自己記入式調査票」『精神科診断学』3, 413-427.

Iwata, N., Okuyama, Y., Kawakami, Y., & Saito, K. (1989). "Prevalence of depressive symptoms in a Japanese occupational setting: A preliminary study." *American Journal of Public Health*, 79, 1486-1489.

Iwata, N., Roberts, C. R., & Kawakami, N. (1995). "Japan-U. S. comparison of responses to depression scale items among adult workers." *Psychiatry Research*, 58, 237-245.

Iwata, N., Saito, K., & Roberts, R. E. (1994). "Responses to a self-administered depression scale among younger adolescents in Japan." *Psychiatry Research*, 53, 275-287.

Iwata, N., Turner, R. J., & Lloyd, D. A. (2002). "Race/ethnicity and depressive symptoms in community-dwelling young adults: A differential item functioning analysis." *Psychiatry Research*, 110, 281-289.

Iwata, N., Umesue, M., Egashira, K., Hiro, H., Mizoue, T., Mishima, N., & Nagata, S. (1998). "Can positive affect items be used to assess depressive disorders in the Japanese population ?" *Psychological Medicine*, 28, 153-158.

Jaros, S. J., Jermier, J. M., Koehler, J. W., & Sincich, T. (1991). "Effects of calculative, affective and moral commitment on the turnover process: Evaluation of three structural equation models." *Proceedings of 41st Annual Meetings of Academy of Management*, 220–224.

Jensen, A. R. (1958). "The maudsley personality inventory." *Acta Psychologia*, 14, 314–325.

Jodoin, M. G., & Gierl, M. J. (2001). "Evaluating type I error and power rates using an effect size measure with the logistic regression procedure for DIF detection." *Applied Measurement in Education*, 14, 329–349.

Johnson, S. M., Smith, P. C., & Tucker, S. M. (1982). "Response format of the JDI: Assessment of Reliability and validity by the multitrait-multimethod matrix." *Journal of Applied Psychology*, 67, 500–505.

Jones, J. R. (1986). "Socialization tactics, self-efficacy, and newcomers' adjustments to organizations." *Academy of Management Journal*, 29, 262–279.

Judge, T. A. (1992). "The dispositional perspective in human resources research." *Research in Personnel and Human Resources Management*, 10, 31–72.

Judge, T. A., & Bono, J. E. (2001). "Relationship of core self-evaluation traits-self-esteem, generalized self-efficacy, locus of control, and emotional stability-with job satisfaction and job performance: A meta-analysis." *Journal of Applied Psychology*, 86, 80–92.

Judge, T. A., Erez, A., & Bono, J. E. (1998). "The power of being positive: The relation between positive self-concept and job performance." *Human Performance*, 11, 167–187.

Judge, T. A., Erez, A., Bono, J. E., &, Thorensen, C. J. (2002). Are measurement of self–esteem, neuroticism, locus of control, and generalized self–efficacy indicators of a common core construct?. *Journal of Personality and Social Psychology*, 83(3), 693−710.

Judge, T. A., Hanisch, K. A., & Drankoski, R. D. (1995). "Human resources management and employee attitudes." In G. R. Ferris, S. D. Rosen, & D. T. Barnum (Eds.), *Handbook of human resources management* (pp. 574–596). Oxford: Blackwell.

Judge, T. A., Locke, E. A., & Durham, C. C. (1994). The dispositional causes of job satisfaction. *Unpublished Manuscript*.

Judge, T. A., Locke, E. A., & Durham, C. C. (1997). "The dispositional causes of job satisfaction: A core evaluations approach." *Research in Organizational Behavior*, 19, 151–188.

Judge, T. A., Locke, E. A., Durham, C. C., & Kluger, A. N. (1998). "Dispositional effects on job and life satisfaction: The role of core evaluations." *Journal of Applied Psychology*, 83, 17–34.

Judge, T. A., & Martocchio, J. J. (1995). "Attributions concerning absence from work: A dispositional perspective." In M. J. Martinko (Ed.), *Advances in attribution theory: An organizational perspective* (pp. 97–123). DelRay Beach: St. Lucie Press. .

Judge, T. A., Van Vianen, A. E. M., & De Pater, I. E. (2004). "Emotional stability, core self-evaluations, and job outcomes: A review of the evidence and an agenda for future research." *Human Performance*, 17, 325–364.

Judge, T. A., Woolf, E. F., Hurst, C., & Livingston, B. (2006). "Charismatic and transformational leadership: A review and an agenda for future research." *Zeitschrift fur Arbeits- und Organisationspsychologie (Journal of Work and Organizational Psychology)*, 50, 203–214.

Kacmar, K. M., & Ferris, G. R. (1989). "Theoretical and methodological considerations in the age-job satisfaction relationship." *Journal of Applied Psychology*, 74, 201–207.

Kahn, R. L., Wolfe, D. M., Quinn, R. P., Snoek, J. D., & Rosenthal R. A. (1964). *Organizational stress: Studies in role conflict and ambiguity*. New York: Wiley.

金井壽宏（2002）.『働くひとのためのキャリア・デザイン』PHP 新書.

Kantor, J. (1991). "The effects of computer administration and identification on the job descriptive index (JDI)." *Journal of Business & Psychology*, 5, 309–323.

Kanter, R. (1968). "A study of commitment mechanisms in utopian societies." *American Sociological Review*, 33, 499–517.

Karasek, R. A., Jr. (1979). "Job demands, job decision latitude, and mental strain: Implications for job redesign." *Administrative Science Quarterly*, 24, 285–308.

Karasek, R. A., Russell, R. S., & Theorell, T. (1982). "Physiology of stress and regeneration in job related cardiovascular illness." *Journal of Human Stress*, 8, 29–42.

Karasek, R., & Theorell, T. (1990). *Healthy work: Stress, productivity, and the reconstruction of working life*. New York, NY: Basic Books.

柏木繁男（1997）.『性格の評価と表現―性格5因子論からのアプローチ―』有斐閣.

Katz, D. (1964). "The motivational basis of organizational behavior." *Behavioral Science*, 9, 131–146.

Katz, R. (1978). "Job longevity as a situational factor in job satisfaction." *Administrative Science Quarterly*, 23, 204–223.

Katzell, R. A. (1964). "Personal values, job satisfaction, and job behavior." In H. Borow (Ed.), *Man in a world of work* (pp. 341–363). Boston, MA: Houghton Muffin.

経営行動科学学会（編）（2011）.『経営行動科学ハンドブック』 中央経済社.

Kelly, J. (1992). "Does job re-design theory explain job re-design outcomes?" *Human Relations*, 45, 753–774.

Kelman, H. C. (1958). "Compliance, identification, and internalization: Three processes of attitude change." *Journal of Conflict Resolution*, 2, 51–60.

Kessler, R. C. & Ustun, J. B (2004). The World Mental Health (WMH) survey initiative version of the World Health Organization (WHO) Composite International Diagnostic

Interview (CIDI). *International Journal of Methods in Psychiatric Research*, 13, 93-121.

Kets de Vries, M. F. R., & Miller, D. (1984). "Life-cycle crisis and individual career satisfaction." In M. F. R. Kets de Vries & D. Miller, *The neurotic organization: Diagnosing and revitalizing unhealthy companies*. New York, NY: Harper. 高橋弘司 (1995). 「ライフ・サイクル危機と個人のキャリア満足感」渡辺直登・尾川丈一・梶原誠 (監訳)『神経症組織―病める企業の診断と再生―』亀田ブックサービス.

城戸康彰 (1981). 「若手従業員の組織コミットメントの形成―組織社会化の解明に向けて―」『金沢経済大学論集』15, 95-119.

Kiesler, C. A., & Sakumura, J. (1966). "A test of a model for commitment." *Journal of Personality and Social Psychology*, 3, 349-353.

木島伸彦 (1996). Cloninger の気質と性格の 7 次元モデルおよび日本語版 Temperament and Character Inventory (TCI). 精神科診断学, 7, 379-399.

木島伸彦 (2000a). 「パーソナリティと神経伝達物質の関係に関する研究：Cloninger の理論における最近の研究動向」『慶應義塾大学日吉紀要』2, 1-11.

木島伸彦 (2000b). 「Cloninger のパーソナリティ理論の基礎」『精神科診断学』11, 387-396.

木島伸彦 (2003). 「人事採用における遺伝子情報の取り扱いと倫理的諸問題に関する考察」『産業・組織心理学研究』16(2), 97-103.

木島伸彦・野口裕之・渡辺直登・高橋弘司 (1996). 「TCI パーソナリティ尺度と組織社会化尺度との関係(1)―項目反応理論 (IRT) による分析―」産業・組織心理学会大会発表論文集.

木島伸彦・大内健・渡辺直登 (2002) 「.パーソナリティ尺度と医薬情報担当者の営業成績との関連性：気質・性格尺度 Temperament and Character Inventory (TCI) を用いて」『経営行動科学』16, 151-161.

木島伸彦・大内健・渡辺直登 (2003). 「パーソナリティ尺度と医薬情報担当者の営業成績との関連性―気質・性格尺度 (TCI) を用いて―」『経営行動科学』16(2), 151-161.

Kijima, N., Tanaka, E., & Kitamura, T. (1997, Submitted). "Reliability and validity of Japanese version of the temperament and character inventory (TCI)."

Kijima, N., Takahashi, K., & Watanabe, N. (1996). The relationships between job related self-efficacy and personality characteristics among Japanese college students. *Poster Presented at 26th International Congress of Psychology, Montreal, Quebec, Canada*.

木島伸彦・斎藤令衣・竹内美香・吉野相英・大野裕・加藤元一郎・北村俊則 (1996).「Cloninger の気質と性格の7因子モデルおよび日本語版 Temperament and Character Inventory (TCI)」『精神科診断学』7, 379-399.

Kijima, N., Tanaka, E., Suzuki, N., Higuchi, H., & Kitamura, T. (2000). Reliability and validity of the Japanese version of the Temperament and Character Inventory. *Psychological*

Reports, 86(3), 1050-1058.

北村俊則（1988）.『精神症状測定の理論と実際』海鳴社.

Kitayama, S., Markus, H. R., Matsumoto, H., & Norasakkunkit, V. (1997). "Individual and collective processes in the construction of the self-enhancement in the United States and self-criticism in Japan." *Journal of Personality & Social Psychology*, 72, 1245-1267.

Kline, C. J., & Peters, L. H. (1991). "Behavioral commitment and tenure of new employees: A replication and extension." *Academy of Management Journal*, 34, 194-204.

Kluger, A. N., Siegfried, Z., & Ebstein, R. P. (2002). "A Meta-Analysis of the Association between DRD4 polymorphism and novelty seeking." *Molecular Psychiatry*, 7, 712-717.

Konar, E. (1981). "Explaining racial differences in job satisfaction: A reexamination of the data." *Journal of Applied Psychology*, 66, 522-524.

今野能志・外島裕・坂爪洋美・渡辺直登（2007）.「産業カウンセリングにおける人事アセスメントの役割と意義」『産業カウンセリング研究』9(1), 58-78.

Konovsky, M. A., & Organ, D. W. (1996). "Dispositional and contextual determinants of organizational citizenship behavior." *Journal of Organizational Behavior*, 17, 253-266.

Konovsky, M. A., & Pugh, S. D. (1994). "Citizenship behavior and social exchange." *Academy of Management Journal*, 37, 656-669.

Kornhauser, A. (1965). *Mental Health of the Industrial Worker*. New York, NY: Wiley.

雇用職業総合研究所（1985）.『VPI 職業興味検査』日本文化科学社.

Kreiner, S., Simonsen, E. & Mogensen, J. (1990). "Validation of a personality inventory scale: The MCMI P-scale (paranoia)." *Journal of Personality Disorders*, 4, 303-311.

Kristensen, T. S., Bjorner, J. B., Christensen, K. B., & Borg, V. (2004). "The distinction between work pace and working hours in the measurement of quantitative demands at work." *Work and Stress*, 18, 305-322.

Kühn, K. U., Meyer, K., Nöthen, M. M., Gänsicke, M., Papassotiropoulos, A., & Maier, W. (1999). "Allelic variants of dopamine receptor D4 (DRD4) and serotonin receptor 5HT 2c (HTR2c) and temperament factors: replication tests." *American Journal of Medical Genetics*,16, 88(2), 168-172.

Kumakiri, C., Kodama, K., Shimizu, E., Yamanouchi, N., Okada, S., Noda, S., Okamoto, H., Sato, T., & Shirasawa, H. (1999). "Study of the association between the serotonin transporter gene regulatory region polymorphism and personality traits in a Japanese population." *Neuroscice Letters*, 263, 205-207.

熊谷龍一（2009）.「初学者向けの項目反応理論分析プログラム EasyEstimation シリーズの開発」『日本テスト学会誌』5, 107-118.

熊谷龍一（2012）.「統合的 DIF 検出方法の提案―"EasyDIF"の開発―」『心理学研究』83(1), 35-43.

熊谷龍一・野口裕之（2012）．推定母集団分布を利用した共通受験者法による等化係数の推定．日本テスト学会誌，8，9-18．

熊谷龍一・山口大輔・小林万里子・別府正彦・脇田貴文・野口裕之（2007）．「大規模英語学力テストにおける年度間・年度内比較―大学受験生の英語学力の推移―」『日本テスト学会誌』84-90.

Kunin, T. (1955). "The construction of a new type of attitudinal measure." *Personnel Psychology*, 8, 65-78.

楠田丘（1981）．『人事考課の手引き』 日本経済新聞社．

Landy, F. J., & Farr, J. L. (1980). "Performance rating." *Psychological Bulletin*, 87(1), 72-107.

Larson, E. W., & Fukami, C. V. (1984). Relationships between worker behavior and commitment to the organization and union. *Proceedings of 34th Annual Meetings of Academy of Management*, 222-226.

Laschinger, H. K. S., Heather, K., & Finegan, J . (2008). "Situational and dispositional predictors of nurse manager burnout: A time-lagged analysis." *Journal of Nursing Management*, 16, 601-607.

Laschinger, H. K. S., Purdy, N., & Almost, J. (2007). "The impact of leader-member exchange quality, empowerment, and core self-evaluation on nurse managers' job satisfaction." *Journal of Nursing Administration*, 37, 221-229.

Lawler, E. E. (1971). *Pay and organizational effectiveness : A psychological view*. McGraw Hill, New York.

Lawler, E. E., III. (1994). *Motivation in work organizations*. San Francisco, CA: Jossey-Bass.

Lawley, D. N. (1943). "On problems connected with item selection and test construction." *Proceedings of the Royal Society of Edinburgh*, 61, 273-287.

Ledvinka, J., & Scarpello, V. G. (1992). *Federal regulation of personnel and human resource management*. Belmont, CA: Wadsworth Inc.

Lei, P. W., Chen, S. Y., & Yu, L. (2006). "Comparing mehods of assessing differential item functioning in a computerized adaptive tesfing environment." Journal of Educational Measurement, 43, 245-264.

Leventhal, G. S. (1980). "What should be done with equity theory ? New approaches to the study of fairness in social relationship." In K. Gergen, M. Greenberg, & R. Willis (Eds.), *Social exchange* (pp. 27-55). New York, NY: Plenum.

Lewin, K. (1936). *Principles of topological psychology*. New York, NY: McGraw-Hill.

Levin, I., & Stokes, J. P. (1989). Dispositional approach to job satisfaction : Role of negative affectivity. *Journal of applied psychology,* 74(5), 752.

参考文献

Levin, I., & Stokes, J. P. (1989). "Dispositional approach to job satisfaction: Role of negative affectivity." *Journal of Applied Psychology*, 74, 752-758.

Levinson, H., Price, C. H., Munden, K. J., Mandl, H. J., & Solley, C. M. (1962). *Men, management, and mental health*. Cambridge, MA: Harvard University Press.

Liao, H., & Rupp, D. E. (2005). "The impact of justice climate and justice orientation on work outcomes: A cross-level multifoci framework." *Journal of Applied Psychology*, 90, 242-256.

Lim, R. G. & Drasgow, F. (1990). "Evaluation of two methods for estimating item response theory parameters when assessing differential item functioning." *Journal of Applied Psychology*, 75, 164-174.

Linacre, M. (2002). *Winsteps (Version 3.5) [Computer software]*. Chicago, Ill: Mesa Press.

Lincoln, J. R. &, Kalleberg, A. L. (1985). Work organization and workforce commitment: A study of plants and employees in the U. S. and Japan. *American Sociological Review*, 50, 738−760.

Lincoln, J. R., & Kalleberg, A. L. (1990). *Culture, control, and commitment: A study of work organization and work attitudes in the United States and Japan*. Cambridge, U.K.: Cambridge University Press.

Lind. E. A., Kanfer, R. & Earley, P. C.(1990). "Voice, control, and procedural justice: Instrumental and noninstrumental concerns in fairness judgments." *Journal of Personality and Social Psychology,* 59, 952-959.

Lind, E. A., & Tyler, T. R. (1988). *The social psychology of procedural justice*. New York, NY: Plenum. 菅原郁男・大渕憲一(訳)(1995).『フェアネスと手続きの社会心理学―裁判,政治,組織への応用―』ブレーン出版.

Linn, R. L., Levine, M. V., Hastings, C. N., & Wardrop, J. L. (1981). "An investigation of item bias in a test of reading comprehension." *Applied Psychological Measurement*, 5, 159-173.

Locke, E. A. (1969). "What is job satisfaction?" *Organizational Behavior and Human Performance*, 4, 309-336.

Locke, E. A. (1976). "Nature and causes of job satisfaction." In M. D. Dunnette (Ed.), *Handbook of industrial and organizational psychology* (pp. 1297-1349). Chicago, IL: Rand McNally College Pub. Co.

Locke, E. A., & Latham, G. P. (1990). *A theory of goal setting and task performance*. Englewood Cliffs, NJ: Prentice-Hall.

Long, L., Watanabe, N., & Tracey, T. J. G. (2006). "Structure of interests in Japan: Application of the personal globe inventory occupational scale." *Measurement and Evaluation in Counseling and Development*, 38, 222-235.

Lord, F. M. (1952). "A theory of test scores" *Psychometric Monograph* (No.7). Psychometric Society.

Lord, F. M. (1980). *Applications of item response theory to practical testing problems*. Hillsdale, NJ: Lawrence Erlbaum.

Lord, F. M., & Novick, M. R. (1968). *Statistical theories of mental test scores*. Reading, MA: Addison-Wesley.

Lorenzi, C., Serretti, A., Mandelli, L., Tubazio, V., Ploia, C., & Smeraldi, E. (2005). " 5 -HT1 A polymorphism and self-transcendence in mood disorders." *American Journal of Medical Genetics, Part B*, 5 , 137, 33–35.

Lorr, M., & Wunderlich, R. (1988). "A semantic differential mood scale." *Journal of Clinical Psychology*, 44, 33–36.

Louis, M. R. (1980). "Surprise and sense-making: What newcomers experience in entering unfamiliar organizational settings." *Administrative Science Quarterly*, 25, 226-251.

Lubin, B., Swearngin, S. E., & Zuckerman, M. (1998). *Research with the Multiple Affect Adjective check list and the Multiple Affect Adjective Check List-Revised : 1960–1977*. San Diego, CA : Educational and Industrial Testing Service.

Lubin, B., Whitlock, R., Reddy, D., & Petren, S. (2001). A comparison of the short and long form, of the Multiple Affect Adjective Cheek list–Revised (MAACL-R). *Journal of Clinical Psychology*, 57, 411−416.

Lubin, B. & Zuckerman, M. (1999). *Manual for the Multiple Affect Adjective Check List–Revised* (3rd Edition). San Diego, CA : Educational and Industrial Testing Service.

MacCrae, R. R., Zonderman, A. B., Costa, P. T., Jr., Bond, M. H., & Paunonen, S. V. (1996). "Evaluating replicability of factors in the revised Neo Personality Inventory: Confirmatory factor analysis versus procrusters rotation." *Journal of Personality of Social Psychology*, 70, 552–566.

Mackinnon, A., Jorm, A. F., Christensen, H., Scott, L. R., Henderson, A. S., & Korten, A. E. (1995). "A latent trait analysis of the Eysenck Personality Questionnaire in an elderly community sample." *Personality and Individual Differences*, 18, 739–747.

Major, D. A., Kozlowski, S. W. J., Chao, G. T., & Gardner, P. D. (1995). "A longitudinal investigation of newcomer expectation, early socialization outcomes, and the moderating effects of role development factors." *Journal of Applied Psychology*, 80, 418–431.

Manogran, P., & Conlon, E. J. (1993, Aug.). A leader-member exchange approach to explaining organizational citizenship behavior. *Paper Presented at 53rd Annual Meeting of Academy of Management, Atlanta, GA, U. S. A.*

Mantel, N., & Haenszel, W. (1959). "Statistical aspects of the analysis of data from retrospective studies of disease." *Journal of the National Cancer Institute*, 22, 719–748.

March, J. G., & Simon, H. A. (1958). *Organizations*. New York, NY: Wiley.

Marco, G. L. (1977). "Item characteristic curve solutions to three intractable testing problems." *Journal of Educational Measurement*, 14, 139–160.

Marsella, A. J., Sanborn, K. O., Kameoka, V., Shizuru, L., & Brennan, J. (1975). "Cross-validation of self-report measures of depression among normal populations of Japanese, Chinese, and Caucasian ancestry." *Journal of Clinical Psychology*, 31, 281–287.

Masters, C. N., & Wright, B. D. (1984). "The essential process in a family of measurement models." *Psychometrika*, 49, 529–544.

Masterson, S. S., Lewis, K., Goldman, B. M., & Taylor, M. S. (2000). "Integrating justice and social exchange: The differing effect of fair procedures and treatment on work relationships." *Academy of Management Journal*, 43, 738–748.

Mathieu, J. E., & Zajac, D. M. (1990). "A review and meta-analysis of the antecedents, correlates, and consequences of organizational commitment." *Journal of Applied Psychology*, 108, 171–194.

Maurer, T. J., Raju, N. S. & Collins, W. C. (1998). "Peer and subordinate appraisal measurement equivalence." *Journal of Applied Psychology*, 83(5), 693–702.

Mazor, K. M., Kanjee, A., & Clauser, B. E. (1995). "Using logistic regression and the Mantel-Haenszel with multiple ability estimates to detect differential item functioning." *Journal of Educational Measurement*, 32, 131–144.

McEwen, B. S. (1998). "Protective and damaging effects of stress mediators." *New England Journal of Medicine*, 338(3), 171–179.

McGee, G. W., & Ford, R. C. (1987). "Two (or more?) dimensions of organizational commitment: Reexamination of the affective and continuance commitment scales." *Journal of Applied Psychology*, 72, 638–642.

McKenna, E. (1994). *Business psychology & organisational behaviour*. Hove, East Sussex, U. K.: Lawrence Erlbaum Associates.

McKinley, R. L. (1989). "An introduction to item response theory." *Measurement and evaluation in counseling and development*, 22, 37–57.

McLaughlin, M. E., & Drasgow, F. (1987). Lord's chi-square test of item bias with estimated and with known person parameters. *Applied Psychological Measurement*, 11, 161–173.

McNair, D. M., Lorr, M. & Droppleman, L. F. (1971). *The profile of mood states*. San Diego, CA: Educational and Industrial Testing Service.

McNamara, T. (1996). *Measuring Second Language Performance*, Longman.

Meglino, B. M., Ravlin, E. C., & Adkins, C. L. (1989). "A work values approach to compare culture: A field test of the value congruence process and its relationship to individual outcomes." *Journal of Applied Psychology*, 74, 424-432.

Meglino, B. M., Ravlin, E. C., & Adkins, C. L. (1991). "Value congruence and satisfaction with a leader: An examination of the role of interaction." *Human Relations*, 44, 481-495.

Mendes de Leon, C. E., & Markides, K. S. (1988). "Depressive symptoms among Mexican Americans : A three-generations study." American Journal of Epidemiology, 127, 150-160

Meyer, J. P. (1998, Mar.). The three component model of commitment: Past, present and future. *Address given at 1st Research Workshop of Japanese Association of Administrative Science, Nagoya, Aichi, Japan*.

Meyer, J. P., & Allen, N. J. (1984). "Testing the .side-bet theory" of organizational commitment: Some methodological consideration. *Journal of Applied Psychology*, 69, 372-378.

Meyer, J. P., Allen, N. J., & Gellatly, I. R. (1990). "Affective and continuance commitment to the organization: Evaluation of measures and analysis of concurrent and time-lagged relations." *Journal of Applied Psychology*, 75, 710-720.

Meyer, J. P., Allen, N. J., & Smith, C. A. (1993). "Commitment to organizations and occupations: Extension and test of a three-component conceptualization." *Journal of Applied Psychology*, 78, 538-551.

Meyer, J. P., & Herscovitch, L. (2001). "Commitment in the workplace: Toward a general model." *Human Resource Management Review*, 11, 299-326.

Meyer, J. P., Paunonen, S. V., Gellatly, I. R., Goffin, R. D., & Jackson, D. N. (1989). "Organizational commitment and job performance: It's the nature of the commitments that counts." *Journal of Applied Psychology*, 74, 152-156.

Miller, G. A., Galanter, E., & Pribram, K. H. (1960). *Plans and the structure of behavior*. New York, NY: Holt.

Miller, V. D., & Jablin, F. M. (1991). "Information seeking during organizational entry: Influences, tactics, and a model of the process." *Academy of Management Review*, 16, 92-120.

Mishel, W. (1968). *Personality and assessment*. New York, NY: Wiley.

Mislevy, R. J., & Bock, R. D. (1986). *PC BILOG: Item analysis and test scoring with binary logistic models* [*Computer Program*]. Mooresville, IN: Scientific Software.

Mislevy, R. J., & Stocking, M. L. (1989). "A consumer's guide to LOGIST and BILOG." *Applied Psychological Measurement*, 13, 57-75.

Mislevy, R. J., & Bock, R. D. (1989). *BILOG 3: Item analysis and test scoring with binary logistic models* [*Computer Program*]. Mooresville, IN: Scientific Software.

Mitchell, T. R. (1979). "Organizational behavior." In M. R. Rozenweig & L. W. Porter

(Eds.), *Annual Review of Psychology* (Vol. 30 . pp. 243–281). Palo Alto, CA: Annual Reviews.

Mobley, W. H. (1977). "Intermediate linkages in the relationship between job satisfaction and employee turnover." *Journal of Applied Psychology*, 62, 237–240.

Moorman, R. H. (1991). "Relationship between organizational justice and organizational citizenship behavior: Do fairness perceptions influence employee citizenship?" *Journal of Applied Psychology*, 76, 845–855.

Moorman, R. H., Niehoff, B. P., & Organ, D. W. (1993). "Treating employees fairly and organizational citizenship behavior: Sorting the effects of job satisfaction, organizational commitment, and procedural justice." *Employee Responsibilities & Rights Journal*, 6, 209–225.

Morrison, E. W. (1993). "Longitudinal study of the effects of information seeking on newcomer socialization." *Journal of Applied Psychology*, 78, 173–183.

Morrow, P. (1983). "Concept redundancy in organizational research: The case of work commitment." *Academy of Management Review*, 8, 486–500.

Moser, K. A., Goldblatt, P. O., Fox, A. J., & Jones, D. R. (1987). "Unemployment and mortality: Comparison of the 1971 and 1981 longitudinal study census samples." *British Medical Journal*, 294, 86–90.

Mowday, R. T., Steers, R. M., & Porter, L. W. (1979). "The measurement of organizational commitment." *Journal of Vocational Behavior*, 14, 224–247.

Mowday, R. T., Porter, L. W., & Steers, R. M. (1982). *Employee-Organization Linkage: The psychology of commitment, absenteeism, and turnover*. New York: Academic Press,

Mulqueen, C. M., Stahl, J. & Gershos, R. C. (1996). A multifacet rasch analysis of 360-degree performance appraisal results. *Paper presented at SIOP annual conference, St. Louis, MO*.

Munafo, M. R., Clark, T., & Flint, J. (2005). "Does measurement instrument moderate the association between the serotonin transporter gene and anxiety-related personality traits? A meta-analysis." *Molecular Psychiatry*, 10, 415–419.

Munafo, M. R., Clark, T. G., Moore, L. R., Payne, E., Walton, R., & Flint, J. (2003). "Genetic polymorphisms and personality in healthy adults: A systematic review and meta-analysis." *Molecular Psychiatry*, 8, 471–484.

Munafo, M. R., Yalcin, B., Willis-Owen, S. A., & Flint, J. (2008). "Association of the dopamine D4 receptor (DRD4) gene and approach-related personality traits: Meta-analysis and new data." *Biological Psychiatry*, 15, 197–206.

村上宣寛・福光隆 (2005). 「問題攻撃性尺度の基準関連的構成とアサーション・トレーニングによる治療的介入」『パーソナリティ研究』 13, 170-182.

Muraki, E., & Bock, R. D. (2003). *PARSCALE4: IRT item analysis and test scoring for rating-scale data*. chicago IL: Scientific Software International.

村木英治 (2011).『項目反応理論』朝倉書店.

Murray, M. A., & Atkinson, T. (1981). "Gender differences in correlates of job satisfaction." *Canadian Journal of Behavioral Sciences*, 13, 44–52.

Murray, C. J. L., & Lopez, A. D. (Eds.) (1996). *The global burden of disease: A comprehensive assessment of mortality and disability from diseases, injuries, and risk factors in 1990 and projected to 2020*. Boston, MA: Harvard University Press.

Muthén, L. K., & Muthén, B. O. (2004). *Mplus user's guide* (3rd ed.). Los Angeles, CA: Muthén & Muthén.

Narayanan, P., & Swamina Than, H. (1996). "Identification of items that show nonuniform DIF." Applied Psychological Measurement, 20, 257–274.

Naylor, J. C., Pritchard, R. D., & Ilgen, D. R. (1980). *A theory of behavior in organizations*. New York, NY: Academic Press.

Nering, M. L. & Ostini, R. (Eds.) (2010). *Handbook of polytomous item response theory models*. NY: Routledge.

Nicholson, N. (1975). Industrial absence as an indication of employee motivation and job satisfaction: A study of contrasting technologies in the North of England and South Wales. *Unpublished Doctoral Dissertation, University of Wales, U. K.*

Nicholson, N., Brown, C. A., & Chadwick-Jones, J. K. (1976). "Absence from work and job satisfaction." *Journal of Applied Psychology*, 61, 728–737.

日本アイ・ビー・エム株式会社 (1980).「国際価値会議レポート」.

日本労働研究機構 (1993).「大卒社員の初期キャリア管理に関する調査研究報告書—大卒社員の採用・配属・異動・定着—」(調査研究報告書 No.44).

日本国有鉄道鉄道労働科学研究所 心理適性管理室 (1983).『運転適性検査問題の概要—知能・識別性—』日本国有鉄道.

新名理恵・坂田成輝・矢冨直美・本間昭 (1990).「心理的ストレス反応尺度の開発」『心身医学』30, 29–38.

二村英幸 (2001).『人事アセスメント入門』日経文庫.

西田豊昭・渡辺直登 (2007).「ジョブ・パフォーマンス予測への傾性的アプローチ(2)—中核的自己評価測定尺度の開発とジョブ・パフォーマンスとの関係—」経営行動科学学会報告.

野口裕之 (1983).「被験者の推定尺度値を利用した潜在特性尺度等化法」『教育心理学研究』31, 233–238.

野口裕之 (1991).「項目反応理論にもとづくテストの作成法」芝祐順 (編)『項目反応理論—基礎と応用—』(pp. 51–86) 東京大学出版会.

野口裕之 (1992).「項目困難度の分布の偏りが IRT 項目パラメタの発見的推定値に与える影響」『名古屋大学教育学部紀要(教育心理学科)』39, 15-21.

野口裕之 (1993).「態度測定と項目反応理論」原岡一馬(編)『人間の社会的形成と変容』(pp. 257-269), ナカニシヤ出版.

野口裕之 (1993a).「コンピュータを用いた適応型知能検査の開発(1)」東日本旅客鉄道安全研究所委託研究報告書.

野口裕之 (1993b).「パーソナル・コンピュータをベースとする識別性検査 A-1001用項目プールの作成」『名古屋大学教育学部紀要(教育心理学科)』40, 141-158.

野口裕之 (1994a).「コンピュータを用いた適応型知能検査の開発(2)」東日本旅客鉄道安全研究所委託研究報告書.

野口裕之 (1994b).「パーソナル・コンピュータをベースとにした識別性検査に対する受験者の反応」『名古屋大学教育学部紀要(教育心理学科)』41, 25-38.

野口裕之 (1995a).「識別性検査 A-1001における記憶問題の IRT 尺度化」日本教育心理学会第37回総会発表論文集.

野口裕之 (1995b).「識別性検査 A-1001の『知覚の速さ・正確さ』領域の IRT 尺度化」『名古屋大学教育学部紀要(教育心理学科)』42, 59-71.

野口裕之 (1996).「識別性検査 A-1001の「関係判断力・応用力」領域および「記憶」領域の IRT 尺度化」『名古屋大学教育学部紀要(教育心理学科)』43, 37-49.

野口裕之 (2000).「項目反応理論」大沢武志・芝祐順・二村英幸(編)『人事アセスメントハンドブック』金子書房.

野口裕之 (2009).「テスト理論」産業・組織心理学会(編)『産業・組織心理学ハンドブック』丸善.

野口裕之 (2011).「測定論」経営行動科学学会(編)『経営行動科学ハンドブック』中央経済社.

野口裕之・大隅敦子 (2014).『テスティングの基礎理論』研究社.

野口裕之・熊谷龍一 (2011). 共通受験者デザインにおける Mean & Sigma 法による等化係数推定値の補正. 日本テスト学会誌, 7, 15-22

野口裕之・熊谷龍一・大隅敦子 (2007).「日本語能力試験における級間共通尺度構成の試み」『日本語教育(日本語教育学会)』. 135, 54-63.

Nowlis, V. (1965). "Research with the mood adjective checklist." In S. S. Tomkins, & C. E. Izard (Eds.), *Affect, cognition, and personality*. New York, NY: Springer.

Nowlis, V., & Green, R. (1957). "The experimental analysis of mood." Technical Report, Office of Naval Reseach: Contract No. Nonr-668(12).

Ørhede, E., & Kreiner, S. (2000). "Item bias in indices measuring psychosocial work environment and health." *Scandinavian Journal of Work, Environment & Health*, 26(3), 263-272.

小笠原春彦 (1991).「鉄道総研式識別性検査 J-1001の開発」『鉄道総研報告』5, 19-26.

奥村泰之・亀山晶子・勝谷紀子・坂本真士 (2008).「1990年から2006年の日本における抑うつ研究の方法に関する検討」『パーソナリティ研究』16, 238-246.

Olson, U. (1979). "Maximum likelihood estimation of the polychoric correlation coefficient." *Psychometrika*, 44, 443-460.

小野公一 (1993).『職務満足感と生活満足感―ゆとりの時代の人事・労務管理へのクオリティ・オブ・ワーキング・ライフからのアプローチ―』白桃書房.

大沢武志・芝祐順・二村英幸 (編) (2000)『人事アセスメントハンドブック』金子書房.

大友賢二 (1996).『項目応答理論入門―言語テスト・データの新しい分析法―』大修館書店.

大塚泰正・小杉正太郎 (2006).「企業従業員を対象とした心理的ストレス反応尺度の項目反応理論を用いた検討」『産業・組織心理学研究』20(1), 35-44.

大内健 (1999).「医薬情報担当者の営業成績と職務満足への傾性的アプローチ」慶應義塾大学大学院経営管理研究科修士学位請求論文(未発表論文).

大内健 (1999).「医薬情報担当者の営業成績に影響を及ぼす要因」慶應義塾大学経営管理研究科修士論文.

O'Reilly, C. A., & Chatman, J. (1986). "Organizational commitment and psychological attachment: The effects of compliance, identification, and internalization on prosocial behavior." *Journal of Applied Psychology*, 71, 492-499.

Organ, D. W. (1977). "A reappraisal and reinterpretation of the satisfaction-causes-performance hypothesis." *Academy of Management Review*, 2, 46-53.

Organ, D. W. (1988). *Organizational citizenship behavior: The "good soldier" syndrome*. Lexington, MA: Lexington Books.

Organ, D. W., & Konovsky, M. (1989). "Cognitive versus affective determinants of organizational citizenship behavior." *Journal of Applied Psychology*, 74, 157-164.

Ornston, D. (1978). "On projection." *Psychoanalytic Study of the Child*, 33, 117-166.

Osipow, S. H., & Fitzgerald, L. F. (1996). *Theories of career development*. Needham, Heights: Allyn and Bacon.

Ostroff, C., Shin, Y., & Feinberg, B. (2002). "Skill acquisition and person-environment fit." In D. C. Feldman (Ed.). *Work careers: A developmental approach* (pp. 63-90). San Fransisco, CA: Jossey-Bass.

Parker, J. D. A., Bagby, R. M., & Joffe, R. T. (1996). "Validation of the biosocial model of personality: Confirmatory factor analysis of the Tridimensional Personality Questionnaire." *Psychological Assessment*, 8, 139-144.

Parsons, C. K. (1983). "The identification of people for whom job descriptive index scores are inappropriate." *Organizational Behavior and Human Performance*, 31, 365-393.

Parsons, C. K. & Hulin, C. L. (1982). "An empirical comparison of item response theory and hierarchical factor analysis in applications to the measurement of job satisfaction." *Journal of Applied Psychology*, 67, 826–834.

Parsons, F. (1909). *Choosing a vocation*. Boston: Houghton Miffin.

Peng, T. K., Peterson, M. F. & Shyi, Y. (1991). "Quantitative methods in cross-national management research: Trends and equivalence issues." *Journal of Organizational Behavior*, 12, 87–107.

Pervin, L. A. (1989). Goal concepts in personality and social psychology: A historical introduction. In L. A. Pervin (Ed.), *Goal Concepts in Personality and Social Psychology*. Hillsdale, NJ: Erlbaum.

Pervin, L. A. (1989). "Person, situations, interactions: The history of a controversy and a discussion of theoretical models." *Academy of Management Review*, 14, 350–360.

Petty, M. M., McGee, G. W., & Cavender, J. W. (1984). "A meta-analysis of the relationship between individual job satisfaction and individual performance." *Academy of Management Review*, 9, 712–721.

Piccolo, R. F., Judge, T. A., Takahashi, K., Watanabe, N., & Locke, E. A. (2003). "Incremental validity of core self-evaluation." Unpublished Manuscript.

Piccolo, R. F., Judge, T. A., Takahashi, K., Watanabe, N., & Locke, E. A. (2005). "Core self-evaluations in Japan: Relative effects on job satisfaction, life satisfaction and happiness." *Journal of Organizational Behavior*, 26, 965–984.

Plomin, R., DeFries, J. C., Craig, I. W., & McGuffin, P. (2002). *Behavioral genetics in the postgenomic era*. Washington, DC: American Psychological Association.

Poffenberger, A. T. (1927). *Applied psychology*. New York, NY: Appleton.

Pool, J., & Van Dijk, J. K. (1999). "Bouwstenen voor personeelsmanagement in de zorg." *Building stones for personnel management in care. Vol.2.* (2nd ed.). Houten: Bohn Stahleu Van Loghum.

Porter, L. W. (1961). "A study of perceived need satisfactions in bottom and middle management jobs." *Journal of Applied Psychology*, 45, 1–10.

Porter, L. W., Crampon, W. J., & Smith, F. J. (1976). "Organizational commitment and managerial turnover: A longitudinal study." *Organizational Behavior and Human Performance*, 15, 87–98.

Porter, L. W., & Lawler, E. E., III. (1968). *Managerial attitudes and performance*. Homewood, IL: Irwin-Dorsey.

Porter, L. W., & Smith, F. J. (1970). The etiology of organizational commitment. *Working Paper, Graduate School of Industrial Administration, University of California at Irvine*.

Porter, L. W., & Steers, R. M. (1973). "Organizational, work, and personal factors in em-

ployee turnover and absenteeism." *Psychological Bulletin*, 80, 151-176.
Porter, L. W., Steers, R. M., Mowday, R. T., & Boulian, P. V. (1974). "Organizational commitment, job satisfaction, and turnover among psychiatric technicians." *Journal of Applied Psychology*, 58, 603-609.
Prediger, D. J., & Vansickle, T. R. (1992). "Locating occupations on Holland's hexagon: Beyond RIASEC." *Journal of Vocational Behavior*, 40, 111-128.
Prediger, D. J. (1982). "Dimensions underlying Holland's hexagon: Missing link between interests and occupations ?" *Journal of Vocational Behavior*, 21, 259-287.
Prhodes, S. R. (1983). "Age-related differences in work attitudes and behavior: A review and conceptual analysis." *Psychological Bulletin*, 90, 328-367.
Quinn, R. P., & Staines, G. L. (1979). *The 1977 quality of employment survey*. Ann Arbor, MI: Institute for Social Research.
Randall, D. M., Fedor, D., & Longnecker, C. (1990). "The behavioral expression of organizational commitment." *Journal of Vocational Behavior*, 36, 210-224.
Radloff, L. (1977). "The CES-D scale: A self-report depression scale for research in the general population." *Applied Psychological Measurement*, 1, 385-401.
Raju, N. S. (1988). "The area between two item characteristic curves." *Psychometrika*, 53, 495-502.
Raju, N. S., Laffitte, L. J., & Byrne, B. M. (2002). "Measurement equivalence: A comparison of methods based on confirmatory factor analysis and item response theory." *Journal of Applied Psychology*, 87, 517-529.
Rasch, G. (1960/1980). *Probabilistic models for some intelligence and attainment tests*. Chicago IL: The University of Chicago Press. (Original Published in 1960, Copenhagen: Nielsen & Lydiche). 内田良男（監訳）(1985).『心理テストの確率モデル』名古屋大学出版会.
Reckase, M. D. (1979). "Unifactor latent trait models applied to multifactor tests: Results and implications." *Journal of Educational Statistics*, 4, 207-230.
Reckase, M. D. (1985). "The diffuiculty of test items that measure more than one ability." *Applied Psychological Measurement*, 9, 401-412.
Reckase, M. D. (2009). *Multidimensional item response theory*. NY : Springer.
Reichers, A. E. (1985). A review and reconceptualization of organizational commitment, *Academy of Management Review*, 10 (3), 465-476.
Reichers, A. E. (1987). "An interactionist perspective on newcomer socialization rates." *Academy of Management Review*, 12, 278-287.
Reilly, N. P., & Orsak, C. L. (1991). "A career stage analysis of career and organizational commitment in nursing." *Journal of Vocational Behavior*, 39, 311-330.

Reise, S. P., & Henson, J. M. (2003). "A discussion of modern versus traditional psychometrics as applied to personality assessment scales."*Journal of Personality Assessment*, 81, 93-103.

Reise, S. P. & Wailer, N. C. (1990). "Fitting the two-parameter model to personality data: The parameterization of the Multidimensional Personality Questionnaire." *Applied Psychological Measurement*, 14, 45-58.

Reise, S. P., Widaman, K. F. & Pugh, R. H. (1993). "Confirmatory factor analysis and item response theory: Two approaches for exploring measurement invariance." *Psychological Bulletin*, 114, 552-566.

Richardson, M. W. (1936). "The relationship between difficulty and differential of a test." *Psychometrika*, 1, 33-49.

Ritzer, G., & Trice, H. M. (1969). "An empirical study of Howard Becker's side-bet theory." *Social Forces*, 47, 475-479.

Robbins, S. P. (1991). *Organizational behavior: Concepts, controversies, and applications* (5 th ed.). Englewood Cliffs, NJ: Prentice-Hall.

Robbins, S. P. (1997). *Essentials of organizational behavior (5th ed.)*. Englewood Cliffs, NJ: Prentice Hall. 高木晴夫監訳『組織行動のマネジメント』ダイヤモンド社, 1997.

Roberts, J. S. (1995). "Item response theory approaches to attitude measurement (Doctoral dissertation, University of South Carolina, Columbia, 1995)." *Dissertation Abstracts International*, 56, 7089B.

Robins, L. N., Wing, J., Wittchen, H-U., Helzer, J. E., Babor, T. F., Burke, J., Farner, A., Jablenski, A., Pickens, R., Regier, D. A., Sartorius, N., & Towle, L. H. (1988). "The Composite International Diagnostic Interview: An epidemiologic instrument suitable for use in conjunction with different diagnostic systems and in different cultures." *Archives of General Psychiatry*, 45, 1069-1077.

Roethlisberger, F. J., & Dickson, W. J. (1939.1964). *Management and the worker*. Cambridge, MA: Harvard University Press. (Reprinted in 1964, Wiley, New York)

Roe, A. (1956). *The psychology of occupations*. New York: Wiley.

Ross, I. E., & Zander, A. F. (1957). "Need satisfaction and employee turnover." *Personnel Psychology*, 10, 327-338.

Round, J., & Tracey, T. J. G. (1996). "Cross-cultural structural equivalence of REASEC models and measures." *Journal of Counseling Psychology*, 43, 310-329.

Roussos, L., & Stout, W. (1996). "DIF from the multidimensional perspective." *Applied Psychological Measurement*, 20, 335-371.

Roznowski, M. (1989). "Examination of the measurement properties of the Job Descriptive Index with experimental items." *Journal of Applied Psychology*, 74, 805-814.

Rupp, D., & Cropanzano, R.(2002). "The mediating effects of social exchange relationships in predicting workplace outcomes from multifoci organizational justice." *Organizational Behavior & Human Decision Processes*, 89, 925-946.

Ryan, A. M., Horvath, M., Ployhart, R. E., Schmitt, N. & Slade, L. A.(2000). "Hypothesizing differential item functioning in global employee opinion surveys." *Personnel Psychology*, 53, 531-562.

Saal, F. E., Downey, R. G. & Lahey, M. A.(1980). "Rating the ratings: Assessing the psychometric quality of rating data." *Psychological Bulletin*, 88, 413-428.

斉田智里（2003）.「高校入学時の英語能力値の年次推移―項目応答理論を用いた県規模英語学力テストの共通尺度化―」第15回英検研究助成報告（日本英語検定協会），12-24.

斉田智里 （2011）.「第2章 英語学力測定法 石川洋一・西田正・斉田智里」『テスティングと評価』 英語教育学体系13巻 大修館.

坂爪洋美（2008）.『キャリア・オリエンテーション』白桃書房.

Salancik, G. R.(1977a). "Commitment and the control of organizational behavior and belief." In B. M. Staw & G. R. Salancik (Eds.), *New directions in organizational behavior* (pp. 1-54). Chicago, IL: St. Clair Press.

Salancik, G. R.(1977b). "Commitment is too easy !" *Organizational Dynamics*, Summer 62-80.

Salancik, G. R., & Pfeffer, J.(1978). "A social information processing approach to job attitudes and task design." *Administrative Science Quarterly*, 23, 224-253.

Samejima, F.(1969). "Estimation of latent ability using a response pattern of graded scores." *Psychometric Monograph*, 17.

Samejima, F.(1972). "A general model for free-response data." *Psychometric Monograph*, 18.

Samejima, F.(1973). "Homogeneous case of the continuous response model." *Psychometrika*, 38, 203-219.

Samejima, F.(1996). "The graded response model." In W. J. van der Linden & R. K. Hamblton, (Eds.), *Handbook of modern item response theory*. New York, NY: Springer.

Sandman, B. A.(1989). "The measurement of job stress: Development of Job Stress Index." In C. J. Cranny, P. C. Smith, & E. F. Stone (Eds.), *Job satisfaction: how people feel about their jobs and how it affects their performance* (Chap. 10: pp. 241-254). New York, NY: Lexington.

産業・組織心理学会（編）(2009).『産業・組織心理学ハンドブック』 丸善.

佐野勝男・槙田仁・関本昌秀(1970).『管理能力の発見と評価―パーソナリティからの新しいアプローチ―』日本経営出版会.

Sarason, I. G., Levine, H. M., Basham, R. B., & Sarason, B. R.(1983). "Assessing social support: The social support questionnaire." *Journal of Personality and Social Psychology*, 44, 127-139.

Sarason, I. G., Sarason, B. R., Shearin, E. N., & Pierce, G. R. (1987). "A brief measure of social support: Practical and theoretical implications." *Journal of Social and Personality Relationships*, 4, 497-510.

笹川智子・金井嘉宏・中村泰子・鈴木伸一・嶋田洋徳・坂野雄二 (2004).「他者からの否定的評価に対する社会的不安測定尺度 (FNE) 短縮版作成の試み―項目反応理論による検討―」『行動療法研究』**30**, 87-98.

Sawyer, J. E. (1988). "Measuring attitudes across job levels: When are scale scores truly comparable." *Organizational Behavior and Human Decision Processes*, 42, 324-342.

Scarpello, V., & Campbell, J. P. (1983). "Job satisfaction: Are all the parts there ?" *Personnel Psychology*, 36, 577-600.

Schaffer, R. H. (1953). "Job satisfaction as related to need satisfaction in work." *Psychological Monographs*, 67 (14, Whole No. 364).

Schein, E. H. (1965). *Organizational psychology*. Englewood Cliffs, NJ: Prentice-Hall.

Schein, E. H. (1978). *Career dynamics: Matching individual and organizational needs*. Reading, MA: Addison-Wesley. 二村敏子・三善勝代 (訳) (1991).『キャリア・ダイナミクス』白桃書房.

Schinka, J. A., Lestch, E. A., & Crawford, F. C. (2002). "DRD 4 and novelty seeking: results of meta-analyses." *American Journal of Medical Genetics (Neuropsychiatric Genetics)*, 114, 643-648.

Schneider, B., & Dachler, H. P. (1978). "A note on the stability of the job descriptive index." *Journal of Applied Psychology*, 63, 650-653.

Schneider, B., Gunnarson, S. K., & Wheeler, J. K. (1989). "The role of opportunity in the conceptualization and measurement of job satisfaction." In C. J. Cranny, P. C. Smith, & E. F. Stone (Eds.), *Job satisfaction: How people feel about their jobs and how it affects their performance* (Chap. 3: pp. 53-68). New York, NY: Lexington.

Schriesheim, C. A., & Cogliser, C. C. (1994, Aug.). The dimensional structure of the intrinsic-extrinsic satisfaction subscales of the Minnesota Satisfaction Questionnaire (Short Form): A multi-sample investigation. *Paper Presented at 54th Annual Meeting of Academy of Management, Dallas, TX, U. S. A.*

Schriesheim, C. A., Hinkin, T. R., & Tetrault, L. A. (1991). "The discriminant validity of the Leader Reward and Punishment Questionnaire (LRPQ) and satisfaction with supervision: A two-sample, factor analytic investigation." *Journal of Occupational Psychology*, 64, 159-166.

Schubsachs, A. P. W., Rounds, J. B., Jr., Dawis, R. V., & Lofquist, L. H. (1978). "Perception

of work reinforcer systems: Factor structure." *Journal of Vocational Behavior*, 13, 54-62.
Schwab, D. P., & Cummings, L. L. (1970). "Theories of performance and satisfaction: A review." *Industrial Relations*, 9, 408-430.
関本昌秀 (1983).「適正多面評価の安定性と妥当性に関する一考察」『慶應経営論集』4 (2), 1-17.
関本昌秀・花田光世 (1985).「変質する従業員の意識に企業はどう対応すべきか——11社4539人の調査分析にもとづく帰属意識の研究 (上) ——」『ダイヤモンド・ハーバードビジネス』1985年11月号, 84-96.
関本昌秀・花田光世 (1986).「変質する従業員の意識に企業はどう対応すべきか——11社4539人の調査分析にもとづく帰属意識の研究 (下) ——」『ダイヤモンド・ハーバードビジネス』1986年1月号, 53-62.
関本昌秀・花田光世 (1987).「企業帰属意識の構造化と，影響要因の研究」『産業・組織心理学研究』1, 9-20.
Sen, S., Burmeister M., & Ghosh, D. (2004). "Meta-analysis of the association between a serotonin transporter promoter polymorphism (5-HTTLPR) and anxiety-related personality traits." *American Journal of Medical Genetics*, 127, 85-89.
Settoon, R. P., Bennett, N., & Liden, R. C. (1996). "Social exchange in organizations: Perceived organizational support, leader-member exchange, and employee reciprocity." *Journal of Applied Psychology*, 81, 219-227.
Shearly, R., & Stout, W. (1993). "An item response theory model for test bias." In P. W. Holland & H. Wainer (Eds.), *Differential item functioning* (pp. 197-239). Hillsdale, NJ: Lawrence Erlbaum Associates.
芝祐順 (1978).「語彙理解尺度作成の試み」『東京大学教育学部紀要』17, 47-58.
芝祐順 (1991).『項目反応理論——基礎と応用——』東京大学出版会.
芝祐順・野口裕之 (1982).「語彙理解力尺度の研究——追跡データによる等化——」『東京大学教育学部紀要』22, 31-42.
柴山直・野口裕之・芝祐順・鎌原雅彦 (1987).「最適化テスト方式による語彙理解力の測定」『教育心理学研究』35, 363-367.
渋谷政昭・柴田里程 (1992).『Sによるデータ解析』共立出版.
Shore, L. M., & Tetrick, L. E. (1991). "A construct validity study of the survey of perceived organizational support." *Journal of Applied Psychology*, 76, 637-643.
Shullman, S. L., & Carder, C. E. (1983). "Vocational psychology in industrial setting." In W. B. Walsh & S. H. Osipow (Eds.), *Handbook of vocational psychology* (Vol.2). Hillsdale, NJ: Lawrence Erlbaum.
Siegrist, J. (1987). "Impaired quality of life as a risk factor in cardiovascular disease." *Journal of Chronic Diseases*, 40(6), 571-578.

Siegrist, J. (1996). "Adverse health effects of high-effort/low-reward conditions." *Journal of Occupational Health Psychology*, 1 (1), 27–41.

Siegrist, J., & Matschinger, H. (1989). "Restricted status control and cardiovascular risk." In A. Steptoe & A. Appels (eds.), *Stress, personal control and health* (pp. 65–82). Chichester: Wiley.

Siegrist, J., Siegrist, K., & Weber, I. (1986). "Sociological concepts in the etiology of chronic disease: The case of ischemic heart disease." *Social Science & Medicine*, 22 (2), 247–253.

島悟・鹿野達男・北村俊則・浅井昌弘 (1985).「新しい抑うつ性自己評価尺度について」『精神医学』27, 717–723.

Singh, J., Howell, R. D. & Rhoads, G. K. (1990). "Adaptive designs for Likert-type data: An approach for implementing marketing survey." *Journal of Marketing Research*, 27, 304–321.

下妻晃二郎 (2004).「がんと QOL」『保健医療科学』 53, 198–203.

Sijtsma, K. & Molenaar, I. W. (2002). *Introduction to nonparametric item response theory*. Thousand Oaks : Sage.

静哲人 (2007).『基礎から深く理解するラッシュ・モデリング―項目応答理論とは似て非なる測定のパラダイム』 関西大学出版部.

Smith, F. J. (1976). "Index of Organizational Reactions (IOR)." *JSAS Catalog of Selected Documents in Psychology*, 6 (54, No. 1265).

Smith, P. C. (1986). "Guidelines for clean data: Detection of common mistakes." *Journal of Applied Psychology*, 71, 457–460.

Smith, P. C. & Kendall, L. M. (1963). "Retranslation of expectations: An approach to the construction of unambiguous anchors for rating scales." *Journal of Applied Psychology*, 47, 149–155.

Smith, P. C., Kendall, L. M. & Hulin, C. L. (1969). *The measurement of satisfaction in work and retirement*. Chicago, IL: Rand McNally.

Somers, M. J. (1995). "Organizational commitment, turnover and absenteeism: An examination of direct and interaction effects." *Journal of Organizational Behavior*, 16, 49–58.

総務庁青少年対策本部 (1989).「世界の青年との比較からみた日本の青年世界」青年意識調査（第4回）報告書.

Spielberger, C. D., Gorsuch, R., & Lushene, R. L. (1970). *Manual of the state trait anxiety inventory*. Palo Alto, CA: Consulting Psychologists Press.

Spokane, A. R. (1996). "Holland's theory." In D. Brown & L. Brooks (Eds.) *Career choice and development* (3rd ed.). San Francisco, CA: Jossey-Bass.

Spokane, A. R., Meir, E., & Goldstein, H.W. (2000). "Person-environment congruence and

Holland's theory: A review and reconsideration." *Journal of Vocational Behavior*, 57, 137–187.

Stagner, R., Flebbe, D. R., & Wood, E. F. (1952). "Working on the railroad: A study of job satisfaction." *Personnel Psychology*, 5, 293–306.

Stark, S., Chernyshenko, O. S., Drasgow, F., & Williams, B. A. (2006). "Examining assumptions about item responding in personality assessment: Should ideal point methods be considered for scale development and scoring?" *Journal of Applied Psychology*, 91, 25–39.

Staw, B. M. (1981). "The escalation of commitment to a course of action." *Academy of Management Review*, 6, 577–587.

Staw, B. M. (1984). "Organizational behavior: A review and reformulation of the field's outcome variables." In M. R. Rozenweig & L. W. Porter (Eds.), *Annual Review of Psychology* (Vol. 35. pp. 627–666). Palo Alto, CA: Annual Reviews.

Staw, B., M. Bell, N., & Clausen, J. (1986). "The dispositional approach to job attitudes: A lifetime longitudinal test." *Administrative Science Quarterly*, 31, 140–154.

Staw, B. M., & Ross, J. (1985). "Stability in the midst of change: A dispositional approach to job attitudes." *Journal of Applied Psychology*, 70, 469–480.

Staw, B. M., Bell, N. E., & Clausen, J. A. (1986). "The dispositional approach to job attitudes: A lifetime longitudinal test." *Administrative Science Quarterly*, 31, 56–77.

Steers, R. M. (1977). Antecendents and outcomes of organizational commitment. *Administrative Science Quarterly*, 22, 46–55,

Steinberg, L. (1994). "Context and serial-order effects in personality measurement: Limits on the generality of measuring changes the measure." *Journal of Personality and Social Psychology*, 66, 341–349.

Steinberg, L. & Thissen, D. (1995). "Item response theory in personality research." In Shrout, P. E., & Fiske, S. T. (Eds.). *Personality research methods, and theory: A festschrift honoring Donatd W. Fiske* (pp. 161–181). Hillsdale, NJ: Lawrence Eribaum Associates.

Stevens, J. M., Beyer, J. M., & Trice, H. M. (1978). "Assessing personal, role and organizational predictors of managerial commitment." *Academy of Management Journal*, 21, 380–396.

Stocking, M. L. & Lord, F. M. (1983). "Developing a common metric in item response theory." *Applied Psychological Measurement*, 7, 201–210.

Stouffer, S. A., Suchman, E. A., DeVinney, L. C., & Williams, R. A., Jr. (1949). *The American soldier: Adjustments during away life.* (Vol.1). Princeton, NJ: Princeton University Press.

孫媛・井上俊哉（1995）.「アメリカにおける差異項目機能（DIF）」『学術情報センター研究紀要』7, 193-216.

鋤柄増根（1998）.「項目反応理論によるMMPIの潜在特性構造の分析」『性格心理学研究』6(2), 95-108.

Super, D. E. (1957). *The psychology of careers*. New York, NY: Harper & Row.

Super, D. E., Thompson, A. S., Lindeman, R. H., Jordaan, J. P., & Myers, R. A. (1979). *Career development inventory*. Palo Alto, CA: Consulting Psychologists Press.

Svrakic, D. M., Przybeck, T. R., & Cloninger, C. R. (1992). "Mood states and personality traits." *Journal of Affective Disorders*, 24, 217-220.

Svrakic, D. M., Whitehead, C., Przybeck, T. R., & Cloninger, C. R. (1993). "Differential diagnosis of personality disorders by the seven-factor model of temperament and character." *Archives of General Psychiatry*, 50, 991-999.

Swaminathan, H., & Gifford, J. A. (1983). "Estimation of parameters in the three-parameter latent trait model." In D. Weiss (Ed.), *New horizons in testing*. New York, NY: Academic Press.

Swaminathan, H., & Rogers, H. J. (1990). "Detecting differential item functioning using logistic regression procedures." *Journal of Educational Measurement*, 27, 361-370.

高橋弘司（1994a）.「個人の組織社会化に関する研究―段階的社会化モデルの検討―」南山大学大学院経営学研究科修士学位請求論文.

高橋弘司（1994b）.「段階的社会化モデルに関する実証研究―統合モデルの妥当性検証―」『経営行動科学』9, 51-70.

高橋弘司（1994c）.「組織社会化段階モデルの開発および妥当性検証の試み―妥当性検証への項目反応理論の応用―」『経営行動科学』9, 103-121.

高橋弘司（1994d）.「段階的組織社会化モデルに関する研究―新モデルの開発と項目反応理論による妥当性確認の試み―」産業・組織心理学会第10回大会研究発表論文集, 140-142.

高橋弘司（1996a, Feb.）.「組織社会化の諸問題：経営臨床心理学からの再アプローチ　国立精神・神経センター精神保険研究所平成7年度第14回中間研究報告会［千葉県市川市］配付資料.

高橋弘司（1996b, Jun.）.「組織社会化課題の次元性：性・勤続年数の与える影響」日本労務学会第21回全国大会報告.

高橋弘司・野口裕之・安藤雅和・渡辺直登（1999）.「採用過程における志願者の組織イメージの形成と測定―精神力動的組織行動論の視点から―」『経営行動科学』13, 113-123.

高橋弘司・渡辺直登（1996）.「働く女性の離転職意思の決定要因」『経営行動科学』10, 55-66.

Takahashi, K., & Watanabe, N. (1996, Jun.). In search of hidden relationships: The unconscious process of organizational socialization. *Paper Presented at 11th Annual Conference of International Society for the Psychoanalytic Study of Organizations, New York, U. S. A.*

Takahashi, K., Watanabe, N., & Kijima, N. (1996). Anticipatory organizational socialization of Japanese college students: From personality perspectives. *Poster Presented at 26th International Congress of Psychology, Montreal, Quebec, Canada*.

高橋弘司・渡辺直登・野口裕之・木島伸彦 (1996).「TCI パーソナリティ尺度と組織社会化尺度との関係(2) ―予期的社会化・職務関連自己効力感との相関関係―」産業・組織心理学会大会発表論文集.

Takane, Y. (1997). "An item response model for multidimensional analysis of multiple-choice data." *Behaviormetrika*, 23, 153-167.

高尾尚二郎 (1996).「組織コミットメントの多次元性―確認的因子分析による次元性の検討―」『慶應経営論集』13, 33-52.

Takezawa, S., & Whitehill, A. M. (1981). *Work ways: Japan and America*. Tokyo, Japan: The Japan Institute of Labour.

田中堅一郎 (2005).「日本版組織市民行動尺度の妥当性と信頼性および項目特性についての検証」『産業・組織心理学研究』18(1), 15-22.

田中堅一郎・外島裕 (2005).「日本版組織機能阻害行動の測定尺度の開発」『経営行動科学』18(1), 11-19.

Tatsuoka, K. K. (1984). "Caution indices based on item response theory." *Psychometrika*, 49, 95-110.

Taylor, F. W. (1912. 1970). "What is scientific management ?" In H. F. Merill (Ed.), *Classics in management (Rev ed.)* (pp. 67-71). New York, NY: American Management Association.

Tett, R. P., & Meyer, J. P. (1993). "Job satisfaction, organizational commitment, turnover intention, and turnover: Path analysis based on meta-analytic findings." *Personnel Psychology*, 46, 259-293.

Thayer, R. (1986). "Activation-deactivation adjective check list: Current overview and structural analysis." *Psychological Reports*, 58, 607-614.

Thibaut, J., & Walker, L. (1975). *Procedural justice: A psychological analysis*. Hillsdale, NJ: Lawrence Erlbaum Associates.

Thibaut, J., & Walker, L. (1978). "A theory of procedure." *Califolnia Law Review*, 66, 541-566.

Thissen, D. (1991). *MULTILOG. Version 6 (Computer Program)*. Mooresville, IN: Scientific Software.

Thissen, D. & Steinberg, L. (1984). "A response model for multiple choice items." *Psycho-*

metrika, 49, 501-519.

Thissen, D., Steinberg, L., & Gerrard, M. (1986). "Beyond group-mean differences: The concept of item bias." *Psychological Bulletin*, 99, 118-128.

Thissen, D., Steinberg, L. & Wainer, H. (1988). "Use of item response theory in the study of group differences in trace lines." In H. Wainer & H. I. Braun (Eds.), *Test validity* (pp. 147-169). Hillsdale, NJ: Lawrence Erlbaum Association.

Thissen, D., Steinberg, L., & Wainer, H. (1993). "Detection of differential item functioning using the parameters of item response models." In P. W. Holland & H. Wainer (Eds.), *Differential item functioning* (pp. 67-113). Hillsdale, NJ: Lawrence Erlbaum.

Thomas, D., & Diener, E. (1990). "Memory accuracy in the recall of emotions." *Journal of Personality and Social Psychology*, 59, 291-297.

Thompson, J. M., & Blain, M. D. (1992). "Presenting feedback on the Minnesota Importance Questionnaire and the Minnesota Satisfaction Questionnaire." *Career Development Quarterly*, 41, 62-66.

Thorndike, E. L. (1917). "The curve of work and the curve of satisfyingness." *Journal of Applied Psychology*, 1, 265-267.

Thurstone, L. L. (1928). "Attitudes can be measured." *The American Journal of Sociology*, 26, 249-269.

Tinsley, H. E. A. (2000). "The congruence myth: An analysis of the efficacy of the person-enuronmeut fit model." *Journal of Vocatioral Beharior*, 56, 147-179.

豊田秀樹（1986）.「被験者の推定尺度値とテスト情報関数を利用した潜在特性尺度の等化法」『教育心理学研究』34, 163-167.

豊田秀樹（2002a）.『項目反応理論：入門編』朝倉書店.

豊田秀樹（2002b）.『項目反応理論：事例編』朝倉書店.

豊田秀樹（2005）.『項目反応理論：理論編』朝倉書店.

Tracey, T. J. G. (2002). "Personal globe inventory: Measurement of the spherical model of interests and competence beliefs." *Journal of Vocational Behavior*, 60, 113-172.

Tracey, T. J. G., & Rounds, J. (1993). "Evaluating Holland's and Gati's vocational interests models: A structural meta-analysis." *Psychological Bulletin*, 113, 229-246.

Tracey, T. J. G., & Rounds, J. (1995). "The arbitrary nature of Holland's RIASEC types: Concentric circles as a structure." *Journal of Counseling Psychology*, 42, 431-439.

Tracey, T. J. G., & Rounds, J. (1996a). "Contributions of the spherical representation of vocational interests." *Journal of Vocational Behavior*, 48, 85-95.

Tracey, T. J. G., & Rounds, J. (1996b). "The spherical representation of vocational interests." *Journal of Vocational Behavior*, 48, 3-41.

Tracey, T. J. G., Watanabe, N., & Schneider, P. L. (1997). "Structural invariance of vocational interests across Japanese and American culture." *Journal of Counseling Psychology*, 44, 346-354.

Tsaousis, I., Nikolaou, I., Serdaris, N., & Judge, T. A. (2007). "Do the core self-evaluations moderate the relationship between subjective well-being and physical and psychological health ?" *Personality and Industrial Differences*, 42, 1441-1452.

津田眞澂 (1993).「人事労務管理の学説の形成と発展」津田眞澂 (編著)『人事労務管理』(第2章：pp. 19-44) ミネルヴァ書房.

辻岡美延 (1982).『新性格検査法 Y—G 性格検査実施・応用・研究手引—』日本・心理テスト研究所.

堤 明純 (2000).「努力-報酬不均衡モデルと日本での適用」『産業精神保健』8(3), 230-234.

堤 明純 (2004).「日本語版努力-報酬不均衡モデル調査票」大島正光・高田勗・上田雅夫・河野友信 (監修)『ストレススケールガイドブックパブリックヘルスリサーチ』(pp. 277-285) 実務教育出版.

Tsutsumi, A., Ishitake, T., Peter, R., Siegrist, J., & Matoba, T. (2001). "The Japanese version of the effort-reward imbalance questionnaire: A study in dental technicians." *Work and Stress*, 15(1), 86-96.

Tsutsumi, A., Iwata, N., Watanabe, N., de Jonge, J., Pikhart, H., Fernandez-Lopez, J. A., Xu, L., Peter, R., Knutsson, A., Niedhammer, I., Kawakami, N., & Siegrist, J. (2009). "Application of item response theory to achieve cross-cultural comparability of occupational stress measurement." *International Journal of Methods in Psychiatric Research*, 18, 58-67.

堤 明純・岩田 昇・渡辺直登・川上憲人 (2002, Sept.).「努力-報酬不均衡職業性ストレスモデルにおける特異項目機能：項目反応理論に基づく国際比較」日本心理学会第66回大会 ワークショップ.

Tsutsumi, A., Kayaba, K., Nagami, M., Miki, A., Kawano, Y., Ohya, Y., Odagiri, Y., & Shimomitsu, T. (2002). "The effort-reward imbalance model: Experience in Japanese working population." *Journal of Occupational Health*, 44, 398-407.

Tsutsumi, A., Nagami, M., Morimoto, K., & Matoba, T. (2002). "Responsiveness of measures in the effort-reward imbalance questionnaire to organizational changes: A validation study." *Journal of Psychosomatic Research*, 52, 249-256.

Tsutsumi, A., Watanabe, N., Iwata, N. & Kawakami, N. (2002). "Item characteristics of the effort-reward imbalance questionnaire in a Japanese working population." *International Journal of Behavioral Medicine*, 9 (Supple 1), 276.

Tucker, L. R. (1946). "Maximum validity of a test with equivalent items." *Psychometrika*, 11, 1-13.

Tyler, T. R. (1989). "The psychology of procedural fairness: A test of the group value model." *Journal of Personality and Social Psychology*, 67, 850-863.

Tyler, T. R., & Bies, R. J. (1990). "Beyond formal procedure: The interpersonal context of procedural justice." In J. S. Carroll (Ed.), *Applied social psychology and organizational settings* (pp. 77-98). Hillsdale, NJ: Lawrence Erlbaum Associates.

Tyler, T. R., & Lind, E. A. (1992). "A relational model of authority in groups." In M. Zanna (Ed.), *Advances in experimental social psychology,* Vol.25: pp. 115-191). New York, NY: Academic Press..

van de Vijver, F. J. R. & Leung, K. (1997). *Methods and data analysis for cross-cultural research*. Thousand Oaks, CA: Sage.

van de Vijver, F. J. R., & Poortinga, Y. (1997). "Towards an integrated analysis of bias in cross-cultural assessment." *European Journal of Psychological Assessment*, 13, 29-37.

van der Linden, W. J., & Hambleton, R. K. (1997). *Handbook of modern item response theory*. New York, NY: Springer.

Van Maanen, J. (1975). "Police socialization: A longitudinal examination of job attitudes in an urban police department." *Administrative Science Quarterly*, 20, 207-228.

Van Maanen, J. (1978). "People processing: Strategies of organizational socialization." *Organizational Dynamics*, Summer, 19-36.

Vega, W. A., Kolody, B., & Valle, J. R. (1987). "Migration and mental Health: An empirical test of depression risk factors among, immigrant Mexican women." The international Migration Review, 21, 512-530.

Verweij, K. J., Zietsch B.P., Medland S.E., Gordon S.D., Benyamin B., Nyholt D.R., McEvoy B. P., Sullivan P.F., Heath A.C., Madden P.A., Henders A.K., Montgomery G.W., Martin N. G., Wray N.R. (2010). A genome-wide association study of Cloninger's temperament scales: Implications for the evolutionary genetics of personality. *Biological Psychology,* 85, 306-317.

Vroom, V. H. (1964). *Work and motivation*. New York, NY: Wiley.

若林昭雄 (1993).「パーソナリティ研究における"人間－状況論争"の動向」『心理学研究』64, 296-312.

若林昭雄 (1993). パーソナリティ研究における"人間－状況論争"の動向. 心理学研究, 64, 296-312.

若林満・城戸康彰 (1986).「わが国労働者の職務満足度と組織コミットメント―国際比較の結果から―」『労務研究』39, 8-21.

脇田貴文 (2004).「評定尺度法におけるカテゴリ間の間隔について―項目反応モデルを用いた評価方法―」『心理学研究』75(4), 331-338.

脇田貴文・野口裕之 (2005).「第6章 項目応答理論と特異項目機能」福原俊一・数間恵子 (監訳)『QOL 評価学－測定・解析・解釈のすべて－』中山書店 (Fayers & Machin2000Quality of Life : Assessment, Analysis and Interpret John Wiley & Sons Ltd.).

Wakita, T., Ueshima, N., & Noguchi, H. (2012). "Psychological Distance Between Categories in the Likert Scale : Comparing Different Numbers of Options." *Educational and Psychological Measurement,* 72(4), 533–546.

Wallace, J. E. (1995). "Organizational and professional commitment in professional and nonprofessional organizations." *Administrative Science Quarterly,* 40, 228–255.

Wanberg, C. R. & Banas, J. J. (2000) "Predictors and Outcomes of Openness to Changes in a Reorganizing Workplace". Journal of Applied Psychology, 85(1), 132−142.

Wanous, J. P. (1992). *Organizational entry: Recruitment, selection, and socialization of newcomers*（2 nd ed.). Reading, MA: Addison-Wesley.

Wanous, J. P., & Colella, A. (1989). "Organizational entry research: Current status and future directions." In K. M. Rowland & G. R. Ferris (Eds.), *Research in personnel and human resources management* (Vol. 7 : pp. 59–120). Greenwich, CT: JAI Press.

Wanous, J. P., Poland, T. D., Premack, S. L., & Davis, K. S. (1992). "The effects of met expectations on newcomer attitudes and behaviors: A review and meta-analysis." *Journal of Applied Psychology,* 77, 288–297.

Warr, P., Cook, J., & Wall, T. D. (1979). "Scales for the measurement of some work attitudes and aspects of psychological well-being." *Journal of Occupational Psychology,* 52, 129–148.

Wasti, S. A. (2005). "Commitment profiles: Combinations of organizational commitment forms and job outcomes." *Journal of Vocational Behavior,* 67, 290–308.

渡辺直登（1986）.「職務ストレスとメンタル・ヘルス―職務ストレス・チェックリスト作成の試み―」『南山経営研究』1, 37-63.

渡辺直登（1987）.「項目反応理論の組織行動研究への応用について」『南山経営研究』2, 399-421.

渡辺直登（1989）.「項目反応理論を用いた組織行動の測定―その概要と適用可能性―」『経営行動科学』4, 65-74.

渡辺直登（1992）.「項目反応理論の組織行動測定への応用とその課題：研究レビューを通じて」『経営行動科学』7, 1 -12.

渡辺直登（1992a）.「項目反応理論による JDI 翻訳の等価性の検討」産業・組織心理学会第 8 回大会発表論文集, 97-99.

渡辺直登（1992b）.「項目反応理論の組織行動測定への応用とその課題―研究レビューを通じて―」『経営行動科学』7, 1 -12.

Watanabe, N. (1992c). "Item response theory and language translation: An aid to comparative studies of management in the United States and Japan." *Nanzan Review of American Studies,* 14, 20–32.

渡辺直登 (1993).「組織との対話―組織ストレス―」原岡一馬・若林満（編著）『組織コミュニケーション』福村出版.

Watanabe, N. (1994). Application of item response theory to questionnaire translations: An aid to comparative studies of management in the United States and Japan. *Association of Japanese Business Studies* 1994 *Best Paper Proceedings*, 687-707.

渡辺直登 (1995).「あとがき」. In M. F. R. Kets de Vries, & D. Miller (1984). *The neurotic organization: Diagnosing and revitalizing unhealthy companies*. New York, NY: Harper. 渡辺直登・尾川丈一・梶原誠（監訳）（1995）.『神経症組織―病める企業の診断と再生―』(pp. 218-225) 亀田ブックサービス.

渡辺直登 (1996a).「国際人事研究における測定バイアスの探索―IRT による DIF の検出を通じて―」『組織科学』29(3), 44-56.

Watanabe, N. (1996b). "Examination of job interest structure through a development of a Job Interest Index (JII) by item response theory." *Keio Business Forum*, 13, 179-198.

渡辺直登・野口裕之（編著）（1999）.『組織心理測定論―項目反応理論のフロンティア―』白桃書房.

Watanabe, N. (2001). "Statistical analyses of Japanese version of PGI-Occupational scale." *Paper presented at Research Colloquium on Psychology in Education, Arizona State University.*

渡辺直登 (2002).「新しい職業興味モデルの開発―RIASEC モデルを超えて―」『経営行動科学学会第 5 回年次大会発表論文集』.

渡辺直登 (2003).「項目反応理論による組織行動の測定とテスティング」『組織科学』37(1), 56-67.

Watanabe, N. (2006). "Development of culturally and linguistically equivalent tests: Some lessons learned from a test translation study." *Paper presented at Practice Forum of* 21*st Annual Conference of Society for Industrial and Organizational Psychology* (SIOP), *Dallas: Texas.*

Watanabe, N. (2012). "Reliability and validity of the Japanese version of 16PF 5th edition: For personnel decision making in the era of globalization." *Keio Business Forum*, 29, 63-73.

渡辺直登・加藤尚子・藤本哲史（1995）.「組織コミットメントに関する日米比較再考―IRT による翻訳等価性分析を通じて―」『日本労務学会年報』176-184.

渡辺直登・西田豊昭（2007）.「ジョブ・パフォーマンス予測への傾性的アプローチ(1)―分権レビューと理論的検討―」経営行動科学学会報告.

渡辺直澄・野口裕之（編著）（1999）.『組織心理測定論―項目反応理論のフロンティア―』白桃書房.

渡辺直登・野口裕之・高橋弘司（1994）.「項目反応理論による職務興味インデックスの開

発—「企業—職務」選択モデルの提唱—」『産業・組織心理学研究』8, 13-27.

渡辺直登・野口裕之・高橋弘司・水井正明 (1993a).「項目反応理論による職務興味インデックス (JII) 作成の試み (理論編)」『産業・組織心理学会 第9回大会研究発表論文集』86-89.

渡辺直登・野口裕之・高橋弘司・水井正明 (1993b).「項目反応理論による職務興味インデックス (JII) 作成の試み (開発編)」『産業・組織心理学会 第9回大会研究発表論文集』90-93.

渡辺直登・坂爪洋美・西田豊昭・Tracey, T., J., G., &. Rounds, J. (2013).『PGI-plus キャリア発達支援検査 (改訂新版)』日本・精神技術研究所.

Watanabe, N., & Takahashi, K. (1994). A development of the job interest index (JII) by item response theory (IRT): Based on Japanese samples. *Paper presented at 23rd International Congress of Applied Psychology, Madrid, Spain.*

渡辺直登・矢冨直美 (1993).「項目反応理論 (IRT) によるストレス反応尺度の分析(1)—その測定論的基礎—」『ストレス科学』8, 92.

渡邊芳之・佐藤達哉 (1993).「パーソナリティの一貫性をめぐる『視点』と『時間』の問題—」『心理学評論』36, 226-243.

Watson, D., Clark, L., & Tellegen, A. (1988). "Development and validation of brief measure of positive and negative affect: The PANAS Scales." *Journal of Personality and Social Psychology*, 54(6), 1063-1070.

Weiss, D. J., Dawis, R. V., England, G. W., & Lofquist, L. H. (1967). *Manual for the Minnesota Satisfaction Questionnaire (Minnesota Studies in Vocational Rehabilitation: Vol. XVI)*. Minneapolis, MN: University of Minnesota, Work Adjustment Project, Industrial Relations Center.

Weiss, D. S., Horowitz, M. J., & Wilner, N. (1984). "The stress response rating scale: A clinician's measure for rating the response to serious life-events." *British Journal of Clinical Psychology*, 23, 202-215.

Weiss, H. M., & Adler, J. (1984). "Personality and organizational behavior." In B. M. Staw & L. L. Cummings (Eds.), *Research in organizational behavior* (Vol. 6: pp. 1-50). Greenwich, CT: JAI Press.

Werbel, J., & Gould, S. (1984). "A comparison of the relationship of commitment to turnover in recent hires and tenured employees." *Journal of Applied Psychology*, 69, 687-690.

Werner, O., & Campbell, D. T. (1970). "Translating, working through interpreters, and the problem of decentering." In R. Naroll & R. Cohen (Eds.), *A handbook of methods in cultural anthropology* (pp. 398-420). New York, NY: American Museum of History.

Wiener, Y. (1982). "Commitment in organizations: A normative view." *Academy of Manage-

ment Review, 7, 418-428.
Wilson, D. T., Wood, R., & Gibbons, R. (1985). *TESTFACT*. IL: Scientific Software International.
Wingersky, M. S., Barton, M. A., & Lord, F. M. (1982). *LOGIST 5. Version 1.0 (Computer Program)* Princeton, NJ: Educational Testing Center.
Wright, B. D. (1977). Solving measurement problems with the Rasch model. *Journal of Educational Measurement,* 14 (2), 97−116.
Wright, B. D., & Stone, M. H. (1979). *Best test design*. Chicago, Ill: MESA Press.
Yaeger, S. J. (1981). "Dimensionality of the JDI." *American Management Journal*, 24, 205-212.
Yamagishi, T., & Yamagishi, M. (1994). "Trust and commitment in the United States and Japan." *Motivation and Emotion*, 18, 129-166.
山岡和枝・林文・林知己夫（1995）.「調査票の持つ構造を保持した簡易化の試み―Eysenckのパーソナリティテストの日本語訳簡略版の作成―」『社会心理学研究』10, 123-133.
山岡和枝, 林文, & 林知己夫. (1995). 調査票の持つ構造を保持した簡易化の試み：Eysenck のパーソナリティテストの日本語訳簡略版の作成. 社会心理学研究, 10(2), 123-133.
Yasuda, T. (2005). "Examination of checklist psychological data based on the cumulative and unfolding item response models (Doctoral dissertation, The Pennsylvania State University, University Park, 2005)." Dissertation Abstracts International 66, (4-A).
Yasuda, T., Lei, P. W., & Suen, H. K. (2007). "Detecting differential item functioning in the Japanese version of the Multiple Affect Adjective Check List-Revised." *Journal of Psychoeducational Assessment*, 25, 373-384.
Yasuda, T., Lowrenz, C., Whitlock, R. V., Lubin, B., & Lei, P. W. (2004). "Assessment of intra-individual variability in positive and negative affect using latent state-trait model analyses." *Educational and Psychological Measurement*, 64, 514-530.
Yasuda, T., Lubin, B., Kim, J., & Whitlock, R. V. (2003). "The Japanese version of the Multiple Affect Adjective Check List-Revised: Development and validation." *Journal of Clinical Psychology*, 59, 93-109.
Yasuda, T., Lubin, B., & Whitlock, R. V. (2000). "Validation of the Japanese Multiple Affect Adjective Check List-Revised." *Paper presented at the 108th Annual Convention of the American Psychological Association, Washington, DC.*
矢冨直美・渡辺直登（1993）.「項目反応理論（IRT）によるストレス反応尺度の分析(2)―特性曲線・情報曲線による項目と尺度の分析―」『ストレス科学』8, 93.
矢冨直美・渡辺直登（1995）.「項目反応理論による心理的ストレス反応尺度（PSRS）の分析」『経営行動科学』10, 23-34.

矢冨直美・渡辺直登 (1999).「ストレスの測定：組織ストレス」『組織心理測定論―項目反応理論のフロンティア―』 (pp. 155-178). 白桃書房.

Yen, W. M. (1981). "Using simulation results to choose latent trait model." *Applied Psychological Measurement*, 5, 245-262.

Yen, W. M. (1987). "A comparison of the efficacy and accuracy of BILOG and LOGIST." *Psychometrika*, 52, 275-291.

Young, M. A., Halper, I. S., Clark, D. C. & Scheftner, W. A. (1992). "An item response theory evaluation of the Beck Hopelessness Scale." *Cognitive Therapy and Research*, 16, 579-587.

Zaccaro, S. J., & Dubbins, G. H. (1989). "Contrasting group and organizational commitment: Evidence for differences among multilevel attachments." *Journal of Organizational Behavior*, 10, 267-273.

Zimowski, M. F., Muraki, E., Mislevy, R. J., & Bock, R. D. (2003). *BILOG-MG* 3.0. IL: Scientific Software International.

Zimowski, M. F., Muraki, E., Mislevy, R. J., & Bock, R. D. (1996). *BILOG-MG: Multiple-Group IRT Analysis and Test Maintenance for Binary Items*. Chicago IL: Scientific Software International.

Zuckerman, M., Kolin, E. A., Price, L., & Zoob, I. (1964). "Development of a sensation seeking scale." *Journal of Consulting Psychology*, 28, 477-482.

Zuckerman, M., & Link, K. (1968). "Construct validity for the sensation-seeking scale." *Journal of Consulting and Clinical Psychology*, 32, 420-426.

Zuckerman, M., & Lubin, B. (1965). *Manual for the MAACL*. San Diego, CA: Educational and Industrial Testing Service.

Zumbo, B. D. (1999). *A Handbook on the theory and methods of differential item functioning (DIF): Logistic regression modeling as a unitary framework for binary and Likert-type (ordinal) item scores*. Ottawa, ON: Directorate of Human Resources Research and Evaluation, Department of National Defense.

Zung, W. (1965). "A self-rating depression scale." *Archives of General Psychiatry*, 12, 63-70.

事項索引

数字

16PF パーソナリティ質問紙　100
1次元性　45
1パラメタ・ロジスティック・モデル　29
2値型データ　83
2パラメタ・ロジスティック・モデル　29, 46, 159, 178, 181
360度多面評価　88, 89
360度フィードバック法　355
3次元組織コミットメント尺度　196
3パラメタ・ロジスティック・モデル　10, 30, 160, 183
8角形モデル　125

A

ACT　105
α係数　97
ASVAB　100

B

BARS　89, 360, 361
BCC　71
BDI　106, 254
BHS　99
Big Fiveパーソナリティ尺度　100
BILOG　10, 94, 95, 477, 481
BILOG 3　199, 258, 332
BILOG-MG　43, 95, 363, 365, 419, 501
BILOG-MG for Windows　229
BSNS　106

C

CAPS　110
CAT　92
CATシステム　92
CBT　91
CES-D　254, 398, 399, 400
CIDI　399

D

DIF（特異項目機能）　55, 56, 57, 60, 357, 373, 416, 422, 429
DIF検出　17, 61, 108
DIF同定　108
DIF分析　17, 133, 362, 391
DSM-III-R　299
DTF　103, 107

E

EasyDIF　517, 535
EasyEstGRM　73, 74, 517, 530
EasyEstimation　43, 517, 518
EasyNominal　75, 76, 517, 531
EIMPプロジェクト　273
EPI　99
EPQ　294
ERI職業性ストレス尺度　111
ERI努力－報酬不均衡モデル　111

F

φ係数　45
Frenchのモデル　249

G

GATB　430
GHQ　102, 399

H

HC（hyperbolic cosine）モデル　462, 463, 467, 471

I

ICC　438, 439
IOP　129
IOR　172
IRCCC　71
irtline　491
irtline関数　492
IRT尺度　50, 332
IRT分析　100, 178, 199, 233, 283, 300, 452
IRT分析用プログラム　477
IRTモデル　47, 159

J

JDI　96, 102, 165, 172
JIG　96, 172, 176
JII　150, 151, 153, 155, 157, 158, 160

K

Kaiser-Guttmanの基準　437
Karasekのモデル　245

L

Likert法 447, 449, 450, 452
LOGIST 9, 10, 94
LOGIST 5 159, 183, 477, 478
Logistic回帰 62, 63

M

MAACL-R 384, 464
Mantel-Haenszel法 62, 88, 106
MBTI 98
MCMI 99
MGCFAモデル 389
MMPI 100
MSQ 96, 165, 172, 173
MSQ短縮版 173, 174, 175, 183
MULTILOG 73, 74, 75, 76, 95, 466, 477, 488

N

NIOSH 244, 246

O

OCQ 195, 196, 435, 442

P

PARSCALE 95, 453, 510
PGI 119, 127, 130
PGI-plusキャリア発達支援検査 136, 137
PSRS 100, 256, 257, 258, 259, 263, 268

R

R 491
Raschモデル 10, 462, 468
RIASECモデル 119, 120, 121, 122
RMSRs 466
RUMMFOLD 466

S

SAT 430, 455
SDS 129, 254, 399
SIBTEST 62, 63
Siegristのモデル 249
SPD 58
S-PLUS 491
STAI 254

T

TAS 99
TCI 100, 290, 297, 300, 306, 308
TESTFACT 532
TOEFL 47, 48, 353, 455
TOEFL-CBT 353
TOEFL-iBT 353
TOEFL-PBT 353
TOEIC 47

U

UPD 58

V

VPI 129, 160
VPI職業興味検査 155

W

WINSTEPS 466
WIT 110
WOS 101
WSRS 264, 268, 269

X

XCALIBRE 43, 95, 477, 484

Z

Z得点 24

ア行

アセスメント・センター 273
当て推量 29, 152
アンカー項目 252, 369
アンカー項目セット 403
アンフォルディングIRTモデル 460, 461
アンフォルディングデータ 460, 465
アンフォルディング・モデル 18
一卵性双生児 166
一卵性双生児研究 274
一般因子 97
一般的自己効力感 283
遺伝子 298
遺伝子工学 294
遺伝子情報 312
遺伝子多型 298
遺伝子マーカー 298
異文化間心理学 376
異文化間妥当性 379
異文化間比較 411
異文化間比較研究 209
異文化心理学 112
異文化接触 426
異文化接触研究 427
因果関係モデル 247
インシデンタル・パラメタ 473
因子負荷量 97
因子分析 97
うつ病 398
営業能力 362
エティック 109, 377
エティック-エミック・ジレンマ 252
エミック 109, 377
エミック-エティック・ジレンマ 416, 423
円環モデル 131
円柱モデル 141

カ行

外在的職務満足　165, 174
外在的バイアス　356
外的妥当性　136, 140
概念的等価性　90
概念の操作化　428
学習心理学　294
確証的因子分析　390
確認的因子分析　101, 435
学力テスト　9
過程コントロール　214
過程理論　169
簡易推定法　36
間隔尺度　69, 450
環境決定論　166
環境的要因　163
間接測定　218
勘違い　113
官僚制　241
企業－職務選択モデル　145
気質　271, 272, 291
基準関連妥当性　140
基準連関妥当性　157, 293, 294
偽装回答　113
既存テストのIRT分析　98
期待的行動　148
期待の適合性　167
期待理論　168
機能的等価性　90
規範的コミットメント　187, 190, 200
逆差別分析　93
逆転項目　447, 452
キャリア発達論　117
球形モデル　126, 131
教育測定　83, 454
教育テスト　455
境界特性曲線　71, 498
共通項目デザイン　50
共通尺度　49
共通受験者デザイン　50
局所独立の仮定　32, 40, 82

距離尺度　451
均一DIF　56, 381, 383, 387, 388, 391, 393, 395
近接反応プロセス　458
空間図形の推理問題　323
クリティカル・インシデント・メソッド（臨界事件法）　360
グローバル化　427
経営組織　1
計算的コミットメント　190
継時的安定性　294, 297
軽症精神障害　399
傾性　271, 291, 292
傾性決定論　166
傾性的アプローチ　208, 272, 273, 275, 280, 281, 292
傾性の要因　163, 166
継続的コミットメント　187, 189, 200
係留（アンカー）テスト・デザイン　54
結果の公正　213, 219, 220
結果変数　244
欠勤　171
欠測値　448
決定コントロール　214
原因変数　244
研究パラダイム　247
言語的等価性　379
交換関係　219
交差文化等価性　111, 415
構成概念　6
構成概念妥当性　185, 257
合成型尺度　181
構造方程式モデリング　219
行動主義心理学　241
合否判定基準　362
衡平理論　168, 214
公民権法　430
項目カテゴリ・パラメタ　327

項目可変型多段階テスト　66
項目可変型多段階テスト方式　341, 347
項目期待カテゴリ特性関数　536
項目固定型多段階テスト　65
項目固定型多段階テスト方式　339, 343
項目－尺度間相関　8
項目－尺度間相関係数　151, 256
項目情報量　35
項目通過率　37
項目統計量　250
項目特性曲線　25, 29, 46, 49, 77, 152, 357, 407, 416, 529
項目ネットワーク　65
項目バイアス　55, 87, 104, 429
項目パラメタ　49
項目パラメタ推定法　36
項目パラメタ値　41, 82, 158, 480
項目パラメタの推定　522
項目パラメタの不変性　46, 69
項目反応確率　394
項目反応カテゴリ特性曲線　71, 75, 79, 498
項目反応行列　38
項目反応パタン　41
項目反応プロセス　458
項目反応理論　4, 7, 8, 9, 13, 23, 68, 83, 92, 117, 152, 249, 253
項目プール　63, 92, 160, 206
項目分析　264
功利主義　276
高リスク群　399
国際比較研究　62, 108, 426
個人－環境適合　120, 122

個人-環境適合論　119
古典的テスト理論　4, 5, 7, 8, 9, 13, 68, 83, 92, 249, 253, 370
個別教育プログラム　313
固有値　45
雇用機会均等　430
コンテクスト・フリー　217
コンテクスト・フリーのジレンマ　223
コントロール・モデル　214
困難度　7, 29, 250
困難度識別力　8
困難度水準　346
困難度パラメタ　27, 44, 97, 159, 229, 333, 366, 421, 441
困難度パラメタ推定値　51
コンバインド効果　206
コンピテンシー項目　88
コンピュータ適応型テスティング　91
コンピュータ適応型テスト　455

サ行

再検査法　160
最大事後推定法　478
最大情報量方式　66
最大パフォーマンス　456, 457
再テスト信頼性　380
サイド・ベット理論　189
再翻訳法　306, 428
最尤推定値　34
最尤推定法　33, 38, 478
裁量労働制　86
参照グループ　357
サンプリング　428
残留意思　207
識別性検査　319, 320, 321
識別性検査A-1001　353
識別力　7, 29, 250

識別力パラメタ　28, 44, 97, 159, 229, 332, 441
識別力パラメタ推定値　51
自己記入式質問紙調査　399
仕事コミットメント　205
仕事の要求度-コントロール-社会的支援モデル　413
仕事の要求度-コントロールモデル　413
事後分布　44
事前分布　44
自尊心　283
実施項目数基準　351
社会規範　410
社会的交換関係　223
社会的交換理論　221
社会的装置　1
社会的同一性　223
尺度日本語版の弁別的妥当性　205
尺度の等化　7, 251
従業員オピニオンサーベイ　110
自由裁量度　245
自由推定モデル　403
充足状態　163
縦断研究　450
集団的自尊心　223
周辺最尤推定法　41, 42
主観的な心理的安寧　274
主観的認識論　276
受験者特性値の推定　525
準拠集団　68
情意考課　361
象徴的相互作用論　164
情報的公正　221, 227, 236
情報的公正尺度　235
情動的コミットメント　187, 188, 199
情動的反応　255
職業ガイダンス　120
職業-企業選択モデル　145

職業興味　117, 121, 144
職業興味球形モデル　119
職業興味モデル　123
職業訓練　144
職業心理学　117, 143
職業性ストレイン　242
職業性ストレス研究　422
職業性ストレス尺度　412
職業性ストレスモデル　413
職業性ストレッサー　242
職業的アイデンティティ　148, 149
職業的自己概念　118, 144, 145
職業的成熟　118
職場風土　84
職務記述書　86, 428
職務興味　143
職務興味インデックス　150
職務再設計理論　273
職務態度　86
職務的自己概念　148
職務適性検査　319
職務満足　86, 162, 170
職務満足ブランク　171
序数尺度　451
ジョブ・パフォーマンス　279, 281
シリンダー・モデル　140
新傾性派　275
神経症傾向　283
神経伝達物質　272
人事管理　313
人事考課　375
人事査定　361
人事選抜インベントリー　114
人事測定　375
人事テスト　375
人的資源管理　425
信頼性　279
信頼性係数　6, 68, 150
心理学的構成概念　3

心理計量学　4, 7
心理査定　454
心理測定尺度　448
心理的愛着　186, 188
心理的ストレス反応尺度（PSRS）　253
心理的等価性　379, 380, 381
心理テスト　455
垂直尺度化　48
推定尺度値　346
スキル認定　362
スキル要件定義表　362
スクリー・テスト　230
スクール・カウンセラー　144
図形・記号系列の作成問題　324
図形・記号等系列の記憶問題　325
図形・記号の異同弁別問題　323
図形・記号の探索問題　322
ストレイン　241
ストレス　241
ストレス症状　243
ストレス反応　241
ストレスマネジメント　412
ストレッサー　241
性格　291
成果指標　89
成果主義人事　355
正規累積モデル　31
生産性指標　170
精神機能検査　320
精神健康状態評価法　398
正の誘因　168
生物学的精神医学　294
制約モデル　403
生理心理学　294
世界保健機関　398
絶対得点　85
セロトニン　295, 297

潜在特性尺度値　25, 33, 34
潜在特性値　85
全体的職務満足　175
双曲線余弦関数　463
相互作用的アプローチ　275
相互作用的公正　216, 224
操作的定義　87
双生児研究　293
相対的剥奪理論　214
双列相関係数　37
測定的等価性　90, 103, 356
測定バイアス　356, 357
測定論　3
組織イメージ　84
組織行動　83, 92
組織行動測定　5
組織行動論　2
組織コミットメント　86, 186, 187, 425, 431, 432, 434
組織サポート　84
組織市民行動　207, 218
組織社会化　208
組織心理　2
組織心理学　2, 83, 92
組織心理（の）測定　14, 84
組織ストレイン　242, 243
組織ストレス　240
組織ストレッサー　241, 242, 243
組織的公正　213, 218, 220
組織的公正一般因子　239
組織的公正研究　212, 213
組織的公正尺度　217, 226
組織的公正の測定　216
組織内キャリア発達　86
組織内部での社会化　191
組織文化　84
組織論　3
素質　272

タ行

対象グループ（focal group）　357
対人的OCB　222
対人的公正　221, 227, 236
対人的公正尺度　231
対数尤度関数　33, 40
態度的コミットメント　188
多次元IRTモデル　45
多次元項目インパクト　386, 387
多次元項目反応モデル　80
多次元尺度法　130, 131
多重コミットメント　192, 193
多焦点公正モデル　223
多値型IRTモデル　94, 331
多値型データ　84
多値型反応モデル　70
多値型モデル　452
妥当性　279, 358
多母集団確証的因子分析モデル　388
多面評価　355, 363, 371
多面評価尺度　358
多面評価ツール　356
段階反応モデル　70, 75, 326, 327
探索的因子分析　175, 390
知能テスト　9
仲介変数　244
中核的自己評価　271, 275, 278, 281
中核的自己評価研究　276
中心化傾向　447
長期雇用　144
調整変数　244
直接測定　218
通過率　5, 25, 68
定期採用　144
ディセンタリング　378
適応型調査デザイン　94
適応型テスト　63, 64, 68, 339
適応型テスト方式　320, 343
適合項目反応指標　113

593

適合状態　163
適合性　169
適合性評価　467,471
適合度指標　259
適性検査　319
テスト時間基準　352
テスト情報曲線　158,496
テスト情報量　34,69,82,332,347,448
テスト情報量基準　352
テスト情報量曲線　529
テスト特性曲線　90
テストの開発　96
テストの等化　6
テストの翻訳　108
テスト理論　4
手続き的公正　214,215,221,224,227,236
手続き的公正尺度　230
鉄道総研式識別性検査J-1001　320
テトラコリック（四分）相関係数　45
典型パフォーマンス　456
点双列相関係数　68
伝播的公正　238
等化　48,85,448
等価　90,108,355,428
等化係数　50,51
等価刺激　355
等価性　358
等化法　50
等間隔性　450
動機づけ　86
動機づけ要因－衛生要因理論　168
道具的行動　148
道具的コミットメント　190
統計量　6
同時最尤推定法　41,43
同時最尤法　437
道徳的コミットメント　191
特異項目機能　55,87,103,104,133,161,184,209,380,401,412,425,429
特性尺度値　38,41,49,481
得点化　447
得点情報量　35
ドーパミン　295,297
トランスパーソナル心理学　294
努力－報酬不均衡状態　419
努力－報酬不均衡モデル　244,413

ナ行

内在的職務満足　165,174
内的整合性　150,160,380
内的妥当性　136
内容理論　168
日本語能力試験　12
日本語版MAACL-R　385,464
日本語版PGI　129
日本語版TCI　299
日本的経営　432,433
日本版ACL　286
二律背反　2
人間－環境フィット　244
人間関係論　170
認知型項目　455,456
認知・行動的反応　255
能力推定値の不変性　46
能力テスト　9
ノルアドレナリン　297
ノルエピネフリン　295
ノン・パラメトリック項目反応モデル　11
ノン・パラメトリック法　62

ハ行

バイリンガル査定　378
パーソナリティ　271,272,290,292
パーソナリティ理論　290
バック・トランスレーション　385,417
バック・トランスレーション法　377
バッファー項目　384
パフォーマンス評価　356
パフォーマンス評価シート　362
パラダイム　248
パラメタ　26
パラメタ推定　9
パラメタ推定法　11
パラメタ不変　7,85,357,416,430
パラメトリック法　62
反証可能性　247
反応スコアリング　101
反応バイアス　87
反応歪曲　447
非逆転項目　452
人－環境適合モデル　413
非認知型項目　455,456
非平行テスト　85,250,251
評価の公正性　90
標準得点　8,23
評定尺度　450
評定尺度法　448,451,453
評定尺度モデル　77,79
標本抽出法　6
不均一DIF　56,381,387,388,391,392,394
部分得点モデル　77,78
プロフィール分析　207
文化差　376
文化的多様性　398
分配的公正　213,221,227,236
分配的公正尺度　228
平行テスト　6
米国国立職業安全保健研究所（NIOSH）ストレスモデル　413
ベイズ推定法　43
ベイズ統計学　43
ベイズ方式　66
併存的妥当性　293

弁別的妥当性　185
法令遵守　274
ポジティブ感情　408
ポーター・スケール　435
ポップコーン効果　238
翻訳エラー　382, 383
翻訳等価性　181, 184, 211, 307, 441

マ行

埋没費用　189
ミクロ組織論　3
名義反応モデル　70, 75
メタ分析　124, 167, 297
メンタルヘルス尺度　409
黙従反応　152
目標管理　88
目標情報曲線　153, 496
目標設定理論　276
モノリンガル　378
モノリンガル査定者デザイン　379
モンテカルロ法　105

ヤ行

優位反応プロセス　457, 459
尤度　44
尤度関数　33, 40
尤度比検定　60
要求度　244
予期的社会化　191
欲求階層理論　168
欲求充足　168
四分（テトラコリック）相関係数　37

ラ行

ラッシュ・モデル　30, 77, 79
リサーチ・クエスチョン　358, 359

理想点　458
リーダーシップ　86
リッカート・スケール　83
離転職　170
累積データ　459
労働生活の質　240, 274
ローカス・オブ・コントロール　283
ロジスティックIRTモデル　461
ロジスティック回帰モデル　387
ロジスティック曲線　26
ロジスティック・モデル　26, 27

ワ行

ワークスストレス反応尺度　263
ワーク・モチベーション　279

人名索引

A

Abraham, L.M. 166, 292
Adams, J.S. 168, 214
Adkins, C.L. 169
Adler, J. 166, 274, 292
Aitkin, M. 387, 419, 523
Algina, J. 438
Allen, N.J. 15, 187, 189, 190, 191, 192, 193, 194, 196, 197, 198, 199, 203, 204, 206, 208, 209, 210, 211, 239
Allport, G.W. 278, 290, 291
Almost, J. 278
Alutto, J.A. 190, 194
Ambrose, M.L. 213
Ando, J. 298
安藤雅和 98, 491
Andrich, D. 102, 457, 461, 463, 466
Aneshensel, C.S. 400
Angle, H.L. 194
Angoff, W.H. 104, 357, 412, 429
Aronso, R.C. 194
Arvey, R.D. 166, 274, 292
Ashford, S.J. 355
Assouline, M. 163
Atkinson, T. 164

B

Babor, T.F. 399
Bacharach, S.B. 247
Baehr, M.E. 165
Bagby, R.M. 297
Baker, F.B. 10, 11, 70, 73, 75

Balasubramanian, S.K. 94
Bamberger, P. 247
Banas, J.J. 279, 281
Barrett, P. 294
Barris-Choplin, J. 167
Barton, M.A. 153
Bass, B.M. 355
Bateman, T.S. 190
Beck, A.T. 254, 385
Becker, H.S. 194
Bedeian, A.G. 193
Bell, N. 166, 274, 292, 293
Bell, R.C. 101
Benjamin, J. 297
別府正彦 54
Berk, R.A. 358
Berry, J.M. 415
Besser, T.L. 434
Betsworth, D.J. 122
Beyer, J.M. 188, 189
Bies, R.J. 215, 216, 220
Birnbaum, A. 31
Birz, S. 400
Bjorner, J.B. 423
Blau, G. 205
Bobocel, D.R. 195
Bock, R.D. 43, 199, 300, 364, 387, 419, 501, 517, 523
Bono, J.E. 276, 279, 280, 281
Bontempo, R. 113
Borg, V. 423
Borman, W.C. 358
Bouchard, T.J. 166, 292
Boulian, P.V. 186
Bowlby, J. 188
Boxx, W.R. 194
Boyle, G.J. 125

Brannick, M.T. 96, 172, 239, 259, 265
Bratman, M.E. 205
Bray, D.W. 273
Brayfield, A.H. 172
Brennan, J. 385
Brislin, R.W. 377, 382, 383
Broucek, W.G. 278
Brown, C.A. 171
Brown, G. 385
Brown, S.P. 170
Buchanan, B., Ⅱ. 188, 194
Buka, S. 410
Burke, J. 399
Buss, D.M. 166, 293
Bycio, P. 172, 187, 204

C

Cambell, D.P. 126
Camilli, G. 61
Campbell, J.P. 165, 273, 377, 378
Candell, G.L. 112
Caplan, R.D. 413
Cardall, C. 430
Carder, C.E. 119
Carlson, R. 293
Carrere, S. 247
Cascio, W.F. 355
Casteñeda, M.B. 187, 204
Cavender, J.W. 194
Chadwick-Jones, J.K. 171
Chan, K.Y. 100, 217
Chao, G.T. 172
Chatman, J. 186, 188, 194
Chen, P.Y. 223, 393
Chernyshenko, O.S. 100, 473

Christensen, H. 106
Clark, D.C. 99, 192
Clarke, R. 163
Clausen, J. 166, 274, 292, 293
Clauser, B.E. 106, 387, 401
Clegg, C.W. 171
Cleveland, J.N. 355
Cliff, N. 457
Cloninger, C.R. 272, 290, 291, 294, 295, 296, 297, 306, 309
Cobb, S. 244, 413
Coffman, W.E. 430
Cohen, A. 194
Cohen-Charash, Y. 213
Cole, R.E. 432, 434
Colella, A. 208
Collins, R. 125
Collins, W.C. 107, 356, 357, 358
Colquitt, J.A. 213, 214, 216, 218, 220, 221, 222, 223, 227, 236, 239
Conley, S. 247
Conlon, D.E. 213, 216
Cook, J. 194
Cook, L.L. 250, 415, 430
Coombs, C. 458, 459, 460, 464, 465
Cooper, C.L. 245, 246, 247, 248, 250, 252, 358
Costa, P.T., Jr. 122, 293, 385
Craig, S. 107
Craik, K.H. 166, 293
Crampon, W.J. 194
Crites, J.O. 146, 147
Crocker, L. 438
Cronbach, L.J. 264, 363, 372, 419, 437, 456
Cropanzano, R. 215, 223, 224, 225

D

Dalton, A.H. 164
Dasen, P. 415
Davis, K.S. 167
Davis-Blake, A. 166, 274, 292
Dawis, R.V. 165, 169, 172, 205
Day, S.X. 125
de Ayala, R.J. 11
De Boeck, P. 11
De Gruijter, D.N.M. 11
de Jonge, J. 111, 423
De Pater, I.E. 278
Dean, K. 106
Degoey, P. 238
Derogatis, L.R. 254
DeSarbo, W.S. 461
DeVinney, L.C. 214
Dewey, J. 143
Diener, E. 274
DiMatteo, M.R. 247
Divgi, D.R. 51
Doi, T. 382
Donovan, M. 103
Downey, R.G. 358
Drasgow, F. 10, 12, 59, 93, 100, 103, 105, 108, 113, 114, 153, 173, 380, 473, 527
Droppleman, L.F. 254
Dubbins, G.H. 193
Dunham, R.B. 187, 203
Dunn, M.G. 194
Dunnette, M.D. 12
Durham, C.C. 166, 204, 275, 276, 277, 278, 279, 281, 282, 292, 293

E

Earley, P.C. 215
Eaton, W.W. 402
Ebstein, R.P. 297
Edwards, I.E. 107, 357

Eisenberger, R. 195
Ellis, B.B. 109, 110
Embretson, S.E. 11, 84, 95
England, G.W. 165, 172, 205
Epstein, N. 385
Erez, A. 276, 279, 280, 281
Etzioni, A. 190, 191, 195
Evans, G.W. 247
Eysenck, H.J. 291, 294

F

Facteau, J.D. 107
Farner, A. 399
Farr, J.L. 355
Farris, S. 125
Fedor, D. 191
Feinberg, B. 122
Feld, S. 163
Feldman, D.C. 167, 194
Fernandez-Lopez, J.A. 423
Ferrando, P.J. 99
Ferris, G.R. 163, 164, 276
Finegan, J. 278
Fisher, V.E. 166, 273, 292
Fiske, D.W. 385
Fitzgerald, L.F. 120
Flaherty, J.A. 400
Flanagan, W.J. 357
Flebbe, D.R. 170
Folger, R. 215, 221, 238
Ford, R.C. 196, 203
Forgionne, G.A. 164
Fouad, N. 125
Fox, A.J. 414
Fox, J.P. 11
French, J. R. P., Jr. 244, 245, 248, 249, 413
Freud, S. 2
Frost, A. G. 114
藤本哲史 111, 209, 435
Fukami, C.V. 193, 194
福光隆 11

Fullager, C.J.A.   192

G

Galanter, E.   164
Gallagher, D.G.   192
Gan, Y.   278
Gardner, P.D.   172
Gati, I.   124
Gaviria, F.M.   400
Gellatly, I.R.   189, 194, 196, 206, 207, 208
Gerhart, B.   274
Gerrard, M.   380
Gerrity, T.   163
Gershon, R.C.   357
Gibbons, R.D.   99
Gibson, W.M.   96, 172, 239, 259, 265
Gierl, M.J.   388
Gifford, J.A.   38
Gilliland, S.W.   217
Glöckner‒Rist, A.   389
Goffin, R.D.   194, 196, 273
Goldberg, D.P.   399
Goldblatt, P.O.   414
Golding, J.M.   400
Goldman, B.M.   223
Goldstein, H.W.   120, 123
Gordon, M.E.   193
Gorsuch, R.   254
Gould, S.   192
Grant, D.L.   273
Gray, J.A.   294
Greenberg, J.   213, 215, 216, 217, 220, 221
Gregson, T.   172
Gribbons, W.D.   147
Griffin, R.W.   190
Grube, J.A.   187, 203, 204
Grusky, O.   190
Guertler, E.   114
Guion, R.M.   93, 168
Gunnarson, S.K.   164
Gurin, G.   163
Guttman, L.   9, 457

H

Hackett, R.D.   172, 187, 196, 204
Hackman, J.R.   164, 172, 273
Haebara, T.   51
Haenszel, W.   88, 107, 253
Hall, D.T.   188
Halper, I.S.   99
Hambleton, R.K.   10, 44, 47, 106, 250, 376, 377, 378, 379, 415, 430
Hammond, S.M.   106
花田光世   194, 196, 209
Hanisch, K.A.   102, 172
Hanna, J.V.   166, 273, 292
Hansen, J.I.   125
Harrison, R.V.   163, 413
Harvey, R.J.   98
橋元展子   274
Hastings, C.N.   51, 54
Hausdorf, P.A.   172, 187, 204
Haviland, M.G.   99
林知己夫   307
林洋一郎   213
Hays, R.D.   247
Heath, A.C.   294, 297
Heather, K.   278
Helzer, J.E.   399
Hendryx, M.S.   99
Henne, D.L.   169
Henry, J.P.   414
Henson, J.M.   454, 455
Herold, P.M.   272, 275, 292
Herscovitch, L.   206
Herzberg, F.   168
Hicks, W.D.   195
Higuchi, H.R.   409
Hoffman, D.L.   461
Hofstede, G.   110, 111, 113
Hoijtink, H.   389, 458, 461
Holland, J.L.   14, 118, 119, 121, 122, 123, 124, 125, 126, 129, 143, 145, 147, 151, 155, 273
Holland, P. W.   61, 87, 251, 415
Holst, E.   106
本間昭   257
Hoppock, R.   165, 166, 171, 172, 273
Horowitz, M.J.   254
Horvath, M.   110
Hough, L.M.   12, 400
House, R.J.   272, 275, 292
Howell, R.D.   94
Hrebiniak, L.C.   190, 194
Hui, C.H.   112
Hulin, C.H.   153
Hulin, C.L.   10, 93, 97, 108, 109, 112, 113, 165, 172, 173, 187, 188, 190, 194, 205, 361, 378, 379, 382, 383, 424, 441
Humphreys, L.G.   105
Huntington, R.   195
Hurrell, J.J.   413
Hutchison, S.   195

I

池田央   11
Ilgen, D.R.   168
今城志保   274
Ironson, G.H.   93, 96, 172, 174, 178, 239, 259, 265
Ishitake, T.   414
岩田昇   399, 416
Iwata, N.   111, 399, 400, 401, 402, 408, 409, 410, 415, 423

J

Jablenski, A.   399
Jackson, D.N.   194, 196
Jaros, S.J.   187, 191
Jodoin, M.G.   388
Joffe, R.T.   297
Johns, B.   163

Johnson, S.M. 172
Johnston, N.G. 273
Jones, D.R. 414
Jones, R.W. 106
Jordaan, J.P. 147
Jorm, A.F. 106
Judge, T.A. 166, 275, 276,
 277, 278, 279, 280, 281,
 282, 289, 292, 293

K

Kacmar, K.M. 163, 164
Kahn, R.L. 243
Kaiser-Guttman 130
Kalleberg, A.L. 209, 432,
 434, 435, 436, 437
鎌原雅彦 67
Kamakura, W. 94
Kameoka, V. 385
亀山晶子 11
金井壽宏 11, 314, 315
Kanjee, A. 376, 377, 378,
 379, 387
Kanter, R. 188, 215, 380
Karasek, R.A., Jr. 244,
 248, 413, 414
柏木繁男 286
北村俊則 398, 399
加藤尚子 111, 209, 435
勝谷紀子 11
Katzell, R.A. 169
川上憲人 416
Kawakami, N. 111, 399,
 400, 415, 423
Kawano, Y. 415
Kayaba, K. 415
Keats, J.A. 457
Kelly, J. 170
Kelman, H.C. 188
Kemery, E.R. 193
Kendall, L.M. 165, 172,
 205, 360, 361
Kessler, R.C. 398, 402
Kets de Vries, M.F.R. 163
城戸康彰 194, 433

Kiesler, C.A. 195
木島伸彦 100, 208, 272,
 274, 299, 300, 309, 312,
 314
Kijima, N. 208, 299
Kim, S.H. 11, 385
Kimmel, H.D. 110
Kitayama, S. 410
Klimoski, R.J. 195
Kline, C.J. 195
Kluger, A.N. 276, 279, 282
Knutsson, A. 423
小林万里子 54
Koehler, J.W. 187
Komocar, J. 108, 173
Konar, E. 164
今野能志 95
Konovsky, M.A. 221, 222,
 223
小杉正太郎 100
Kozlowski, S.W.J. 172
Kreiner, S. 99, 106, 422
Kristensen, T.S. 423
熊谷龍一 43, 54, 73, 75,
 517, 535, 536
Kunin, T. 172

L

Lahey, M.A. 358
Landy, F.J. 355
Larson, E.W. 193, 194
Laschinger, H.K.S. 278
Latham, G.B. 276
Laverdiere, R. 163
Lawler, E.E., III. 167, 168,
 171
Lawley, D.N. 9
Lawrenz, C. 380
Ledvinka, J. 356
Lei, P.W. 380, 393
Leung, K. 113
Leventhal, G.S. 214, 215,
 219
Levin, I. 167, 293
Levine, M.V. 51, 54, 100,
 113, 527
Levinson, H. 243, 248
Lewin, K. 120
Lewis, K. 223
Liao, H. 226
Lim, R.G. 105
Linacre, M. 466
Lincoln, J.R. 209, 432,
 434, 435, 436, 437, 440
Lind, E.A. 215, 216, 218
Lindeman, R.H. 147
Linn, R.L. 51
Lissak, R.I. 103
Lloyd, D.A. 410
Locke, E.A. 163, 166, 169,
 275, 276, 277, 278, 279,
 281, 282, 289, 292, 293
Lofquist, L.H. 165, 172,
 205
Lohnes, P.R. 147
Long, L. 129
Longnecker, C. 191
Lopez, A.D. 398
Lord, F.M. 7, 9, 10, 25,
 31, 37, 51, 58, 88, 93,
 107, 110, 153, 250, 415,
 430
Lorr, M. 254
Louis, M.R. 167
Lubin, B. 254, 380, 384,
 385, 389
Luchak, A.A. 206
Luo, G. 461, 466
Lushene, R.L. 254

M

Mackinnon, A. 106
Major, D.A. 172
Mandl, H.J. 243
Mantel, N. 88, 107, 253
Mantel-Haenszel 357,
 387, 403, 434, 536
March, J.G. 189
Marcis, J.G. 164
Marco, G.L. 51, 54

Markham, S.E. 98
Markus, H.R. 410
Marsella, A.J. 385
Marshall, J. 244, 247
Martin, N.G. 294, 297
Marx, K. 2
Maslow, A.H. 168
Masters, C.N. 78, 79, 80
Masterson, S.S. 223
Mathieu, J.E. 187, 189, 195, 196
Matoba, T. 414, 415
Matschinger, H. 413
Matsumoto, H. 410
Maurer, T.J. 107, 356, 357, 358
Mayer, L.J. 109
Mazor, K.M. 106, 387, 401
McClelland 273
McCrae, R.R. 122, 293, 385
McEwen, B.S. 412
McGee, G.W. 194, 196, 203
McKinley, R.L. 94
McLaney, M. 413
McLaughlin, M. E. 59, 527
McNair, D.M. 254
McNamara, T. 12
Meglino, B.M. 169
Meir, E. 120, 123
Meir, E.I. 163
Mendelson, M. 254
Meyer, J.P. 15, 187, 189, 190, 191, 192, 193, 194, 195, 196, 197, 198, 199, 203, 204, 206, 208, 209, 210, 211, 239
Miki, A. 415
Miller, D. 163
Miller, G.A. 164
Mishel, W. 273, 291
Mislevy, R.J. 43, 159, 199, 300, 364, 501, 517

Mitchell, T. 400
Mitchell, T.R. 166
Moag, J.S. 215, 220
Mobley, W.H. 171
Mogensen, J. 99
Molenaar, I.W. 11
Moorman, R.H. 218, 220, 221, 222, 223
Morimoto, K. 415
Morrow, P. 187, 194
Moser, K.A. 414
Mowday, R.T. 186, 188, 189, 195
Mulqueen, C.M. 357
Munafo, M.R. 298
Munden, K.J. 243
村上宣寛 11
村木英治 11
Muraki, E. 43, 364, 501, 517
Murphy, K.R. 355
Murray, C.J.L. 398
Murray, M.A. 164
Murry, W.D. 98
Muthén, L.K. 389, 390
Myers, R.A. 147
ミュンスターバーグ, H. 272

N

Nagami, M. 415
内藤淳 274
中村泰子 11
Narayanan P. 393
Naylor, J.C. 168
Nering, M.L. 11
Ng, K.Y. 213
Nicholson, N. 171
Niedhammer, I. 423
Niehoff, B.P. 222
新名理恵 257
二村英幸 274, 314
西田豊昭 98, 136, 208, 278, 289
Noguchi, H. 451, 452

野口裕之 8, 11, 12, 28, 37, 67, 68, 84, 95, 98, 100, 145, 208, 271, 299, 300
Norasakkunkit, V. 410
Novick, M.R. 7, 9, 25, 37, 250, 415, 430
Nowlis, V. 254
Nungester, R.J. 387
Nygren, H.T. 188

O

Odagiri, Y. 415
Odom, R.Y. 194
小笠原春彦 319
Ohya, Y. 415
奥村泰之 11
Okuyama, Y. 399
Oldham, G.R. 164, 172, 273
Olson, U. 518
小野公一 165, 166
大隅敦子 12, 54
大友賢二 11
大塚泰正 100
大内健 272, 274, 277, 309, 314
Orban, J.A. 114
O'Reilly, C.A. 186, 188, 194
Organ, D.W. 219, 222
Ørhede, E. 422
Osipow, S.H. 120
Ostini, R. 11
Ostroff, C. 122

P

Palsane, M.N. 247
Parker, J.D.A. 297
Parsons, C.K. 10, 93, 97, 113, 153, 172
Parsons, F. 120
Pathak, D. 400
Paul, K.B. 96, 172, 205, 239, 259, 265
Paunonen, S.V. 194, 196

600

Pearson, P.H.　385
Peeters, V.E.　164
Peng, T.K.　90, 111, 412, 415, 416, 423
Perry, J.L.　194
Pervin, L.A.　291
Peter, R.　414, 423
Peters, L.H.　195
Peterson, M.F.　90, 111, 412, 415, 416, 423
Peterson, R.A.　170
Petren, S.　384
Petty, M.M.　194
Pfeffer, J.　166, 274, 292
Piccolo, R.F.　278
Pickens, R.　399
Pierce, G.R.　385
Pikhart, H.　423
Pinneau, S.R.　413
Pizzolatto, A.B.　193
Plomin, R.　312
Ployhart, R.E.　110
Poland, T.D.　167
Pool, J.　423
Poortinga, Y.　380, 382
Popper, C.　247
Porter, C.O.L.H.　213
Porter, L.W.　167, 168, 186, 188, 189, 194, 195, 442
Prediger, D.J.　124, 125, 126, 140
Prehar, C.A.　223
Premack, S.L.　167
Pribram, K.H.　164
Price, C.H.　243
Pritchard, R.D.　168
Probst, T.　103
Przybeck, T.R.　272, 295, 296, 297
Pugh, R.H,　112, 223
Purdy, N.　278

Q

Quinn, R.P.　172, 243

R

Radloff, L.　254, 399, 402
Raju, N.S.　88, 107, 356, 357, 358, 380
Randall, D.M.　191
Rasch, G.　9, 77
Ravlin, E.C.　169
Reckase, M.D.　11, 81, 264, 283, 363, 364
Reddy, D.　384
Regier, D.A.　399
Reichers, A.E.　188, 189, 192, 193, 196, 205
Reise, S.P.　11, 84, 95, 112, 454, 464
Renck, R.　165
Rhoads, G.K.　94
Richardson, M.W.　9
Richman, J.A.　400
Rickels, K.　254
Ripkey, D.　387
Ritzer, G.　190
Rivas, M.　247
Robbins, S.P.　5, 171
Roberts, C.R.　111, 400, 409, 461, 473
Robins, L.N.　399
Rock, A.F.　254
Rodgers, W.　244
Roe, A.　123, 124, 126
Rogers, H.J.　387, 388
Rosenthal, R.A.　243
Ross, I.E.　170
Ross, J.　166, 167
Rothe, H.F.　172
Rothstein, M.G.　273
Rounds, J.　124, 125, 126, 127, 136
Roussos, L.　387
Roznowski, M.　97, 153, 175, 201, 265, 285, 287
Rupp, D.　223, 224, 225, 226
Russell, R.S.　414

Ryan, A.M.　110

S

Saal, F.E.　358
斉田智里　12, 54
Saito, K.　399, 400
坂本真士　11
坂野雄二　11
坂田成輝　257
坂爪洋美　95, 98, 108, 136
Sakumura, J.　195
Salancik, G.R.　166, 195
Samejima, F.　100, 110, 517
Sanborn, K.O.　385
Sarason, B.R.　385
Sarason, I.G.　385
Sartorius, N.　399
笹川智子　11
佐藤達哉　291
Sawin, L.　100
Sawyer, J.E.　104
Scarpello, V.　165, 356
Schaffer, R.H.　168
Scheffe　370
Scheftner, W.A.　99
Schein, E.H.　314, 315
Schminke, M.　213
Schmitt, N.　110
Schneider, B.　164, 188
Schneider, P.L.　129
Schoenborn, C.　106
Scott, L.R.　106
Segal, N.L.　166, 292
関本昌秀　194, 196, 209
Sen, S.　298
Shane, S.A.　272, 275, 292
Shaw, J.C.　223
Shealy, R.　62, 387
Shearin, E.N.　385
Shepard, L. A.　61
Shimomitsu, T.　415
Shin, Y.　122
Shizuru, L.　385
Shore, L.M.　195
Shugars, D.A.　247

Shullman, S.L. 119
Shyi, Y. 90, 111, 412, 415, 416, 423
芝祐順 8, 11, 37, 51, 67, 68
柴山直 67
Siegrist, J. 244, 245, 248, 413, 414, 423
Sijtsma, K. 11
島悟 401
嶋田洋徳 11
Simon, H.A. 189
Simonsen, E. 99
下妻晃二郎 11
Sincich, T. 187
Singh, J. 94
静哲人 12
Skarlicki, D.P. 238
Slade, L.A. 110
Smith, P.C. 96, 165, 172, 193, 194, 204, 205, 206, 239, 259, 265, 360, 361
Snoek, J.D. 243
Solley, C.M. 243
Somers, M.J. 206
Sowa, D. 195
Spector, P.E. 213
Spielberger, C.D. 254
Spokane, A.R. 120, 122, 123
St. John, N. 205
Stagner, R. 170
Stahl, J. 357
Staines, G.L. 172
Star 214
Stark, S. 100, 473
Staw, B.M. 166, 167, 170, 195, 274, 292, 293
Steer, R.A. 385
Steers, R.M. 167, 186, 188, 194
Steinberg, L. 59, 102, 133, 253, 366, 367, 369, 380, 419, 424, 430, 535
Stephens, P. 414
Stevens, J.M. 188, 189

Stocking, M.L. 51, 110, 159
Stokes, J.P. 167, 293
Stone, M.H. 10, 78
Stouffer, S.A. 214
Stout, W. 62, 387
Suchman, E.A. 214
鋤柄増根 100
Super, D.E. 118, 143, 145, 147
鈴木伸一 11
Svrakic, D.M. 272, 295, 296, 297, 299
Swaminathan, H. 10, 38, 44, 387, 388, 393
Swanson, J. 125
Swearngin, S.E. 385

T

Takahashi, H. 145, 195, 208
高橋弘司 28, 98, 100, 145, 208, 209, 210, 299, 300
Takane, Y. 461
高尾尚二郎 194
Takezawa, S. 432
田中堅一郎 98
Tatsuoka, K.K. 113
Taylor, M.S. 223
Tetrick, L.E. 195
Tett, R.P. 194
Theorell, T. 414
Thibaut, J. 214, 215
Thissen, D. 59, 73, 75, 133, 253, 327, 366, 367, 369, 380, 419, 424, 430, 466, 535
Thompson, A.S. 147
Thoresen, C.J. 276
Thorndike, E.L. 3
Thurstone, L.L. 459
Tinsley, H.E.A. 120
外島裕 95, 98
Towle, L.H. 399
豊田秀樹 11, 54

Tracey, T.J.G. 98, 119, 124, 125, 126, 127, 128, 129, 136, 140
Triandis, H.C. 112
Trice, H.M. 188, 189, 190
Tsaousis, I. 278
Tsutsumi, A. 111, 414, 415, 423
堤明純 414, 416, 419
Tucker, L.R. 9
Tucker, S.M. 172
辻岡美延 312
Turner, R.J. 410
Tyler, T.R. 215, 216, 218, 220

U

Ueshima, N. 451, 452
Ustur, J.B. 398

V

van de Vijver, F.J.R. 113, 380, 382
Van der Kamp, L.J.T. 11
van der Linden, W.J. 10
Van Dijk, J.K. 423
Van Vianen, A.E.M. 278
Van-Schoubroeck, L. 102
Vansickle, T.R. 124
Veroff, J. 163
Verweij, K.J. 298
Vroom, V.H. 168, 169, 170

W

ワイアット 272
Wailer, N.C. 464
Wainer, H. 59, 61, 87, 133, 251, 253, 366, 367, 369, 415, 419, 424, 430, 535
若林昭雄 291, 433
若林満 433
脇田貴文 54, 103, 451, 452
Wakita, T. 451, 452
Walker, L. 214, 215

Wall, T.D. 194
Wallace, J.E. 193
Wanberg, C.R. 279, 281
Wanous, J.P. 167, 208
Ward, C.H. 254
Wardrop, J.L. 51, 54
Warr, P. 194
Wasti, S.A. 206
Watanabe, N. 98, 101, 108, 111, 112, 129, 141, 142, 145, 153, 195, 208, 307, 415, 423
渡辺直登 7, 11, 28, 84, 95, 98, 100, 111, 136, 141, 142, 145, 153, 208, 209, 210, 241, 248, 250, 263, 271, 272, 274, 278, 289, 299, 300, 309, 314, 416, 432, 435
渡邊芳之 291
Weaver, J.R. 101
Weber, I. 413
Weiss, D.J. 165, 172, 173, 175, 205, 254, 274, 292
Weiss, H.M. 166
Werbel, J. 192

Werner, O. 377, 378
Wesson, M.J. 213, 216
Wheeler, J.K. 164
Whitehill, A.M. 432
Whitlock, R.V. 380, 384, 385, 389
Widaman, K.F. 112
Wiener, Y. 187, 190
Williams, B. 100
Williams, B.A. 473
Williams, E. 113, 527
Williams, R.A.Jr. 214
Williams, R.E. 355
Wilner, N. 254
Wilson, M. 11
Wing, J. 399
Wingersky, M.S. 153
Wintrob, R. 400
Wittchen, H.U. 399
Wolfe, D.M. 243
Wood, E.F. 170
Wright, B.D. 10, 78, 79, 80, 113

X

Xu, L. 423

Y

Yamagishi, M. 205
山口大輔 54
山岡和枝 306, 307
Yasuda, T. 380, 384, 385, 386, 389, 390, 464
矢冨直美 100, 257, 263
Yen, W.M. 46
Young, M.A. 99
Yu, L. 393

Z

Zaccaro, S.J. 193
Zajac, D.M. 187, 189, 195, 196
Zander, A.F. 170
Zimowski, M.F. 43, 364, 501, 517
Zuckerman, M. 254, 384, 385, 389
Zumbo, B.D. 388
Zung, W. 254, 399

【編著者紹介】

野口 裕之（のぐち　ひろゆき）
名古屋大学名誉教授・同大学アジア共創教育研究機構客員教授・東京大学大学院教育学研究科教育学研究員・ハピラル・テストソリューションズ Academic Research Fellow
1952年大阪府生まれ。東京大学大学院教育学研究科博士課程中途退学。
1985年東京大学教育学博士。
専門は，テスト理論，言語テスト。
〈主著〉
『テスティングの基礎理論』（共著，研究社）2014年
『組織心理測定論』（共編著，白桃書房）1999年
「共通受験者デザインにおける Mean と Sigma 法による等化係数推定値の補正」（共著）『日本テスト学会誌』7, 15–22, 2011年

渡辺 直登（わたなべ　なおたか）
愛知淑徳大学グローバルコミュニケーション学部教授　慶應義塾大学名誉教授
執筆担当章：序章，第2章，第3章，第4章，第6章，第8章，第9章，第10章，第16章
1951年三重県生まれ。1985年イリノイ大学大学院教育心理学研究科博士課程修了。Ph.D.
専門は，産業・組織心理学，心理測定論。
〈主著〉
『組織心理測定論』（共編著，白桃書房）1999年
「項目反応理論による組織行動の測定とテスティング」『組織科学』37（1), 56–67, 2003年
"Core self-evaluation in Japan: Relative effects on job satisfaction, life satisfaction, and happiness"（共著）2005　*Journal of Organizational Behavior, 26*, 965–984.

【執筆者紹介】(50音順)

安藤　雅和（あんどう　まさかず）
執筆担当章：第19章
千葉工業大学社会システム科学部金融・経営リスク科学科教授
1971年生まれ。南山大学大学院経営学研究科経営学専攻博士後期課程修了。博士（経営学）
専門は，数理統計学，数理ファイナンス。
〈主著〉
"Robust nonparametric confidence intervals and tests for the median in the presence of (c, γ) −contamination"（共著）2009　*Journal of Statistical Planning and Inference*, 139, 1836–1846.
「ダイナミック・インプライド・コピュラ・モデルによる債務担保証券（CDO）の価格予測」（共著）
『ベイズ統計学とファイナンス』（分担執筆，朝倉書店）2009年。
「投資法人債の信用リスク評価について」（共著）『市場構造分析と新たな資産運用手法』（分担執筆，朝倉書店）2012年

岩田　昇（いわた　のぼる）
執筆担当章：第14章
桐生大学医療保健学部教授
1959年生まれ。北海道大学大学院環境科学研究科博士課程修了。学術博士
専門は，健康心理学，社会・産業精神保健学，心理測定論。
〈主著〉
「文化と健康」『社会格差と健康：社会疫学からのアプローチ』（分担執筆，東京大学出版会）2006年
『ここが知りたい　職場のメンタルヘルスケア―精神医学の知識＆精神医療との連携法』（分担執筆，南山堂）2011年
Psychosocial Factors at Work in the Asia Pacific（分担執筆，Springer）2014.
"The effect of alternative scoring procedures on the measurement properties of a self-administered depression scale : an IRT investigation on the CES-D scale"（共著）*European Journal of Psychological Assessment*, 35, 55–62, 2019. doi : 10.1027/1015-5759/a 000371.

加藤　尚子（かとう　なおこ）
執筆担当章：第16章
東京通信大学情報マネジメント学部准教授
慶應義塾大学大学院経営管理研究科後期博士課程満期退学
専門：組織行動論
〈主著〉
「働くことへの動機づけ」『組織マネジメント戦略』（分担執筆，有斐閣）2005年
「ケースメソッド授業について」『組織マネジメント戦略』（分担執筆，有斐閣）2005年
「ケース：富士製薬工業株式会社」『人的資源マネジメント戦略』（分担執筆，有斐閣）2004年

木島　伸彦（きじま　のぶひこ）
執筆担当章：第10章
慶應義塾大学商学部准教授
1966年生まれ。慶應義塾大学大学院社会学研究科博士課程満期退学。
専門は，パーソナリティ心理学。
〈主著〉
『クロニンジャーのパーソナリティ理論入門：自分を知り，自分をデザインする』（北大路書房）2014年
「パーソナリティ心理学を活かす」『臨床に活かす基礎心理学』（分担執筆，東京大学出版会）2010年

「パーソナリティ」『教育心理学』（分担執筆，慶應義塾大学出版会）2013年

熊谷 龍一（くまがい　りゅういち）
執筆担当章：第21章
東北大学大学院教育学研究科准教授
1976年生まれ。名古屋大学大学院教育発達科学研究科博士後期課程満期退学。博士（心理学）
専門は，教育・心理測定論，テスト理論
〈主著〉
「簡易適応型テストの測定精度に関する研究」『日本テスト学会誌』*10*，115-123，2014年
「項目に関する事前情報が十分に得られない状況における適応型テストシステム開発の試み」（共著）『日本テスト学会誌』*9*，15-26，2013年
「項目反応理論による英語能力推移に関する研究の比較」『混迷する評価の時代』（分担執筆，東信堂）2010年

坂爪 洋美（さかづめ　ひろみ）
執筆担当章：第3章
法政大学キャリアデザイン学部教授
慶應義塾大学大学院経営管理研究科修了。博士（経営学）
専門は，組織心理学，人材マネジメント。
〈主著〉
『人材サービス産業の新しい役割』（分担執筆，有斐閣）2014年
『キャリア・オリエンテーション：個人の働き方に影響を与える要因』（白桃書房）2008年
「ワーク・ライフ・バランス施策に対する管理職の認識がリーダーシップ行動に与える影響」『経営行動科学』*22*（3），205-221，2009年

髙橋 弘司（たかはし　こうじ）
執筆担当章：第4章，第5章，第6章，第9章，第10章
元南山大学経営学部准教授（2013年逝去）
南山大学大学院経営学研究科博士課程退学
専門は，組織行動論
〈主著〉
"Development of Allen and Meyer Commitment Scale Japanese version: Detecting differential item functioning for further standardization"『南山経営研究』*16*（2），121-141，2001年
"In search of hidden relationships: The unconscious process of organizational socialization"（共著）『南山経営研究』*16*（1），9-32，2001年
「看護師のキャリア発達促進要件としての個人属性─「情」の人間力に関する試論」『南山経営研究』*24*（3），317-358，2010年

堤 明純（つつみ　あきずみ）
執筆担当章：第15章
北里大学医学部公衆衛生単位教授
1962年生まれ。自治医科大学医学部卒業。M.D.
専門は，産業保健，心理社会的要因（職業性ストレス）の健康影響。
〈主著〉
『職場におけるメンタルヘルスのスペシャリスト BOOK』（共監修，培風館）2007年
"Improving the Measurement Accuracy of the Effort-Reward Imbalance Scales"（共著）2008 *International Journal of Behavioral Medicine, 15*, 109-119.
"Application of item response theory to achieve cross-cultural comparability of occupational stress measurement"（共著）2009 *International Journal of Methods in Psychiatric Research, 18*, 58-67.

西田 豊昭（にしだ　とよあき）
執筆担当章：第8章，第9章，第12章
中部大学経営情報学部准教授
1969年生まれ。南山大学大学院経営学研究科博士後期課程修了。博士（経営学）
専門は，組織心理学，組織行動論，心理測定論。
〈主著〉
『アントレプレナーシップの日・米・華比較』（共著，創成社）2007年
『経営行動科学ハンドブック』（分担執筆，中央経済社）2011年
「企業における組織市民行動に関する研究」『経営行動科学』11（2），101-122，1997年

林 洋一郎（はやし　よういちろう）
執筆担当章：第6章，第7章
慶應義塾大学大学院経営管理研究科准教授
東北大学大学院文学研究科後期博士課程修了。博士（文学）
専門は，社会心理学，産業・組織心理学，心理測定論。
〈主著〉
"Justice orientation as a moderator of the framing effect on procedural justice perception"（共著）2005 *Journal of Social Psychology*. *154*, 251-263.
"Moderating the interaction between procedural justice and decision frame: The counterbalancing effect of personality traits"（共著）2013 *Journal of Psychology: Interdisciplinary and Applied*, *147*, 125-151.
「組織における正義・公正の問題」『組織科学』*46*（1），46-57，2012年

藤本 哲史（ふじもと　てつし）
執筆担当章：第16章
同志社大学政策学部教授
1964年生まれ。ノートルダム大学大学院社会学研究科博士課程修了。Ph.D.
専門は，組織心理学，ワーク・ライフ・バランス研究。
〈主著〉
"Work-Family conflict and depression for employed husbands and wives in Japan: Moderating roles of self and spousal role involvement"（共著）(2014 Forthcoming) *Contemporary Perspectives in Family Research*, Volume 8 A, 135-162.
「働く親のワーク・ファミリー・コンフリクトと子どものメンタルヘルス」（共著）『日本労務学会誌』*14*（1），26-45，2013年
「従業員の仕事特性とワーク・ライフ・バランス」『日本労働研究雑誌』*583*，14-29，2008年

安田 節之（やすだ　ともゆき）
執筆担当章：第13章，第18章
法政大学キャリアデザイン学部教授
1973年生まれ。Pennsylvania State University 大学院博士課程修了。Ph.D.
専門は，プログラム評価論，心理測定論，社会調査論
〈主著〉
『プログラム評価：対人・コミュニティ援助の質を高めるために（ワードマップ）』（新曜社）2011年
『プログラム評価研究の方法』（共著，新曜社）2008年
"Assessment of intra-individual variability in positive and negative affect using latent state-trait model analyses"（共著）2004 *Educational and Psychological Measurement*, *64*, 514-530.

矢冨 直美（やとみ　なおみ）
執筆担当章：第8章
一般社団法人セカンドライフファクトリー研究所長
1948年生まれ。茨城大学人文学部心理学コース卒業。
専門は，老年心理学。
〈主著〉
『地域型認知症予防プログラム実践ガイド』（共著，中央法規出版）2008年
「アルツハイマー病の環境的危険因子」*Dementia Japan*. 19‐3，199-209，2005年
「集団的認知検査ファイブ・コグ（特集軽度認知障害をスクリーニングするための神経心理学的検査）」『老年精神医学雑誌』21（2），215-220，2010年

脇田 貴文（わきた　たかふみ）
執筆担当章：第17章，第20章
関西大学社会学部教授
名古屋大学大学院教育発達科学研究科満期退学。博士（心理学）
専門は，心理調査法。
〈主著〉
"Psychological distance between categories in the Likert scale : Comparing different numbers of options"（共著）　2012　*Educational and Psychological Measurement, 72*, 533-546.
「評定尺度法におけるカテゴリ間の間隔について―項目反応モデルを用いた評価方法」『心理学研究』75，331-338，2004年。
"Development and validation of a symptom scale for lumbar spinal stenosis"（共著）2012　*Spine, 37*, 232-239.

■**組織・心理テスティングの科学**
　―項目反応理論による組織行動の探求

■発行日──2015年1月26日　初 版 発 行	〈検印省略〉
2021年6月16日　第2刷発行	

■編著者──野口裕之・渡辺直登

■発行者──大矢栄一郎

■発行所──株式会社　白桃書房
　　〒101-0021　東京都千代田区外神田5-1-15
　　☎03-3836-4781　📠03-3836-9370　振替00100-4-20192
　　　　　　　http://www.hakutou.co.jp/

■印刷・製本──藤原印刷
© NOGUCHI, Hiroyuki & WATANABE, Naotaka 2015　Printed in Japan
ISBN 978-4-561-26648-8 C3034

本書のコピー，スキャン，デジタル化等の無断複製は著作権法上での例外を除き禁じられています。本書を代行業者等の第三者に依頼してスキャンやデジタル化することは，たとえ個人や家庭内の利用であっても著作権法上認められません。

JCOPY 〈出版者著作権管理機構　委託出版物〉
本書の無断複写は著作権法上での例外を除き禁じられています。複写される場合は，そのつど事前に，出版者著作権管理機構（電話03-5244-5088，FAX03-5244-5089，e-mail: info@jcopy.or.jp）の許諾を得てください。

落丁本・乱丁本はおとりかえいたします。

好評書

髙橋 潔著
人事評価の総合科学
努力と能力と行動の評価書

人事評価の歴史，評価フォーマットの特徴，評価基準の概念整理，大手企業データや国際データを用いた人事評価の実証研究，オリンピック採点データ分析などについて，科学的観点から総合的に論じた人事関係者と管理者の必携必備図書！

本体価格4700円

C.D.マッコーレイ，R.S.モクスレイ，E.V.ヴェルサ編
金井壽宏監訳　嶋村伸明訳
リーダーシップ開発ハンドブック

国際的非営利の教育機関CCLによる，リーダーシップ開発に関する知見の集大成。研究と実践の両面から，その概念的理解をはじめ実践的アイディアまでを学べる，人事担当者やライン・マネジャーの座右の書とすべき1冊。

本体価格4700円

東京　**白桃書房**　神田

本広告の価格は本体価格です。別途消費税が加算されます。